黑龙江统计年鉴

HEILONGJIANG STATISTICAL YEARBOOK

2017

(总第31期NO.31)

黑　龙　江　省　统　计　局
国家统计局黑龙江调查总队　编

HEILONGJIANG PROVINCIAL BUREAU OF STATISTICS

SURVEY ORGANIZATION OF HEILONGJIANG OF NBS

图书在版编目（CIP）数据

黑龙江统计年鉴. 2017 : 汉英对照 / 黑龙江省统计局, 国家统计局黑龙江调查总队编. -- 北京 : 中国统计出版社, 2017.8

ISBN 978-7-5037-8273-2

Ⅰ. ①黑… Ⅱ. ①黑… ②国… Ⅲ. ①统计资料 - 黑龙江省 - 2017 - 年鉴 - 汉、英 Ⅳ. ①C832.35-54

中国版本图书馆CIP数据核字(2017)第200350号

黑龙江统计年鉴—2017

作　　者/ 黑龙江省统计局　国家统计局黑龙江调查总队
责任编辑/ 佘竞雄　熊威　安静
封面设计/ 哈尔滨博奇印刷有限公司
出版发行/ 中国统计出版社
地　　址/ 北京市丰台区西三环南路甲6号　邮政编码/100073
电　　话/ 邮购（010）63376909　书店（010）68783171
网　　址/ http://www.zgtjcbs.com
印　　刷/ 哈尔滨博奇印刷有限公司
经　　销/ 新华书店
开　　本/ 890mm×1240mm　1/16
字　　数/ 1400千字
印　　张/ 40
版　　别/ 2017年9月第1版
版　　次/ 2017年9月第1次印刷
定　　价/ 438.00元

中国统计版图书，如有印装错误，本社发行部负责调换。

《黑龙江统计年鉴—2017》
编委会和编辑工作人员

Heilongjiang Statisitcal Yearbook-2017

Eitorial Board And Staff

编 辑 说 明

一、《黑龙江统计年鉴—2017》是一部全面反映黑龙江省经济和社会发展状况的资料性工具书。本书系统收录了全省及各市(地)、县2016年经济和社会各方面的统计数据，以及历史重要年份的主要统计数据。

二、全书共分20个部分：1.综合；2.人口、就业人员和职工工资；3.国民经济核算；4.价格指数；5.人民生活；6.财政、金融和保险；7.资源与环境；8.能源；9.固定资产投资；10.对外经济贸易；11.农业；12.工业；13.建筑业；14.住房和房地产；15.国内贸易和旅游业；16.运输和邮电；17.教育与科技；18.文化、体育、卫生和社会服务；19.城市概况；附录：各县、市主要指标。各部分均附有主要统计指标解释。

三、资料中使用的度量衡单位均采用国际统一标准的计量单位。

四、本年鉴的资料大部分来自年度统计报表，部分数据来自抽样调查和专业部门年报，部分专业历史数据和资料来源口径有调整，请留意表中注释。

五、附录中的县域经济指标为各县(市)上报数，未做逐级核对，仅供参考。

六、由于数据来源和计算方法不同，一些指标分地区数据相加不等于全省数，请使用时注意。部分合计数或相对数因单位取舍不同而产生的计算误差均未做调整。

七、本年鉴中，各地区数据表增加了省直管试点绥芬河和抚远数据，未加特别说明的，则牡丹江不包含绥芬河数据，佳木斯不包含抚远数据。

八、本年鉴中的符号使用说明：“空格”表示该项数据不详或数据太小，不足本表计量单位；“#”表示其中主要项。

PREFACE

Ⅰ. *Heilongjiang Statistical Yearbook—2017* is an annual statistics publication, which covers very comprehensive data in 2016 and some selected data series in historically important years at provincial levels and local levels of cities, regions, and counties directly under the provincial government and therefore, reflects various aspects of social and economic development of Heilongjiang.

Ⅱ. The book contains the following 20 parts, 1. General Survey; 2. Population, Employment and Wages; 3. National Accourts; 4. Price Indices; 5. People's Living Conditions; 6. Finance, Banking and Insurance; 7. Resources and Environment; 8. Energy; 9. Investment in Fixed Assets; 10. Foreign Trade and Economic Cooperation; 11. Agriculture; 12. Industry; 13. Construction; 14.Housing and Real Estate; 15. Domestic Trade and Tourism; 16. Transport, Posts and Telecommunication Services; 17. Education, Science and Technoloy; 18. Culture, Sports, Public Health and Social Services; 19. General Survey of Cities;Appedix Main Indicators of Counties. In addition, explanatory notes on main statistical indicators are provided at the end of each part.

Ⅲ. The units of measurement used in this book are internationally standard measurement units.

Ⅳ. The major data sources of this publication are obtained from annual statistical reports, and some from sample surveys and professional departments. Statistical coverage of some professional historical data has adjusted. Please attention to explanatory notes in charts.

Ⅴ. Some statistical data gathering from regions are not the same as total of province. Please attention to use. Statistical discrepancies due to rounding are not adjusted in this yearbook.

Ⅵ. Economic indicators in appendix are statistical data of county. The data are not checked from level. It is reference only.

Ⅶ. In this yearbook, regional data table added Suifenhe and Fuyuan data ,without special instructions, Mudanjiang does not include the data of Suifenhe, Jia Musi contains no data of Fuyuan.

Ⅷ. Notations used in this yearbook:

“ (Blank) ” indicates that the data not available or the figure is not large enough to be measured with the smallest unit in the table; “ # ” indicates the major items of the total.

篇 目 索 引　　Subject Index

黑龙江的一天（2016 年）

Selected Indicators Average Daily Social and Economic Activities of Heilongjiang Province (2016)

- 地区生产总值42.15亿元
GDP 4215 million yuan
- 出生人口637人
Born in people 637 persons
- 死亡人口688人
Dead population 688 persons
- 粮食产量16.60万吨
Yield of Grain 165986 tons
- 公共财政收入 3.15亿元
Financial revenue 315 million yuan
- 社会消费品零售总额23.02亿元
Total retail sale of cunsumer goods 2302 million yuan
- 全社会固定资产投资29.2亿元
Total investment in fixed assets 2917 million yuan
- 旅游收入4.39亿元
Earnings from tourism 439 million yuan
- 公共财政支出 11.58亿元
Financial ecpenditures 1158 million yuan
- 客运量113.0万人
Passenger traffic 1.13 million persons
- 进出口总额4531.5万美元
Total exports and imports 45.32 million USD
- 货运量160.8万吨
Freight traffic 1608137 tons
- 进口总额3147.9万美元
Total imports 31.47 million USD
- 邮电业务总量2.25亿元
Business volume of post and telecom-munications service 225 million yuan
- 出口总额1380.8万美元
Total exports 13.8 million USD
- 金融机构各项存款增加额5.38亿元
Every deposit total value of financial institution 538 million yuan
- 原油产量10.02万吨
Yield of Crude Oil 100165 tons
- 居民储蓄增加额2.76亿元
Savings deposit of rural and urban residents 276 million yuan
- 钢材产量0.91万吨
Yield of steel 9116 tons
- 发电量2.46亿千瓦小时
Electricity 246 million kwh
- 乳制品产量0.54万吨
Yield of dairy product 5373 tons
- 三项专利授权49.4件
Number of three types of patent applications granted 49.4 units
- 汽车产量208辆
Yield of Automobile 208 unit
- 牛奶产量1.50万吨
Yield of milk 14959 tons
- 肉类产量0.63万吨
Outup of Meat 6334 tons
- 能源消费量33.65万吨标准煤
Energy consumption 336451 ton of SCE

数

黑
龙

总人口及自然增长率

Total Population and Natural Growth Rate

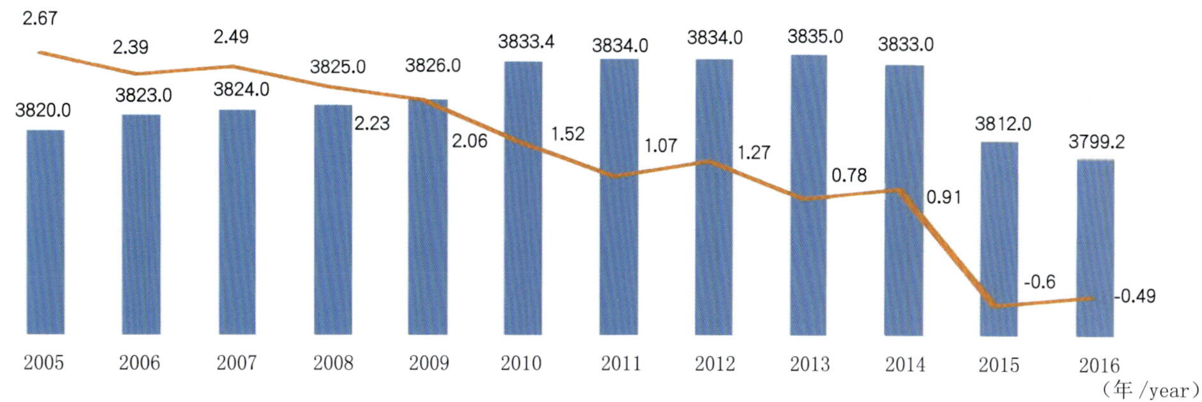

常住人口城镇化率(%)

Resident Population Urbanization Rate (%)

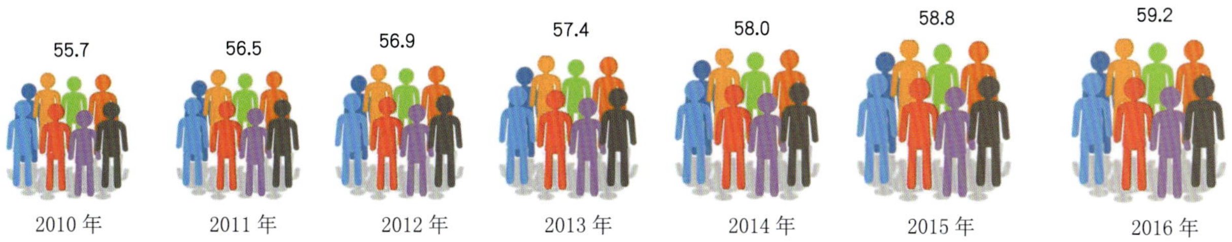

就业人数(万人)

Number of Employed Persons (10000 Persons)

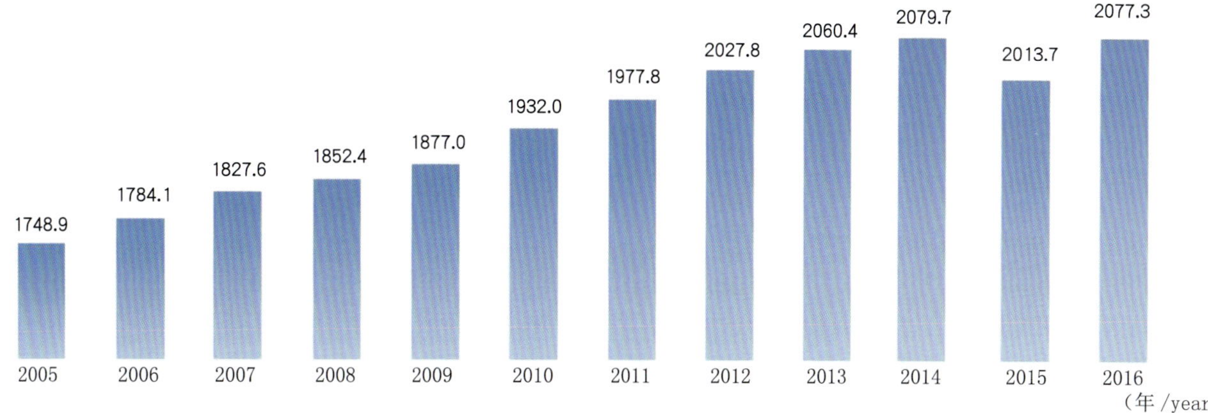

城镇非私营单位就业人员平均工资(元)

Average Wage of Employed Persons in Urban Non-private Units (yuan)

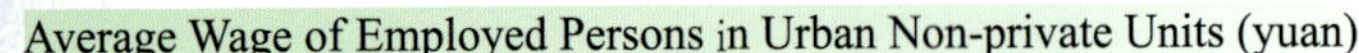

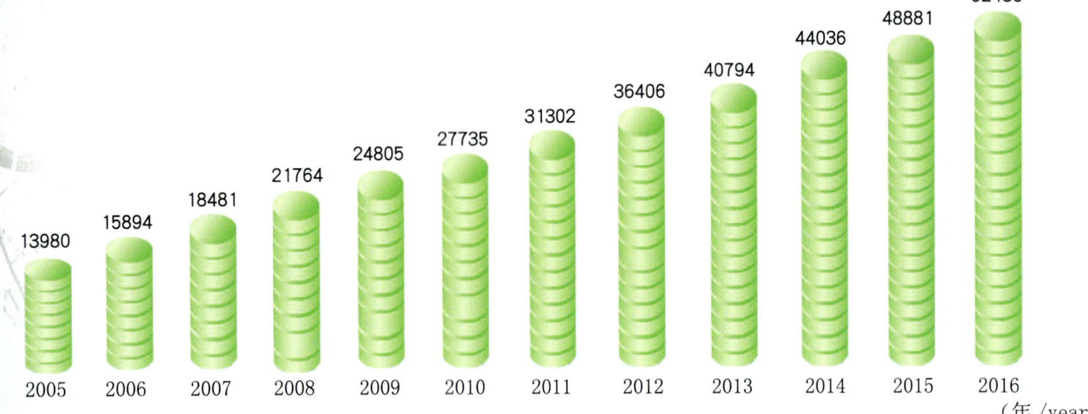

地区生产总值及增长速度

Gross Domestic Product & It's Growth Rate

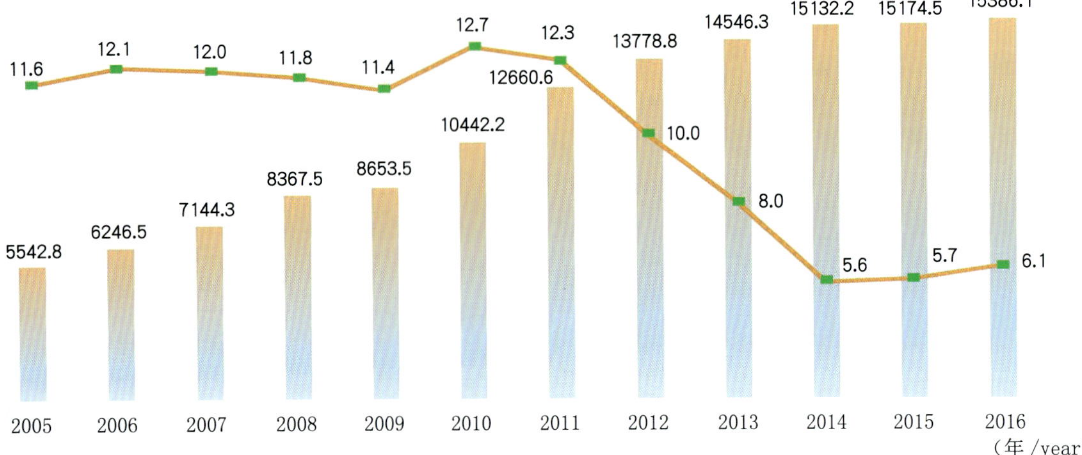

地区生产总值构成(%)

Composition of GDP (%)

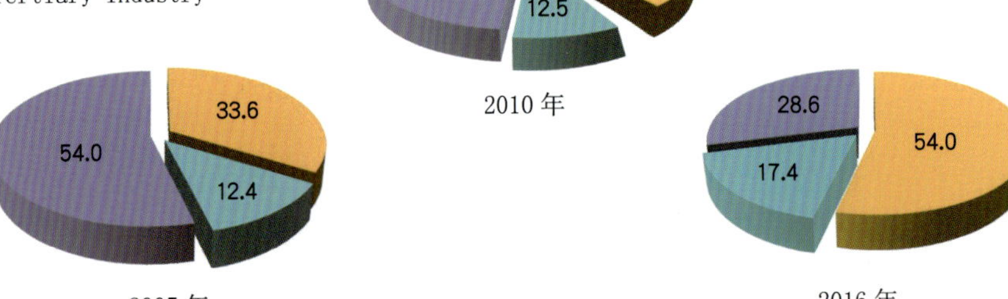

数字黑龙江

人均地区生产总值（元）
Per Capita GDP (yuan)

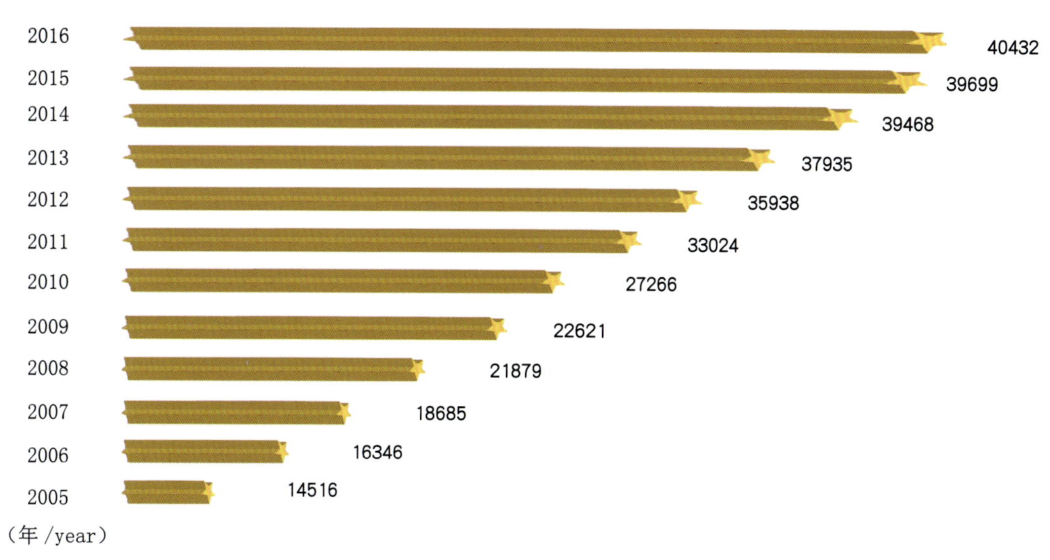

非公有制经济增加值占 GDP 比重（%）
Proportion of Non-public Economy to GDP (%)

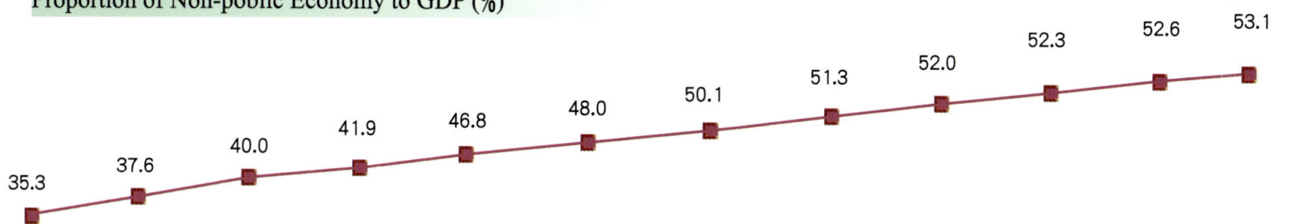

城乡常住居民人均可支配收入（元）
Annual Per Capita Disposable Income of Urban & Rural Households (yuan)

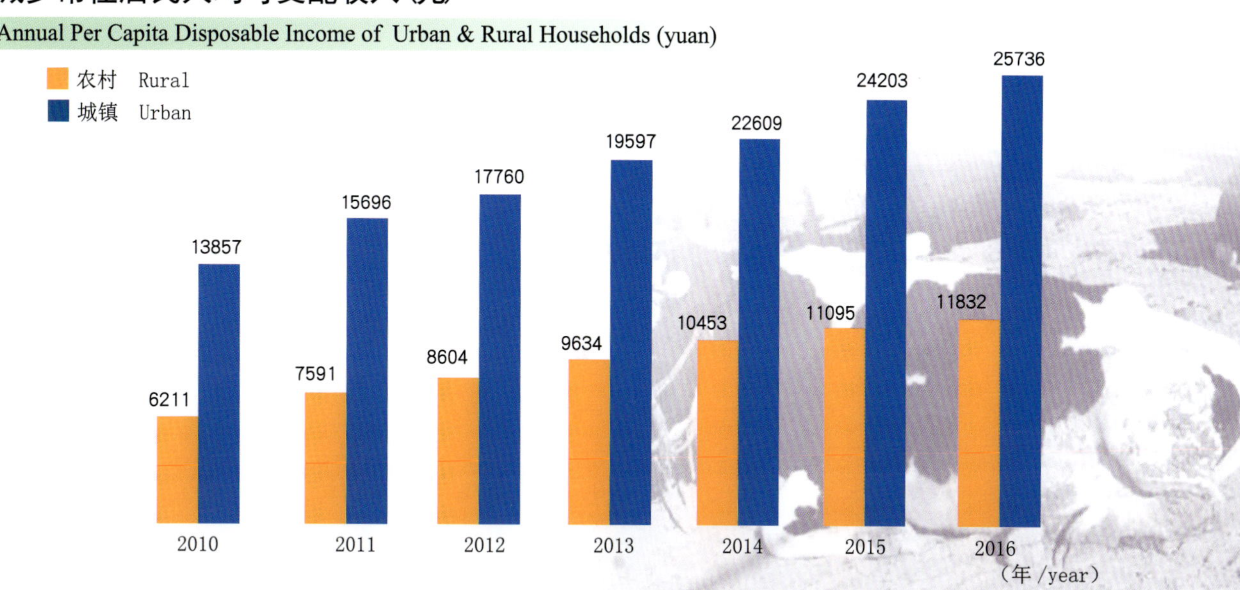

城镇居民消费结构(%)
Urban Resident's Consumption Composition (%)

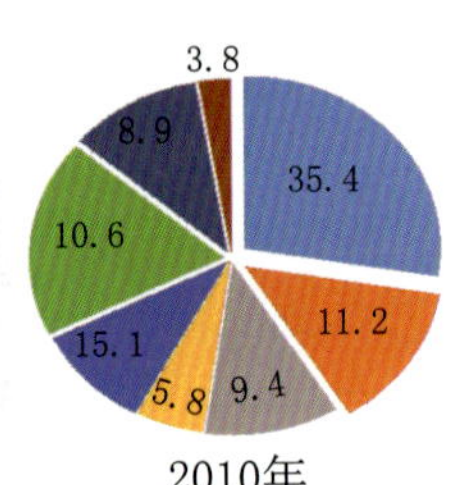

2010年

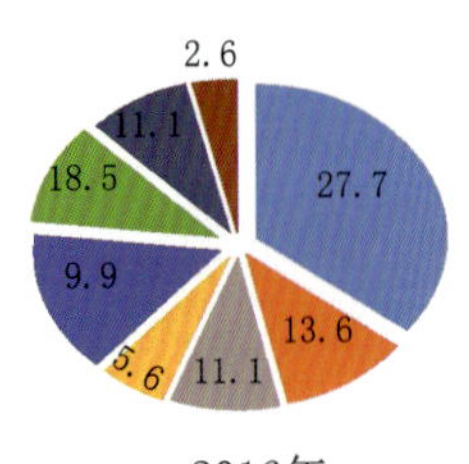

2016年

- 食品烟酒 Food, Tobacco and Liquor
- 交通通信 Transport and Communications
- 教育文化娱乐 Education, Cultural and Recreation
- 生活用品及服务 Household Facilities, Articles and Services
- 衣着 Clothing
- 居住 Residence
- 医疗保健 Medicine and Medical Services
- 其他用品和服务 Other Commodities and Services

农村居民消费结构(%)
Rural Resident's Consumption Composition (%)

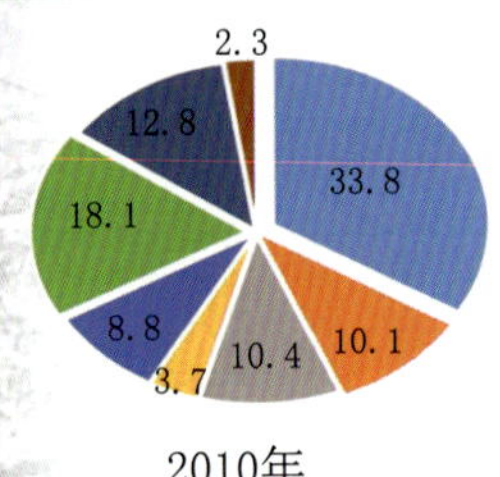

2010年

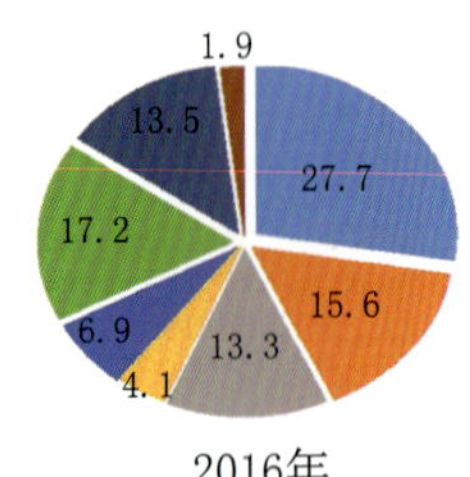

2016年

单位 GDP 能耗(吨标准煤/万元)
Energy Consumption Per Unit of GDP (ton of SCE/10000 yuan)

1.16  2010年

1.04  2011年

1.00  2012年

0.86  2013年

0.82  2014年

0.79 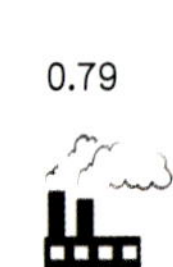 2015年

0.77   2016年

全社会固定资产投资总额(亿元)
Total Investment in Fixed Assets (100 million yuan)

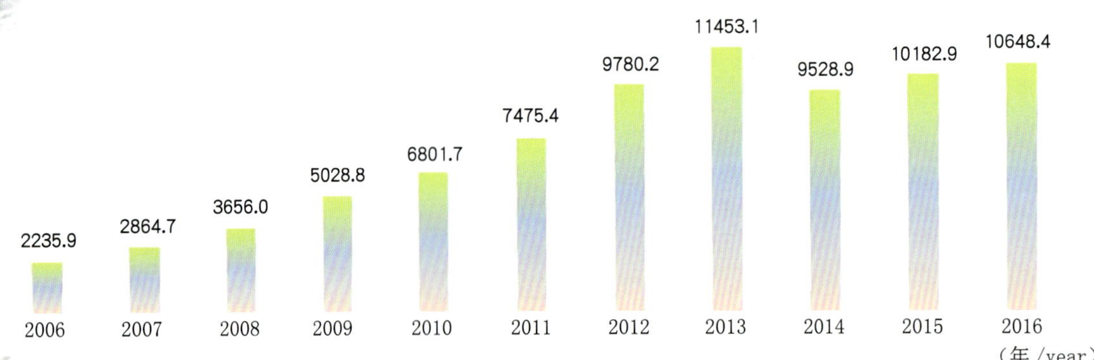

数字黑龙江

民间投资比重（%）
Proportion of Individual Investment (%)

亿元以上投资项目数（个）
Number of Investment in Fixed Assets of the Project of more than 100 million yuan (unit)

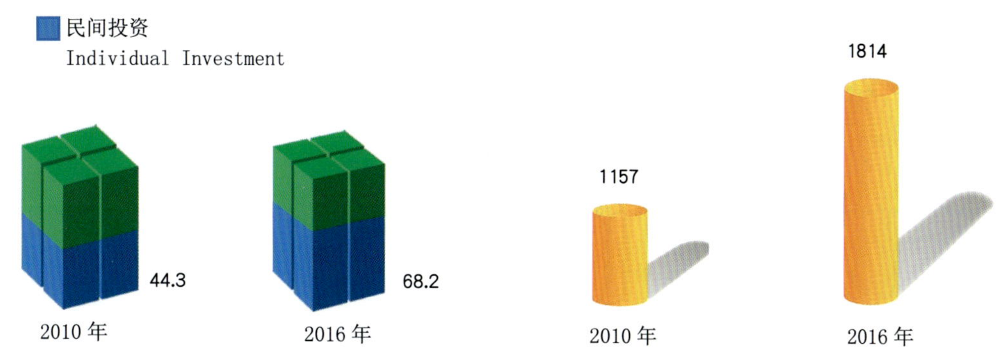

产业项目发展
Industry Projest Development

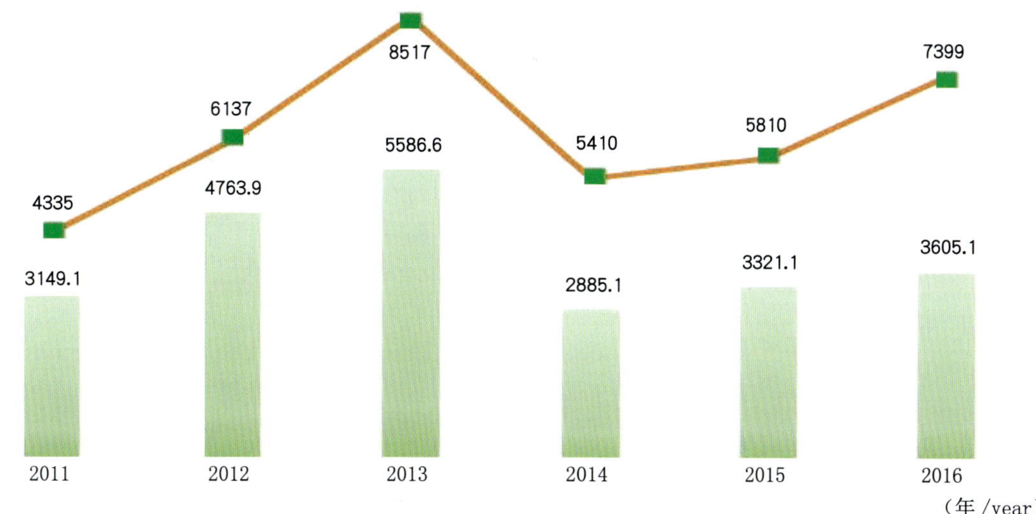

进出口总额（亿美元）
Total Value of Imports and Exports (USD 100 million)

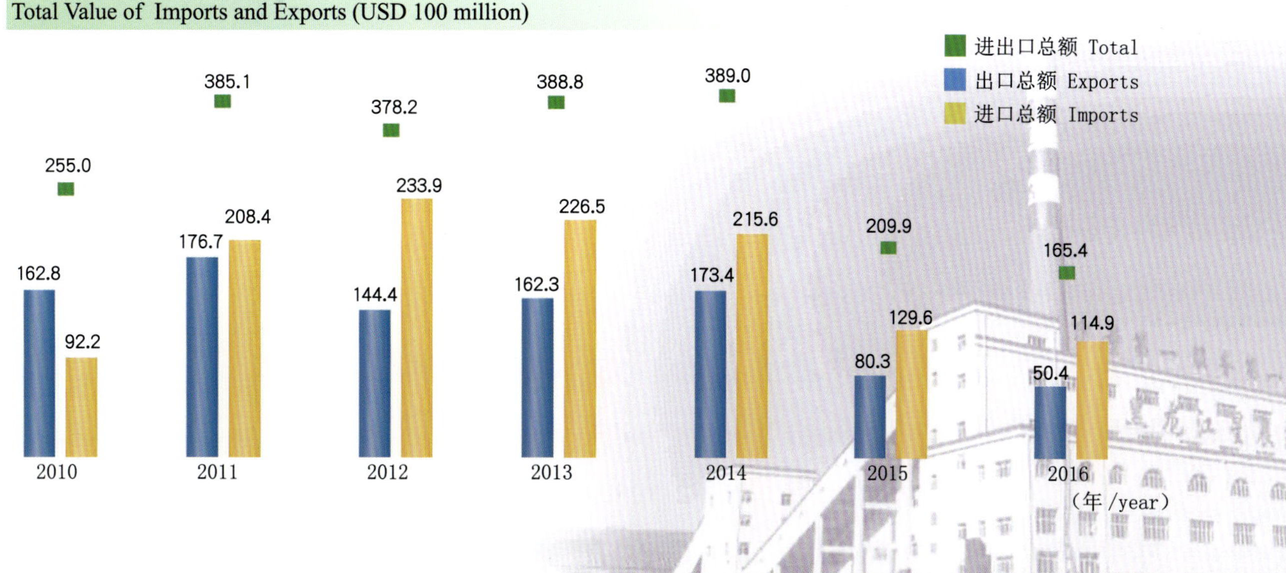

外贸依存度（%）
Degree of Dependence upon Foreign Trade（%）

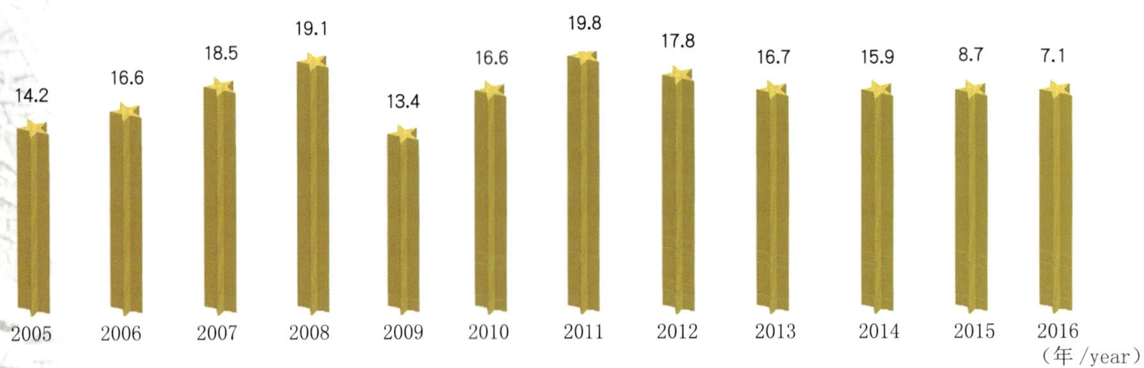

粮食产量（万吨）
Yield of Grain (10000 tons)

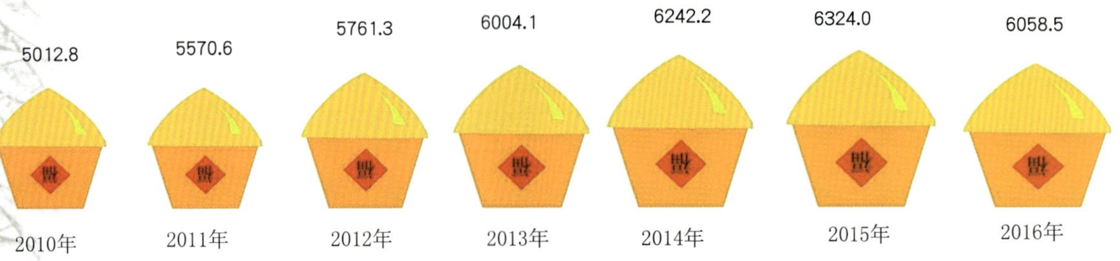

农业总产值（亿元）
Gross Output Value of Farming，Forestry，Animal Husbandry & Fishery (100 million yuan)

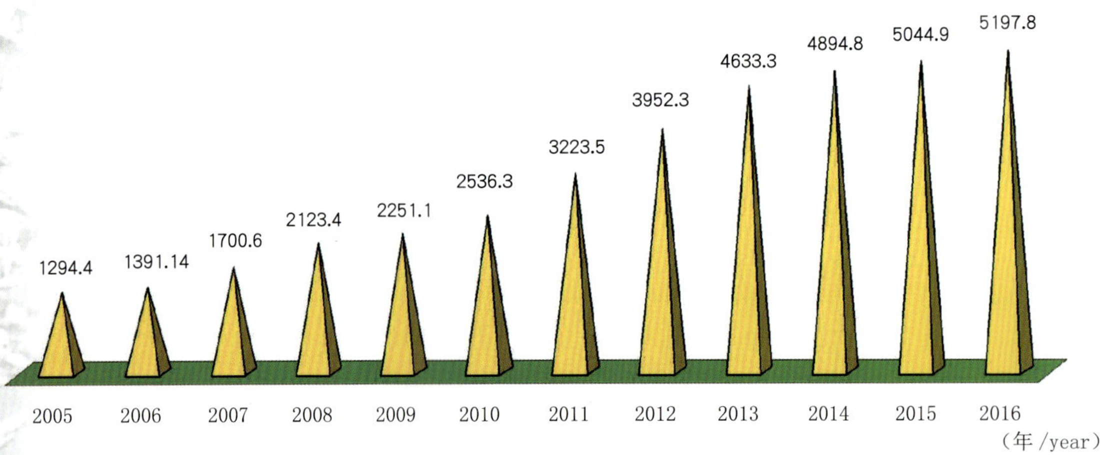

数字黑龙江

绿色食品产业发展

Green Food Industry Development

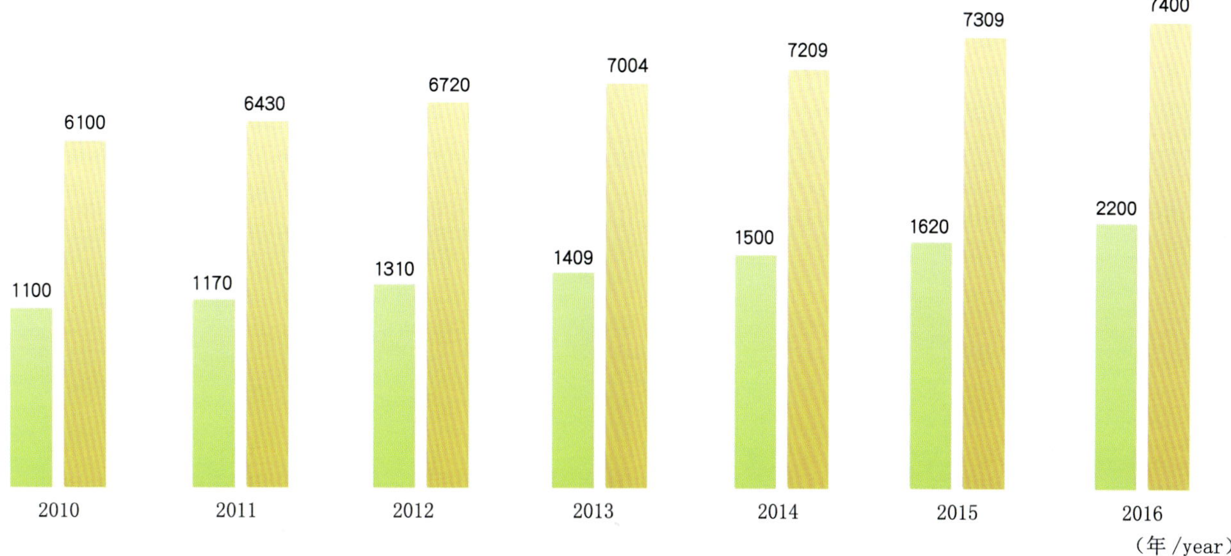

规模以上工业增加值(亿元)

Value-added of Industry Above Designated Size (100 million yuan)

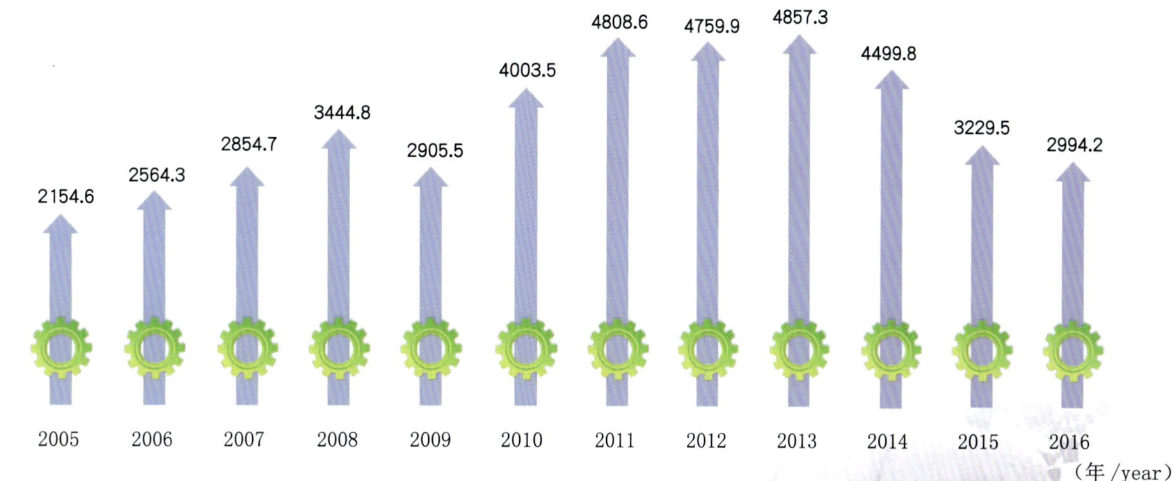

石油产量(万吨)

Yield of Crude Oil (10000 tons)

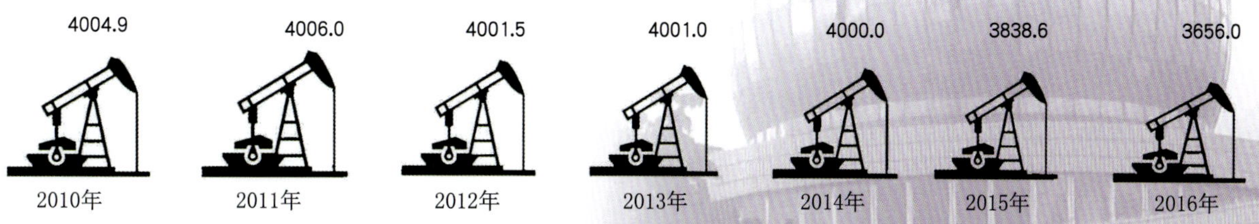

规模以上工业企业利润总额(亿元)

Total Profits of Industrial Enterprises Above Designated Size (100 million yuan)

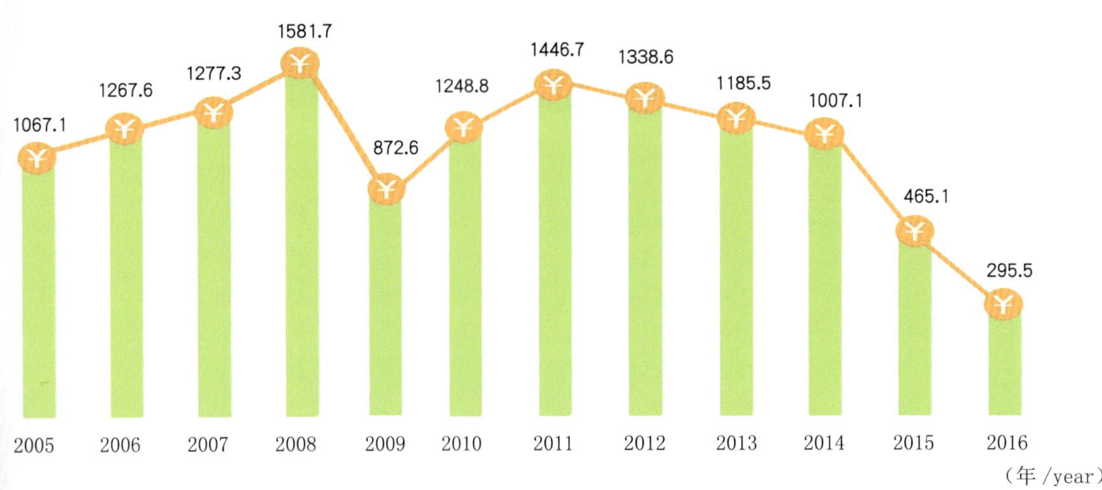

规模以上工业增加值结构(%)

Structure of Value-added of Industry Above Designated Size (%)

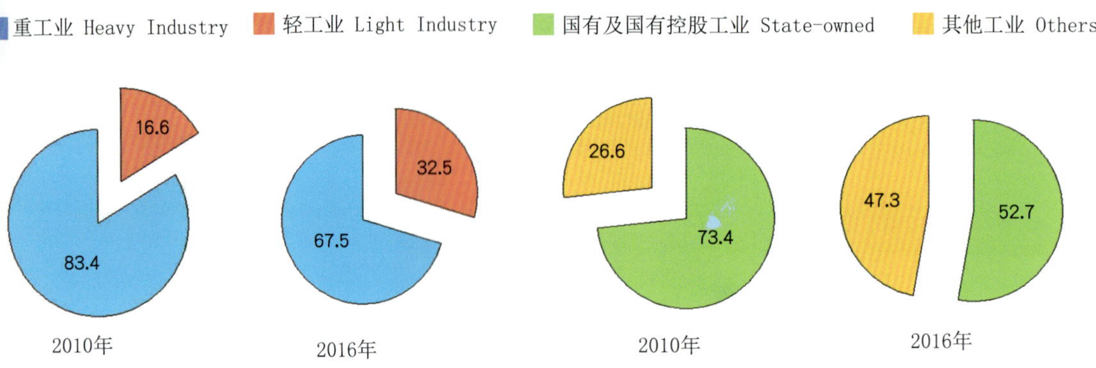

四大主导产业占规模以上工业增加值比重(%)

Four Major Industries Accounted For the Propotion of Industries Value Added Above Designated Size (%)

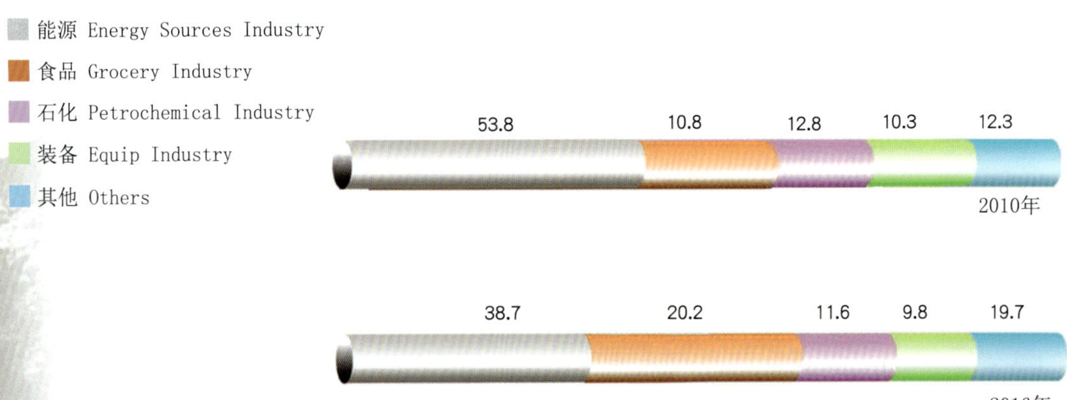

社会消费品零售总额(亿元)

Total Retail Sale of Consumer Goods (100 million yuan)

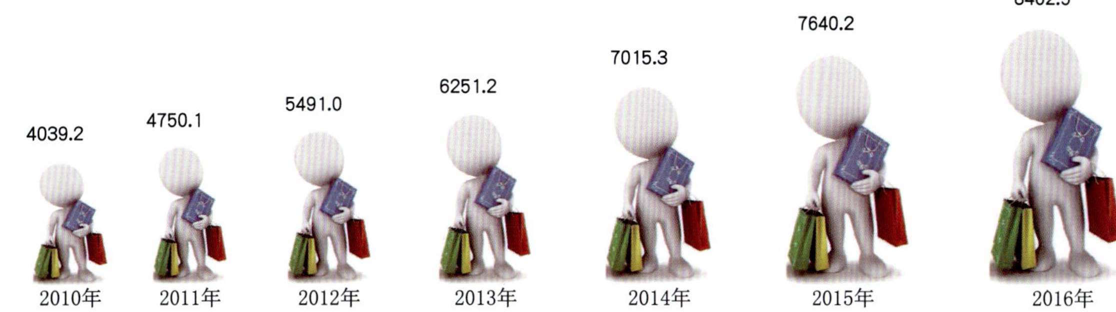

客货运输量

Total Passenger & Freight Traffic

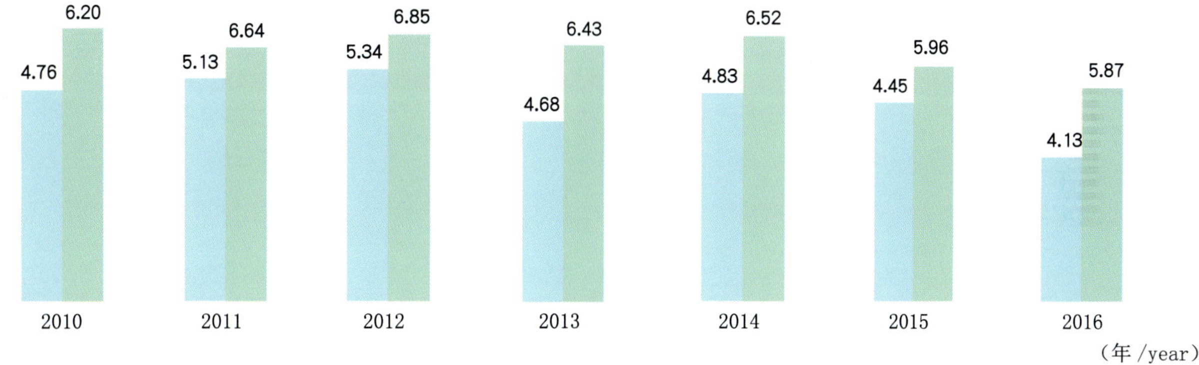

各类学校在校学生数(万人)

Number of Students Enrollment By Type Of School (10000 persons)

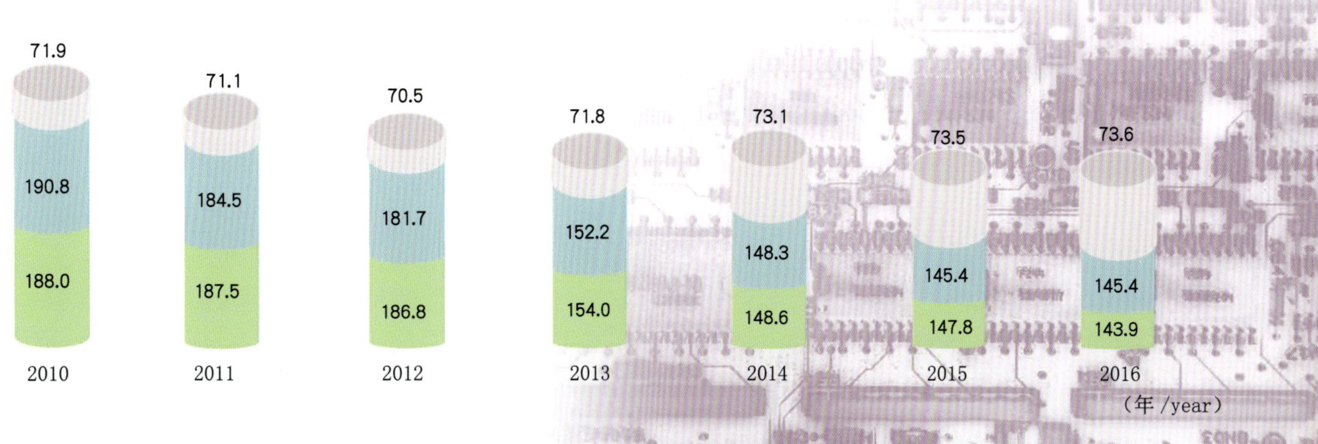

每万人拥有大学生数(人)

Number of University and College Students Per 10000 Population (person)

三项专利授权数(个)

Number of Patent Applications Certified (item)

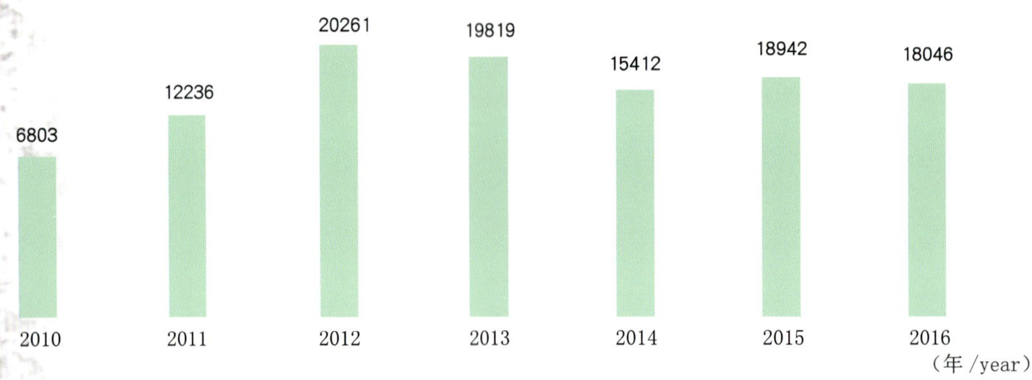

每万人拥有卫生资源数

Number of Health Resources Per 10000 Population

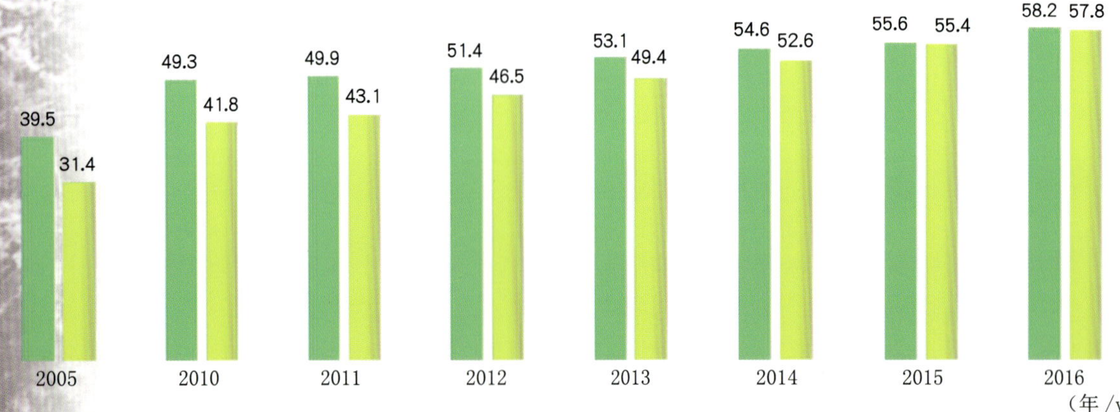

数字黑龙江

目　录

CONTENTS

第一篇　综　合

CHAPTER 1 GENERAL SURVEY

第二篇　人口、就业人员和职工工资

CHAPTER 2　POPULATION,EMPLOYMENT AND WAGES

第三篇 国民经济核算

CHAPTER 3 NATIONAL ACCOUNTS

第四篇 价格指数

CHAPTER 4 PRICE INDICES

第五篇 人民生活

CHAPTER 5 PEOPLE'S LIVING CONDITIONS

第六篇　财政、金融和保险

CHAPTER 6 FINANCE，BANKING AND INSURANCE

第七篇　资源与环境

CHAPTER 7 RESOURCES AND ENVIRONMENT

第八篇 能 源

CHAPTER 8 ENERGY

第九篇 固定资产投资

CHAPTER 9 INVESTMENT IN FIXED ASSETS

第十篇 对外经济贸易

CHAPTER 10 FOREIGN TRADE AND ECONOMIC COOPERATION

第十一篇 农 业

CHAPTER 11 AGRICULTURE

第十二篇 工 业

CHAPTER 12 INDUSTRY

第十三篇 建 筑 业

CHAPTER 13 CONSTRUCTION

第十四篇 住房和房地产

CHAPTER 14 HOUSING AND REAL ESTATE

第十五篇 国内贸易和旅游业

CHAPTER 15 DOMESTIC TRADE AND TOURISM

第十六篇 运输和邮电

CHAPTER 16 TRANSPORT, POSTS AND TELECOMMUNICATION SERVICES

第十七篇 教育与科技

CHAPTER 17 EDUCATION, SCIENCE AND TECHNOLOGY

第十八篇　文化、体育、卫生和社会服务

CHAPTER 18 CULTURE, SPORTS, PUBLIC HEALTH AND SOCIAL SERVICES

第十九篇　城市概况

CHAPTER 19　GENERAL SURVEY OF CITIES

附录　各县、市主要指标（2016 年）

第一篇　综　合

CHAPTER 1 GENERAL SURVEY

资料整理：安　静　陈　宇　高　健

1-1 行政区划 (2016年)

DIVISIONS OF ADMINISTRATIVE AREAS (2016)

单位：个 (unit)

地 区	Region	市、地辖区 Districts Under the Jurisdiction of Citities (Prefecture)	县级市 Cities at County Level	县、自治县 County, Autonomous Couties	镇 Towns	民族镇 Ethnic Towns	乡 Township	民族乡 Ethnic Community Township	城市街道办事处 Cities Street Communities	村民委员会 Village Board	社区居委会 Neighborhood community
合 计	**Total**	**69**	**19**	**44**	**510**	**11**	**313**	**52**	**311**	**8967**	**2516**
哈尔滨	Harbin	9	2	7	109	3	49	11	132	1886	897
齐齐哈尔	Qiqihar	7	1	8	68	3	46	6	38	1260	212
鸡 西	Jixi	6	2	1	23		19	4	29	459	102
鹤 岗	Hegang	6		2	11		8	2	32	211	89
双鸭山	Shuangyashan	4		4	21		19	2	24	415	115
大 庆	Daqing	5		4	31		24	3		482	288
伊 春	Yichun	15	1	1	10		8	1	1	205	131
佳木斯	Jiamusi	4	3	3	41		26	4	9	959	142
七台河	Qitaihe	3		1	9		6	2		220	64
牡丹江	Mudanjiang	4	5	1	44	2	5	4	23	885	164
黑 河	Heihe	1	2	3	27		31	7	11	566	87
绥 化	Suihua	1	3	6	90	3	63	4	6	1339	182
大兴安岭	Daxinganling	4		3	26		9	2	6	80	43

1-1 续表1 CONTINUED

地 区	Region	县级市	City at County Level	县	County	区	District
哈尔滨市	**Harbin City**	尚志市	Shangzhi	宾 县	Binxian	道里区	Daoli
		五常市	Wuchang	方正县	Fangzheng	南岗区	Nangang
				依兰县	Yilan	道外区	Daowai
				巴彦县	Bayan	松北区	Songbei
				木兰县	Mulan	香坊区	Xiangfang
				通河县	Tonghe	平房区	Pingfang
				延寿县	Yanshou	呼兰区	Hulan
						阿城区	Acheng
						双城区	Shuangcheng
齐齐哈尔市	**Qiqihar City**	讷河市	Nehe	龙江县	Longjiang	龙沙区	Longsha
				依安县	Yian	建华区	Jianhua
				泰来县	Tailai	铁锋区	Tiefeng
				甘南县	Gannan	昂昂溪区	Angangxi
				富裕县	Fuyu	富拉尔基区	Fularji
				克山县	Keshan	碾子山区	Nianzishan
				克东县	Kedong	梅里斯达斡尔族区	Meilisi Daur Nationality District
				拜泉县	Baiquan		
鸡西市	**Jixi City**	密山市	Mishan	鸡东县	Jidong	鸡冠区	Jiguan
		虎林市	Hulin			恒山区	Hengshan
						城子河区	Chengzihe
						滴道区	Didao
						梨树区	Lishu
						麻山区	Mashan
鹤岗市	**Hegang City**			绥滨县	Suibin	向阳区	Xiangyang
				萝北县	Luobei	工农区	Gongnong
						南山区	Nanshan
						兴安区	Xingan
						东山区	Dongshan
						兴山区	Xingshan

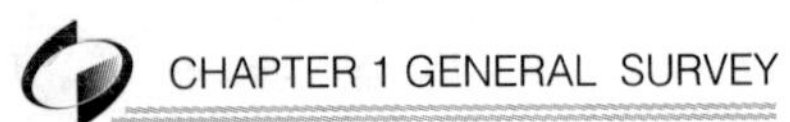

1-1 续表2 CONTINUED

地　区	Region	县级市	City at County Level	县	County	区	District
双鸭山市	**Shuangyashan City**			集贤县	Jixian	尖山区	Jianshan
				友谊县	Youyi	岭东区	Lingdong
				宝清县	Baoqing	宝山区	Baoshan
				饶河县	Raohe	四方台区	Sifangtai
大庆市	**Daqing City**			林甸县	Lindian	萨尔图区	Sartu
				肇源县	Zhaoyuan	龙凤区	Longfeng
				肇州县	Zhaozhou	让胡路区	Ranghulu
				杜尔伯特蒙古族自治县	Durbote Mongolia Natio-nality Autonomous	红岗区	Honggang
						大同区	Datong
伊春市	**Yichun City**	铁力市	Tieli	嘉荫县	Jiayin	伊春区	Yichun
						南岔区	Nancha
						友好区	Youhao
						西林区	Xilin
						翠峦区	Cuiluan
						新青区	Xinqing
						美溪区	Meixi
						金山屯区	Jinshantun
						乌马河区	Wumahe
						汤旺河区	Tangwanghe
						乌伊岭区	Wuyiling
						五营区	Wuying
						带岭区	Dailing
						上甘岭区	Shangganling
						红星区	Hongxing
佳木斯市	**Jiamusi City**	同江市	Tongjiang	桦南县	Huanan	向阳区	Xiangyang
		富锦市	Fujin	桦川县	Huachuan	前进区	Qianjin
		抚远市	Fuyuan	汤原县	Tangyuan	东风区	Dongfeng
						郊　区	Suburb
七台河市	**Qitaihe City**			勃利县	Boli	新兴区	Xinxing
						桃山区	Taoshan
						茄子河区	Qiezihe
牡丹江市	**Mudanjiang City**	绥芬河市	Suifenhe			东安区	Dongan
		海林市	Hailin	林口县	Linkou	阳明区	Yangming
		宁安市	Ningan			爱民区	Aimin
		穆棱市	Muling			西安区	Xian
		东宁市	Dongning				
黑河市	**Heihe City**	北安市	Beian	嫩江县	Nenjiang	爱辉区	Aihui
		五大连池市	Wudalianchi	逊克县	Xunke		
				孙吴县	Sunwu		
绥化市	**Suihua City**	安达市	Anda	望奎县	Wangkui	北林区	Beilin
		肇东市	Zhaodong	兰西县	Lanxi		
		海伦市	Hailin	青冈县	Qinggang		
				庆安县	Qingan		
				明水县	Mingshui		
				绥棱县	Suiling		
大兴安岭地区	**Daxinganling Prefecture**			呼玛县	Huma	新林区	Xinlin
				塔河县	Tahe	呼中区	Huzhong
				漠河县	Mohe	松岭区	Songling
						加格达奇区	Jiagedaqi

1-2 各部门机构数

GRASS-ROOTS UNIT IN VARIOUS SECTORS

单位：个 (unit)

部 门	Sector	2013	2014	2015	2016
农村基层单位	**Rural Grassroots Units**				
乡政府	Township Governments	859	882	879	875
镇政府	Town Governments	466	499	505	508
村民委员会	Village Committees	9011	8994	8991	8997
乡村户数(万户)	Numbers of Rural Households(10000 households)	518	520	524	521
农垦系统农牧场	**Farms and Pastures of Land Reclamation System**	**113**	**113**	**113**	**113**
规模以上工业企业	**Industrial Enterprises above Designated Size**	**4398**	**4305**	**4162**	**3946**
内资企业	Domestic Funded Enterprises	4168	4085	3964	3758
国有企业	State-owned Industry	153	134	135	120
集体企业	Collective-owned Industry	80	49	42	29
股份合作企业	Cooperative Enterprises	23	19	16	11
联营企业	Joint Ownership Enterprises	3	1	3	1
有限责任公司	Limited Liability Corporations	1530	1565	1588	1612
股份有限公司	Share Holding Enterprises	223	218	211	214
私营企业	Private Enterprises	2126	2080	1955	1759
港、澳、台商投资企业	Enterprises with Funds from Hong Kong, Macao and Taiwan	70	67	60	61
外商投资企业	Foreign Funded Enterprises	160	153	138	127
建筑企业	**Construction Enterprises and Units**	**2008**	**1825**	**1599**	**1566**
内资企业	Domestic Funded Enterprises	2001	1820	1594	1558
国有企业	State-owned Industry	133	125	110	104
集体企业	Collective-owned Industry	119	108	83	83
股份合作企业	Cooperative Enterprises	2	2	1	1
联营企业	Joint Ownership Enterprises	3	1	1	1
有限责任公司	Limited Liability Corporations	856	793	732	728
股份有限公司	Share Holding Enterprises	89	76	70	75
私营企业	Private Enterprises	797	712	594	564
港、澳、台商投资企业	Enterprises with Funds from Hong Kong, Macao and Taiwan	2	1	2	4
外商投资企业	Foreign Funded Enterprises	5	4	3	4
限上批发和零售业企业	**Enterprise above Designated Size in Wholesale and Retail Trade**	**2037**	**2059**	**1933**	**2002**
限上住宿和餐饮业企业	**Enterprise above Designated Size inHotels and Catering Services**	**444**	**403**	**379**	**369**
外商投资企业	**Enterprise of Foreign-Funded**	**4924**	**5016**	**4149**	**4227**
中外合资	Joint Ventures	774	771	462	474
中外合作	Cooperative Operation	107	107	47	48
外资企业	Foreign Investment	931	974	670	719
教育(所)	**Education (unit)**				
普通高等学校	Regular Institutions of Higher Education	80	80	81	82
成人高等学校	Adult Education Schools	22	22	21	21
中等专业学校	Specialized Secondary Schools	73	74	72	77
成人中等专业学校	Secondary Schools for Adults	156	154	44	41
普通中学	Regular Secondary Schools	1965	1946	1940	1823
#高 中	#Senior Secondary Schools	379	378	377	372
职业中学	Vocational Secondary Schools	145	134	127	119
技工学校	Vestibule Schools	134	133	131	127
小 学	Primary Schools	3261	3115	2802	1979
幼儿园	Kingergartens	5571	5853	5770	5720
科学研究与开发机构数	Number of R&D Institutions	226	226	226	226

1-2 续表 CONTINUED

单位：个 (unit)

部　门	Sector	2013	2014	2015	2016
文化事业机构	**Cultural Establishments**	**2470**	**2474**	**2489**	**2549**
艺术业	Art Institutions	70	73	89	105
图书馆业	Library	107	107	107	108
群众文化服务业	Mass Cultural Establishments	1640	1640	1641	1665
艺术教育业	Arts Education Establishments	6	6	6	6
文物业	Cultural Relic Establishments	250	251	250	268
#博物馆	#Museums	156	158	158	176
其他文化业	Others	397	397	396	397
广播、电视	**Broadcasting and Television**				
广播电台(座)	Radio Stations(unit)	12	14	14	14
电视台(座)	Television Stations(unit)	13	15	15	15
出版、发行事业	**Publishing and Distribution Establishments**	**662**	**693**	**692**	**693**
出版单位	Publishing Houses	420	419	418	421
书刊印刷厂	Printing Houses	156	169	169	169
书　店	Book Stores	86	105	105	103
卫生机构	**Health Institutions**	**9582**	**9603**	**9304**	**20378**
医　院	Hospitals	993	1003	1014	1029
疗养院	Sanatoriums	3	3	2	2
县(区)社区卫生服务站	Sanitation snd Service Agencies of Community of County	762	765	701	652
卫生院	Health Cares	1000	995	997	999
县(区)卫生所、医务室	Institutions of Sanitation of County	1403	1413	1306	1256
门诊部	Clinics	287	340	338	390
县(区)诊所	Cliniques of County	3637	3574	3596	3572
村卫生室	Village Clinics				11384
急救中心	First-aid Centers	14	14	14	14
采供血机构	Institutions of Pick and Supply Blood	27	27	27	28
妇幼保健院(所、站)	Institutes of Maternity and Child	148	148	142	139
专科疾病防治院(所、站)	Specialized Disease Prevention and Treatment Institutes	113	112	109	109
疾病预防控制中心	Diseases Prevent and control Centers	174	168	168	168
卫生监督所	Medical Supervise Institutions	136	149	147	148
计划生育技术服务机构	Family Planning Institutions				439
医学科学研究机构	Research Institutes of Medical Sciences	10	10	7	6
医学在职培训机构	Medical Institutions of In-service Education	10	10	10	10
统计信息中心	Statistical Information Center				4
其他卫生机构	Other Medical Institutions	865	872	726	29
社会福利	**Social Welfare Establishments**				
社会福利事业单位	Social Welfare Institutions	727	1090	978	1019
收容遣送站	Collecting and Repatriation Units	83	75	77	64
殡葬事业单位	Funeral and Interment Institutions	152	149	141	139

1-3 法人单位数 (2016年)

NUMBER OF CORPORATE UNITS (2016)

单位：个 (unit)

地 区	Region	总 计 Total	农、林、牧、渔业 Agriculture, Forestry, Animal Husbandry and Fishery	采矿业 Mining	制造业 Manufacturing	电力、热力、燃气及水的生产和供应业 Production and Supply of Electric, heat, Gas and Water	建筑业 Construction	批发和零售业 Wholesale and Retail Trades
全 省	**Total**	**251727**	**37930**	**2207**	**29398**	**1804**	**8944**	**57116**
哈尔滨	Harbin	93178	10500	236	11143	383	4135	24946
齐齐哈尔	Qiqihar	24795	6317	91	3068	216	521	4530
鸡 西	Jixi	6877	1115	293	686	71	170	1034
鹤 岗	Hegang	4563	529	158	509	41	168	670
双鸭山	Shuangyashan	8984	1580	217	614	89	331	1645
大 庆	Daqing	26034	1462	128	2619	190	1031	8236
伊 春	Yichun	5876	552	81	890	71	231	645
佳木斯	Jiamusi	14741	3394	85	1417	110	430	3038
七台河	Qitaihe	3972	170	246	395	33	90	859
牡丹江	Mudanjiang	21144	1003	415	3729	243	837	4984
黑 河	Heihe	8683	1949	83	447	60	230	1266
绥 化	Suihua	18235	6309	28	2261	87	277	1793
大兴安岭	Daxinganling	4891	1011	60	330	30	176	582
农垦总局	ARB	6113	1780	65	907	159	226	1422
绥芬河	Suifenhe	2638	34	0	357	13	67	1251
抚 远	Fuyuan	1003	225	21	26	8	24	215

注：本表国民经济行业分类采用《国民经济行业分类（GB/T 4754—2011）》（下同）。
Note: The national economy industry classification uses the *Industrial Classification of the National Economy (GB/T 4754-2011)* (the same below).

1-3 续表1 CONTINUED

单位：个 (unit)

地 区	Region	交通运输、仓储和邮政业 Transport, Storage and Post	住宿和餐饮业 Hotels and Catering Services	信息传输、软件和信息技术服务业 Information Transmission, Software and IT Softwares	金融业 Financial Intermediation	房地产业 Real Estate	租赁和商务服务业 Leasing and Business Services	科学研究和技术服务业 Scientific Research and Technical Services
全 省	**Total**	**6718**	**2930**	**5446**	**2406**	**7804**	**18268**	**10991**
哈尔滨	Harbin	2586	1319	3703	1089	3043	10280	4938
齐齐哈尔	Qiqihar	548	229	134	150	583	866	539
鸡 西	Jixi	122	52	26	40	249	189	153
鹤 岗	Hegang	103	44	45	97	207	148	77
双鸭山	Shuangyashan	250	49	77	70	283	540	292
大 庆	Daqing	577	170	728	228	824	2246	2667
伊 春	Yichun	153	77	32	43	168	237	96
佳木斯	Jiamusi	443	123	188	151	432	772	324
七台河	Qitaihe	98	29	34	56	129	193	107
牡丹江	Mudanjiang	514	537	260	169	694	1364	1011
黑 河	Heihe	262	83	75	93	260	415	178
绥 化	Suihua	475	88	46	122	441	262	245
大兴安岭	Daxinganling	155	65	42	40	122	303	148
农垦总局	ARB	214	40	26	33	170	186	157
绥芬河	Suifenhe	160	20	23	22	157	188	45
抚 远	Fuyuan	58	5	7	3	42	79	14

1-3 续表2 CONTINUED

单位：个 (unit)

地 区	Region	水利、环境和公共设施管理业 Management of Water Conservancy, Environment and Public Facilities	居民服务、修理和其他服务业 Services to Households Repair and Other Services	教 育 Education	卫生和社会工作 Health and Social Services	文化、体育和娱乐业 Culture, Sports and Entertainment	公共管理、社会保障和社会组织 Public Management Social Security and Social Organizations
全 省	**Total**	**1978**	**3709**	**8287**	**6015**	**4920**	**34856**
哈尔滨	Harbin	646	1726	2602	1356	1376	7171
齐齐哈尔	Qiqihar	222	327	859	789	511	4295
鸡 西	Jixi	101	64	290	327	211	1684
鹤 岗	Hegang	42	51	220	138	106	1210
双鸭山	Shuangyashan	111	78	299	222	277	1960
大 庆	Daqing	174	472	975	398	678	2231
伊 春	Yichun	96	42	205	203	188	1866
佳木斯	Jiamusi	108	233	542	358	206	2387
七台河	Qitaihe	48	63	161	114	159	988
牡丹江	Mudanjiang	150	308	676	945	433	2872
黑 河	Heihe	85	107	311	312	200	2267
绥 化	Suihua	87	114	753	550	264	4033
大兴安岭	Daxinganling	54	64	159	140	209	1201
农垦总局	ARB	41	40	172	135	68	272
绥芬河	Suifenhe	8	14	30	14	19	216
抚 远	Fuyuan	5	6	33	14	15	203

1-4 按地区和行业门类分组的产业活动单位数（2016年）

NUMBER OF INDUSTRIAL ACTIVITIES UNITS BY SECTOR AND REGION (2016)

单位：个 (unit)

地 区	Region	总 计 Total	农、林、牧、渔业 Agriculture, Forestry, Animal Husbandry and Fishery	采矿业 Mining	制造业 Manufacturing	电力、热力、燃气及水的生产和供应业 Production and Supply of Electric, heat, Gas and Water	建筑业 Construction
全 省	**Total**	**308371**	**39919**	**2378**	**30027**	**3227**	**9769**
哈尔滨	Harbin	108935	10651	245	11398	771	4477
齐齐哈尔	Qiqihar	31170	6408	96	3147	442	589
鸡 西	Jixi	8335	1145	307	699	139	173
鹤 岗	Hegang	6171	591	188	522	73	184
双鸭山	Shuangyashan	11659	1640	238	636	185	396
大 庆	Daqing	29926	1466	144	2671	263	1173
伊 春	Yichun	8179	798	85	903	137	238
佳木斯	Jiamusi	18523	3452	89	1430	187	483
七台河	Qitaihe	5086	175	302	410	79	95
牡丹江	Mudanjiang	25284	1193	417	3757	288	858
黑 河	Heihe	11229	2083	85	458	126	232
绥 化	Suihua	23474	6310	28	2266	139	301
大兴安岭	Daxinganling	6206	1146	65	341	48	203
农垦总局	ARB	10112	2589	68	1006	319	272
绥芬河	Suifenhe	2798	35		357	14	68
抚 远	Fuyuan	1284	237	21	26	17	27

1-4 续表1 CONTINUED

单位：个 (unit)

地 区	Region	批发和零售业 Wholesale and Retail Trades	交通运输、仓储和邮政业 Transport, Storage and Post	住宿和餐饮业 Hotels and Catering Services	信息传输、软件和信息技术服务业 Information Transmission, Software and IT Softwares	金融业 Financial Intermediation	房地产业 Real Estate	租赁和商务服务业 Leasing and Business Services
全 省	**Total**	**69275**	**9573**	**3523**	**8449**	**9848**	**8325**	**19488**
哈尔滨	Harbin	29199	3309	1640	4492	3210	3220	10854
齐齐哈尔	Qiqihar	5362	867	264	529	887	640	940
鸡 西	Jixi	1379	272	56	163	123	251	214
鹤 岗	Hegang	1031	146	48	103	292	213	165
双鸭山	Shuangyashan	2169	415	61	260	434	317	579
大 庆	Daqing	9148	769	202	937	923	930	2390
伊 春	Yichun	1079	256	104	183	340	195	275
佳木斯	Jiamusi	4018	520	134	302	566	435	800
七台河	Qitaihe	989	141	32	93	233	147	201
牡丹江	Mudanjiang	5571	801	577	471	791	738	1435
黑 河	Heihe	1656	362	104	211	394	266	455
绥 化	Suihua	3074	659	92	279	860	452	296
大兴安岭	Daxinganling	870	307	94	174	227	131	352
农垦总局	ARB	2222	507	87	204	447	189	247
绥芬河	Suifenhe	1268	171	22	27	79	158	192
抚 远	Fuyuan	240	71	6	21	42	43	93

1-4 续表2 CONTINUED

单位：个 (unit)

地 区	Region	科学研究和技术服务业 Scientific Research and Technical Service	水利、环境和公共设施管理业 Management of Water Conservancy, Environment and Public Facilities	居民服务、修理和其他服务业 Services to Households Repair and Other Services	教 育 Education	卫生和社会工作 Health and Socia Services	文化、体育和娱乐业 Culture, Sports and Entertainment	公共管理、社会保障和社会组织 Public Management Social Security and Social Organization
全 省	**Total**	**12026**	**2442**	**3990**	**11310**	**13258**	**5477**	**46067**
哈尔滨	Harbin	5242	717	1836	3459	3000	1465	9750
齐齐哈尔	Qiqihar	590	271	357	1759	1949	555	5518
鸡 西	Jixi	171	120	66	307	556	246	1948
鹤 岗	Hegang	118	57	61	247	385	119	1628
双鸭山	Shuangyashan	328	134	84	356	546	303	2578
大 庆	Daqing	2745	201	495	1262	600	710	2897
伊 春	Yichun	127	119	58	240	516	222	2304
佳木斯	Jiamusi	408	118	237	636	1374	273	3061
七台河	Qitaihe	134	51	66	196	399	163	1180
牡丹江	Mudanjiang	1104	183	325	930	1600	519	3726
黑 河	Heihe	255	127	117	368	603	262	3065
绥 化	Suihua	321	129	128	1086	1331	273	5450
大兴安岭	Daxinganling	172	72	73	159	148	222	1402
农垦总局	ARB	232	122	64	226	194	101	1016
绥芬河	Suifenhe	48	13	16	32	30	20	248
抚 远	Fuyuan	31	8	7	47	27	24	296

1-5 按地区和行业门类分组的单产业法人单位数(2016年)

NUMBER OF SINGLE INDUSTRIAL CORPORATE UNITS BY SECTOR AND REGION (2016)

单位：个 (unit)

地区	Region	总计 Total	农、林、牧、渔业 Agriculture, Forestry, Animal Husbandry and Fishery	采矿业 Mining	制造业 Manufacturing	电力、热力、燃气及水的生产和供应业 Production and Supply of Electric, heat, Gas and Water	建筑业 Construction	批发和零售业 Wholesale and Retail Trades
全省	**Total**	**242838**	**37693**	**2157**	**29032**	**1659**	**8678**	**55863**
哈尔滨	Harbin	90786	10482	232	10993	354	3987	24516
齐齐哈尔	Qiqihar	23704	6296	90	3016	192	495	4403
鸡西	Jixi	6632	1111	288	681	63	169	993
鹤岗	Hegang	4299	525	151	504	36	161	643
双鸭山	Shuangyashan	8365	1574	209	599	77	315	1576
大庆	Daqing	25414	1461	124	2588	175	1018	8151
伊春	Yichun	5434	529	79	873	63	227	591
佳木斯	Jiamusi	14239	3390	85	1402	102	419	2928
七台河	Qitaihe	3742	168	231	387	27	88	839
牡丹江	Mudanjiang	20449	997	414	3701	241	820	4904
黑河	Heihe	8103	1939	82	441	48	225	1221
绥化	Suihua	17615	6307	28	2254	85	273	1713
大兴安岭	Daxinganling	4693	995	59	317	24	172	549
农垦总局	ARB	5828	1663	64	894	153	220	1380
绥芬河	Suifenhe	2591	34		356	13	66	1244
抚远	Fuyuan	944	222	21	26	6	23	212

1-5 续表1 CONTINUED

单位：个 (unit)

地区	Region	交通运输、仓储和邮政业 Transport, Storage and Post	住宿和餐饮业 Hotels and Catering Services	信息传输、软件和信息技术服务业 Information Transmission, Software and IT Softwares	金融业 Financial Intermediation	房地产业 Real Estate	租赁和商务服务业 Leasing and Business Services	科学研究和技术服务业 Scientific Research and Technical Services
全省	**Total**	**6447**	**2846**	**5334**	**1948**	**7600**	**18033**	**10835**
哈尔滨	Harbin	2507	1269	3667	996	2969	10165	4870
齐齐哈尔	Qiqihar	517	221	126	113	567	851	519
鸡西	Jixi	114	51	22	27	248	186	153
鹤岗	Hegang	97	44	41	74	202	145	72
双鸭山	Shuangyashan	231	49	71	37	271	529	284
大庆	Daqing	560	161	718	184	789	2205	2657
伊春	Yichun	139	76	28	16	159	233	96
佳木斯	Jiamusi	430	121	182	118	427	761	319
七台河	Qitaihe	88	29	30	35	124	192	104
牡丹江	Mudanjiang	489	531	253	132	668	1354	999
黑河	Heihe	250	80	69	64	256	408	172
绥化	Suihua	468	87	41	81	438	261	244
大兴安岭	Daxinganling	143	62	33	23	119	297	141
农垦总局	ARB	204	40	23	26	168	184	150
绥芬河	Suifenhe	153	20	23	20	153	184	41
抚远	Fuyuan	57	5	7	2	42	78	14

1-5 续表2 CONTINUED

单位：个 (unit)

地 区	Region	水利、环境和公共设施管理业 Management of Water Conservancy, Environment and Public Facilities	居民服务、修理和其他服务业 Services to Households Repair and Other Services	教 育 Education	卫生和社会工作 Health and Social Services	文化、体育和娱乐业 Culture, Sports and Entertainment	公共管理、社会保障和社会组织 Public Management Social Security and Social Organizations
全 省	**Total**	**1909**	**3661**	**7791**	**5457**	**4853**	**31042**
哈尔滨	Harbin	629	1707	2457	1239	1357	6390
齐齐哈尔	Qiqihar	210	320	732	674	504	3858
鸡 西	Jixi	98	64	280	301	210	1573
鹤 岗	Hegang	37	51	213	115	105	1083
双鸭山	Shuangyashan	107	77	279	210	271	1599
大 庆	Daqing	169	462	928	367	671	2026
伊 春	Yichun	91	41	201	185	185	1622
佳木斯	Jiamusi	105	232	515	289	204	2210
七台河	Qitaihe	47	63	150	100	159	881
牡丹江	Mudanjiang	145	306	629	901	425	2540
黑 河	Heihe	83	106	295	301	193	1870
绥 化	Suihua	85	112	729	478	262	3669
大兴安岭	Daxinganling	53	63	158	137	207	1141
农垦总局	ARB	39	37	168	134	67	214
绥芬河	Suifenhe	8	14	30	13	18	201
抚 远	Fuyuan	3	6	27	13	15	165

1-6 按地区和行业门类分组的多产业法人单位数（2016年）

NUMBER OF MULTI-INDUSTRIAL CORPORATE UNITS BY SECTOR AND REGION (2016)

单位：个 (unit)

地 区	Region	总 计 Total	农、林、牧、渔业 Agriculture, Forestry, Animal Husbandry and Fishery	采矿业 Mining	制造业 Manufacturing	电力、热力、燃气及水的生产和供应业 Production and Supply of Electric, heat, Gas and Water	建筑业 Construction
全 省	**Total**	**8889**	**237**	**50**	**366**	**145**	**266**
哈尔滨	Harbin	2392	18	4	150	29	148
齐齐哈尔	Qiqihar	1091	21	1	52	24	26
鸡 西	Jixi	245	4	5	5	8	1
鹤 岗	Hegang	264	4	7	5	5	7
双鸭山	Shuangyashan	619	6	8	15	12	16
大 庆	Daqing	620	1	4	31	15	13
伊 春	Yichun	442	23	2	17	8	4
佳木斯	Jiamusi	502	4		15	8	11
七台河	Qitaihe	230	2	15	8	6	2
牡丹江	Mudanjiang	695	6	1	28	2	17
黑 河	Heihe	580	10	1	6	12	5
绥 化	Suihua	620	2		7	2	4
大兴安岭	Daxinganling	198	16	1	13	6	4
农垦总局	ARB	285	117	1	13	6	6
绥芬河	Suifenhe	47			1		1
抚 远	Fuyuan	59	3			2	1

1-6 续表1 CONTINUED

单位：个 (unit)

地 区	Region	批发和零售业 Wholesale and Retail Trades	交通运输、仓储和邮政业 Transport, Storage and Post	住宿和餐饮业 Hotels and Catering Services	信息传输、软件和信息技术服务业 Information Transmission, Software and IT Softwares	金融业 Financial Intermediation	房地产业 Real Estate	租赁和商务服务业 Leasing and Business Services
全 省	**Total**	**1253**	**271**	**84**	**112**	**458**	**204**	**235**
哈尔滨	Harbin	430	79	50	36	93	74	115
齐齐哈尔	Qiqihar	127	31	8	8	37	16	15
鸡 西	Jixi	41	8	1	4	13	1	3
鹤 岗	Hegang	27	6		4	23	5	3
双鸭山	Shuangyashan	69	19		6	33	12	11
大 庆	Daqing	85	17	9	10	44	35	41
伊 春	Yichun	54	14	1	4	27	9	4
佳木斯	Jiamusi	110	13	2	6	33	5	11
七台河	Qitaihe	20	10		4	21	5	1
牡丹江	Mudanjiang	80	25	6	7	37	26	10
黑 河	Heihe	45	12	3	6	29	4	7
绥 化	Suihua	80	7	1	5	41	3	1
大兴安岭	Daxinganling	33	12	3	9	17	3	6
农垦总局	ARB	42	10		3	7	2	2
绥芬河	Suifenhe	7	7			2	4	4
抚 远	Fuyuan	3	1			1		1

1-6 续表2 CONTINUED

单位：个 (unit)

地 区	Region	科学研究和技术服务业 Scientific Research and Technical Service	水利、环境和公共设施管理业 Management of Water Conservancy, Environment and Public Facilities	居民服务、修理和其他服务业 Services to Households Repair and Other Services	教 育 Education	卫生和社会工作 Health and Socia Services	文化、体育和娱乐业 Culture, Sports and Entertainment	公共管理、社会保障和社会组织 Public Management Social Security and Social Organization
全 省	**Total**	**156**	**69**	**48**	**496**	**558**	**67**	**3814**
哈尔滨	Harbin	68	17	19	145	117	19	781
齐齐哈尔	Qiqihar	20	12	7	127	115	7	437
鸡 西	Jixi		3		10	26	1	111
鹤 岗	Hegang	5	5		7	23	1	127
双鸭山	Shuangyashan	8	4	1	20	12	6	361
大 庆	Daqing	10	5	10	47	31	7	205
伊 春	Yichun		5	1	4	18	3	244
佳木斯	Jiamusi	5	3	1	27	69	2	177
七台河	Qitaihe	3	1		11	14		107
牡丹江	Mudanjiang	12	5	2	47	44	8	332
黑 河	Heihe	6	2	1	16	11	7	397
绥 化	Suihua	1	2	2	24	72	2	364
大兴安岭	Daxinganling	7	1	1	1	3	2	60
农垦总局	ARB	7	2	3	4	1	1	58
绥芬河	Suifenhe	4				1	1	15
抚 远	Fuyuan		2		6	1		38

1-7 按地区和行业门类分组的多产业法人所属产业活动单位数(2016年)

NUMBER OF MULTI-INDUSTRIAL ACTIVITIES UNITS OF CORPORATION BY SECTOR AND REGION (2016)

单位：个　　(unit)

地 区	Region	总 计 Total	农、林、牧、渔业 Agriculture, Forestry, Animal Husbandry and Fishery	采矿业 Mining	制造业 Manufacturing	电力、热力、燃气及水的生产和供应业 Production and Supply of Electric, heat, Gas and Water	建筑业 Construction	批发和零售业 Wholesale and Retail Trades
全 省	**Total**	**65533**	**2226**	**221**	**995**	**1568**	**1091**	**13412**
哈尔滨	Harbin	18149	169	13	405	417	490	4683
齐齐哈尔	Qiqihar	7466	112	6	131	250	94	959
鸡 西	Jixi	1703	34	19	18	76	4	386
鹤 岗	Hegang	1872	66	37	18	37	23	388
双鸭山	Shuangyashan	3294	66	29	37	108	81	593
大 庆	Daqing	4512	5	20	83	88	155	997
伊 春	Yichun	2745	269	6	30	74	11	488
佳木斯	Jiamusi	4284	62	4	28	85	64	1090
七台河	Qitaihe	1344	7	71	23	52	7	150
牡丹江	Mudanjiang	4835	196	3	56	47	38	667
黑 河	Heihe	3126	144	3	17	78	7	435
绥 化	Suihua	5859	3		12	54	28	1361
大兴安岭	Daxinganling	1513	151	6	24	24	31	321
农垦总局	ARB	4284	926	4	112	166	52	842
绥芬河	Suifenhe	207	1		1	1	2	24
抚 远	Fuyuan	340	15			11	4	28

1-7 续表1 CONTINUED

单位：个　　(unit)

地 区	Region	交通运输、仓储和邮政业 Transport, Storage and Post	住宿和餐饮业 Hotels and Catering Services	信息传输、软件和信息技术服务业 Information Transmission, Software and IT Softwares	金融业 Financial Intermediation	房地产业 Real Estate	租赁和商务服务业 Leasing and Business Services	科学研究和技术服务业 Scientific Research and Technical Services
全 省	**Total**	**3126**	**677**	**3115**	**7900**	**725**	**1455**	**1191**
哈尔滨	Harbin	802	371	825	2214	251	689	372
齐齐哈尔	Qiqihar	350	43	403	774	73	89	71
鸡 西	Jixi	158	5	141	96	3	28	18
鹤 岗	Hegang	49	4	62	218	11	20	46
双鸭山	Shuangyashan	184	12	189	397	46	50	44
大 庆	Daqing	209	41	219	739	141	185	88
伊 春	Yichun	117	28	155	324	36	42	31
佳木斯	Jiamusi	90	13	120	448	8	39	89
七台河	Qitaihe	53	3	63	198	23	9	30
牡丹江	Mudanjiang	312	46	218	659	70	81	105
黑 河	Heihe	112	24	142	330	10	47	83
绥 化	Suihua	191	5	238	779	14	35	77
大兴安岭	Daxinganling	164	32	141	204	12	55	31
农垦总局	ARB	303	47	181	421	21	63	82
绥芬河	Suifenhe	18	2	4	59	5	8	7
抚 远	Fuyuan	14	1	14	40	1	15	17

1-7 续表2 CONTINUED

单位：个 (unit)

地 区	Region	水利、环境和公共设施管理业 Management of Water Conservancy, Environment and Public Facilities	居民服务、修理和其他服务业 Services to Households Repair and Other Services	教 育 Education	卫生和社会工作 Health and Social Services	文化、体育和娱乐业 Culture, Sports and Entertainment	公共管理、社会保障和社会组织 Public Management Social Security and Social Organizations
全 省	**Total**	**533**	**329**	**3519**	**7801**	**624**	**15025**
哈尔滨	Harbin	88	129	1002	1761	108	3360
齐齐哈尔	Qiqihar	61	37	1027	1275	51	1660
鸡 西	Jixi	22	2	27	255	36	375
鹤 岗	Hegang	20	10	34	270	14	545
双鸭山	Shuangyashan	27	7	77	336	32	979
大 庆	Daqing	32	33	334	233	39	871
伊 春	Yichun	28	17	39	331	37	682
佳木斯	Jiamusi	13	5	121	1085	69	851
七台河	Qitaihe	4	3	46	299	4	299
牡丹江	Mudanjiang	38	19	301	699	94	1186
黑 河	Heihe	44	11	73	302	69	1195
绥 化	Suihua	44	16	357	853	11	1781
大兴安岭	Daxinganling	19	10	1	11	15	261
农垦总局	ARB	83	27	58	60	34	802
绥芬河	Suifenhe	5	2	2	17	2	47
抚 远	Fuyuan	5	1	20	14	9	131

1-8 按登记注册类型分组的法人单位数和产业活动单位数 (2016年)

NUMBERS OF CORPORATE UNITS AND INDUSTRIAL ACTIVITIES UNITS OF BY REGISTER TYPE (2016)

单位：个 (unit)

项 目	Item	法人单位数 Unit Number of Legal Person	产业活动单位数 Unit Number of Industry Activity
合 计	**Total**	**251727**	**308371**
内资企业	**Domestic Funded Enterprises**	**250769**	**306416**
国有	State-owned Enterprises	35563	64420
集体	Collective-owned Enterprises	3361	7091
股份合作	Cooperative Enterprises	1528	2544
联营企业	Joint Ownership Enterprises	545	1041
国有联营	State Joint Ownership Enterprises	104	224
集体联营	Collective Joint Ownership Enterprises	146	333
国有与集体联营	State-Collective Joint Ownership Enterprises	99	138
其他联营	Other Joint Ownership Enterprises	196	346
有限责任公司	Limited Liability Corporations	45501	50487
国有独资公司	State-owned Proprietorship	517	653
其他有限责任公司	Other Limited Liability Corporations	44984	49834
股份有限公司	Share Holding Enterprises	4171	8760
私营企业	Private Enterprises	87030	92178
私营独资	Private Proprietorship	25735	27381
私营合伙	Private Partnership	2376	2529
私营有限责任公司	Private Limited Liability Corporations	56772	59878
私营股份有限公司	Private Share Holding Enterprises	2147	2390
其他企业	Others	73070	79895
港澳台商投资企业	**Enterprises with Funds from Hong Kong, Macao and Taiwan**	**370**	**649**
与港澳台资合资经营	Joint Ventures with Hong Kong, Macao and Taiwan	146	178
与港澳台资合作经营	Cooperative Operation with Hong Kong, Macao and Taiwan	21	28
港澳台商独资经营	Individual Proprietorship of Hong Kong, Macao and Taiwan	167	262
港澳台商投资股份有限公司	Share Holding Enterprises with Funds from Hong Kong, Macao and Taiwan	18	147
其他港、澳、台商投资	Others	18	34
外商投资	**Foreign Funded Enterprises**	**588**	**1306**
中外合资经营	Joint Ventures	220	333
中外合作经营	Cooperative Operation	24	30
外资企业	Foreign Investment	274	581
外商投资股份有限公司	Foreign Funded Share Holding Enterprises	44	307
其他外商投资	Others	26	55

1-9 按人口平均的主要工农业产品产量

PER CAPITA MAIN FARM PRODUCE AND INDUSTRIAL PRODUCTS

年 份 Year	粮豆薯 (千克) Grain (kg)	油 料 (千克) Oil-bearing Crops (kg)	猪牛羊肉 (千克) Pork, Beef and Mutton (kg)	牛 奶 (千克) Cow Milk (kg)	水产品 (千克) Aquatic Products (kg)	木 材 (立方米) Timber (cu. m)	钢 (千克) Steel (kg)	原 煤 (吨) Coal (ton)	原 油 (吨) Crude Oil (ton)	发电量 (千瓦时) Electricity (kwh)
1978	476.4	2.8	10.3	4.4	0.7	0.50	17.6	1.20	1.62	347
1980	459.0	7.5	11.6	3.9	0.6	0.51	16.5	1.33	1.62	405
1985	420.2	8.5	9.4	12.9	2.0	0.50	22.7	1.87	1.65	559
1990	655.7	4.9	13.0	28.8	4.2	0.43	27.0	2.34	1.58	837
1991	608.1	4.3	14.3	31.6	4.6	0.38	28.0	2.39	1.56	889
1992	658.9	6.1	14.8	33.5	5.0	0.35	32.7	2.34	1.55	966
1993	659.7	4.4	14.5	30.8	5.2	0.34	34.5	1.99	1.54	1027
1994	705.3	4.3	16.9	30.3	5.7	0.34	30.3	2.10	1.53	1044
1995	703.2	5.4	19.1	32.9	6.9	0.30	25.4	2.15	1.52	1052
1996	820.2	4.5	25.1	35.9	7.8	0.35	22.7	2.21	1.51	1105
1997	830.2	4.9	26.8	37.6	8.6	0.31	23.6	2.02	1.50	1158
1998	799.7	4.5	29.8	37.8	9.5	0.25	21.0	1.89	1.49	1127
1999	812.8	10.4	31.6	37.8	9.6	0.22	20.5	1.65	1.44	1088
2000	670.0	11.5	33.1	40.6	10.1	0.18	23.4	1.31	1.40	1123
2001	696.2	9.5	35.3	49.6	10.6	0.17	24.2	1.34	1.35	1150
2002	771.6	13.9	38.8	61.9	11.0	0.16	37.8	1.54	1.32	1205
2003	658.7	11.7	43.9	78.8	11.0	0.20	43.4	1.74	1.27	1277
2004	821.6	12.1	53.3	98.1	11.3	0.16	47.4	1.87	1.22	1295
2005	942.8	15.9	63.5	115.3	11.7	0.20	60.8	1.90	1.18	1561
2006	989.1	16.5	67.3	120.5	8.7	0.20	82.5	2.07	1.14	1654
2007	1037.1	13.1	49.4	123.9	9.0	0.20	114.1	2.09	1.09	1782
2008	1104.7	7.5	63.3	151.8	9.3	0.23	111.5	2.14	1.05	1881
2009	1137.9	7.4	40.9	138.2	10.0	0.20	147.9	2.29	1.05	1879
2010	1309.0	7.2	43.2	144.3	10.4	0.20	147.8	2.42	1.05	2022
2011	1453.1	6.1	43.8	141.7	9.3	0.11	155.6	2.29	1.04	2149
2012	1502.7	5.9	47.0	146.1	11.8	0.10	159.2	2.26	1.04	2199
2013	1565.8	5.0	48.2	135.1	12.7	0.07	164.6		1.04	2155
2014	1628.1	4.5	50.9	145.2	13.4	0.06	126.1		1.04	2280
2015	1628.1	4.5	50.9	145.2	13.4	0.06	105.6		1.00	2276
2016	1592.0	5.7	50.8	143.5	15.1	0.03	87.4	1.48	0.96	2359

注：2005、2006年钢产量为粗钢产量。
Note:In 2005,2006 the output of steel is crude steel.

1–10 国民经济和社会发展总量与速度指标

指 标	Item	总量指标	
		2000	2005
人口与就业	**Population and Employment**		
人口(万人)	**Population(10000 persons)**		
总人口	Population at Year-end	3807.0	3820.0
男性人口	Male	1945.8	1933.1
女性人口	Female	1861.2	1886.9
市镇人口	Urban	1977.4	2028.4
乡村人口	Rural	1829.6	1791.6
就业(万人)	**Employment (10000 persons)**		
就业人员数	Employment	1600.8	1748.9
#城镇就业人员	#Urban Employed Persons	722.8	799.9
城镇登记失业人数	Registered Unemployed in Urban Areas	25.3	31.3
宏观经济	**Macro Economy**		
国民经济核算(亿元)	**National Accounting(100 million yuan)**		
地区生产总值	Gross Domestic Product	3151.4	5542.8
第一产业	Primary Industry	383.2	684.6
第二产业	Secondary Industry	1731.7	2990.6
第三产业	Tertiary Industry	1036.6	1867.6
人均地区生产总值(元)	Per Capita GDP (yuan)	8294	14516
非公有制经济增加值(亿元)	**Value Added of Non-public Economic(100 million yuan)**		**1948.0**
固定资产投资(亿元)	**Investment in Fixed Assets(100 million yuan)**		
全社会固定资产投资	Total Investment in Fixed Assets	859.2	1731.7
固定资产投资总额(不含农户)	Total Investment(Excluding Farm Households)		
#工业投资	#Industry Investnent		
房地产开发	Real Estate Development	104.1	267.6
消 费	**Consumption**		
社会消费品零售总额(亿元)	Total Retail Sales of Consumer Goods(100 million yuan)	1094.0	1773.8
对外贸易	**Foreign Trade**		
进出口总额(万美元)	Total Exports and Imports(USD 10000)	298620	957216
出口额	Exports	145101	607202
进口额	Imports	153519	350014
实际利用外资额(万美元)	Total Amount of Foreign Capital Actually Used(USD 10000)	110359	152202
#外商直接投资	#Direct Foreign Investments	83085	144690
财政(亿元)	**Public Finance(100 million yuan)**		
公共财政收入	General Budgetary Financial Revenue	185.3	318.2
公共财政支出	General Budgetary Financial Expenditure	381.9	787.8
价格指数(上年=100)	**Price Indices(preceding year=100)**		
居民消费价格总指数	General Consumer Price Index	98.3	101.2
商品零售价格总指数	General Retail Price Index	97.8	100.4
农业生产资料价格指数	Price Index for Means of Agricultural Production	98.6	108.6
工业生产者购进价格指数	Producer Price Index for Industrial Products	108.6	111.8
工业生产者出厂价格指数	Producer Price Index for Industrial Products	122.9	116.7
能源(万吨标准煤)	**Energy(10000 tons of SCE)**		
一次能源生产总量	Total Energy Production		13756
能源消费总量	Total Energy Consumption		8076
产 业	**Industry**		
农 业	**Agriculture**		
农林牧渔业总产值(亿元)	Gross Output Value of Farming, Forestry, Animal Husbandry and Fishery(100 million yuan)	625.1	1294.4
乡村从业人员(万人)	Number of Rural Employees(10000 persons)	913.2	950.1

PRINCIPAL ECONOMIC AND SOCIAL INDICATORS AND THEIR GROWTH RATES

Aggregate Data			速度指标（%）　Indices and Growth Rates (%)						
			指数（2016年为以下各年） Index (2016 as percentage of the following years)				年均增长 Average Annual Growth Rate		
2010	2015	2016	2000	2005	2010	2015	"十一五"时期 Eleventh Five-Year Period	"十二五"时期 Twelfth Five-Year Period	2012-2016年
3833.4	3812.0	3799.2	99.8	99.5	99.1	99.7	0.07	-0.11	-0.18
1943.6	1926.8	1918.1	98.6	99.2	98.7	99.5	0.11	-0.17	-0.19
1889.8	1885.2	1881.1	101.1	99.7	99.5	99.8	0.03	-0.05	-0.18
2133.7	2241.5	2249.1	113.7	110.9	105.4	100.3	1.02	0.99	0.75
1699.7	1570.5	1550.1	84.7	86.5	91.2	98.7	-1.05	-1.57	-1.45
1932.0	2013.7	2077.3	129.8	118.8	107.5	103.2	2.01	0.83	0.99
942.6	1058.5	1123.4	155.4	140.4	119.2	106.1	3.34	2.35	2.59
36.2	41.0	39.6	156.4	126.5	109.2	96.6	2.97	2.49	2.47
10442.2	15174.5	15386.1	460.7	278.4	158.0	106.1	12.0	8.3	7.1
1302.9	2633.5	2670.5	271.6	189.8	139.0	105.3	6.4	5.7	5.5
5073.1	4847.5	4400.7	451.0	259.9	142.0	102.6	12.9	6.7	4.7
4066.3	7693.5	8314.9	520.0	325.3	180.9	108.5	12.4	10.8	9.8
27266	39699	40432	460.0	279.0	158.8	106.5	11.9	8.3	7.2
4972.2	**7934.9**	**8176.6**			**181.8**	**107.7**	**20.6**	**11.0**	**9.3**
6801.7	10182.9	10648.4				104.6	31.5	15.8	10.6
	9884.3	10432.6				105.5	31.9	16.6	11.2
	3621.2	3764.2				103.9	32.1	14.6	8.5
843.1	992.1	864.8				87.2	26.4	3.3	-6.6
4039.2	7640.2	8402.5	768.1	473.7	208.0	110.0	17.9	13.6	12.1
2550382	2098599	1653789	553.8	172.8	64.8	78.7	21.7	-3.8	-15.5
1628176	803072	504386	347.6	83.1	31.0	62.8	21.8	-13.2	-22.2
922207	1295527	1149403	748.7	328.4	124.6	88.6	21.4	7.0	-11.1
275851	554509	589647	534.3	387.4	213.8	106.3	12.6	15.0	11.3
266151	544875	581833	700.3	402.1	218.6	106.8	13.0	15.4	12.4
755.6	1165.9	1148.4	619.6	360.9	152.0	98.5	18.9	9.0	2.9
2253.3	4020.7	4227.3	1107.0	536.6	187.6	105.2	23.4	12.3	8.6
103.9	101.1	101.5							
103.1	100.1	101.1							
105.6	101.3	100.0							
114.5	88.2	96.0							
115.0	86.0	95.1							
13266	10764	10364							
11139	12126	12280							
2536.3	5044.9	5197.8	291.5	187.0	138.6	105.4	6.2	5.6	5.5
989.4	976.0	955.3	104.6	100.5	96.5	97.9	3.0	2.5	-0.7

1-10 续表1

指　标	Item	总量指标	
		2000	2005
主要农产品产量(万吨)	Output of Major Farm Products(10000 tons)		
粮豆薯	Grain	2545.5	3600.0
#水　稻	#Rice	1042.2	1172.5
玉　米	Corn	790.8	1379.5
大　豆	Soja	450.1	748.0
薯　类	Tubers	81.8	85.3
油　料	Oil-bearing Crops	43.8	60.6
麻　类	Fiber Crops	18.7	36.1
蔬 菜、食用菌	Vegetables, Mushroom	1325.6	1153.5
烟　叶	Tobacco	9.6	7.4
瓜　果	Fruits	319.4	306.4
奶　类	Milk	156.5	444.2
水产品	Aquatic Products	38.2	44.6
木材(万立方米)	Timber(10000 cu.m)	691.5	764.1
规模以上工业	**Industry above Designated Size**		
工业总产值(亿元)	Gross Industrial Output Value(100 million yuan)	2460.9	4714.9
轻工业	Light Industry	442.5	842.4
重工业	Heavy Industry	2018.4	3872.5
工业增加值(亿元)	Value-added of Industry(100 million yuan)	1213.0	2154.6
利润总额(亿元)	Profits(100 million yuan)	564.9	1067.1
主要工业产品产量	Output of Major Industrial Products		
原油(万吨)	Crude Oil(10000 tons)	5306.7	4495.0
天然气(亿立方米)	Natural Gas(100 million cu.m)	23.0	24.4
水泥(万吨)	Cement(10000 tons)	903.7	1113.3
成品钢材(万吨)	Steel Products(10000 tons)	76.3	232.3
汽车(万辆)	Automobile(10000 unit)	13.4	26.6
发电量(亿千瓦时)	Electricity(100 million kwh)	426.7	596.0
建筑业	**Construction**		
建筑业总产值(亿元)	Gross Output Value(100 million yuan)	334.1	572.9
房屋建筑施工面积(万平方米)	Floor Space of Buildings under Construction(10000 sq.m)	2962.6	4467.7
房屋建筑竣工面积(万平方米)	Floor Space of Buildings Completed(10000 sq.m)	1886.9	2249.7
交通运输业	**Transportation**		
货运量(万吨)	Freight Traffic(10000 tons)	57213	64612
铁　路	Railways	12959	15959
公　路	Highways	39685	44376
水　运	Waterways	788	1301
空　运	Civil Aviation	1.7	4.2
管　道	Pipelines	3779	2972
客运量(万人)	Passenger Traffic(10000 persons)	49806	55619
铁　路	Railways	9819	8251
公　路	Highways	39864	46808
水　运	Waterways	45	240
空　运	Civil Aviation	78	320
邮电通信业	**Postal and Telecommunication Services**		
邮电业务总量(亿元)	Business Volume of Postal and Telecommunication Services(100 million yuan)	167.1	346.8
邮政业务总量	Business Volume of Post	10.5	23.7
电信业务总量	Business Volume of Telecommunications	156.6	323.1
函件(万件)	Number of Letters Delivered (10000 pieces)	9114	13010
报刊期发数(万份)	Number of Newspapers and Magazines(10000 pieces)	240.0	386.0
固定电话年末用户(万户)	Number of Fixed Telephone Subscribers at Year-end(10000 subscribers)	486.9	1082.1
城　市	Urban Telephone Subscribers	387.9	810.2
农　村	Rural Telephone Subscribers	99.0	271.9
移动电话用户(万户)	Number of Mobile Telephone(10000 subscribers)	315.8	1132.3

CONTINUED

Aggregate Data			速度指标（%） Indices and Growth Rates (%)						
			指数（2016年为以下各年） Index (2016 as percentage of the following years)				年均增长 Average Annual Growth Rate		
2010	2015	2016	2000	2005	2010	2015	"十一五"时期 Eleventh Five-Year Period	"十二五"时期 Twelfth Five-Year Period	2012-2016年
5012.8	6324.0	6058.5	238.0	168.3	120.9	95.8	6.8	4.8	1.7
1843.9	2199.7	2255.3	216.4	192.3	122.3	102.5	9.5	3.6	1.8
2324.4	3544.1	3127.4	395.5	226.7	134.5	88.2	11.0	8.8	3.2
585.0	428.4	503.6	111.9	67.3	86.1	117.5	-4.8	-6.0	-1.4
126.2	100.3	100.8	123.2	118.2	79.9	100.5	8.1	-4.5	-5.6
27.5	18.3	21.7	49.5	35.8	78.9	118.6	-14.6	-7.8	-1.4
2.2	2.0	7.0	37.4	19.4	318.2	350.0	-42.9	-1.9	42.3
723.8	957.4	936.8	70.7	81.2	129.4	97.8	-8.9	5.8	3.5
9.6	6.9	5.3	55.2	71.6	55.2	76.8	5.3	-6.4	-9.0
233.0	161.6	206.7	64.7	67.5	88.7	127.9	-5.3	-7.1	-1.7
558.8	574.4	548.6	350.5	123.5	98.2	95.5	4.7	0.6	-0.4
40.0	54.2	57.3	150.0	128.5	143.3	105.6	-2.2	6.3	9.9
770.0	156.6	116.4	16.8	15.2	15.1	74.3	0.2		
9535.1	11607.9	11279.9							
2421.5	4729.5	4820.7							
7113.6	6878.4	6459.2							
4003.5	3229.5	2994.2				102.0	14.3	6.7	4.5
1248.8	465.1	295.5				59.4			
4004.9	3838.6	3656.0				96.1	-2.3	-0.8	-1.4
30.0	35.6	38.0				106.2	4.2	3.8	4.2
3507.2	3264.5	3544.7				108.2	27.2	-1.7	-4.2
566.0	403.8	332.7				82.6	19.0	-6.9	-11.3
24.8	8.0	7.6				94.1	3.2	-22.1	-15.9
774.5	870.0	897.9				101.4	2.3	2.3	1.2
1769.7	1675.1	1716.6	513.8	299.6	97.0	102.5	25.3	-1.1	-3.3
7171.0	5617.1	5014.1	169.2	112.2	69.9	89.3	9.9	-4.8	-10.9
3620.0	2966.8	2746.9	145.6	122.1	75.9	92.6	10.0	-3.9	-9.1
61950	59591	58697	102.6	90.8	94.7	98.5	5.5	-0.8	-2.5
17463	8866	9420	72.7	59.0	53.9	106.2	1.8	-12.7	-11.5
40582	44200	42897	108.1	96.7	105.7	97.1	-1.8	1.7	-0.7
1015	1245	1130	143.4	86.9	111.3	90.8	-4.8	4.2	0.2
7.6	12.0	13.0	764.7	309.5	171.1	108.3	12.6	9.6	9.7
2883	5268	5237	138.6	176.2	181.7	99.4	-0.6	12.8	8.2
47612	44480	41254	82.8	74.2	86.6	92.7	-3.1	-1.4	-4.3
10468	9794	10454	106.5	126.7	99.9	106.7	4.9	-1.3	-0.3
36001	32632	28550	71.6	61.0	79.3	87.5	-5.1	-1.9	-6.3
292	372	355	788.9	147.9	121.6	95.4	4.0	5.0	2.6
851	1682	1895	2429.5	593.1	222.7	112.7	21.6	14.6	15.5
823.4	511.8	821.4	491.6	236.9	99.8	160.5	18.9	-9.1	21.7
47.0	52.2	68.7	654.3	289.9	146.2	131.6	14.7	2.1	17.9
776.4	459.6	752.7	480.7	233.0	96.9	163.8	19.2		
9305	4609	3659	40.1	28.1	39.3	79.4	-6.5	-13.1	67.5
367.7	297.3	255.2	106.3	66.1	69.4	85.9	-1.0	-4.2	-49.5
813.5	596.0	497.4	102.2	46.0	61.1	83.5	-5.5	-6.0	2.2
620.4	503.8	430.7	111.0	53.2	69.4	85.5	-5.2	-4.1	-6.7
193.1	92.2	66.8	67.5	24.6	34.6	72.5	-6.6	-13.7	-18.5
2243.0	3329.8	3445.6	1091.1	304.3	153.6	103.5	14.6	8.2	-0.1

1-10 续表2

指 标	Item	总量指标	
		2000	2005
旅游业	**Tourism**		
国际旅游人数(万人)	Number of Tourists from Abroad(10000 persons)	55.2	82.2
国际旅游外汇收入(万美元)	Foreign Exchange Earnings from Tourism(USD 10000)	18905	34043
金融业 (亿元)	**Financial Intermediation(100 million yuan)**		
金融机构人民币各项存款余额	Deposits of National Banking System	3333.4	6135.1
金融机构人民币各项贷款余额	Loans of National Banking System	3145.1	3658.5
保险公司保费金额	Insurance Premium of Insurance Companies	40.8	139.6
保险公司赔款及给付金额	Indemnity Expenditure and Payment of Insurance Companies	11.1	25.2
教育、科技、文化	**Education, Science and Technology and Culture**		
教 育	**Education**		
在校学生数(万人)	Students Enrollment(10000 persons)		
普通高等学校	Institutions of Higher Education	20.0	54.0
中等专业学校	Specialized Secondary Schools	11.5	9.8
普通中学	Regular Secondary Schools	248.7	228.0
小 学	Primary Schools	283.1	220.4
专任教师数(万人)	Full-time Teachers(10000 persons)		
普通高等学校	Institutions of Higher Education	1.62	3.51
中等专业学校	Specialized Secondary Schools	0.74	0.32
普通中学	Regular Secondary Schools	14.4	14.3
小 学	Primary Schools	19.3	16.3
科 技	**Science and Technology**		
研究与试验发展经费支出(亿元)	Expenditures on Research and Development(100 million yuan)		
授权专利数(件)	Total Patent Applications Certified(item)	2252	2906
技术市场成交额(亿元)	Volume of Transaction in Technical Markets(100 million yuan)	15.2	14.3
文 化	**Culture**		
电视节目制作时间(小时)	Time for TV Programs Production(hour)	21266	47647
出版图书(万册)	Number of Books Published(10000 copies)	9944	5938
出版杂志(万册)	Number of Magazines Issued(10000 copies)	7919	3503
出版报纸(万份)	Number of Newspapers Issued(10000 copies)	73571	71410
人民生活	**People's Livelihood**		
生 活	**Livelihood**		
城镇非私营单位就业人员平均工资(元)	Average Wage of Employed Persons In Urban Non-private Units(yuan)		
城镇常住居民人均可支配收入(元)	Annual Per Capita Disposable Income of Urban Households(yuan)		
农村常住居民人均可支配收入(元)	Annual Per Capita Disposable Income of Rural Households(yuan)		
城乡居民储蓄存款余额(亿元)	Outstanding Amount of Saving Deposits in Urban and Rural Areas(100 million yuan)	2286	4079
人均储蓄存款(元)	Per Capita Balance of Saving Deposit(yuan)	6003	10677
婚姻(万对)	**Marriages and Divorces(10000 couples)**		
结婚登记总数	Registered Number of Marriages	21.8	22.8
离婚数	Number of Divorces	7.5	9.6
卫 生	**Public Health**		
卫生机构(个)	Health Institutions(unit)	8038	8326
卫生机构床位(万张)	Beds of Health Institutions(10000 unit)	12.0	12.0
卫生技术人员(万人)	Medical Technical Personnel(10000 persons)	17.1	15.1
城市建设	**Municipal Works**		
全年供水总量(亿立方米)	Annual Volume of Tap Water Supply(100 million cu.m)	15.4	12.0
城市排水管道长度(公里)	Length of City Sewage Pipes(km)	4877	5918
人工煤气供气量(万立方米)	Volume of Coal Gas Supply(10000 cu.m)	30347	40199
液化石油气供应量(万吨)	Volume of Liquefied Petroleum Gas Supply(10000 tons)	19.9	22.9
年末实有道路长度(公里)	Length of Paved Roads at Year-end(km)	8286	9318
园林绿地面积(公顷)	Green Areas(hectare)	33768	51415
清运垃圾(万吨)	Volume of Garbage Disposal(10000 tons)	918	1027

CONTINUED

Aggregate Data			速度指标（%） Indices and Growth Rates (%)						
			指数（2016年为以下各年） Index (2016 as percentage of the following years)				年均增长 Average Annual Growth Rate		
2010	2015	2016	2000	2005	2010	2015	"十一五"时期 Eleventh Five-Year Period	"十二五"时期 Twelfth Five-Year Period	2012-2016年
172.4	83.5	95.7	173.5	116.5	55.5	114.7	16.0		
76250	39533	45805	242.3	134.6	60.1	115.9	17.5		
12835.7	21218.9	22179.0	665.4	361.5	172.8	104.5	15.9	10.6	9.1
7230.5	16214.9	17725.0	563.6	484.5	245.1	109.3	14.6	17.5	15.7
343.2	591.8	685.5	1679.5	490.9	199.7	115.8	19.7	11.5	16.6
77.6	169.3	237.8	2149.8	943.5	306.6	140.5	25.2	16.9	22.3
71.9	73.5	73.6	367.2	136.3	102.3	100.1	5.9	0.4	0.7
11.9	11.2	10.6	92.1	108.5	89.3	95.3	4.0	-1.3	-2.3
190.8	145.4	145.4	58.4	63.8	76.2	100.0	-3.5	-5.3	-4.7
188.0	147.8	143.9	50.9	65.3	76.6	97.4	-3.1	-4.7	-5.2
4.42	4.68	4.68	289.6	133.4	106.0	100.0	4.7	1.2	0.9
0.42	0.46	0.47	63.6	144.1	111.4	102.0	5.3	1.8	1.5
14.2	15.3	15.1	104.4	105.3	106.1	98.6	-0.1	1.5	-0.6
15.1	10.9	10.1	52.5	62.1	67.0	93.0	-1.5	-6.3	-5.5
	157.7	152.5				96.7			
6803	18942	18046	801.3	621.0	265.3	95.3	18.5	22.7	
53.4	127.3	132.0	865.9	925.3	247.2	103.7	30.2	19.0	
81482	97437	115121	541.3	241.6	141.3	118.1	11.3	3.6	3.3
7420	7170	7694	77.4	129.6	103.7	107.3	4.6	-0.7	-1.5
5253	4467	4340	54.8	123.9	82.6	97.2	8.4	-3.2	-4.6
78219	66308	62387	84.8	87.4	79.8	94.1	1.8	-3.3	-4.7
27735	48881	52435			189.1	107.3		12.0	
13857	24203	25736				106.3	10.9	10.4	8.0
6211	11095	11832				106.6	14.0	12.9	9.0
7255	12440	13448	588.4	329.7	185.4	108.1	12.2	11.4	10.5
18944	32544	35338	588.7	331.0	186.5	108.6	12.2	11.4	10.7
30.9	31.8	30.6	140.7	134.2	99.2	96.3	6.2	0.6	-1.6
14.0	19.0	18.7	250.3	195.2	134.2	98.8	7.8	6.3	4.4
8938	9304	20378				219.0	1.4	0.8	
16.0	21.2	22.0				104.0	5.9	5.8	
18.9	25.9	29.2				112.7	4.6	6.6	
16.4	14.9	14.2	92.1	118.3	86.6	95.3			
7504	10345	10642	218.2	179.8	141.8	102.9			
7587	7202	6832	22.5	17.0	90.0	94.9			
22.0	21.0	19.6	98.5	85.6	89.1	93.1			
10090	12364	12626	152.4	135.5	125.1	102.1			
69581	76501	76788	227.4	149.4	110.4	100.4			
782	523	535	58.4	52.2	68.4	102.4			

1-11 国民经济和社会发展结构指标

STRUCTURAL INDICATORS ON NATIONAL ECONOMIC AND SOCIAL DEVELOPMENT

单位：% (%)

指　标	Item	2000	2010	2015	2016
人口与就业	**Population and Employment**				
人　口	**Population**				
性别结构	Sexual Structure				
男	Male	51.1	50.7	50.5	50.5
女	Female	48.9	49.3	49.5	49.5
城乡结构	Structure of Urban and Rural				
城　镇	Urban	51.9	55.7	58.8	59.2
乡　村	Rural	48.1	44.3	41.2	40.8
就　业	**Employment**				
城乡结构	Structure of Urban and Rural				
城　镇	Urban	45.2	48.8	52.6	54.1
乡　村	Rural	54.8	51.2	48.5	45.9
宏观经济	**Macro Economy**				
国民经济核算	**National Accounting**				
地区生产总值产业结构	Structure of Gross Domestic Product				
第一产业	Primary Industry	12.2	12.5	17.4	17.4
第二产业	Secondary Industry	54.9	48.6	31.9	28.6
第三产业	Tertiary Industry	32.9	38.9	50.7	54.0
固定资产投资	**Investment in Fixed Assets**				
产业投资结构	Structure of Sector Investment				
第一产业	Primary Industry		3.8	9.1	9.7
第二产业	Secondary Industry		45.8	39.2	38.1
第三产业	Tertiary Industry		50.4	51.6	52.3
资金来源结构	Structure of Source of Funds				
国家预算内投资	State Budgetary Appropriation	4.7	5.4	4.5	4.6
国内贷款	Domestic Loans	17.3	7.8	2.6	3.5
债　券	Bonds	2.5	0.3	0.1	0.5
利用外资	Foreign Investment	2.5	0.5	0.1	0.04
自　筹	Fundraising	57.1	76.5	81.9	80.7
其他投资	Others	16.0	9.5	10.8	10.7
货物进出口	**Imports and Exports of Goods**				
进出口总额结构	Structure of Total Exports and Imports				
出　口	Exports	48.6	63.8	38.3	30.5
进　口	Imports	51.4	36.2	61.7	69.5
财　政	**Finance**				
财政收入结构	Composition of Government Revenue				
省　级	Province		21.7	22.3	22.5
地　级	City		41.3	56.5	58.0
县　级	County		35.6	21.3	19.5
乡镇级	Town & Township		1.4		
财政支出结构	Composition of Government Expenditure				
一般公共服务	General Public Services		9.9	6.0	6.3
教　育	Education		13.3	13.7	13.2
科学技术	Science and Technology		1.2	1.1	1.1
社会保障和就业	Social Safety Net and Employment Effort		13.6	18.1	17.3
医疗卫生	Medical and Health Care		6.0	6.8	6.6
环境保护	Environment Protection		3.9	3.9	2.7
城乡社区事务	Urban and Rural Area Community Affairs		6.3	8.7	9.2
农林水事务	Agriculture, Forestry and Water Conservancy		15.0	16.9	19.0
交通运输	Transportation		6.6	6.8	5.9
住房保障支出	Affairs of Housing Security		4.8	5.3	6.4
其　他	Others		19.4	12.7	12.3

1-11 续表1 CONTINUED

单位：% (%)

指 标	Item	2000	2010	2015	2016
能 源	**Energy**				
一次能源生产总量结构	Structure of Total Energy Production				
原 煤	Coal		52.0	41.9	39.1
原 油	Petroleum Crude Oil		43.1	50.9	50.4
天然气	Natural Gas		3.0	4.4	4.9
水 电	Hydropower		0.7	0.6	0.7
风 电	Wind Power		1.2	2.1	2.7
能源消费总量结构	Structure of Total Energy Consumption				
原 煤	Coal		68.4	69.3	69.6
原 油	Petroleum Crude Oil		24.3	23.9	22.1
天然气	Natural Gas		3.6	3.9	4.1
水 电	Hydropower		0.8	0.5	0.6
风 电	Wind Power		1.2	1.9	2.3
产 业	**Industry**				
农 业	**Agriculture**				
农林牧渔业总产值结构	Structure of Gross Output Value of Farming, Forestry, Animal Husbandry and Fishery				
农 业	Farming	66.3	54.0	57.7	55.3
林 业	Forestry	2.9	3.8	4.0	4.2
牧 业	Animal Husbandry	28.1	38.1	33.8	35.7
渔 业	Fishery	2.7	2.1	2.3	2.5
农林牧渔服务业	Svice Industry of Farming, Forestry, Animal Husbandry and Fishery		2.1	2.1	2.3
规模以上工业	**Industry above Designated Size**				
工业总产值结构	Structure of Gross Output Value of Industry				
国有及国有控股工业	State-owned and State Holding Majority Shares Enterprises	84.2	57.9	40.7	37.9
其他工业	Others	15.8	42.1	59.3	62.1
工业总产值轻重工业结构	Structure of Gross Output Value of Industry Grouped by Light & Heavy Industry				
轻工业	Light Industry	18.0	25.4	40.7	42.7
重工业	Heavy Industry	82.0	74.6	59.3	57.3
四大主导产业增加值占工业增加值比重	Proportion of Four Leading Industry to Value-added of Industry				
装备工业	Equipment Industry		10.3	9.1	9.8
石化工业	Petrochemical Industry		12.8	9.1	11.6
能源工业	Energy Industry		53.8	45.0	38.7
食品工业	Food Industry		10.8	18.4	20.2
建筑业	**Construction**				
建筑业总产值结构	Composition of Gross Output Value of Construction Industry				
国有企业	State-owned Enterprise	53.3	32.0	14.7	12.5
集体企业	Collective-owned Enterprises	22.6	5.2	6.3	6.0
有限责任公司	Limited Liability Corporations	10.5	37.9	57.6	58.2
股份有限公司	Share Holding Enterprises	7.6	7.3	5.4	6.9
私营企业	Private Enterprises	2.9	17.2	15.4	15.6
其他	Other Enterprises	3.2	0.4	0.6	0.8
交通运输业	**Transportation**				
货运量结构	Structure of Freight Traffic				
铁 路	Railways	22.7	28.2	14.9	16.0
公 路	Highways	69.4	65.5	74.2	73.1
水 运	Waterways	1.4	1.6	2.1	1.9
管 道	Petroleum and Gas Pipelines	6.6	4.7	8.8	8.9
客运量结构	Structure of Passenger Traffic				
铁 路	Railways	19.7	22.0	22.0	25.3
公 路	Highways	80.0	75.6	73.4	69.2
水 运	Waterways	0.1	0.6	0.8	0.9
民 航	Civil Aviation	0.1	1.8	3.8	4.6

1-11 续表2　CONTINUED

单位：%　　　　　　　　　　　　　　　　　　　　　　　　　　　　　　　　　　　(%)

指　标	Item	2000	2010	2015	2016
社会消费品零售总额	**Total Retail Sales of Consumer Goods**				
按地区分	By Region		88.8	87.5	87.5
城　镇	City		11.2	12.5	12.5
乡　村	Under County Level				
按行业分	By Sector				
批发零售贸易业	Wholesale and Retail Trade		87.7	88.1	88.1
住宿和餐饮业	Hotels and Catering Services		12.3	11.8	11.9
旅游业	**Tourism**				
国际游客人数结构	Structure of Tourists				
外国人	Foreigners	91.5	95.6	94.3	94.9
港澳台同胞	Compatriots form Hong Kong, Macao and Taiwan	8.5	4.4	5.7	5.1
教育、科技、卫生	**Education, Science and Health Care**				
教　育	**Education**				
普通学校在校学生结构	Structure of Students Enrollment				
大学生	College and University Students	3.5	18.7	24.1	23.7
中学生	Secondary School Students	47.2	45.7	41.1	41.6
小学生	Primary School Students	49.3	35.6	34.8	34.7
普通学校专任教师结构	Full-time Teachers by Type				
普通高等学校	College and Universities	4.4	12.1	14.6	15.0
中等学校	Secondary Schools	43.4	46.6	51.4	52.4
小　学	Primary Schools	52.3	41.3	34.0	32.6
科　技	**Science and Technology**				
研究与试验发展经费内部支出结构	Composition of Intramural Expenditure on R&D				
基础研究	Basic Research			11.3	10.3
应用研究	Applied Research			20.2	25.2
试验发展	Experimental Development			68.5	64.5
卫　生	**Health Care**				
卫生技术人员结构	Composition of Medical Technical Personnel				
#执业(助理)医师	#Licensed (Assistant) Doctors	45.9	40.8	37.4	37.2
注册护士	Registered Nurses	30.0	33.2	38.2	39.1
药师(士)	Pharmacist		5.9	9.5	9.3
人民生活	**People's Lifelihood**				
城镇居民现金消费结构	**Cash Consumption Composition of Urban Residents**				
食品烟酒	Food, Tobacco and Liquor	38.4	35.4	27.7	27.7
衣　着	Clothing	13.3	15.1	10.3	9.9
居　住	Residence	9.4	10.6	19.9	18.5
生活用品及服务	Household Facilities, Articles and Services	5.9	5.8	5.3	5.6
交通通信	Transport and Communications	7.6	11.2	12.0	13.6
教育文化娱乐	Education, Cultural and Recreation	12.0	9.4	10.8	11.1
医疗保健	Health Care and Medical Services	8.9	8.9	11.2	11.1
其他用品和服务	Miscellaneous Goods and Services	4.5	3.8	2.8	2.6
农村居民消费结构	**Consumption Composition of Rural Residents**				
食品烟酒	Food, Tobacco and Liquor	44.3	33.8	27.5	27.7
衣　着	Clothing	6.8	8.8	7.6	6.9
居　住	Residence	19.7	18.1	18.5	17.2
生活用品及服务	Household Facilities, Articles and Services	3.3	3.7	4.3	4.1
交通通信	Transport and Communications	7.6	10.1	13.8	15.6
教育文化娱乐	Education, Cultural and Recreation	5.5	10.4	13.1	13.3
医疗保健	Health Care and Medical Services	9.8	12.8	13.3	13.5
其他用品和服务	Miscellaneous Goods and Services	3.0	2.3	1.9	1.9

1-12 国民经济和社会发展比例与效益指标

INDICATORS ON PROPORTIONS AND EFFICIENCY IN NATIONAL ECONOMIC AND SOCIAL DEVELOPMENT

指 标	Item	2000	2010	2015	2016
人口与就业	**Population and Employment**				
出生率(‰)	Birth Rate(‰)	9.43	7.35	6.00	6.12
死亡率(‰)	Death Rate(‰)	5.50	5.83	6.60	6.61
自然增长率(‰)	Natural Growth Rate(‰)	3.93	1.52	-0.60	-0.49
每一就业人员负担人口(含本人)(人)	Dependency Ratio (including the labour self)(person)	2.38	1.98	1.89	1.83
城镇登记失业率(%)	Unemployment Rate in Urban Areas(%)	3.30	4.27	4.48	4.22
国民经济核算	**National Accounting**				
三次产业增加值比例(第一产业=100)	Ratio of Value-added by Type of Industry (Value added in primary industry=100)				
第二产业	Secondary Industry	452.0	389.4	184.1	164.8
第三产业	Tertiary Industry	270.6	312.1	292.1	311.4
全社会劳动生产率(元/人)	Overall Labor Productivity(yuan/person)	19363	54829	74141	75193
第一产业	Primary Industry	4754	16182	34322	34983
第二产业	Secondary Industry	47890	133344	122891	116544
第三产业	Tertiary Industry	22530	56566	86937	91852
非公经济增加值占GDP的比重(%)	Proportion of Non-public Economy to GDP(%)		47.6	52.3	53.1
固定资产投资	**Investment in Fixed Assets**				
全社会固定资产投资相当于GDP比例(%)	Proportion of Investment in Fixed Assets to GDP(%)	27.3	65.1	67.1	69.2
全社会固定资产交付使用率(%)	Rate of Fixed Assets Completed and Put Into Use(%)	82.5	71.1	89.1	79.2
全社会房屋建筑竣工率(%)	Rate of Total Floor Space of Buildings Completed in Construction(%)	73.3	48.0	42.5	29.1
消 费	**Consumption**				
人均消费品零售额(元)	Per Capita Retail Sales of Consumer Goods(yuan)	2879	10548	19987	22079
财 政	**Public Finance**				
公共财政收入相当于GDP比例(%)	Proportion of General Budgetary Financial Revenue to GDP(%)	5.9	7.2	7.7	7.5
公共财政支出相当于GDP比例(%)	Proportion of General Budgetary Financial Expenditure to GDP(%)	12.1	21.6	26.5	27.5
对外贸易	**Foreign Trade**				
进出口总额相当于GDP比例(%)	Proportion of Total Imports & Exports to GDP(%)	7.8	16.6	8.7	7.1
实际利用外资占签订利用外资额比例(%)	Proportion of Foreign Capital for Utilization by Signed Contracts or Agreements(%)	101.7	93.4	95.0	76.4
能 源	**Energy**				
能源生产弹性系数	Elasticity Ratio of Energy Production	-1.05	0.01	-0.75	-0.61
能源消费弹性系数	Elasticity Ratio of Energy Consumption	-1.35	0.55	0.25	0.21
单位国内生产总值能耗下降率(%)	Delin Rate of Energy Consumption per Unit of GDP(%)		-5.00	-4.01	-4.50
农 业	**Agriculture**				
农业从业者人均农产品产量(千克)	Per Capita Agricultural Output of Agricultural practitioners(kg)				
粮 食	Grain	3420	7363	9802	9503
油 料	Oil-bearing Crops	58.8	40.4	28.4	34.0
亚 麻	Flax	24.18	3.23	0.93	1.25
烤 烟	Flue-Cured Tobacco	10.88	12.49	9.61	7.84
水产品	Aquatic Products	51.3	58.7	840.6	898.7
每公顷播种面积农产品产量(千克)	Output of Farm Crops per Hectare of Sown Area(kg)				
粮 食	Grain	3242	4376	5337	5132
#水 稻	#Rice	6489	6659	6988	7040
大 豆	Soybean	1569	1649	1785	1746
亚 麻	Flax	2039	4138	4029	4155
甜 菜	Beetsroots	17482	22476	35541	34272
烤 烟	Flue-cured Tobacco	1810	2622	2678	2656

1-12 续表 CONTINUED

指 标	Item	2000	2010	2015	2016
规模以上工业	**Industry above Designated Size**				
总资产贡献率(%)	Ratio of Industrial Output Value(%)		22.1	8.7	7.2
资产负债率(%)	Assets-Liability Ratio(%)	58.1	55.2	56.4	56.2
成本费用利润率(%)	Ratio of Profits to Industrial Cost(%)	31.4	15.2	4.2	2.7
产品销售率(%)	Proportion of Products Sold(%)	98.1	97.2	99.3	98.4
建筑业	**Construction**				
全员劳动生产率（按总产值计算，元/人）	Overall Labor Productivity(in terms of Gross Output Value, yuan/person)	51580	183394	228445	256076
技术装备率(元/人)	Value of Machinery per Laborer(yuan/person)	10478	7771	10425	11281
动力装备率(千瓦/人)	Power of Machines per Laborer(kw/person)	7.1	3.4	4.2	4.8
产值利税率(%)	Ratio of Pre-tax Profit to Gross Output Value(%)	4.0	10.1	6.0	6.1
交通运输业	**Transportation**				
货运量弹性系数	Elasticity of Freight Traffic	0.14	0.96	0.86	0.93
客运量弹性系数	Elasticity of Passenger Traffic	0.32	0.96	0.87	0.87
铁路网密度(公里/万平方公里)	Railway Density(km/10000 sq. km)	120.4	125.4	135.2	135.2
公路网密度(公里/万平方公里)	Highway Density(km/10000 sq. km)	1108	3347	3358	3635
铁路货运密度(万吨公里/公里)	Railway Freight Traffic Density(10000 ton/km)	1315	1821	970	1013
公路货运密度(万吨公里/公里)	Highway Freight Traffic Density(10000 ton/km)	32.2	50.2	56.9	55.0
电话普及率（部/百人）	Access to Telephones(set/100 persons)	22.0	80.0	105.0	103.8
旅游业	**Tourism**				
每一国际游客花费(美元)	Per Capita Expenditure of International Tourists(USD)	342.7	442.2	473.6	478.6
国内旅游人均花费(元)	Expenditure per Domestic Tourist(yuan)	446.2	529.9	1034.3	1093.8
金融业	**Finance**				
金融机构存款增加额相当于GDP比例(%)	Increaseing Deposits as Percentage of GDP(%)	10.0	17.4	12.9	6.2
金融机构贷款增加额相当于GDP比例(%)	Increaseing Loans as Percentage of GDP(%)	1.3	11.9	18.6	9.8
百元存款相应的贷款(元)	Loans to Per 100 yuan Deposits(yuan)	94.4	56.3	76.4	79.9
教 育	**Education**				
学龄儿童入学率(%)	Rate of School-age Children Enrollment(%)	98.8	99.1	99.9	99.9
小学升学率(%)	Rate of Graduates of Primary Schools Entering Junior Secondary Schools(%)	95.9	99.9	98.8	99.0
学校教师负担系数(%)	Student-teacher Ratio (in percentage)(%)				
高等学校	Colleges and Universities	12.4	16.3	15.7	15.7
中等学校	Secondary Schools	16.9	13.9	9.9	10.0
小 学	Primary Schools	14.7	12.4	13.6	14.2
教育支出相当于GDP比例(%)	Expenditures for Operating Expenses of Education as Percentage of GDP(%)	1.55	2.86	3.62	3.63
科 技	**Science and Technology**				
研究与试验发展经费相当于GDP比例(%)	R&D Expenditures as Percentage of GDP(%)	0.43	1.05	1.04	0.99
卫 生	**Health Care**				
每万人拥有卫生技术人员(人)	Number of Doctors per 10000 Persons(person)	45.0	49.3	55.6	58.2
每万人拥有卫生机构床位(张)	Number of Hospital Beds per 10000 Persons(unit)	31.6	41.8	55.4	57.8
医疗机构病床使用率(%)	Beds Utilization Rate of Medical Organizations(%)	48.7	72.4	76.5	78.0
人民生活	**People's Livelihood**				
城镇居民家庭恩格尔系数(%)	Engel's Coefficient of Urban Households(%)	38.4	35.4	27.7	27.7
农村居民家庭恩格尔系数(%)	Engel's Coefficient of Rural Households(%)	44.3	33.8	27.5	27.7
城市建设	**Municipal Works**				
城市人口用水普及率(%)	Coverage Rate of Urban Population with Access to Tap Water(%)	74.7	89.1	97.2	97.2
城市燃气普及率(%)	Coverage Rate of Urban Population with Access to Tap Gas(%)	59.3	88.8	86.6	86.7
城市人均公园绿地面积(平方米)	Per Capita Public Green Areas(sq. m)	5.4	11.8	12.0	11.9

1-13 平均每天主要社会经济活动

SELECTED INDICATORS ON AVERAGE DAILY SOCIAL AND ECONOMIC ACTIVITIES

指　标	Item	2000	2005	2010	2015	2016
每天创造的财富	**Daily Production**					
地区生产总值(亿元)	Gross Domestic Product(100 million yuan)	8.63	15.19	28.61	41.57	42.15
第一产业	Primary Industry	1.05	1.88	3.57	7.22	7.32
第二产业	Secondary Industry	4.74	8.19	13.90	13.28	12.06
工　业	Industry	4.29	7.44	12.27	11.25	9.99
建筑业	Construction	0.45	0.75	1.63	2.33	2.40
第三产业	Tertiary Industry	2.84	5.12	11.14	21.08	22.78
公共财政收入(亿元)	General Budgetary Financial Revenue(100 million yuan)	0.51	0.87	2.07	3.19	3.15
粮豆薯(万吨)	Grain(10000 tons)	6.97	9.86	13.73	17.33	16.60
#水　稻	#Rice	2.86	3.21	5.05	6.03	6.18
玉　米	Corn	2.17	3.78	6.37	9.71	8.57
大　豆	Soja	1.23	2.05	1.60	1.17	1.38
薯　类	Tuber	0.22	0.23	0.35	0.27	0.28
油料(吨)	Oil-bearing Crops(ton)	1200	1660	753	501	595
麻类(吨)	Fiber Crops(ton)	512	989	60	55	192
烟叶(吨)	Tobacco(ton)	263	203	263	189	145
瓜果类(吨)	Melon and Fruits(ton)	8751	8395	6384	4427	5663
水产品(吨)	Aquatic Products(ton)	1047	1222	1095	1486	1570
原油(万吨)	Crude Oil(10000 tons)	14.54	12.32	10.97	10.52	10.02
天然气(亿立方米)	Natural Gas(100 million cu.m)	0.06	0.07	0.08	0.10	0.10
水泥(万吨)	Cement(10000 tons)	2.48	3.05	9.61	8.94	9.71
粗钢(万吨)	Crude Steel(10000 tons)	0.24	0.68	1.79	1.15	1.02
成品钢材(万吨)	Steel Products(10000 tons)	0.21	0.64	1.55	1.11	0.91
汽车(辆)	Automobile(unit)	367	729	679	221	208
发电量(亿千瓦时)	Electricity(100 million kwh)	1.17	1.63	2.12	2.38	2.46
每天消费量	**Daily National Consumption**					
能源消费量(万吨标准煤)	Total Energy Consumption(10000 tons of SCE)		37.69	36.34	29.49	33.65
社会消费品零售总额(亿元)	Total Retail Sales of Consumer Goods(100 million yuan)	3.00	4.86	11.07	20.93	23.02
公共财政支出(亿元)	General Budgetary Financial Expenditure(100 million yuan)	1.05	2.16	6.17	11.02	11.58
全社会用电量(亿千瓦时)	Electricity lonsumption(100 million kwh)			2.05	2.38	2.46

1-13 续表 CONTINUED

指　标	Item	2000	2005	2010	2015	2016
每天其他经济活动	**Other Daily Economic Activities**					
竣工住宅面积(万平方米)	Floor Space Completed of Residential Buildings (10000 sq.m)	7.07	7.35	14.18	6.52	5.42
农村个人住宅竣工面积(万平方米)	Private Buildings Completed in Rural Areas(10000 sq.m)	1.75	1.70	2.66	1.93	1.00
邮电业务总量(亿元)	Business Volume of Postal and Telecommunication Services(100 million yuan)			2.26	1.40	2.25
客运量(万人)	Passenger Traffic(10000 persons)	136.5	152.4	130.4	121.9	113.0
货运量(万吨)	Freight Traffic(10000 tons)	156.7	177.0	169.7	163.3	160.8
居民新增储蓄额(亿元)	Outstanding Amount of Savings Deposit(100 million yuan)	0.46	1.35	2.26	4.34	2.76
进出口额(万美元)	Total Value of Imports and Exports(USD 10000)	818	2623	6988	5750	4532
出　口	Total Exports	398	1664	4461	2200	1381
进　口	Total Imports	421	959	2527	3549	3148
实际利用外资额(万美元)	Foreign Capital Actually Used(USD 10000)	302	417	756	1519	1616
国际旅游人数(人)	Number of Tourists from Abroad(person)	1511	2251	4724	2287	2622
国际旅游外汇收入(万美元)	Foreign Exchange Earnings(USD 10000)	51.8	93.3	208.9	108.3	125.5
人口和社会活动	Population and Social Activities					
出生人口(人)	Births(person)	982	823	772	627	637
死亡人口(人)	Deaths(person)	573	544	528	689	688
结婚(对)	Marriages(couple)	597	626	846	872	839
离婚(对)	Divorces(couple)	205	263	383	520	514
发表科技论文(篇)	Scientific and Technological Papers(piece)		56.0	110.2	123.4	118.3
出版科技著作(种)	Scientific and Technological Composing(kind)		2.0	2.5	2.8	3.5
成交技术合同(件)	Number of Technical Contracts Completed(piece)	27.08	5.59	5.44	5.08	4.79
技术市场成交额(万元)	Transaction Value on Technical Market(10000 yuan)	417	391	1462	3487	3615
授权专利(件)	Number of Patent Applications Certified(item)	6.17	7.96	18.64	51.90	49.44
公共图书馆流通人次(万人次)	Circulation of Public Libraries(10000 person-times)	1.67	1.38	1.70	2.65	2.70
印刷图书(万册)	Printed Copies of Books(10000 copies)	27.2	16.3	20.3	19.6	21.1
印刷杂志(万册)	Printed Copies of Magazines(10000 copies)	21.7	9.6	14.4	12.2	11.9
印刷报纸(万份)	Printed Copies of Newspaper(10000 copies)	201.6	195.6	214.3	181.7	170.9
诊疗人次(万人次)	Total Number of Patients Treated(10000 person-times)	12.09	12.02	20.35	20.71	21.68
入院人数(万人)	Hospital Admissions(10000 patients)	0.41	0.55	1.02	1.39	1.52
工业废水排放量(万吨)	Volume of Industry Waste Water Discharged(10000 tons)					65.6
工业废气排放量(亿标立方米)	Total Volume of Waste Gas Emission(100 million cu.m)					26.3
工业固体废物产生量(吨)	Volume of Industrial Solid Wastes Produced(tons)					19.0
生活垃圾清运量(万吨)	Volume of Garbage Disposal(10000 tons)	2.51	3.08	2.14	1.43	1.47
受理劳动争议案件(件)	Number of Labor Dispute Cases Accepted(piece)	7.81	16.81	24.99	31.13	29.21
劳动争议结案案件(件)	Number of Labor Dispute Cases Settled(piece)	7.99	16.63	24.75	31.33	29.27

主要统计指标解释

行政区划　指国家对行政区域的划分。根据有关法规规定，我国的行政区域划分如下：(1)全国分为省、自治区、直辖市；(2)省、自治区分为自治州、县、自治县、市；(3)自治州分为县、自治县、市；(4)县、自治县分为乡、民族乡、镇；(5)直辖市和较大的市分为区、县；(6)国家在必要时设立的特别行政区。

平均增长速度　平均增长速度表明社会经济现象在一个较长的时期内逐期平均增长变化的程度，它不能根据各个环比增长速度直接求得，但与平均发展速度之间存在着一定的数量关系：平均增长速度＝平均发展速度－1。

平均发展速度是一种根据环比发展速度计算的序时平均数，由于各时期对比的基础不同，所以计算平均发展速度不能采用一般的序时平均数的计算方法，计算方法分为水平法和累计法。水平法，又称几何平均法，即将环比发展速度按连乘法用几何平均数公式计算。累计法，也称方程法，根据一段时期内各年发展水平总和与基期水平的关系，列出方程式计算平均发展速度。水平法着重考虑最后一年所达到的发展水平；累计法着重考虑整个时期累计发展水平的总量。

本《年鉴》内所列的平均增长速度，除固定资产投资用“累计法”计算外，其余均用“水平法”计算。从某年到某年平均增长速度的年份，均不包括基期年在内。如建国四十三年以来的平均增长速度是以1949年为基期计算的，则写为1950-1992年平均增长速度，其余类推。

国民经济行业分类　自2012年定期报表开始使用新的《国民经济行业分类》（GB/T4754-2011）。该分类是由国家统计局组织修订，国家质量监督检验检疫总局和中国国家标准化管理委员会于2011年4月29日发布。这次修订是在2002年分类标准的基础上，参照联合国《全部经济活动的国际标准产业分类》（ISIC/Rev.4）进行的。修订后的《国民经济行业分类》（GB/T4754-2011）共有门类20个，大类96个，中类432个，小类1094个。

企业(单位)登记注册类型　是以在工商行政管理机关登记注册的各类企业为划分对象，以工商行政管理部门对企业登记注册的类型为依据，将企业登记注册类型分为内资企业、港澳台商投资企业和外商投资企业三大类。内资企业包括国有企业、集体企业、股份合作企业、联营企业、有限责任公司、股份有限公司、私营企业和其他企业；港澳台商投资企业和外商投资企业分别包括合资经营企业、合作经营企业、独资经营企业和股份有限公司等。对不在工商行政管理部门进行登记注册的行政机关、事业单位和社会团体，主要按其经费来源和管理方式进行划分。

国有企业　指企业全部资产归国家所有，并按《中华人民共和国企业法人登记管理条例》规定登记注册的非公司制的经济组织。不包括有限责任公司中的国有独资公司。

集体企业　指企业资产归集体所有，并按《中华人民共和国企业法人登记管理条例》规定登记注册的经济组织。

股份合作企业　指以合作制为基础，由企业职工共同出资入股，吸收一定比例的社会资产投资组建，实行自主经营，自负盈亏，共同劳动，民主管理，按劳分配与按股分红相结合的一种集体经济组织。

联营企业　指两个及两个以上相同或不同所有制性质的企业法人或事业单位法人，按自愿、平等、互利的原则，共同投资组成的经济组织。联营企业包括国有联营企业、集体联营企业、国有与集体联营企业和其他联营企业。

有限责任公司　指根据《中华人民共和国公司登记管理条例》规定登记注册，由两个以上、五十个以下的股东共同出资，每个股东以其所认缴的出资额对公司承担有限责任，公司以其全部资产对其债务承担责任的经济组织。有限责任公司包括国有独资公司以及其他有限责任公司。

股份有限公司　指根据《中华人民共和国公司登记管理条例》规定登记注册，其全部注册资本由等额股份构成并通过发行股票筹集资本，股东以其认购的股份对公司承担有限责任，公司以其全部资产对其债务承担责任的经济组织。

私营企业　指由自然人投资设立或由自然人控股，以雇佣劳动为基础的营利性经济组织。包括按照《公司法》、《合伙企业法》、《私营企业暂行条例》规定登记注册的私营有限责任公司、私营股份有限公司、私营合伙企业和私营独资企业。

其他企业 指上述企业之外的其他内资经济组织。

合资经营企业（港或澳、台资） 指港澳台地区投资者与内地企业依照《中华人民共和国中外合资经营企业法》及有关法律的规定，按合同规定的比例投资设立、分享利润和分担风险的企业。

合作经营企业（港或澳、台资） 指港澳台地区投资者与内地企业依照《中华人民共和国中外合作经营企业法》及有关法律的规定，依照合作合同的约定进行投资或提供条件设立、分配利润和分担风险的企业。

港澳台商独资经营企业 指依照《中华人民共和国外资企业法》及有关法律的规定，在内地由港澳台地区投资者全额投资设立的企业。

港澳台商投资股份有限公司 指根据国家有关规定，经原外经贸部依法批准设立，其中港、澳、台商的股本占公司注册资本的比例达25%以上的股份有限公司。凡其中港、澳、台商的股本占公司注册资本的比例小于25%的，属于内资企业中的股份有限公司。

其他港澳台商投资企业 指在中国境内参照《外国企业或个人在中国境内设立合伙企业管理办法》和《外商投资合伙企业登记管理规定》，依法设立的港、澳、台商投资合伙企业等。

中外合资经营企业 指外国企业或外国人与中国内地企业依照《中华人民共和国中外合资经营企业法》及有关法律的规定，按合同规定的比例投资设立、分享利润和分担风险的企业。

中外合作经营企业 指外国企业或外国人与中国内地企业依照《中华人民共和国中外合作经营企业法》及有关法律的规定，依照合作合同的约定进行投资或提供条件设立、分配利润和分担风险的企业。

外资企业 指依照《中华人民共和国外资企业法》及有关法律的规定，在中国内地由外国投资者全额投资设立的企外

商投资股份有限公司 指根据国家有关规定，经原外经贸部依法批准设立，其中外资的股本占公司注册资本的比例达25%以上的股份有限公司。凡其中外资股本占公司注册资本的比例小于25%的，属于内资企业中的股份有限公司。

其他外商投资企业 指在中国境内依照《外国企业或个人在中国境内设立合伙企业管理办法》和《外商投资合伙企业登记管理规定》，依法设立的外商投资合伙企业等。

行政机关、事业单位和社会团体 参照企业登记注册类型，主要按其经费来源和管理方式划分。具体规定如下：

⑴行政机关：包括国家机关和政党机关，原则上均列为“国有”。但有特殊规定的，如供销社等，则列为“集体”。

⑵事业单位：包括经国家机构编制部门和有关业务主管部门批准成立的各类事业单位，不包括实行企业化管理的事业单位。事业单位的划分办法如下：

①由国家财政预算拨款或列入财政预算外资金管理以及经费主要来源于国有主管部门或国有上级单位的事业单位，列为“国有”。

②经费主要来源于集体单位的事业单位，列为“集体”。

③公民个人(或个人合伙)开办的事业单位，列为“私营”。

④上述以外的其他事业单位，如果其经费来源不明确，按管理方式进行归类。

⑶社会团体：包括经民政部门批准成立以及未纳入社会团体管理条例范围的工会、妇联等各类社会团体。社会团体的划分办法如下：

①未纳入民政部社会团体管理条例范围的工会、妇联、共青团、青联、工商联、科协、侨联等社会团体，国家拨款设立的基金会或基金管理组织以及经费主要来源于国有业务主管部门或国有上级单位的社会团体，列为“国有”。

②经费主要来源于集体单位的社会团体，列为“集体”。

③公民个人(或个人合伙)开办的社会团体，划为“私营”。

④上述以外的其他社会团体，如果其经费来源不明确，改按管理方式进行归类。

Explanatory Notes on Main Statistical Indicators

Divisions of Administrative Areas refer to the division of administrative areas by the State. The relative laws stipulate that 1) the whole country is divided into provinces, autonomous regions and municipalities directly under the Central Government; 2) provinces and autonomous regions are further divided into autonomous prefectures, counties, autonomous counties and cities; 3) autonomous prefectures are further divided into counties, autonomous counties and cities; 4) counties and autonomous counties are further divided into townships, ethnic townships and towns; 5) municipalities directly under the Central Government and large cities are divided into districts and counties, 6) the State shall, when necessary, establish special administrative regions.

Average Annual Growth Rate shows the average growth rate of social and economic development during a longer period. It can not be directly calculated by chain based growth rate. The relation is:

Average Annual Growth Rate = Average Speed of Development - 1

Average speed of development is the time series average of speed which calculated by chain based. Because the reference bases during the different periods are not same, average speed of development can not be calculated by the general method. Level approach and accumulative approach for calculating average speed of development rate are applied. The "level approach", or the method of calculating the geometric average, is derived by the formula of geometric average of the chain-based speeds of development, or comparing the level of the last year of the interval with that of the beginning year; the other is called the "accumulative approach" or the "algebraic average", "equation" method, which is derived by the summation of the actual figure of each year in the interval divided by the figure in the base year. The level approach focuses on the level of the last year, while the accumulative approach emphasizes the aggregate development in the duration.

The average annual growth rates listed in the Yearbook are calculated by the level approach except for the growth rate of investment in fixed assets. The base year is not listed in the duration for which average annual growth rates are computed. For instance, the average annual growth rate of the 43 years since 1949 is shown as the average annual growth rate of 1950-1992 without showing the base year 1949.

Industrial Classification of the National Economy The new *Industrial Classification of the National Economy (GB/T 4754-2011)* is introduced starting from the compilation of 2012 annual statistics. The revision, based on the 2002 classification, was organized by the National Bureau of Statistics taking into consideration of the International Standards of the *Industrial Classification of All Economic Activities(ISIC/Rev. 4)* of the United Nations. The new Classification was promulgated by the National Administration of Quality Supervision, Inspection and Quarantine and the Standardization Administration of the People's Republic of China on April 29, 2011. The revised version of the *Industrial Classification of the National Economy (GB/T 4754-2011)* is composed of 20 sections, 96 divisions, 432 groups and 1094 classes.

Registration Status of Enterprises (Units) Enterprises are classified into 3 categories, namely domestic-funded enterprises, enterprises with investment from Hong Kong, Macao and Taiwan, and enterprises with foreign investment, according to the registration status of an enterprise in industrial and commercial administration agencies. Domestic-funded enterprises include State-owned enterprises, collective-owned enterprises, cooperative enterprises, joint ownership enterprises, limited liability corporations, share-holding corporations Ltd., private enterprises and other enterprises. Included in the enterprises with investment from Hong Kong, Macao and Taiwan and enterprises with foreign investment are joint-venture enterprises, cooperative enterprises, sole investment enterprises and share-holding corporations Ltd. For government agencies, institutions and social organizations which are not registered in industrial and commercial administration agencies, they are classified mainly by their sources of funding and manner of management.

State-owned Enterprises refer to non-corporation economic units where the entire assets are owned by the State and which have been registered in accordance with the Regulation of the People's Republic of China on the Management of Registration of Corporate Enterprises. Not included from this category are solely State-funded corporations in the limited liability corporations.

Collective-owned Enterprises refer to economic units where the assets are owned collectively and which have been registered in accordance with the Regulation of the People's Republic of China on the Management of Registration of Corporate Enterprises.

Cooperative Enterprises refer to a form of collective economic units (enterprises) where capitals come mainly from employees as their shares, with certain proportion of capital from the outside, where production is organized on the basis of independent operation, independent accounting for profits and losses, joint work, democratic management, and a distribution system that integrates remuneration according to work with dividend according to capital share.

Joint Ownership Enterprises refer to economic units established by two or more corporate enterprises or corporate institutions of the same or different ownership, through joint investment on the basis of voluntary participation, equality, and mutual benefits. They include State joint ownership enterprises; collective joint ownership enterprises; joint State-collective enterprises; and other joint ownership enterprises.

Limited Liability Corporations refer to economic units established with investment from 2-50 investors and registered in accordance with the Regulation of the People's Republic of China on the Management of Registration of Corporations, each investor bearing limited liability to the corporation depending on its share of investment, and the corporation bearing liability to its debt to the maximum of its total assets. Limited liability corporations include solely State-funded limited liability corporations and other limited liability corporations.

Share-holding Corporations Ltd. refer to economic units registered in accordance with the Regulation of the People's Republic of China on the Management of Registration of Corporations, with total registered capital divided into equal shares and raised through issuing stocks. Each investor bears limited liability to the corporation depending on the holding of shares, and the corporation bears liability to its debt to the maximum of its total assets.

Private Enterprises refer to profit-making economic units invested and established by natural persons, or controlled by natural persons using employed labour. Included in this category are private limited liability corporations, private share-holding corporations Ltd., private partnership enterprises and private-funded enterprises registered in accordance with the Company Law, the Law on Partnership Business and Interim Regulations on Private Enterprises.

Other Domestic-funded Enterprises refer to domestic-funded economic units other than those mentioned above.

Joint Venture Enterprises (Funds are from Hong Kong, Macao or Taiwan.) are enterprises established by investors from Hong Kong, Macao and Taiwan with enterprises in the mainland of China in accordance with the Law of the People's Republic of China on Sino-foreign Equity Joint Ventures and other relevant laws, where the establishment of the investment and the sharing of profits and risks are stipulated under joint venture contracts.

Cooperative Enterprises (Funds are from Hong Kong, Macao or Taiwan.) established by investors from Hong Kong, Macao and Taiwan with enterprises in the mainland of China in accordance with the Law of the People's Republic of China on Sino-foreign Contractual Joint Venture and other relevant laws, where the investment or provision of facilities and the sharing of profits and risks are stipulated under cooperative contracts.

Enterprises with Sole (exclusive) Investment from Hong Kong, Macao and Taiwan refer to enterprises established in the mainland of China with exclusive investment from investors from Hong Kong, Macao and Taiwan in accordance with the Law of the People's Republic of China on Wholly Foreign-owned Enterprises and other relevant laws.

Share-holding Corporations Ltd. with Investment from Hong Kong, Macao and Taiwan refer to share-holding corporations Ltd. established with the approval from the former Ministry of Foreign Trade and Economic Relations in line with relevant State regulations, where the share of investment from Hong Kong, Macao or Taiwan businessmen exceeds 25% of the total registered capital of the corporation. In case the share of investment from Hong Kong, Macao or Taiwan is less than 25% of the total registered capital, the enterprise is to be classified as domestic-funded share-holding corporation Ltd.

Other Enterprises with Funds From Hong Kong, Macao and Taiwan refer to partnership enterprises with investments from Hong Kong, Macao and Taiwan established within the territory of China in accordance with Administrative Measures on the Establishment of Partnership Enterprises in China by Foreign Enterprises or Foreign Individuals and Regulations for the Administration of the Registration of Foreign-invested Partnership Enterprises.

Joint Venture Enterprises with Foreign Investment refer to enterprises jointly established by foreign enterprises or foreigners with enterprises in the mainland of China in accordance with the Law of the People's Republic of China on Sino-foreign Equity Joint Ventures and other relevant laws, where the sharing of investment, profits and risks is stipulated under contract.

Cooperative Enterprises with Foreign Investment refer to enterprises jointly established by foreign enterprises or foreigners with enterprises in the mainland of China in accordance with the Law of the People's Republic of China on Sino-foreign Contractual Joint Venture and other relevant laws, where the investment or provision of facilities and the sharing of profits and risks are stipulated under cooperative contracts.

Enterprises with Sole (exclusive) Foreign Investment refer to enterprises established in the mainland of China with exclusive investment from foreign investors in accordance with the Law of the People's Republic of China on Wholly Foreign-owned Enterprises and other relevant laws.

Share-holding Corporations Ltd. with Foreign Investment refer to share-holding corporations Ltd. established with the approval from the former Ministry of Foreign Trade and Economic Relations in line with relevant State regulations, where the share of investment from foreign investors exceeds 25% of the total registered capital of the corporation. In case the share of foreign investment is less than 25% of the total registered capital, the enterprise is to be classified as domestic-funded share-holding corporation Ltd.

Other Enterprises with Foreign Funds refer to partnership enterprises established within the territory of China in accordance with Administrative Measures on the Establishment of Partnership Enterprises in China by Foreign Enterprises or Foreign Individuals and Regulations for the Administration of the Registration of Foreign-invested Partnership Enterprises.

Government Agencies, Institutions and Social Organizations are classified into the following categories by source of funds and manner of management taking reference of the registration status of enterprises:

(1) Government agencies: include State and party agencies, classified in principle as State-owned. There are exceptions, such as supply and marketing cooperatives which are classified as collective-owned.

(2) Institutions: include institutions of various types established with the approval by organization and staffing departments of the government, but exclude institutions where enterprise management system is introduced. Institutions are further classified as follows:

(a) Institutions for which their main budgets are from government budget appropriations or extra-budget funds, or allocated from the budget of their competent government agencies. Such institutions are classified as state-owned.

(b) Institutions for which their budget mainly come from collective units. Such institutions are classified as collective-owned.

(c) Social institutions established by individual or a group of citizens, which are classified as private.

(d) Institutions other than those mentioned above for which their sources of budget are not clear. Such institutions are classified by the manner of management.

(3) Social organizations: include social organizations established with the approval from the Ministry of Civil Affairs, and organizations that are not covered by social organization management regulations such as trade unions, women's federations etc.. Social organizations are further classified as follows:

(a) Social organizations that are not covered by social organization management regulations of the Ministry of Civil Affairs such as trade unions, women federations, communist youth leagues, youth associations, industrial and commerce associations, scientist associations, overseas Chinese associations, etc., foundations and fund management organizations established with funds from the state, and social organizations whose funds mainly come from the budget of their competent government agencies. Such institutions are classified as State-owned.

(b) Social organizations for which their budget mainly come from collective units. Such institutions are classified as collective-owned.

(c) Social organizations established by individual or a group of citizens, which are classified as private.

(d) Social organizations other than those mentioned above for which their sources of budget are not clear. Such organizations are classified by the manner of management.

第二篇　人口、就业人员和职工工资

CHAPTER 2 POPULATION, EMPLOYMENT AND WAGES

资料整理：林　利　魏　瑨　曹夏茵
　　　　　周柏岩　王　悦

2-1 人口和就业基本情况

POPULATION AND EMPLOYMENT

指　标	Item	2012	2013	2014	2015	2016
人　口	**Population**					
总人口(万人)	Total Population(10000 persons)	3834.0	3835.0	3833.0	3812.0	3799.2
男	Male	1943.8	1929.6	1925.1	1926.8	1918.1
女	Female	1890.2	1905.4	1907.9	1885.2	1881.1
市　镇	Urban	2181.5	2201.3	2223.5	2241.5	2249.1
乡　村	Rural	1652.5	1633.7	1609.5	1570.5	1550.1
性别比(女性=100)	Sex Ratio(Female=100)	102.8	101.3	100.9	102.2	102.0
出生率(‰)	Birth Rate(‰)	7.30	6.86	7.37	6.00	6.12
死亡率(‰)	Death Rate(‰)	6.03	6.08	6.46	6.60	6.61
自然增长率(‰)	Natural Growth Rate(‰)	1.27	0.78	0.91	-0.60	-0.49
就　业	**Employment**					
就业人员合计(万人)	Total Number of Employed Persons (10000 persons)	2027.8	2060.4	2079.7	2013.7	2077.3
城镇就业人员	Urban Employed Persons	1039.3	1067.6	1096.8	1058.5	1122.0
国有单位	State-owned Units	335.4	291.9	277.1	267.8	263.7
集体单位	Collective-owned Units	15.3	15.8	14.7	14.1	12.2
其他单位	Units of Other Types of Ownership	120.2	159.7	159.0	151.6	149.0
私营单位	Private Units	158.7	159.2	148.2	185.5	152.1
个　体	Self-employed Individuals	214.7	232.6	266.0	181.8	312.8
灵活就业	Obtain Employment Flexibly	195.0	208.4	231.8	236.9	232.2
乡村就业人员	Rural Employed Persons	988.5	992.8	982.9	976.0	955.3
城镇登记失业人数(万人)	Number of Registered Unemployed Persons in Urban Areas(10000 persons)	41.3	41.4	39.9	41.0	39.6
城镇登记失业率(%)	Registered Unemployment Rate in Urban Areas(%)	4.15	4.43	4.47	4.48	4.22
城镇非私营单位就业人员平均工资(元)	Average Wage of Employed Persons In Urban Non-private Units(yuan)	36406	40794	44036	48881	52435
国有单位	State-owned Units	36814	39072	42794	49307	52867
集体单位	Collective-owned Units	28762	35819	37740	39063	41618
私营单位	Private Units	21753	24750	26960	28586	30533
其他单位	Other Units	36378	44381	46776	49062	52621

2-2 年末人口数

TOTAL POPULATION AT YEAR-END

单位：万人、%　　　　(10000 persons,%)

年份 Year	总人口 Total Population	按性别分 By Sex				按城乡分 By Residence			
		男 Male		女 Female		城镇 Urban		乡村 Rural	
		人口数 Population	比重 Proportion	人口数 Population	比重 Proportion	人口数 Population	比重 Proportion	人口数 Population	比重 Proportion
1953	1189.7	646.4	54.3	543.3	45.7	378.9	31.8	810.8	68.2
1954	1250.2	676.2	54.1	574.0	45.9	416.7	33.3	833.5	66.7
1955	1321.2	714.2	54.1	607.0	45.9	433.8	32.8	887.4	67.2
1956	1418.2	770.9	54.4	647.3	45.6	496.0	35.0	922.2	65.0
1957	1478.5	796.8	53.9	681.7	46.1	545.1	36.9	933.4	63.1
1958	1563.7	842.2	53.9	721.5	46.1	587.1	37.5	976.6	62.5
1959	1682.0	908.1	54.0	773.9	46.0	741.9	44.1	940.1	55.9
1960	1807.1	973.4	53.9	833.7	46.1	877.6	48.6	929.5	51.4
1961	1897.1	1018.4	53.7	878.7	46.3	900.1	47.4	997.0	52.6
1962	1893.5	1001.8	52.9	891.7	47.1	811.2	42.8	1082.3	57.2
1963	1972.0	1041.0	52.8	931.0	47.2	796.0	40.4	1176.0	59.6
1964	2053.3	1078.7	52.5	974.6	47.5	811.5	39.5	1241.8	60.5
1965	2133.9	1116.8	52.3	1017.1	47.7	805.6	37.8	1328.3	62.2
1966	2188.6	1143.9	52.3	1044.7	47.7	822.2	37.6	1366.4	62.4
1967	2258.9	1179.6	52.2	1079.3	47.8	842.0	37.3	1416.9	62.7
1968	2343.4	1218.8	52.0	1124.6	48.0	867.2	37.0	1476.2	63.0
1969	2440.8	1264.7	51.8	1176.1	48.2	865.9	35.5	1574.9	64.5
1970	2522.6	1306.9	51.8	1215.7	48.2	907.3	36.0	1615.3	64.0
1971	2627.2	1361.6	51.8	1265.6	48.2	936.7	35.7	1690.5	64.3
1972	2723.4	1409.7	51.8	1313.7	48.2	1007.3	37.0	1716.1	63.0
1973	2818.6	1459.4	51.8	1359.2	48.2	1034.0	36.7	1784.6	63.3
1974	2894.0	1496.6	51.7	1397.4	48.3	1059.1	36.6	1834.9	63.4
1975	2958.1	1528.7	51.7	1429.4	48.3	1078.8	36.5	1879.3	63.5
1976	3019.4	1558.3	51.6	1461.1	48.4	1093.7	36.2	1925.7	63.8
1977	3072.5	1585.3	51.6	1487.2	48.4	1118.2	36.4	1954.3	63.6
1978	3129.6	1614.2	51.6	1515.4	48.4	1122.9	35.9	2006.7	64.1
1979	3168.7	1629.2	51.4	1539.5	48.6	1181.4	37.3	1987.3	62.7
1980	3203.8	1642.4	51.3	1561.4	48.7	1232.7	38.5	1971.1	61.5
1981	3239.3	1660.3	51.3	1579.0	48.7	1275.3	39.4	1964.0	60.6
1982	3281.1	1677.9	51.1	1603.2	48.9	1309.4	39.9	1971.7	60.1
1983	3306.0	1692.0	51.2	1614.0	48.8	1356.8	41.0	1949.2	59.0
1984	3331.0	1706.0	51.2	1625.0	48.8	1398.0	42.0	1933.0	58.0
1985	3357.0	1718.2	51.2	1638.8	48.8	1440.5	42.9	1916.5	57.1
1986	3385.0	1733.6	51.2	1651.4	48.8	1485.3	43.9	1899.7	56.1
1987	3424.0	1753.0	51.2	1671.0	48.8	1536.0	44.9	1888.0	55.1
1988	3466.0	1774.4	51.2	1691.6	48.8	1589.9	45.9	1876.1	54.1
1989	3510.0	1796.6	51.2	1713.4	48.8	1646.5	46.9	1863.5	53.1
1990	3543.0	1812.0	51.1	1731.0	48.9	1699.2	48.0	1843.8	52.0
1991	3575.0	1827.5	51.1	1747.5	48.9	1753.2	49.0	1821.8	51.0
1992	3608.0	1844.0	51.1	1764.0	48.9	1809.1	50.1	1798.9	49.9
1993	3640.0	1861.1	51.1	1778.9	48.9	1866.2	51.3	1773.8	48.7
1994	3672.0	1873.0	51.0	1799.0	49.0	1924.9	52.4	1747.1	47.6
1995	3701.0	1887.5	51.0	1813.5	49.0	1985.9	53.7	1715.1	46.3
1996	3728.0	1901.3	51.0	1826.7	49.0	2007.5	53.8	1720.5	46.2
1997	3751.0	1912.0	51.0	1839.0	49.0	2021.8	53.9	1729.2	46.1
1998	3773.0	1923.5	51.0	1849.5	49.0	2037.4	54.0	1735.6	46.0
1999	3792.0	1933.2	51.0	1858.8	49.0	2055.3	54.2	1736.7	45.8
2000	3807.0	1945.8	51.1	1861.2	48.9	1977.4	51.9	1829.6	48.1
2001	3811.0	1948.2	51.1	1862.8	48.9	1996.2	52.4	1814.8	47.6
2002	3813.0	1953.0	51.2	1860.0	48.8	2004.5	52.6	1808.5	47.4
2003	3815.0	1940.4	50.9	1874.6	49.1	2006.3	52.6	1808.7	47.4
2004	3816.8	1937.8	50.8	1879.0	49.2	2014.5	52.8	1802.3	47.2
2005	3820.0	1933.1	50.6	1886.9	49.4	2028.4	53.1	1791.6	46.9
2006	3823.0	1942.5	50.8	1880.5	49.2	2045.3	53.5	1777.7	46.5
2007	3824.0	1931.1	50.5	1892.9	49.5	2061.1	53.9	1762.9	46.1
2008	3825.0	1933.2	50.5	1891.8	49.5	2119.0	55.4	1706.0	44.6
2009	3826.0	1943.6	50.8	1882.4	49.2	2123.4	55.5	1702.6	44.5
2010	3833.4	1943.6	50.7	1889.8	49.3	2133.7	55.7	1699.7	44.3
2011	3834.0	1936.2	50.5	1897.8	49.5	2166.2	56.5	1667.8	43.5
2012	3834.0	1943.8	50.7	1890.2	49.3	2181.5	56.9	1652.5	43.1
2013	3835.0	1929.6	50.3	1905.4	49.7	2201.3	57.4	1633.7	42.6
2014	3833.0	1925.1	50.2	1907.9	49.8	2223.5	58.0	1609.5	42.0
2015	3812.0	1926.8	50.5	1885.2	49.5	2241.5	58.8	1570.5	41.2
2016	3799.2	1918.1	50.5	1881.1	49.5	2249.1	59.2	1550.1	40.8

2-3 人口出生率、死亡率、自然增长率

BIRTH RATE, DEATH RATE AND NATURAL GROWTH RATE OF POPULATION

单位：‰ (‰)

年 份 Year	全省 Provincial			市 City			县 County		
	出生率 Birth Rate	死亡率 Death Rate	自然增长率 Natural Growth Rate	出生率 Birth Rate	死亡率 Death Rate	自然增长率 Natural Growth Rate	出生率 Birth Rate	死亡率 Death Rate	自然增长率 Natural Growth Rate
1957	36.59	10.45	26.14	48.33	9.50	38.83	33.01	10.74	22.27
1962	35.46	8.62	26.84	38.94	8.08	30.86	33.79	8.87	24.92
1965	40.38	8.00	32.38	40.11	6.08	34.03	40.47	8.67	31.80
1970	34.80	5.81	28.99	30.78	5.21	25.57	36.04	6.00	30.04
1975	21.98	5.43	16.55	16.21	5.11	11.10	23.70	5.53	18.17
1978	16.84	4.68	12.16	14.12	4.91	9.21	17.64	4.61	13.03
1980	13.49	4.86	8.63	11.74	4.77	6.97	14.07	4.89	9.18
1985	15.04	4.76	10.28	13.39	5.22	8.17	16.86	3.86	13.00
1990	18.11	6.35	11.76	15.43	5.92	9.51	20.71	6.79	13.92
1991	15.89	5.70	10.19	12.30	5.42	6.88	17.05	5.73	11.32
1992	16.25	6.12	10.13	12.88	5.40	7.48	17.65	6.55	11.10
1993	15.90	5.52	10.38	15.37	5.88	9.49	16.10	5.65	10.45
1994	15.15	5.47	9.68	14.91	5.06	9.85	15.39	6.18	9.21
1995	13.23	5.33	7.90	12.09	5.30	6.79	13.72	5.34	8.38
1996	12.40	5.05	7.35	12.28	5.02	7.26	12.43	5.06	7.37
1997	12.02	5.17	6.85	11.46	5.02	6.44	12.91	5.35	7.56
1998	11.68	5.32	6.36	10.24	4.67	5.57	13.31	6.07	7.25
1999	10.55	5.49	5.06	9.56	4.68	4.87	11.23	5.86	5.37
2000	9.43	5.50	3.93	8.76	4.94	3.82	10.11	6.10	4.01
2001	8.48	5.49	2.99	7.56	5.31	2.25	9.44	5.82	3.62
2002	7.98	5.44	2.54	7.30	5.29	2.01	9.12	5.61	3.51
2003	7.48	5.45	2.03	5.80	4.60	1.20	9.30	6.40	2.90
2004	7.27	5.45	1.82	5.15	3.97	1.18	9.53	7.02	2.51
2005	7.87	5.20	2.67	5.81	4.74	1.07	10.57	5.80	4.77
2006	7.57	5.18	2.39	5.82	4.86	0.96	9.18	4.90	4.28
2007	7.88	5.39	2.49	6.25	4.89	1.36	9.85	6.02	3.83
2008	7.91	5.68	2.23	6.94	5.77	1.17	9.21	5.55	3.66
2009	7.48	5.42	2.06	6.55	5.40	1.15	8.76	5.54	3.22
2010	7.35	5.83	1.52	6.45	5.36	1.09	7.78	5.98	1.80
2011	6.99	5.92	1.07	6.58	5.57	1.01	7.59	6.33	1.26
2012	7.30	6.03	1.27	6.52	5.21	1.31	8.27	7.06	1.21
2013	6.86	6.08	0.78	5.82	5.21	0.61	7.52	6.49	1.03
2014	7.37	6.46	0.91	6.47	5.51	0.96	7.92	7.11	0.81
2015	6.00	6.60	-0.60	5.96	6.17	-0.21	6.04	7.04	-1.00
2016	6.12	6.61	-0.49	6.19	6.23	-0.04	6.02	7.14	-1.12

2-4 人口年龄构成和抚养比

AGE COMPOSITION AND DEPENDENCY RATIO OF POPULATION

年份 Year	人口数 (万人) Total Population (10000 persons)	0-14岁 Aged 0-14	15-64岁 Aged 15-64	65岁及以上 Aged 65 and over	总抚养比(%) Gross Dependency Ratio(%)	少年儿童抚养比 Children Dependency Ratio	老年人口抚养比 Old Dependency Ratio
1986	3385.0	1020.7	2230.6	133.7	51.8	45.8	6.0
1987	3424.0	993.4	2305.5	125.0	48.5	43.1	5.4
1988	3466.0	931.3	2403.4	131.3	44.2	38.7	5.5
1989	3510.0	957.1	2412.1	140.9	45.5	39.7	5.8
1990	3543.0	944.3	2463.7	135.0	43.8	38.3	5.5
1991	3575.0	990.9	2438.9	145.2	46.6	40.6	6.0
1992	3608.0	984.6	2474.0	149.4	45.8	39.8	6.0
1993	3640.0	881.6	2613.3	145.1	39.3	33.8	5.6
1994	3672.0	869.1	2649.9	153.1	38.6	32.8	5.8
1995	3701.0	868.1	2663.5	169.5	38.9	32.6	6.4
1996	3728.0	802.0	2732.5	193.5	36.4	29.4	7.1
1997	3751.0	798.9	2757.0	195.1	36.1	29.0	7.1
1998	3773.0	776.0	2800.5	196.5	34.7	27.7	7.0
1999	3792.0	778.1	2808.5	205.3	35.0	27.7	7.3
2000	3807.0	719.1	2876.0	211.7	32.4	25.0	7.4
2001	3811.0	699.0	2882.0	230.0	32.2	24.3	8.0
2002	3813.0	648.2	2922.3	242.5	30.5	22.2	8.3
2003	3815.0	604.3	2957.1	253.6	29.0	20.4	8.6
2004	3816.8	555.0	3002.6	259.2	27.1	18.5	8.6
2005	3820.0	563.7	2966.5	289.8	28.8	19.0	9.8
2006	3823.0	536.4	2979.3	307.4	28.3	18.0	10.3
2007	3824.0	501.3	2978.5	344.2	28.4	16.8	11.6
2008	3825.0	481.6	2990.4	353.0	27.9	16.1	11.8
2009	3826.0	464.1	2999.2	362.7	27.6	15.5	12.1
2010	3833.4	458.5	3056.0	318.9	25.4	15.0	10.4
2011	3834.0	453.6	3054.2	326.3	25.5	14.9	10.7
2012	3834.0	452.0	3041.1	340.9	26.1	14.9	11.2
2013	3835.0	450.1	3026.0	358.9	26.8	14.9	11.9
2014	3833.0	449.2	2998.2	385.6	27.8	15.0	12.8
2015	3812.0	423.1	2973.4	415.5	28.2	14.2	14.0
2016	3799.2	416.0	2942.5	440.7	29.1	14.1	15.0

2-5 按年龄和性别分人口数

POPULATION BY AGE AND SEX

年 龄	Age	合计 Total			男 Male			女 Female		
		2005	2010	2016	2005	2010	2016	2005	2010	2016
人口数	**Population**									
(万人)	**(10000 persons)**									
总 计	**Total**	**3820.0**	**3833.4**	**3799.2**	**1932.9**	**1943.6**	**1918.1**	**1887.1**	**1889.8**	**1881.1**
0-4岁	Age 0-4	151.3	137.4	97.8	79.5	72.1	51.2	71.8	65.3	46.6
5-9岁	Age 5-9	178.8	149.1	151.1	92.4	77.8	78.5	86.4	71.3	72.6
10-14岁	Age 10-14	233.8	169.1	167.1	121.1	87.8	86.8	112.7	81.3	80.3
15-19岁	Age 15-19	280.4	225.1	162.0	144.8	114.6	82.9	135.6	110.5	79.1
20-24岁	Age 20-24	234.5	332.0	197.7	117.7	166.6	91.4	116.8	165.4	106.3
25-29岁	Age 25-29	276.6	281.8	263.1	140.2	142.0	134.5	136.4	139.7	128.6
30-34岁	Age 30-34	388.9	306.7	256.2	196.6	156.6	128.3	192.3	150.0	127.9
35-39岁	Age 35-39	413.3	395.1	294.5	210.5	202.7	152.3	202.8	192.3	142.2
40-44岁	Age 40-44	391.2	400.6	371.2	197.5	206.3	187.6	193.7	194.3	183.6
45-49岁	Age 45-49	324.3	366.5	415.7	163.9	186.7	217.6	160.4	179.9	198.1
50-54岁	Age 50-54	301.8	302.7	392.0	150.4	153.2	198.5	151.4	149.5	193.5
55-59岁	Age 55-59	212.4	268.2	310.0	103.5	132.9	157.7	108.9	135.2	152.3
60-64岁	Age 60-64	142.9	182.1	280.0	68.8	89.3	136.4	74.1	92.8	143.6
65-69岁	Age 65-69	126.4	115.5	189.5	63.0	55.4	92.3	63.4	60.1	97.2
70-74岁	Age 70-74	87.1	97.5	110.5	44.3	47.7	53.1	42.8	49.8	57.4
75-79岁	Age 75-79	47.4	59.3	83.9	25.2	29.8	40.5	22.2	29.5	43.4
80-84岁	Age 80-84	21.4	30.1	37.0	10.2	15.2	18.5	11.2	14.9	18.5
85-89岁	Age 85-89	5.8	11.0	13.8	2.6	5.3	7.2	3.2	5.7	6.6
90岁及以上	Age 90 and Over	1.7	3.8	6.1	0.7	1.7	2.8	1.0	2.1	3.3
构成(%)	**Composition(%)**									
总 计	**Total**	**100.0**	**100.0**	**100.0**	**100.0**	**100.0**	**100.0**	**100.0**	**100.0**	**100.0**
0-4岁	Age 0-4	4.0	3.6	2.6	4.1	3.7	2.7	3.8	3.5	2.5
5-9岁	Age 5-9	4.7	3.9	4.0	4.8	4.0	4.1	4.6	3.8	3.9
10-14岁	Age 10-14	6.1	4.4	4.4	6.2	4.5	4.5	6.0	4.3	4.3
15-19岁	Age 15-19	7.3	5.9	4.3	7.5	5.9	4.3	7.2	5.8	4.2
20-24岁	Age 20-24	6.1	8.7	5.2	6.1	8.6	4.8	6.2	8.8	5.7
25-29岁	Age 25-29	7.3	7.4	6.9	7.2	7.3	7.0	7.2	7.4	6.8
30-34岁	Age 30-34	10.2	8.0	6.7	10.2	8.1	6.7	10.2	7.9	6.8
35-39岁	Age 35-39	10.8	10.3	7.8	10.9	10.4	7.9	10.7	10.2	7.6
40-44岁	Age 40-44	10.2	10.5	9.8	10.2	10.6	9.8	10.2	10.3	9.8
45-49岁	Age 45-49	8.5	9.6	10.9	8.5	9.6	11.3	8.5	9.5	10.5
50-54岁	Age 50-54	7.9	7.9	10.3	7.8	7.9	10.3	8.0	7.9	10.3
55-59岁	Age 55-59	5.6	7.0	8.2	5.4	6.8	8.2	5.8	7.2	8.1
60-64岁	Age 60-64	3.7	4.7	7.4	3.6	4.6	7.1	3.9	4.9	7.6
65-69岁	Age 65-69	3.3	3.0	5.0	3.3	2.8	4.8	3.4	3.2	5.2
70-74岁	Age 70-74	2.3	2.5	2.9	2.3	2.5	2.8	2.2	2.6	3.1
75-79岁	Age 75-79	1.2	1.5	2.2	1.3	1.5	2.1	1.2	1.6	2.3
80-84岁	Age 80-84	0.6	0.8	1.0	0.5	0.8	1.0	0.6	0.8	1.0
85-89岁	Age 85-89	0.2	0.3	0.4	0.1	0.3	0.4	0.2	0.3	0.4
90岁及以上	Age 90 and Over		0.1	0.2		0.1	0.1	0.1	0.1	0.2

2-6 分地区年末人口数(2016年)

POPULATION AT YEAR-END BY REGION (2016)

单位：万人、% (10000 persons, %)

地区	Region	年底总户数(户) Total Households (household)	总人口 Total Population	按性别分 By Sex 男 Male 人口数 Population	男 Male 比重 Population	女 Female 人口数 Population	女 Female 比重 Population
全省	Total	14908207	3659.0	1844.5	50.4	1814.5	49.6
哈尔滨	Harbin	3855027	962.1	483.5	50.3	478.5	49.7
齐齐哈尔	Qiqihar	2143740	544.5	275.5	50.6	269.0	49.4
鸡西	Jixi	792152	180.7	90.7	50.2	90.0	49.8
鹤岗	Hegang	482056	103.6	51.8	50.0	51.8	50.0
双鸭山	Shuangyashan	624775	144.6	72.6	50.2	72.0	49.8
大庆	Daqing	1041963	277.8	138.7	49.9	139.1	50.1
伊春	Yichun	552933	117.6	58.5	49.7	59.1	50.3
佳木斯	Jiamusi	952940	229.1	115.5	50.4	113.6	49.6
七台河	Qitaihe	348358	80.1	40.6	50.7	39.5	49.3
牡丹江	Mudanjiang	1014659	252.1	126.3	50.1	125.8	49.9
黑河	Heihe	719887	162.8	82.2	50.5	80.6	49.5
绥化	Suihua	2114951	543.4	278.0	51.2	265.5	48.8
大兴安岭	Daxinganling	199350	45.1	22.9	50.7	22.3	49.3
绥芬河	Suifenhe	29869	7.1	3.5	50.0	3.5	50.0
抚远	Fuyuan	35547	8.4	4.3	51.0	4.1	49.0

注：本表根据公安年报计算。
Note: Data in this table are calculated in accordance with police annual report forms.

2-7 分地区城镇登记失业人员及失业率

REGISTERED UNEMPLOYED PERSONS AND UNEMPLOYMENT RATE IN URBAN AREA BY REGION

地区	Region	失业人员(万人) Unemployed Persons (10000 persons)					失业率(%) Unemployment Rate(%)				
		2012	2013	2014	2015	2016	2012	2013	2014	2015	2016
全省	Total	41.26	41.37	39.85	40.98	39.58	4.15	4.43	4.47	4.48	4.22
哈尔滨	Harbin	9.57	9.51	8.83	9.54	8.96	3.39	3.62	3.72	3.88	3.76
齐齐哈尔	Qiqihar	3.51	3.55	3.91	4.04	4.36	3.69	3.70	4.10	4.10	4.30
鸡西	Jixi	2.23	2.18	1.57	1.48	1.55	4.06	4.06	4.09	3.84	4.09
鹤岗	Hegang	1.66	1.68	1.44	1.80	1.67	3.91	4.11	4.11	4.10	4.10
双鸭山	Shuangyashan	1.24	1.05	1.11	1.12	1.09	3.72	3.71	4.00	4.03	4.04
大庆	Daqing	4.05	3.85	3.98	4.00	4.11	4.07	4.08	4.22	4.14	4.06
伊春	Yichun	2.23	2.26	2.23	2.17	2.21	4.17	4.24	4.19	4.14	4.18
佳木斯	Jiamusi	1.87	1.99	1.94	1.92	2.18	4.16	4.30	4.17	4.05	4.08
七台河	Qitaihe	0.77	0.75	0.80	0.82	0.80	3.97	4.00	4.21	4.30	4.31
牡丹江	Mudanjiang	1.78	2.10	2.02	2.02	2.63	2.98	3.49	3.39	3.38	3.29
黑河	Heihe	0.98	1.01	0.96	0.94	0.97	3.76	3.70	3.72	3.48	3.59
绥化	Suihua	2.13	1.96	1.98	1.92	1.91	3.72	3.63	3.69	3.37	3.47
大兴安岭	Daxinganling	0.50	0.48	0.59	0.56	0.59	3.40	3.24	3.87	3.90	4.13
绥芬河	Suifenhe	0.14	0.12	0.06	0.09	0.10	3.89	3.14	2.04	2.61	3.05
抚远	Fuyuan	0.09	0.09	0.09	0.15	0.15	4.12	4.29	4.30	4.28	4.20
农垦总局	ARB	2.27	2.14	1.86	1.80	1.67	3.07	2.73	2.39	2.39	2.11
省森工总局	Longjiang Forestry Group	6.24	6.65	6.48	6.61	4.63					

2-8 三次产业年末就业人数

NUMBER OF EMPLOYED PERSONS AT YEAR-END BY THREE STRATA OF INDUSTRY

年份 Year 地区 Region	就业人员数（万人） Number of Employed Persons (10000 persons)				构成（%） Composition (%)		
	合计 Total	第一产业 Primary Industry	第二产业 Secondary Industry	第三产业 Tertiary Industry	第一产业 Primary Industry	第二产业 Secondary Industry	第三产业 Tertiary Industry
1978	1006.9	530.0	294.5	182.4	52.6	29.2	18.1
1980	1080.7	505.6		227.1	46.8	32.2	21.0
1985	1289.6	531.5	451.9	306.2	41.2	35.0	23.7
1990	1436.2	568.7	504.7	362.8	39.6	35.1	25.3
1991	1481.9	565.8	530.0	386.1	38.2	35.8	26.1
1992	1483.4	545.5	540.1	397.8	36.8	36.4	26.8
1993	1500.2	572.6	535.2	392.4	38.2	35.7	26.2
1994	1515.2	557.5	535.9	421.8	36.8	35.4	27.8
1995	1543.1	567.5	529.8	445.8	36.8	34.3	28.9
1996	1557.8	559.3	534.8	463.7	35.9	34.3	29.8
1997	1647.6	582.0	511.5	554.1	35.3	31.0	33.6
1998	1700.0	826.5	386.7	486.8	48.6	22.7	28.6
1999	1654.2	807.9	375.9	470.4	48.8	22.7	28.4
2000	1600.8	803.7	347.3	449.8	50.2	21.7	28.1
2001	1592.6	804.6	338.7	449.3	50.5	21.3	28.2
2002	1603.1	807.6	338.5	456.9	50.4	21.1	28.5
2003	1614.0	827.7	316.9	469.4	51.3	19.6	29.1
2004	1681.1	812.1	356.0	513.0	48.3	21.2	30.5
2005	1748.9	804.4	366.7	577.8	46.0	21.0	33.0
2006	1784.1	806.1	374.9	603.1	45.2	21.0	33.8
2007	1827.6	798.7	395.2	633.7	43.7	21.6	34.7
2008	1852.4	803.8	385.1	663.5	43.4	20.8	35.8
2009	1877.0	811.7	386.5	678.7	43.2	20.6	36.2
2010	1932.0	798.6	374.4	759.0	41.3	19.4	39.3
2014	2079.7	768.6	403.1	908.0	37.0	19.3	43.7
2015	2013.7	766.0	385.8	861.9	38.0	19.2	42.8
2016	2077.3	760.7	369.4	947.2	36.6	17.8	45.6

注：1. 1998年起从业人员中不含城镇单位离岗职工；乡村劳动力与农业普查数据衔接后，第一产业变化较大，故与以前年份不可比。
2. 2003年起执行新的国民经济行业分类标准，三次产业的划分有所调整，相关的历史数据未作调整。

Note: a) Since 1998, the number of employed persons has excluded off-post staff and workers in urban units; rural employed persons has been adjusted in accordance with the data obtained from general investigation of agriculture, as a result, the data of primary industry employed persons are not comparable with the data of the previous years.
b) From 2003, the new criteria for classification of national economy trade will be performed, accordingly the division of industry will change, the relevant historical data have not been ajusted.

2-9 分城乡就业人数

NUMBER OF EMPLOYED PERSONS AT YEAR-END IN URBAN AND RURAL AREAS

单位：万人、人 (10000 persons, person)

行业 Sector 地区 Region	合计 Total	城镇 Urban Areas							乡村 Rural Areas
		小计 Subtotal	国有单位 State-owned Units	集体单位 Collective-owned Units	私营单位 Private Enterprises	城镇个体 Urban Self-employed Individuals	灵活就业 Obtain Employment Flexibly	其他单位 Units of Other Types of Ownership	
2006	1784.1	839.7	313.6	36.5	82.8	111.3	149.1	146.4	944.3
2007	1827.6	878.2	319.0	32.9	92.5	115.5	167.7	150.6	949.4
2008	1852.4	886.1	318.3	30.6	108.5	120.4	182.2	126.1	966.3
2009	1877.0	898.8	334.4	29.1	112.0	128.1	189.6	105.6	978.2
2010	1932.0	942.6	332.4	22.0	147.7	146.2	188.7	105.6	989.4
2011	1977.8	988.6	333.6	16.1	145.1	175.4	201.9	116.5	989.2
2012	2027.8	1039.3	335.4	15.3	158.7	214.7	195.0	120.2	988.5
2013	2060.4	1067.6	291.9	15.8	159.2	232.6	208.4	159.7	992.8
2014	2079.7	1096.8	277.1	14.7	159.0	148.2	266.0	231.8	982.9
2015	2013.7	1058.5	267.8	14.1	185.5	181.8	236.9	151.6	976.0
2016	2077.3	1122.0	263.7	12.2	152.1	312.8	232.2	149.0	955.3
哈尔滨 Harbin		2929343	597127	63477	619280	887074	217639	544746	
齐齐哈尔 Qiqihar		972012	166219	9194	126428	389511	153984	126676	
鸡西 Jixi		541682	78290	2979	45803	140889	198330	75391	
鹤岗 Hegang		427542	56374	5775	45321	78499	191374	50199	
双鸭山 Shuangyashan		405300	75027	1558	40223	166054	67606	54832	
大庆 Daqing		995752	252351	10291	108570	288060	82376	254104	
伊春 Yichun		514143	145667	1421	37102	83823	223400	22730	
佳木斯 Jiamusi		674996	112985	5180	76710	210014	221987	48120	
七台河 Qitaihe		272256	37904	3812	38987	60826	83084	47643	
牡丹江 Mudanjiang		652320	136306	8949	132845	206408	75002	92810	
黑河 Heihe		434652	94831	1898	45728	133609	134894	23692	
绥化 Suihua		936679	177619	6643	124333	329897	214967	83220	
大兴安岭 Daxinganling		202226	68056	427	15487	27457	82185	8614	
农垦总局 ARB		816586	469808	23	50622	96631	145571	53931	
绥芬河 Suifenhe		45847	6679	204	11210	21742	3217	2795	
抚远 Fuyuan		22339	6574	213	2641	7360	5274	277	
哈尔滨铁路局 Harbin Railway Bureau		155073	155073						
省森工总局 Longjiang Forestry Group		221357					221357		

2-10　分地区年末按登记注册类型分城镇单位就业人数

NUMBER OF EMPLOYMENT IN URBAN UNITS AT YEAR-END BY REGISTRATION STATUS

单位：人　　(person)

年 份 地 区	Year Region	城镇单位就业人数 Number of Urban Employed Persons	国有单位 State-owned Units	集体单位 Urban Collective-owned Units	其他单位 Units of Other Types of Ownership	内 资 Domestic Funded Units	股份合作 Cooperative Units
2013		6266144	2919007	158145	1597193	1435236	70516
2014		5990490	2770991	147269	1590568	1433065	57611
2015		5853144	2678459	141049	1515643	1377680	54302
2016		5770004	2636890	122044	1489780	1357465	51080
哈尔滨	Harbin	1824630	597127	63477	544746	473246	43278
齐齐哈尔	Qiqihar	428517	166219	9194	126676	115976	374
鸡 西	Jixi	202463	78290	2979	75391	72400	186
鹤 岗	Hegang	157669	56374	5775	50199	48710	74
双鸭山	Shuangyashan	171640	75027	1558	54832	54437	2183
大 庆	Daqing	625316	252351	10291	254104	243469	1647
伊 春	Yichun	206920	145667	1421	22730	20544	1401
佳木斯	Jiamusi	242995	112985	5180	48120	44079	312
七台河	Qitaihe	128346	37904	3812	47643	46417	17
牡丹江	Mudanjiang	370910	136306	8949	92810	83039	276
黑 河	Heihe	166149	94831	1898	23692	22237	126
绥 化	Suihua	391815	177619	6643	83220	73857	899
大兴安岭	Daxinganling	92584	68056	427	8614	7637	86
农垦总局	ARB	574384	469808	23	53931	48523	206
绥芬河	Suifenhe	20888	6679	204	2795	2617	7
抚 远	Fuyuan	9705	6574	213	277	277	8
哈尔滨铁路局	Haerbin Railway Bureau	155073	155073				

2-10 续表　CONTINUED

单位：人　　(person)

年 份 地 区	Year Region	联 营 Joint Ownership Units	有 限 责任公司 Limited Liability Corporations	股 份 有限公司 Share-Holding Corporations Ltd.	其 他 Others	港澳台商 投 资 Units of Funds from Hong Kong, Macao & Taiwan	外商投资 Foreign Funded Units	私营单位 Private Units
2013		4145	1046255	305320	9000	52854	109103	1591799
2014		4354	1059309	304826	6965	51198	106305	1481662
2015		3357	1010657	300355	9009	47402	90561	1517993
2016		3290	965417	308077	29601	45876	86439	1521290
哈尔滨	Harbin	2631	310248	102311	14778	23703	47797	619280
齐齐哈尔	Qiqihar	30	84235	30678	659	5572	5128	126428
鸡 西	Jixi		60652	11504	58	2578	413	45803
鹤 岗	Hegang		46769	1664	203	908	581	45321
双鸭山	Shuangyashan		18341	33913		395		40223
大 庆	Daqing		187962	52817	1043	3959	6676	108570
伊 春	Yichun	128	14858	4157		937	1249	37102
佳木斯	Jiamusi		31525	11721	521	825	3216	76710
七台河	Qitaihe	128	41440	4795	37	1174	52	38987
牡丹江	Mudanjiang		58790	23641	332	2521	7250	132845
黑 河	Heihe		16296	5686	129	369	1086	45728
绥 化	Suihua	302	57908	14442	306	2683	6680	124333
大兴安岭	Daxinganling		5366	2185			977	15487
农垦总局	ARB	33	29150	7632	11502	245	5163	50622
绥芬河	Suifenhe		1711	866	33	7	171	11210
抚 远	Fuyuan	38	166	65				2641
哈尔滨铁路局	Haerbin Railway Bureau							

2-11 分地区年末城镇非私营单位就业人数

NUMBER OF EMPLOYMENT IN URBAN NON-PRIVATE UNITS AT YEAR-END BY REGION

单位：人 (person)

年份 地区	Year Region	总计 Total	农、林、牧、渔业 Agriculture, Forestry, Animal Husbandry and Fishery	采矿业 Mining	制造业 Manufacturing	电力、热力、燃气及水的生产和供应业 Production and Supply of Electric, heat, Gas and Water	建筑业 Construction
2013		4674345	798383	323312	653326	181815	369628
2014		4508828	710984	359280	613082	180839	338497
2015		4335151	654595	318638	574066	180621	311202
2016		4248714	667985	279101	519865	176015	284420
哈尔滨	Harbin	1205350	27834	2999	225943	66570	105266
齐齐哈尔	Qiqihar	302089	4491	77	68528	15302	17087
鸡西	Jixi	156660	11584	43391	6980	5518	11260
鹤岗	Hegang	112348	8435	38941	7771	2739	5947
双鸭山	Shuangyashan	131417	6432	27962	6265	7019	5516
大庆	Daqing	516746	2979	118482	61413	29813	48956
伊春	Yichun	169818	92243	488	12044	4759	4730
佳木斯	Jiamusi	166285	20023	708	14954	6937	16112
七台河	Qitaihe	89359	4347	36137	5680	1863	2049
牡丹江	Mudanjiang	238065	35466	1767	34711	10468	25266
黑河	Heihe	120421	24503	2870	5528	6025	4392
绥化	Suihua	267482	10643	3519	44692	8788	17735
大兴安岭	Daxinganling	77097	43400	1358	1022	2333	2225
农垦总局	ARB	523762	373782	402	22929	7236	6699
绥芬河	Suifenhe	9678	84		352	466	230
抚远	Fuyuan	7064	1232		4	179	
哈尔滨铁路局	Haerbin Railway Bureau	155073	507		1049		10950

2-11 续表1 CONTINUED

单位：人 (person)

年份 地区	Year Region	批发和零售业 Wholesale and Retail Trades	交通运输仓储和邮政业 Transport, Storage and Post	住宿和餐饮业 Hotels and Catering Services	信息传输、软件和信息技术服务业 Information Transmission, Software and IT Softwares	金融业 Financial Intermediation	房地产业 Real Estate	租赁和商务服务业 Leasing and Business Services
2013		196718	280624	109287	70793	159208	60212	59092
2014		187562	277461	45246	76385	169005	60346	62055
2015		182176	274955	41511	73668	187020	59870	62900
2016		186170	271327	40433	72891	213468	61337	68933
哈尔滨	Harbin	92540	53720	25581	34933	72460	31396	45184
齐齐哈尔	Qiqihar	10337	11232	483	5279	23571	4670	5388
鸡西	Jixi	4793	5453	285	2142	10633	1313	350
鹤岗	Hegang	3592	2639	398	1327	4426	602	42
双鸭山	Shuangyashan	3781	6814	243	1903	5561	1239	2666
大庆	Daqing	18232	15039	2635	6461	29440	9622	817
伊春	Yichun	1840	3808	542	2292	4831	1054	690
佳木斯	Jiamusi	10319	8371	895	3173	8677	1548	812
七台河	Qitaihe	1499	2907	96	1087	4218	511	495
牡丹江	Mudanjiang	8406	7166	1422	3070	21628	3083	7454
黑河	Heihe	3849	7518	707	2331	5930	742	630
绥化	Suihua	13327	11910	579	4414	15404	3506	1325
大兴安岭	Daxinganling	1106	1537	567	1293	2672	297	305
农垦总局	ARB	10837	4627	1773	3033	2793	1120	1315
绥芬河	Suifenhe	492	430	79	53	949	456	92
抚远	Fuyuan	110	306	54		207	87	43
哈尔滨铁路局	Haerbin Railway Bureau	1110	127850	4094	100	68	91	1325

2-11 续表2　CONTINUED

单位：人　　(person)

年份 地区	Year Region	科学研究和技术服务业 Scientific Research and Technical Service	水利、环境和公共设施管理业 Management of Water Conservancy, Environment and Public Facilities	居民服务、修理和其他服务业 Services to Households Repair and Other Services	教育 Education	卫生和社会工作 Health and Social Services	文化、体育和娱乐业 Culture, Sports and Entertainment	公共管理、社会保障和社会组织 Public Management Social Security and Social Organization
2013		111528	104330	46290	450369	223051	45595	430784
2014		115422	101503	42642	453708	225950	40981	447880
2015		111809	108794	43100	442622	223709	39965	443930
2016		111223	111348	39937	430329	229192	39209	445531
哈尔滨	Harbin	39301	31974	8642	143035	71602	15901	110469
齐齐哈尔	Qiqihar	6024	12229	681	44394	27518	3350	41448
鸡西	Jixi	907	4998	287	15590	7196	1724	22256
鹤岗	Hegang	465	3335	160	8913	8337	1149	13130
双鸭山	Shuangyashan	1203	5653	237	13434	5709	1447	28333
大庆	Daqing	45569	4447	22400	39805	21020	4089	35527
伊春	Yichun	1683	2690	121	12377	7117	1087	15422
佳木斯	Jiamusi	2819	4393	381	23315	12166	1563	29119
七台河	Qitaihe	1168	2171	167	7606	5064	693	11601
牡丹江	Mudanjiang	2544	4301	248	25459	17074	2271	26261
黑河	Heihe	1524	4458	229	13708	8026	1325	26126
绥化	Suihua	3520	6955	650	50757	18310	2354	49094
大兴安岭	Daxinganling	791	1421	20	4461	2058	699	9532
农垦总局	ARB	1891	21472	569	24077	16435	993	21779
绥芬河	Suifenhe	64	489		1392	836	103	3111
抚远	Fuyuan	38	362		1512	456	151	2323
哈尔滨铁路局	Haerbin Railway Bureau	1712		5145	494	268	310	

2-12 分地区年末国有单位就业人数

NUMBER OF EMPLOYMENT IN STATE-OWNED UNITS AT YEAR-END BY REGION

单位：人　　(person)

年份 地区	Year Region	总计 Total	农、林、牧、渔业 Agriculture, Forestry, Animal Husbandry and Fishery	采矿业 Mining	制造业 Manufacturing	电力、热力、燃气及水的生产和供应业 Production and Supply of Electric, heat, Gas and Water	建筑业 Construction	批发和零售业 Wholesale and Retail Trades
2013		2919007	790212	11744	70486	89916	96218	53685
2014		2770991	702780	9331	63476	86450	88314	46677
2015		2678459	647035	7789	69258	85612	68363	45404
2016		2636890	660654	7357	56580	81301	63001	43197
哈尔滨	Harbin	597127	26338	49	39103	14703	19586	14668
齐齐哈尔	Qiqihar	166219	4478		2927	2974	2432	1644
鸡西	Jixi	78290	11536	68	268	2480	4281	1717
鹤岗	Hegang	56374	8147	346	4971	1181	664	1161
双鸭山	Shuangyashan	75027	6430	0	83	3880	309	1662
大庆	Daqing	252351	2826	2243	1391	24838	13676	7218
伊春	Yichun	145667	92161	165	1473	3700	954	521
佳木斯	Jiamusi	112985	19946	82	678	3228	3339	2079
七台河	Qitaihe	37904	4347			1236	95	431
牡丹江	Mudanjiang	136306	35466	145	481	5139	1846	2960
黑河	Heihe	94831	19724	23	1554	4290	717	989
绥化	Suihua	177619	10443	3026	1521	5843	2883	4810
大兴安岭	Daxinganling	68056	43400	1205	6	2023	141	192
农垦总局	ARB	469808	373589	5	1071	5607	1128	1863
绥芬河	Suifenhe	6679	84					156
抚远	Fuyuan	6574	1232		4	179		16
哈尔滨铁路局	Haerbin Railway Bureau	155073	507		1049		10950	1110

2-12 续表1 CONTINUED

单位：人 (person)

年份 地区	Year Region	交通运输仓储和邮政业 Transport, Storage and Post	住宿和餐饮业 Hotels and Catering Services	信息传输、软件和信息技术服务业 Information Transmission, Software and IT Softwares	金融业 Financial Intermediation	房地产业 Real Estate	租赁和商务服务业 Leasing and Business Services	科学研究和技术服务业 Scientific Research and Technical Service
2013		255329	72907	22082	51414	15017	26177	99043
2014		250879	22073	20135	56488	14570	31374	101157
2015		245370	20231	19380	59693	13292	31133	100886
2016		242424	20527	19327	61832	11708	30544	97896
哈尔滨	Harbin	39531	10553	7987	25341	6306	16584	28496
齐齐哈尔	Qiqihar	9336	163	791	5708	962	1983	5347
鸡西	Jixi	4469	102	33	1210	539	208	892
鹤岗	Hegang	1795	188	196	2684	204	26	465
双鸭山	Shuangyashan	4861	175	177	1326	413	481	1200
大庆	Daqing	13291	1698	3773	9985	341	313	44590
伊春	Yichun	3341	256	417	2014	98	340	1568
佳木斯	Jiamusi	6320	273	571	1790	492	631	2810
七台河	Qitaihe	2141	96		772	206	142	1158
牡丹江	Mudanjiang	6173	208	376	1441	189	5542	2155
黑河	Heihe	7248	208	554	3794	199	493	1419
绥化	Suihua	10418	333	1332	3912	852	1076	3367
大兴安岭	Daxinganling	1223	403	128	876	179	273	791
农垦总局	ARB	3988	1719	2839	713	596	1101	1849
绥芬河	Suifenhe	242	4	53	198		9	47
抚远	Fuyuan	197	54			41	17	30
哈尔滨铁路局	Harbin Railway Bureau	127850	4094	100	68	91	1325	1712

2-12 续表2 CONTINUED

单位：人 (person)

年份 地区	Year Region	水利、环境和公共设施管理业 Management of Water Conservancy, Environment and Public Facilities	居民服务、修理和其他服务业 Services to Households Repair and Other Services	教育 Education	卫生和社会工作 Health and Social Services	文化、体育和娱乐业 Culture, Sports and Entertainment	公共管理、社会保障和社会组织 Public Management Social Security and Social Organization
2013		97903	37582	445445	213996	39741	430110
2014		92670	36379	447551	217401	35943	447343
2015		97350	36998	437422	214746	34957	443540
2016		100762	33485	421810	216171	33112	435202
哈尔滨	Harbin	25369	2571	134810	62919	11791	110422
齐齐哈尔	Qiqihar	11569	506	44310	26376	3265	41448
鸡西	Jixi	4831	229	15590	5969	1612	22256
鹤岗	Hegang	3335	160	8913	7659	1149	13130
双鸭山	Shuangyashan	4895	213	13434	5708	1447	28333
大庆	Daqing	4368	22389	39802	20311	3771	35527
伊春	Yichun	2665	86	12377	7061	1048	15422
佳木斯	Jiamusi	4393	330	23315	12137	1536	29035
七台河	Qitaihe	2171	145	7606	5064	693	11601
牡丹江	Mudanjiang	4249	248	25315	16896	1216	26261
黑河	Heihe	4210	224	13708	8026	1325	26126
绥化	Suihua	6955	650	50734	18019	2351	49094
大兴安岭	Daxinganling	528	20	4461	2031	644	9532
农垦总局	ARB	20373	569	24077	16435	705	11581
绥芬河	Suifenhe	489		1352	836	98	3111
抚远	Fuyuan	362		1512	456	151	2323
哈尔滨铁路局	Harbin Railway Bureau		5145	494	268	310	

2-13　分地区年末城镇集体单位就业人数

NUMBER OF EMPLOYMENT IN URBAN COLLECTIVE-OWNED UNITS AT YEAR-END BY REGION

单位：人　　(person)

年份 地区	Year Region	总计 Total	农、林、牧、渔业 Agriculture, Forestry, Animal Husbandry and Fishery	采矿业 Mining	制造业 Manufacturing	电力、热力、燃气及水的生产和供应业 Production and Supply of Electric, heat, Gas and Water	建筑业 Construction
	2013	158145	1538	13188	46735	829	33110
	2014	147269	881	7840	48279	888	32932
	2015	141049	767	7643	44383	835	28796
	2016	122044	642	7416	36047	751	22304
哈尔滨	Harbin	63477	64	2	24954	58	8979
齐齐哈尔	Qiqihar	9194	1	34	2307	315	786
鸡西	Jixi	2979	20	61	675		242
鹤岗	Hegang	5775	288	3214	241		164
双鸭山	Shuangyashan	1558	2		205		334
大庆	Daqing	10291		1326	5623		752
伊春	Yichun	1421	82	38	84		229
佳木斯	Jiamusi	5180	77	34	275	247	1399
七台河	Qitaihe	3812		2607	63		148
牡丹江	Mudanjiang	8949		100	540		6715
黑河	Heihe	1898			229		916
绥化	Suihua	6643	108		842	131	1199
大兴安岭	Daxinganling	427					427
农垦总局	ARB	23			9		14
绥芬河	Suifenhe	204					
抚远	Fuyuan	213					

2-13 续表1　CONTINUED

单位：人　　(person)

年份 地区	Year Region	批发和零售业 Wholesale and Retail Trades	交通运输仓储和邮政业 Transport, Storage and Post	住宿和餐饮业 Hotels and Catering Services	信息传输、软件和信息技术服务业 Information Transmission, Software and IT Softwares	金融业 Financial Intermediation	房地产业 Real Estate	租赁和商务服务业 Leasing and Business Services
	2013	12578	2147	3521	193	19208	1166	6632
	2014	10150	2008	2346	63	19384	929	5160
	2015	11671	1569	2143	55	19239	503	7055
	2016	11414	1025	2401	43	19159	563	6928
哈尔滨	Harbin	6503	494	2164	4	4525	207	5410
齐齐哈尔	Qiqihar	812	140	40		4093	11	58
鸡西	Jixi	189		65		1524		112
鹤岗	Hegang	140	153			1037	16	16
双鸭山	Shuangyashan	212	6					99
大庆	Daqing	337	60	15		997	120	352
伊春	Yichun	111	10	88		626		75
佳木斯	Jiamusi	1364	23			1472		167
七台河	Qitaihe	25	108			445	43	351
牡丹江	Mudanjiang	259	18	23		1205	12	6
黑河	Heihe	153	11		39	486	14	45
绥化	Suihua	1309		6		2342	140	229
大兴安岭	Daxinganling							
农垦总局	ARB							
绥芬河	Suifenhe		2			200		2
抚远	Fuyuan					207		6

2-13 续表2 CONTINUED

单位：人　(person)

年 份 Year 地 区 Region		科学研究和技术服务业 Scientific Research and Technical Service	水利、环境和公共设施管理业 Management of Water Conservancy, Environment and Public Facilities	居民服务、修理和其他服务业 Services to Households Repair and Other Services	教 育 Education	卫生和社会工作 Health and Social Services	文化、体育和娱乐业 Culture, Sports and Entertainment	公共管理、社会保障和社会组织 Public Management Social Security and Social Organization
	2013	1677	3493	2863	2483	5928	678	178
	2014	1319	3851	2552	2498	5246	665	278
	2015	938	4912	2804	1962	5076	602	96
	2016	767	3638	2695	433	4983	732	103
哈 尔 滨	Harbin	744	2769	2627	406	2847	701	19
齐齐哈尔	Qiqihar		170	19		408		
鸡　西	Jixi	3				69	19	
鹤　岗	Hegang					506		
双 鸭 山	Shuangyashan		699			1		
大　庆	Daqing					709		
伊　春	Yichun			22		56		
佳 木 斯	Jiamusi					29	9	84
七 台 河	Qitaihe			22				
牡 丹 江	Mudanjiang				4	67		
黑　河	Heihe			5				
绥　化	Suihua	20			23	291	3	
大兴安岭	Daxinganling							
农垦总局	ARB							
绥 芬 河	Suifenhe							
抚　远	Fuyuan							

2-14 分地区年末城镇其他单位就业人数

NUMBER OF EMPLOYMENT IN URBAN OTHER UNITS AT YEAR-END BY REGION

单位：人　(person)

年 份 Year 地 区 Region		总 计 Total	农、林、牧、渔业 Agriculture, Forestry, Animal Husbandry and Fishery	采矿业 Mining	制造业 Manufacturing	电力、热力、燃气及水的生产和供应业 Production and Supply of Electric, heat, Gas and Water	建筑业 Construction	批发和零售业 Wholesale and Retail Trades
	2013	1597193	6633	298380	536105	91070	240300	130455
	2014	1590568	7323	342109	501327	93501	217251	130735
	2015	1515643	6793	303206	460425	94174	214043	125101
	2016	1489780	6689	264328	427238	93963	199115	131559
哈 尔 滨	Harbin	544746	1432	2948	161886	51809	76701	71369
齐齐哈尔	Qiqihar	126676	12	43	63294	12013	13869	7881
鸡　西	Jixi	75391	28	43262	6037	3038	6737	2887
鹤　岗	Hegang	50199		35381	2559	1558	5119	2291
双 鸭 山	Shuangyashan	54832		27962	5977	3139	4873	1907
大　庆	Daqing	254104	153	114913	54399	4975	34528	10677
伊　春	Yichun	22730		285	10487	1059	3547	1208
佳 木 斯	Jiamusi	48120		592	14001	3462	11374	6876
七 台 河	Qitaihe	47643		33530	5617	627	1806	1043
牡 丹 江	Mudanjiang	92810		1522	33690	5329	16705	5187
黑　河	Heihe	23692	4779	2847	3745	1735	2759	2707
绥　化	Suihua	83220	92	493	42329	2814	13653	7208
大兴安岭	Daxinganling	8614		153	1016	310	1657	914
农垦总局	ARB	53931	193	397	21849	1629	5557	8974
绥 芬 河	Suifenhe	2795			352	466	230	336
抚　远	Fuyuan	277						94

2-14 续表1 CONTINUED

单位：人　　　　(person)

年份 地区	Year Region	交通运输仓储和邮政业 Transport, Storage and Post	住宿和餐饮业 Hotels and Catering Services	信息传输、软件和信息技术服务业 Information Transmission, Software and IT Softwares	金融业 Financial Intermediation	房地产业 Real Estate	租赁和商务服务业 Leasing and Business Services	科学研究和技术服务业 Scientific Research and Technical Service
	2013	23148	32859	48518	88586	34659	11998	7607
	2014	24574	20827	56187	93133	44029	26283	10808
	2015	28016	19137	54233	108088	44847	25521	12946
	2016	27878	17505	53521	132477	46075	24712	9985
哈尔滨	Harbin	13695	12864	26942	42594	20490	15975	7293
齐齐哈尔	Qiqihar	1756	280	4488	13770	3909	3318	700
鸡西	Jixi	984	118	2109	7899	751	21	18
鹤岗	Hegang	691	210	1131	705	497		
双鸭山	Shuangyashan	1947	68	1726	4235	1079	2190	21
大庆	Daqing	1688	922	2688	18458	9138	154	953
伊春	Yichun	457	198	1875	2191	973	275	112
佳木斯	Jiamusi	2028	622	2602	5415	1142	14	5
七台河	Qitaihe	658		1087	3001	373	2	33
牡丹江	Mudanjiang	975	1191	2694	18982	2967	1582	402
黑河	Heihe	259	499	1738	1650	678	102	88
绥化	Suihua	1492	240	3082	9150	2791	11	133
大兴安岭	Daxinganling	314	164	1165	1796	135	31	9
农垦总局	ARB	639	54	194	2080	627	921	135
绥芬河	Suifenhe	186	75		551	475	96	75
抚远	Fuyuan	109				50	20	8

2-14 续表2 CONTINUED

单位：人　　　　(person)

年份 地区	Year Region	水利、环境和公共设施管理业 Management of Water Conservancy, Environment and Public Facilities	居民服务、修理和其他服务业 Services to Households Repair and Other Services	教育 Education	卫生和社会工作 Health and Social Services	文化、体育和娱乐业 Culture, Sports and Entertainment	公共管理、社会保障和社会组织 Public Management Social Security and Social Organization
	2013	2934	5845	2441	3127	5176	496
	2014	4982	3711	3659	3303	4373	259
	2015	6532	3298	3238	3887	4406	294
	2016	6948	3757	8086	8038	5365	10226
哈尔滨	Harbin	3836	3444	7819	5836	3409	28
齐齐哈尔	Qiqihar	490	156	84	734	85	
鸡西	Jixi	167	58		1158	93	
鹤岗	Hegang				172		
双鸭山	Shuangyashan	59	24				
大庆	Daqing	79	11	3		318	
伊春	Yichun	25	13			39	
佳木斯	Jiamusi		51			18	
七台河	Qitaihe						
牡丹江	Mudanjiang	52		140	111	1055	
黑河	Heihe	248					
绥化	Suihua						
大兴安岭	Daxinganling	893			27	55	
农垦总局	ARB	1099				288	10198
绥芬河	Suifenhe			40		5	
抚远	Fuyuan						

2-15 年末分行业女性就业人员(2016年，城镇非私营单位)

NUMBER OF FEMALE EMPLOYED PERSONS AT YEAR-END BY SCTOR (2016，Excluding Private)

行　业	Sector	女性单位就业人员（人）Number of Female Employed Persons (person)	占单位就业人员比重（%）Proportion of Female Employed Persons to Total (%)
总　计	**Total**	**1505491**	**35.4**
农、林、牧、渔业	Agriculture, Forestry, Animal Husbandry and Fishery	218036	32.6
采矿业	Mining	64522	23.1
制造业	Manufacturing	159400	30.7
电力、热力、燃气及水的生产和供应业	Production and Supply of Electric, Heat, Gas and Water	46187	26.2
建筑业	Construction	46865	16.5
批发和零售业	Wholesale and Retail Trade	84994	45.7
交通运输、仓储及邮政业	Transport, Storage and Post	61471	22.7
住宿和餐饮业	Hotels and Catering Services	16385	40.5
信息传输、软件和信息技术服务业	Information Transmission, Software and IT Services	29887	41.0
金融业	Financial Intermediation	103034	48.3
房地产业	Real Estate	21046	34.3
租赁和商务服务业	Leasing and Business Services	20967	30.4
科学研究和技术服务业	Scientific Research and Technical Services	29824	26.8
水利、环境和公共设施管理业	Management of Water Conservancy, Environment and Public Facilities	39114	35.1
居民服务、修理和其他服务业	Services to Households, Repair and Other Services	17882	44.8
教　育	Education	244791	56.9
卫生、社会工作	Health and Social Work	145376	63.4
文化、体育和娱乐业	Culture, Sports and Entertainment	16448	41.9
公共管理、社会保障和社会组织	Public Management, Social Securities and Social Organization	139262	31.3
国际组织	International Organizations		

2-16 按行业分城镇非私营单位就业人员劳动报酬总额

TOTAL LABOR REMUNERATION OF EMPLOYED PERSONS IN URBAN NON-PRIVATE UNITS BY SECTOR

单位：亿元、千元 (100 million yuan, 1000 yuan)

年份 地区	Year Region	总计 Total	农、林、牧、渔业 Agriculture, Forestry, Animal Husbandry and Fishery	采矿业 Mining	制造业 Manufacturing	电力、热力、燃气及水的生产和供应业 Production and Supply of Electric, heat, Gas and Water	建筑业 Construction	批发和零售业 Wholesale and Retail Trades
2013		1944.5	188.4	185.1	262.3	99.5	180.3	74.0
2014		2033.1	186.0	200.5	266.4	105.6	167.3	75.8
2015		2164.2	187.2	185.7	265.8	113.8	143.6	80.2
2016		2251.4	190.5	174.1	261.3	114.8	132.9	88.8
哈尔滨	Harbin	73453525	1026779	137989	12735586	5394458	5375458	4943647
齐齐哈尔	Qiqihar	15332019	152833	1756	2974685	741598	607759	433550
鸡西	Jixi	7302521	405608	1846840	237968	248057	371474	194890
鹤岗	Hegang	5532576	220363	1918380	329258	172152	213147	152125
双鸭山	Shuangyashan	6352436	210757	1386382	313800	347556	185295	143140
大庆	Daqing	35575821	111164	9887437	4325639	1931860	2301648	703307
伊春	Yichun	5879675	2164279	37734	396143	214969	178078	81382
佳木斯	Jiamusi	8405212	481873	17427	546143	438468	857051	352992
七台河	Qitaihe	4498903	110780	1679615	180530	134585	66233	75552
牡丹江	Mudanjiang	11625312	1079518	90059	1282071	707390	1085839	448226
黑河	Heihe	5885580	586731	140488	217482	354725	193780	135661
绥化	Suihua	11881900	278429	210190	1560308	348470	791868	416864
大兴安岭	Daxinganling	3446994	1459678	49933	31378	66405	74723	48702
农垦总局	ARB	17097845	10680761	6378	926774	353382	226756	635729
绥芬河	Suifenhe	534062	2714		7671	16151	7232	25774
抚远	Fuyuan	375302	38008		84	6503		3365
哈尔滨铁路局	Haerbin Railway Bureau	11963888	39845		69284		755464	85243

2-16 续表1 CONTINUED

单位：亿元、千元 (100 million yuan, 1000 yuan)

年份 地区	Year Region	交通运输仓储和邮政业 Transport, Storage and Post	住宿和餐饮业 Hotels and Catering Services	信息传输、软件和信息技术服务业 Information Transmission, Software and IT Softwares	金融业 Financial Intermediation	房地产业 Real Estate	租赁和商务服务业 Leasing and Business Services	科学研究和技术服务业 Scientific Research and Technical Service
2013		140.0	46.7	39.2	89.3	22.7	23.6	67.7
2014		157.8	17.8	45.3	97.0	24.7	24.4	72.2
2015		162.4	17.6	47.8	116.4	27.1	27.7	73.8
2016		172.4	18.1	44.2	132.2	28.1	33.1	74.9
哈尔滨	Harbin	2938621	1224794	2231891	5632894	1665882	2372771	2396708
齐齐哈尔	Qiqihar	603121	13100	318626	1122917	183256	219962	362805
鸡西	Jixi	297828	6788	126361	577328	46480	9493	48137
鹤岗	Hegang	127790	9476	76470	332645	21900	2107	27413
双鸭山	Shuangyashan	244708	8227	125394	420446	54562	56228	77430
大庆	Daqing	841566	100351	436699	1223829	372474	31119	3515809
伊春	Yichun	168475	18259	128452	350900	32850	17834	89557
佳木斯	Jiamusi	349875	24771	173317	521509	62102	43654	186452
七台河	Qitaihe	131914	2708	62448	402471	21762	15628	62634
牡丹江	Mudanjiang	389939	40985	182466	1019295	112193	260234	161871
黑河	Heihe	308244	16856	138067	430285	28595	27454	89451
绥化	Suihua	487976	16449	189856	679550	129457	48778	172370
大兴安岭	Daxinganling	87964	17362	82341	212309	9741	24132	55200
农垦总局	ARB	138276	49547	131160	214007	36339	67263	118059
绥芬河	Suifenhe	18846	2649	2034	51685	15550	2819	3996
抚远	Fuyuan	16516	1296		23520	3105	1696	1915
哈尔滨铁路局	Haerbin Railway Bureau	10085512	257805	11776	7458	9823	105147	123941

2-16 续表2 CONTINUED

单位：亿元、千元 (100 million yuan, 1000 yuan)

年份 地区	Year Region	水利、环境和公共设施管理业 Management of Water Conservancy, Environment and Public Facilities	居民服务、修理和其他服务业 Services to Households Repair and Other Services	教育 Education	卫生和社会工作 Health and Social Services	文化、体育和娱乐业 Culture, Sports and Entertainment	公共管理、社会保障和社会组织 Public Management Social Security and Social Organization
2013		27.3	23.1	194.5	95.4	17.8	167.5
2014		28.9	23.0	223.7	106.7	17.6	192.4
2015		35.8	22.6	277.4	124.3	20.2	234.3
2016		38.8	23.4	294.3	142.0	21.7	265.8
哈尔滨	Harbin	1335676	459729	10629254	4985059	952192	7014137
齐齐哈尔	Qiqihar	468373	29866	2842738	1536366	154234	2564474
鸡西	Jixi	146364	12122	968386	451440	79650	1227307
鹤岗	Hegang	106189	6878	597772	404529	56252	757730
双鸭山	Shuangyashan	172576	13042	920391	275144	78491	1318867
大庆	Daqing	257878	1407691	3261950	1606567	252135	3006698
伊春	Yichun	96519	4776	705163	326750	53689	813866
佳木斯	Jiamusi	165474	18252	1591848	806734	92166	1675104
七台河	Qitaihe	72341	5937	486983	262758	35262	688762
牡丹江	Mudanjiang	174289	11801	1777853	1030040	119123	1652120
黑河	Heihe	141449	11352	987519	463580	76321	1537540
绥化	Suihua	244868	26393	2814179	966817	94245	2404833
大兴安岭	Daxinganling	49944	1087	309240	140702	40400	685753
农垦总局	ARB	414022	14844	1297659	843570	47711	895608
绥芬河	Suifenhe	15820		95975	54806	5887	204453
抚远	Fuyuan	15301		101006	26207	8280	128500
哈尔滨铁路局	Haerbin Railway Bureau		323433	37940	21877	29340	

2-17 分地区城镇非私营单位就业人员平均工资

AVERAGE WAGE OF EMPLOYED PERSONS IN URBAN NON-PRIVATE UNITS BY REGION

单位：元 (yuan)

年份 地区	Year Region	总计 Total	农、林、牧、渔业 Agriculture, Forestry, Animal Husbandry and Fishery	采矿业 Mining	制造业 Manufacturing	电力、热力、燃气及水的生产和供应业 Production and Supply of Electric, heat, Gas and Water	建筑业 Construction
2013		40794	23793	58079	39668	54355	36581
2014		44036	25816	56472	43254	58221	37389
2015		48881	28556	54707	45447	62714	37948
2016		52435	28782	59875	49775	64919	39922
哈尔滨	Harbin	60543	38549	43654	56107	80358	44075
齐齐哈尔	Qiqihar	49882	33895	22805	41779	48489	31672
鸡西	Jixi	45491	36763	39529	34161	44607	30439
鹤岗	Hegang	47265	26035	46023	33691	65061	34367
双鸭山	Shuangyashan	47554	32767	44659	48269	50738	34660
大庆	Daqing	68617	37772	83593	70547	64509	42883
伊春	Yichun	36026	25137	72565	34679	45057	35000
佳木斯	Jiamusi	48171	23383	28663	36733	62764	35456
七台河	Qitaihe	48695	25024	43294	29983	72319	31997
牡丹江	Mudanjiang	48200	35050	51141	37201	67230	31514
黑河	Heihe	49982	27642	48461	39271	58516	40770
绥化	Suihua	43797	27941	59696	34838	39807	34116
大兴安岭	Daxinganling	44701	33625	38798	29216	28114	33614
农垦总局	ARB	32152	27854	15078	40753	47767	33002
绥芬河	Suifenhe	55424	32310		23972	34585	29639
抚远	Fuyuan	53853	30165		21000	37374	
哈尔滨铁路局	Haerbin Railway Bureau	75841	75607		64211		66944

2-17 续表1 CONTINUED

单位：元 (yuan)

年 份 地 区	Year Region	批发和零售业 Wholesale and Retail Trades	交通运输仓储和邮政业 Transport, Storage and Post	住宿和餐饮业 Hotels and Catering Services	信息传输、软件和信息技术服务业 Information Transmission, Software and IT Softwares	金融业 Financial Intermediation	房地产业 Real Estate	租赁和商务服务业 Leasing and Business Services
2013		38346	50817	43308	55780	57385	36849	38722
2014		41480	56406	39387	59055	58112	40002	39918
2015		44654	58601	42095	64003	65140	44447	44945
2016		48576	62977	44807	62707	64737	45376	48066
哈 尔 滨	Harbin	54329	54895	47967	65804	80911	52718	53196
齐齐哈尔	Qiqihar	42007	52642	27292	61251	48765	39074	37807
鸡 西	Jixi	41448	54259	23818	65404	53785	35535	26517
鹤 岗	Hegang	42481	48350	25405	62990	75021	35494	50167
双 鸭 山	Shuangyashan	37501	35693	34137	70367	75254	43303	20672
大 庆	Daqing	41814	55051	38493	69917	48883	38590	38753
伊 春	Yichun	44062	44891	33626	59331	72771	31286	26111
佳 木 斯	Jiamusi	34334	42522	27311	54605	61088	41236	53629
七 台 河	Qitaihe	51083	45488	28208	59873	95169	42587	31572
牡 丹 江	Mudanjiang	53348	53852	28188	59493	49284	36521	36601
黑 河	Heihe	35430	40903	24114	62901	73302	32274	43371
绥 化	Suihua	31386	40962	28657	47169	45237	35693	36953
大兴安岭	Daxinganling	44722	56028	31510	63929	79516	33590	78863
农垦总局	ARB	59794	29692	27090	43159	76953	32244	50536
绥 芬 河	Suifenhe	53473	44979	32305	38377	55101	33804	30312
抚 远	Fuyuan	26289	53623	24000		113623	35284	38545
哈尔滨铁路局	Haerbin Railway Bureau	75839	77632	62604	115451	118381	102323	65187

2-17 续表2 CONTINUED

单位：元 (yuan)

年 份 地 区	Year Region	科学研究和技术服务业 Scientific Research and Technical Service	水利、环境和公共设施管理业 Management of Water Conservancy, Environment and Public Facilities	居民服务、修理和其他服务业 Services to Households Repair and Other Services	教 育 Education	卫生和社会工作 Health and Social Services	文化、体育和娱乐业 Culture, Sports and Entertainment	公共管理、社会保障和社会组织 Public Management Social Security and Social Organization
2013		60617	26855	49320	43379	43194	39726	39335
2014		62073	28993	52333	49503	47659	43083	43143
2015		66168	32980	50275	62673	55776	50931	53007
2016		68514	35519	55411	68288	62122	55056	59837
哈 尔 滨	Harbin	65387	41942	51361	74458	69667	60311	63756
齐齐哈尔	Qiqihar	60197	38206	44377	63609	55671	45740	61826
鸡 西	Jixi	52666	29473	42237	61575	61563	45987	55103
鹤 岗	Hegang	58953	32023	42988	66701	49309	48661	57758
双 鸭 山	Shuangyashan	63939	30372	54798	68212	48586	53724	48136
大 庆	Daqing	75837	52542	57593	81989	77350	58042	85304
伊 春	Yichun	53435	35801	39800	56992	46034	49121	52893
佳 木 斯	Jiamusi	66188	37497	47906	68246	66420	59043	57457
七 台 河	Qitaihe	53260	33276	35551	64085	52197	50883	59284
牡 丹 江	Mudanjiang	63083	41428	47585	69320	61054	51368	62816
黑 河	Heihe	58618	31370	46909	71919	57388	57557	58649
绥 化	Suihua	48175	36844	40667	55473	52872	39850	49042
大兴安岭	Daxinganling	69173	34707	57211	69305	69827	58551	71664
农垦总局	ARB	61941	21510	25461	53454	51346	44841	40721
绥 芬 河	Suifenhe	62438	32220		68701	65479	55538	65974
抚 远	Fuyuan	50395	43223		67114	59426	60882	57675
哈尔滨铁路局	Haerbin Railway Bureau	77463		62199	84688	80136	95882	

2-18 城镇非私营单位就业人员平均工资（2016年）

AVERAGE WAGE OF EMPLOYED PERSONS IN URBAN NON-PRIVATE UNITS (2016)

单位：元 (yuan)

项目	Item	全部单位 Total	国有单位 State-owned Units	集体单位 Urban Collective-owned Units	其他单位 Others
总计	**Total**	**52435**	**52847**	**41618**	**52621**
按隶属关系分组	**Grouped by Jurisdiction of Management**				
中央	Central		67472		
省	Provincial		55676		
地区	Prefectural(Cities at Prefectural level)		43864		
县及县以下	County and Under County level		53164		
其他	Others		54595		
按企业、事业、机关分组	**Grouped by Enterprises,Institutions and Agencies**				
企业	Enterprises	48919	45555	41026	52588
#地方	#Local		40957		
事业	Institutions	60697	60749	48457	68645
#地方	#Local		59477		
机关	Agencies & Organizations	60163	60651	43914	
#地方	#Local		60447		
按行业分组	Grouped by Sector				
农、林、牧、渔业	Agriculture, Forestry, Animal Husbandry and Fishery	28782	28825	27715	24688
采矿业	Mining	59875	46392	44700	60649
制造业	Manufacturing	49775	52532	34592	50668
电力、热力、燃气及水的生产和供应业	Production and Supply of Electric, Heat, Gas and Water	64919	56360	56491	72349
建筑业	Construction	39922	40762	34492	40313
批发和零售业	Wholesale and Retail Trade	48576	57455	37111	46734
交通运输、仓储及邮政业	Transport, Storage and Post	62977	64415	42310	51342
住宿和餐饮业	Hotels and Catering Services	44807	49893	52458	37813
信息传输、软件和信息技术服务业	Information Transmission, Software and IT Services	62707	65312	36860	61742
金融业	Financial Intermediation	64737	75790	60185	60122
房地产业	Real Estate	45376	49742	27125	44549
租赁和商务服务业	Leasing and Business Services	48066	42938	43072	53730
科学研究和技术服务业	Scientific Research and Technical Services	68514	69908	60736	58216
水利、环境和公共设施管理业	Management of Water Conservancy, Environment and Public Facilities	35519	35422	32110	39018
居民服务、修理和其他服务业	Services to Households,Repair and Other Services	55411	56271	59834	45051
教育	Education	68288	68269	54727	69990
卫生、社会工作	Health and Social Services	62122	62483	51980	58632
文化、体育和娱乐业	Culture, Sports and Entertainment	55056	55653	57845	51070
公共管理、社会保障和社会组织	Public Management, Social Security and Social Organization	59837	60761	60221	21320
国际组织	International Organizations				

2-19 分地区国有单位就业人员平均工资

AVERAGE WAGE OF EMPLOYED PERSONS IN STATE-OWNED UNITS BY REGION

单位：元 (yuan)

年 份 地 区	Year Region	总 计 Total	农、林、牧、渔业 Agriculture, Forestry, Animal Husbandry and Fishery	采矿业 Mining	制造业 Manufacturing	电力、热力、燃气及水的生产和供应业 Production and Supply of Electric, heat, Gas and Water	建筑业 Construction	批发和零售业 Wholesale and Retail Trades
2013		39072	23868	40007	43876	47990	38573	44178
2014		42794	25862	45310	51557	50904	38150	50711
2015		49307	28627	45471	48958	54168	39947	55589
2016		52847	28825	46392	52532	56360	40762	57455
哈尔滨	Harbin	63384	37734	64429	57782	63388	45063	65203
齐齐哈尔	Qiqihar	57201	33958		45175	45274	42470	62385
鸡西	Jixi	50188	36805	40809	26483	32847	31735	54010
鹤岗	Hegang	49394	26054	30951	36473	44676	36761	63426
双鸭山	Shuangyashan	49270	32758	8000	26011	37791	21573	43549
大庆	Daqing	68427	38527	52643	74827	63232	25535	50900
伊春	Yichun	34826	25144	22963	41751	37007	26974	58414
佳木斯	Jiamusi	52909	23434	17415	30043	72741	37121	54329
七台河	Qitaihe	53054	25024			52023	21284	76065
牡丹江	Mudanjiang	56191	35050	42425	35147	84241	31070	82909
黑河	Heihe	53049	31097	37000	51219	61039	44065	41034
绥化	Suihua	48122	27872	49034	36906	38948	33872	35571
大兴安岭	Daxinganling	44491	33625	38088	27250	26846	41563	96080
农垦总局	ARB	30896	27847	12000	16592	43402	27522	33282
绥芬河	Suifenhe	63923	32310					84872
抚远	Fuyuan	52665	30165		21000	37374		43438
哈尔滨铁路局	Haerbin Railway Bureau	75841	75607		64211		66944	75839

2-19 续表1 CONTINUED

单位：元 (yuan)

年 份 地 区	Year Region	交通运输仓储和邮政业 Transport, Storage and Post	住宿和餐饮业 Hotels and Catering Services	信息传输、软件和信息技术服务业 Information Transmission, Software and IT Softwares	金融业 Financial Intermediation	房地产业 Real Estate	租赁和商务服务业 Leasing and Business Services	科学研究和技术服务业 Scientific Research and Technical Service
2013		51796	47305	54993	65784	36493	37095	61761
2014		57840	44781	57864	67957	40097	36521	63643
2015		60376	47820	63774	74356	47055	40818	67252
2016		64415	49893	65312	75790	49742	42938	69908
哈尔滨	Harbin	51347	54377	80575	81560	51415	42451	68638
齐齐哈尔	Qiqihar	53564	30337	47201	74792	53002	36175	62703
鸡西	Jixi	60986	28529	44818	77081	45657	31976	53080
鹤岗	Hegang	54381	16191	42286	74963	49598	54885	58953
双鸭山	Shuangyashan	39325	38554	63823	90434	61947	45766	63792
大庆	Daqing	55712	45482	70895	57385	60718	47061	75366
伊春	Yichun	46533	35728	48844	76989	45878	32766	54662
佳木斯	Jiamusi	45179	25681	54916	92152	52790	62006	66324
七台河	Qitaihe	45938	28208		93073	53922	52028	53363
牡丹江	Mudanjiang	57952	26767	44918	94540	59148	38813	65833
黑河	Heihe	41224	21519	48358	77555	34472	44220	59444
绥化	Suihua	42099	32817	42222	64586	39527	36344	49297
大兴安岭	Daxinganling	59685	32158	35454	81963	35271	85146	69173
农垦总局	ARB	24607	26988	43603	33922	27464	34878	62948
绥芬河	Suifenhe	54050	14000	38377	83560		32556	81489
抚远	Fuyuan	50199	24000			47857	41824	53867
哈尔滨铁路局	Haerbin Railway Bureau	77632	62604	115451	118381	102323	65187	77463

2-19 续表2 CONTINUED

单位：元 (yuan)

年 份 地 区	Year Region	水利、环境和公共设施管理业 Management of Water Conservancy, Environment and Public Facilities	居民服务、修理和其他服务业 Services to Households Repair and Other Services	教 育 Education	卫生和社会工作 Health and Social Services	文化、体育和娱乐业 Culture, Sports and Entertainment	公共管理、社会保障和社会组织 Public Management Social Security and Social Organization
	2013	26760	51217	43377	43489	39770	39364
	2014	28936	53433	49462	48034	43258	43156
	2015	33136	50351	62739	56328	51335	53018
	2016	35422	56271	68269	62483	55653	60761
哈尔滨	Harbin	41835	50594	74713	71662	61006	63756
齐齐哈尔	Qiqihar	38888	47204	63660	55613	45483	61826
鸡 西	Jixi	29623	41367	61575	57767	46592	55103
鹤 岗	Hegang	32023	42988	66701	50298	48661	57758
双鸭山	Shuangyashan	31268	55752	68212	48592	53724	48136
大 庆	Daqing	52675	57613	81995	78194	60596	85304
伊 春	Yichun	35980	37259	56992	46104	50510	52893
佳木斯	Jiamusi	37497	51921	68246	66469	58941	57446
七台河	Qitaihe	33276	36276	64085	52197	50883	59284
牡丹江	Mudanjiang	41254	47585	69496	61305	54989	62816
黑 河	Heihe	30771	46468	71919	57388	57557	58649
绥 化	Suihua	36844	40667	55483	52951	39844	49042
大兴安岭	Daxinganling	44267	57211	69305	70245	61855	71664
农垦总局	ARB	21648	25461	53454	51346	53773	58139
绥芬河	Suifenhe	32220		69418	65479	56762	65974
抚 远	Fuyuan	43223		67114	59426	60882	57675
哈尔滨铁路局	Harbin Railway Bureau		62199	84688	80136	95882	

2-20 分地区城镇集体单位就业人员平均工资

AVERAGE WAGE OF EMPLOYED PERSONS IN URBAN COLLECTIVE-OWNED UNITS BY REGION

单位：元 (yuan)

年 份 地 区	Year Region	总 计 Total	农、林、牧、渔业 Agriculture, Forestry, Animal Husbandry and Fishery	采矿业 Mining	制造业 Manufacturing	电力、热力、燃气及水的生产和供应业 Production and Supply of Electric, heat, Gas and Water	建筑业 Construction
	2013	35819	15662	37757	36004	54607	31823
	2014	37740	23913	46419	36207	45483	34562
	2015	39063	21659	44709	33319	54664	36615
	2016	41618	27715	44700	34592	56491	34492
哈尔滨	Harbin	44199	81719	28500	31548	60492	49266
齐齐哈尔	Qiqihar	38617	12000	3529	23630	65616	25615
鸡 西	Jixi	45747	31450	13869	29092		28977
鹤 岗	Hegang	37259	25500	24186	24992		31109
双鸭山	Shuangyashan	27749	62000		32315		37442
大 庆	Daqing	58000		102984	57776		32052
伊 春	Yichun	37163	20055	37895	30595		37451
佳木斯	Jiamusi	32506	9831	14941	12422	58025	27500
七台河	Qitaihe	43010		43316	26371		31757
牡丹江	Mudanjiang	28196		16680	28576		23632
黑 河	Heihe	38784			5834		26778
绥 化	Suihua	32346	21074		25970	29908	29561
大兴安岭	Daxinganling	52635					52635
农垦总局	ARB	23390			24958		16545
绥芬河	Suifenhe	62922					
抚 远	Fuyuan	112383					

2-20 续表1 CONTINUED

单位：元　(yuan)

年份 地区	Year Region	批发和零售业 Wholesale and Retail Trades	交通运输仓储和邮政业 Transport, Storage and Post	住宿和餐饮业 Hotels and Catering Services	信息传输、软件和信息技术服务业 Information Transmission, Software and IT Softwares	金融业 Financial Intermediation	房地产业 Real Estate	租赁和商务服务业 Leasing and Business Services
2013		26732	29559	43635	25804	49174	26971	35845
2014		26941	31064	44848	31175	52725	25945	37392
2015		33247	31845	46459	35702	53758	31321	41013
2016		37111	42310	52458	36860	60736	27125	43072
哈尔滨	Harbin	47853	48194	55050	29250	61783	27756	46282
齐齐哈尔	Qiqihar	15853	27621	19400			8182	50483
鸡西	Jixi	21874		19092		12000		17625
鹤岗	Hegang	24164	53438				16250	42500
双鸭山	Shuangyashan	16247	2500					56577
大庆	Daqing	45829	72133	32000			19393	32281
伊春	Yichun	31703	11700	34216				18920
佳木斯	Jiamusi	23067	15435					23750
七台河	Qitaihe	25040	37823				26186	23393
牡丹江	Mudanjiang	26512	6889	47957			68000	74167
黑河	Heihe	18582	15545		37641		13500	67844
绥化	Suihua	23378		25333		29950	33264	40623
大兴安岭	Daxinganling							
农垦总局	ARB							
绥芬河	Suifenhe		8000					28000
抚远	Fuyuan							75714

2-20 续表2 CONTINUED

单位：元　(yuan)

年份 地区	Year Region	科学研究和技术服务业 Scientific Research and Technical Service	水利、环境和公共设施管理业 Management of Water Conservancy, Environment and Public Facilities	居民服务、修理和其他服务业 Services to Households Repair and Other Services	教育 Education	卫生和社会工作 Health and Social Services	文化、体育和娱乐业 Culture, Sports and Entertainment	公共管理、社会保障和社会组织 Public Management Social Security and Social Organization
2013		42813	22201	45573	39942	35905	40800	31017
2014		42978	24479	49224	45846	40067	48922	29081
2015		54220	25898	60850	48668	47047	53138	55031
2016		60736	32110	59834	54727	51980	57845	60221
哈尔滨	Harbin	61783	35584	60462	55865	54583	57381	56053
齐齐哈尔	Qiqihar		15041	22158		50880		
鸡西	Jixi	12000				51471	71368	
鹤岗	Hegang					43800		
双鸭山	Shuangyashan		22853			14000		
大庆	Daqing					50974		
伊春	Yichun			46727		37196		
佳木斯	Jiamusi					45966	68778	61153
七台河	Qitaihe			30773				
牡丹江	Mudanjiang				62750	53284		
黑河	Heihe			67800				
绥化	Suihua	29950			33261	48010	44333	
大兴安岭	Daxinganling							
农垦总局	ARB							
绥芬河	Suifenhe							
抚远	Fuyuan							

2-21 分地区城镇其他单位就业人员平均工资

AVERAGE WAGE OF EMPLOYED PERSONS IN URBAN OTHER UNITS BY REGION

单位：元 (yuan)

年 份 地 区	Year Region	总 计 Total	农、林、牧、渔业 Agriculture, Forestry, Animal Husbandry and Fishery	采矿业 Mining	制造业 Manufa-cturing	电力、热力、燃气及水的生产和供应业 Production and Supply of Electric, heat, Gas and Water	建筑业 Construction	批发和零售业 Wholesale and Retail Trades
	2013	44381	16803	59698	39437	60556	36564	37067
	2014	46776	21506	56996	42868	65089	37677	39436
	2015	49062	22666	55165	46098	64742	37512	41944
	2016	52621	24688	60649	50668	72349	40313	46734
哈 尔 滨	Harbin	59389	50988	43336	59427	85086	43293	52711
齐齐哈尔	Qiqihar	41237	12250	38047	42289	48841	29271	40389
鸡 西	Jixi	40643	24107	39561	35064	54052	29139	35295
鹤 岗	Hegang	46017		48095	26629	79297	34134	32940
双 鸭 山	Shuangyashan	45922		44661	49110	65991	35315	34770
大 庆	Daqing	69242	24013	84003	71777	70988	49655	36748
伊 春	Yichun	43546		102289	33621	73974	37373	38956
佳 木 斯	Jiamusi	39553		31486	37553	53774	36658	30512
七 台 河	Qitaihe	45852		43292	30021	112650	32573	41160
牡 丹 江	Mudanjiang	39605		54255	37368	50853	34787	37643
黑 河	Heihe	38991	16044	48553	36318	52341	43709	34306
绥 化	Suihua	35899	43315	125185	34935	42113	34656	30032
大兴安岭	Daxinganling	46140		43873	29391	36662	30479	34074
农垦总局	ARB	43362	41238	15115	41968	63398	34048	65659
绥 芬 河	Suifenhe	34259			23972	34585	29639	38448
抚 远	Fuyuan	37570						23839

2-21 续表1 CONTINUED

单位：元 (yuan)

年 份 地 区	Year Region	交通运输仓储和邮政业 Transport, Storage and Post	住宿和餐饮业 Hotels and Catering Services	信息传输、软件和信息技术服务业 Information Transmission, Software and IT Softwares	金融业 Financial Intermediation	房地产业 Real Estate	租赁和商务服务业 Leasing and Business Services	科学研究和技术服务业 Scientific Research and Technical Service
	2013	41889	34712	56212	54187	37244	41317	52606
	2014	43606	32995	59511	53138	40257	44550	51601
	2015	44547	35257	64114	61960	43860	51135	56157
	2016	51342	37813	61742	60122	44549	53730	58216
哈 尔 滨	Harbin	65254	41594	61301	81341	53244	61739	57161
齐齐哈尔	Qiqihar	50210	26639	63770	36095	35480	38463	40321
鸡 西	Jixi	23840	22347	65762	48158	28441	24233	31833
鹤 岗	Hegang	31655	33815	66976	64832	29023		
双 鸭 山	Shuangyashan	27363	22424	71080	70456	34213	13396	123000
大 庆	Daqing	49336	25542	68362	44150	38006	37707	97829
伊 春	Yichun	32981	30636	61833	77031	29784	20015	36783
佳 木 斯	Jiamusi	34682	28046	54537	52555	36060	34000	23778
七 台 河	Qitaihe	45347		59873	99758	36366	14500	49207
牡 丹 江	Mudanjiang	29235	28060	61530	44864	34900	30290	47597
黑 河	Heihe	32985	25260	68570	60636	31748	26826	47438
绥 化	Suihua	32767	23054	49616	38085	34582	27750	22437
大兴安岭	Daxinganling	42647	29697	67126	78324	30956	25063	
农垦总局	ARB	60874	30444	36534	91622	37804	125487	19318
绥 芬 河	Suifenhe	33213	33244		41281	33804	30122	9765
抚 远	Fuyuan	59616				23804	22750	37375

2-21 续表2　CONTINUED

单位：元 (yuan)

年份 地区	Year Region	水利、环境和公共设施管理业 Management of Water Conservancy, Environment and Public Facilities	居民服务、修理和其他服务业 Services to Households Repair and Other Services	教育 Education	卫生和社会工作 Health and Social Services	文化、体育和娱乐业 Culture, Sports and Entertainment	公共管理、社会保障和社会组织 Public Management Social Security and Social Organization
2013		35497	38036	47305	36799	39255	17491
2014		33216	44065	57563	35322	40831	35726
2015		36261	42001	62165	36444	47216	35571
2016		39018	45051	69990	58632	51070	21320
哈尔滨	Harbin	47286	45735	71079	55410	58479	68571
齐齐哈尔	Qiqihar	30127	37568	38078	60512	55671	
鸡西	Jixi	25235	45672		82185	30269	
鹤岗	Hegang				22059		
双鸭山	Shuangyashan	46129	46292				
大庆	Daqing	43507	12545	30500		29694	
伊春	Yichun	16680	44692			15186	
佳木斯	Jiamusi		21922			63375	
七台河	Qitaihe						
牡丹江	Mudanjiang	58762		37450	29130	47383	
黑河	Heihe	40742					
绥化	Suihua						
大兴安岭	Daxinganling	23071			46171	20400	
农垦总局	ARB	18083				26620	21192
绥芬河	Suifenhe			43744		30800	
抚远	Fuyuan						

2-22 分地区城镇私营单位就业人员平均工资

AVERAGE WAGE OF EMPLOYED PERSONS IN URBAN PRIVATE UNITS BY REGION

单位：元 (yuan)

年份 地区	Year Region	总计 Total	农、林、牧、渔业 Agriculture, Forestry, Animal Husbandry and Fishery	采矿业 Mining	制造业 Manufacturing	电力、热力、燃气及水的生产和供应业 Production and Supply of Electric, heat, Gas and Water	建筑业 Construction
2013		24750	18992	27912	24899	24063	27687
2014		26960	22241	27071	26571	27860	30191
2015		28586	25011	31468	27966	29179	32129
2016		30533	26367	32478	29592	32277	34021
哈尔滨	Harbin	32448	28969	26560	30175	29995	36455
齐齐哈尔	Qiqihar	29650	19862	23021	31791	27196	32507
鸡西	Jixi	26608	21267	33455	25589	34454	27668
鹤岗	Hegang	29524	30692	24531	25167	24823	46930
双鸭山	Shuangyashan	28124	23609	23653	23513	26839	30606
大庆	Daqing	30675	20630	36837	30997	33343	31577
伊春	Yichun	23188	19605	29005	21055	24478	31483
佳木斯	Jiamusi	28765	25651	24341	28621	36506	25947
七台河	Qitaihe	23610	14673	29796	24244	24611	21660
牡丹江	Mudanjiang	26223	25990	33187	26267	27991	29320
黑河	Heihe	34643	19032	59496	25111	29992	45495
绥化	Suihua	29067		37599	29258	26643	30325
大兴安岭	Daxinganling	27896	30618	34877	28182	33178	29075
农垦总局	ARB	36782	33699	26684	35229	40838	39788
绥芬河	Suifenhe	29380			26142	27923	24900
抚远	Fuyuan	31364	39121	37491	32743	34121	31945

2-22 续表1 CONTINUED

单位：元 (yuan)

年 份 地 区	Year Region	批发和零售业 Wholesale and Retail Trades	交通运输仓储和邮政业 Transport, Storage and Post	住宿和餐饮业 Hotels and Catering Services	信息传输、软件和信息技术服务业 Information Transmission, Software and IT Softwares	金融业 Financial Intermediation	房地产业 Real Estate	租赁和商务服务业 Leasing and Business Services
2013		23335	22793	22768	26667	31006	26322	21201
2014		26648	27677	24030	28065	31235	28268	23625
2015		27481	30996	25377	31261	32638	31287	26644
2016		28874	35454	27556	34172	34216	35178	30494
哈尔滨	Harbin	31035	39014	29458	37198	39144	41245	32339
齐齐哈尔	Qiqihar	25001	25218	25745	17084	22913	29368	32836
鸡 西	Jixi	23963	23587	21173	18091	18837	18435	20324
鹤 岗	Hegang	25160	24306	26105	24645	29177	26966	23811
双鸭山	Shuangyashan	31718	25927	32721	24288	38645	30400	27089
大 庆	Daqing	29921	31916	31202	32152	26091	33061	30957
伊 春	Yichun	23266	27000	23650	29141	26027	30667	25554
佳木斯	Jiamusi	28267	33421	35244	28628	28507	34640	29262
七台河	Qitaihe	16651	19417	17268	14464	14472	20850	18798
牡丹江	Mudanjiang	23921	30517	23069	31373	50695	26429	22377
黑 河	Heihe	19104	26220	16091	11587		27235	19140
绥 化	Suihua	30686	25148	26164	24770	25667	27198	22179
大兴安岭	Daxinganling	26037	26876	27230	28737	29481	24207	26323
农垦总局	ARB	40131	34240	27719	29000		33317	65313
绥芬河	Suifenhe	31500	29704	22435	22500	21400	33008	21540
抚 远	Fuyuan	25206	29955	22800			29052	25945

2-22 续表2 CONTINUED

单位：元 (yuan)

年 份 地 区	Year Region	科学研究和技术服务业 Scientific Research and Technical Service	水利、环境和公共设施管理业 Management of Water Conservancy, Environment and Public Facilities	居民服务、修理和其他服务业 Services to Households Repair and Other Services	教 育 Education	卫生和社会工作 Health and Social Services	文化、体育和娱乐业 Culture, Sports and Entertainment	公共管理、社会保障和社会组织 Public Management Social Security and Social Organization
2013		29169	19968	18300	24576	22782	19033	20500
2014		31204	22651	21346	27379	23488	23344	
2015		33246	26537	24661	28264	26033	23913	
2016		34537	29730	28193	29425	28830	25032	
哈尔滨	Harbin	35914	26589	29625	32051	25895	28551	
齐齐哈尔	Qiqihar	28553	23674	23342	25426	32601	23058	
鸡 西	Jixi	19310	19273	23740	28939	28165	20899	
鹤 岗	Hegang	25200		21684	23802	28805	23725	
双鸭山	Shuangyashan	27028	22139	27446	28455	25596	36645	
大 庆	Daqing	33332	24930	27330	24309	28166	22232	
伊 春	Yichun	21079	41106	26380	27364	24273	22909	
佳木斯	Jiamusi	29032	36512	28877	29005	37940	25325	
七台河	Qitaihe	24566	16891	14988	18327	22034	15316	
牡丹江	Mudanjiang	28383	21731	24043	28137	27497	22240	
黑 河	Heihe	29790	19700	17843	20294	13090	16223	
绥 化	Suihua	26368		26613	42129	54630	18000	
大兴安岭	Daxinganling	29267	30000	29100	27350	25400	23504	
农垦总局	ARB	68709	71714	70780	17000			
绥芬河	Suifenhe	23200	21000	21200	29300		18000	
抚 远	Fuyuan	30857		23217	22808		26250	

主要统计指标解释

人口数　指一定时点、一定地区范围内有生命的个人总和。

年度统计的年末人口数指每年12月31日24时的人口数。年度统计的全国人口总数内未包括香港、澳门特别行政区和台湾省以及海外华侨人数。

城镇人口和乡村人口　城镇人口是指居住在城镇范围内的全部常住人口；乡村人口是除上述人口以外的全部人口。

出生率(又称粗出生率)　指在一定时期内(通常为一年)一定地区的出生人数与同期内平均人数(或期中人数)之比，用千分率表示。本资料中的出生率指年出生率，其计算公式为：

$$出生率=\frac{年出生人数}{年平均人数}\times 1000‰$$

式中：出生人数指活产婴儿，即胎儿脱离母体时(不管怀孕月数)，有过呼吸或其他生命现象。年平均人数指年初、年底人口数的平均数，也可用年中人口数代替。

死亡率(又称粗死亡率)　指在一定时期内(通常为一年)一定地区的死亡人数与同期内平均人数(或期中人数)之比，用千分率表示。本资料中的死亡率指年死亡率，其计算公式为：

$$死亡率=\frac{年死亡人数}{年平均人数}\times 1000‰$$

人口自然增长率　指在一定时期内(通常为一年)人口自然增加数(出生人数减死亡人数)与该时期内平均人数(或期中人数)之比，用千分率表示。计算公式为：

$$人口自然增长率=\frac{本年出生人数-本年死亡人数}{年平均人数}\times 1000‰=人口出生率-人口死亡率$$

总抚养比　也称总负担系数。指人口总体中非劳动年龄人口数与劳动年龄人口数之比。通常用百分比表示。说明每100名劳动年龄人口大致要负担多少名非劳动年龄人口。用于从人口角度反映人口与经济发展的基本关系。计算公式为：

$$GDR=\frac{P_{0\sim14}+P_{65^+}}{P_{15\sim64}}\times 100\%$$

其中：GDR为总抚养比；

$P_{0\sim14}$为0～14岁少年儿童人口数；

P_{65^+}为65岁及65岁以上的老年人口数；

$P_{15\sim64}$为15～64岁劳动年龄人口数。

老年人口抚养比　也称老年人口抚养系数。指某一人口中老年人口数与劳动年龄人口数之比。通常用百分比表示。用以表明每100名劳动年龄人口要负担多少名老年人。老年人口抚养比是从经济角度反映人口老化社会后果的指标之一。计算公式为：

$$ODR=\frac{P_{65^+}}{P_{15\sim64}}\times 100\%$$

其中：ODR为老年人口抚养比；

P_{65^+}为65岁及65岁以上的老年人口数；

$P_{15\sim64}$为15～64岁的劳动年龄人口数。

少年儿童抚养比 也称少年儿童抚养系数。指某一人口中少年儿童人口数与劳动年龄人口数之比。通常用百分比表示。以反映每100名劳动年龄人口要负担多少名少年儿童。计算公式为:

$$CDR=\frac{P_{0\sim14}}{P_{15\sim64}}\times100\%$$

其中：CDR为少年儿童抚养比；

$P_{0\sim14}$为0～14岁少年儿童人口数；

$P_{15\sim64}$为15～64岁劳动年龄人口数。

流动人口 是指人户分离人口中不包括市辖区内人户分离的人口。市辖区内人户分离的人口是指一个直辖市或地级市所辖区内和区与区之间，居住地和户口登记地不在同一乡镇街道的人口。

经济活动人口 指在16周岁及以上，有劳动能力，参加或要求参加社会经济活动的人口。包括就业人员和失业人员。

就业人员 指在一定年龄以上，有劳动能力，为取得劳动报酬或经营收入而从事一定社会劳动的人员。具体指年满16周岁，为取得报酬或经营利润，在调查周内从事了1小时（含1小时）以上的劳动或由于学习、休假等原因在调查周内暂时处于未工作状态，但有工作单位或场所的人口。

单位就业人员 指报告期末最后一日24时在本单位中工作，并取得工资或其他形式劳动报酬的人员数。该指标为时点指标，不包括最后一日当天及以前已经与单位解除劳动合同关系的人员，是在岗职工、劳务派遣人员及其他就业人员之和。就业人员不包括：

(1)离开本单位仍保留劳动关系，并定期领取生活费的人员；

(2)利用课余时间打工的学生及在本单位实习的各类在校学生；

(3)本单位因劳务外包而使用的人员。

城镇私营和个体就业人员 城镇私营就业人员指在工商管理部门注册登记，其经营地址设在县城关镇(含县城关镇)以上的私营企业就业人员，包括私营企业投资者和雇工。城镇个体就业人员指在工商管理部门注册登记，并持有城镇户口或在城镇长期居住，经批准从事个体工商经营的就业人员，包括个体经营者和在个体工商户劳动的家庭帮工和雇工。

在岗职工 指在本单位工作且与本单位签订劳动合同，并由单位支付各项工资和社会保险、住房公积金的人员，以及上述人员中由于学习、病伤、产假等原因暂未工作仍由单位支付工资的人员。在岗职工还包括：

(1)应订立劳动合同而未订立劳动合同人员(如使用的农村户籍人员)；

(2)处于试用期人员；

(3)编制外招用的人员；

(4)派往外单位工作，但工资仍由本单位发放的人员(如挂职锻炼、外派工作等情况)。

工资总额 指根据《关于工资总额组成的规定》(1990年1月1日国家统计局发布的一号令)进行修订，在报告期内(季度或年度)直接支付给本单位全部就业人员的劳动报酬总额。包括计时工资、计件工资、奖金、津贴和补贴、加班加点工资、特殊情况下支付的工资，是在岗职工工资总额、劳务派遣人员工资总额和其他就业人员工资总额之和。

工资总额是税前工资，包括单位从个人工资中直接为其代扣或代缴的房费、水费、电费、住房公积金和社会保险基金个人缴纳部分等。

工资总额不论是计入成本的还是不计入成本的，不论是以货币形式支付的还是以实物形式支付的，均应列入工资总额的计算范围。

平均工资 指单位就业人员在一定时期内平均每人所得的工资额。它表明一定时期工资收入的高低程度，是反映就业人员工资水平的主要指标。计算公式为：

$$平均工资=\frac{报告期就业人员工资总额}{报告期就业人员平均人数}$$

城镇登记失业人员　指有非农业户口，在一定的劳动年龄内(16周岁至退休年龄)，有劳动能力，无业而要求就业，并在当地劳动保障部门进行失业登记的人员。

城镇登记失业率　城镇登记失业人员与城镇单位就业人员(扣除使用的农村劳动力、聘用的离退休人员、港澳台及外方人员)、城镇单位中的不在岗职工、城镇私营业主、个体户主、城镇私营企业和个体就业人员、城镇登记失业人员之和的比。

Explanatory Notes on Main Statistical Indicators

Total Population refers to the total number of people alive at a certain point of time within a given area.

The annual statistics on total population is taken at midnight, the 31st of December, not including residents in Taiwan province, Hong Kong SAR and Macao SAR and Chinese national residing abroad.

Urban Population and Rural Population Urban population refers to all people residing in cities and towns, while rural population refers to population other than urban population.

Birth Rate (or Crude Birth Rate) refers to the ratio of the number of births to the average population (or mid-period population) during a certain period of time (usually a year), expressed in ‰. Birth rate in the chapter refers to annual birth rate. The following formula is used:

$$\text{Birth Rate} = \frac{\text{Number of Births}}{\text{Annual Average Population}} \times 1000‰$$

Number of births in the formula refers to live births, i.e. when a baby has breathed or showed any vital phenomena regardless of the length of pregnancy.

Annual average population is the average of the number of population at the beginning of the year and that at the end of the year. Sometimes it is substituted by the mid-year population.

Death Rate (or Crude Death Rate) refers to the ratio of the number of deaths to the average population (or mid-period population) during a certain period of time (usually a year), expressed in ‰. Death rate in the chapter refers to annual death rate. The following formula is used:

$$\text{Death Rate} = \frac{\text{Number of Deaths}}{\text{Annual Average Population}} \times 1000‰$$

Natural Growth Rate of Population refers to the ratio of natural increase in population (number of births minus number of deaths) in a certain period of time (usually a year) to the average population (or mid-period population) of the same period, expressed in ‰. The following formula is applied:

$$\begin{array}{c}\text{Natural Growth} \\ \text{Rate of Population}\end{array} = \frac{\text{Number of Births - Number of Deaths}}{\text{Annual Average Population}} \times 1000‰$$

Natural Growth Rate of Population = Birth Rate-Death Rate

Gross Dependency Ratio also called gross dependency coefficient, refers to the ratio of non-working-age population to the working-age population, express in %. Describing in general the number of non-working-age population that every100 people at working ages will take care of, this indicator reflects the basic relation between population and economic development from the demographic perspective. The gross dependency ratio is calculated with the following formula:

$$GDR = \frac{P_{0-14} + P_{65^+}}{P_{15-64}} \times 100\%$$

Where: GDR is the gross dependency ratio,

P0-14 is the population of children aged 0-14,

P65[+] is the elderly population aged 65 and over, and

P15-64 is the working-age population aged 15-64.

Old Dependency Ratio also called old dependency coefficient, refers to the ratio of the elderly population to the working-age population, express in %. It describes the number of the elderly population that every 100 people at working ages will take care of. Old dependency ratio is one of the indicators reflecting the social implication of population aging from the economic perspective. The old dependency ratio is calculated with the following formula:

$$ODR = \frac{P_{65^+}}{P_{15\sim64}} \times 100\%$$

Where: ODR is the old dependency ratio,

P65+ is the elderly population aged 65 and over, and

P15-64 is the working-age population aged 15-64.

Children Dependency Ratio also called children dependency coefficient, refers to the ratio of the children population to the working-age population, express in %. It describes the number of children population that every 100 people at working ages will take care of. The children dependency ratio is calculated with the following formula:

$$CDR = \frac{P_{0\sim14}}{P_{15\sim64}} \times 100\%$$

Where: CDR is the children dependency ratio,

P0-14 is the children population aged 0-14, and

P15-64 is the working-age population aged 15-64.

Floating Population refer to the population of residence-registration inconsistency excluding those intra-city ones. Population of intra-city residence-registration inconsistency refer to those whose residing streets or towns and registered ones are inconsistent but still in the same municipality or prefecture city either the two are in the same district or different ones.

Economically Active Population refers to the population aged 16 and over who are capable of working, are participating in or willing to participate in economic activities, including employed persons and unemployed persons.

Employed Persons refers to persons above a specified age who had labour capacity and performed some social work for compensation or business gains. Specifically, it refers to all persons, aged 16 and over, who performed some work for compensation or business gains for one hour or more during the reference period; or who had work units or sites but were temporarily not at work during the reference period,

Persons Employed in Various Units refer to the total number of employees who work at his unit and obtain wages or other forms of payment at the end of the reporting period. This indicator is a kind of time point index and it equals to the sum of the number of employed staff and workers, labor dispatch personnel and other employed persons. Employed persons do not include:

1)persons who have left their working units while keeping their labour contract (employment relation) unchanged and receiving regular alimony;

2)students who do part-time jobs in spare time and all kinds of enrolled students who do internship in various units;

3)persons employed due to labor outsourcing;

4)persons who dissolve labor contracts with their units on the last day of reporting period or before.

Persons Employed in Private Enterprises and Self-Employed Individuals in Urban Areas Persons employed in private enterprises refer to the persons employed in the private enterprises which have been registered at the departments of industrial and commercial administration for which the business operation are situated at a county town (i.e. a town where the county government is located), or at urban areas with administrative hierarchy higher than a county town. The self-employed individuals in urban areas refer to persons who hold the certificates of residence in urban areas or have resided in the urban areas for a long time and have been registered at the departments of industrial and commercial administration and approved to be engaged in individual industrial or commercial business, including self-employed persons as well as helpers and hired laborers who work in individual households.

Employed Staff and Workers refer to persons who signed labor contracts with working units and working units would pay wages, social insurance and housing funds for them. Persons who have their work posts but are temporarily absent from work for reasons of study or on sick, injury or maternal leave and still receive wages from their working units are also included. Employed staff and workers also include:

1)Persons who should have signed the labor contracts but not (like people with rural household registration);

2)Employees on probation;

3)Employees beyond the staffing quota;

4)Employees who are sent to other working units but still obtain wages from their original units (situations like on-the-job placement, expatriated assignment, etc.)

1)Employed Staff and Workers do not include: Dispatched personnel who work and are paid directly by the working units; they shall be counted into “labour dispatch personnel” of the working units;

2)Personnel through labor outsourcing, they shall be counted into “employed staff and workers” of the units which contracted them.

Total Wage Bill It is revised according to the “Provision of Composition of Total Wages” (Order No.1 by National Bureau of Statistics on January, 1st, 1990), total wage bill refers to the total remuneration payment to all employed persons in various units during the reporting period (by quarter or by year), including hourly-paid wages, piece-rate wages, bonuses, allowance and subsidies, overtime wages and wages paid under special circumstances. It equals to the sum of total wages of employed staff and workers, dispatch labors and other employed persons.

Total wage bill is pre-tax wages, including the room charges, utility bills, housing funds and social insurance paid or withheld by employee’s units.

Total wage bill, whether or not included in cost, whether or not paid in money or in kind, shall be included in the calculation of total wage.

Average Wage refers to the average per capita wage during a certain period of time for employed persons. It shows the general level of wage income during a certain period of time, one major indicator to reflect the wage level. It is calculated as follows:

$$\text{Average Wage} = \frac{\begin{array}{c}\text{Total Wage Bill of Employed}\\ \text{Persons at Reference Time}\end{array}}{\begin{array}{c}\text{Average Number of Persons}\\ \text{Employed at Reference Time}\end{array}}$$

Registered Unemployed Persons in Urban Areas refer to the persons with non-agricultural household registration at certain working ages (16 years old to retirement age), who are capable of working, unemployed and willing to work, and have been registered at the local employment service agencies to apply for a job.

Registered Unemployment Rate in Urban Areas refers to the ratio of the number of the registered unemployed persons to the sum of the number of persons employed in various units (minus the employed rural labour force, re-employed retirees, and Hong Kong, Macao, Taiwan or foreign employees), laid-off staff and workers in urban units, owners of private enterprises in urban areas, owners of self-employed individuals in urban areas, employees of private enterprises in urban areas, employee of self-employed individuals in urban areas, and the registered unemployed persons in urban areas.

第三篇　国民经济核算

CHAPTER 3 NATIDNAL ACCOUNTS

资料整理：陆　阳　刘　波

3-1 地区生产总值

GROSS DOMESTIC PRODUCT

年 份 Year	地 区 生产总值 (亿元) Gross Domestic Product (100 million yuan)	第一产业 Primary Industry	第二产业 Secondary Industry	工 业 Industry	建筑业 Construction	第三产业 Tertiary Industry	#交通运输仓储邮电通信业 Transport, Post & Telecommunication Services	#批发零售贸易餐饮业 Wholesale, Retail Trade & Catering Services	人均地区生产总值 (元) Per Capita GDP (yuan)
1954	36.7	15.0	13.1	11.5	1.6	8.5	2.1	3.1	301
1955	38.2	16.6	12.2	10.6	1.6	9.4	2.3	3.7	297
1956	42.2	18.0	13.2	11.4	1.8	11.1	2.5	4.2	308
1957	44.4	17.2	15.0	13.4	1.6	12.3	2.7	4.4	307
1958	61.6	18.2	29.7	26.9	2.9	13.7	3.5	5.4	405
1959	73.5	17.4	38.1	34.7	3.4	18.0	5.3	6.5	453
1960	80.5	11.7	48.1	43.6	4.5	20.7	6.5	6.6	461
1961	54.2	10.9	25.5	23.3	2.1	17.8	4.7	5.0	293
1962	54.6	14.5	23.1	21.2	1.9	17.0	4.5	4.8	288
1963	61.8	17.9	28.1	25.2	3.0	15.8	3.6	4.1	320
1964	68.2	16.8	33.0	29.4	3.6	18.3	4.4	5.4	339
1965	78.9	19.6	40.1	36.4	3.7	19.1	4.8	5.5	377
1966	92.1	23.3	48.6	44.1	4.5	20.2	5.6	5.6	426
1967	91.0	26.0	45.1	41.0	4.1	19.9	5.3	5.5	409
1968	88.9	25.2	44.5	40.6	3.9	19.2	5.3	5.4	386
1969	101.0	24.4	55.9	51.0	4.9	20.7	6.4	5.7	422
1970	111.2	25.6	64.0	58.5	5.5	21.6	6.9	5.7	448
1971	115.6	25.9	66.7	60.9	5.8	23.0	7.4	5.6	449
1972	115.7	27.5	64.6	59.1	5.5	23.6	7.1	5.5	433
1973	123.5	30.1	69.3	63.9	5.4	24.1	7.2	5.5	446
1974	131.4	32.6	73.6	67.8	5.8	25.3	7.6	5.7	460
1975	141.5	33.4	81.6	74.8	6.8	26.5	8.5	6.2	484
1976	144.2	33.9	85.0	79.2	5.8	25.3	7.6	5.6	482
1977	155.7	38.0	92.1	86.2	5.9	25.7	7.7	5.7	511
1978	174.8	41.0	106.6	100.6	6.1	27.2	9.6	5.0	564
1979	187.2	44.3	113.9	107.3	6.6	29.0	11.0	5.7	594
1980	221.0	55.3	131.1	122.5	8.6	34.7	12.2	6.5	694
1981	228.3	57.8	132.4	122.6	9.8	38.1	11.9	8.5	709
1982	248.4	63.8	140.8	127.3	13.5	43.9	13.4	7.2	762

注：1. 本表按当年价格计算。
2. 2005-2012年数据执行《国民经济行业分类》（GB/T 4754-2002），第一产业中增加了农、林、牧、渔服务业；交通运输仓储邮电通信业改为交通运输、仓储和邮政业；批发零售贸易餐饮业调整为批发和零售业、住宿和餐饮业。
3. 从2013年开始，数据执行《国民经济行业分类》（GB/T 4754-2011）。原第一产业中的农、林、牧、渔服务业，原工业中的开采辅助活动、金属制品、机械和设备修理业划入第三产业（下同）。
4. 实施研发支出核算方法改革后，对省级GDP数据进行了修订（下同）。

Note: a) Data in value terms in this table are calculated at current prices.
b) Data of 2005-2012 excecution the *Industrial Classification of the National Economy (GB/T 4754-2002)*, the relative service industry is newly added to farming, forestry, annimal husbandry and fishery, transport, storage, post & telecommunication services industry is changed transport, storage and post; the accommadition is changed to wholesale, retail trade & catering services (the same as following tables).
c) Since 2013, execution *National Economic Industry Classification (GB/T 4754-2011)*, the agriculture、forestry、animal husbandry and fishery service industry in the first industry, the original mining auxiliary activities, metal products, machinery and equipment repair in the industry were added to the third industry.
d) As methodology of R&D expenditure accounting is reformed, data of GDP of all years are adjusted systematically. The same applies to the relevant tables following.

3-1 续表 CONTINUED

年 份 Year	地 区 生产总值 (亿元) Gross Domestic Product (100 million yuan)	第一产业 Primary Industry	第二产业 Secondary Industry	工 业 Industry	建筑业 Construction	第三产业 Tertiary Industry	#交通运输仓储邮电通信业 Transport, Post & Telecommunication Services	#批发零售贸易餐饮业 Wholesale, Retail Trade & Catering Services	人均地区生产总值 (元) Per Capita GDP (yuan)
1983	276.9	78.9	150.7	135.4	15.3	47.3	14.9	7.2	841
1984	318.3	86.0	175.0	154.9	20.1	57.3	16.9	9.9	959
1985	355.0	77.0	205.1	180.9	24.2	72.9	20.1	15.3	1062
1986	400.8	92.7	212.6	187.0	25.6	95.5	24.7	17.8	1189
1987	454.6	90.7	261.6	231.9	29.7	102.3	26.4	20.7	1335
1988	552.0	94.2	295.7	258.6	37.1	162.1	36.3	47.4	1602
1989	630.6	93.9	345.5	307.0	38.5	191.2	40.5	50.4	1808
1990	715.2	160.3	362.7	323.9	38.8	192.2	34.5	48.0	2028
1991	822.3	148.3	413.3	369.5	43.8	260.7	46.0	79.9	2310
1992	959.7	167.0	493.1	440.0	53.1	299.6	49.2	97.4	2672
1993	1198.3	198.4	649.7	580.4	69.3	350.2	56.9	113.6	3306
1994	1604.9	305.2	850.4	764.3	86.1	449.3	70.7	144.8	4390
1995	1991.4	371.2	1048.6	949.1	99.5	571.6	86.4	174.6	5402
1996	2370.5	444.2	1270.5	1160.0	110.5	655.8	104.1	197.3	6382
1997	2667.5	460.2	1432.9	1304.9	128.0	774.4	143.2	231.1	7133
1998	2774.4	429.1	1482.3	1332.0	150.3	863.0	160.1	246.6	7375
1999	2866.3	377.2	1556.7	1399.9	156.8	932.4	170.0	255.7	7578
2000	3151.4	383.1	1731.7	1566.4	165.3	1036.6	213.3	317.4	8294
2001	3390.1	435.6	1773.3	1592.0	181.3	1181.2	262.8	344.8	8900
2002	3637.2	474.2	1843.6	1650.8	192.8	1319.4	302.4	377.1	9541
2003	4057.4	504.8	2084.7	1874.8	209.9	1467.9	330.5	412.3	10638
2004	4750.6	593.3	2487.0	2242.3	244.7	1670.3	377.1	462.9	12449
2005	5542.8	684.6	2990.6	2715.2	275.4	1867.6	331.6	509.7	14516
2006	6246.5	750.1	3387.9	3071.6	316.3	2108.5	352.0	561.9	16346
2007	7144.3	915.4	3721.8	3353.1	368.7	2507.1	412.1	635.3	18685
2008	8367.5	1088.9	4354.4	3901.0	453.3	2924.3	434.0	778.4	21879
2009	8653.5	1154.3	4104.0	3593.0	511.0	3395.2	433.6	968.4	22621
2010	10442.2	1302.9	5073.1	4477.2	595.8	4066.3	486.0	1189.7	27266
2011	12660.6	1701.5	6013.6	5285.8	727.8	4945.5	568.8	1508.8	33024
2012	13778.8	2113.7	6091.8	5294.8	797.0	5573.4	598.8	1706.5	35938
2013	14546.3	2474.1	5898.4	5143.0	843.8	6173.7	601.5	1809.4	37935
2014	15132.2	2611.4	5598.4	4838.9	845.1	6922.4	683.1	2023.8	39468
2015	15174.5	2633.5	4847.5	4104.5	850.1	7693.5	707.0	2169.2	39699
2016	15386.1	2670.5	4400.7	3647.1	874.2	8314.9	758.0	2318.4	40432

3-2　地区生产总值构成

COMPOSITION OF GROSS DOMESTIC PRODUCT

单位：%　　　　(%)

年　份 Year	地　区 生产总值 Gross Domestic Product	第一产业 Primary Industry	第二产业 Secondary Industry	工　业 Industry	建筑业 Construction	第三产业 Tertiary Industry	#交通运输仓储邮电通信业 Transport, Post & Telecommunication Services	#批发零售贸易餐饮业 Wholesale, Retail Trade & Catering Services
1954	100.0	40.9	35.7	31.3	4.4	23.2	5.7	8.4
1955	100.0	43.5	31.7	27.7	4.2	24.6	6.0	9.7
1956	100.0	42.7	31.3	27.0	4.3	26.3	5.9	10.0
1957	100.0	38.7	33.8	30.2	3.6	27.7	6.1	9.9
1958	100.0	29.5	48.2	43.7	4.7	22.2	5.7	8.8
1959	100.0	23.7	51.8	47.2	4.6	24.5	7.2	8.8
1960	100.0	14.5	59.8	54.2	5.6	25.7	8.1	8.2
1961	100.0	20.1	47.0	43.0	3.9	32.8	8.7	9.2
1962	100.0	26.6	42.3	38.8	3.5	31.1	8.2	8.8
1963	100.0	29.0	45.5	40.8	4.9	25.6	5.8	6.6
1964	100.0	24.6	48.4	43.1	5.3	26.8	6.5	7.9
1965	100.0	24.8	50.8	46.1	4.7	24.2	6.1	7.0
1966	100.0	25.3	52.8	47.9	4.9	21.9	6.1	6.1
1967	100.0	28.6	49.6	45.1	4.5	21.9	5.8	6.1
1968	100.0	28.3	50.1	45.7	4.4	21.6	6.0	6.1
1969	100.0	24.2	55.3	50.5	4.9	20.5	6.3	5.6
1970	100.0	23.0	57.6	52.6	5.0	19.4	6.2	5.1
1971	100.0	22.4	57.7	52.7	5.0	19.9	6.4	4.8
1972	100.0	23.8	55.8	51.1	4.8	20.4	6.1	4.8
1973	100.0	24.4	56.1	51.7	4.4	19.5	5.8	4.5
1974	100.0	24.8	56.0	51.6	4.4	19.3	5.8	4.3
1975	100.0	23.6	57.7	52.9	4.8	18.7	6.0	4.4
1976	100.0	23.5	58.9	54.9	4.0	17.5	5.3	3.9
1977	100.0	24.4	59.2	55.4	3.8	16.5	4.9	3.7
1978	100.0	23.5	61.0	57.6	3.5	15.6	5.5	2.9
1979	100.0	23.7	60.8	57.3	3.5	15.5	5.9	3.0
1980	100.0	25.0	59.3	55.4	3.9	15.7	5.5	2.9
1981	100.0	25.3	58.0	53.7	4.3	16.7	5.2	3.7
1982	100.0	25.7	56.7	51.2	5.4	17.7	5.4	2.9
1983	100.0	28.5	54.4	48.9	5.5	17.1	5.4	2.6
1984	100.0	27.0	55.0	48.7	6.3	18.0	5.3	3.1
1985	100.0	21.7	57.8	51.0	6.8	20.5	5.7	4.3
1986	100.0	23.1	53.0	46.7	6.4	23.8	6.2	4.4
1987	100.0	20.0	57.5	51.0	6.5	22.5	5.8	4.6
1988	100.0	17.1	53.6	46.8	6.7	29.4	6.6	8.6
1989	100.0	14.9	54.8	48.7	6.1	30.3	6.4	8.0
1990	100.0	22.4	50.7	45.3	5.4	26.9	4.8	6.7
1991	100.0	18.0	50.3	44.9	5.3	31.7	5.6	9.7
1992	100.0	17.4	51.4	45.8	5.5	31.2	5.1	10.1

3-2 续表 CONTINUED

单位：% (%)

年 份 Year	地 区 生产总值 Gross Domestic Product	第一产业 Primary Industry	第二产业 Secondary Industry	工 业 Industry	建筑业 Construction	第三产业 Tertiary Industry	#交通运输仓储邮电通信业 Transport, Post & Telecommunication Services	#批发零售贸易餐饮业 Wholesale, Retail Trade & Catering Services
1993	100.0	16.6	54.2	48.4	5.8	29.2	4.7	9.5
1994	100.0	19.0	53.0	47.6	5.4	28.0	4.4	9.0
1995	100.0	18.6	52.7	47.7	5.0	28.7	4.3	8.8
1996	100.0	18.7	53.6	48.9	4.7	27.7	4.4	8.3
1997	100.0	17.3	53.7	48.9	4.8	29.0	5.4	8.7
1998	100.0	15.5	53.4	48.0	5.4	31.1	5.8	8.9
1999	100.0	13.2	54.3	48.8	5.5	32.5	5.9	8.9
2000	100.0	12.2	54.9	49.7	5.2	32.9	6.8	10.1
2001	100.0	12.8	52.3	47.0	5.3	34.9	7.8	10.2
2002	100.0	13.0	50.7	45.4	5.3	36.3	8.3	10.4
2003	100.0	12.4	51.4	46.2	5.2	36.2	8.1	10.2
2004	100.0	12.4	52.4	47.2	5.2	35.2	7.9	9.7
2005	100.0	12.4	54.0	49.0	5.0	33.6	6.0	9.2
2006	100.0	12.0	54.2	49.2	5.1	33.8	5.6	9.0
2007	100.0	12.8	52.1	46.9	5.2	35.1	5.8	8.9
2008	100.0	13.0	52.0	46.6	5.4	35.0	5.2	9.3
2009	100.0	13.3	47.4	41.5	5.9	39.3	5.0	11.2
2010	100.0	12.5	48.6	42.9	5.7	38.9	4.7	11.4
2011	100.0	13.4	47.5	41.7	5.7	39.1	4.5	11.9
2012	100.0	15.3	44.2	38.4	5.8	40.5	4.3	12.4
2013	100.0	17.0	40.6	35.4	5.8	42.4	4.1	12.4
2014	100.0	17.3	37.0	32.0	5.6	45.7	4.5	13.4
2015	100.0	17.4	31.9	27.0	5.6	50.7	4.7	14.3
2016	100.0	17.4	28.6	23.7	5.7	54.0	4.9	15.1

3-3 地区生产总值指数(上年=100)

INDICES OF GROSS DOMESTIC PRODUCT (PRECEDING YEAR=100)

年 份 Year	地 区 生产总值 Gross Domestic Product	第一产业 Primary Industry	第二产业 Secondary Industry	工 业 Industry	建筑业 Construction	第三产业 Tertiary Industry	人均地区 生产总值 Per Capita GDP
1954	110.4	106.1	128.6	130.3	118.6	102.9	104.1
1955	106.7	111.1	95.9	94.8	103.6	109.0	101.3
1956	106.5	95.8	122.3	122.1	123.6	115.7	100.0
1957	108.5	106.8	110.8	114.7	113.5	109.1	102.6
1958	140.5	133.4	175.9	178.7	153.7	114.1	133.7
1959	119.0	93.3	125.0	126.1	115.0	128.9	104.5
1960	108.2	66.1	123.9	123.3	130.6	113.3	92.6
1961	58.3	74.8	43.4	43.9	38.2	70.4	54.9
1962	98.0	120.6	89.1	101.5	106.5	93.2	102.8
1963	115.2	121.9	117.4	113.6	157.0	103.6	113.0
1964	114.6	100.5	115.4	116.1	109.3	115.2	110.2
1965	115.4	116.7	121.5	123.8	102.9	104.6	110.8
1966	116.6	118.7	121.1	121.1	120.6	105.7	113.1
1967	101.4	111.6	92.6	92.9	91.1	97.9	98.5
1968	97.5	96.9	98.7	98.9	96.5	96.9	94.3
1969	109.5	96.9	125.6	125.7	124.5	107.3	105.3
1970	110.1	110.9	121.4	121.5	120.9	108.5	110.7
1971	102.5	100.3	103.0	102.9	103.6	105.7	98.8
1972	99.1	85.8	106.0	106.3	103.3	108.4	95.4
1973	106.3	109.3	107.4	108.1	99.8	99.4	102.7
1974	106.6	108.2	106.1	106.1	106.6	104.9	103.4
1975	107.6	110.2	109.4	110.3	99.1	98.6	105.0
1976	101.0	94.5	105.5	105.9	100.2	101.3	98.9
1977	108.2	111.9	108.3	108.8	101.3	101.6	106.1
1978	111.1	105.3	118.2	119.1	105.2	100.6	109.2
1979	103.0	92.9	108.6	108.5	110.9	103.7	101.4
1980	110.0	112.1	108.1	107.2	122.8	113.3	108.7
1981	103.8	102.8	103.8	102.9	117.1	105.3	102.7
1982	106.6	107.8	104.8	102.4	135.3	111.0	105.3
1983	108.6	124.5	102.1	101.4	108.1	102.8	107.5
1984	111.1	102.0	116.2	114.5	131.2	113.7	110.3
1985	106.0	87.4	112.3	111.9	115.3	120.0	105.2
1986	103.5	117.9	91.9	91.6	94.1	120.5	102.7
1987	108.6	95.5	114.3	115.2	107.6	112.6	107.5
1988	108.6	97.6	101.6	100.2	112.3	138.5	107.4
1989	106.3	89.6	111.2	112.6	101.4	110.8	105.0
1990	105.8	141.8	97.4	97.7	94.7	97.7	104.6
1991	106.6	91.9	110.7	111.6	103.7	113.1	105.6
1992	106.5	105.8	106.4	106.4	107.3	107.0	105.5

注：本表按不变价格计算。
Note: Data in this table are calculated at constant prices.

3-3 续表 CONTINUED

年 份 Year	地 区 生产总值 Gross Domestic Product	第一产业 Primary Industry	第二产业 Secondary Industry	工 业 Industry	建筑业 Construction	第三产业 Tertiary Industry	人均地区 生产总值 Per Capita GDP
1993	107.4	104.3	108.7	108.3	111.7	107.6	106.5
1994	108.4	107.2	108.8	109.0	107.7	108.6	107.5
1995	109.2	106.8	110.2	110.0	111.9	109.0	108.3
1996	110.2	110.8	110.5	110.2	112.3	109.3	109.4
1997	110.0	106.2	110.1	109.5	115.0	112.7	109.3
1998	108.3	99.0	110.0	108.6	120.1	111.5	107.6
1999	107.5	103.0	107.6	107.5	107.9	109.9	106.9
2000	108.2	96.8	109.8	110.0	109.0	111.8	107.7
2001	109.3	106.9	110.0	109.8	112.6	108.8	109.0
2002	110.2	107.2	110.9	111.2	108.5	110.2	110.2
2003	110.2	102.4	111.9	112.2	109.2	110.1	110.2
2004	111.7	112.2	112.9	113.0	112.1	109.3	111.6
2005	111.6	108.7	112.6	112.9	110.1	110.8	111.6
2006	112.1	108.5	112.8	112.9	112.4	112.4	112.1
2007	112.0	104.1	112.0	112.2	110.5	114.8	111.9
2008	111.8	108.2	111.9	112.2	109.8	112.6	111.7
2009	111.4	105.2	113.1	112.5	118.9	110.7	111.4
2010	112.7	106.2	114.5	115.0	109.3	111.8	112.6
2011	112.3	106.2	113.0	113.3	111.1	113.4	112.2
2012	110.0	106.5	110.2	110.4	108.4	110.8	110.0
2013	108.0	105.1	106.6	107.0	104.0	110.4	107.9
2014	105.6	105.6	102.8	103.3	100.2	108.8	105.6
2015	105.7	105.2	101.4	100.9	102.0	110.5	106.0
2016	106.1	105.3	102.6	102.2	103.5	108.5	106.5

注：本表按不变价格计算。
Note: Data in this table are calculated at constant prices.

3-4 地区生产总值指数 (1978=100)

INDICES OF GROSS DOMESTIC PRODUCT (1978=100)

年 份 Year	地 区 生产总值 Gross Domestic Product	第一产业 Primary Industry	第二产业 Secondary Industry	工 业 Industry	建筑业 Construction	第三产业 Tertiary Industry	人均地区 生产总值 Per Capita GDP
1954	24.6	48.1	14.3	11.5	21.6	37.4	64.9
1955	26.3	53.5	13.7	10.9	22.4	40.8	65.8
1956	28.0	51.2	16.8	13.4	27.6	47.2	65.8
1957	30.4	54.7	18.6	15.3	31.4	51.5	67.5
1958	42.7	73.0	32.7	27.4	48.2	58.7	90.2
1959	50.8	68.1	40.9	34.5	55.4	75.7	94.2
1960	55.0	45.0	50.6	42.6	72.4	85.7	87.3
1961	32.0	33.7	22.0	18.7	27.7	60.4	47.9
1962	31.4	40.6	19.6	19.0	29.5	56.3	49.2
1963	36.2	49.5	23.0	21.6	46.2	58.3	55.7
1964	41.5	49.7	26.5	25.0	50.5	67.1	61.3
1965	47.9	58.0	32.2	31.0	52.0	70.2	67.9
1966	55.8	68.9	39.0	37.5	62.7	74.2	76.8
1967	56.6	76.9	36.1	34.9	57.1	72.7	75.7
1968	55.2	74.5	35.7	34.5	55.1	70.4	71.3
1969	60.4	72.2	44.8	43.3	68.7	75.6	75.1
1970	66.5	80.1	54.4	52.7	83.0	82.0	83.1
1971	68.2	80.3	56.0	54.2	86.0	86.7	82.1
1972	67.6	68.9	59.4	57.6	88.8	93.9	78.3
1973	71.8	75.3	63.8	62.3	88.6	93.4	80.4
1974	76.5	81.5	67.7	66.1	94.5	98.0	83.1
1975	82.4	89.8	74.0	72.9	93.6	96.6	87.3
1976	83.2	84.9	78.1	77.2	93.8	97.8	86.3
1977	90.0	95.0	84.6	84.0	95.1	99.4	91.6
1978	100.0	100.0	100.0	100.0	100.0	100.0	100.0
1979	103.0	92.9	108.6	108.5	110.9	103.7	101.4
1980	113.3	104.1	117.4	116.3	136.2	117.5	110.3
1981	117.6	107.1	121.9	119.7	159.5	123.7	113.2
1982	125.4	115.4	127.7	122.6	215.8	137.3	119.2
1983	136.1	143.7	130.4	124.3	233.2	141.2	128.2
1984	151.3	146.6	151.5	142.3	306.0	160.5	141.4
1985	160.3	128.1	170.1	159.2	352.8	192.6	148.8
1986	165.9	151.0	156.4	145.9	332.0	232.1	152.7
1987	180.2	144.2	178.7	168.0	357.3	261.3	164.2
1988	195.7	140.8	181.6	168.4	401.2	362.0	176.3
1989	208.0	126.1	201.9	189.6	406.8	401.1	185.1
1990	220.1	178.8	196.7	185.2	385.3	391.8	193.7
1991	234.6	164.3	217.7	206.7	399.5	443.2	204.5
1992	249.8	173.8	231.7	219.9	428.7	474.2	215.8

注：本表按不变价格计算。
Note: Data in this table are calculated at constant prices.

3-4 续表 CONTINUED

年 份 Year	地 区 生产总值 Gross Domestic Product	第一产业 Primary Industry	第二产业 Secondary Industry	工 业 Industry	建筑业 Construction	第三产业 Tertiary Industry	人均地区 生产总值 Per Capita GDP
1993	268.3	181.3	251.8	238.2	478.8	510.2	229.8
1994	290.9	194.4	274.0	259.6	515.7	554.1	247.1
1995	317.5	207.6	301.9	285.6	577.1	604.0	267.6
1996	350.0	230.1	333.6	314.7	648.0	660.1	292.7
1997	385.1	244.3	367.3	344.6	745.2	743.9	319.9
1998	416.8	241.9	404.0	374.2	895.0	829.4	344.3
1999	448.1	249.2	434.7	402.3	965.7	911.5	368.0
2000	484.7	241.2	477.3	442.4	1052.5	1019.1	396.3
2001	529.8	257.8	525.0	485.8	1185.1	1108.8	432.0
2002	583.8	276.4	582.3	540.2	1285.8	1221.9	476.1
2003	643.4	283.0	651.5	606.1	1404.1	1345.3	524.6
2004	718.7	317.5	735.6	684.8	1574.0	1470.4	585.5
2005	802.1	345.1	828.3	773.1	1733.0	1629.2	653.4
2006	899.1	374.5	934.3	872.9	1947.9	1831.2	732.5
2007	1007.0	389.8	1046.4	979.4	2152.4	2102.2	819.7
2008	1125.8	421.8	1170.9	1098.8	2363.3	2367.1	915.6
2009	1254.2	443.7	1324.3	1236.2	2810.0	2620.4	1019.9
2010	1413.5	471.2	1516.4	1421.6	3071.3	2929.6	1148.4
2011	1587.3	500.4	1713.5	1610.7	3412.2	3322.2	1288.5
2012	1746.1	533.0	1888.3	1778.2	3698.9	3681.0	1417.4
2013	1885.7	560.0	2012.6	1901.9	3847.5	4062.9	1529.4
2014	1991.3	591.3	2069.0	1964.6	3855.2	4420.4	1615.0
2015	2104.9	622.1	2098.0	1982.3	3932.3	4884.6	1711.9
2016	2233.2	655.0	2152.5	2025.9	4070.0	5299.7	1823.2

注：本表按不变价格计算。
Note: Data in this table are calculated at constant prices.

3-5 第三产业增加值

VALUE-ADDED OF THE TERTIARY INDUSTRY

单位：亿元　　(100 million yuan)

年　份 Year	第三产业 Tertiary Industry	交通运输、仓储和邮政业 Transport, Storage and Post	批发和零售业 Wholesale and Retail Trades	住宿和餐饮业 Hotels and Catering Services	金融业 Financial Intermediation	房地产业 Real Estate	其　他 Others
2003	1467.9	330.5	412.3		32.2	127.2	565.7
2004	1670.3	377.1	462.9		32.2	137.7	660.4
2005	1867.6	331.6	403.7	106.0	35.0	163.3	828.0
2006	2108.5	352.0	439.9	122.0	74.2	194.7	925.7
2007	2507.1	412.1	494.2	141.2	155.5	225.8	1078.4
2008	2924.3	434.0	610.5	167.9	177.4	244.5	1289.9
2009	3395.2	433.6	757.4	211.0	227.5	301.2	1464.6
2010	4066.3	486.0	935.9	253.8	304.6	391.9	1694.1
2011	4945.5	568.8	1199.8	309.0	370.8	492.1	2005.1
2012	5573.4	598.8	1339.1	367.4	485.1	522.3	2260.8
2013	6173.7	601.5	1421.7	387.7	606.2	552.0	2604.6
2014	6922.4	683.1	1585.0	438.8	707.5	581.3	2926.8
2015	7693.5	707.0	1689.2	480.0	847.7	597.2	3372.4
2016	8314.9	758.0	1795.8	522.6	900.8	616.9	3720.8

3-6 第三产业增加值指数(上年=100)

INDICES OF VALUE-ADDED OF THE TERTIARY INDUSTRY (PRECEDING YEAR=100)

年　份 Year	第三产业 Tertiary Industry	交通运输、仓储和邮政业 Transport, Storage and Post	批发和零售业 Wholesale and Retail Trades	住宿和餐饮业 Hotels and Catering Services	金融业 Financial Intermediation	房地产业 Real Estate	其　他 Others
2003	110.1	109.4	110.4		104.1	105.8	111.8
2004	109.3	109.4	109.9		100.0	104.0	110.8
2005	110.8	103.7	107.7	109.8	102.3	117.4	114.2
2006	112.4	107.5	109.9	112.0	198.4	116.2	111.1
2007	114.8	112.7	108.9	105.5	190.7	110.7	114.7
2008	112.6	104.0	119.5	106.2	106.1	101.8	116.5
2009	110.7	101.7	116.5	113.5	123.6	109.8	109.5
2010	111.8	108.3	112.6	113.0	121.3	117.5	110.1
2011	113.4	107.9	119.8	114.6	114.4	122.6	108.9
2012	110.8	108.6	110.3	112.7	126.6	101.9	110.8
2013	110.4	104.6	108.8	106.4	115.6	106.1	113.2
2014	108.8	105.2	107.4	108.7	115.8	102.7	110.4
2015	110.5	101.8	107.4	109.0	120.4	102.3	113.7
2016	108.5	102.0	107.2	108.4	109.4	103.4	111.2

3-7 第三产业增加值构成

COMPOSITION OF VALUE-ADDED OF THE TERTIARY INDUSTRY

单位：% (%)

年 份 Year	第三产业 Tertiary Industry	交通运输、仓储和邮政业 Transport, Storage and Post	批发和零售业 Wholesale and Retail Trades	住宿和餐饮业 Hotels and Catering Services	金融业 Financial Intermediation	房地产业 Real Estate	其 他 Others
2003	100.0	22.5	28.1	28.1	2.2	8.7	38.5
2004	100.0	22.6	27.7	27.7	1.9	8.2	39.6
2005	100.0	17.8	21.6	21.6	1.9	8.7	44.3
2006	100.0	16.7	20.9	20.9	3.5	9.2	43.9
2007	100.0	16.4	19.7	19.7	6.2	9.0	43.0
2008	100.0	14.8	20.9	20.9	6.1	8.4	44.1
2009	100.0	12.8	22.3	22.3	6.7	8.9	43.1
2010	100.0	12.0	23.0	23.0	7.5	9.6	41.7
2011	100.0	11.5	24.3	24.3	7.5	10.0	40.5
2012	100.0	10.7	24.0	24.0	8.7	9.4	40.6
2013	100.0	9.7	23.0	23.0	9.8	8.9	42.2
2014	100.0	9.9	22.9	22.9	10.2	8.4	42.3
2015	100.0	9.2	22.0	22.0	11.0	7.8	43.8
2016	100.0	9.1	21.6	21.6	10.8	7.4	44.7

3-8 第三产业增加值贡献率

SHARE OF VALUE-ADDED OF THE TERTIARY INDUSTRY

单位：% (%)

年 份 Year	第三产业 Tertiary Industry	交通运输、仓储和邮政业 Transport, Storage and Post	批发和零售业 Wholesale and Retail Trades	住宿和餐饮业 Hotels and Catering Services	金融业 Financial Intermediation	房地产业 Real Estate	其 他 Others
2003	100.0	19.2	32.1		1.1	5.3	42.3
2004	100.0	20.6	33.1			3.8	42.5
2005	100.0	4.5	18.5	5.6	0.5	13.8	57.2
2006	100.0	10.8	17.3	5.5	14.9	11.5	40.0
2007	100.0	14.6	12.7	2.1	20.4	6.6	43.5
2008	100.0	5.3	31.0	2.6	2.6	1.3	57.2
2009	100.0	2.4	32.6	6.2	11.4	7.2	40.2
2010	100.0	9.9	24.0	5.5	10.5	11.6	38.5
2011	100.0	7.0	34.0	6.8	8.1	16.3	27.7
2012	100.0	9.0	23.2	7.4	18.6	1.9	39.9
2013	100.0	4.8	20.0	3.8	12.7	5.5	53.2
2014	100.0	6.0	19.5	6.0	15.8	2.8	49.9
2015	100.0	1.7	16.3	5.2	18.3	1.9	56.6
2016	100.0	2.1	18.5	6.2	12.2	3.1	57.9

3-9 全省三次产业贡献率

SHARE OF THE CONTRIBUTIONS OF THE THREE STRATA OF INDUSTRY TO THE INCREASE OF THE GDP

单位：% (%)

年 份 Year	地区生产总值 Gross Domestic Product	第一产业 Primary Industry	第二产业 Secondary Industry			第三产业 Tertiary Industry
				工业 Industry	建筑业 Construction	
2001	100.0	11.7	59.3	50.2	9.1	29.0
2002	100.0	10.9	58.6	52.8	5.8	30.5
2003	100.0	3.6	65.5	59.2	6.3	30.9
2004	100.0	14.4	61.5	54.5	7.0	24.1
2005	100.0	8.3	62.1	57.5	4.6	29.6
2006	100.0	8.7	57.1	52.0	5.1	34.3
2007	100.0	4.1	54.3	50.0	4.4	41.5
2008	100.0	7.8	55.1	51.0	4.1	37.1
2009	100.0	4.9	62.3	54.3	8.0	32.8
2010	100.0	5.0	62.9	59.1	3.8	32.1
2011	100.0	6.3	51.4	46.2	5.2	42.3
2012	100.0	7.6	49.9	45.2	4.8	42.5
2013	100.0	7.1	40.0	38.0	2.8	52.9
2014	100.0	10.8	23.8	25.1	0.2	65.4
2015	100.0	9.9	11.1	6.8	1.8	79.0
2016	100.0	15.1	13.5	9.6	3.2	71.3

注：三次产业贡献率指各产业不变价格增加值增量与GDP不变价格增量之比。

Note: Share of the contributions of the three strata of industry to the increase of the GDP refers to the proportion of the increment of the value-added of each industry to the increment of GDP.

3-10 三次产业对地区生产总值增长的拉动

CONTRIBUTION OF THE THREE STRATA OF INDUSTRY TO GDP GROWTH

单位：百分点 (percentage points)

年 份 Year	地区生产总值 Gross Domestic Product	第一产业 Primary Industry	第二产业 Secondary Industry			第三产业 Tertiary Industry
				工业 Industry	建筑业 Construction	
2001	9.30	1.09	5.51	4.67	0.85	2.70
2002	10.20	1.11	5.98	5.39	0.59	3.11
2003	10.20	0.37	6.68	6.04	0.64	3.15
2004	11.70	1.68	7.20	6.38	0.82	2.82
2005	11.60	0.96	7.20	6.67	0.53	3.44
2006	12.10	1.05	6.90	6.29	0.61	4.15
2007	12.00	0.50	6.52	6.00	0.52	4.98
2008	11.80	0.92	6.51	6.02	0.48	4.37
2009	11.40	0.56	7.10	6.19	0.91	3.74
2010	12.70	0.63	7.99	7.51	0.48	4.08
2011	12.30	0.77	6.32	5.69	0.64	5.21
2012	10.00	0.76	4.99	4.52	0.48	4.25
2013	8.00	0.57	3.20	3.04	0.23	4.23
2014	5.60	0.60	1.33	1.41	0.01	3.66
2015	5.70	0.57	0.63	0.39	0.10	4.50
2016	6.10	0.92	0.83	0.59	0.20	4.35

注：三次产业拉动指GDP增长速度与各产业贡献率之乘积。

Note: Contribution of the three strata of industry to GDP growth refers to the growth rate of GDP multiplied by the contribution share of every industry.

3-11 分地区生产总值和指数

GROSS REGIONAL PRODUCT AND INDICES BY REGION

地 区	Region	地区生产总值(亿元) Gross Regional Product (100 million yuan)					指 数(上年=100) Indices (preceding year=100)				
		2012	2013	2014	2015	2016	2012	2013	2014	2015	2016
哈尔滨	Harbin	4550.2	5017.0	5340.1	5751.2	6101.6	110.0	109.0	106.9	107.1	107.3
齐齐哈尔	Qiqihar	1176.1	1169.4	1209.3	1270.3	1325.3	108.0	107.4	105.1	106.5	106.1
鸡 西	Jixi	582.3	546.3	516.0	514.7	518.4	113.6	100.9	101.0	104.1	106.5
鹤 岗	Hegang	358.2	304.0	259.5	265.6	264.1	113.5	90.5	90.3	104.0	98.8
双鸭山	Shuangyashan	565.4	510.1	432.7	433.3	437.4	113.5	101.6	88.5	103.0	102.6
大 庆	Daqing	4001.1	4100.0	4077.5	2983.5	2610.0	110.0	107.0	104.5	97.7	101.7
伊 春	Yichun	260.0	274.6	256.0	248.2	251.2	112.7	110.2	90.6	97.3	101.0
佳木斯	Jiamusi	668.3	720.7	766.0	810.2	845.0	113.8	110.2	106.8	106.5	106.4
七台河	Qitaihe	298.9	228.6	214.3	212.7	216.6	108.3	85.8	102.4	104.1	100.6
牡丹江	Mudanjiang	981.1	1057.1	1130.3	1178.6	1231.2	114.1	112.0	107.2	106.1	106.6
黑 河	Heihe	366.1	389.5	421.4	447.7	470.8	113.0	107.5	108.0	107.1	106.2
绥 化	Suihua	1063.5	1116.3	1190.2	1272.2	1316.3	112.3	111.6	106.7	106.5	106.7
大兴安岭	Daxinganling	147.7	121.6	128.4	135.1	143.8	113.9	108.4	104.1	106.1	106.3
绥芬河	Suifenhe	111.7	113.9	125.6	132.1	136.9	119.2	111.6	109.9	105.1	102.8
抚 远	Fuyuan	47.2	44.6	47.9	50.5	50.7	112.7	94.3	105.9	106.0	107.1

注：1.本表绝对数按当年价格计算，指数按不变价格计算。
2.2013年各地生产总值绝对数为第三次经济普查修订后数据，2013年指数为第三次经济普查修订前数据。

Note:a) Level data in this table are calculated at current prices while indices at constant prices.
b) Gross Regional Product of 2013 have been adjusted according to the results of the third national economic census. Indices of 2013 have been unadjusted .

3-12 分地区人均地区生产总值和指数

PER CAPITA GROSS REGIONAL PRODUCT AND INDICES BY REGION

地 区	Region	人均地区生产总值(元) Per Capita Gross Regional Product(yuan)					指 数(上年=100) Indices (preceding year=100)				
		2012	2013	2014	2015	2016	2012	2013	2014	2015	2016
哈尔滨	Harbin	45810	50498	53872	59027	63445	109.9	109.2	107.1	108.9	108.7
齐齐哈尔	Qiqihar	22139	22219	23099	24430	25690	108.9	108.4	105.7	107.2	107.0
鸡 西	Jixi	31076	29332	27881	28222	28647	114.6	101.5	101.4	105.7	107.4
鹤 岗	Hegang	32968	29594	24154	24981	25244	113.7	91.0	90.9	105.1	100.4
双鸭山	Shuangyashan	37490	33985	28964	29230	29959	114.0	102.1	88.9	103.8	104.2
大 庆	Daqing	142067	148209	146518	110115	94690	109.7	106.8	105.2	97.8	101.9
伊 春	Yichun	20686	22113	20885	20413	21043	113.5	111.5	90.6	98.1	102.9
佳木斯	Jiamusi	27774	30494	32864	35069	36878	114.7	112.2	108.3	107.4	107.2
七台河	Qitaihe	32308	25598	25123	24823	25600	108.5	87.6	102.9	109.4	105.6
牡丹江	Mudanjiang	37001	39910	42792	44799	46997	114.5	112.2	107.5	106.5	107.0
黑 河	Heihe	18892	22713	24731	26575	28473	113.0	108.1	108.8	108.3	108.1
绥 化	Suihua	18474	20465	21467	23095	24109	113.2	115.4	108.9	107.2	107.7
大兴安岭	Daxinganling	28739	23862	25509	27816	31136	115.0	109.3	105.4	110.0	111.8
绥芬河	Suifenhe	96158	104874	119148	128987	134695	131.4	112.5	113.2	108.1	103.6
抚 远	Fuyuan	40030	38075	40466	42572	42886	112.0	94.2	105.7	105.8	107.6

注：1.本表绝对数按当年价格计算，指数按不变价格计算。
2.2013年各地生产总值绝对数为第三次经济普查修订后数据，2013年指数为第三次经济普查修订前数据。

Note:a) Level data in this table are calculated at current prices while indices at constant prices.
b) Gross Regional Product of 2013 have been adjusted according to the results of the third national economic census. Indices of 2013 have been unadjusted.

3-13 分地区三次产业增加值(2016年)

GROSS REGIONAL PRODUCT BY THREE STRATA OF INDUSTRY BY REGIONG (2016)

单位：亿元 (100 million yuan)

地 区	Region	地 区 生产总值(亿元) Gross Regional Product (100 million yuan)	第一产业 Primary Industry	第二产业 Secondary Industry	工 业 Industry	建筑业 Construction	第三产业 Tertiary Industry
哈 尔 滨	Harbin	6101.6	691.2	1896.7	1285.4	612.6	3513.8
齐齐哈尔	Qiqihar	1325.3	301.8	408.8	382.6	26.3	614.7
鸡 西	Jixi	518.4	184.8	125.8	117.2	8.8	207.8
鹤 岗	Hegang	264.1	90.5	79.0	74.0	5.0	94.6
双 鸭 山	Shuangyashan	437.4	158.5	96.6	83.1	13.6	182.3
大 庆	Daqing	2610.0	187.1	1463.4	1506.5	50.2	959.5
伊 春	Yichun	251.2	106.2	49.5	36.5	13.0	95.5
佳 木 斯	Jiamusi	845.0	264.0	181.5	150.2	31.3	399.5
七 台 河	Qitaihe	216.6	31.8	79.1	77.3	2.7	105.7
牡 丹 江	Mudanjiang	1231.2	228.2	472.7	418.8	54.3	530.3
黑 河	Heihe	470.8	222.9	70.4	55.9	14.5	177.5
绥 化	Suihua	1316.3	512.7	335.6	322.5	35.2	468.1
大兴安岭	Daxinganling	143.8	71.0	13.3	7.8	5.5	59.5
绥 芬 河	Suifenhe	136.9	1.1	14.7	13.8	1.0	121.1
抚 远	Fuyuan	50.7	34.1	3.2	2.2	1.1	13.4

注：本表绝对数按当年价格计算，指数按不变价格计算。
Note: Level data in this table are calculated at current prices while indices at constant prices.

3-13 续表1 CONTINUED

单位：亿元 (100 million yuan)

地 区	Region	交通运输、仓储和邮政业 Transport, Storage and Post	批发和零售业 Wholesale and Retail Trades	住宿和餐饮业 Hotels and Catering Services	金融业 Financial Intermediation	房地产业 Real Estate	其 他 Others
哈 尔 滨	Harbin	297.8	767.4	231.8	382.2	193.4	1641.2
齐齐哈尔	Qiqihar	95.3	191.2	21.6	56.2	59.0	191.5
鸡 西	Jixi	28.9	45.7	10.3	22.8	17.1	83.0
鹤 岗	Hegang	7.4	15.4	6.6	11.6	5.6	48.0
双 鸭 山	Shuangyashan	12.6	28.3	11.0	46.8	10.8	72.8
大 庆	Daqing	57.3	235.6	43.6	62.9	136.5	423.6
伊 春	Yichun	8.2	11.5	7.7	11.6	10.2	46.4
佳 木 斯	Jiamusi	71.5	77.3	20.8	39.2	32.9	157.7
七 台 河	Qitaihe	12.8	22.1	4.2	15.2	10.6	40.8
牡 丹 江	Mudanjiang	36.5	140.6	25.4	30.1	49.2	248.6
黑 河	Heihe	8.3	26.5	9.5	20.4	15.9	96.9
绥 化	Suihua	67.2	118.2	41.8	10.5	37.2	193.1
大兴安岭	Daxinganling	6.1	11.3	3.9	4.7	4.1	29.4
绥 芬 河	Suifenhe	10.2	75.0	3.8	4.0	6.1	21.9
抚 远	Fuyuan	0.9	3.9	0.7	0.9	2.8	4.0

3-13 续表2 CONTINUED

地　区　Region	构　成（地区生产总值=100）Composition (GDP=100)			指　数（上年=100）Indices (preceding year=100)			
	第一产业 Primary Industry	第二产业 Secondary Industry	第三产业 Tertiary Industry	地区生产总值 Gross Regional Product	第一产业 Primary Industry	第二产业 Secondary Industry	第三产业 Tertiary Industry
哈尔滨 Harbin	11.3	31.1	57.6	107.3	106.1	106.7	107.9
齐齐哈尔 Qiqihar	22.8	30.8	46.4	106.1	104.7	105.8	107.2
鸡　西 Jixi	35.6	24.3	40.1	106.5	106.8	106.3	106.2
鹤　岗 Hegang	34.3	29.9	35.8	98.8	100.2	95.2	100.6
双鸭山 Shuangyashan	36.2	22.1	41.7	102.6	102.0	96.6	106.8
大　庆 Daqing	7.2	56.1	36.7	101.7	102.9	99.7	105.5
伊　春 Yichun	42.3	19.7	38.0	101.0	102.7	93.1	103.6
佳木斯 Jiamusi	31.2	21.5	47.3	106.4	105.2	102.7	109.1
七台河 Qitaihe	14.7	36.5	48.8	100.6	96.2	98.8	103.5
牡丹江 Mudanjiang	18.5	38.4	43.1	106.6	105.5	106.0	107.5
黑　河 Heihe	47.4	14.9	37.7	106.2	106.8	104.4	106.0
绥　化 Suihua	38.9	25.5	35.6	106.7	104.4	106.8	109.4
大兴安岭 Daxinganling	49.4	9.2	41.4	106.3	108.2	105.0	104.4
绥芬河 Suifenhe	0.8	10.8	88.4	102.8	106.9	101.8	102.9
抚　远 Fuyuan	67.3	6.3	26.4	107.1	107.9	101.9	106.2

3-14 全省非公有制经济主要指标

PRINCIPAL GROSS INDICES OF NON-PUBLIC ECONOMIY

指 标	Item	2012	2013	2014	2015	2016
增加值(亿元)	Added value (100 million yuan)	7026.0	7508.6	7861.9	7934.9	8176.6
占全省地区生产总值(%)	Proportion to GDP(%)	51.3	52.0	52.3	52.6	53.1
第一产业	Primary Industry	781.2	857.3	904.9	902.9	985.9
第二产业	Secondary Industry	3208.3	3367.6	3189.0	2913.0	2798.2
第三产业	Tertiary Industry	3036.5	3283.7	3768.0	4119.0	4392.5
固定资产投资(亿元)	Investment In Fixed Assets(100 million yuan)	5410.0	6982.7	6004.0	6520.8	7046.5
占全省固定资产投资(%)	Proportion to Total Investment in Fixed Assets(%)	57.7	62.8	62.6	66.0	67.5
进出口总值(亿美元)	Total Exports and Imports(USD 100 million)	207.5	209.8	223.8	108.6	82.3
占全省进出口总值(%)	Proportion to Total Exports and Imports of the Province(%)	54.9	54.0	57.5	51.7	49.8
税收收入总额(亿元)	Total Tax Revenue(100 million yuan)	804.9	917.1	954.4	882.7	942.9
占全省税收收入总额(%)	Total Tax Revenue of the Province(%)	38.3	41.3	43.2	46.8	56.6
企业数(万个)	Number of Enterprises(10000 units)	21.9	22.2	22.0	22.6	23.1
企业从业人员(万人)	Employees of Enterprises(10000 persons)	301.8	293.5	298.6	318.2	324.4
个体经营户(万户)	Individual Households (10000 households)	185.8	174.3	169.7	163.7	163.3
个体经营户从业人员(万人)	Self-employed Households(10000 persons)	443.8	439.8	439.7	396.9	391.0

3-15 分地区非公有制经济主要指标

PRINCIPAL GROSS INDICES OF NON-PUBLIC ECONOMIY BY REGIONG

单位：亿元、个、人 (100 million yuan, unit, person)

地区	Region	总产出 Total Output	增加值 Value Added	第一产业 Primary Industry	第二产业 Secondary Industry	第三产业 Tertiary Industry	单位数 Number of Units	从业人员数 Employed Persons	增加值指数(上年=100) Value added index	增加值占GDP的比重(%) Proportion to GDP(%)
	2004	4395.9	1600.0	242.0	644.3	713.7	1813730	5695972		31.3
	2005	5649.1	1948.0	267.4	751.1	929.5	1786275	5506066		35.3
	2006	6652.4	2340.0	288.8	929.0	1122.2	1772938	5228549		37.6
	2007	8512.8	2841.8	303	1148.1	1390.7	1833059	5682662		40.0
	2008	10140.1	3481.3	401.9	1476.5	1602.9	1856218	5968151		41.9
	2009	10356.9	4019.0	463.8	1625.2	1930.0	1937617	6875095		46.8
	2010	14294.4	4972.2	545.9	2230.0	2196.3	2076690	7154627		48.0
	2011	17534.3	6303.3	696.4	2861.6	2745.3	2082299	7415800	116.6	50.1
	2012	19726.1	7026.0	781.2	3208.3	3036.5	2077592	7456429	114.1	51.3
	2013	21380.4	7508.6	857.3	3367.6	3283.7	1964767	7332642	110.4	52.0
	2014	22096.7	7861.9	904.9	3189.0	3768.0	1916481	7383195	107.1	52.3
	2015	23162.5	7934.9	902.9	2913.0	4119.0	1862905	7150464	107.3	52.6
	2016	24128.4	8176.6	985.9	2798.2	4392.5	1863921	7153617	107.7	53.1
哈尔滨	Harbin	7121.6	3244.0	246.6	1101.3	1896.1	360066	2054458	109.2	53.2
齐齐哈尔	Qiqihar	2007.1	758.0	130.8	309.5	317.7	225049	793600	107.8	58.7
鸡西	Jixi	636.7	199.2	42.2	65.6	91.4	77179	315374	108.5	50.3
鹤岗	Hegang	181.0	72.7	2.5	35.4	34.8	30416	112735	100.9	45.9
双鸭山	Shuangyashan	506.9	152.7	8.0	62.1	82.6	46978	142477	104.2	51.5
大庆	Daqing	2490.9	807.0	66.8	191.2	549.0	173362	647082	104.1	30.9
伊春	Yichun	249.8	106.7	42.0	24.5	40.2	90179	244134	102.9	42.5
佳木斯	Jiamusi	1410.0	379.8	73.7	90.4	215.7	182739	543851	108.4	52.4
七台河	Qitaihe	335.9	123.6	10.4	47.1	66.0	37420	122530	102.3	59.9
牡丹江	Mudanjiang	3907.7	767.2	34.6	371.9	360.7	148722	634010	108.6	62.6
黑河	Heihe	342.4	127.1	15.3	41.6	70.1	108308	202558	108.0	41.6
绥化	Suihua	2444.5	720.4	232.5	241.5	246.3	260952	893349	108.7	55.5
大兴安岭	Daxinganling	177.7	63.0	9.4	8.7	44.9	20775	47858	108.2	43.8
农垦总局	ARB	1971.7	526.0	66.1	195.4	264.5	93498	366101	106.3	44.3
绥芬河	Suifenhe	300.3	114.7	0.3	9.2	105.2	3486	18978	104.3	83.8
抚远	Fuyuan	44.2	14.6	4.6	2.6	7.4	4792	14522	108.8	47.6

注:1. 非公有制统计范围为私营企业、个体经营户、非国有和非国有控股及非集体经济的各类企业、公司，以及港澳台商投资企业和外商投资企业。
2. 从2011年年报开始，非公有制经济总量（增加值）指数按不变价格计算。

Note:a) Non-public ownership system statistics scope for private enterprise, individual dealer, non-state-owned and non-state-owned holding and non-collective economy each kind of enterprise, company, as well as Hong-Kong, Macao and Taiwan business investment enterprise and foreign investment enterprise.
b) From 2011, the index in this table are calculated at constant prices.

主要统计指标解释

国内生产总值(GDP)　指按市场价格计算的一个国家（或地区）所有常住单位在一定时期内生产活动的最终成果。国内生产总值有三种表现形态，即价值形态、收入形态和产品形态。从价值形态看，它是所有常住单位在一定时期内生产的全部货物和服务价值与同期投入的全部非固定资产货物和服务价值的差额，即所有常住单位的增加值之和；从收入形态看，它是所有常住单位在一定时期内创造并分配给常住单位和非常住单位的初次收入之和；从产品形态看，它是所有常住单位在一定时期内最终使用的货物和服务价值与货物和服务净出口价值之和。在实际核算中，国内生产总值有三种计算方法，即生产法、收入法和支出法。三种方法分别从不同的方面反映国内生产总值及其构成。

对于一个地区来说，称为地区生产总值或地区GDP。

三次产业　三产业的划分是世界上较为常用的产业结构分类，但各国的划分不尽一致。根据《国民经济行业分类》（GB/T 4754—2011），我国的三次产业划分是：

第一产业是指农、林、牧、渔业（不含农、林、牧、渔服务业）。

第二产业是指采矿业（不含开采辅助活动），制造业（不含金属制品、机械和设备修理业），电力、热力、燃气及水生产和供应业，建筑业。

第三产业即服务业，是指除第一产业、第二产业以外的其他行业。

劳动者报酬　指劳动者因从事生产活动所获得的全部报酬。包括劳动者获得的各种形式的工资、奖金和津贴，既包括货币形式的，也包括实物形式的，还包括劳动者所享受的公费医疗和医药卫生费、上下班交通补贴、单位支付的社会保险费、住房公积金等。

生产税净额　指生产税减生产补贴后的余额。生产税指政府对生产单位从事生产、销售和经营活动以及因从事生产活动使用某些生产要素(如固定资产、土地、劳动力)所征收的各种税、附加费和规费。生产补贴与生产税相反，指政府对生产单位的单方面转移支出，因此视为负生产税，包括政策亏损补贴、价格补贴等。

固定资产折旧　指一定时期内为弥补固定资产损耗按照规定的固定资产折旧率提取的固定资产折旧，或按国民经济核算统一规定的折旧率虚拟计算的固定资产折旧。它反映了固定资产在当期生产中的转移价值。各类企业和企业化管理的事业单位的固定资产折旧是指实际计提的折旧费；不计提折旧的政府机关、非企业化管理的事业单位和居民住房的固定资产折旧是按照统一规定的折旧率和固定资产原值计算的虚拟折旧。原则上，固定资产折旧应按固定资产的重置价值计算，但是目前我国尚不具备对全社会固定资产进行重估价的基础，所以暂时只能采用上述办法。

营业盈余　指常住单位创造的增加值扣除劳动者报酬、生产税净额和固定资产折旧后的余额。它相当于企业的营业利润加上生产补贴，但要扣除从利润中开支的工资和福利等。

支出法国内生产总值　是从最终使用的角度反映一个国家(或地区)一定时期内生产活动最终成果的一种方法，包括最终消费支出、资本形成总额及货物和服务净出口三部分。计算公式为：

支出法国内生产总值=最终消费支出+资本形成总额+货物和服务净出口

最终消费支出　指常住单位为满足物质、文化和精神生活的需要，从本国经济领土和国外购买的货物和服务的支出。它不包括非常住单位在本国经济领土内的消费支出。最终消费支出分为居民消费支出和政府消费支出。

居民消费支出　指常住住户在一定时期内对于货物和服务的全部最终消费支出。居民消费支出除了直接以货币形式购买的货物和服务的消费支出外，还包括以其他方式获得的货物和服务的消费支出，即所谓的虚拟消费支出。居民虚拟消费支出包括如下几种类型：单位以实物报酬及实物转移的形式提供给劳动者的货物和服务；住户生产并由本住户消费了的货物和服务，其中的服务仅指住户的自有住房服务和付酬的家庭雇员提供的家庭和个人服务；金融机构提供的金融媒介服务。

政府消费支出 指政府部门为全社会提供的公共服务的消费支出和免费或以较低的价格向居民住户提供的货物和服务的净支出，前者等于政府服务的产出价值减去政府单位所获得的经营收入的价值，后者等于政府部门免费或以较低价格向居民住户提供的货物和服务的市场价值减去向住户收取的价值。

资本形成总额 指常住单位在一定时期内获得减去处置的固定资产和存货的净额，包括固定资本形成总额和存货变动两部分。

固定资本形成总额 指常住单位在一定时期内获得的固定资产减处置的固定资产的价值总额。固定资产是通过生产活动生产出来的，且其使用年限在一年以上、单位价值在规定标准以上的资产，不包括自然资产。可分为有形固定资本形成总额和无形固定资本形成总额。有形固定资本形成总额包括一定时期内完成的建筑工程、安装工程和设备工器具购置(减处置)价值，以及土地改良、新增役、种、奶、毛、娱乐用牲畜和新增经济林木价值。无形固定资本形成总额包括矿藏的勘探、计算机软件等获得减处置。

存货变动 指常住单位在一定时期内存货实物量变动的市场价值，即期末价值减期初价值的差额，再扣除当期由于价格变动而产生的持有收益。存货变动可以是正值，也可以是负值，正值表示存货上升，负值表示存货下降。存货包括生产单位购进的原材料、燃料和储备物资等存货，以及生产单位生产的产成品、在制品和半成品等存货。

货物和服务净出口 指货物和服务出口减货物和服务进口的差额。出口包括常住单位向非常住单位出售或无偿转让的各种货物和服务的价值；进口包括常住单位从非常住单位购买或无偿得到的各种货物和服务的价值。由于服务活动的提供与使用同时发生，一般把常住单位从非常住单位得到的服务作为进口，非常住单位从常住单位得到的服务作为出口。货物的出口和进口都按离岸价格计算。

Explanatory Notes on Main Statistical Indicators

Gross Domestic Product (GDP) refers to the final products at market prices produced by all resident units in a country during a certain period of time. Gross domestic product is expressed in three different perspectives, namely value, income, and products respectively. GDP in its value perspective refers to the balance of total value of all goods and services produced by all resident units during a certain period of time, minus the total value of input of goods and services of the nature of non-fixed assets; in other words, it is the sum of the value-added of all resident units. GDP from the perspective of income includes the primary income created by all resident units and distributed to resident and non-resident units. GDP from the perspective of products refers to the value of all goods and services for final demand by all resident units plus the net exports of goods and services during a given period of time. In the practice of national accounting, gross domestic product is calculated from three approaches, namely production approach, income approach and expenditure approach, which reflect gross domestic product and its composition from different angles.

For a region, it is called as Gross Regional Product(GRP) or regional GDP.

Three Strata of Industry Classification of economic activities into three strata of industry is a common practice in the world, although the grouping varies to some extent from country to country. In China, according to Industrial classification for *National Economic Activities (GB/T 4754—2011)*, economic activities are categorized into the following three strata of industry:

Primary industry refers to agriculture, forestry, animal husbandry and fishery industries (not including services in support of agriculture, forestry, animal husbandry and fishery industries).

Secondary industry refers to mining and quarrying(not including support activities for mining), manufacturing(not including repair service of metal products, machinery and equipment), production and supply of electricity, heat, gas and water, and construction.

Tertiary industry refers to all other economic activities not included in the primary or secondary industries.

Compensation of Employees refers to the total payment of various forms to employees for the productive activities they are engaged in. It includes wages, bonuses and allowances, which the employees earn in cash or in kind. It also includes the free medical services provided to the employees and the medicine expenses, transport subsidies and social insurance, and housing fund paid by the employers.

Net Taxes on Production refers to taxes on production less subsidies on production. The taxes on production refers to the various taxes, extra charges and fees levied on the production units on their production, sale and business activities as well as on the use of some factors of production, such as fixed assets, land and labour in the production activities they are engaged in. In contrast to taxes on production, subsidies on production refer to the unilateral government transfer to the production units and are therefore regarded as negative taxes on production. They include subsidies on the loss due to implementation of government policies, price subsidies, etc.

Depreciation of Fixed Assets refers to the depreciation of fixed assets in a given period, drawn in accordance with the stipulated depreciation rate for the purpose of compensating the wear-and-tear loss of the fixed assets or the depreciation of fixed assets imputed in accordance with the stipulated unified depreciation rate in the national economic accounting system. It reflects the value of transfer of the fixed assets in the production of the current period. The depreciation of fixed assets in various enterprises and institutions managed as enterprises refers to the depreciation expenses actually drawn. In government agencies and institutions not managed as enterprises which do not draw the depreciation expenses, as well as for the houses of residents, the depreciation of fixed assets is the imputed depreciation, which is calculated in accordance with the stipulated unified depreciation rate. In principle, the depreciation of fixed assets should be calculated on the basis of the re-purchased value of the fixed assets. However, currently the conditions in China do not facilitate the revaluation of all the fixed assets. Therefore, only the above-mentioned methods can be adopted at present.

Operating Surplus refers to the balance of the value added created by the resident units after deducting the labourers remuneration, net taxes on production and the depreciation of fixed assets. It is equivalent to the business profit of the enterprises plus subsidies to production, but the wages and welfare expenses paid from the profits should be deducted.

GDP by Expenditure Approach refers to the method of measuring the final results of production activities of a country (region) during a given period from the perspective of final uses. It includes final consumption expenditure, gross capital formation and net export of goods and services. The formula for computation is.:

GDP by expenditure approach = final consumption expenditure + gross capital formation + net export of goods and services

Final Consumption Expenditure refers to the total expenditure of resident units for purchases of goods and services from both the domestic economic territory and abroad to meet the needs of material, cultural and spiritual life. It does not include the expenditure of non-resident units on consumption in the economic territory of the country. The final consumption expenditure is broken down into household consumption expenditure and government consumption expenditure.

Household Consumption Expenditure refers to the total expenditure of resident households on the final consumption of goods and services. In addition to the consumption of goods and services bought by the households directly with money, the household consumption expenditure also includes expenditure on goods and services obtained by the households in other ways, i.e. the so-called imputed consumption expenditure, which includes the following: (a) the goods and services provided to households by employers in the form of payment in kind and transfer in kind; (b) goods and services produced and consumed by the households themselves, in which the services refer to the owner-occupied housing and services offered by paid family employees; (c) financial intermediate services provided by financial institution.

Government Consumption Expenditure refers to the consumption expenditure spent for the provision of public services provided by the government to the whole country and the net expenditure on the goods and services provided by the government to households free of charge or at reduced prices. The former equals to the output value of the government services minus the value of operating income obtained by the government departments. The latter equals to the market value of the goods and services provided by the government free of charge or at reduced prices to the households minus the value received by the government from the households.

Gross Capital Formation refers to the fixed assets acquired less disposals and the net value of inventory, thus including gross fixed capital formation and changes in inventories.

Gross Fixed Capital Formation refers to the value of acquisitions less those disposals of fixed assets during a given period. Fixed assets are the assets produced through production activities with unit value above a specified amount and which could be used for over one year. Natural assets are not included. Gross fixed capital formation can be categorized into total tangible fixed capital formation and total intangible fixed capital formation. Total tangible fixed capital formation includes the value of the construction projects and installation projects completed and the equipment, apparatus and instruments purchased (less those disposed) as well as the value of land improved, the value of draught animals, breeding stock and animals for milk, for wool and for recreational purposes and the newly increased forest with economic value. Total intangible fixed capital formation includes the prospecting of minerals and the acquisition of computer software minus the disposal of them.

Changes in Inventories refers to the market value of the change in the physical volume of inventory of resident units during a given period, i.e. the difference between the values at the beginning and at the end of the period minus the gains due to the change in prices. The changes in inventories can have a positive or a negative value. A positive value indicates an increase in inventory while a negative value indicates a decrease in inventory. The inventory includes raw materials, fuels and reserve materials purchased by the production units as well as the inventory of finished products, semi-finished products and work-in-progress.

Net Export of Goods and Services refers to the exports of goods and services subtracting the imports of goods and services. Exports include the value of various goods and services sold or gratuitously transferred by resident units to non-resident units. Imports include the value of various goods and services purchased or gratuitously acquired resident units from non-resident units. Because the provision of services and the use of them happen simultaneously, the acquisition of services by resident units from abroad is usually treated as import while the acquisition of services by non-resident units in this country is usually treated as export. The exports and imports of goods are calculated at FOB.

第四篇　价格指数

CHAPTER 4 PRICE INDICES

资料整理：赵伟志　张红艳　代传奎

朱剑锋　王玉政

4-1 各种价格指数

PRICE INDICES

(上年=100)　　(preceding year=100)

年 份 Year	商品零售价格指数 Retail Price Index	居民消费价格指数 Consumer Price Index	城市 Urban Areas	农村 Rural Areas	建筑安装工程价格指数 Price Index for Construction and Installation	固定资产投资价格指数 Price Index for Investment In Fixed Assets	农业生产资料价格指数 Price Index for Means of Agricultural Production	工业生产者购进价格指数 Purchasing Price Index for Industrial Producers	工业生产者出厂价格指数 Producer Price Index for Industrial Products
1978	100.2	100.5	100.5						
1979	101.8	102.5	102.5						
1980	105.6	107.3	107.3						
1981	102.1	102.1	102.1						
1982	102.8	103.0	103.0						
1983	102.2	102.5	102.5						
1984	104.4	104.3	104.4	103.1					
1985	111.7	111.8	111.9	110.0					
1986	105.9	106.2	106.0	107.5					
1987	109.6	109.4	109.7	106.6					
1988	117.8	118.0	118.6	116.1			114.9		
1989	114.0	114.6	114.6	114.6			111.9		
1990	104.9	105.7	105.6	106.3	103.4		104.3		
1991	106.5	107.4	108.2	105.3	109.0	107.5	105.4		
1992	108.5	109.2	109.7	105.9	112.0	113.5	109.6	112.9	111.6
1993	114.6	114.8	115.2	113.7	132.9	128.0	124.6	139.6	141.3
1994	120.7	121.9	122.0	121.3	107.2	109.0	125.9	119.3	129.0
1995	114.3	116.1	115.9	116.2	104.8	106.5	123.1	112.7	116.1
1996	105.1	107.1	107.6	105.8	103.3	103.4	110.3	103.4	104.6
1997	102.2	104.4	104.5	103.8	103.8	102.7	100.6	104.4	102.3
1998	98.4	100.4	100.9	99.7	101.6	100.8	96.0	97.7	97.8
1999	96.1	96.8	97.0	96.3	99.7	99.7	96.5	98.2	107.4
2000	97.8	98.3	98.7	97.2	103.1	101.5	98.6	108.6	122.9
2001	100.4	100.8	100.8	100.4	100.6	100.1	98.9	99.5	96.0
2002	98.5	99.3	99.3	99.5	101.1	100.2	99.7	99.3	97.8
2003	99.7	100.9	100.8	101.2	102.7	102.3	101.8	107.6	111.9
2004	102.8	103.8	103.5	105.2	106.1	104.6	112.0	115.2	113.1
2005	100.4	101.2	100.8	102.3	102.2	102.2	108.6	111.8	116.7
2006	101.5	101.9	101.8	102.4	102.2	102.1	101.9	105.6	109.9
2007	105.6	105.4	105.4	105.4	105.5	104.5	109.4	105.0	105.3
2008	105.8	105.6	105.0	107.2	111.9	109.0	122.7	114.1	114.0
2009	98.9	100.2	99.8	101.2	94.8	97.6	94.2	93.4	87.4
2010	103.1	103.9	103.6	104.9	106.7	105.2	105.6	114.5	115.0
2011	104.5	105.8	105.6	106.4	109.9	107.5	110.2	111.1	112.0
2012	102.2	103.2	103.3	102.9	101.0	100.8	107.8	98.8	100.0
2013	101.1	102.2	102.0	103.1	100.4	100.1	104.1	98.7	98.0
2014	100.8	101.5	101.4	101.6	99.9	100.0	100.3	97.6	97.1
2015	100.1	101.1	101.1	101.1	98.7	99.0	101.3	88.2	86.0
2016	101.1	101.5	101.2	102.1	99.4	99.4	100.0	96.0	95.1

注：1. 1994年后商品零售价格指数不包括农业生产资料。
2. 从2011年起工业品出厂价格指数改为工业生产者出厂价格指数，原材料、燃料、动力购进价格指数改为工业生产者购进价格指数(下同）。

Note: a) Since 1994, Retail Price Indices Exclude Agricultural Means of Production.
b) From 2011, the producer price index for manufactured goods and the purchasing price index for raw materials, fuel and power changed to the producer price index for industrial products and the purchasing price index for industrial producers. The same applies to the tables following.

4-2 各种价格定基指数

EIXED-BASE PRICE INDICES

年 份 Year	商品零售价格指数 Retail Price Index	居民消费价格指数 Consumer Price Index	城市 Urban Areas	农村 Rural Areas	建筑安装工程价格指数 Price Index for Construction and Installation	固定资产投资价格指数 Price Index for Investment In Fixed Assets	农业生产资料价格指数 Price Index for Means of Agricultural Production	工业生产者购进价格指数 Purchasing Price Index for Industrial Producers	工业生产者出厂价格指数 Producer Price Index for Industrial Products
1978=100									
1979	101.8	102.5	102.5						
1980	107.5	110.0	110.0						
1981	109.7	112.3	112.3						
1982	112.8	115.7	115.7						
1983	115.3	118.6	118.6						
1984	120.4	123.7	123.8						
1985	134.6	100.0	138.6	100.0					
1986	142.5	106.2	146.9	107.5					
1987	156.2	116.2	161.1	114.6					
1988	184.0	137.1	191.1	133.1					
1989	209.8	157.1	219.0	152.5					
1990	220.1	166.1	231.3	162.1	100.0	100.0	100.0		
1991	234.4	178.4	250.3	170.7	109.0	107.5	105.4		
1992	254.3	194.8	274.6	180.8	122.1	122.0	115.5		
1993	291.5	223.6	316.3	205.6	162.2	156.2	143.9		
1994	351.8	272.6	385.9	249.4	173.9	170.2	181.2		
1995	402.1	316.5	447.3	289.8	182.3	181.3	223.1	100.0	100.0
1996	422.6	339.0	481.3	306.6	188.3	187.5	246.1	103.4	104.6
1997	431.9	353.9	503.0	318.3	195.4	192.5	247.5	107.9	107.0
1998	425.0	355.3	507.5	317.3	198.6	194.1	237.6	105.5	104.7
1999	408.0	343.8	491.8	305.4	198.0	193.5	229.3	103.6	112.4
2000	399.0	337.9	485.4	296.8	204.1	196.4	226.1	112.5	138.1
2001	400.6	340.6	489.3	298.0	205.3	196.6	223.6	111.9	132.6
2002	394.6	338.2	485.9	296.5	207.6	197.0	222.9	111.1	129.7
2003	393.4	341.2	489.8	300.1	213.2	201.5	226.9	119.5	145.1
2004	404.4	354.2	506.9	315.7	226.2	210.8	254.1	137.7	164.1
2005	406.0	358.5	510.9	322.9	231.2	215.4	276.0	153.9	191.5
2006	412.1	365.3	520.1	330.6	236.3	219.9	281.2	162.5	210.5
2007	435.2	385.0	548.2	348.5	249.3	229.8	307.6	170.6	221.7
2008	460.4	406.6	575.6	373.6	279.0	250.5	377.4	194.7	252.7
2009	455.3	407.4	574.4	378.1	264.5	244.5	355.5	181.8	220.9
2010	469.4	423.3	595.1	396.6	282.2	257.2	375.4	208.2	254.0
2011	490.5	447.8	628.4	422.0	310.2	276.5	413.7	231.3	284.5
2012	501.3	462.1	649.1	434.2	313.3	278.7	446.0	228.5	284.5
2013	506.8	472.3	662.1	447.7	314.6	279.0	464.3	225.5	278.8
2014	510.9	479.4	671.4	454.9	314.3	279.0	465.7	220.1	270.7
2015	511.4	484.7	678.8	459.9	310.2	276.2	471.8	194.1	232.8
2016	517.0	492.0	686.9	469.6	308.3	274.5	471.8	186.3	221.4

注:居民消费价格总指数及农村居民消费价格指数以1985年为基期，农业生产资料、建筑安装工程价格指数和固定资产投资价格指数以1990年为基期，工业生产者出厂价格指数和工业生产者购进价格指数以1995年为基期。

Note:The index of year 1985 is defined as 100 in Consumer Price Index and Rural Consumer Price Index,the index of year 1990 is defined as 100 in Price Index for Means of Agricultural Production, Build-in Project Price Index and Price Index of Investment In Fixed Assets, the index of year 1995 is defined as 100 in Purchasing Price Index for Industrial Producers and Producer Price Index forIndustrial Products.

4-3 居民消费价格分类指数 (2016年)

CONSUMER PRICE INDICES BY CATEGORY (2016)

(上年=100)　　(preceding year=100)

项　目	Item	全省 Total Indices	城市 Urban Indices	农村 Rural Indices
居民消费价格指数	**Consumer Price Index**	**101.5**	**101.2**	**102.1**
食品烟酒	**Food, Tobacco and Liquor**	**102.6**	**102.1**	**103.9**
食　品	**Food**	**102.6**	**102.1**	**103.9**
粮　食	Grain	103.1	102.5	104.6
薯　类	Tubers	101.0	100.3	101.9
豆　类	Soybeans	106.5	107.2	104.1
食用油	Edible Oil	98.2	97.9	98.9
菜	Vegetables	101.9	100.9	103.6
畜肉类	Livestock Meat	106.5	106.0	108.6
禽肉类	Poultris Meat	111.6	109.9	116.4
水产品	Aquatic Products	99.4	98.8	101.9
蛋　类	Eggs	102.3	102.7	100.4
奶　类	Milk	96.9	96.7	97.5
干鲜瓜果类	Dried and Fresh Melons and Fruits	96.8	96.1	100.2
糖果糕点类	Confectionery	97.0	97.2	96.1
调味品	Flavoring	100.5	100.4	100.9
其他食品类	Other Foods	101.4	101.6	101.0
茶及饮料	**Tea and Beverages**	**99.2**	**99.1**	**99.8**
烟　酒	**Tobacco and Liquor**	**101.5**	**101.6**	**101.4**
烟　草	Tobacco	102.5	102.5	102.3
酒　类	Liquor	100.3	100.4	100.2
在外餐饮	**Dining Out**	**101.4**	**101.0**	**103.2**
衣　着	**Clothing**	**101.0**	**101.2**	**100.2**
服　装	Garments	101.0	101.4	99.3
衣着材料	Clothing Material	102.6	102.8	101.7
鞋袜帽	Footgear and Hats	99.5	98.6	103.3
衣着加工服务	Clothing Manufacturing Services	102.4	100.9	108.7
生活用品及服务	**Supplies and Services**	**100.4**	**100.3**	**100.9**
家具及室内装饰品	Furniture and Interior Decorations	99.9	99.9	99.8
家用器具	Household Facilities	98.7	98.8	98.5
家用纺织品	Household Textile	100.1	100.0	100.5
家庭日用杂品	Daily Use Household Articles	100.8	100.4	102.2
个人护理用品	Personal-care Supply	101.1	101.2	100.3
家庭服务	Household Services	103.5	103.0	106.1
医疗保健和个人用品	**Health Care and Personal Articles**	**103.7**	**103.7**	**105.4**
药品及医疗器具	Drugs and Medical Instrument	104.8	104.8	108.0
医疗服务	Medical Service	102.9	102.9	104.0
交通和通信	**Transportation and Communication**	**100.0**	**99.3**	**102.0**
交　通	Transportation	99.9	98.9	103.1
通　信	Communication	100.0	100.0	100.1
娱乐教育文化用品及服务	**Recreation, Education and Culture Articles**	**101.7**	**101.7**	**101.9**
教　育	Education	102.3	102.2	102.2
文化娱乐	Cultural and Recreational Articles	100.7	100.8	100.8
居　住	**Residence**	**100.0**	**100.4**	**99.0**
建房及装修材料	Building and Building Decoration Materials	100.9	100.9	100.7
住房租金	Renting	99.7	99.7	99.7
自有住房	Private Housing	98.6	99.0	97.0
水电燃料	Water, Electricity and Fuels	100.9	101.3	99.7

4-4 商品零售价格分类指数(2016年)
RETAIL PRICE INDICES BY CATEGORY OF COMMODITIES (2016)

(上年=100) (preceding year=100)

项　　目	Item	全　省 Total Indices	城　市 Urban Indices	农　村 Rural Indices
商品零售价格总指数	**Retail Price Index**	**101.1**	**101.1**	**101.3**
食品类	**Food**	**102.7**	**102.5**	**104.3**
粮　食	Grain	100.6	100.2	102.0
薯　类	Tubers	107.4	108.0	103.8
豆　类	Soybeans	97.7	97.4	99.1
食用油	Edible Oil	101.4	100.8	103.5
菜	Vegetables	106.3	106.1	108.2
畜肉类	Livestock Meat	110.9	110.2	116.3
禽肉类	Poultris Meat	99.0	98.6	101.8
水产品	Aquatic Products	103.2	103.5	99.7
蛋　类	Eggs	97.3	97.1	98.1
奶　类	Milk	94.4	94.0	100.0
干鲜瓜果类	Dried and Fresh Melons and Fruits	96.7	96.8	95.9
糖果糕点类	Confectionery	100.5	100.4	101.0
调味品	Flavoring	101.7	101.8	100.7
其他食品类	Other Foods	100.2	100.3	100.2
在外餐饮	Dining Out	101.5	101.4	103.0
饮料、烟酒	**Beverages, Tobacco and Liquor**	**101.0**	**101.0**	**101.3**
茶及饮料	Tea and Beverages	98.0	97.9	99.9
烟　草	Tobacco	102.5	102.5	102.4
酒	Liquor	100.1	100.1	100.2
服装、鞋帽类	**Garments, Shoes and Hats**	**101.1**	**101.3**	**100.0**
服　装	Garments	101.2	101.5	99.3
鞋袜帽	Footgear and Hats	101.0	100.8	101.9
其他衣着配件	Others	100.4	100.5	99.3
纺织品类	**Textiles**	**101.7**	**101.9**	**100.8**
衣着材料	Clothing	104.4	104.9	101.7
床上用品	Bedding	101.0	101.0	100.5

4-4 续表 CONTINUED

(上年=100)　　(preceding year=100)

项　目	Item	全省 Total Indices	城市 Urban Indices	农村 Rural Indices
家用电器及音像器材	**Household Appliances and Music and Video Equipment**	**97.8**	**97.8**	**98.3**
家庭设备	Household Facilities	99.0	99.1	98.5
文娱用耐用消费品	Durable Consumer Goods for Recreational Use	95.6	95.3	97.8
音像器材类	Sound and Video Equipment	99.6	99.6	100.3
文化办公用品	**Cultural and Official Appliances**	**102.4**	**102.3**	**103.1**
日用品	**Articles for Daily Use**	**100.6**	**100.6**	**100.8**
日用百货	General Merchandise for Daily Use	100.4	100.4	100.7
厨具餐具茶具	Kitchen Utensils and Tableware	99.5	99.1	102.5
洗涤用品	Washing Product	102.1	102.4	100.0
其它日用品	Others	100.2	100.2	100.5
体育娱乐用品	**Sports and Recreation Articles**	**100.8**	**100.8**	**100.6**
体育用品	Sports Goods	102.0	102.2	99.9
娱乐用品	Amusement Goods	100.5	100.5	100.7
交通、通信用品	**Transportation and Communication Articles**	**100.5**	**100.5**	**100.6**
交通运输机械	Transportation Facility	100.5	100.5	100.7
通讯器材类	Communication Facility	100.4	100.4	100.4
家　具	**Furniture**	**100.1**	**100.1**	**100.0**
化妆品类	**Cosmetics**	**101.3**	**101.4**	**99.4**
金银珠宝类	**Gold, Silver and Jewelry**	**106.6**	**106.5**	**106.8**
中西药品及医疗保健用品	**Medicines and Health Cares Articles**	**104.2**	**103.6**	**108.7**
医疗器具及用品	Medical Treatment Appliance Articals	103.0	102.8	105.3
中药材及中成药	Chinese Traditional Medicines	104.3	103.6	109.1
西　药	Western Medicine	104.3	103.6	108.8
保健器具及用品	Health Care Appliances and Articles	103.8	103.6	106.3
书报杂志及电子出版物	**Newspapers, Magazines and E-journal**	**101.2**	**101.4**	**100.2**
教材及参考书	Teaching Materials and Reference Books	103.4	103.7	101.0
书报杂志	Newspapers and Magazines	100.0	100.1	99.2
电子音像制品	E-journal	97.1	96.8	100.0
燃料类	**Fuels**	**97.3**	**97.8**	**95.0**
煤炭及制品类	Coal and Their Products	98.1	99.6	94.3
石油及制品类	Oil and Their Products	97.1	97.3	95.6
建筑材料及五金电料类	**Building Materials, Hardware and Electric Materials**	**100.0**	**100.1**	**99.4**
建筑装潢材料	Building Decoration Materials	99.5	99.6	99.3
五金电料类	Hardware and Electric Materials	101.5	101.8	99.8

4-5 农业生产资料价格分类指数

PRICE INDICES FOR MEANS OF AGRICULTURAL PRODUCTION BY CATEGORY

(上年=100) (preceding year=100)

项　目	Item	2012	2013	2014	2015	2016
总指数	**General Indice**	**107.8**	**104.1**	**100.3**	**101.3**	**100.0**
农用手工工具	Farm Handtools	102.5	102.1	102.0	102.3	100.6
饲　料	Forage	104.8	103.9	101.2	101.2	100.0
产品畜	Commodity Animals	113.6	104.3	100.2	106.9	101.3
半机械化农具	Semi-mechanized Farm Tools	100.9	100.4	100.0	98.9	97.8
机械化农具	Mechanized Farm Machinery	101.9	100.4	100.9	100.1	100.3
化学肥料	Chemical Fertilizer	108.3	98.8	93.8	103.5	97.9
农药及农药械	Pesticide & Its Appliances	100.9	100.6	101.1	100.7	99.9
化学农药	Chemical Pesticide	100.9	100.7	101.2	100.7	99.9
农药械	Pesticide Appliances	101.0	100.0	100.0	100.0	100.0
农机用油	Oil for Farm Machinery	103.0	99.0	98.3	86.7	96.0
其他农业生产资料	Others Means of Agricultural Production	113.6	108.8	102.6	101.3	100.0
农业生产服务	Service for Agricultural Production	111.5	113.1	106.4	98.7	99.8

4-6 农产品生产价格指数

PRODUCER PRICE INDICES FOR FARM PRODUCTS

(上年=100) (preceding year=100)

指　标	Item	2012	2013	2014	2015	2016
总指数	**General Indice**	**105.5**	**100.9**	**100.7**	**98.7**	**93.6**
农业产品	Agricultural Products	106.9	100.2	101.8	97.4	90.0
林业产品	Forestry Products	96.5	80.9	96.3	101.4	85.3
畜牧业产品	Animal Husbandry Products	100.4	105.7	95.2	105.5	112.4
渔业产品	Fishery Products	100.2	93.4	98.0	95.8	104.2

4-7 按工业部门分工业生产者出厂价格指数

PRODUCER PRICE INDICES FOR INDUSTRIAL PRODUCTS BY SECTOR

(上年=100)　　(preceding year=100)

类 别	Category	2012	2013	2014	2015	2016
总指数	**General Indice**	**100.0**	**98.0**	**97.1**	**86.0**	**95.1**
轻工业	Light Industry	102.5	100.8	99.5	97.5	99.2
以农产品为原料	Using Farm Products as Raw Materials	101.6	101.4	99.5	98.8	99.3
以非农产品为原料	Using Non-Farm Products as Raw Materials	110.0	96.0	99.9	87.4	98.2
重工业	Heavy Industry	99.3	97.2	96.4	82.7	93.2
采掘工业	Mining & Quarrying Industry	98.3	95.4	94.7	60.2	84.9
原料工业	Raw Materials Industry	100.2	98.2	95.7	87.0	95.7
加工工业	Manufacturing Industry	98.9	97.5	98.5	96.9	97.6
生产资料	Means of Production	99.5	97.2	96.4	82.8	93.4
采　掘	Mining & Quarrying Industry	98.3	95.4	94.7	60.2	84.9
原　料	Raw Materials Industry	100.7	97.9	95.8	86.5	95.3
加　工	Manufacturing Industry	98.8	97.9	98.4	97.1	98.2
生活资料	Consumer Goods	102.1	101.0	99.8	98.8	99.1
食　品	Food	102.2	101.2	99.6	98.6	99.1
衣　着	Clothing	102.8	104.1	99.3	96.9	98.5
一般日用品	Articles for Daily Use	101.6	100.9	100.4	99.4	98.5
耐用消费品	Durable Consumer Goods	101.0	97.5	100.8	100.1	101.1
冶金工业	Metallurgical Industry	91.9	92.8	93.0	89.4	99.1
电力工业	Power Industry	103.1	100.7	99.8	98.8	99.5
煤炭及炼焦工业	Coal and coking Industry	100.1	94.1	86.9	84.7	98.7
石油工业	Petroleum Industry	99.6	96.2	96.1	64.0	86.4
化学工业	Chemical Industry	98.1	100.1	98.5	90.2	95.0
机械工业	Machine Building Industry	99.2	97.8	99.8	99.1	99.5
建筑材料工业	Building Materials Industry	103.4	98.0	98.0	94.9	93.0
森林工业	Timber Industry	104.8	100.0	101.6	99.5	100.1
食品工业	Food Industry	102.0	101.4	99.5	98.9	99.6
纺织工业	Textile Industry	101.3	100.5	104.7	100.2	97.4
缝纫工业	Tailoring Industry	102.8	100.7	100.1	100.0	101.2
皮革工业	Leather Industry	109.3	112.7	95.2	99.6	92.7
造纸工业	Paper Industry	96.5	98.1	97.9	96.0	97.8
文教艺术用品工业	Cultural, Educational & Handicrafts Articles	104.4	101.2	98.2	98.4	100.1
其他工业	Others	101.8	101.4	101.9	99.9	99.6

4-8 按工业行业分工业生产者出厂价格指数

PRODUCER PRICE INDICES FOR INDUSTRIAL PRODUCTS BY SECTOR

(上年=100) (preceding year=100)

行 业	Sector	2012	2013	2014	2015	2016
总指数	**General Indice**	**100.0**	**98.0**	**97.1**	**86.0**	**95.1**
采矿业	**Mining**					
煤炭开采和洗选业	Mining and Washing of Coal	101.0	97.0	87.9	86.4	97.5
石油和天然气开采业	Extraction of Petroleum and Natural Gas	97.6	95.2	95.2	55.4	80.8
黑色金属矿采选业	Mining of Ferrous Metal Ores	94.3	97.2	88.7	91.5	103.6
有色金属矿采选业	Mining of Non-ferrous Metal Ores	93.0	92.7	99.6	92.3	103.4
非金属矿采选业	Mining and Processing of Nonmetal Ores	100.5	96.9	103.0	101.5	93.4
开采辅助活动	Mining Auxiliary Activities					101.6
制造业	**Manufacturing**					
农副食品加工业	Processing of Food from Agricultural Products	101.2	101.2	98.3	99.7	99.9
食品制造业	Manufacture of Foods	100.8	102.4	102.3	97.5	99.1
酒、饮料和精制茶制造业	Manufacture of Wine, soft drinks and refined tea	102.8	100.5	99.5	96.7	97.0
烟草制品业	Manufacture of Tobacco	111.6	102.0	100.0	100.2	100.0
纺织业	Manufacture of Textile	101.3	100.5	104.7	100.2	97.4
纺织服装、服饰业	Manufacture of Textile and Apparel	102.7	100.7	100.1	100.0	101.2
皮革、毛皮、羽毛及其制品和制鞋业	Manufacture of Leather, Furs, Feather and Related Products and Footwear	109.7	112.6	95.4	99.6	92.9
木材加工和木、竹、藤、棕、草制品业	Processing of Timber,Manufacture of Wood, Bamboo,Rattan, Palm and Straw Products	105.7	99.8	101.4	99.3	100.2
家具制造业	Manufacture of Furniture	101.1	100.3	102.3	100.3	100.1
造纸和纸制品业	Manufacture of Paper and Paper Products	96.5	98.1	97.9	96.0	97.8
印刷和记录媒介复制业	Manufacture of Printing and Record Medium Reproduction	100.9	104.0	99.2	99.1	100.0
文教、工美、体育和娱乐用品制造业	Manufacture of Articles for Culture,Education and Sports Activities	110.2	100.0	97.5	96.8	100.1
石油加工、炼焦和核燃料加工业	Processing of Petroleum ,Coking,Processing of Nucleus Fuel	100.5	96.1	94.5	81.8	94.4
化学原料和化学制品制造业	Manufacture of Chemical Raw Material and Chemical Products	96.1	99.1	97.7	82.6	93.6
医药制造业	Manufacture of Medicines	100.9	101.4	100.9	96.9	96.3
化学纤维制造业	Manufacture of Chemical Fiber	76.4	99.1	99.8	83.3	85.1
橡胶塑料制品业	Manufacture of Rubber and Plastics Products					98.2
非金属矿物制品业	Manufacture of Non-metallic Mineral Products	102.6	98.3	98.3	94.8	93.8
黑色金属冶炼和压延加工业	Manufacture and Processing of Ferrous Metals	88.0	90.7	91.2	85.6	100.0
有色金属冶炼和压延加工业	Manufacture and Processing of Non-ferrous Metals	101.7	92.0	92.1	96.1	96.2
金属制品业	Manufacture of Metal Products					98.1
通用设备制造业	Manufacture of General Purpose Machinery	100.4	97.0	99.5	98.6	99.7
专用设备制造业	Manufacture of Dpecial Purpose Machinery	100.8	99.3	100.5	97.8	98.6
汽车制造业	Manufacture of Automobiles					100.0
铁路、船舶、航空航天和其他运输设备制造业	Manufacture of Railway, Ship, Aerospace and Other Transport Equipments					100.4
电气机械及器材制造业	Manufacture of Electrical Machinery and Equipment	97.1	97.0	100.0	99.9	99.0
计算机、通信和其他电子设备制造业	Manufacture of Computers,Communication and Other Electronic Equipment	100.8	99.6	100.2	100.0	100.1
仪器仪表制造业	Manufacture of Measuring Instruments	99.5	97.8	100.6	100.0	100.7
其他制造业	Other Manufacturing	121.2	90.6	98.1	66.7	103.7
废弃资源综合利用业	Comprehensive Utilization of Waste Resources Industry	100.8	100.0	100.0	100.0	95.3
金属制品、机械和设备修理业	Metal Products, Machinery and Equipment Repair Industry					100.0
电力、燃气及水的生产和供应业	**Production and Distribution of Electricity,Gas and Water**					
电力、热力的生产和供应业	Production and Supply of Electric Power and Heat Power	103.1	100.7	99.8	98.8	99.5
燃气生产和供应业	Production and Distribution of Gas	108.5	104.3	101.7	82.9	92.0
水的生产和供应业	Production and Distribution of Water	102.0	103.4	100.2	100.1	104.5

4-9 工业生产者购进价格指数

PURCHASING PRICE INDICES FOR INDUSTRIAL PRODUCERS

(上年=100)　　　　(preceding year=100)

类　别	Category	2012	2013	2014	2015	2016
总指数	**General Indice**	**98.8**	**98.7**	**97.6**	**88.2**	**96.0**
燃料、动力类	Fuels and Motive Power	99.5	98.0	95.6	80.4	93.0
黑色金属材料类	Ferrous Metals Materials	95.7	95.7	96.7	90.9	95.9
#钢　材	#Steel Products	95.9	94.9	96.5	91.1	95.0
其　他	Others	94.7	98.6	97.6	90.3	99.8
有色金属材料和电线类	Nonferrous Metals Materials and Electric Wire	99.1	99.3	98.8	97.4	98.6
化工原料类	Chemical Raw Materials	93.3	99.4	101.2	92.8	99.1
木材及纸浆类	Logging and Paper Pulp	99.7	98.7	101.3	100.2	99.9
建筑材料类及非金属矿类	Building Materials and Nonmetal Minerals	106.5	102.1	101.0	100.6	99.1
其他工业原料及半成品	Others Industry Materials & Semi Finished Articles	99.4	99.9	100.9	97.1	97.5
农副产品类	Farm Products	101.8	103.9	100.4	99.3	103.4
纺织原料类	Textile Raw Materials	104.6	96.6	100.4	99.7	96.8

4-10 固定资产投资价格指数(上年=100)

PRICE INDICES FOR INVESTMENT IN FIXED ASSETS (PRECEDING YEAR=100)

年　份 Year	总指数 General Indice	建筑安装工程 Construction and Installation	设备、工器具购置 Purchase of Equipments and Instruments	其他费用 Other Expenses
1995	106.5	106.7	108.3	101.3
1996	103.4	103.3	105.0	101.3
1997	102.7	103.8	100.2	100.2
1998	100.8	101.6	98.9	100.9
1999	99.7	99.7	99.8	99.4
2000	101.5	103.1	97.3	100.7
2001	100.1	100.6	98.6	100.2
2002	100.2	101.1	96.9	101.5
2003	102.3	102.7	100.8	103.0
2004	104.6	106.1	101.4	102.0
2005	102.2	102.2	101.8	102.9
2006	102.1	102.2	101.3	103.4
2007	104.5	105.5	99.9	109.1
2008	109.0	111.9	100.6	110.9
2009	97.6	94.8	97.8	112.0
2010	105.2	106.7	100.4	107.6
2011	107.5	109.9	101.1	107.2
2012	100.8	101.0	99.3	102.8
2013	100.1	100.4	98.7	101.8
2014	100.0	99.9	99.7	101.4
2015	99.0	98.7	99.2	101.9
2016	99.4	99.4	99.0	100.7

4-11 建筑安装工程价格指数(上年=100)

BUILD-IN PROJECT PRICE INDEX (PRECEDING YEAR=100)

年份 Year	总指数 General Indice	人工费 Manpower Cost Price Index	材料费 Material Price Index	钢材 Steel Products	木材 Timber
1995	104.8	111.0	103.4	92.7	98.0
1996	103.3	115.0	102.8	98.9	100.0
1997	103.8	107.5	99.5	98.1	102.6
1998	101.6	103.4	101.4	99.0	100.0
1999	99.7	103.3	99.0	97.4	100.7
2000	103.1	104.1	103.0	104.6	101.5
2001	100.6	105.2	99.1	98.9	101.0
2002	101.1	101.5	101.2	99.2	107.9
2003	102.7	103.6	102.8	109.1	100.8
2004	106.1	104.0	107.4	114.7	103.6
2005	102.2	105.6	101.5	101.4	105.8
2006	102.2	108.7	100.6	98.5	103.7
2007	105.5	113.3	103.5	104.2	107.7
2008	111.9	115.5	110.7	116.5	112.7
2009	94.8	111.7	90.8	82.5	104.8
2010	106.7	111.1	105.1	105.0	107.8
2011	109.9	113.7	109.0	111.5	110.6
2012	101.0	107.3	97.6	93.2	102.4
2013	100.4	102.7	98.8	94.7	100.1
2014	99.9	101.5	98.9	97.3	100.4
2015	98.7	101.4	97.1	94.5	100.1
2016	99.4	100.7	98.4	98.2	101.8

4-11 续表 CONTINUED

年份 Year	水泥 Cement	地方材料 Local Materials	化工材料 Chemical Materials	电料 Electrical Materials	其它材料 Other Material	机械使用费 Machinery Price Index
1995	106.2	111.6				
1996	102.5	104.8				107.6
1997	102.2	102.0	105.7	100.5		131.5
1998	103.4	103.8	100.1	98.0		99.6
1999	99.4	99.6	101.9	99.4		100.5
2000	102.3	103.1	109.6	103.9		102.2
2001	99.6	99.1	98.5	98.7		99.0
2002	101.1	102.8	99.3	100.1		100.1
2003	99.1	99.6	100.2	100.3	101.5	100.8
2004	99.5	103.8	102.8	102.5	103.8	100.5
2005	100.5	101.8	104.5	102.1	101.4	101.5
2006	100.2	104.1	102.0	101.4	99.9	102.6
2007	102.4	102.9	101.8	103.6	103.5	102.9
2008	102.6	106.7	107.1	106.5	105.2	106.5
2009	102.4	103.4	100.8	100.6	93.2	105.3
2010	104.7	105.8	103.5	102.2	104.2	103.7
2011	107.9	108.5	104.3	111.1	103.6	105.3
2012	103.0	100.3	101.2	99.2	102.1	102.4
2013	100.0	100.9	102.1	100.7	100.2	102.1
2014	98.9	100.7	101.4	100.0	99.8	100.7
2015	97.8	99.5	98.0	99.5	100.3	100.1
2016	97.8	98.2	99.6	99.9	99.9	99.6

注：从2003年起建筑安装工程价格指数取消了直接费用价格指数和间接费用价格指数的分组，在材料费中新增加了“其它材料”指标。
Note:Since 2003, the build-in project price index no longger be classified the direct cost price index and indirect cost price index, the other material priceindex is added to material price index.

主要统计指标解释

居民消费价格指数　是反映一定时期内城乡居民所购买的生活消费品和服务项目价格变动趋势和程度的相对数，是对城市居民消费价格指数和农村居民消费价格指数进行综合汇总计算的结果。通过该指数可以观察和分析消费品的零售价格和服务项目价格变动对城乡居民实际生活费支出的影响程度。

城市居民消费价格指数　是反映一定时期内城市居民家庭所购买的生活消费品价格和服务项目价格变动趋势和程度的相对数。通过该指数可以观察和分析消费品的零售价格和服务项目价格变动对城镇居民收入和消费支出的影响。

农村居民消费价格指数　是反映一定时期内农村居民家庭所购买的生活消费品价格和服务项目价格变动趋势和程度的相对数。该指数可以观察农村消费品的零售价格和服务项目价格变动对农村居民收入和生活消费支出的影响。

商品零售价格指数　是反映一定时期内城乡商品零售价格变动趋势和程度的相对数。商品零售价格的变动与国家的财政收入、市场供需的平衡、消费与积累的比例关系有关。因此，该指数可以从一个侧面对上述经济活动进行观察和分析。

农业生产资料价格指数　指反映一定时期内农业生产资料价格变动趋势和程度的相对数。其编制目的是了解农业生产中投入物质资料价格的变动状况，服务于国民经济核算。1994年以前，农业生产资料价格指数仅仅是商品零售价格指数的一个类别，此后，从商品零售价格指数中分离出来，单独编制。

农产品生产价格指数　是反映一定时期内，农产品生产者出售农产品价格水平变动趋势及幅度的相对数。该指数可以客观反映全国农产品生产价格水平和结构变动情况，满足农业与国民经济核算需要。其中某代表品生产价格指数是通过对全部有出售该产品行为的调查单位的个体指数进行几何平均求得的，类价格指数是通过对其所属的类（或代表品）的价格指数进行加权平均求得的。季度累计价格指数的计算方法与分季指数的计算方法相同。

工业生产者出厂价格指数　是反映一定时期内全部工业产品出厂价格总水平的变动趋势和程度的相对数，包括工业企业售给本企业以外所有单位的各种产品和直接售给居民用于生活消费的产品。该指数可以观察出厂价格变动对工业总产值及增加值的影响。

工业生产者购进价格指数　是反映工业企业作为生产投入，而从物资交易市场和能源、原材料生产企业购买原材料、燃料和动力产品时，所支付的价格水平变动趋势和程度的统计指标，是扣除工业企业物质消耗成本中的价格变动影响的重要依据。

目前，我国编制的工业生产者购进价格指数所调查的产品包括燃料动力、黑色金属、有色金属、化工、建材等九大类。

固定资产投资价格指数　是反映一定时期内固定资产投资品及取费项目的价格变动趋势和程度的相对数。固定资产投资额是由建筑安装工程投资完成额、设备工器具购置投资完成额和其他费用投资完成额三部分组成的。编制固定资产投资价格指数应首先分别编制上述三部分投资的价格指数，然后采用加权算术平均法求出固定资产投资价格总指数。

该指数可以准确地反映固定资产投资中涉及的各类投资品和取费项目价格变动趋势和变动幅度，消除按现价计算的固定资产投资指标中的价格变动因素，真实地反映固定资产投资的规模、速度、结构和效益，为国家科学地制定、检查固定资产投资计划并提高宏观调控水平，为完善国民经济核算体系提供科学的、可靠的依据。

Explanatory Notes on Main Statistical Indicators

Consumer Price Indices reflect the trend and degree of changes in prices of consumer goods and services purchased by urban and rural households during a given period. They are obtained by combining Consumer Price Indices of Urban Household and Consumer Price Indices of Rural Household. The Indices enable the observation and analysis of the degree of impact of the changes in the prices of retailed goods and services on the actual living expenses of urban and rural residents.

Consumer Price Indices of Urban Household reflect the trend and degree of changes in prices of consumer goods and services purchased by urban households during a given period. It can be used to observe and analyze the impact of price changes in consumer goods and services on urban household income and consumption expenditure.

Consumer Price Indices of Rural Household reflect the trend and degree of changes in prices of consumer goods and services purchased by rural households during a given period. It can be used to observe the impact of change in retail prices of consumer goods and service prices on rural household income and consumption expenditure on living.

Retail Price Indices reflect the trend and degree of change in retail prices of commodities during a given period. The change in retail prices of commodities is related to government revenue, the equilibrium of market supply and demand, and the ratio of consumption to accumulation. Therefore, the retail price indices are useful from an oblique perspective for observing and analyzing the changes of the above economic activities.

Price Indices for Means of Agricultural Production reflect the trend and degree of changes in the prices of the means of agricultural production during a given period. Compilation of these indices helps to understand the price changes of material input in agricultural production and facilitate the compilation of national accounts. Before 1994, price indices for means of agricultural production were a sub-category in the retail price indices for commodities, and it has been compiled separately since 1994.

Producer Prices Indices for Farm Products reflect the trend and degree of changes in producers' prices received by farmers when they sell farm products during a given period. These indices depict the change in the level and structure of producer prices for farm products of the country and meet the needs of agricultural statistics and national accounts statistics. The producer price index for a given product is calculated as the geometrical mean of individual indices for all surveyed units which sell such product, and the indices for a product category is obtained as the weighted mean of price indices for all products in the category. Method for calculating accumulative quarterly indices is the same as for calculating the individual quarterly indices.

Producer Price Indices for Industrial Products reflect the trend and degree of changes in general ex-factory prices of all manufactured goods during a given period, including sales of manufactured goods by an industrial enterprise to all units outside the enterprise, as well as sales of consumer goods to residents. It can be used to analyze the impact of ex-factory prices on gross output value and value-added of the industrial sector.

Purchasing Price Indices for Industrial Producers reflect changes in the level and degree of prices paid by industrial enterprises when they purchase production input such as raw materials, fuels and power from the market or from other energy or raw materials producing enterprises. These indices provide an important basis for measuring the material consumption of industrial enterprises after removing the influence of price changes.

At present, products in 9 categories, including fuels and power, ferrous metals, non-ferrous metals, chemicals, building materials, are covered in China for the survey to produce indices for purchasing' prices for industrial producers.

Price Indices for Investment in Fixed Assets reflect the trend and degree of changes in prices of investment goods and projects in fixed assets during a given period. The investment in fixed assets consists of three components, namely the investment in construction and installation, the investment in purchases of equipment and instrument, and the investment in other items. Price indices for investment in fixed assets are calculated as the weighted arithmetic mean of the price indices for the three components of investment in fixed assets.

Removing the factor of price change in the aggregates of investment at current prices, this indicator shows the changes in the prices of commodities and fees involved in the investment of fixed assets, and can be used to observe the actual size, growth, structure, and efficiency of investment in fixed assets and provides reliable and scientific data for government planning, management, decision-making, and further improving the current national accounting system.

第五篇　人民生活

CHAPTER 5 PEOPLE'S LIVING CONDITION

资料整理：林松娟　杨　洋

5-1 人民生活基本情况

BASIC STATISTICS ON PEOPLE'S LIVING CONDITIONS

项 目	Item	2012	2013	2014	2015	2016
就 业	**Employment**					
每一农村劳动力负担人数(人)	Number of Dependents per Rural Laborer(person)	1.3	1.4	1.3	1.3	1.3
每一城镇就业者负担人数(人)	Number of Dependents per Urban Employee(person)	2.1	1.9	1.9	2.2	2.2
城镇登记失业率(%)	Urban Registered Unemployment Rate(%)	4.15	4.43	4.47	4.48	4.22
收 入	**Income of Rural and Urban Residents**					
全省居民人均可支配收入(元)	Annual Per Capita Disposable Income of the Province Households(yuan)			17404	18593	19838
农村常住居民人均可支配收入(元)	Annual Per Capita Disposable Income of Rural Households(yuan)	8604	9634	10453	11095	11832
城镇常住居民人均可支配收入(元)	Annual Per Capita Disposable Income of Urban Households(yuan)	17760	19597	22609	24203	25736
城镇非私营单位就业人员平均工资(元)	Average Wages of Employed persons In Urban Non-private Units(yuan)	36406	40794	44036	48881	52435
消 费	**Consumption**					
全省居民人均消费支出(元)	Per Capita Annual Living Expenditure of the Province Households(yuan)			12769	13403	14446
农村常住居民人均消费支出(元)	Per Capita Annual Living Expenditure of Rural Households(yuan)	5718	6814	7830	8391	9424
农村居民恩格尔系数(%)	Engel's Coefficient of Rural Households(%)	37.9	35.2	28.2	27.5	27.7
城镇常住居民人均消费支出(元)	Per Capita Annual Living Expenditure of Urban Households(yuan)	12984	14162	16467	17152	18145
城镇居民恩格尔系数(%)	Engel's Coefficient of Urban Households(%)	36.1	35.8	27.5	27.7	27.7
储 蓄	**Savings**					
城乡居民年底储蓄存款余额(亿元)	Balance of Savings Deposit of Rural and Urban Residents at Year-end(100 million yuan)	9269	10059	10857	12440	13448
平均每人储蓄存款余额(元)	Per Capita Balance of Saving Deposit(yuan)	24176	26231	28317	32544	35338
城市公用事业	**Public Utilities in Urban Areas**					
城市人口用水普及率(%)	Coverage Rate of Urban Population with Access to Tap Water(%)	94.1	95.5	96.2	97.2	97.2
燃气普及率(%)	Coverage Rate of Urban Population with Access to Tap Gas(%)	83.4	85.6	86.2	86.6	86.7
每万人拥有公共交通车辆(标台)	Number of Public Transportation Vehicles Per 10000 Population(unit)	14.0	15.2	15.3	17.8	17.7
人均公园绿地面积(平方米)	Per Capita Public Green Areas(sq.m)	11.8	12.1	12.1	12.0	11.9
教育、文化、卫生	**Education, Culture and Public Health**					
学龄儿童入学率(%)	Enrollment Ratio of School-Age Children(%)	99.8	99.9	99.9	99.9	99.9
每万人口在校大学生数(人)	Number of University Students per 10000 Persons(person)	258.3	266.3	270.4	267.6	259.1
城镇每百户拥有彩色电视机(台)	Number of Color TV Sets per 100 Households in Urban Areas(unit)	108	102	103	102	99
农村每百户拥有彩色电视机(台)	Number of TV Sets per 100 Households in Rural Areas(unit)	109	107	107	105	106
每万人拥有卫生机构病床数(张)	Number of Hospital Beds per 10000 Persons(unit)	46.5	49.4	52.6	55.4	57.8
每万人拥有卫生技术人员数(人)	Number of Medical Personnel per 10000 Persons (person)	51.4	53.1	54.6	55.6	58.2

注：2014年居民收支调查数据为新口径汇总数据，与以前年份不可比。

Note: The 2014 Income and Expenditure Survey data for the new residents caliber aggregate data is not comparable with previous years.

5-2 城乡居民家庭人均收入和恩格尔系数

PER CAPITA ANNUAL INCOME AND ENGEL' S COEFFICIENT OF URBAN AND RURAL HOUSEHOLDS

年 份 Year	农村居民人均纯收入 Per Capital Annual Net Income of Rural Households		城镇居民人均可支配收入 Per Capital Annual Disposable Income of Urban Households		农村居民家庭恩格尔系数（%） Engel's Coefficient of Rural Households（%）	城镇居民家庭恩格尔系数（%） Engel's Coefficient of Urban Households（%）
	绝对数（元） Value（yuan）	指数 Index（1985=100）	绝对数（元） Value（yuan）	指数 Index（1985=100）		
1978	172	56.3	455		61.8	42.9
1979	191	59.8	458		57.0	
1980	205	61.7	420		57.7	56.7
1981	224	62.7	424		58.2	57.4
1982	252	67.3	460		57.7	58.6
1983	388	102.4	518		55.0	58.2
1984	432	112.1	580		53.4	56.9
1985	398	100.0	742	100.0	57.7	52.8
1986	476	115.6	830	105.5	56.4	51.7
1987	474	112.3	889	103.0	55.2	52.6
1988	553	128.9	1004	98.1	55.5	50.3
1989	535	112.4	1138	97.0	55.0	51.8
1990	760	144.3	1211	97.7	56.6	51.1
1991	735	135.5	1389	103.6	57.7	50.6
1992	949	160.5	1630	110.9	62.0	49.9
1993	1028	163.8	1960	115.7	61.0	49.2
1994	1394	175.6	2597	125.6	64.4	50.8
1995	1766	199.9	3375	140.9	55.0	48.2
1996	2182	213.1	3768	146.2	55.5	46.2
1997	2308	219.1	4091	151.9	54.8	45.9
1998	2253	217.1	4269	157.1	55.0	43.5
1999	2166	211.9	4595	174.2	52.8	40.5
2000	2148	213.6	4913	188.9	44.3	38.4
2001	2280	226.2	5426	207.0	42.7	37.2
2002	2405	239.3	6101	241.8	41.6	35.5
2003	2509	248.9	6679	255.0	40.7	35.6
2004	3005	287.0	7471	275.7	40.9	35.4
2005	3221	299.9	8273	303.0	36.3	33.5
2006	3552	325.4	9182	330.4	35.3	33.3
2007	4132	357.0	10245	349.8	34.6	35.0
2008	4856	391.3	11581	375.2	33.0	36.3
2009	5207	414.8	12566	408.2	31.4	35.3
2010	6211	471.7	13857	434.3	33.8	35.4
2011	7591	541.5	15696	466.0	35.1	36.1
2012	8604	596.5	17760	510.4	37.9	36.1
2013	9634	647.8	19597	552.2	35.2	35.8
2014	10453		22609		28.2	27.5
2015	11095		24203		27.5	27.7
2016	11832		25736		27.7	27.7

注：2014-2016年居民收支调查数据为新口径汇总数据，与以前年份不可比。
Note: Since 2014, Income and Expenditure Survey data for the new residents caliber aggregate data is not comparable with previous years.

5-3 城镇居民家庭基本情况

BASIC CONDITIONS OF URBAN HOUSEHOLDS

单位：元　　(yuan)

项　目	Item	2014	2015	2016
调查户数(户)	**Number of Households Surveyed (household)**	**3053**	**3071**	**3113**
期内户均常住成员数(人)	Average Household Size(person)	2.6	2.6	2.6
平均每户就业人口(人)	Average Number of Employed Persons per Household(person)	1.3	1.2	1.2
平均每户就业面(%)	Percentage of Employment per Household(%)	51.4	46.2	46.3
平均每一就业者负担人口(人)	Number of Dependents Per Employee(person)	1.9	2.2	2.2
人均可支配收入	**Per Capita Disposable Income**	**22609**	**24203**	**25736**
工资性收入	Income of Wages and Salaries	13741	14372	15008
经营净收入	Net Business Income	2421	2527	2671
财产净收入	Net Income from Property	1318	1341	1305
转移净收入	Net Income from Transfer	5129	5963	6752
消费支出	**Consumption Expenditure**	**16467**	**17152**	**18145**
食品烟酒	Food, Tobacco and Liquor	4532	4750	5019
衣　着	Clothing	1813	1773	1804
居　住	Residence	3504	3416	3352
生活用品及服务	Household Facilities, Articles and Services	913	908	1019
交通通信	Transport and Communications	2054	2059	2463
教育文化娱乐	Education, Cultural and Recreation	1723	1847	2012
医疗保健	Health Care and Medical Services	1458	1924	2008
其他用品和服务	Miscellaneous Goods and Services	470	474	468
恩格尔系数(%)	**Engel's Coefficient(%)**	**27.5**	**27.7**	**27.7**

5-4 农村居民家庭基本情况

BASIC CONDITIONS OF RURAL HOUSEHOLDS

单位：元 (yuan)

项　目	Item	2014	2015	2016
调查户数（户）	**Number of Households Surveyed (household)**	**2098**	**2106**	**2115**
期内住户常住成员数(人)	Number of Permanent Residents in the Households Surveyed(person)	6566	6485	6359
平均每户整、半劳动力(人)	Average Number of Full/Semi Labour Force(person) (including the laborer himself or herself)	2.4	2.3	2.2
平均每个劳动力负担人口(人)	Average Number of Dependents per Laborer Force(person)	1.3	1.3	1.3
人均可支配收入	**Per Capita Disposable Income**	**10453**	**11095**	**11832**
工资性收入	Income of Wages and Salaries	2188	2247	2430
经营净收入	Net Business Income	6597	7050	6426
财产净收入	Net Income from Property	512	525	573
转移净收入	Net Income from Transfer	1156	1274	2403
消费支出	**Consumption Expenditure**	**7830**	**8391**	**9424**
食品烟酒	Food, Tobacco and Liquor	2210	2307	2609
衣　着	Clothing	597	640	648
居　住	Residence	1602	1555	1618
生活用品及服务	Household Facilities, Articles and Services	348	357	387
交通通信	Transport and Communications	966	1162	1468
教育文化娱乐	Education, Cultural and Recreation	984	1098	1249
医疗保健	Health Care and Medical Services	992	1113	1270
其他用品和服务	Miscellaneous Goods and Services	130	160	175
恩格尔系数(%)	**Engel's Coefficient(%)**	**28.2**	**27.5**	**27.7**

5-5 城镇家庭居住户耐用消费品百户拥有情况

NUMBER OF DURABLE CONSUMER GOODS OWNED PER 100 URBAN HOUSEHOLDS

品　名	Item	2012	2013	2014	2015	2016
摩托车(辆)	Motorcycle(unit)	9	9	12	11	9
家用汽车(辆)	Automobile(unit)	7	8	10	12	16
洗衣机(台)	Washing Machine(unit)	94	91	92	93	91
电冰箱 (柜)(台)	Refrigerator(unit)	89	87	89	92	92
彩色电视机(台)	Color TV Set(unit)	108	102	103	102	99
计算机(台)	Computer(unit)	61	53	58	57	59
照相机(台)	Camera(unit)	27	24	23	20	17
微波炉(台)	Microwave Oven(unit)	38	37	36	36	35
空调(台)	Air Conditioner(unit)	10	12	11	10	10
热水器(台)	Shower(unit)	46	43	45	47	50
移动电话(部)	Mobile Telephone(unit)	192	182	194	198	201

5-6 农村家庭居住户耐用消费品百户拥有情况

NUMBER OF DURABLE CONSUMER GOODS OWNED PER 100 RURAL HOUSEHOLDS

项　目	Item	2012	2013	2014	2015	2016
洗衣机(台)	Washing Machine(unit)	83	86	87	87	89
电冰箱(柜)(台)	Refrigerator(unit)	76	82	83	86	91
排油烟机(台)	Smoke Absorber(unit)	10	10	11	10	12
微波炉(台)	Microwave Oven(unit)	4	5	5	6	5
热水器(台)	Shower(unit)	4	6	6	7	7
摩托车(辆)	Motorcycle(unit)	56	59	59	59	56
固定电话(线)	Telephone(unit)	36	36	40	28	22
移动电话(部)	Mobile Telephone(unit)	186	191	199	203	212
彩色电视机(台)	Color TV Set(unit)	109	107	107	105	106
计算机(台)	Computer(unit)			22	25	26
照相机(台)	Camera(unit)	3	3	3	3	3

5-7 城乡居民人民币储蓄存款(年底余额)

SAVINGS DEPOSIT OF URBAN AND RURAL HOUSEHOLDS AT YEAR-END

年 份 Year	城乡储蓄存款余额（亿元） Balance of Savings Deposit of Rural and Urban Residents (100 million yuan)	全省人均储蓄存款（元） Per Capita Balance of Saving Deposit (yuan)	年 份 Year	城乡储蓄存款余额（亿元） Balance of Savings Deposit of Rural and Urban Residents (100 million yuan)	全省人均储蓄存款（元） Per Capita Balance of Saving Deposit (yuan)
1978	9	30	2002	2916	7649
1980	19	59	2003	3342	8761
1985	70	209	2004	3586	9395
1990	309	872	2005	4079	10677
1991	389	1088	2006	4374	11440
1992	476	1319	2007	4478	11711
1993	583	1602	2008	5545	14497
1994	791	2153	2009	6430	16806
1995	1091	2948	2010	7255	18944
1996	1419	3806	2011	8147	21252
1997	1690	4505	2012	9269	24176
1998	1907	5054	2013	10059	26231
1999	2119	5589	2014	10857	28317
2000	2286	6003	2015	12440	32544
2001	2578	6766	2016	13448	35338

5-8 分地区城乡常住居民人均可支配收入

ANNUAL PER CAPITAL DISPOSABLE INCOME OF URBAN AND RURAL HOUSEHOLDS

单位：元 (yuan)

地 区	Region	城镇常住居民人均可支配收入 Annual Per Capital Disposable Income of Urban Households			农村常住居民人均可支配收入 Annual Per Capital Disposable Income of Rural Households		
		2014	2015	2016	2014	2015	2016
全 省	**Average**	**22609**	**24203**	**25736**	**10453**	**11095**	**11832**
哈尔滨	Harbin	28816	30978	33190	12546	13325	14391
齐齐哈尔	Qiqihar	21283	23022	24629	11310	12106	12943
鸡 西	Jixi	19375	20132	21227	13449	14409	15592
鹤 岗	Hegang	18116	18891	20085	11463	12153	13041
双鸭山	Shuangyashan	19965	21248	22416	11533	12206	13035
大 庆	Daqing	32307	34402	36509	12443	13204	13909
伊 春	Yichun	19091	20844	22189	11368	12001	12827
佳木斯	Jiamusi	21518	23033	24632	12326	13125	13912
七台河	Qitaihe	20068	20776	22071	10088	10687	11405
牡丹江	Mudanjiang	24735	26673	28489	13784	14711	15688
黑 河	Heihe	21092	22935	24474	11401	12177	12969
绥 化	Suihua	19111	20664	22060	10543	11271	12014
大兴安岭	Daxinganling	18941	20461	21803	9994	10668	11349
绥芬河	Suifenhe	28203	30604	32685	15444	16627	17990
抚 远	Fuyuan	19473	20928	22330	3468	3967	4403

主要统计指标解释

一、城乡一体化住户收支与生活状况调查指标解释

从2012年12月1日起，国家统计局对分别进行的城乡住户调查实施了一体化改革，规范了城乡划分范围，统一了城乡居民收入指标名称、分类和统计标准，建立了城乡统一的一体化住户调查，并据此采集全国居民有关数据。

（一）居民可支配收入

居民可支配收入指居民可用于最终消费支出和储蓄的总和，即居民可用于自由支配的收入。既包括现金收入，也包括实物收入。按照收入的来源，可支配收入包含四项，分别为：工资性收入、经营净收入、财产净收入和转移净收入。

工资性收入　指就业人员通过各种途径得到的全部劳动报酬和各种福利，包括受雇于单位或个人、从事各种自由职业、兼职和零星劳动得到的全部劳动报酬和福利。

经营净收入　指住户或住户成员从事生产经营活动所获得的净收入，是全部经营收入中扣除经营费用、生产性固定资产折旧和生产税之后得到的净收入。计算公式为：

经营净收入=经营收入-经营费用-生产性固定资产折旧-生产税

财产净收入　指住户或住户成员将其所拥有的金融资产、住房等非金融资产和自然资源交由其他机构单位、住户或个人支配而获得的回报并扣除相关的费用之后得到的净收入。财产净收入包括利息净收入、红利收入、储蓄性保险净收益、转让承包土地经营权租金净收入、出租房屋净收入、出租其他资产净收入和自有住房折算净租金等。财产净收入不包括转让资产所有权的溢价所得。

转移净收入　计算公式为：转移净收入=转移性收入-转移性支出

转移性收入　指国家、单位、社会团体对住户的各种经常性转移支付和住户之间的经常性收入转移。包括养老金或退休金、社会救济和补助、政策性生产补贴、政策性生活补贴、救灾款、经常性捐赠和赔偿、报销医疗费、住户之间的赡养收入，本住户非常住成员寄回带回的收入等。转移性收入不包括住户之间的实物馈赠。

转移性支出　指调查户对国家、单位、住户或个人的经常性或义务性转移支付。包括缴纳的税款、各项社会保障支出、赡养支出、经常性捐赠和赔偿支出以及其他经常转移支出等。

（二）居民消费支出

居民消费支出是指居民用于满足家庭日常生活消费需要的全部支出，既包括现金消费支出，也包括实物消费支出。消费支出可划分为食品烟酒、衣着、居住、生活用品及服务、交通通信、教育文化娱乐、医疗保健以及其他用品及服务八大类。

食品烟酒　指用于各种食品和烟草、酒类的支出。

衣着　指与居民穿着有关的支出，包括服装、服装材料、鞋类、其他衣类及配件、衣着相关加工服务的支出。

居住　指与居住有关的支出，包括房租、水、电、燃料、物业管理等方面的支出，也包括自有住房折算租金。

生活用品及服务　指家庭及个人的各类生活品及家庭服务。包括家具及室内装饰品、家用器具、家用纺织品、家庭日用杂品、个人用品和家庭服务。

交通通信　指用于交通和通信工具及相关的各种服务费、维修费和车辆保险等支出。

教育文化娱乐　指用于教育、文化和娱乐方面的支出。

医疗保健　指用于医疗和保健的药品、用品和服务的总费用。包括医疗器具及药品，以及医疗服务。

其他用品及服务　指无法直接归入上述各类支出的其他用品与服务支出。

二、城镇住户调查和农村住户调查指标解释

2013年及以前年份，中国的住户调查一直分城乡分别开展。城镇与农村居民收入、支出等指标的统计口径有所不同，数据不完全可比，城镇调查城镇居民可支配收入，农村调查农村居民纯收入。为了保持历史数据的可比，本年鉴中2013年及以前年份的数据和指标解释仍保持了原城镇住户调查和农村住户调查方案的原貌。

（一）城镇住户调查

城镇家庭人口　指居住在一起，经济上合在一起共同生活的家庭成员。凡计算为家庭人口的成员其全部收支都包括在本家庭中。

城镇就业面　指就业人口占家庭人口的百分比。

城镇就业者负担人数　指家庭人口与就业人口之比。

城镇家庭总收入　指家庭成员得到的工资性收入、经营净收入、财产性收入、转移性收入之和，不包括出售财物收入和借贷收入。

城镇居民家庭可支配收入　指家庭成员得到可用于最终消费支出和其他非义务性支出以及储蓄的总和，即居民家庭可以用来自由支配的收入。它是家庭总收入扣除交纳的个人所得税、个人交纳的社会保障支出以及记账补贴后的收入。计算公式为：

城镇居民家庭可支配收入=家庭总收入-交纳个人所得税-个人交纳的社会保障支出-记账补贴

城镇家庭总支出　指家庭除借贷支出以外的全部实际支出。包括现金消费支出、财产性支出、转移性支出、社会保障支出、购房与建房支出。

城镇家庭现金消费支出　指家庭用于日常生活的全部现金支出，包括食品、衣着、居住、家庭设备及用品、交通通信、文教娱乐、医疗保健、其他等八大类支出。

城镇家庭服务性消费支出　指家庭用于支付社会提供的各种文化和生活方面的非商品性服务费用。

城镇家庭收入分组方法　是将所有调查户按户人均可支配收入由低到高排队，按20%、20%、20%、20%、20%的比例依次分成：低收入户、中等偏下收入户、中等收入户、中等偏上收入户、高收入户五组。

（二）农村住户调查

农村住户　指农村常住户。农村常住户指长期(一年以上)居住在乡镇(不包括城关镇)行政管理区域内的住户，以及长期居住在城关镇所辖行政村范围内的农村住户。户口不在本地而在本地居住一年及以上的住户也包括在本地农村常住户范围内；有本地户口，但举家外出谋生一年以上的住户，无论是否保留承包耕地都不包括在本地农村住户范围内。

常住人口　指全年经常在家或在家居住6个月以上，而且经济和生活与本户连成一体的人口。外出从业人员在外居住时间虽然在6个月以上，但收入主要带回家中，经济与本户连为一体，仍视为家庭常住人口；在家居住，生活和本户连成一体的国家职工、退休人员也为家庭常住人口。但是现役军人、中专及以上(走读生除外)的在校学生、以及常年在外(不包括探亲、看病等)且已有稳定的职业与居住场所的外出从业人员，不算家庭常住人口。家庭常住人口主要作为计算农村住户平均每人收入、消费和积累水平及分析家庭人口状况的依据。

总收入　指调查期内农村住户和住户成员从各种来源渠道得到的收入总和。按收入的性质划分为工资性收入、家庭经营收入、财产性收入和转移性收入。

工资性收入　指农村住户成员受雇于单位或个人，靠出卖劳动而获得的收入。

家庭经营收入　指农村住户以家庭为生产经营单位进行生产筹划和管理而获得的收入。农村住户家庭经营活动按行业划分为农业、林业、牧业、渔业、工业、建筑业、交通运输业邮电业、批发和零售贸易餐饮业、社会服务业、文教卫生业和其他家庭经营。

财产性收入　指金融资产或有形非生产性资产的所有者向其他机构单位提供资金或将有形非生产性资产供其支配，作为回报而从中获得的收入。

转移性收入　指农村住户和住户成员无须付出任何对应物而获得的货物、服务、资金或资产所有权等，不包括无偿提供的用于固定资本形成的资金。一般情况下，指农村住户在二次分配中的所有收入。

现金收入　指农村住户和住户成员在调查期内得到以现金形态表现的收入。按来源分成工资性收入、家庭经营现金收入、财产性收入、转移性收入。

农村居民家庭纯收入　指农村住户当年从各个来源得到的总收入相应地扣除所发生的费用后的收入总和。计算公式为：

农村居民家庭纯收入=总收入-家庭经营费用支出-税费支出-生产性固定资产折旧-赠送农村内部亲友

纯收入主要用于再生产投入和当年生活消费支出，也可用于储蓄和各种非义务性支出。“农民人均纯收入”是按人口平均的纯收入水平，反映的是一个地区农村居民的平均收入水平。

总支出　指农村住户用于生产、生活和再分配的全部支出。包括家庭经营费用支出、购置生产性固定资产支出、税费支出、消费支出、财产性支出和转移性支出。

Explanatory Notes on Main Statistical Indicators

I . Integrated Urban and Rural Households Survey on Income and Expenditures and Living Conditions

Since December 1st of 2012, the NBS has launched its reform on the household survey programme, to form an integrated survey, instead of the two separate urban and rural household surveys. The reform regulates the division of urban and rural areas, integrates the concepts, classifications and standards, conducts the integrated household survey, and collects household data in the whole country thereafter.

1. Disposable Income of Households

Disposable Income of Households refers to the income of households for purpose of final expenditure and savings. It includes income both in cash and in kind. By sources of income, disposable income includes four categories: income from wages and salaries, net business income, net income from properties and net income from transfer.

Income from Wages and Salaries refers to remuneration of labour and salaries from all kinds of sources, including those employed by other units or individuals, freelance work, part-time jobs, and sporadic labour.

Net Business Income refers to net income earned by households and their members engaged in production and business activities. It refers to the net income of operating revenue minus operating costs, depreciation of productive fixed assets, and production tax. The formula is:

Net Business Income=Operating Revenue-Operating Costs-Depreciation of Productive Fixed Assets-Production Tax

Net Income from Properties refers to the net income received as returns by households or members of financial assets, non-financial assets such as housing, to other institutions, households or individuals, and minus relevant costs. Net income from properties includes net income of interest, bonus income, net income of saving insurance, net income of rents of transferring management right of contract land, income of renting housing, income of renting other assets, net converted rents of self-owned housing. Net income from properties do not include premium of transferring ownership of assets.

Net Income from Transfer The formula is:

Net Income from Transfer=Income from Transfers-Expenditure from Transfer

Income from Transfer refers to the regular transfer from country, institutions, social communities to households and between households. It includes old-age and retirement pension, disaster relief funds, regular donation and compensation, applying for medical fees, supporting income between households, income from non-usual-residing members of households, etc. Income from transfer do not include presents in kinds between households.

Expenditure from Transfer refers to regular or deontic gs. transfer from households to country, institutions, households or individuals. It includes taxes paid, expenditure of all kinds of social security, supporting expenditure, regular donation and compensation and other regular transfer expenditure, etc.

2. Consumption Expenditure of Households

Consumption Expenditure of Households refers to all expenditure of households for living expenditure to satisfy family daily living. It includes expenditure in cash and in kind. It includes eight categories: food, tobacco and liquor; clothing; residence; household facilities, articles and services; transport and communications; education, cultural and recreational activities; health care and medical services, and miscellaneous goods and services.

Food, Tobacco and Liquor refers to expenditure for food, tobacco and liquor of all kinds.

Clothing refers to expenditure related to clothing, including clothes, clothing materials, footwear, other clothing and accessories, processing services related to clothing.

Residence refers to expenditure related to residence, including housing rents, water, electricity, fuel, property management, and including converted self-owned housing rents.

Household Facilities, Articles and Services refers to expenditure for family and individual articles for living purpose and family services. It includes furniture and interior decoration, home appliances, home textiles, household miscellaneous daily articles, personal articles, and family services.

Transport and Communications refers to expenditure for transport and communication and related services, maintenance and repairs, and vehicle insurance.

Education, Cultural and Recreational Activities refers to expenditure on education, cultural and recreational activities.

Health Care and Medical Services refers to expenditure on drugs, supplies and services of medical and health care. It includes medical appliances and drugs, and medical services.

Miscellaneous Goods and Services refers to expenditure of all kinds of expenditure of other articles and services that can not divided into the category above.

II. Urban and Rural Households Survey

Prior to 2013, household surveys in China were conducted separately in urban and rural areas. Statistical coverage of indicators of household income and expenditure of urban and rural households were different, data were not comparable completely. Disposable income was surveyed in urban households, and net income was surveyed in rural households. For comparable reason, data prior to 2013 in this yearbook were still original urban households and rural households survey.

1. Urban Household Survey

Population of Urban Households refer to members of households living and sharing economically together in the urban areas. All the income and expenditure of all the members of such households are included in the income and expenditure of the household.

Proportion of Urban Employment refers to the proportion of employed population to the population of urban households.

Number of Dependents per Urban Employee refers to the ratio between number of persons in an urban household and the number of employed persons.

Total Income of Urban Households refers to the sum of wage income; net business income; income from properties; and income from transfers of members of the households. Income from selling of properties and income from borrowing are not included.

Disposable Income of Urban Households refers to the actual income at the disposal of members of the households which can be used for final consumption, other non-compulsory expenditure and savings. This equals to total income minus income tax, personal contribution to social security and subsidy for keeping diaries in being a sample household. The following formula is used:

Disposable Income of Urban Households= total household income - income tax - personal contribution to social security - subsidy for keeping diaries for a sampled household

Total Expenditure of Urban Households refers to all actual expenditure of households except expenditure on lending. It includes cash expenditure; property expenditure, transfer expenditure, social insurance expenditure and expenditure on house purchasing or house building.

Consumption Expenditure of Urban Households in Cash refers to total cash expenditure of households for consumption in daily life, including expenditure on the eight categories of food; clothing; housing; household appliances; transport and communications; education, cultural and recreational activities and medical care.

Consumption Expenditure of Urban Households on Services refers to non-commodity service expenditure of households on various kinds of cultural and living activities provided by society.

Urban Households by Income Group All households in the sample are grouped, by per capita disposable income of the household, into groups of low income, lower middle income, middle income, upper middle income, high income, each group consisting of 20%, 20%, 20%, 20%, and 20% of all households respectively.

2. Rural Households

Rural Households refer to usual resident households in rural areas. Usual resident households in rural areas are households residing on a long term basis(for more than one year) in the areas under the administration of township governments (not including county towns), and in the areas under the administration of villages in county towns. Households residing in the current addresses for over one year with their household registration in other places are still considered as resident households of the locality. For households with their household registration in one place but all members of the households having moved away to make a living in another place for over one year, they will not be included in the rural households of the area where they are registered, irrespective of whether they still keep their contracted land.

Usual Resident Population refers to persons staying at home regularly or for over 6 months during a year and integrated with the household economically and in terms of living. Members of the household staying away from the household for over 6 months but keeping a close economic relation with the household by sending the majority of income to the household are regarded as usual resident of the household. Government staff and workers or retirees living as close members of the household are also considered as usual resident. However, servicemen, students of secondary technical schools or schools of higher education and persons with stable jobs and residence outside the household (excluding those visiting relatives or seeking medical service) are not included as resident population of the household. Resident population is used in calculating income, consumption, accumulation on per capita basis of rural households and in analyzing composition of rural households.

Total Income refers to the sum of income earned from various sources by the rural households and their members during the reference period, and is classified as income from wages and salaries, income from household operations, income from properties and income from transfers.

Income from Wages and Salaries refers to income from labour earned by the members of rural households employed by other units or individuals.

Income from Household Operations refers to income by the rural households as units of production and operation. Operations by rural households are classified according to their economic activities namely agriculture, forestry, animal husbandry, fishery, manufacturing, construction, transportation, post and telecommunications, wholesale, retail and catering, social service, culture, education, health, and other household operations.

Income from Properties refers to the income received as returns by owners of financial assets or tangible non-productive assets by providing capitals or tangible non-productive assets to other institutional units.

Income from Transfers refers to the receipt by rural households and their members of goods, services, capital or rights of assets without giving or repaying accordingly, excluding capital provided to them for the formation of fixed assets. In general, it refers to all income received by rural households through redistribution.

Cash Income refers to income received by rural households and their members in the form of cash during the reference period. It is classified, by source of income, into income from wages and salaries, cash income from household operations, income from properties and income from transfers.

Net Income of Rural Households refers to the total income of rural households from all sources minus all corresponding expenses. The formula for calculation is as follows:

Net income of rural households = total income - household operation expenses - taxes and fees-depreciation of fixed assets for production - gifts to rural relatives.

Net income is mainly used as input for reinvestment in production and as consumption expenditure of the year, and also used for savings and non-compulsory expenses of various forms. "Per capita net income of farmers" is the level of net income averaged by population, reflecting the average income level of rural population in a given area.

Total Expenditure refers to total expenses of rural households on production, consumption and redistribution, including expenditure on household operations; purchase of productive fixed assets; taxes and fees; consumption expenditure; expenses on properties; and expenses on transfers.

第六篇　财政、金融和保险

CHAPTER 6 FINANCE, BANKING AND INSURANCE

资料整理：于占占　安　静

6-1 财政、金融和保险

FINANCE, BANKING AND INSURANCE

单位：亿元　　(100 million yuan)

年　份 Year	公共财政 收　入 Public Financial Revenue	公共财政 支　出 Public Financial Expenditure	金融机构人民币 存 款 余 额 RMB Deposits	金融机构人民币 贷 款 余 额 RMB Loans	各　项 保费收入 All Premium Income
1978	63.3	31.5	81.9	84.6	
1979	54.1	28.3	76.7	97.2	
1980	17.1	25.8	98.5	123.3	
1981	15.6	25.9	105.8	138.0	
1982	17.3	28.0	112.0	159.0	
1983	21.6	30.7	118.6	178.6	
1984	26.7	36.1	162.6	245.4	
1985	37.4	44.6	145.1	276.8	
1986	47.4	61.3	183.3	342.2	
1987	53.8	66.0	232.5	368.2	
1988	62.6	74.1	294.0	456.4	
1989	72.3	85.4	356.9	519.5	
1990	76.6	92.7	413.8	697.5	
1991	94.7	110.1	553.0	814.7	
1992	84.6	102.5	690.0	953.6	
1993	108.1	124.9	761.4	1247.3	
1994	84.7	142.4	1012.8	1507.1	
1995	101.3	174.6	1555.9	1776.4	
1996	126.9	208.9	2021.3	2102.1	
1997	150.6	233.6	2409.5	2524.4	
1998	179.3	280.8	2713.2	2854.9	
1999	170.1	339.0	3017.0	3103.9	35.3
2000	185.3	381.9	3333.4	3145.1	40.8
2001	213.6	478.3	3742.1	3358.6	53.3
2002	231.9	531.9	4236.7	3624.0	85.6
2003	248.9	564.9	4810.0	3981.3	118.7
2004	289.4	697.6	5313.9	4038.9	127.6
2005	318.2	787.8	6135.1	3658.5	139.6
2006	386.6	968.5	6923.4	3971.9	157.2
2007	440.2	1187.3	7559.7	4256.4	155.5
2008	578.4	1542.3	8993.8	4532.7	251.2
2009	641.6	1877.7	11022.8	5988.3	278.4
2010	755.6	2253.3	12835.7	7230.5	343.2
2011	997.5	2794.1	14328.4	8548.7	317.8
2012	1163.2	3171.5	16326.6	9906.7	344.1
2013	1277.4	3369.2	18131.8	11359.4	384.3
2014	1301.3	3434.2	19254.8	13391.7	507.1
2015	1165.9	4020.7	21218.9	16214.9	591.8
2016	1148.4	4227.3	22179.0	17725.0	685.5

注：2011年开始，原指标“地方一般预算收入”和“地方一般预算支出”更名为“地方公共财政收入”和“地方公共财政支出”（下同）。
Note:From 2011, local financial revenue and local financial expenditure is renamed local public financial budgetary revenue and local financial budgetary expenditure(similarly following tables).

6-2 地方公共财政收入

LOCAL PUBLIC FINANCIAL REVENUE

单位：万元 (10000 yuan)

项　目	Item	2012	2013	2014	2015	2016
收入合计	**Total Revenue**	**11631708**	**12773951**	**13013120**	**11658767**	**11484112**
税收收入	Tax Revenue	8378027	9128175	9773960	8803432	8278542
增值税	Value-added Tax	1448683	1517325	1688927	1294584	2267325
营业税	Sales Tax	2440455	2679947	2505051	2569769	1353087
企业所得税	Enterprises' Income Tax	978876	988078	1032194	1006424	945983
企业所得税退税	Drawback of Enterprise Income Tax					
个人所得税	Individual Income Tax	283936	356270	369810	355725	372830
资源税	Resources Tax	684703	752722	1083296	537454	407378
城市维护建设税	Tax on Urban Maintenance and Construction	589577	600059	593763	545609	522404
房产税	Tax on Real Estates	215031	240715	276172	313835	319232
印花税	Stamp Tax	108908	102951	124959	103287	103850
城镇土地使用税	Tax on the Use of Urban Land	474172	476480	496470	614055	579344
土地增值税	Land Value Added Tax	415255	493715	653954	634589	533136
车船税	Tax on Vehicles and Ships	108096	124057	139995	155261	173576
耕地占用税	Tax on The Occupancy of Cultivated Land	179092	206366	227411	185746	215010
契　税	Contract Tax	424180	551660	550545	451279	466718
烟叶税	Tax on Tobacco Leaf	27063	35307	31413	35815	18669
其他税收收入	Others		2523			
非税收入	Non-Tax Revenue	3253681	3645776	3239160	2855335	3205570
专项收入	Expert Project Income	499143	736143	479080	763744	660067
行政事业性收费收入	Income from Adiministrative Fees	941086	842221	782256	693170	661676
罚没收入	Penalty and Confiscator Income	426953	459604	429761	386240	421947
国有资本经营收入	Stated-owned Assets Profit	490969	465105	342666	244663	182158
国有资源(资产)有偿使用收入	Revenue from using Stated-owned Assets Profit	724173	948940	1001673	706879	961278
捐赠收入	Income from Donation					11674
政府住房基金收入	Government Housing Fund Income					244217
其他收入	Other	171357	193763	203724	60639	318444

6-3 各级地方公共财政收入(2016年)

LOCAL PUBLIC FINANCIAL REVENUE BY RATING (2016)

单位：万元 (10000 yuan)

项　目	Item	合　计 Total	省　级 Province	地　级 City	县　级 County
收入合计	**Total Revenue**	**11484112**	**2584038**	**6663051**	**2237023**
税收收入	Tax Revenue	8278542	2001668	4938265	1338609
增值税	Value-added Tax	2267325	833206	1170348	263771
营业税	Sales Tax	1353087	395605	747689	209793
企业所得税	Enterprises' Income Tax	945983	202276	574705	169002
企业所得税退税	Drawback of Enterprise Income Tax				
个人所得税	Individual Income Tax	372830	31193	272922	68715
资源税	Resources Tax	407378	342267	40839	24272
城市维护建设税	Tax on Urban Maintenance and Construction	522404	4702	440895	76807
房产税	Tax on Real Estates	319232	13527	251391	54314
印花税	Stamp Tax	103850	4568	78968	20314
城镇土地使用税	Tax on the Use of Urban Land	579344	81796	421652	75896
土地增值税	Land Value Added Tax	533136	64104	391748	77284
车船税	Tax on Vehicles and Ships	173576	6766	127184	39626
耕地占用税	Tax on The Occupancy of Cultivated Land	215010	3163	67829	144018
契　税	Contract Tax	466718	18495	349899	98324
烟叶税	Tax on Tobacco Leaf	18669		2196	16473
其他税收收入	Others				
非税收入	Non-Tax Revenue	3205570	582370	1724786	898414
专项收入	Expert Project Income	660067	251331	313759	94977
行政事业性收费收入	Income from Adiministrative Fees	661676	91305	401136	169235
罚没收入	Penalty and Confiscator Income	421947	53570	221852	146525
国有资本经营收入	Stated-owned Assets Profit	182158	290	127286	54582
国有资源(资产)有偿使用收入	Revenue from using Stated-owned Assets Profit	961278	170892	392975	397411
捐赠收入	Income from Donation	11674	23	7538	4113
政府住房基金收入	Government Housing Fund Income	244217	8745	226394	9078
其他收入	Other	318444	14982	280969	22493

6-4 地方公共财政支出

LOCAL PUBLIC FINANCIAL EXPENDITURE

单位：万元 (10000 yuan)

项　目	Item	2012	2013	2014	2015	2016
支出合计	**Total Expenditure**	**31715236**	**33691827**	**34342184**	**40206554**	**42273373**
一般公共服务	General Public Services	2712624	2787957	2561959	2426656	2667033
外　交	Foreign Affairs	356	270			
国　防	National Defense	49950	55780	48777	53354	48809
公共安全	Public Security	1684036	1733455	1707654	1809435	2102956
教　育	Education	5447877	5012788	5059364	5496567	5588722
科学技术	Science and Technology	376423	386146	394571	429134	449209
文化体育与传媒	Culture, Sport and Media	472688	523705	456292	531693	532130
社会保障和就业	Social Safety Net and Employment Effort	4582007	5423259	6026792	7287329	7324055
医疗卫生	Medical and Health Care	1733286	1904950	2353133	2739583	2805635
环境保护	Environment Protection	1048634	1157524	1115668	1555201	1134428
城乡社区事务	Urban and Rural Area Community Affairs	2056038	3010704	3321053	3505214	3870819
农林水事务	Agriculture, Forestry and Water Conservancy	4303941	4616956	4876670	6814824	8017680
交通运输	Transportation	2265099	2441954	2369728	2720740	2503984
资源勘探电力信息等事务	Affairs of Exploration, Power and Information	946791	950326	913369	1064537	819932
商业服务业等事务	Affairs of Commerce and Services	284332	225385	214496	238908	174706
金融监管等事务支出	Affairs of Financial Supervision	26133	16658	11542	7974	59007
地震灾后恢复重建支出	Postearthquake Recovery and Reconstruction					
援助其他地区支出	Other Regional Assistance		24124	27464	37530	29800
国土资源气象等事务	Affairs of Land and Weather	321893	455967	328086	349228	357266
住房保障支出	Affairs of Housing Security	2187777	1809806	1471889	2123361	2719528
粮油物资储备管理事务	Affairs of Management of Grain & Oil Reserves	658112	667539	716440	658619	623220
预备事物	Reserve Funds					
国债还本付息支出	Interest Payment for Domestic and Foreign Debts	53631	84241	131048	179885	355080
其他支出	Other Expenditure	503608	402333	236189	171371	81147
债务发行费支出	Debt distribution fee payments				5411	8227

6-5 各级地方公共财政支出 (2016年)

LOCAL PUBLIC FINANCIAL EXPENDITURE BY RATING (2016)

单位：万元　　(10000 yuan)

项　目	Item	合　计 Total	省　级 Province	地　级 City	县　级 County
支出合计	**Total Expenditure**	**42273373**	**9250885**	**16926890**	**16095598**
一般公共服务	General Public Services	2667033	394690	1176978	1095365
外　交	Foreign Affairs				
国　防	National Defense	48809	17962	26507	4340
公共安全	Public Security	2102956	458037	1028267	616652
教　育	Education	5588722	1197526	2052282	2338914
科学技术	Science and Technology	449209	317968	85933	45308
文化体育与传媒	Culture, Sport and Media	532130	123666	235442	173022
社会保障和就业	Social Safety Net and Employment Effort	7324055	1660008	3403619	2260428
医疗卫生	Medical and Health Care	2805635	256397	1083059	1466179
环境保护	Environment Protection	1134428	663631	238546	232251
城乡社区事务	Urban and Rural Area Community Affairs	3870819	45460	2830835	994524
农林水事务	Agriculture, Forestry and Water Conservancy	8017680	1907027	1347389	4763264
交通运输	Transportation	2503984	1166850	662574	674560
资源勘探电力信息等事务	Affairs of Exploration, Power and Information	819932	132114	516030	171788
商业服务业等事务	Affairs of Commerce and Services	174706	26275	63743	84688
金融监管等事务支出	Affairs of Financial Supervision	59007	35900	19716	3391
地震灾后恢复重建支出	Postearthquake Recovery and Reconstruction				
援助其他地区支出	Other Regional Assistance	29800	28500	1100	200
国土资源气象等事务	Affairs of Land and Weather	357266	169053	72717	115496
住房保障支出	Affairs of Housing Security	2719528	270017	1723145	726366
粮油物资储备管理事务	Affairs of Management of Grain & Oil Reserves	623220	309398	58177	255645
预备事物	Reserve Funds				
国债还本付息支出	Interest Payment for Domestic and Foreign Debts	355080	68138	234756	52186
其他支出	Other Expenditure	81147	2048	59693	19406
债务发行费支出	Debt distribution fee payments	8227	220	6382	1625

6-6 分地区公共财政收入 (2016年)

LOCAL PUBLIC FINANCIAL REVENUE BY REGION (2016)

单位：万元 (10000 yuan)

地 区	Region	公共财政收入 General Budgetary Financial Revenue	税收收入 Tax Revenue	#增值税 Value-added Tax	#营业税 Operation Tax	#企业所得税 Corporate Income Tax	#个人所得税 Individual Income Tax
哈尔滨	Harbin	3762384	2976490	678062	601194	386462	178295
齐齐哈尔	Qiqihar	763519	476058	107979	61674	65966	20830
鸡 西	Jixi	363372	190016	41811	21928	24211	10314
鹤 岗	Hegang	188701	108831	32612	15354	11121	6154
双鸭山	Shuangyashan	208670	136985	27676	27719	16497	6166
大 庆	Daqing	1302463	1023913	265486	55550	85608	35879
伊 春	Yichun	140451	86934	13068	13348	13348	3665
佳木斯	Jiamusi	398361	246215	47324	38410	27368	13582
七台河	Qitaihe	154606	109075	35942	12096	7516	3580
牡丹江	Mudanjiang	680098	398797	86952	33463	45466	18009
黑 河	Heihe	303182	146341	25010	26685	23388	8979
绥 化	Suihua	557798	335334	60775	43835	32198	33609
大兴安岭	Daxinganling	76469	41885	11422	6226	4558	2575
绥芬河	Suifenhe	45442	29386	5492	3943	5439	1597
抚 远	Fuyuan	20694	9756	1966	2354	1404	518

6-6 续表 CONTINUED

单位：万元 (10000 yuan)

地 区	Region	#城市维护建设税 Tax on Town Maintenance and Construction	#耕地占用税 Tax on Occupation of Cultivated Land	#契 税 Deed Tax	非税收入 Non-Tax Revenue	#专项收入 Expert Project Income	#行政事业性收费收入 Income from Adiministrative Fees	基金收入 Fund Income
哈尔滨	Harbin	212295	40418	229976	785894	160403	190876	1583202
齐齐哈尔	Qiqihar	29553	17121	35063	287461	31354	79176	226585
鸡 西	Jixi	14140	2152	9444	173356	11229	32941	54107
鹤 岗	Hegang	8303	494	7762	79870	9158	21472	22100
双鸭山	Shuangyashan	10123	6211	9407	71685	10584	18443	19542
大 庆	Daqing	149562	10490	51912	278550	84106	44734	126486
伊 春	Yichun	5067	4693	5205	53517	5931	12474	16274
佳木斯	Jiamusi	15207	15408	22096	152146	22617	31987	74531
七台河	Qitaihe	9039	4608	6232	45531	9649	11299	28452
牡丹江	Mudanjiang	31631	64330	31121	281301	24322	53162	147946
黑 河	Heihe	8056	5420	7611	156841	9720	20304	21353
绥 化	Suihua	21468	37107	30325	222464	26201	38610	182883
大兴安岭	Daxinganling	3258	3395	2069	34584	3462	14893	4515
绥芬河	Suifenhe	1787	186	1402	16056	3364	2302	15762
抚 远	Fuyuan	476	44	874	10938	436	485	1154

6-7 分地区公共财政支出 (2016年)

LOCAL PUBLIC FINANCIAL EXPENDITURE BY REGION (2016)

单位：万元　　(10000 yuan)

地区	Region	公共财政支出 General Budgetary Finamcial Expenditwre	一般公共服务 Commonly Public servings	公共安全 Public security	教育 Education	科学技术 Technology	文化体育与传媒 Culture Sport and Medium	社会保障和就业 Social Security and Obtain employment
哈尔滨	Harbin	8762945	489653	406976	1221745	76353	113357	1596187
齐齐哈尔	Qiqihar	4131064	274552	191627	654378	4490	43025	678193
鸡西	Jixi	1719421	127029	82523	212576	5142	14779	304227
鹤岗	Hegang	1063289	80084	69781	134133	3458	19339	171038
双鸭山	Shuangyashan	1307304	91482	76284	187018	1289	15766	218264
大庆	Daqing	2635331	213528	187753	431759	12134	40115	517746
伊春	Yichun	1269338	80434	63450	73493	2629	17256	345846
佳木斯	Jiamusi	2556391	147559	110389	261447	5417	34928	414983
七台河	Qitaihe	916210	80554	41622	86570	753	6425	141793
牡丹江	Mudanjiang	2590112	233393	141747	348351	6267	28123	339242
黑河	Heihe	1703750	135070	87923	170002	6426	30394	277817
绥化	Suihua	3798551	260358	150204	575328	6065	33519	518216
大兴安岭	Daxinganling	568782	58647	34640	34396	818	11438	140495
绥芬河	Suifenhe	187528	21949	14965	17623	591	2999	18415
抚远	Fuyuan	194209	8404	5958	17637	1136	3815	23770

6-7 续表 CONTINUED

单位：万元　　(10000 yuan)

地区	Region	医疗卫生与计划生育 Medical Treatment and Public Health	节能环保 Environment Protection	城乡社区事务 Urban and Rural Area Community Operating	农林水事务 Farming Forestry and Water Conservancy Operating	其他支出 Other Expenditure	政府性基金支出 Government Fund Income
哈尔滨	Harbin	635623	120922	1803018	1187507	830	1637264
齐齐哈尔	Qiqihar	350926	56825	294540	992217	3634	251913
鸡西	Jixi	107714	68613	108205	223073	1594	65116
鹤岗	Hegang	74856	8303	32903	131016	296	47262
双鸭山	Shuangyashan	93302	11124	98701	209288	199	35284
大庆	Daqing	243312	18065	230477	318708	47252	205323
伊春	Yichun	88608	26477	143878	212920	4671	29999
佳木斯	Jiamusi	190611	28502	339550	610046	6892	100575
七台河	Qitaihe	51406	5500	46208	117592	55	22218
牡丹江	Mudanjiang	176747	39626	412868	390998	-1102	233917
黑河	Heihe	128200	58261	93048	527200	2105	50331
绥化	Suihua	368936	25473	182388	1089707	12941	232605
大兴安岭	Daxinganling	38997	3106	39575	100381	-268	8277
绥芬河	Suifenhe	10800	1756	32138	6471	47	6925
抚远	Fuyuan	14461	6219	20902	67371	105	8984

6–8 金融机构人民币信贷资金平衡表 (年底余额)

BALANCE SHEET OF CREDIT FUNDS OF FINANCIAL INSTITUTIONS AT YEAR–END

单位：亿元 (100 million yuan)

指 标	Item	2015	2016
资金来源总计	**Sources of Funds**	**20859.3**	**22700.1**
各项存款	**Total Deposits**	**21218.9**	**22179.0**
境内存款	Domestic Deposits	21204.2	22165.1
住户存款	Households Deposits	12439.8	13448.4
活期存款	Demand Deposits	4928.1	5525.0
定期及其他存款	Time Deposits and Others	7511.6	7923.3
非金融企业存款	Non-financial Corporate Deposits	4085.2	4298.8
活期存款	Demand Deposits	2337.3	2448.5
定期及其他存款	Time Deposits and Others	1747.9	1850.3
广义政府存款	General Government Deposits	3799.1	3864.7
财政性存款	Fiscal Deposits	859.2	689.8
机关团体存款	Organizations Deposits	2939.9	3174.9
非银行业金融机构存款	Non-banking Financial Institutions Deposits	880.2	553.2
境外存款	Overseas Deposits	14.8	13.9
金融债券	Overseas	85.0	175.0
卖出回购资产	Sell Buy Assets	138.6	59.0
借款及非银行业金融机构拆入	Borrowing and Non-banking Financial Institutions are Dismantled	13.8	14.3
联行往来（净）	Jones Lang Lasalle Exchanges (net)	0.0	0.0
应付及暂收款	Payable and Temporary Collection	528.8	588.1
各项准备	Reserves	383.0	469.0
所有者权益	Owners Equity	955.3	1061.2
#实收资本	#Paicl-up Capital	449.2	481.8
其 他	Others	-2463.9	-1845.4
资金运用总计	**Uses of Funds**	**20859.3**	**22700.1**
各项贷款	**Total Loans**	**16214.9**	**17725.0**
境内贷款	Domestic Loans	16174.2	17625.1
住户贷款	Households Loans	4036.7	4590.2
短期贷款	Short-term Loans	1398.9	1412.5
消费贷款	Consumer Loans	322.6	363.3
经营贷款	Business Loans	1076.3	1049.3
中长期贷款	Medium & Long-term Loans	2637.8	3177.7
消费贷款	Consumer Loans	1893.8	2382.0
经营贷款	Business Loans	744.0	795.7
非金融企业及机关团体贷款	Non-financial Companies and Organizations Loans	12137.5	13034.9
短期贷款	Short-term Loans	6353.3	7119.0
中长期贷款	Medium & Long-term Loans	4512.8	4726.9
票据融资	Bill Financing Loans	1155.0	1023.9
融资租赁	Finance Lease Loans	105.6	152.9
各项垫款	Advances	10.8	12.2
非银行业金融机构贷款	Non-banking Financial Institutions Loans	0.0	0.0
境外贷款	Overseas Loans	40.8	99.9
债券投资	Bond Investment	2040.8	1599.3
股权及其他投资	Equity and Other Investments	1335.5	2616.3
买入返售资产	Buy Back to Sell Assets	17.3	50.0
存放非银行业金融机构款项	Storage of Non-banking Financial Institutions	5.2	2.8
联行往来（净）	Jones Lang Lasalle Exchanges (net)	756.9	144.0
#境内存放二级准备金	#Stored in the Secondary Reserve	1180.1	1209.8
金银占款	Funds Outstanding for Gold and Silver		
中央银行外汇占款	Central Bank Foreign Exchange Occupation	9.7	
应收及预付款	Receivables and Advance Payments	153.7	233.5
投资性房地产	Investment Real Estate	0.7	0.7
固定资产	Fixed Assets	324.6	328.5

6-9 分地区金融机构人民币信贷收支表
(年底余额)(各项存款)(2016年)

BALANCE SHEET OF CREDIT FUNDS OF FINANCIAL INSTITUTIONS AT YEAR-END BY REGION (Deposits)(2016)

单位：亿元　　　　(100 million yuan)

地 区	Region	各项存款 Total Deposits	境内存款 Domestic Deposits	住户存款 Households Deposits	活期存款 Demand Deposits	定期及其他存款 Time Deposits and Others	非金融企业存款 Non-financial Corporate Deposits
2015		21218.9	21204.2	12439.8	4928.1	7511.6	4085.2
2016		22179.0	22165.1	13448.4	5525.0	7923.3	4298.8
哈尔滨	Harbin	9804.0	9794.0	4671.9	2012.4	2659.5	2692.6
齐齐哈尔	Qiqihar	1706.3	1705.9	1220.9	516.7	704.1	254.5
鸡 西	Jixi	1032.8	1032.6	751.3	272.2	479.1	113.1
鹤 岗	Hegang	593.1	593.1	435.2	195.1	240.1	49.2
双鸭山	Shuangyashan	776.8	776.8	577.3	256.2	321.1	65.9
大 庆	Daqing	2239.3	2239.0	1429.8	452.9	977.0	442.4
伊 春	Yichun	622.9	622.7	443.1	153.9	289.2	69.5
佳木斯	Jiamusi	1271.8	1271.2	922.2	461.4	460.7	154.0
七台河	Qitaihe	409.6	409.6	274.1	104.6	169.5	52.1
牡丹江	Mudanjiang	1399.7	1398.0	1041.1	360.9	680.2	183.4
黑 河	Heihe	712.8	712.5	498.7	226.9	271.8	75.6
绥 化	Suihua	1313.7	1313.5	1003.3	442.6	560.7	107.7
大兴安岭	Daxinganling	296.2	296.1	179.7	69.4	110.3	38.9

6-9 续表 CONTINUED

单位：亿元　　　　(100 million yuan)

地 区	Region	活期存款 Demand Deposits	定期及其他存款 Time and Others	广义政府存款 General Government Deposits	财政性存款 Fiscal Deposits	机关团体存款 Organizations	非银行业金融机构存款 Non-banking Financial Institutions Deposits
2015		2337.3	1747.9	3799.1	859.2	2939.9	880.2
2016		2448.5	1850.3	3864.7	689.8	3174.9	553.2
哈尔滨	Harbin	1318.9	1373.7	1929.7	423.1	1506.6	499.8
齐齐哈尔	Qiqihar	169.5	84.9	228.5	35.9	192.6	2.1
鸡 西	Jixi	95.9	17.2	165.0	29.2	135.8	3.2
鹤 岗	Hegang	43.7	5.4	108.5	12.9	95.6	0.2
双鸭山	Shuangyashan	44.4	21.5	123.0	12.9	110.2	10.5
大 庆	Daqing	237.4	205.1	363.1	37.8	325.4	3.6
伊 春	Yichun	66.0	3.5	100.2	11.3	88.8	10.0
佳木斯	Jiamusi	143.8	10.2	190.4	27.4	163.0	4.7
七台河	Qitaihe	42.2	9.9	83.1	8.0	75.1	0.3
牡丹江	Mudanjiang	107.9	75.4	165.4	19.0	146.4	8.2
黑 河	Heihe	55.0	20.6	137.1	18.5	118.6	1.1
绥 化	Suihua	89.1	18.7	194.2	40.2	154.0	8.3
大兴安岭	Daxinganling	34.8	4.2	76.4	13.4	62.9	1.1

6-10 分地区金融机构人民币信贷收支表 (年底余额)(各项贷款)(2016年)

BALANCE SHEET OF CREDIT FUNDS OF FINANCIAL INSTITUTIONS AT YEAR-END BY REGION (Loans)(2016)

单位：亿元 (100 million yuan)

地 区	Region	各项贷款 Total loans	境内贷款 Domestic loans	住户贷款 Households loans	短期贷款 Short-term Loans	消费贷款 Consumer	经营贷款 Business	中长期贷款 Medium & Long-term Loans	消费贷款 Consumer
2015		16214.9	16174.2	4036.7	1398.9	322.6	1076.3	2637.8	1893.8
2016		17725.0	17625.1	4590.2	1412.5	363.3	1049.3	3177.7	2382.0
哈尔滨	Harbin	9048.7	8948.9	2441.5	631.7	287.9	343.8	1809.7	1510.7
齐齐哈尔	Qiqihar	1560.3	1560.3	446.3	132.5	7.1	125.4	313.9	214.7
鸡 西	Jixi	694.2	694.2	129.6	54.4	5.8	48.6	75.2	39.1
鹤 岗	Hegang	486.5	486.5	69.8	32.7	6.6	26.1	37.2	25.1
双鸭山	Shuangyashan	837.2	837.2	135.1	71.4	6.2	65.2	63.7	25.9
大 庆	Daqing	957.3	957.3	301.4	59.9	7.8	52.1	241.5	168.5
伊 春	Yichun	166.4	166.4	42.2	18.3	3.6	14.7	24.0	12.2
佳木斯	Jiamusi	1508.1	1508.1	250.1	103.1	13.3	89.8	147.0	82.1
七台河	Qitaihe	268.8	268.8	57.2	18.4	1.1	17.4	38.7	20.6
牡丹江	Mudanjiang	659.0	659.0	243.5	95.8	9.1	86.7	147.7	120.8
黑 河	Heihe	563.2	563.2	151.9	65.1	5.8	59.3	86.8	43.8
绥 化	Suihua	887.0	887.0	281.3	104.8	8.3	96.5	176.5	109.4
大兴安岭	Daxinganling	88.2	88.2	40.3	24.6	0.8	23.8	15.8	9.0

6-10 续表 CONTINUED

单位：亿元 (100 million yuan)

地 区	Region	经营贷款 Business	非金融企业及机关团体贷款 Non-financial Companies and Organizations Loans	短期贷款 Short-term Loans	中长期贷款 Medium & Long-term Loans	票据融资 Bill Financing	融资租赁 Finance Lease	各项垫款 Advances
2015		744.0	12137.5	6353.3	4512.8	1155.0	105.6	10.8
2016		795.7	13034.9	7119.0	4726.9	1023.9	152.9	12.2
哈尔滨	Harbin	299.0	6507.4	2133.7	3563.8	649.2	152.9	7.8
齐齐哈尔	Qiqihar	99.1	1114.0	884.4	176.7	49.4		3.5
鸡 西	Jixi	36.1	564.5	470.8	81.6	12.1		
鹤 岗	Hegang	12.0	416.7	349.1	47.5	20.2		
双鸭山	Shuangyashan	37.8	702.2	536.9	132.0	33.2		
大 庆	Daqing	73.0	656.0	408.2	208.2	38.8		0.8
伊 春	Yichun	11.8	124.2	18.9	66.7	38.5		
佳木斯	Jiamusi	64.9	1258.0	1137.6	100.4	20.1		
七台河	Qitaihe	18.1	211.7	89.6	56.5	65.5		
牡丹江	Mudanjiang	26.9	415.5	231.5	158.8	25.1		0.03
黑 河	Heihe	43.0	411.3	343.9	45.8	21.4		0.08
绥 化	Suihua	67.0	605.7	493.2	73.5	39.0		
大兴安岭	Daxinganling	6.8	47.9	21.3	15.3	11.3		

6-11 金融机构人员数(2016年)

INSTITUTIONS OF FINANCIAL INSTITUTIONS AND STUFF (2016)

项　　目	Item	机构总数(个) Number of Institutions (unit)	从业人员数(人) Number of Employees (person)
金融机构合计	**Total**	**6673**	**124665**
国有大型商业银行	**State-owned Commercial Bank**	**2068**	**52896**
中国工商银行黑龙江省分行	Industrial and Commercial Bank	578	15754
中国农业银行黑龙江省分行	Agriculture Bank	675	16980
中国银行黑龙江省分行	Bank of China	270	6918
中国建设银行黑龙江省分行	Bank of Construction	451	10865
交通银行黑龙江省分行	Bank of Communication	94	2379
政策性银行及国家开发银行	**Policy Bank**	**90**	**2652**
国家开发银行黑龙江省分行	The Bank of State Development	1	175
中国进出口银行黑龙江省分行	Export-Import Bank	1	68
中国农业发展银行黑龙江省分行	The Bank of Agricultural Development	88	2409
股份制商业银行	**Shareholding System Bank**	**190**	**4803**
中国光大银行黑龙江分行	Ever Bright Bank	45	1110
招商银行哈尔滨分行	Merchants Bank	38	1003
上海浦东发展银行哈尔滨分行	Pudong Development Bank	31	629
兴业银行哈尔滨分行	Industrial Bank	29	689
中信银行哈尔滨分行	China Citic Bank	20	541
广东发展银行大庆支行	Development Bank of Guangdong	18	578
中国民生银行	China MinSheng Bank	8	172
华夏银行	HXB	1	81
城市商业银行	**City Commercial Bank**	**568**	**12947**
农村中小金融机构	**Rural Small and Medium-sized Financial Institutions**	**2053**	**30700**
农村信用社	Rural Credit Coorpertive	1270	19135
农村商业银行	Rural Commercial Bank	707	10554
村镇银行	Village Bank	70	959
农村资金互助社	Rural Credit Union Funds	6	52
非银行金融机构	**Non-bank Financial Institutions**	**5**	**2093**
企业集团财务公司	Finance Company of Enterprise Group	3	86
信托公司	International Trust in the Financial	1	1939
金融租赁公司	Financial Leasing Company	1	68
外资金融银行	**Foreign-funded Banks**	**7**	**127**
国民银行(中国)有限公司哈尔滨分行	Kookmin Bank Harbin Branch	1	21
韩亚银行(中国)有限公司哈尔滨分行	Hana Bank Harbin Branch	1	29
东亚银行(中国)有限公司哈尔滨分行	East Asia Bank Harbin Branch	1	36
汇丰银行(中国)有限公司哈尔滨分行	The Hongkong and Shanghai Banking Corporation Limited, Harbin	1	18
摩根大通银行(中国)有限公司哈尔滨分行	JPMorgan Chase Bank Harbin Branch	1	9
法兴银行(中国)有限公司哈尔滨分行	Societe Generale Bank (China) co., LTD. Harbin Branch	1	9
渣打银行(中国)有限公司哈尔滨分行	Standard Chartered Bank (China) co., LTD. Harbin Branch	1	5
邮政储蓄银行	**Postal Deposit and Remittance**	**1689**	**17828**
资产管理公司	**Asset Management**	**4**	**204**
东方资产管理公司哈尔滨办事处	Orient Asset Management Corporation	1	34
长城资产管理公司哈尔滨办事处	Great Wall Asset Management Corporation	1	67
信达资产管理公司哈尔滨办事处	Cinda Asset Management Corporation	1	51
华融资产管理公司哈尔滨办事处	HuaRong Assets Management Corporation	1	52

6-12 保险业务情况

MAJOR INDICATORS OF INSURANCE BUSINESS

单位：万元 (10000 yuan)

项 目	Item	2011	2012	2013	2014	2015	2016
保费收入	**Premium Income**	**3177867**	**3441498**	**3843235**	**5070910**	**5917671**	**6855239**
企业财产险	Enterprise Property Insurance	49259	45634	50023	50404	48861	50093
家庭财产险	Family Property Insurance	4143	5136	5995	6254	7885	8647
机动车辆险	Motor Vehicle Insurance	572081	628968	696826	780339	870855	999313
船舶险	Ships Insurance	98	116	222	96	111	96
货物运输险及责任保险	Cargo Transportation Insurance and Liability Insurance	9135	8817	7127	6645	5875	6693
责任险	Liability Insurance	18477	22411	27539	28452	31216	33808
保证保险	Guarantee Insurance	14446	18807	28417	39677	54912	39162
农业险	Agriculture Insurance	164073	221590	283295	260574	298473	318422
其他保险	Other Insurance	12690	41059	1267	47867	17464	32721
寿 险	Life Insurance	2124334	2195987	2404736	3467932	4033169	4135990
健康险	Health Insurance	147914	182919	226541	295908	447541	1107113
人身意外伤害险	Person Accident Insurance	60703	70054	75726	86761	101308	123180
赔款及给付	**Claim and Payment**	**868100**	**983294**	**1544111**	**1547548**	**1692546**	**2377512**
企业财产险	Enterprise Property Insurance	15473	19394	34744	25612	22560	31127
家庭财产险	Family Property Insurance	1089	1535	2314	3534	2588	3456
机动车辆险	Motor Vehicle Insurance	270499	345638	394206	407110	421467	492419
船舶险	Ships Insurance	1.00	3.00	0.45	0.39	2.66	13.95
货物运输险及责任保险	Cargo Transportation Insurance and Liability Insurance	4242	4534	4657	7539	3051	2433
责任险	Liability Insurance	8235	11570	12423	18279	14717	21279
保证保险	Guarantee Insurance	1935	1819	8613	5394	8663	15516
农业险	Agriculture Insurance	48571	109937	327959	180441	189845	375930
其他保险	Other Insurance	3909	3301	292	6126	6916	8069
寿 险	Life Insurance	441562	406725	648058	770700	867684	1187491
健康险	Health Insurance	53363	62496	84392	105953	138198	218194
人身意外伤害险	Person Accident Insurance	14955	16342	18301	16860	16853	21583

注：其他保险=建筑安装工程保险及责任保险+出口信用险+其他险

Note: Other Insurance = construction and installation insurance and export credit insurance liability insurance + insurance + other

6-13 保险公司机构数(2016年)

NUMBER OF INSTITUTION OF INSURANCE COMPANY (2016)

单位:个 (unit)

机构名称	Organization Name	机构总数 Number of Institutions	机构类别 Organization Type 总公司 Company	分公司 Branch	中心支公司 Center Support Company
全省合计	**Total**	**2494**	**1**	**45**	**304**
寿险公司小计	**Life Insurance Companies Subtotal**	**1433**		**25**	**157**
中国人寿保险股份有限公司	China Life Insurance Co., Ltd.	617		1	14
中国太平洋人寿保险股份有限公司	China Pacific Life Insurance Co., Ltd.	117		1	13
中国平安人寿保险股份有限公司	China Ping An Life Insurance Co., Ltd.	135		1	11
新华人寿保险股份有限公司	China Life Insurance Co., Ltd.	69		1	12
泰康人寿保险有限责任公司	Tai Kang Life Insurance Co., Ltd.	114		1	11
太平人寿保险有限公司	Taiping Life Insurance Co., Ltd.	75		1	11
建信人寿保险股份有限公司	CCB Life Insurance Co., Ltd.	1		1	
民生人寿保险股份有限公司	Minsheng Life Insurance Co., Ltd.	17		1	6
富德生命人寿保险股份有限公司	Fude Sino Life Insurance Co., Ltd.	47		1	12
平安养老保险股份有限公司	Ping An Endocoment Insurance Co., Ltd.	3		1	2
合众人寿保险股份有限公司	Union Life Insurance Co. Ltd.	28		1	9
君康人寿保险股份有限公司	June Life Insurance Co., Ltd.	10		1	9
信泰人寿保险股份有限公司	Xintai Life Insurance Co., Ltd.	18		1	6
农银人寿保险股份有限公司	ABC Life Insurance Co., Ltd.	2		1	1
和谐健康保险股份有限公司	Hexie Health Insurance Co., Ltd.	1			1
中国人民人寿保险股份有限公司	Chinese People's Life Insurance Co., Ltd.	77		1	13
阳光人寿保险股份有限公司	Sun Life Insurance Co., Ltd.	52		1	9
百年人寿保险股份有限公司	Century Life Insurance Co., Ltd.	21		1	7
安邦人寿保险股份有限公司	Ampang Life Insurance Co., Ltd.	5		1	4
中意人寿保险有限公司	Generali China Life Insurance Co., Ltd.	5		1	2
中英人寿保险有限公司	England Life Insurance Co., Ltd.	11		1	2
光大永明人寿保险有限公司	Sun Life Everbright Life Insurance Co., Ltd.	4		1	2
太平养老保险股份有限公司	Taiping Pension Insurance Co., Ltd.	1		1	
华夏人寿保险股份有限公司	Huaxia Life Insurance Co., Ltd.	1		1	
中邮人寿保险股份有限公司	China Post Life Insurance Co., Ltd	1		1	
泰康养老保险股份有限公司	Tai Kang Pension Insurance Co., Ltd.	1		1	
财险公司小计	**Insurance Company Subtotal**	**1061**	**1**	**20**	**147**
中国人民财产保险股份有限公司	China PICC	387		1	14
中国大地财产保险股份有限公司	China Continent Property & Casualty Insurance Co., Ltd.	60		1	12
中国出口信用保险公司	China Export & Credit Insurance Corporation	1		1	
中华联合财产保险股份有限公司	China United Property Insurance Co., Ltd.	3		1	2
中国太平洋财产保险股份有限公司	China Pacific Property Insurance Co., Ltd.	58		1	12
中国平安财产保险股份有限公司	China Ping An Insurance Company	63		1	13
天安保险股份有限公司	Tian An Insurance Co., Ltd.	23		1	9
华安财产保险股份有限公司	Hua An Property Insurance Co., Ltd.	38		1	12
太平财产保险有限公司	Pacific Property Insurance Co., Ltd.	6		1	5
永诚财产保险股份有限公司	Yongcheng Property Insurance Co., Ltd.	10		1	8
安邦财产保险股份有限公司	Anbang Property Insurance Co., Ltd.	56		1	12
安华农业保险股份有限公司	Anhua Agricultural Insurance Co., Ltd	1		1	
阳光财产保险股份有限公司	Sunshine Property and Casualty Insurance Co., Ltd.	62		1	12
阳光农业相互保险公司	Sunshine Agriculture Mutual Insurance Company	181	1		12
都邦财产保险股份有限公司	Du Bang Property Insurance Company	9		1	6
中国人寿财产保险股份有限公司	China Life Insurance Company	77		1	13
中意财产保险有限公司	China Insurance Co., Ltd.	2		1	1
英大泰和财产保险股份有限公司	Yingda Taihe Property Insurance Co., Ltd.	4		1	3
华泰财产保险有限公司	Huatai Property Insurance Co., Ltd.	2		1	1
中航安盟财产保险有限公司	Groupama AVIC Property Insurance Co., Ltd.	17		1	
中银保险有限公司	BOC Insurance Co., Ltd.	1		1	

6-13 续表 CONTINUED

单位:个 (unit)

机构名称	Organization Name	机构类别 Organization Type 支公司 Support Company	营业部 Sales Department	营销服务部 Marketing Services Division
全省合计	**Total**	**966**	**40**	**1138**
寿险公司小计	**Life Insurance Companies Subtotal**	**437**	**2**	**812**
中国人寿保险股份有限公司	China Life Insurance Co.,Ltd.	91	2	509
中国太平洋人寿保险股份有限公司	China Pacific Life Insurance Co.,Ltd.	86		17
中国平安人寿保险股份有限公司	China Ping An Life Insurance Co.,Ltd.	52		71
新华人寿保险股份有限公司	China Life Insurance Co.,Ltd.	21		35
泰康人寿保险有限责任公司	Tai Kang Life Insurance Co.,Ltd.	50		52
太平人寿保险有限公司	Taiping Life Insurance Co.,Ltd.	1		62
建信人寿保险股份有限公司	CCB Life Insurance Co.,Ltd.			
民生人寿保险股份有限公司	Minsheng Life Insurance Co.,Ltd.	6		4
富德生命人寿保险股份有限公司	Fude Sino Life Insurance Co.,Ltd.	15		19
平安养老保险股份有限公司	Ping An Endocoment Insurance Co.,Ltd.			
合众人寿保险股份有限公司	Union Life Insurance Co.Ltd.	5		13
君康人寿保险股份有限公司	June Life Insurance Co.,Ltd.			
信泰人寿保险股份有限公司	Xintai Life Insurance Co.,Ltd.	7		4
农银人寿保险股份有限公司	ABC Life Insurance Co.,Ltd.			
和谐健康保险股份有限公司	Hexie Health Insurance Co.,Ltd.			
中国人民人寿保险股份有限公司	Chinese People's Life Insurance Co.,Ltd.	63		
阳光人寿保险股份有限公司	Sun Life Insurance Co.,Ltd.	31		11
百年人寿保险股份有限公司	Century Life Insurance Co.,Ltd.	6		7
安邦人寿保险股份有限公司	Ampang Life Insurance Co.,Ltd.			
中意人寿保险有限公司	Generali China Life Insurance Co.,Ltd.	2		
中英人寿保险有限公司	England Life Insurance Co.,Ltd.			8
光大永明人寿保险有限公司	Sun Life Everbright Life Insurance Co.,Ltd.	1		
太平养老保险股份有限公司	Taiping Pension Insurance Co.,Ltd.			
华夏人寿保险股份有限公司	Huaxia Life Insurance Co.,Ltd.			
中邮人寿保险股份有限公司	China Post Life Insurance Co.,Ltd			
泰康养老保险股份有限公司	Tai Kang Pension Insurance Co.,Ltd.			
财险公司小计	**Insurance Company Subtotal**	**529**	**38**	**326**
中国人民财产保险股份有限公司	China PICC	145	38	189
中国大地财产保险股份有限公司	China Continent Property & Casualty Insurance Co.,Ltd.	34		13
中国出口信用保险公司	China Export & Credit Insurance Corporation			
中华联合财产保险股份有限公司	China United Property Insurance Co.,Ltd.			
中国太平洋财产保险股份有限公司	China Pacific Property Insurance Co.,Ltd.	45		
中国平安财产保险股份有限公司	China Ping An Insurance Company	23		26
天安保险股份有限公司	Tian An Insurance Co.,Ltd.			13
华安财产保险股份有限公司	Hua An Property Insurance Co.,Ltd.	10		15
太平财产保险有限公司	Pacific Property Insurance Co.,Ltd.			
永诚财产保险股份有限公司	Yongcheng Property Insurance Co.,Ltd.	1		
安邦财产保险股份有限公司	Anbang Property Insurance Co.,Ltd.	29		14
安华农业保险股份有限公司	Anhua Agricultural Insurance Co.,Ltd			
阳光财产保险股份有限公司	Sunshine Property and Casualty Insurance Co.,Ltd.	43		6
阳光农业相互保险公司	Sunshine Agriculture Mutual Insurance Company	159		9
都邦财产保险股份有限公司	Du Bang Property Insurance Company			2
中国人寿财产保险股份有限公司	China Life Insurance Company	24		39
中意财产保险有限公司	China Insurance Co.,Ltd.			
英大泰和财产保险股份有限公司	Yingda Taihe Property Insurance Co.,Ltd.			
华泰财产保险有限公司	Huatai Property Insurance Co.,Ltd.			
中航安盟财产保险有限公司	Groupama AVIC Property Insurance Co.,Ltd.	16		
中银保险有限公司	BOC Insurance Co.,Ltd.			

6-14 黑龙江A股股票发行情况

ISSUANCE OF SHARES

单位：万元　　(10000 yuan)

公司名称	Company Name	证券代码 Securities Code	上市时间 Listed Time	首发融资额 Initial Issue	可转债 Transferable Bond	配股 Rationed Shares
金洲慈航集团股份有限公司	Goldleaf Jewelry Co.,Ltd	000587.SZ	1996/4/25			18711
黑龙江京蓝科技股份有限公司	Heilongjiang Kingland Technology Co.,Ltd.	000711.SZ	1997/4/11	5988		5962
航天科技控股集团股份有限公司	Aerospace Hi-Tech Holding GroupCo.,Ltd.	000901.SZ	1999/4/1	18600		48721
哈尔滨电气集团佳木斯电机股份有限公司	Harbin Electric Corporation Jiamusi Electric Machine Co.,Ltd.	000922.SZ	1999/6/18	37510		
大庆华科股份有限公司	Daqing Huake Co.,Ltd.	000985.SZ	2000/7/26	25020		
哈尔滨誉衡药业股份有限公司	Gloria Pharmaceuticals	002437.SZ	2010/6/23	175000		
哈尔滨博实自动化股份有限公司	Harbin Boshi Automation Co.,Ltd.	002698.SZ	2012/9/11	52480		
葵花药业集团股份有限公司	Sunflower Pharmaceutical Group Co.,Ltd.	002737.SZ	2014/12/30	133335		
哈尔滨九洲电气股份有限公司	JZE,Inc	300040.SZ	2010/1/8	59400		
哈尔滨中飞新技术股份有限公司	Harbin ZhongFei New Technology Co.,Ltd.	300489.SZ	2015/7/1	19931		
中航直升飞机股份有限公司	AVIC Helicopter Co.,Ltd.	600038.SH	2000/12/18	47100		27476
哈尔滨高科技(集团)股份有限公司	Harbin High-Tech Group Co.,Ltd.	600095.SH	1997/7/8	28900		19843
哈尔滨东安汽车动力股份有限公司	Harbin Dongan Automotive Powertrain Co.,Ltd.	600178.SH	1998/10/14	57400		35622
安通控股股份有限公司	Antong Holdings Co.,Ltd.	600179.SH	1998/11/4	39100		
佳通轮胎股份有限公司	Jiatong Tyre Holding Co.,Ltd.	600182.SH	1999/5/7	40320		
黑龙江国中水务股份有限公司	Interchina Water Treatment Co.,Ltd.	600187.SH	1998/11/11	22850		18150
哈尔滨空调股份有限公司	Harbin Air Conditioning Co.,Ltd.	600202.SH	1999/6/3	18240		
亿阳信通股份有限公司	Bright Oceans Co.,Ltd.	600289.SH	2000/7/20	72960		
牡丹江恒丰纸业股份有限公司	Mudanjiang Hengfeng Paper Co.,Ltd	600356.SH	2001/4/19	28360	45000	
万向德农股份有限公司	Wan Xiang Doneed Co.,Ltd.	600371.SH	2002/9/16	13880		
黑龙江北大荒农业股份有限公司	Heilongjiang Bei Da Huang Agriculture Co.,Ltd	600598.SH	2002/3/29	161400	150000	
哈药集团股份有限公司	Harbin Pharmaceutical Group Holding Co.,Ltd.	600664.SH	1993/6/29			154739
哈尔滨工大高新技术产业开发股份有限公司	Harbin Industry University High-tech Industry Development Holding Co.,Ltd.	600701.SH	1996/5/28	13500		28690
中航资本控股股份有限公司	Avic Capital Co.,Ltd.	600705.SH	1996/5/16			17971
华电能源股份有限公司	Huadian Energy Co.,Ltd.	600726.SH	1996/7/1	24963	80000	
东方集团股份有限公司	Orient Group Co.,Ltd.	600811.SH	1994/1/6	26760		103240
哈药集团人民同泰医药股份有限公司	Hpgc Renmintongtai Pharmaceutical Corporation	600829.SH	1994/2/24	13000		
龙建路桥股份有限公司	Long Jian Holding Co.,Ltd.	600853.SH	1994/4/4	29400		
哈尔滨哈投投资股份有限公司	Harbin Investment Co.,Ltd.	600864.SH	1994/8/9	11500		7994
哈尔滨秋林集团股份有限公司	Qiulin Group	600891.SH	1996/3/25	18360		14074
宝泰隆新材料股份有限公司	Bao Tyrone	601011.SH	2011/3/9	174600		
中国第一重型机械股份公司	China First Heavy Industries	601106.SH	2010/2/9	1140000		
黑龙江交通发展股份有限公司	HTDC	601188.SH	2010/3/19			
哈尔滨威帝电子股份有限公司	Harbin VITI Electronic Co.,Ltd.	603023.SH	2015/5/27	26500		
黑龙江珍宝岛药业股份有限公司	ZBD Pharmaceutical	603567.SH	2015/4/24	152409		

6-14 续表 CONTINUED

单位：万元 (10000 yuan)

公司名称	Company Name	定向增发 Directed Issuance	公开增发 Public Issuance	融资额合计 Total Amount of Financing	总股本（万股）(2016年末) Stock Capital by 2016 (10000 share)
金洲慈航集团股份有限公司	Goldleaf Jewelry Co., Ltd	269960		288671	106187
黑龙江京蓝科技股份有限公司	Heilongjiang Kingland Technology Co., Ltd.	157000		168950	32559
航天科技控股集团股份有限公司	Aerospace Hi-Tech Holding GroupCo., Ltd.	167055		234377	40946
哈尔滨电气集团佳木斯电机股份有限公司	Harbin Electric Corporation Jiamusi Electric Machine Co., Ltd.	79695		117205	54367
大庆华科股份有限公司	Daqing Huake Co., Ltd.			25020	12964
哈尔滨誉衡药业股份有限公司	Gloria Pharmaceuticals			175000	219829
哈尔滨博实自动化股份有限公司	Harbin Boshi Automation Co., Ltd.			52480	68170
葵花药业集团股份有限公司	Sunflower Pharmaceutical Group Co., Ltd.			133335	29200
哈尔滨九洲电气股份有限公司	JZE, Inc			59400	34639
哈尔滨中飞新技术股份有限公司	Harbin ZhongFei New Technology Co., Ltd.			19931	9075
中航直升飞机股份有限公司	AVIC Helicopter Co., Ltd.	110600		185176	58948
哈尔滨高科技(集团)股份有限公司	Harbin High-Tech Group Co., Ltd.			48743	36126
哈尔滨东安汽车动力股份有限公司	Harbin Dongan Automotive Powertrain Co., Ltd.			93022	46208
安通控股股份有限公司	Antong Holdings Co., Ltd.	70000		109100	106213
佳通轮胎股份有限公司	Jiatong Tyre Holding Co., Ltd.			40320	34000
黑龙江国中水务股份有限公司	Interchina Water Treatment Co., Ltd.	295759		336759	145562
哈尔滨空调股份有限公司	Harbin Air Conditioning Co., Ltd.			18240	38334
亿阳信通股份有限公司	Bright Oceans Co., Ltd.	111176		184136	63105
牡丹江恒丰纸业股份有限公司	Mudanjiang Hengfeng Paper Co., Ltd	28938		102298	29873
万向德农股份有限公司	Wan Xiang Doneed Co., Ltd.			13880	22506
黑龙江北大荒农业股份有限公司	Heilongjiang Bei Da Huang Agriculture Co., Ltd			311400	177768
哈药集团股份有限公司	Harbin Pharmaceutical Group Holding Co., Ltd.			154739	254124
哈尔滨工大高新技术产业开发股份有限公司	Harbin Industry University High-tech Industry Development Holding Co., Ltd.	74252		116442	103474
中航资本控股股份有限公司	Avic Capital Co., Ltd.	638880	90000	746851	897633
华电能源股份有限公司	Huadian Energy Co., Ltd.	150000	124445	379408	196668
东方集团股份有限公司	Orient Group Co., Ltd.	870300		1000300	285737
哈药集团人民同泰医药股份有限公司	Hpgc Renmintongtai Pharmaceutical Corporation			13000	57989
龙建路桥股份有限公司	Long Jian Holding Co., Ltd.			29400	53681
哈尔滨哈投投资股份有限公司	Harbin Investment Co., Ltd.	500000		519494	210851
哈尔滨秋林集团股份有限公司	Qiulin Group	45000		77434	61759
宝泰隆新材料股份有限公司	Bao Tyrone	136160		310760	136750
中国第一重型机械股份公司	China First Heavy Industries			1140000	653800
黑龙江交通发展股份有限公司	HTDC	23000		23000	131588
哈尔滨威帝电子股份有限公司	Harbin VITI Electronic Co., Ltd.			26500	36000
黑龙江珍宝岛药业股份有限公司	ZBD Pharmaceutical			152409	84916

主要统计指标解释

一般公共预算收入　指国家财政参与社会产品分配所取得的收入，是实现国家职能的财力保证。主要包括：（1）各项税收：包括国内增值税、国内消费税、进口货物增值税和消费税、出口货物退增值税和消费税、营业税、企业所得税、个人所得税、资源税、城市维护建设税、房产税、印花税、城镇土地使用税、土地增值税、车船税、船舶吨税、车辆购置税、关税、耕地占用税、契税、烟叶税等。（2）非税收入：包括专项收入、行政事业性收费、罚没收入和其他收入。财政收入按现行分税制财政体制划分为中央本级收入和地方本级收入。

一般公共预算支出　指国家财政将筹集起来的资金进行分配使用，以满足经济建设和各项事业的需要。主要包括：一般公共服务、外交、国防、公共安全、教育、科学技术、文化体育与传媒、社会保障和就业、医疗卫生与计划生育、节能环保、城乡社区、农林水、交通运输、资源勘探信息等、商业服务业等、金融、援助其他地区、国土海洋气象等、住房保障、粮油物资储备、政府债务付息等方面的支出。财政支出根据政府在经济和社会活动中的不同职权，划分为中央财政支出和地方财政支出。

中央一般公共预算收入和地方一般公共预算收入　属于中央一般公共预算的收入包括关税，进口货物增值税和消费税，出口货物退增值税和消费税，消费税，铁道部门、各银行总行、各保险公司总公司等集中缴纳的营业税和城市维护建设税，增值税75%部分，纳入共享范围的企业所得税60%部分，未纳入共享范围的中央企业所得税、中央企业上交的利润，个人所得税60%部分，车辆购置税，船舶吨税，证券交易印花税97%部分，海洋石油资源税，中央非税收入等。属于地方一般公共预算的收入包括营业税（不含铁道部门、各银行总行、各保险公司总公司集中缴纳的营业税），地方企业上交利润，城市维护建设税（不含铁道部门、各银行总行、各保险公司总公司集中缴纳的部分），房产税，城镇土地使用税，土地增值税，车船税，耕地占用税，契税，烟叶税，印花税，增值税25%部分，纳入共享范围的企业所得税40%部分，个人所得税40%部分，证券交易印花税3%部分，海洋石油资源税以外的其他资源税，地方非税收入等。

中央一般公共预算支出和地方一般公共预算支出　指根据政府在经济和社会活动中的不同职责，划分中央和地方政府的责权，按照政府的责权划分确定的支出。中央一般公共预算支出包括一般公共服务，外交支出，国防支出，公共安全支出，以及中央政府调整国民经济结构、协调地区发展、实施宏观调控的支出等。地方一般公共预算支出包括一般公共服务，公共安全支出，地方统筹的各项社会事业支出等。

信贷资金　指金融机构以信用方式积聚和分配的货币资金。金融机构信贷资金的来源有各项存款、金融债券、对国际金融机构负债、流通中现金、其他项目等；信贷资金的运用有各项贷款、有价证券及投资、金银占款、外汇占款、财政借款及在国际金融机构中的资产等。

存款　指企业、机关、团体或居民根据资金必须收回的原则，把货币资金存入银行或其他信贷机构保管并取得一定利息的一种信用活动形式。根据存款对象或性质的不同可划分为单位存款、个人存款、财政性存款、临时性存款、委托存款、其他存款等科目。它是银行信贷资金的主要来源。

贷款　指银行或其他信贷机构根据资金必须归还的原则，按一定利率，为企业、个人等提供资金的一种信用活动形式。我国银行贷款分为短期贷款、中长期贷款、融资租赁、票据融资、各项垫款、境外贷款等。

保险公司　在中国境内的、经过保险监督管理部门批准设立，并依法登记注册的各类商业保险公司。

保险金额　指保险人承担赔偿或者给付保险金责任的最高限额。

保费　指投保人为取得保险人在约定范围内所承担赔偿责任而支付给保险人的费用。

赔款　指保险人根据保险合同的规定，向被保险人支付的赔偿保险责任损失的金额。

给付　包括死伤医疗给付和满期给付。死伤医疗给付是指保险人根据人寿保险及长期健康保险合同的规定，因被保险人在保险期内发生保险责任范围内的保险事故支付给被保险人(或受益人)的金额。满期给付是指被保险人生存期满，保险人按人寿保险合同规定支付给被保险人的满期保险金额。

股票及其他股权 指股票购买者及直接投资者对其投资企业净资产所拥有的权益。股票是股份公司签发的证明股东投资并按其所持股份享有权益和承担义务的权益性证券。其他股权是机构单位以直接投资的方式用除股票、债权性证券以外的土地、房屋及建筑物、机器设备、存货、资源资产等实物资产，商标、专利权、土地使用权、特许使用权、商誉等无形资产及货币资金直接向其他单位进行的投资。通常以股权证、出资证明书、参与证或类似的单据为凭证。

Explanatory Notes on Main Statistical Indicators

General Public Budget Revenue refers to income for the government finance through participating in the distribution of social products. It is the financial guarantee to ensure government functioning. The government revenue includes the following main items: (1) Various tax revenues including domestic value added tax (VAT), domestic consumption tax, VAT and consumption tax from imports, VAT and consumption tax rebate for exports, business tax, corporate income tax, individual income tax, resource tax, city maintenance and construction tax, house property tax, stamp tax, urban land use tax, land appreciation tax, tax on vehicles and boat operation, ship tonnage tax, vehicle purchase tax, tariffs, farm land occupation tax, deed tax, and tobacco tax, etc. (2) Non-tax revenue, including special program receipts, charge of administrative and institutional units, penalty receipts and others non-tax receipts.

General Public Budget Expenditure refers to the distribution and use of the funds which the government finance has raised, so as to meet the needs of economic construction and various undertakings. It includes the following main items: expenditure for general public services, expenditure for foreign affairs, expenditure for national defence expenditure for public security, expenditure for education, expenditure for science and technology, expenditure for culture, sport and media, expenditure for social safety net and employment effort, expenditure for medical and health care and family planning, expenditure for energy conservation and environment protection, expenditure for urban and rural community affairs, expenditure for agriculture, forestry and water conservancy, expenditure for transportation, expenditure for resource exploration and information, expenditure for affairs of commerce and services, expenditure for finance, aid to other regions, expenditure for land, ocean and weather, expenditure for housing security, expenditure for grain & oil reserves, interest payment for public debts. General public budget expenditure is divided into general public budget expenditure of central government and general public budget expenditure of local government according to the different functions of the governments played in economic and social activities, central enterprises, 60% of individual income tax, vehicle purchase tax, ship tonnage tax, 97% of stamp tax on securities transactions, resource tax on the offshore petroleum resources. The general public budget revenue of the local governments includes business tax (excluding the part of the Ministry of Railways, head offices of banks, head offices of insurance company, which are handed over to the government in a centralized way), profit handed in by the local enterprises, city maintenance and construct tax (excluding the part of the Ministry of Railways, head offices of banks, head offices of insurance company, which are handed over to the government in a centralized way), house property tax, urban land use tax, land appreciation tax, tax on vehicles and boat operation, farm land occupation tax, deed tax, and tobacco leaf tax, stamp tax, 25% of the value added tax, 40% the share part of the corporate income tax, 40% of individual income tax, 3% of stamp tax on securities transactions, resource tax other than the tax on offshore petroleum resources, local non-tax revenue, etc.

General Public Budget Expenditure of the Central Government and Local Governments according to the different functions of the Central Government and local governments in economic and social activities, the rights of administration are demarcated between those of the Central Government and those of local governments; and the classification of the expenditure between the Central Government and local governments are made on the basis of the classification of the rights administration between them. The general public budget expenditure of the Central Government includes the expenditure for general public services, expenditure for foreign affairs, expenditure for public security, and the general public budget expenditure of the Central Government for adjusting the national economic structure; coordinating the development among different regions; and exercising macroeconomic regulation. The general public budget expenditure of the local governments includes mainly the expenditure for general public services, expenditure for public security, and expenditures for social development which are planed by local governments, etc.

Credit Funds refer to the monetary funds accumulated and distributed in the means of credit by the financial institutions. The sources of credit funds include various deposits, financial bonds, liabilities to international financial institutions, currency in circulation, other items. The uses of credit funds include loans, securities and investment, position for bullion and silver purchase, position for foreign exchange purchase, advances to treasury, and assets with international financial institutions.

Deposit is a form of credit by which enterprises, institutions, organizations or households can put money into banks and other credit institutions for safekeeping and interest earning under the principle of free withdrawal. According to different depositors, deposits are divided into unit deposits, personal deposits, fiscal deposits, temporary deposits, entrusted deposits and other deposits. Deposits are major sources of the credit funds of banks.

Loan is a form of credit by which banks and other credit institutions provide funds at certain interest rate to enterprises and individuals in the light of the principle of unconditional repayment. Loans from Chinese banks include short-term loan, medium-term and long-term loans, financial lease, bill financing, various money advanced, foreign loans.

Insurance Companies refer to commercial insurance companies of various forms registered by law and established in China with the approval of insurance regulatory agencies.

Amount Insured refers to the maximum that the insurant will get for the claim of the case insured.

Premium is the fee paid by the insurant to the insurer to obtain the obligation of compensation from the insurance within the agreed terms.

Settled Claim is the compensation paid by the insurer to the insurant in accordance with the insurance contract.

Payment includes payment for death, injury or medical treatment and payment at maturity. Payment for death, injury or medical treatment refers to the money paid to the insurant (or the beneficiary) in accordance with the life or health insurance contract when the insurant encounters accidents within the insured period covered in the contract. Payment at maturity refers to the payment to the insurant in accordance with the life insurance contract at the end of the insured period.

Shares and Other Holding Rights refer to the rights of stockholders and direct investors on the net assets of corporations they have invested in. Shares refer to negotiable securities on creditor' s rights, issued by share companies certifying the investment by stockholders and their rights and duties in accordance with the amount of stocks that they hold. Other holding rights refer to the direct investment by institutional units in other units with currency capital or with assets, in forms other than shares and negotiable securities on creditor's rights, including such tangible assets such as land, buildings, machines and equipment, inventory, resources, etc., and such intangible assets as trade marks, patents, monopolies, rights on land use, licenses, commercial reputation, etc.. Documents of proof of holding rights usually include certificates on creditor's right, certificates on investment or on participation, etc.

第七篇　资源与环境

CHAPTER 7 RESOURCES AND ENVIRONMENT

资料整理：安　静　张雅楠

7-1 土地状况

LAND CHARACTERISTICS

项　目	Item	面　积 (万公顷) Area (10000 hectares)	占总面积(%) Percentage to Total Area(%)
总面积	**Total Land Area**	4525.4	100.0
耕地	Cultivated Land	1586.6	35.1
园地	Garden Land	4.5	0.1
林地	Forests Land	2183.7	48.3
草地	Grassland	206.3	4.6
城镇村及工矿用地	Land for Inhabitation, Mining and Manufacturing	116.6	2.6
交通运输用地	Land for Transport Facilities	57.3	1.3
水域及水利设施用地	Land for Water Conservancy Facilities	217.8	4.8
其他用地	Other Land	152.6	3.4

注：1.本表数据来源于黑龙江省国土资源厅，为第二次土地调查数据(7-2表同)。
　　2.本表不包含加格达奇、松岭区面积共计1.82万平方公里。

Note:a)Figures in this table were obtained from the Heilongjiang Provincial Department of Land and Resources and the second land survey data (the same as 7-2 table).
　b)This table does not include Jiagedaqi and Songling area total of 18200 square kilometers.

7-2 分地区土地面积

LAND AREA IN THE REGION

地　区	Region	总面积(平方公里) Total Land Area(sq. km)
全　省	**Total**	**452538**
哈尔滨	Harbin	53076
齐齐哈尔	Qiqihar	42255
鸡　西	Jixi	22494
鹤　岗	Hegang	14665
双鸭山	Shuangyashan	22051
大　庆	Daqing	21205
伊　春	Yichun	32800
佳木斯	Jiamusi	32470
七台河	Qitaihe	6190
牡丹江	Mudanjiang	38827
黑　河	Heihe	66862
绥　化	Suihua	34873
大兴安岭	Daxinganling	64768

7-3 主要河流基本情况 (2016年)

MAJOR RIVERS (2016)

名 称	Name	流域面积(平方公里) Drainage Area(sq. km)	河长(公里) Length(km)
呼玛河	Humahe River	31197	524
逊毕拉河	Xunbilahe River	15739	279
穆棱河	Mulinghe River	18136	834
挠力河	Naolihe River	22495	596
呼兰河	Hulanhe River	31424	523
蚂蚁河	Ant River	10547	341
汤旺河	Tangwanghe River	20557	509

注：水利数据来源于黑龙江省水文局。
Note:Figures of water resources were obtained from the Hydrographic Department of Heilongjiang Province.

7-4 分地区水资源状况 (2016年)

WATER RESOURCES BY DIVISIONS OF ADMINISTRATIVE AREAS (2016)

单位：亿立方米 (100 Million cu. m)

地 区	Region	水资源总量 Total Water Resources Volume	地下水资源与地表水资源不重复量 Unduplicated Measurement Volume of Surface Water and Ground Water	地表水资源量 Total Surface Water Resources Volume
全 省	**Total**	**843.7**	**123.7**	**720.0**
哈 尔 滨	Harbin	142.0	16.6	125.4
齐齐哈尔	Qiqihar	33.1	19.9	13.2
鸡 西	Jixi	46.0	10.6	35.4
鹤 岗	Hegang	49.0	7.5	41.5
双 鸭 山	Shuangyashan	40.0	7.6	32.4
大 庆	Daqing	16.7	13.1	3.5
伊 春	Yichun	105.2	0.8	104.4
佳 木 斯	Jiamusi	57.5	21.4	36.1
七 台 河	Qitaihe	9.2	0.9	8.4
牡 丹 江	Mudanjiang	101.0	0.6	100.4
黑 河	Heihe	76.0	8.1	67.9
绥 化	Suihua	46.7	15.5	31.2
大兴安岭	Daxinganling	121.3	1.0	120.3

7-5 主要矿产资源储量

MAJOR MINERAL RESOURCES

项　目	Item	2012	2013	2014	2015	2016
煤炭(亿吨)	Coal(100 million tons)	197.5	204.1	202.9	198.5	198.0
铁矿(矿石亿吨)	Iron(Ore,100 million tons)	3.57	3.55	4.02	4.02	4.03
铜矿(铜万吨)	Copper(Metal,10000 tons)	424.3	422.6	424.9	425.0	425.2
铅矿(万吨)	Lead(Metal,10000 tons)	57.6	58.7	55.5	54.8	54.7
锌矿(万吨)	Zinc(Metal,10000 tons)	191.0	189.3	186.0	185.9	185.3
镁矿(万吨)	Magnesium(10000 tons)	891.3	891.3	891.3	891.3	891.3
镍矿(吨)	Nickel(ton)	21612	21612	21612	21612	21612
钨矿(WO3)(万吨)	Tungsten(WO3,10000 tons)	18.90	18.90	18.90	16.50	16.51
金矿(岩金)(千克)	Gold ore(rock gold) (kg)	141753	146368	146215	153909	160297
矽线石(万吨)	Fibrolite(10000 tons)	757.4	757.3	757.3	757.3	757.3
熔剂用灰岩(万吨)	Limestone for Flux(10000 tons)	2649.9	2590.9	2590.9	4643.7	4643.7
冶金用白云岩(万吨)	Dolomite for Metallurgy(10000 tons)	3653	3653	3653	3653	3653
铸型用砂(万吨)	Placer for Mould(10000 tons)	1039.9	1039.9	1039.9	1039.9	1039.9
耐火粘土(万吨)	Refractory Clay(10000 tons)	1533.7	1533.7	1533.7	1533.7	1533.7
硫铁矿(万吨)	Pyrite Ore(10000 tons)	251.4	251.4	251.4	251.4	251.4
化肥用蛇纹岩(万吨)	Serpentinite for Chemical Fertilizer(10000 tons)	7880.3	7880.3	7880.3	7880.3	7880.3
泥炭(万吨)	Peat(10000 tons)	2877.3	2877.3	2877.3	2877.3	2877.3
磷矿石(万吨)	Phosphorite(10000 tons)	4255	4255	4255	4255	4255
长石(万吨)	Feldspar(10000 tons)	17558	17558	17558	17558	17558
陶瓷土(万吨)	Pottery Clay(10000 tons)	3612	3612	3612	3601	3600
玻璃用砂(万吨)	Gritstone for Glass(10000 tons)	1591	1591	1591	1591	1591
玻璃用脉石英(万吨)	Vein Quartz for Glass(10000 tons)	799.5	799.5	799.5	799.5	799.5
玻璃用大理岩(万吨)	Marble for Glass(10000 tons)	2820	2820	2820	2820	2820
水泥配料用粘土(万吨)	Clay forCement Industry(10000 tons)	11212.5	11211.9	11211.4	11210.9	11210.9
水泥用大理岩(亿吨)	Marble for Cement(100 million tons)	15.2	15.1	15.7	15.8	16.2
膨润土(万吨)	Bentonite(10000 tons)	14595	14594	14594	14594	14594
饰面用花岗岩(万立方米)	Granite for Facing(10000 cu.m)	5271	5271	5265	5265	5265
火山灰(万吨)	Pozzolana(10000 tons)	4948	4948	4948	4948	4948
饰面用大理岩(万立方米)	Marble for Facing(10000 cu.m)	668	668	668	668	668
石墨(万吨)	Graphite(10000 tons)	11218.7	11609.1	11615.6	12407.4	12884.8
沸石(万吨)	Zeolite(10000 tons)	11908	11908	11908	11908	11908
颜料黄土(万吨)	Sienna(10000 tons)	192	192	192	192	192
铸石用玄武岩(万吨)	Basalt for Casting(10000 tons)	11112	11110	11110	11110	11110
岩棉用玄武岩(万吨)	Basalt for Artificial Asbestos(10000 tons)	7274	7274	7274	7274	7274
珍珠岩(万吨)	Perlite(10000 tons)	2938	3331	3325	3324	3322

注：气象数据来源于黑龙江省气象信息中心。
Note:Figures of climate were obtained from Heilongjiang Province Meteorological Information Center.

7-6 主要城市(区)平均气压 (2016年)

MONTHLY AVERAGE ATMOSPHERIC PRESSURE OF MAJOR CITIES (2016)

单位：百帕 (hPa)

月份	Month	哈尔滨 Harbin	齐齐哈尔 Qiqihar	北林 Beilin	大庆 Daqing	加格达奇 Jiagedaqi	爱辉 Aihui	伊春 Yichun	佳木斯 Jiamusi	鸡西 Jixi	牡丹江 Mudan-jiang	鹤岗 Hegang	双鸭山 Shuang-yashan	七台河 Qitaihe
年平均	**Annual Average**	**999.9**	**996.5**	**992.7**	**996.4**	**968.7**	**993.2**	**981.9**	**1004.1**	**981.3**	**978.0**	**991.5**	**992.6**	**987.2**
1 月	Jan.	1010.1	1006.7	1001.9	1006.3	975.3	1000.8	988.7	1011.9	987.3	984.8	997.8	999.1	993.8
2 月	Feb.	1006.3	1003.0	998.7	1002.7	973.0	999.4	986.7	1010.2	985.8	982.6	996.6	997.8	992.1
3 月	Mar.	1002.0	998.5	994.7	998.4	970.0	995.5	983.5	1006.4	983.3	980.0	993.5	994.6	989.3
4 月	Apr.	994.8	991.3	987.7	991.3	963.2	987.5	976.8	999.2	977.0	973.6	986.8	988.0	982.8
5 月	May	991.0	987.3	984.2	987.4	961.1	984.9	974.4	996.1	974.5	970.9	984.2	985.3	980.2
6 月	June	989.8	986.8	983.3	986.6	962.1	985.5	974.0	995.3	973.8	970.2	983.8	984.7	979.5
7 月	July	991.9	987.8	985.4	988.3	961.9	985.6	975.9	996.7	975.7	972.1	985.2	986.3	981.1
8 月	Aug.	992.5	990.0	986.1	989.6	964.9	987.4	976.4	996.8	975.2	971.7	985.4	986.1	980.7
9 月	Sept.	998.4	995.1	991.8	995.1	969.4	993.2	982.3	1004.0	982.1	978.3	992.2	993.2	987.7
10月	Oct.	1004.7	1001.6	997.3	1001.4	972.6	996.7	985.5	1007.8	985.2	982.4	994.9	996.1	990.9
11月	Nov.	1008.1	1004.5	1000.4	1004.3	974.9	1000.5	988.6	1012.2	988.1	984.9	998.8	999.9	994.2
12月	Dec.	1009.2	1005.9	1001.4	1005.6	975.7	1001.2	989.4	1012.4	987.9	985.0	998.7	999.9	994.3
春季	Spring	995.9	992.4	988.9	992.4	964.8	989.3	978.2	1000.6	978.3	974.8	988.2	989.3	984.1
夏季	Summer	991.4	988.2	984.9	988.2	963.0	986.2	975.4	996.3	974.9	971.3	984.8	985.7	980.4
秋季	Fall	1003.7	1000.4	996.5	1000.3	972.3	996.8	985.5	1008.0	985.1	981.9	995.3	996.4	990.9
冬季	Winter	1008.5	1005.2	1000.7	1004.9	974.7	1000.5	988.3	1011.5	987.0	984.1	997.7	998.9	993.4
最高	Highest	1002.8	999.3	995.6	999.3	971.4	995.9	984.6	1006.8	984.1	980.8	994.2	995.3	989.9
最低	Lowest	996.9	993.6	989.9	993.5	965.8	990.5	979.0	1001.3	978.5	975.1	988.8	989.9	984.4

注：气象数据来源于黑龙江省气象信息中心。
Note:Figures of climate were obtained from Heilongjiang Province Meteorological Information Center.

7-7 主要城市(区)平均气温 (2016年)

MONTHLY AVERAGE TEMPERATURE OF MAJOR CITIES (2016)

单位：摄氏度　　　　　　　　　　　　　　　　　　　　　　　　　　　　　　　　　　　(℃)

月份	Month	哈尔滨 Harbin	齐齐哈尔 Qiqihar	北林 Beilin	大庆 Daqing	加格达奇 Jiagedaqi	爱辉 Aihui	伊春 Yichun	佳木斯 Jiamusi	鸡西 Jixi	牡丹江 Mudan-jiang	鹤岗 Hegang	双鸭山 Shuang-yashan	七台河 Qitaihe
年平均	**Annual Average**	**5.0**	**4.2**	**3.8**	**5.1**	**-0.4**	**0.9**	**1.6**	**3.7**	**4.5**	**4.6**	**1.6**	**4.6**	**4.2**
1 月	Jan.	-19.4	-19.6	-20.2	-17.4	-21.7	-20.3	-21.3	-17.9	-16.3	-16.6	-20.5	-16.6	-17.6
2 月	Feb.	-11.8	-13.5	-13.0	-11.5	-18.4	-18.4	-15.7	-14.5	-11.8	-11.1	-17.4	-12.6	-12.7
3 月	Mar.	0.1	-0.7	-1.2	0.5	-5.4	-5.0	-3.2	-2.3	-0.7	-0.3	-4.8	-0.6	-1.0
4 月	Apr.	8.0	6.8	7.1	8.0	2.7	4.6	5.0	6.9	6.5	7.2	4.8	7.1	6.8
5 月	May	16.0	15.9	15.1	16.1	12.0	13.1	13.0	14.9	14.3	14.7	12.6	14.8	14.3
6 月	June	20.1	20.0	19.3	20.1	16.2	16.9	16.8	18.6	17.9	18.3	16.7	18.6	18.1
7 月	July	24.3	25.5	23.5	24.7	20.5	22.0	21.6	23.6	22.4	22.4	21.9	23.5	22.7
8 月	Aug.	23.2	22.7	22.1	23.1	17.0	18.9	19.5	21.6	21.6	21.5	19.9	22.1	21.6
9 月	Sept.	17.1	16.2	16.0	16.8	12.5	14.2	14.0	15.7	15.5	15.8	14.0	16.0	15.6
10月	Oct.	4.6	3.2	2.7	4.1	-2.2	-1.0	1.1	3.6	4.5	4.5	1.7	4.4	4.2
11月	Nov.	-9.4	-10.7	-11.1	-9.4	-17.4	-15.5	-13.5	-10.5	-8.9	-9.2	-12.9	-9.3	-9.2
12月	Dec.	-13.4	-15.1	-14.9	-13.4	-20.8	-19.3	-17.6	-14.8	-11.0	-11.7	-16.9	-12.4	-12.4
春季	Spring	8.0	7.3	7.0	8.2	3.1	4.2	4.9	6.5	6.7	7.2	4.2	7.1	6.7
夏季	Summer	22.5	22.7	21.6	22.6	17.9	19.3	19.3	21.3	20.6	20.7	19.5	21.4	20.8
秋季	Fall	4.1	2.9	2.5	3.8	-2.4	-0.8	0.5	2.9	3.7	3.7	0.9	3.7	3.5
冬季	Winter	-14.9	-16.1	-16.0	-14.1	-20.3	-19.3	-18.2	-15.7	-13.0	-13.1	-18.3	-13.9	-14.2
最高	Highest	10.2	9.6	8.9	10.2	7.0	7.0	7.8	9.3	9.7	10.8	7.6	9.1	9.4
最低	Lowest	0.0	-0.8	-0.9	0.5	-6.8	-4.6	-4.1	-1.9	-0.1	-0.7	-4.6	0.6	-0.7

7-8 主要城市(区)平均相对湿度 (2016年)

MONTHLY AVERAGE RELATIVE HUMIDITY OF MAJOR CITIES (2016)

单位：% (%)

月份	Month	哈尔滨 Harbin	齐齐哈尔 Qiqihar	北林 Beilin	大庆 Daqing	加格达奇 Jiagedaqi	爱辉 Aihui	伊春 Yichun	佳木斯 Jiamusi	鸡西 Jixi	牡丹江 Mudan-jiang	鹤岗 Hegang	双鸭山 Shuang-yashan	七台河 Qitaihe
年平均	**Annual Average**	**69**	**61**	**66**	**62**	**65**	**61**	**67**	**65**	**65**	**66**	**69**	**61**	**68**
1 月	Jan.	71	64	72	66	61	65	67	61	59	60	63	60	69
2 月	Feb.	68	63	66	66	60	57	62	60	57	60	61	56	65
3 月	Mar.	55	50	55	50	56	59	55	58	53	56	58	50	59
4 月	Apr.	50	44	46	44	55	47	54	51	54	51	57	49	56
5 月	May	60	50	54	53	50	47	56	57	60	59	64	56	63
6 月	June	77	65	72	69	70	73	80	77	78	74	86	75	82
7 月	July	78	63	74	68	75	71	77	74	77	75	81	72	79
8 月	Aug.	74	62	70	64	76	69	76	74	74	76	79	71	75
9 月	Sept.	79	76	75	74	81	73	80	77	79	79	84	75	79
10月	Oct.	66	57	61	56	58	52	58	57	56	65	59	50	58
11月	Nov.	75	67	69	65	70	62	68	63	64	69	69	60	66
12月	Dec.	77	71	73	68	69	62	69	65	63	67	66	60	69
春季	Spring	55	48	52	49	54	51	55	55	56	55	60	52	59
夏季	Summer	76	63	72	67	74	71	78	75	76	75	82	73	79
秋季	Fall	73	67	68	65	70	62	69	66	66	71	71	62	68
冬季	Winter	72	66	70	67	63	61	66	62	60	62	63	59	68

7-9 主要城市(区)降水量 (2016年)

MONTHLY PRECIPITATION OF MAJOR CITIES (2016)

单位：毫米 (millimeters)

月份	Month	哈尔滨 Harbin	齐齐哈尔 Qiqihar	北林 Beilin	大庆 Daqing	加格达奇 Jiagedaqi	爱辉 Aihui	伊春 Yichun	佳木斯 Jiamusi	鸡西 Jixi	牡丹江 Mudan-jiang	鹤岗 Hegang	双鸭山 Shuang-yashan	七台河 Qitaihe
合计	**Total**	**537.8**	**318.9**	**546.9**	**465.5**	**527.9**	**514.2**	**701.9**	**680.4**	**609.2**	**636.8**	**810.9**	**743.9**	**652.3**
1 月	Jan.	2.3	0.5	1.6	0.3	1.0	2.0	7.4	9.6	19.0	16.9	7.6	15.9	19.5
2 月	Feb.	2.8	2.0	5.1	3.5	0.7	1.1	4.3	3.5	3.4	4.4	1.4	2.9	4.3
3 月	Mar.	10.8	8.8	13.9	4.6	18.7	15.5	11.1	9.7	8.6	15.0	13.1	6.8	10.4
4 月	Apr.	15.2	7.8	12.9	9.2	28.1	16.6	34.7	16.3	41.1	49.3	22.5	30.8	28.6
5 月	May	106.8	37.8	83.1	33.6	18.0	88.3	57.6	107.8	109.4	89.3	108.3	121.3	105.4
6 月	June	206.1	97.5	181.7	174.2	114.9	113.8	179.0	144.4	142.1	132.8	232.5	82.9	109.4
7 月	July	44.2	10.4	80.9	15.8	89.3	56.5	128.7	117.3	43.0	62.0	125.8	179.1	113.7
8 月	Aug.	31.7	28.9	32.4	62.8	64.7	66.2	92.3	117.8	117.4	98.1	131.9	165.5	151.0
9 月	Sept.	70.3	79.0	78.6	102.2	152.8	109.9	145.9	101.9	72.1	88.0	139.3	89.7	51.3
10月	Oct.	16.8	20.6	29.9	37.2	19.2	12.5	17.8	23.7	32.7	45.9	4.4	33.7	38.6
11月	Nov.	28.7	24.5	22.0	19.7	13.5	22.6	17.7	19.2	19.5	33.6	21.1	12.2	17.0
12月	Dec.	2.1	1.1	4.8	2.4	7.0	9.2	5.4	9.2	0.9	1.5	3.0	3.1	3.1
春季	Spring	132.8	54.4	109.9	47.4	64.8	120.4	103.4	133.8	159.1	153.6	143.9	158.9	144.4
夏季	Summer	282.0	136.8	295.0	252.8	268.9	236.5	400.0	379.5	302.5	292.9	490.2	427.5	374.1
秋季	Fall	115.8	124.1	130.5	159.1	185.5	145.0	181.4	144.8	124.3	167.5	164.8	135.6	106.9
冬季	Winter	7.2	3.6	11.5	6.2	8.7	12.3	17.1	22.3	23.3	22.8	12.0	21.9	26.9

7-10 主要城市(区)平均风速 (2016年)

MONTHLY AVERAGE WIND VELOCITY OF MAJOR CITIES (2016)

单位：m/s　　(m/s)

月份	Month	哈尔滨 Harbin	齐齐哈尔 Qiqihar	北林 Beilin	大庆 Daqing	加格达奇 Jiagedaqi	爱辉 Aihui	伊春 Yichun	佳木斯 Jiamusi	鸡西 Jixi	牡丹江 Mudan-jiang	鹤岗 Hegang	双鸭山 Shuang-yashan	七台河 Qitaihe
年平均	**Annual Average**	**2.8**	**2.5**	**2.3**	**1.9**	**2.3**	**2.5**	**2.4**	**2.5**	**3.8**	**3.1**	**2.3**	**2.0**	**2.2**
1 月	Jan.	2.3	1.9	1.9	1.7	2.3	2.2	2.4	2.8	4.9	3.2	2.6	2.5	2.3
2 月	Feb.	2.5	2.0	1.9	1.6	2.0	1.9	2.3	2.1	4.2	2.9	2.3	1.9	2.1
3 月	Mar.	3.4	2.9	2.6	2.3	2.5	2.7	2.8	2.6	4.3	3.8	2.3	2.2	2.5
4 月	Apr.	4.1	3.1	2.9	2.5	2.6	3.2	3.0	3.6	4.7	4.2	3.0	2.5	2.8
5 月	May	4.0	3.5	3.0	2.6	3.0	3.3	3.0	3.6	4.2	4.3	2.9	2.2	2.7
6 月	June	2.3	2.4	2.1	1.6	2.6	2.2	1.8	2.0	2.8	2.8	1.8	1.5	1.9
7 月	July	2.0	2.7	1.9	1.9	2.4	2.4	1.9	1.9	2.6	2.4	1.8	1.6	1.8
8 月	Aug.	2.3	2.6	2.2	1.7	2.3	2.5	2.0	2.4	2.9	2.7	2.2	1.8	1.9
9 月	Sept.	2.8	2.3	2.1	1.8	2.2	2.3	2.4	2.2	3.0	2.3	2.1	1.7	2.0
10月	Oct.	2.8	2.5	2.2	1.8	2.5	2.8	3.0	3.0	4.5	3.5	2.8	2.3	2.5
11月	Nov.	2.6	2.1	2.1	1.6	1.7	2.2	2.3	2.2	4.1	2.5	2.1	2.0	2.2
12月	Dec.	2.6	1.8	2.1	1.6	1.5	2.2	2.2	2.1	3.8	2.9	2.1	2.0	2.2
春季	Spring	3.8	3.2	2.8	2.5	2.7	3.1	2.9	3.3	4.4	4.1	2.7	2.3	2.7
夏季	Summer	2.2	2.6	2.1	1.7	2.4	2.4	1.9	2.1	2.8	2.6	1.9	1.6	1.9
秋季	Fall	2.7	2.3	2.1	1.7	2.1	2.4	2.6	2.5	3.9	2.8	2.3	2.0	2.2
冬季	Winter	2.5	1.9	2.0	1.6	1.9	2.1	2.3	2.3	4.3	3.0	2.3	2.1	2.2
最大	Maximum	14.8	13.6	13.4	9.7	10.3	10.9	12.5	13.3	17.1	19.0	12.5	9.7	9.4
风向	Wind direction	NNE	SSW	WSW	SSW	WNW	SW	W	WSW/SW	W	WNW	WSW	WSW	W

7-11 主要城市(区)日照时数 (2016年)

MONTHLY SUNSHINE HOURS OF MAJOR CITIES (2016)

单位：小时　　(hour)

月份	Month	哈尔滨 Harbin	齐齐哈尔 Qiqihar	北林 Beilin	大庆 Daqing	加格达奇 Jiagedaqi	爱辉 Aihui	伊春 Yichun	佳木斯 Jiamusi	鸡西 Jixi	牡丹江 Mudan-jiang	鹤岗 Hegang	双鸭山 Shuang-yashan	七台河 Qitaihe
合计	**Total**	**2180.8**	**2760.9**	**2229.5**	**2222.3**	**2820.0**	**2265.4**	**2209.4**	**2347.1**	**2368.0**	**2085.1**	**2138.6**	**2440.2**	**1874.0**
1 月	Jan.	164.1	226.3	161.9	180.4	203.6	174.8	162.2	188.3	193.5	184.9	186.4	173.8	132.1
2 月	Feb.	181.2	223.0	180.5	187.6	238.3	225.4	201.2	197.7	203.4	170.0	219.0	193.9	162.5
3 月	Mar.	221.3	263.1	223.0	224.2	262.6	223.5	260.2	259.5	243.0	183.4	259.2	267.7	216.7
4 月	Apr.	199.9	246.5	209.6	210.1	277.2	233.6	186.7	230.5	203.5	190.7	207.0	269.6	147.4
5 月	May	203.6	234.8	209.3	201.7	295.0	209.6	191.8	202.8	209.5	197.5	170.2	219.4	174.7
6 月	June	199.7	225.9	194.2	176.3	252.8	137.6	166.0	162.5	199.2	197.2	117.1	176.0	165.0
7 月	July	218.5	321.0	251.5	241.3	291.1	209.1	227.8	235.6	237.3	222.9	202.2	243.2	210.3
8 月	Aug.	254.0	296.8	250.1	198.1	275.9	190.2	253.2	246.4	236.3	228.2	205.4	245.7	223.4
9 月	Sept.	159.1	166.6	139.5	147.5	136.4	129.4	136.7	138.7	164.6	137.0	110.0	144.1	130.4
10月	Oct.	159.5	221.7	183.5	168.7	234.2	203.2	180.0	201.1	198.2	155.7	188.9	193.9	123.0
11月	Nov.	117.0	168.5	110.7	138.1	184.5	173.9	116.4	132.5	140.9	99.7	119.7	153.5	109.7
12月	Dec.	102.9	166.7	115.7	148.3	168.4	155.1	127.2	151.5	138.6	117.9	153.5	159.4	78.8
春季	Spring	624.8	744.4	641.9	636.0	834.8	666.7	638.7	692.8	656.0	571.6	636.4	756.7	538.8
夏季	Summer	672.2	843.7	695.8	615.7	819.8	536.9	647.0	644.5	672.8	648.3	524.7	664.9	598.7
秋季	Fall	435.6	556.8	433.7	454.3	555.1	506.5	433.1	472.3	503.7	392.4	418.6	491.5	363.1
冬季	Winter	448.2	616.0	458.1	516.3	610.3	555.3	490.6	537.5	535.5	472.8	558.9	527.1	373.4

7-12 工业“三废”排放治理情况 (2016年)

DISCHARGE AND TREATMENT OF INDUSTRIAL WASTE WATER, WASTE GAS AND SOLID WASTES (2016)

项　目	Item	2016
工业废水	**Industrial Waste Water**	
工业废水排放量(万吨)	Volume of Industrial Waste Water Discharged(10000 tons)	23935
直接排入环境的	Directly Into the Environment	16939
排入污水处理厂的	Discharged Into the Sewage Treatment Plant	6995
化学需氧量COD排放量(万吨)	Chemical Oxygen Demand COD Emissions(10000 tons)	2.02
氨氮排放量(万吨)	Ammonia - Nitrogen Emissions(10000 tons)	0.13
工业废气	**Industrial Waste Gas**	
工业废气排放量(亿立方米)	Emission Volume of Industrial Waste Gas(100 million cu.m)	9599
二氧化硫排放量(万吨)	Emission Volume of Sulphur Dioxide(10000 tons)	16.52
氮氧化物排放量(万吨)	Emission Volume of Nitrogen Oxide(10000 tons)	25.40
烟（粉）尘排放量(万吨)	Emission Volume of Smoke (powder) Dust(10000 tons)	16.69
工业固体废物	**Industrial Solid Wastes**	
工业固体废物产生量(万吨)	Volume of Industrial Solid Wastes Produced(10000 tons)	6940.42
工业固体废物综合利用量(万吨)	Volume of Industrial Solid Wastes Utilized(10000 tons)	3582.09
工业固体废物处置量(万吨)	Volume of Industrial Solid Wastes Treated(10000 tons)	1675.10
工业固体废物贮存量(万吨)	Volume of Industrial Solid Wastes Accumulated(10000 tons)	1685.30
危险废物产生量(万吨)	Hazardous Waste Generated Volume(10000 tons)	57.48
危险废物综合利用量(万吨)	Comprehensive Utilization Amount of Hazardous Waste(10000 tons)	24.51
危险废物处置量(万吨)	Hazardous Waste Disposal Volume(10000 tons)	29.10
危险废物贮存量(吨)	Hazardous Waste Storage Capacity(ton)	89911
工业污染治理	**Industrial Pollution Treatment**	
老工业污染源治理项目本年完成投资(万元)	Total Funds Grouped by Source(10000 yuan)	173808
排污费补助	Subsidy of Pollution Charges	206
政府其他补助	Other Government Subsidy	20
企业自筹	Enterprise Self-provides	173582
#银行贷款	#Bank loan	2144

注：环保数据来源于黑龙江省环境保护厅。
Note:Figures of climate were obtained from the Environmental Protection of Heilongjiang Province.

7-13 分地区污染物排放总量情况 (2016年)

TOTAL EMISSION VOLUME OF POLLUTANTS BY REGION (2016)

项 目	Item	废水排放量（万吨）Volume of Waste Water Discharged (10000 tons)	化学需氧量COD排放量（吨）Chemical Oxygen Demand COD Emissions (ton)	氨氮排放量（吨）Ammonia-Nitrogen Emissions (ton)	二氧化硫排放量（吨）Emission Volume of Sulphur Dioxide (ton)	氮氧化物排放量（吨）Emission Volume of Nitrogen Oxide (ton)	烟（粉）尘排放量（吨）Emission Volume of Smoke (powder) Dust (ton)
全 省	**Total**	**138334.8**	**296343.5**	**43687.3**	**338220.9**	**539680.5**	**447060.9**
哈尔滨	Harbin	41992.8	70972.5	11161.8	110216.0	126371.7	180189.6
齐齐哈尔	Qiqihar	12098.7	38189.2	4960.8	39957.7	66661.8	37960.4
鸡 西	Jixi	5589.9	19321.4	2620.6	9903.8	19609.7	8506.2
鹤 岗	Hegang	7960.0	11913.7	1883.9	12149.8	21750.6	25731.8
双鸭山	Shuangyashan	6743.4	13628.6	1723.7	21176.9	30056.4	37698.9
大 庆	Daqing	14229.7	4641.5	1166.9	22041.6	63154.2	26138.2
伊 春	Yichun	5424.4	17984.2	2273.3	14066.5	16965.0	13513.6
佳木斯	Jiamusi	6782.6	17635.5	2098.0	18801.7	29537.2	23505.8
七台河	Qitaihe	3950.7	10294.2	1528.1	15432.8	21221.0	15887.1
牡丹江	Mudanjiang	9904.3	19874.8	3478.7	19825.6	33729.0	17987.4
黑 河	Heihe	4096.7	8419.9	1529.0	15745.9	12544.7	10819.7
绥 化	Suihua	10054.7	22873.9	3577.1	11363.8	62268.5	12113.6
大兴安岭	Daxinganling	1762.1	7680.7	960.0	10187.6	9730.1	11799.2
农垦总局	ARB	6664.5	30968.3	4378.5	14171.9	24450.7	19179.4
绥芬河	Suifenhe	818.2	643.4	198.0	2045.0	1181.6	3539.0
抚 远	Fuyuan	262.2	1301.8	148.7	1134.3	448.3	2490.9

7-14 工业污染排放和处理利用情况 (2016年)

类 别	Category	汇总工业企业数(个) Number of Industrial Enterprises (unit)	工业废水排放量(万吨) Volume of Industrial Waste Water Discharged (10000 tons)	直接排入环境的 Directly Into the Environment	排入污水处理厂的 Discharged Into the Sewage Treatment Plant
重点调查企业	**Key Survey Enterprises**	**1657**	**21330.79**	**14845.21**	**6485.58**
农、林、牧、渔服务业	Agricultural, Forestry, Animal Husbandry and Fishery Services	12	1.28	1.28	
煤炭开采和洗选业	Mining and Washing of Coal	146	6874.67	6638.27	236.40
石油和天然气开采业	Extraction of Petroleum and Natural Gas	18	187.60	88.64	98.96
黑色金属矿采选业	Mining and Processing of Ferrous Metal Ores	5	2.50	2.50	
有色金属矿采选业	Mining and Processing of Non-Ferrous Metal Ores	12	170.59	170.59	
非金属矿采选业	Mining and Processing of Nonmetal Ores	32	0.62	0.62	
开采辅助活动	Mining Support Activities	7	0.01	0.01	
农副食品加工业	Processing of Food from Agricultural Products	225	2799.62	2370.15	429.47
食品制造业	Manufacture of Foods	95	1466.61	571.36	895.25
酒、饮料和精制茶制造业	Manufacture of Wine, Soft Drinks and Refined Tea	102	1514.01	740.24	773.77
烟草制品业	Manufacture of Tobacco	3	0.30	0.30	
纺织业	Manufacture of Textile	15	178.63	148.24	30.39
纺织服装、服饰业	Manufacture of Textile, Wearing Apparel and Accessories	2	17.20	17.20	
皮革、毛皮、羽毛及其制品和制鞋业	Leather, Fur, Feathers and Its Process and System Footwear	2	11.96	11.89	0.07
木材加工和木、竹、藤、棕、草制品业	Processing of Timber, Manufacture of Wood, Bamboo, Rattan, Palm, and Straw Products	45	39.21	25.94	13.27
家具制造业	Manufacture of Furniture	6	3.76	3.76	
造纸和纸制品业	Manufacture of Paper and Paper Products	41	767.62	283.24	484.38
印刷和记录媒介复制业	Printing,Reproduction of Recording Media	3	2.00		2.00
文教、工美、体育和娱乐用品制造业	Manufacture of Culture and Education,Arts and Crafts, Sports and Recreation Supplies	3			
石油加工、炼焦和核燃料加工业	Processing of Petroleum, Coking, Processing of Nuclear Fuel	36	1282.77	824.31	458.46

DISCHARGE AND TREATMENT OF INDUSTRIAL POLLUTION (2016)

工业废水中 化学需氧量 排放量(吨) Emission Volume of Industrial Waste Water Chemical Oxygen Demand COD (ton)	工业废水中 氨氮排放量 (吨) Emission Volume of Industrial Waste Water Ammonia - Nitrogen (ton)	工业废气 排放量 (亿立方米) Emission Volume of Industrial Waste Gas (100 million cu. m)	工业废气中 二氧化硫 产生量(吨) Volume of Industrial Waste Gas Sulphur Dioxide Produced (ton)	工业废气中 二氧化硫 排放量(吨) Emission Volume of Industrial Waste Gas Sulphur Dioxide (ton)	工业废气中 氮氧化物 产生量(吨) Volume of Industrial Waste Gas Nitrogen Oxide Produced (ton)	工业废气中 氮氧化物 排放量(吨) Emission Volume of Industrial Waste Gas Nitrogen Oxide (ton)
17668.18	**21116.23**	**9598.65**	**411819.44**	**147091.72**	**410991.71**	**230302.49**
2.03	0.10	1.10	85.54	85.54	47.48	47.48
3350.52	24.60	87.97	2818.02	2670.46	1880.60	1880.60
59.05	2710.88	173.67	865.24	859.10	2578.36	2574.60
2.56		27.12	72.56	72.56	50.37	50.37
61.99	3.81	4.75	570.39	525.95	140.57	140.57
0.12	1.97	19.92	488.92	488.92	226.27	226.27
0.10	0.001	18.15	100.44	100.44	259.23	259.23
4748.88	15304.85	87.13	6364.67	3195.92	3542.03	2495.06
1356.90	826.87	52.81	3666.60	2992.71	2090.56	2062.80
1807.97	802.66	52.22	3083.32	1042.29	1979.01	1190.00
2.00	1.05	2.82	54.61	54.61	33.87	33.87
184.92	157.89	2.74	183.30	183.30	96.72	96.72
64.45	11.90	0.005	0.17	0.17	0.20	0.20
10.58	8.12	0.16	9.84	9.84	4.88	4.88
105.44	69.74	15.32	701.91	693.81	431.05	431.05
1.17	0.75	1.37	50.44	41.32	41.62	41.62
512.54	107.51	20.14	1725.16	1036.56	1196.35	764.60
20.15	2.64	0.17	12.62	12.38	15.75	15.75
		0.07	3.57	3.57	1.91	1.91
914.00	751.62	670.57	27883.72	9033.36	13530.47	11231.41

7-14 续表1

类 别	Category	汇总工业企业数（个） Number of Industrial Enterprises (unit)	工业废水排放量（万吨） Volume of Industrial Waste Water Discharged (10000 tons)	直接排入环境的 Directly Into the Environment	排入污水处理厂的 Discharged Into the Sewage Treatment Plant
化学原料和化学制品制造业	Manufacture of Raw Chemical Materials and Chemical Products	61	2553.26	845.12	1708.14
医药制造业	Manufacture of Medicines	85	643.00	60.31	582.69
化学纤维制造业	Manufacture of Chemical Fibers	1			
橡胶和塑料制品业	Manufacture of Rubber and Plastic Products	6	6.13	5.78	0.35
非金属矿物制品业	Manufacture of Non-metallic Mineral Products	114	27.99	18.75	9.24
黑色金属冶炼和压延加工业	Smelting and Pressing of Ferrous Metals	7	680.14	666.79	13.34
有色金属冶炼和压延加工业	Smelting and Pressing of Non-ferrous Metals	3	183.74	1.74	182.00
金属制品业	Manufacture of Metal Products	16	4.28	3.65	0.64
通用设备制造业	Manufacture of General Purpose Machinery	21	57.02	3.32	53.70
专用设备制造业	Manufacture of Special Purpose Machinery	23	312.00	212.49	99.51
汽车制造业	Manufacture of Automotive	10	40.12	7.61	32.52
铁路、船舶、航空航天和其他运输设备制造业	Manufacture of Railways, Shipbuilding, Aerospace and Other Transportation Equipment	9	302.17	190.63	111.55
电气机械和器材制造业	Manufacture of Electrical Machinery and Equipment	2	19.60		19.60
计算机、通信和其他电子设备制造业	Manufacture of Computer, Communications and Other Electronic Equipment	2	10.63	0.03	10.60
仪器仪表制造业	Manufacture of Instrument	2	1.28		1.28
其他制造业	Other Manufacture	12	80.08	65.83	14.25
废弃资源综合利用业	Comprehensive Utilization of Abandoned Resources	2			
金属制品、机械和设备修理业	Metal Products, Machinery and Equipment Repair Industry	5	4.99	0.65	4.34
电力、热力生产和供应业	Production and Supply of Electric Power and Heat Power	452	1051.52	832.11	219.41
燃气生产和供应业	Production and Supply of Gas	14	31.86	31.86	

CONTINUED

工业废水中化学需氧量排放量(吨) Emission Volume of Industrial Waste Water Chemical Oxygen Demand COD (ton)	工业废水中氨氮排放量(吨) Emission Volume of Industrial Waste Water Ammonia - Nitrogen (ton)	工业废气排放量(亿立方米) Emission Volume of Industrial Waste Gas (100 million cu.m)	工业废气中二氧化硫产生量(吨) Volume of Industrial Waste Gas Sulphur Dioxide Produced (ton)	工业废气中二氧化硫排放量(吨) Emission Volume of Industrial Waste Gas Sulphur Dioxide (ton)	工业废气中氮氧化物产生量(吨) Volume of Industrial Waste Gas Nitrogen Oxide Produced (ton)	工业废气中氮氧化物排放量(吨) Emission Volume of Industrial Waste Gas Nitrogen Oxide (ton)
1861.91	154.30	459.67	10615.99	4008.34	7152.07	5568.19
1033.89	54.52	45.28	1680.48	1199.18	1660.52	1069.99
		0.10	3.90	3.90	5.10	5.10
17.49	0.34	3.85	293.97	162.55	170.80	91.07
83.39	4.73	714.47	3169.16	3105.37	23769.67	12627.69
187.11	26.77	626.57	12174.61	11319.99	3833.54	3833.54
115.05	10.09	5.91	315.00	175.79	278.21	268.96
3.08	0.26	1.01	34.45	34.45	13.05	13.05
54.62	2.83	4.86	171.31	167.79	92.01	92.01
223.55	20.13	47.35	936.56	936.56	846.00	846.00
13.88	0.86	1.56	28.74	28.74	33.50	33.50
237.83	31.61	62.93	520.70	196.39	947.80	575.95
5.09	0.62	0.62	40.72	40.72	17.61	17.61
4.79	0.10	8.85	1.28	1.28	0.58	0.58
1.43	0.28	0.01	0.75	0.75	0.32	0.32
49.74	2.66	8.91	211.96	207.67	145.78	145.78
			1.50	1.50	0.88	0.88
3.53	0.15	1.85	70.30	70.30	41.75	41.75
535.04	19.00	6309.74	328613.13	98635.49	341369.72	179160.18
31.38	0.02	56.90	4193.91	3692.17	2465.50	2361.37

7-14 续表2

类 别	Category	工业废气中烟（粉）尘产生量(吨) Produced Volume of Industrial Waste Gas Smoke (powder) Dust (ton)	工业废气中烟（粉）尘排放量(吨) Emission Volume of Industrial Waste Gas Smoke(powder) Dust (ton)	一般工业固体废物产生量(万吨) Volume of Industrial Solid Wastes Produced (10000 tons)
重点调查企业	**Key Survey Enterprises**	**15906425.13**	**150272.19**	**6557.01**
农、林、牧、渔服务业	Agricultural, Forestry, Animal Husbandry and Fishery Services	481.60	108.75	0.42
煤炭开采和洗选业	Mining and Washing of Coal	31487.32	6296.03	837.69
石油和天然气开采业	Extraction of Petroleum and Natural Gas	239.67	62.59	0.37
黑色金属矿采选业	Mining and Processing of Ferrous Metal Ores	233.65	137.53	73.61
有色金属矿采选业	Mining and Processing of Non-Ferrous Metal Ores	1233.96	347.23	2405.44
非金属矿采选业	Mining and Processing of Nonmetal Ores	2309.06	435.58	161.14
开采辅助活动	Mining Support Activities	93.12	93.12	75.36
农副食品加工业	Processing of Food from Agricultural Products	84214.96	3104.77	43.72
食品制造业	Manufacture of Foods	44791.12	1569.23	20.01
酒、饮料和精制茶制造业	Manufacture of Wine, Soft Drinks and Refined Tea	55320.76	1093.03	21.61
烟草制品业	Manufacture of Tobacco	234.12	63.12	1.07
纺织业	Manufacture of Textile	1835.05	148.51	0.71
纺织服装、服饰业	Manufacture of Textile, Wearing Apparel and Accessories	4.00	0.50	0.0009
皮革、毛皮、羽毛及其制品和制鞋业	Leather, Fur, Feathers and Its Process and System Footwear	51.19	11.21	0.05
木材加工和木、竹、藤、棕、草制品业	Processing of Timber, Manufacture of Wood, Bamboo, Rattan, Palm, and Straw Products	5370.58	1082.72	3.58
家具制造业	Manufacture of Furniture	585.69	89.85	0.15
造纸和纸制品业	Manufacture of Paper and Paper Products	12679.96	543.70	10.97
印刷和记录媒介复制业	Printing, Reproduction of Recording Media	132.95	31.29	0.04
文教、工美、体育和娱乐用品制造业	Manufacture of Culture and Education, Arts and Crafts, Sports and Recreation Supplies	15.88	13.61	
石油加工、炼焦和核燃料加工业	Processing of Petroleum, Coking, Processing of Nuclear Fuel	317501.10	7697.69	125.25

CONTINUED

一般工业固体废物综合利用量(万吨) Volume of Industrial Solid Wastes Utilized (10000 tons)	一般工业固体废物处置量(万吨) Volume of Industrial Solid Wastes Treated (10000 tons)	一般工业固体废物贮存量(万吨) Volume of Industrial Solid Wastes Accumulated (10000 tons)	一般工业固体废物倾倒丢弃量(万吨) Volume of Industrial Solid Wastes Discarded (10000 tons)	危险废物产生量(吨) Hazardous Waste Generated Volume (ton)	危险废物综合利用量(吨) Comprehensive Utilization Amount of Hazardous Waste (ton)	危险废物处置量(吨) Hazardous Waste Disposal Volume (ton)	危险废物贮存量(吨) Hazardous Waste Storage Capacity (ton)
3221.08	**1669.43**	**1668.47**	**1.61**	**312390.59**	**49567.27**	**257514.32**	**11298.04**
0.42							
747.39	79.01	11.26	0.06	0.40			0.40
0.37				231547.99	197180.83	15518.37	69038.58
67.61	6.00						
31.87	1123.57	1250.00		18056.40	32.84	0.74	18023.42
109.00	4.02	48.11		62.00		62.00	
0.06	75.30			659.01	410.60	177.38	71.03
43.32	0.41		0.002	6.89	2.14	4.550	1.74
18.40	1.64	0.03	0.02	484.85	45.40	447.54	3.87
19.90	1.72			22.83	0.080	19.26	4.65
1.07							
0.77				9.04	0.160	8.34	6.64
0.0009							
0.03		0.02		36.85		34.90	1.94
3.58	0.004						
0.10	0.04			17.35	0.50	16.76	0.09
10.95	0.015			9.51	0.18	10.84	1.30
0.04				0.22	0.10	0.12	
114.60	10.65			40689.55	19547.78	20947.82	193.94

7-14 续表3

类 别	Category	工业废气中烟（粉）尘产生量(吨) Produced Volume of Industrial Waste Gas Smoke (powder) Dust (ton)	工业废气中烟（粉）尘排放量(吨) Emission Volume of Industrial Waste Gas Smoke(powder) Dust (ton)	一般工业固体废物产生量(万吨) Volume of Industrial Solid Wastes Produced (10000 tons)
化学原料和化学制品制造业	Manufacture of Raw Chemical Materials and Chemical Products	430072.97	2752.99	245.94
医药制造业	Manufacture of Medicines	32356.43	1402.47	12.36
化学纤维制造业	Manufacture of Chemical Fibers	6.80	6.80	0.03
橡胶和塑料制品业	Manufacture of Rubber and Plastic Products	8149.69	10.84	2.39
非金属矿物制品业	Manufacture of Non-metallic Mineral Products	2148242.49	9446.36	4.05
黑色金属冶炼和压延加工业	Smelting and Pressing of Ferrous Metals	345223.52	18277.76	267.46
有色金属冶炼和压延加工业	Smelting and Pressing of Non-ferrous Metals	7981.12	364.86	1.72
金属制品业	Manufacture of Metal Products	510.38	37.45	0.19
通用设备制造业	Manufacture of General Purpose Machinery	1737.23	265.82	0.78
专用设备制造业	Manufacture of Special Purpose Machinery	7714.61	1235.67	16.72
汽车制造业	Manufacture of Automotive	157.40	20.46	0.35
铁路、船舶、航空航天和其他运输设备制造业	Manufacture of Railways, Shipbuilding, Aerospace and Other Transportation Equipment	7748.13	519.05	4.03
电气机械和器材制造业	Manufacture of Electrical Machinery and Equipment	213.79	10.69	0.18
计算机、通信和其他电子设备制造业	Manufacture of Computer, Communications and Other Electronic Equipment	8.59	8.59	0.01
仪器仪表制造业	Manufacture of Instrument	5.00	5.00	0.01
其他制造业	Other Manufacture	1919.28	339.08	1.68
废弃资源综合利用业	Comprehensive Utilization of Abandoned Resources	0.60	0.60	2.52
金属制品、机械和设备修理业	Metal Products, Machinery and Equipment Repair Industry	919.93	122.10	0.48
电力、热力生产和供应业	Production and Supply of Electric Power and Heat Power	12337414.15	89351.10	2204.39
燃气生产和供应业	Production and Supply of Gas	17227.28	3164.46	10.53

CONTINUED

一般工业固体废物综合利用量(万吨) Volume of Industrial Solid Wastes Utilized (10000 tons)	一般工业固体废物处置量(万吨) Volume of Industrial Solid Wastes Treated (10000 tons)	一般工业固体废物贮存量(万吨) Volume of Industrial Solid Wastes Accumulated (10000 tons)	一般工业固体废物倾倒丢弃量(万吨) Volume of Industrial Solid Wastes Discarded (10000 tons)	危险废物产生量(吨) Hazardous Waste Generated Volume (ton)	危险废物综合利用量(吨) Comprehensive Utilization Amount of Hazardous Waste (ton)	危险废物处置量(吨) Hazardous Waste Disposal Volume (ton)	危险废物贮存量(吨) Hazardous Waste Storage Capacity (ton)
181.98	1.15	62.82		215519.44	10041.45	204991.45	780.62
11.20	1.17	0.000004		4828.87	4287.90	513.39	33.29
0.03							
2.39				170.38	170.32		0.05
3.74	0.32			20.57	0.40	6.90	13.47
197.00	70.46			1946.60	1847.30	97.90	1.40
1.53	0.196			145.00	132.25	12.75	
0.19				8.54		5.28	3.26
0.78				123.15	62.86	56.19	4.27
12.80	0.0046	3.91		8930.48	1530.83	6300.86	1104.81
0.35				356.16	5.31	349.61	5.11
4.03				2174.80	461.58	1708.34	4.88
0.1755	0.000001			2.49		2.83	0.50
0.0066							
0.005				0.62			0.62
1.65	0.015	0.0003	0.0157	20.87	9.27	11.60	
0.95	0.03	0.60	1.41	8707.20	6666.00	2107.20	555.20
0.48				139.40	6.50	119.71	13.18
1621.76	293.72	291.70	0.11	40128.82	2616.33	37505.45	42.62
10.53				6.91	6.91		

主要统计指标解释

耕地 指种植农作物的土地，包括熟地，新开发、复垦、整理地，休闲地（含轮歇地、轮作地）；以种植农作物（含蔬菜）为主，间有零星果树、桑树或其他树木的土地；平均每年能保证收获一季的已垦滩地和海涂。耕地中包括南方宽度＜1.0米，北方宽度＜2.0米固定的沟、渠、路和地坎（埂）；临时种植药材、草皮、花卉、苗木等的耕地，以及其他临时改变用途的耕地。

园地 指种植以采集果、叶、根、茎、汁等为主的集约经营的多年生木本和草本作物，覆盖度大于50%和每亩株数大于合理株数70%的土地。包括用于育苗的土地。

林地 指生长乔木、竹类、灌木的土地，及沿海生长红树林的土地。包括迹地，不包括居民点内部的绿化林木用地，铁路、公路征地范围内的林木，以及河流、沟渠的护堤林。

草地 指生长草本植物为主的土地。

径流量 指在一定时段内通过河流某一过水断面的水量，用以反映一个国家或地区水资源的丰歉程度。计算公式为：

径流量=降水量-蒸发量

流域 每条河流都有自己的干流和支流，干支流共同组成这条河流的水系。每条河流都有自己的集水区域，这个集水区域就称为该河流的流域。

外流河 指直接或间接流入海洋的河流。供给外流河河水的区域称为外流区域。

内陆河 指在陆地内部干燥地区，河水沿途消失于沙漠或注入内陆湖泊的河流。供给内陆河河水的区域称为内陆区域。

矿产资源 矿产资源指由地质作用形成的，具有利用价值的，呈固态、液态、气态的自然资源，是社会生产发展的重要物质基础。目前我国已发现矿种有170多种，按其特点和用途，可分为能源矿产(如煤炭、石油、天然气、地热)、金属矿产(如铁矿、锰矿、铜矿、铅矿、铝土矿)、非金属矿产(如金刚石、石灰岩、粘土)和水气矿产(如地下水、矿泉水、二氧化碳气)四大类。其中：金属矿产按其物质成份和性质又可分为：黑色金属矿产、有色金属矿产、贵金属矿产、稀有金属矿产、稀土金属矿产、分散元素金属矿产六类。

矿产基础储量 基础储量是查明矿产资源的一部分。它能满足现行采矿和生产所需的指标要求，是控制的、探明的并通过可行性或预可行性研究认为属于经济的、边界经济的部分，用未扣除设计、采矿损失的数量表示。

平均气温 气温指空气的温度，我国一般以摄氏度为单位表示。气象观测的温度表是放在离地面约1.5米处通风良好的百叶箱里测量的，因此，通常说的气温指的是离地面1.5米处百叶箱中的温度。计算方法：月平均气温是将全月各日的平均气温相加，除以该月的天数而得。年平均气温是将12个月的月平均气温累加后除以12而得。

年平均相对湿度 指空气中实际水气压与当时气温下的饱和水气压之比。其统计方法与气温相同。

降水量 指从天空降落到地面的液态或固态(经融化后)水，未经蒸发、渗透、流失而在地面上积聚的深度。计算方法：月降水量是将全月各日的降水量累加而得。年降水量是将12个月的月降水量累加而得。

全年日照时数 指太阳实际照射地面的时数，通常以小时为单位表示。其统计方法与降水量相同。

水资源总量 指当地降水形成的地表和地下产水总量，即地表径流量与降水入渗补给量之和。

地表水资源量 指河流、湖泊以及冰川等地表水体中可以逐年更新的动态水量，即天然河川径流量。

地下水资源量 指地下饱和含水层逐年更新的动态水量，即降水和地表水入渗对地下水的补给量。

地表水与地下水重复计算量 指地表水和地下水相互转化的部分，即天然河川径流量中的地下水排泄量和地下水补给量中来源于地表水的入渗补给量。

供水总量　指各种水源为用水户提供的包括输水损失在内的毛水量。

地表水源供水量　指地表水体工程的取水量，按蓄、引、提、调四种形式统计。从水库、塘坝中引水或提水，均属蓄水工程供水量；从河道或湖泊中自流引水的，无论有闸或无闸，均属引水工程供水量；利用扬水站从河道或湖泊中直接取水的，属提水工程供水量；跨流域调水指水资源一级区或独立流域之间的跨流域调配水量，不包括在蓄、引、提水量中。

地下水源供水量　指水井工程的开采量，按浅层淡水、深层承压水和微咸水分别统计。城市地下水源供水量包括自来水厂的开采量和工矿企业自备井的开采量。

其他水源供水量　包括污水处理再利用、集雨工程、海水淡化等水源工程的供水量。

用水总量　指各类用水户取用的包括输水损失在内的毛水量。

农业用水　包括农田灌溉用水、林果地灌溉用水、草地灌溉用水、鱼塘补水和畜禽用水。

工业用水　指工矿企业在生产过程中用于制造、加工、冷却、空调、净化、洗涤等方面的用水，按新水取用量计，不包括企业内部的重复利用水量。

生活用水　包括城镇生活用水和农村生活用水。城镇生活用水由居民用水和公共用水（含第三产业及建筑业等用水）组成；农村生活用水指居民生活用水。

生态环境补水　仅包括人为措施供给的城镇环境用水和部分河湖、湿地补水，而不包括降水、径流自然满足的水量。

一般工业固体废物产生量　指未被列入《国家危险废物名录》或者根据国家规定的危险废物鉴别标准（GB5085）、固体废物浸出毒性浸出方法（GB5086）及固体废物浸出毒性测定方法（GB / T 15555）鉴别方法判定不具有危险特性的工业固体废物。计算公式是：

一般工业固体废物产生量=（一般工业固体废物综合利用量－其中：综合利用往年贮存量）+一般工业固体废物贮存量+（一般工业固体废物处置量－其中：处置往年贮存量）+一般工业固体废物倾倒丢弃量

一般工业固体废物综合利用量　指报告期内企业通过回收、加工、循环、交换等方式，从固体废物中提取或者使其转化为可以利用的资源、能源和其他原材料的固体废物量（包括当年利用的往年工业固体废物累计贮存量）。如用作农业肥料、生产建筑材料、筑路等。综合利用量由原产生固体废物的单位统计。

一般工业固体废物处置量　指报告期内企业将工业固体废物焚烧和用其他改变工业固体废物的物理、化学、生物特性的方法，达到减少或者消除其危险成分的活动，或者将工业固体废物最终置于符合环境保护规定要求的填埋场的活动中，所消纳固体废物的量。

一般工业固体废物贮存量　指报告期内企业以综合利用或处置为目的，将固体废物暂时贮存或堆存在专设的贮存设施或专设的集中堆存场所内的量。专设的固体废物贮存场所或贮存设施必须有防扩散、防流失、防渗漏、防止污染大气、水体的措施。

一般工业固体废物倾倒丢弃量　指报告期内企业将所产生的固体废物倾倒或者丢弃到固体废物污染防治设施、场所以外的量。

危险废物产生量　指当年全年调查对象实际产生的危险废物的量。危险废物指列入国家危险废物名录或者根据国家规定的危险废物鉴别标准和鉴别方法认定的，具有爆炸性、易燃性、易氧化性、毒性、腐蚀性、易传染性疾病等危险特性之一的废物。按《国家危险废物名录》（环境保护部、国家发展和改革委员会2008部令第1号）填报。

危险废物综合利用量　指当年全年调查对象从危险废物中提取物质作为原材料或者燃料的活动中消纳危险废物的量。包括本单位利用或委托、提供给外单位利用的量。

危险废物处置量　指报告期内企业将危险废物焚烧和用其他改变工业固体废物的物理、化学、生物特性的方法，达到减少或者消除其危险成分的活动，或者将危险废物最终置于符合环境保护规定要求的填埋场的活动中，所消纳危险废物的量。处置量包括处置本单位或委托给外单位处置的量。

危险废物贮存量　指将危险废物以一定包装方式暂时存放在专设的贮存设施内的量。专设的贮存设施指对危险废物的包装、选址、设计、安全防护、监测和关闭等符合《危险废物贮存污染控制标准》（GB18597-2001）等相关环保法律法规要求，具有防扩散、防流失、防渗漏、防止污染大气和水体措施的设施。

生活垃圾清运量 指报告期收集和运送到各生活垃圾处理厂(场)和生活垃圾最终消纳点的生活垃圾数量。生活垃圾指城市日常生活或为城市日常生活提供服务的活动中产生的固体废物以及法律行政规定的视为城市生活垃圾的固体废物。包括：居民生活垃圾、商业垃圾、集市贸易市场垃圾、街道清扫垃圾、公共场所垃圾和机关、学校、厂矿等单位的生活垃圾。

生活垃圾无害化处理率 指报告期生活垃圾无害化处理量与生活垃圾产生量的比率。在统计上，由于生活垃圾产生量不易取得，可用清运量代替。计算公式为：

$$\text{生活垃圾无害化处理率} = \frac{\text{生活垃圾无害化处理量}}{\text{生活垃圾产生量}} \times 100\%$$

森林面积 包括郁闭度0.2以上的乔木林地面积和竹林面积，国家特别规定的灌木林地面积，农田林网以及村旁、路旁、水旁、宅旁林木的覆盖面积。

森林覆盖率 以行政区域为单位的森林面积占区域土地总面积的百分比。计算公式为：

$$\text{森林覆盖率}(\%) = \frac{\text{森林面积}}{\text{土地总面积}} \times 100\%$$

活立木总蓄积量 指一定范围土地上全部树木蓄积的总量，包括森林蓄积、疏林蓄积、散生木蓄积和四旁树蓄积。

森林蓄积量 指一定森林面积上存在着的林木树干部分的总材积。

湿地 指天然或人工、长久或暂时性的沼泽地、泥炭地或水域地带，包括静止或流动、淡水、半咸水、咸水体，低潮时水深不超过6米的水域以及海岸地带地区的珊瑚滩和海草床、滩涂、红树林、河口、河流、淡水沼泽、沼泽森林、湖泊、盐沼及盐湖。

自然保护区 指为了保护自然环境和自然资源，促进国民经济的持续发展，将一定面积的陆地和水体划分出来，并经各级人民政府批准而进行特殊保护和管理的区域个数。根据保护对象，自然保护区分为自然生态系统类、野生生物类、自然遗迹类。风景名胜区、文物保护区不计在内。

Explanatory Notes on Main Statistical Indicators

Cultivated Land refers to land mainly for the regular cultivation of farm crops (including vegetables), with some fruit trees, mulberry trees and others, covers cultivated land, newly-developed land, reclaimed land, consolidated land, fallow, beach land that can guarantee one harvest per year on average. It also covers fixed ditch, canal, road and sill (ridge) with width less than 1 meter in the South and 2 meters in the North, lands planted temporarily with herbs, grass, flowers and nursery stocks, and other cultivated land with temporary change of use.

Garden Land refers to land for intensive cultivation of perennial woody plants and herbs to collect fruits, leaves, roots, stems and juice, with a covering rate over 50% and plant number per mu over 70% of rational plant number. Land for nursery is included.

Forestland refers to land for planting arbor, bamboo, bush shrub and land in coastal zones for planting mangrove. It includes slash, but not the green belts in residential area, forests requested for railway and highway, and the dike protection forest around rivers and ditches.

Pastureland refers to land mainly for the growth of herbs.

Volume of Runoff refers to the total volume of water running through a certain cross section of a river during a certain period of time, reflecting the water resource condition in a country or a region. The formula for calculating volume of runoff is as follows:

Runoff =Precipitation-Evaporation

Drainage Area Each river has its own main stream and branches to form the water system of the river. Each river has its own catchment' s area, which is also called as the drainage area of the river.

Out-flowing Rivers refer to rivers directly or indirectly flowing into the sea. The area providing water to the out-flowing rivers is called as out-flowing area.

Inland Rivers refer to rivers in inland dry areas that die away in desert on the way or infuse into inland lakes. The area providing water to the inland rivers is called as inland area.

Mineral Resources refer to useful minerals, with solid state, liquid state, gaseity, due to the geological process. Minerals are important natural resources, and important material base for social development. At present, there are more than 170 types of minerals discovered in China. They can be categorized into four groups: energy producing minerals (including coal, petroleum, natural gas and terrestrial heat), metallic minerals (including iron, manganese, copper, lead and bauxite), non metallic minerals (including diamond, limestone and clay), and water/gas related minerals (including ground water, mineral water and carbon dioxide). Metallic minerals can be further classified as ferrous, non-ferrous, noble metal, rare metal, rare earth metal and dispersed metals.

Ensured Mineral Reserves refer to the actual mineral reserves, which equal to the proven mineral reserves (including industrial reserves and prospective reserves) minus extracted parts and underground losses.

Average Temperature refers to the air temperature. China uses centigrade as the unit. The thermometry used for weather observation is put in a breezy shutter, which is 1.5 meters high from the ground. Therefore, the commonly used temperature refers to the temperature in the breezy shutter 1.5 meters away from the ground. The calculation method is as follows:

Monthly average temperature is the summation of average daily temperature of one month divided by the actual days of that particular month.

Annual average temperature is the summation of monthly average of a year divided by 12 months.

Average Annual Relative Humidity refers to the ratio of actual water vapour pressure to the saturation water vapour pressure under the current temperature. The calculation method is the same as that of temperature.

Volume of Precipitation refers to the deepness of liquid state or solid state (thawed) water falling from the sky to the ground that has not been evaporated, infiltrated or run off. The calculation method is as follows:

Monthly precipitation is the summation of daily precipitation of a month.

Annual precipitation is the summation of 12 months precipitation of a year.

Annual Sunshine Hours refer to the actual hours of sun irradiating the earth, usually expressed in hours. The calculation method is the same as that of the precipitation.

Total Water Resources refers to total volume of surface water and groundwater and is measured as run-off for surface water and replenishment of groundwater with rainfall in local area.

Surface Water Resources refers to total volume of year by year renewable dynamic resources which exist in rivers, lakes, glaciers and other surface water and are the natural run-off of rivers.

Groundwater Resources refers to total volume of year by year renewable dynamic resources which exist in saturation acquifers of groundwater and are measured as replenishment of groundwater with rainfall and surface water.

Duplicated Measurement between Surface Water and Groundwater refers to mutual exchange between surface water and groundwater, i.e. run-off of rivers includes some depletion into groundwater while groundwater includes some replenishment from surface water.

Water Supply refers to gross water of various sources supplied to consumers, including losses during distribution.

Surface Water Supply refers to withdrawals by surface water supply system, broken down with storage, flow, pumping and transfer. Supply from storage projects includes withdrawals from reservoirs; supply from flow includes withdrawals from rivers and lakes with natural flows no matter if there are locks or not; supply from pumping projects includes withdrawals from rivers or lakes with pumping stations; and supply from transfer refers to water supplies transferred from first-level regions of water resources or independent river drainage areas to others, and should not be covered under supplies of storage, flow and pumping.

Groundwater Supply refers to withdrawals from supplying wells, broken down with shallow layer freshwater, deep layer freshwater and slightly brackish water. Groundwater supply for urban areas includes water mining by both waterworks and own wells of enterprises.

Other Water Supply Sources include supplies by waste-water treatment, rain collection, seawater desalinization and other water projects.

Water Use refers to gross water used by various water users, including losses during distribution.

Water Use by Agriculture includes uses of water by irrigation of farming fields, forestry and orchards, irrigation of grassland, replenishment of fishing farms and water used by animal husbandry.

Water Use by Industry refers to new withdrawals of water, excluding reuse of water within enterprises.

Water Use by Living Consumption includes use of water for living consumption in both urban and rural areas. Urban water use by living consumption is composed of household use and public use (including tertiary industry and construction). Rural water use by living consumption includes water used by households.

Water Use by Ecological and Environmental Protection includes replenishment of rivers and lakes and use for urban environment.

Common Industrial Solid Wastes Produced refers to the industrial solid wastes that are not listed in the 《National Catalogue of Hazardous Wastes》, or not regarded as hazardous according to the national hazardous waste identification standards (GB5085), solid waste-Extraction procedure for leaching toxicity (GB5086) and solid waste-Extraction procedure for leaching toxicity (GB/T 15555). The calculation formula is as followed:

Common Industrial Solid Wastes Produced = (common industrial solid wastes utilized - the proportion of utilized stock of previous years) + common industrial solid waste stock + (common industrial solid wastes disposed - the proportion of disposed stock of previous years) + common industrial solid wastes discharged.

Common Industrial Solid Wastes Comprehensively Utilized refers to volume of solid wastes from which useful materials can be extracted or which can be converted into usable resources, energy or other materials by means of reclamation, processing, recycling and exchange (including utilizing in the year the stocks of industrial solid wastes of the previous year) during the report period, e.g. being used as agricultural fertilizers, building materials or as material for paving road. Examples of such utilizations include fertilizers, building materials and road materials. The information shall be collected by the producing units of the wastes.

Common Industrial Solid Wastes Disposed refers to the quantity of industrial solid wastes which are burnt or specially disposed using other methods to alter the physical, chemical and biological properties and thus to reduce or eliminate the hazard, or placed ultimately in the sites meeting the requirements for environmental protection during the report period.

Stock of Common Industrial Solid Wastes refers to the volume of solid wastes placed in special facilities or special sites by enterprises for purposes of utilization or disposal during the report period. The sites or facilities should take measures against dispersion, loss, seepage, and air and water contamination.

Common Industrial Solid Wastes Discharged refers to the volume of industrial solid wastes dumped or discharged by producing enterprises to disposal facilities or to other sites.

Hazardous Wastes Produced refers to the volume of actual hazardous wastes produced by surveyed samples throughout the year of the survey. Hazardous waste refers to those included in the national hazardous wastes catalogue or specified as any one of the following properties in light of the national hazardous wastes identification standards and methods: explosive, ignitable, oxidizable, toxic, corrosive or liable to cause infectious diseases or lead to other dangers. The report of this indicator should follow the 《National Catalogue of Hazardous Wastes》 (the NO.1 Ministry Order in 2008 by the Ministry of Environment Protection and National Development and Reform Commission).

Hazardous Wastes Utilized refers to the volume of hazardous wastes that are used to extract materials for raw materials or fuel throughout the year of the survey, including those utilized by the producing enterprise and those provided to other enterprises for utilization.

Hazardous Wastes Disposed refers to the quantity of hazardous wastes which are burnt or specially disposed using other methods to alter the physical, chemical and biological properties and thus to reduce or eliminate the hazard, or placed ultimately in the sites meeting the requirements for environmental protection during the report period.

Stock of Hazardous Wastes refers to the volume of hazardous wastes specially packaged and placed in special facilities or special sites by enterprises. The special stock facilities should meet the requirements set in relevant environment protection laws and regulations such as "Pollution Control Standards for Hazardous Waste Stock" (GB18597-2001) in regard to package of hazardous waste, location, design, safety, monitoring and shutdown, and take measures against dispersion, loss, seepage, and air and water contamination.

Consumption Wastes Transported refers to volume of consumption wastes collected and transported to disposal factories or sites during the reference period. Consumption wastes are solid wastes produced from urban households or from service activities for urban households, and solid wastes regarded by laws and regulations as urban consumption wastes, including those from households, commercial activities, markets, cleaning of streets, public sites, offices, schools, factories, mining units and other sources.

Ratio of Consumption Wastes Treated refers to consumption wastes treated over that produced. In practical statistics, as it is difficult to estimate, the volume of consumption wastes produced is replaced with that transported. It is calculated as:

$$\text{Ratio of consumption wastes treated} = \frac{\text{consumption wastes treated}}{\text{consumption wastes produced}} \times 100\%$$

Forest Area refers to the area of trees and bamboo grow with a canopy density above 0.2 degree, the area of shrubby tree according to regulations of the government, the area of forest land inside farm land and the area of trees planted by the side of villages, farm houses and along roads and rivers.

Forest Coverage Rate Taking the administrative jurisdiction as the unit, the percentage of area of afforested land to the area of total land. The formula for calculating forest coverage rate is as follows:

$$\text{Forestry coverage rate} = \frac{\text{Area of Afforested Land}}{\text{Area of Total Land}} \times 100\%$$

Total Standing Stock Volume refers to the total stock volume of trees growing in land, including trees in forest, trees in sparse forest, scattered trees and trees planted by the side of villages, farm houses and along roads and rivers.

Stock Volume of Forest refers to total stock volume of wood growing in forest area, which shows the total size and level of forest resources of a country or a region.

Wetlands refer to marshland and peat bog, whether natural or man-made, permanent or temporary; water covered areas, whether stagnant or flowing, with fresh or semi-fresh or salty water that is less than 6 meters deep at low tide; as well as coral beach, weed beach, mud beach, mangrove, river outlet, rivers, fresh-water marshland, marshland forests, lakes, salty bog and salt lakes along the coastal areas.

Natural Reserves refer to number of certain areas of land, or waters that have been set aside and put under special protection and management in order to protect natural environment and natural resources, and promote the sustainable development of national economy. They are subject to formal approval from governments of various levels. According to the protected targets, natural reserves can be divided into three categories: reserves of natural ecological system, natural reserves of wildlife species, and natural heritage of historical significance. Scenic spots and cultural preservation zones are not included.

第八篇　能　源

CHAPTER 8 ENERGY

资料整理：毛维佳　王志博　鄢杰明

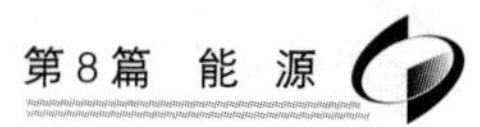

8-1 一次能源生产总量和构成

TOTAL PRODUCTION OF PRIMARY ENERGY AND ITS COMPOSITION

年 份 Year	能源生产总量 Total Energy Production	原 煤 Coal	原 油 Crude Oil	天然气 Natural Gas	水 电 Hydro-power	风 电 Wind Power	太阳能 Solar Power	其他能源 Other Energy
绝对数(万吨标准煤)								
Aggregate Data								
(10000 tons of SCE)								
2005	13756.0	6955.3	6421.6	324.5	50.1	4.5		
2006	13923.0	7344.4	6200.8	326.3	44.6	6.9		
2007	13542.2	7189.5	5957.0	339.2	47.2	9.3		
2008	13124.0	6911.6	5743.3	360.4	54.0	55.0		
2009	13263.3	6954.3	5715.4	399.0	72.7	121.9		
2010	13265.6	6899.8	5721.4	397.7	87.3	159.4		
2011	13316.3	6879.8	5723.0	412.3	60.2	241.0		
2012	12838.7	6404.7	5714.5	447.9	70.8	200.8		
2013	11990.7	5461.5	5715.8	462.4	100.4	250.6		
2014	11244.5	4779.1	5714.4	471.9	65.3	213.8		
2015	10763.8	4510.8	5483.8	476.4	61.3	231.4		
2016	10364.4	4051.6	5223.0	505.9	71.9	277.8	4.2	230.0
构成(%)								
Composition(%)								
2005	100.0	50.6	46.7	2.36	0.36	0.03		
2006	100.0	52.8	44.5	2.34	0.32	0.05		
2007	100.0	53.1	44.0	2.50	0.35	0.07		
2008	100.0	52.7	43.8	2.75	0.41	0.42		
2009	100.0	52.4	43.1	3.01	0.55	0.92		
2010	100.0	52.0	43.1	3.00	0.66	1.20		
2011	100.0	51.7	43.0	3.10	0.45	1.81		
2012	100.0	49.9	44.5	3.49	0.55	1.56		
2013	100.0	45.5	47.7	3.86	0.84	2.09		
2014	100.0	42.5	50.8	4.20	0.58	1.90		
2015	100.0	41.9	50.9	4.43	0.57	2.15		
2016	100.0	39.1	50.4	4.88	0.69	2.68	0.04	2.22

8-2 能源消费总量和构成

TOTAL CONSUMPTION OF PRIMARY ENERGY AND ITS COMPOSITION

年份 Year	能源消费总量 Total Energy Consumption	原煤 Coal	原油 Crude Oil	天然气 Natural Gas	水电 Hydro-power	风电 Wind Power	太阳能 Solar Power	电力调入(+)调出(-) Electricity Inflow(+)and Outflow(-)	其他能源 Other Energy
绝对数(万吨标准煤)									
Aggregate Data									
(10000 tons of SCE)									
2005	8075.8	5754.7	2125.2	324.9	50.1	4.5		-199.6	16.0
2006	8727.5	6067.5	2312.2	326.2	60.0	6.9		-249.3	204.0
2007	9374.0	6592.0	2480.5	408.3	47.2	14.5		-283.9	115.4
2008	9979.4	7528.3	2004.1	418.6	54.0	43.6		-278.7	209.5
2009	10466.7	7232.0	2503.6	399.0	72.7	82.7		-178.3	355.0
2010	11139.3	7621.8	2710.8	397.7	87.3	133.6		-93.3	281.4
2011	12118.5	8318.9	3043.7	412.3	63.4	177.4		-121.4	224.2
2012	12757.8	8861.9	3218.5	447.9	70.8	200.9		-54.0	11.8
2013	11853.3	8372.0	2627.4	462.4	100.4	250.6		2.9	37.6
2014	11954.9	8413.7	2858.1	471.9	65.3	213.8		-113.4	45.5
2015	12126.2	8399.7	2896.8	476.4	61.3	231.4		-83.3	143.8
2016	12280.5	8551.3	2711.3	505.9	71.9	277.8	4.2	-72.0	230.0
构成(%)									
Composition (%)									
2005	100.0	71.3	26.3	4.0	0.6	0.1		-2.5	0.2
2006	100.0	69.5	26.5	3.7	0.7	0.1		-2.9	2.4
2007	100.0	70.3	26.5	4.4	0.5	0.2		-3.0	1.1
2008	100.0	75.4	20.1	4.2	0.5	0.5		-2.8	2.1
2009	100.0	69.1	24.0	3.8	0.7	0.8		-1.7	3.3
2010	100.0	68.4	24.3	3.6	0.8	1.2		-0.8	2.5
2011	100.0	68.7	25.1	3.4	0.5	1.5		-1.1	1.9
2012	100.0	69.5	25.1	3.5	0.6	1.6		-0.4	0.1
2013	100.0	70.6	22.2	3.9	0.8	2.1		0.02	0.3
2014	100.0	70.4	23.9	3.9	0.5	1.8		-0.9	0.4
2015	100.0	69.3	23.9	3.9	0.5	1.9		-0.7	1.2
2016	100.0	69.6	22.1	4.1	0.6	2.3	0.03	-0.6	1.9

8-3 综合能源平衡表

OVERALL ENERGY BALANCE SHEET

单位：万吨标准煤　　　　(10000 tons of SCE)

项 目	Item	2014	2015	2016
可供消费的能源总量	**Total Energy Available for Consumption**	**11954.9**	**12126.2**	**12280.5**
一次能源生产量	Primary Energy Output	11244.5	10763.8	10364.4
外省(区、市)调入量	Inflow from Other Provinces(Regions, Cities)	6210.5	6398.0	7522.2
进口量	Imports	3508.4	3334.5	3208.1
本省(区、市）调出量(-)	Outflow to Other Provinces(Regions, Cities)(-)	8951.3	8298.7	7910.4
出口量(-)	Exports(-)	43.2	183.3	89.1
年初年末库存差额	Stock Changes in the Year	-14.0	111.9	-814.6
年初库存量	Stocks	986.6	1000.7	888.7
年末库存量(-)	Stock Changes in the Year(-)	1000.7	888.7	1703.3
能源消费总量	**Total Energy Consumption**	**11954.9**	**12126.2**	**12280.5**
在总量中：	Consumption by Sector			
农、林、牧、渔、水利业	Agriculture, Forestry, Animal Husbandry, Fishery and Water Conservancy	537.9	571.2	630.7
工 业	Industry	6980.4	6527.3	6612.9
建筑业	Construction	54.8	55.0	56.9
交通运输、仓储和邮政业	Transport, Storage and Post	1079.9	1099.1	1120.5
批发、零售业和住宿、餐饮业	Wholesale and Retail Trade, Hotels and Catering Services	847.3	1145.8	954.5
其 他	Others	645.8	915.6	1065.2
生活消费	Household Consumption	1808.8	1812.3	1839.8
在总量中：	Consumption by Usage			
终端消费	End-use Consumption	10446.0	10836.6	11031.9
#工 业	#Industry	5471.5	5237.7	5364.3
加工转换损失量	Losses During the Process of Energy Conversion	1262.1	1228.7	1248.6
火力发电	Fuel Power Generation			
供 热	Heating	469.6	475.1	505.2
洗选煤	Coal Washing and Dressing	544.2	520.7	456.2
炼 焦	Coking	111.5	85.5	98.4
炼 油	Petroleum Refining	173.7	162.6	187.4
制 气	Gas Production	24.0	31.4	48.3
损失量	Energy Losses	246.8	60.9	

注：电力、热力按等价热值折算。
Note: Electric power and heat are converted by the equivalent calorific value.

8-4 能源加工转换效率

EFFICIENCY OF ENERGY CONVERSION

单位：%　　　　(%)

年 份 Year	总效率 Total Efficiency	发电及电站供热 Electricity Generation and Heating by Power Stations	炼 焦 Coking	炼 油 Petroleum Refining
2004	66.18	35.62	80.65	98.72
2005	65.88	35.13	70.04	98.73
2006	65.21	35.14	78.89	98.74
2007	67.44	35.70	77.72	98.13
2008	66.26	35.91	74.79	98.17
2009	69.84	38.09	80.06	99.91
2010	71.67	40.35	86.68	98.08
2011	70.63	39.07	90.23	94.87
2012	72.41	40.79	93.10	93.73
2013	75.82	51.48	94.00	94.93
2014	73.84	50.84	89.56	92.89
2015	73.42	51.37	90.56	93.35
2016	73.17	52.53	88.41	92.62

8-5 能源平衡表 (2016年)

项　　目	Item	煤合计（万吨） Total Coal (10000 tons)	原煤（万吨） Raw Coal (10000 tons)
可供本地区消费的能源量	**Total Energy Available for Consumption**	**14034.39**	**15267.95**
年初库存量	Stock at The Early Year	1125.89	1037.76
一次能源生产量	Primary Energy Output	5890.46	5890.46
外省（区、市）调入量	Inflow from Other Provinces (Regions, Cities)	11258.31	11230.99
进口量	Imports	144.12	144.12
本省（区、市）调出量(-)	Outflow to Other Provinces (Regions, Cities) (-)	-2342.98	-1581.32
出口量(-)	Exports(-)	-70.55	-70.55
年末库存量(-)	Stock at The Year-end(-)	-1970.86	-1383.51
加工转换投入(-)产出(+)量	**Input(-) or Output(+) in Processing and Transformation**	**-8477.84**	**-10392.35**
火力发电	Fuel Power Generation	-3956.06	-3873.72
供　热	Heating	-2418.79	-2368.93
煤炭洗选	Coal Washing and Dressing	-1033.70	-4036.09
炼　焦	Coking	-943.65	-7.44
炼　油	Petroleum Refining		
制　气	Gas Production	-125.64	-106.17
#焦炭再投入量(-)	#Reinputs of Coke(-)		
煤制品加工	Coal Products processing		
回收能	Recovery Energy		
损失量	**Losses**		
#运输和输配损失	#Losses for Transport		
终端消费量	**Total End-use Energy Consumption**	**5556.55**	**4875.60**
第一产业	Primary Industry	402.00	402.00
农、林、牧、渔业	Agriculture, Forestry, Animal Husbandry, Fishery and Water Conservancy	402.00	402.00
第二产业	Secondary Industry	2295.11	1614.16
工　业	Industry	2295.11	1614.16
#用作原料、材料	#for Raw and Processed Materials		
建筑业	Construction		
第三产业	Tertiary Industry	2511.59	2511.59
交通运输、仓储和邮政业	Transport, Storage and Post	485.58	485.58
批发、零售业和住宿、餐饮业	Wholesale and Retail Trade, Hotels and Catering Services	986.40	986.40
其　他	Others	1039.61	1039.61
生活消费	Household Consumption	347.85	347.85
城　镇	Urban	228.65	228.65
乡　村	Rural	119.20	119.20
消费量合计	**Total Consumption**	**14034.39**	**15267.95**

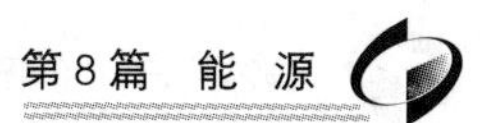

ENERGY BALANCE SHEET (2016)

无烟煤（万吨）Anthracite Coal (10000 tons)	烟煤（万吨）Bituminous Coal (10000 tons)		褐煤（万吨）Brown Coal (10000 tons)	洗精煤（万吨）Fancy Coal (10000 tons)	其它洗煤（万吨）Other Washed Coal (10000 tons)	煤制品（万吨）Coal Products (10000 tons)	煤矸石（万吨）Gangue (10000 tons)	焦炭（万吨）Coke (10000 tons)
	炼焦烟煤 Coking	一般烟煤 General						
49.15	**33.75**	**12525.76**	**2659.29**	**-948.26**	**-312.66**	**27.36**		**-490.33**
39.36	5.14	864.50	128.76	68.58	19.25	0.30		6.40
18.68		5549.84	321.94					
		8792.53	2438.46			27.32		
5.58	36.11	81.20	21.23					
		-1581.32		-573.81	-187.85			-456.41
			-70.55					
-14.47	-7.50	-1180.99	-180.55	-443.03	-144.06	-0.26		-40.32
	-7.44	**-9109.62**	**-1275.29**	**948.26**	**978.09**	**-11.84**		**674.52**
		-3131.25	-742.47		-80.98	-1.36	-389.36	
		-1836.11	-532.82		-39.38	-10.48	-177.99	
		-4036.09		1884.47	1117.92		567.35	
	-7.44			-936.21				674.52
		-106.17			-19.47			
49.15	**26.31**	**3416.14**	**1384.00**		**665.43**	**15.52**		**184.19**
		245.66	156.34					
		245.66	156.34					
23.83	26.31	1098.38	465.64		665.43	15.52		184.19
23.83	26.31	1098.38	465.64		665.43	15.52		184.19
25.32		1860.35	625.92					
		307.69	177.89					
		762.65	223.75					
25.32		790.01	224.28					
		211.75	**136.10**					
		109.31	119.34					
		102.44	16.76					
49.15	**33.75**	**12525.76**	**2659.29**	**936.21**	**805.26**	**27.36**	**567.35**	**184.19**

8-5 续表1

项　目	Item	焦炉煤气（亿立方米） Coking Gas (100 million cu. m)	高炉煤气（亿立方米） (100 million cu. m)	转炉煤气（亿立方米） Converter Gas (100 million cu. m)
可供本地区消费的能源量	**Total Energy Available for Consumption**			
年初库存量	Stock at The Early Year			
一次能源生产量	Primary Energy Output			
外省（区、市）调入量	Inflow from Other Provinces (Regions, Cities)			
进口量	Imports			
本省（区、市）调出量(-)	Outflow to Other Provinces (Regions, Cities)(-)			
出口量(-)	Exports(-)			
年末库存量(-)	Stock at The Year-end(-)			
加工转换投入(-)产出(+)量	**Input(-) or Output(+) in Processing and Transformation**	**8.11**	**25.11**	**1.70**
火力发电	Fuel Power Generation	-1.28		
供　热	Heating	-0.17		
煤炭洗选	Coal Washing and Dressing			
炼　焦	Coking	9.56		
炼　油	Petroleum Refining			
制　气	Gas Production			
#焦炭再投入量(-)	#Reinputs of Coke(-)			
煤制品加工	Coal Products processing			
回收能	Recovery Energy		25.11	1.70
损失量	**Losses**			
#运输和输配损失	#Losses for Transport			
终端消费量	**Total End-use Energy Consumption**	**8.11**	**25.11**	**1.70**
第一产业	Primary Industry			
农、林、牧、渔业	Agriculture, Forestry, Animal Husbandry, Fishery and Water Conservancy			
第二产业	Secondary Industry	8.11	25.11	1.70
工　业	Industry	8.11	25.11	1.70
#用作原料、材料	#for Raw and Processed Materials			
建筑业	Construction			
第三产业	Tertiary Industry			
交通运输、仓储和邮政业	Transport, Storage and Post			
批发、零售业和住宿、餐饮业	Wholesale and Retail Trade, Hotels and Catering Services			
其　他	Others			
生活消费	Household Consumption			
城　镇	Urban			
乡　村	Rural			
消费量合计	**Total Consumption**	**9.56**	**25.11**	**1.70**

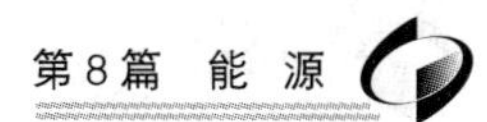

CONTINUED

其它煤气 (亿立方米) Others Gas (100 million cu. m)	石油合计 (万吨) Total Oil (10000 tons)	原油 (万吨) Crude Oil (10000 tons)	汽油 (万吨) Gasoline (10000 tons)	煤油 (万吨) Kerosene (10000 tons)	柴油 (万吨) Diesel Oil (10000 tons)	燃料油 (万吨) (10000 tons)	石脑油 (万吨) Naphtha (10000 tons)	润滑油 (万吨) Lubricating Oil (10000 tons)	石蜡 (万吨) Paraffin (10000 tons)	溶剂油 (万吨) Solvent oil (10000 tons)
	1914.64	**2210.42**	**-185.74**	**-3.58**	**-151.94**	**64.19**			**-6.91**	
	75.49	74.51	0.17		0.51	0.30				
	3656.03	3656.03								
	52.42		8.84		15.30	0.01				
	2099.95	2031.29				68.53				
	-3739.43	-3457.84	-113.17	-2.65	-129.46	-0.75			-4.82	
	-40.20		-36.22		-1.99				-1.99	
	-189.62	-93.57	-45.36	-0.93	-36.30	-3.90			-0.10	
12.27	**-274.86**	**-1631.00**	**501.92**	**82.14**	**481.84**	**-13.06**	**3.11**		**36.76**	
	-12.35				-0.35	-2.51				
	-72.77				-0.09	-5.87				
	-42.96	-1631.00	501.92	82.14	482.28	30.18	3.11		36.76	
12.27										
12.27	**1639.78**	**579.42**	**316.18**	**78.56**	**329.90**	**51.13**	**3.11**		**29.85**	
	152.67		12.58		140.09					
	152.67		12.58		140.09					
12.27	887.23	579.42	8.53	0.82	35.56	16.37	3.11		29.85	
12.27	878.00	579.42	8.53	0.82	26.33	16.37	3.11		29.85	
	9.23				9.23					
	511.90		256.43	77.74	142.97	34.76				
	473.18		242.42	77.74	118.26	34.76				
	38.72		14.01		24.71					
	87.98		**38.64**		**11.28**					
	77.95		28.61		11.28					
	10.03		10.03							
12.27	**1914.64**	**2210.42**	**316.18**	**78.56**	**330.34**	**94.37**	**3.11**		**29.85**	

8-5 续表2

项　目	Item	石油沥青（万吨） Petroleum Pitch (10000 tons)	石油焦（万吨） Petroleum Coke (10000 tons)
可供本地区消费的能源量	**Total Energy Available for Consumption**		**13.73**
年初库存量	Stock at The Early Year		
一次能源生产量	Primary Energy Output		
外省（区、市）调入量	Inflow from Other Provinces (Regions, Cities)		27.37
进口量	Imports		
本省（区、市）调出量(-)	Outflow to Other Provinces (Regions, Cities)(-)		-5.53
出口量(-)	Exports(-)		
年末库存量(-)	Stock at The Year-end(-)		-8.11
加工转换投入(-)产出(+)量	**Input(-) or Output(+) in Processing and Transformation**		**18.80**
火力发电	Fuel Power Generation		
供　热	Heating		
煤炭洗选	Coal Washing and Dressing		
炼　焦	Coking		
炼　油	Petroleum Refining		18.80
制　气	Gas Production		
#焦炭再投入量(-)	#Reinputs of Coke(-)		
煤制品加工	Coal Products processing		
回收能	Recovery Energy		
损失量	**Losses**		
#运输和输配损失	#Losses for Transport		
终端消费量	**Total End-use Energy Consumption**		**32.53**
第一产业	Primary Industry		
农、林、牧、渔业	Agriculture, Forestry, Animal Husbandry, Fishery and Water Conservancy		
第二产业	Secondary Industry		32.53
工　业	Industry		32.53
#用作原料、材料	#for Raw and Processed Materials		
建筑业	Construction		
第三产业	Tertiary Industry		
交通运输、仓储和邮政业	Transport, Storage and Post		
批发、零售业和住宿、餐饮业	Wholesale and Retail Trade, Hotels and Catering Services		
其　他	Others		
生活消费	Household Consumption		
城　镇	Urban		
乡　村	Rural		
消费量合计	**Total Consumption**		**32.53**

CONTINUED

液化石油气（万吨） Liquefied Petroleum Gas (10000 tons)	炼厂干气（万吨） Net Gas of Plant (10000 tons)	其它石油制品（万吨） Other Oil Products (10000 tons)	天然气（亿立方米） Natural Gas (100 million cu. m)	其它焦化产品（万吨） Other Coked Products (10000 tons)	热力（万百万千焦） Heat Power (10 billion kilo-joule)	电力（亿千瓦时） Electricity (100 million kwh)	其它能源（万吨标煤） Others (10000 tons of SCE)
-25.52		**-0.01**	**38.04**			**88.89**	**230.03**
			38.04			111.58	230.03
0.90						69.80	
0.13						32.85	
-25.21						-125.34	
-1.34		-0.01					
136.98	**37.45**	**70.20**	**-5.79**	**31.97**	**38399.87**	**807.72**	**-230.03**
	-9.49		-1.40		-71.07	807.72	-188.74
	-66.81		-4.39		38178.07		-41.29
				31.97			
150.01	113.75	169.09					
					292.87		
111.46	**37.45**	**70.19**	**32.25**	**31.97**	**38399.87**	**896.61**	
						45.43	
						45.43	
73.40	37.45	70.19	19.31	31.97	10165.07	553.24	
73.40	37.45	70.19	19.31	31.97	10078.47	540.48	
					86.60	12.76	
			2.49		5172.60	125.23	
			1.73		846.76	16.59	
			0.76		1827.15	37.21	
					2498.69	71.43	
38.06			10.45		23062.20	172.71	
38.06			10.45		23062.20	103.57	
						69.14	
124.49	**113.75**	**169.08**	**38.04**	**31.97**	**38470.94**	**896.61**	**230.03**

8-6 石油平衡表

PETROLEUM BALANCE SHEET

单位：万吨 (10000 tons)

项　目	Item	2014	2015	2016
可供量	**Total Energy Available for Consumption**	**2000.3**	**2032.2**	**1914.6**
生产量	Output	4000.0	3838.6	3656.0
进口量	Imports	2041.3	2017.1	2100.0
出口量(-)	Exports(-)	23.9	117.0	40.2
年初年末库存差额	Stock Changes in the Year	-0.6	7.1	-114.1
消费量	**Total Energy Consumption**	**2000.3**	**2032.2**	**1914.6**
在消费量中:	Consumption by Sector			
农、林、牧、渔、水利业	Agriculture, Forestry, Animal Husbandry, Fishery and Water Conservancy	156.5	167.9	152.7
工　业	Industry	1117.4	1066.4	1152.9
建筑业	Construction	8.5	8.9	9.2
交通运输、仓储和邮政业	Transport, Storage and Post	501.3	496.5	473.2
批发、零售业和住宿、餐饮业	Wholesale and Retail Trade, Hotels and Catering Services	136.3	202.0	38.7
其　他	Others		0.7	
生活消费	Household Consumption	80.3	89.8	88.0
在消费量中:	Consumption by Usage			
终端消费	End-use Consumption	1709.3	1771.5	1639.8
#工　业	#Industry	826.5	805.7	878.0
中间消费(用于加工转换)	Intermediate Consumption (Consumed in Conversion)	243.0	225.9	274.9
发　电	Power Generation	17.4	7.8	12.4
供　热	Heating	61.5	61.5	72.8
制　气	Gas Production			
炼油损失量	Losses in Petroleum Refining	164.1	156.6	189.7
损失量	Other Losses	48.0	**34.8**	

注：1. 生产量为原油产量。
　　2. 进口量包括我国飞机、轮船在国外加油量；出口量包括外国飞机、轮船在我国加油量。

Note: a) Data on output refer to the output of crude oil.
　　b) The refueling by Chinese ships and airplanes abroad is included in imports. The refueling by foreign ships and airplanes in China is included in exports.

8-7 煤炭平衡表

COAL BALANCE SHEET

单位：万吨 (10000 tons)

项　目	Item	2012	2013	2014	2015	2016
可供量	**Total Energy Available for Consumption**	**13964.9**	**13266.8**	**13595.5**	**13432.9**	**14034.4**
生产量	Output	9129.5	7987.9	7059.3	6551.1	5890.5
进口量	Imports	211.0	434.2	198.6	97.8	144.1
出口量(—)	Exports(—)	0.4		0.5		70.6
年初年末库存差额	Stock Changes in the Year	77.7	-239.0	-28.4	156.9	-845.0
消费量	**Total Energy Consumption**	**13964.9**	**13266.8**	**13595.5**	**13432.9**	**14034.4**
在消费量中:	Consumption by Sector					
农、林、牧、渔、水利业	Agriculture, Forestry, Animal Husbandry, Fishery and Water Conservancy	204.8	259.9	271.5	294.3	402.0
工　业	Industry	12333.7	10975.8	11402.6	10597.5	10773.0
建筑业	Construction					
交通运输、仓储和邮政业	Transport, Storage and Post	277.7	370.8	403.0	449.8	485.6
批发、零售业和住宿、餐饮业	Wholesale and Retail Trade, Hotels and Catering Services	360.0	580.0	607.0	893.2	986.4
其　他	Others	385.0	560.4	486.0	853.3	1039.6
生活消费	Household Consumption	403.7	519.9	425.5	344.7	347.9
在消费量中:	Consumption by Usage					
终端消费	End-use Consumption	4046.1	4587.9	4666.3	4921.8	5556.6
#工　业	#Industry	2414.9	2296.9	2473.4	2086.5	2295.1
中间消费(用于加工转换)	Intermediate Consumption (Consumed in Conversion)	9918.8	8678.9	8929.2	8511.1	8477.8
发　电	Power Generation	4365.4	3437.9	4062.2	3981.6	3956.1
供　热	Heating	2071.5	2171.8	2277.3	2261.5	2418.8
炼　焦	Coking	1333.4	1148.7	1152.0	1005.5	943.7
制　气	Gas Production	169.1	169.0	78.2	106.9	125.6

注：生产量为原煤产量。
Note: Data on output refer to the output of raw coal.

8-8 电力平衡表

ELECTRICITY BALANCE SHEET

单位：亿千瓦小时 (100 million kwh)

项　目	Item	2012	2013	2014	2015	2016
可供量	**Total Energy Available for Consumption**	**827.9**	**840.2**	**832.9**	**869.0**	**896.6**
生产量	Output	841.7	839.3	867.4	895.0	919.3
水　电	Hydropower	69.4	106.6	85.0	91.3	111.6
火　电	Thermal Power	772.3	732.7	782.4	803.6	807.7
核　电	Nuclear Power					
进口量	Imports	120.1	134.0	130.3	117.7	32.9
出口量(—)	Exports(—)	4.4	5.1	4.8	4.4	
消费量	**Total Energy Consumption**	**827.9**	**840.2**	**832.9**	**869.0**	**896.6**
在消费量中:	Consumption by Sector					
农、林、牧、渔、水利业	Agriculture, Forestry, Animal Husbandry, Fishery and Water Conservancy	36.7	36.9	38.4	40.8	45.4
工　业	Industry	581.4	573.7	512.6	535.7	540.5
建筑业	Construction	10.8	11.5	12.1	12.2	12.8
交通运输、仓储和邮政业	Transport, Storage and Post	11.8	13.4	13.8	13.1	16.6
批发、零售业和住宿、餐饮业	Wholesale and Retail Trade, Hotels and Catering Services	25.8	28.5	30.7	34.1	37.2
其　他	Others	5.1	16.8	61.6	65.5	71.4
生活消费	Household Consumption	156.3	159.3	163.9	167.6	172.7
在消费量中:	Consumption by Usage					
终端消费	End-use Consumption	779.4	790.0	782.7	869.0	896.6
#工　业	#Industry	533.0	523.5	462.4	535.7	540.5
输配电损失量	Losses in Transmission	48.5	50.2	50.2		

8-9 分行业能源终端消费量 (2016年)

行　　业	Sector	煤合计（万吨）Total coal (10000 tons)
消费总计	**Total Consumption**	**5556.55**
农、林、牧、渔业	**Agriculture, Forestry, Animal Husbandry and Fishery**	**402.00**
工业合计	**Industry**	**2295.11**
轻工业	Light Industry	296.63
重工业	Heavy Industry	1998.48
采矿业	**Mining**	**641.69**
煤炭开采和洗选业	Mining and Washing of Coal	627.95
石油和天然气开采业	Extraction of Petroleum and Natural Gas	1.13
黑色金属矿采选业	Mining of Ferrous Metal Ores	3.72
有色金属矿采选业	Mining of Non-ferrous Metal Ores	4.77
非金属矿采选业	Mining and Processing of Nonmetal Ores	4.12
开采辅助活动	Mining of Other Ores	
其他采矿业	Mining of Other Ores	
制造业	**Manufacturing**	**1028.10**
农副食品加工业	Processing of Food from Agricultural Products	69.46
食品制造业	Manufacture of Foods	51.09
酒、饮料和精制茶制造业	Manufacture of Wine, soft drinks and refined tea	16.79
烟草制品业	Manufacture of Tobacco	3.51
纺织业	Manufacture of Textile	10.84
纺织服装、服饰业	Manufacture of Textile, Clothing and Apparel	0.75
皮革毛皮羽毛及其制品和制鞋业	Manufacture of Leather, Fur, feather and Its Products and Footwear	0.33
木材加工和木竹藤棕草制品业	Processing of Timbers, Manufacture of Wood, Bamboo, Rattan, Palm, and Straw Products	24.81
家具制造业	Manufacture of Furniture	3.76
造纸及纸制品业	Manufacture of Paper and Paper Products	55.10
印刷和记录媒介的复制业	Printing, Reproduction of Recording Media	1.45
文教工美体育和娱乐用品制造业	Manufacture of Culture, Art, Sports and Entertainment Goods	4.55
石油加工、炼焦及核燃料加工业	Processing of Petroleum, Coking, Processing of Nuclear Fuel	291.11
化学原料及化学制品制造业	Manufacture of Chemical Raw Material and Chemical Products	176.30
医药制造业	Manufacture of Medicines	78.58
化学纤维制造业	Manufacture of Chemical Fiber	0.36
橡胶和塑料制品业	Manufacture of Rubber and Plastic	13.33
非金属矿物制品业	Manufacture of Non-metallic Mineral Products	83.90
黑色金属冶炼及压延加工业	Manufacture and Processing of Ferrous Metals	47.72

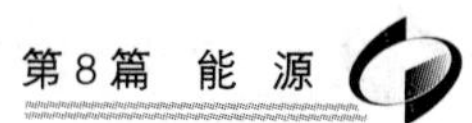

CONSUMPTION OF ENERGY BY SECTOR (2016)

原煤（万吨）Raw coal (10000 tons)	无烟煤（万吨）Anthracite Coal (10000 tons)	烟煤（万吨）Bituminous Coal (10000 tons) 炼焦烟煤 Coking	烟煤（万吨）Bituminous Coal (10000 tons) 一般烟煤 General	褐煤（万吨）Brown Coal (10000 tons)	洗精煤（万吨）Fancy Coal (10000 tons)	其它洗煤（万吨）Other Washed Coal (10000 tons)	煤制品（万吨）Coal Products (10000 tons)
4875.60	**49.15**	**26.31**	**3416.14**	**1384.00**		**665.43**	**15.52**
402.00			**245.66**	**156.34**			
1614.16	**23.83**	**26.31**	**1098.38**	**465.64**		**665.43**	**15.52**
291.33	12.99	0.16	232.39	45.79		5.20	0.10
1322.83	10.84	26.15	865.99	419.85		660.23	15.42
136.20	**0.43**	**18.77**	**117.00**			**502.57**	**2.92**
125.38		18.77	106.61			502.57	
1.13			1.13				
3.72			3.72				
4.77			4.77				
1.20	0.43		0.77				2.92
852.64	**16.16**	**7.54**	**782.71**	**46.23**		**162.86**	**12.60**
69.45	2.33	0.11	35.84	31.17			0.01
50.41	5.59	0.05	44.68	0.09		0.68	
16.79	4.99			11.80			
3.51			3.51				
10.84	0.08		10.76				
0.75			0.75				
0.33			0.33				
24.81	0.32		24.49				
3.76			3.76				
52.96			52.68	0.28		2.14	
1.43			1.43				0.02
4.53			4.53				0.02
123.33	1.11	6.43	115.79			155.92	11.86
176.30	0.37	0.88	175.05				
76.20			73.75	2.45		2.38	
0.31			0.31				0.05
13.33			13.33				
83.03	1.15		81.88			0.71	0.16
47.72			47.72				

8-9 续表1

行　　业	Sector	煤合计（万吨） Total coal (10000 tons)
有色金属冶炼及压延加工业	Manufacture & Processing of Non-ferrous Metals	6.43
金属制品业	Manufacture of Metal Products	9.15
通用设备制造业	Manufacture of General Purpose Machinery	18.34
专用设备制造业	Manufacture of Special Purpose Machinery	5.89
汽车制造业	Manufacture of Automobile	20.31
铁路、船舶、航空航天和其他运输设备制造业	Manufacture of Railroads, Ships, Aerospace and Other Transport Equipment	29.40
电气机械及器材制造业	Manufacture of Electrical Machinery & Equipment	4.58
计算机、通信和其他电子设备制造业	Manufacture of Computer,Communication and Other Electronic Equipment	0.10
仪器仪表制造业	Manufacture of Instrument	0.04
其他制造业	Other Manufacture	
废弃资源综合利用业	Recycling and Disposal of Waste	0.06
金属制品、机械和设备修理业	Metal Products, Machinery and Equipment Repair	0.06
电力、燃气及水的生产和供应业	**Production and Distribution of Electricity, Gas and Water**	**625.32**
电力、热力的生产和供应业	Production and Supply of Electric Power and Heat Power	623.99
燃气生产和供应业	Production and Distribution of Gas	0.06
水的生产和供应业	Production and Distribution of Water	1.27
建筑业	**Construction**	
房屋建筑业	Housing Building Construction	
土木工程建筑业	Civil Engineering Construction	
建筑安装业	Construction Installation	
建筑装饰和其他建筑业	Construction Decoration and Other Construction	
交通运输、仓储和邮政业	**Traffic, Transport, Storage and Postt**	**485.58**
铁路运输业	Transport Via Railway	93.26
道路运输业	Transport Via Road	
水上运输业	Water Transport	
航空运输业	Air Transport	
管道运输业	Transport Via Pipeline	
装卸搬运和运输代理业	Loading, Unloading, Portage and Other Transport Services	
仓储业	Storage	288.06
邮政业	Post	104.26
批发、零售业和住宿、餐饮业	**Wholesale, Retail Trades and Hotels, Catering Services**	**986.40**
其他行业	**Others**	**1039.61**
城乡居民生活	**Household Consumption**	**347.85**

CONTINUED

原煤（万吨） Raw coal (10000 tons)	无烟煤（万吨） Anthracite Coal (10000 tons)	烟煤（万吨） Bituminous Coal (10000 tons)		褐煤（万吨） Brown Coal (10000 tons)	洗精煤（万吨） Fancy Coal (10000 tons)	其它洗煤（万吨） Other Washed Coal (10000 tons)	煤制品（万吨） Coal Products (10000 tons)
		炼焦烟煤 Coking	一般烟煤 General				
6.43			6.43				
9.15			9.15				
18.14			17.82	0.32			0.20
4.77	0.22	0.07	4.48			0.98	0.14
20.31			20.31				
29.40			29.28	0.12			
4.39			4.39			0.05	0.14
0.10			0.10				
0.04			0.04				
0.06			0.06				
0.06			0.06				
625.32	**7.24**		**198.67**	**419.41**			
623.99	7.24		197.69	419.06			
0.06			0.06				
1.27			0.92	0.35			
485.58			**307.69**	**177.89**			
93.26			93.26				
288.06			110.17	177.89			
104.26			104.26				
986.40			**762.65**	**223.75**			
1039.61	**25.32**		**790.01**	**224.28**			
347.85			**211.75**	**136.10**			

8-9 续表2

行　业	Sector	焦炭（万吨） Coke (10000 tons)
消费总计	**Total Consumption**	**184.19**
农、林、牧、渔业	**Agriculture, Forestry, Animal Husbandry and Fishery**	
工业合计	**Industry**	**184.19**
轻工业	Light Industry	
重工业	Heavy Industry	184.19
采矿业	**Mining**	
煤炭开采和洗选业	Mining and Washing of Coal	
石油和天然气开采业	Extraction of Petroleum and Natural Gas	
黑色金属矿采选业	Mining of Ferrous Metal Ores	
有色金属矿采选业	Mining of Non-ferrous Metal Ores	
非金属矿采选业	Mining and Processing of Nonmetal Ores	
开采辅助活动	Mining of Other Ores	
其他采矿业	Mining of Other Ores	
制造业	**Manufacturing**	**184.19**
农副食品加工业	Processing of Food from Agricultural Products	
食品制造业	Manufacture of Foods	
酒、饮料和精制茶制造业	Manufacture of Wine, soft drinks and refined tea	
烟草制品业	Manufacture of Tobacco	
纺织业	Manufacture of Textile	
纺织服装、服饰业	Manufacture of Textile, Clothing and Apparel	
皮革毛皮羽毛及其制品和制鞋业	Manufacture of Leather, Fur, feather and Its Products and Footwear	
木材加工和木竹藤棕草制品业	Processing of Timbers, Manufacture of Wood, Bamboo, Rattan, Palm, and Straw Products	
家具制造业	Manufacture of Furniture	
造纸及纸制品业	Manufacture of Paper and Paper Products	
印刷和记录媒介的复制业	Printing, Reproduction of Recording Media	
文教工美体育和娱乐用品制造业	Manufacture of Culture, Art, Sports and Entertainment Goods	
石油加工、炼焦及核燃料加工业	Processing of Petroleum, Coking, Processing of Nuclear Fuel	
化学原料及化学制品制造业	Manufacture of Chemical Raw Material and Chemical Products	
医药制造业	Manufacture of Medicines	
化学纤维制造业	Manufacture of Chemical Fiber	
橡胶和塑料制品业	Manufacture of Rubber and Plastic	
非金属矿物制品业	Manufacture of Non-metallic Mineral Products	
黑色金属冶炼及压延加工业	Manufacture and Processing of Ferrous Metals	183.42

CONTINUED

焦炉煤气（亿立方米）Coking Gas (100 million cu. m)	其它煤气（亿立方米）Others Gas (100 million cu. m)	石油合计（万吨）Total Oil (10000 tons)	原油（万吨）Crude Oil (10000 tons)	汽油（万吨）Gasoline (10000 tons)	煤油（吨）Kerosene (ton)	柴油（万吨）Diesel Oil (10000 tons)
8.11	**12.27**	**1639.78**	**579.42**	**316.18**	**78.6**	**329.90**
		152.67		**12.58**		**140.09**
8.11	**12.27**	**878.00**	**579.42**	**8.53**	**0.82**	**26.33**
		2.35		1.11	0.01	1.23
8.11	12.27	875.65	579.42	7.42	0.81	25.10
		32.77	19.80	3.34	0.01	9.60
		3.08		0.49		2.57
		28.00	19.80	2.69		5.51
		0.03				0.03
		0.05		0.01	0.01	0.03
		0.65		0.01		0.64
		0.96		0.14		0.82
8.11	**12.27**	**832.35**	**559.62**	**2.96**	**0.81**	**6.08**
		1.03		0.44	0.01	0.58
		0.37		0.21		0.16
		0.24		0.12		0.12
		0.06		0.01		0.05
		0.02		0.01		0.01
		0.01		0.01		
		0.54		0.23		0.31
		0.12		0.08		0.04
		0.07		0.02		0.05
		0.11		0.04		0.07
		0.04		0.03		0.01
2.85	10.12	823.92	559.62	0.11	0.78	0.53
		1.05		0.31		0.74
		0.26		0.14		0.12
		0.15		0.08		0.07
0.87		2.48		0.19		2.29
4.04	2.15	0.22		0.02		0.20

8-9 续表3

行　业	Sector	焦炭（万吨）Coke (10000 tons)
有色金属冶炼及压延加工业	Manufacture & Processing of Non-ferrous Metals	
金属制品业	Manufacture of Metal Products	
通用设备制造业	Manufacture of General Purpose Machinery	0.09
专用设备制造业	Manufacture of Special Purpose Machinery	0.44
汽车制造业	Manufacture of Automobile	
铁路、船舶、航空航天和其他运输设备制造业	Manufacture of Railroads, Ships, Aerospace and Other Transport Equipment	0.02
电气机械及器材制造业	Manufacture of Electrical Machinery & Equipment	
计算机、通信和其他电子设备制造业	Manufacture of Computer, Communication and Other Electronic Equipment	0.18
仪器仪表制造业	Manufacture of Instrument	
其他制造业	Other Manufacture	
废弃资源综合利用业	Recycling and Disposal of Waste	
金属制品、机械和设备修理业	Metal Products, Machinery and Equipment Repair	0.04
电力、燃气及水的生产和供应业	**Production and Distribution of Electricity, Gas and Water**	
电力、热力的生产和供应业	Production and Supply of Electric Power and Heat Power	
燃气生产和供应业	Production and Distribution of Gas	
水的生产和供应业	Production and Distribution of Water	
建筑业	**Construction**	
房屋建筑业	Housing Building Construction	
土木工程建筑业	Civil Engineering Construction	
建筑安装业	Construction Installation	
建筑装饰和其他建筑业	Construction Decoration and Other Construction	
交通运输、仓储和邮政业	**Traffic, Transport, Storage and Postt**	
铁路运输业	Transport Via Railway	
道路运输业	Transport Via Road	
水上运输业	Water Transport	
航空运输业	Air Transport	
管道运输业	Transport Via Pipeline	
装卸搬运和运输代理业	Loading, Unloading, Portage and Other Transport Services	
仓储业	Storage	
邮政业	Post	
批发、零售业和住宿、餐饮业	**Wholesale, Retail Trades and Hotels, Catering Services**	
其他行业	**Others**	
城乡居民生活	**Household Consumption**	

CONTINUED

焦炉煤气（亿立方米） Coking Gas (100 million cu.m)	其它煤气（亿立方米） Others Gas (100 million cu.m)	石油合计（万吨） Total Oil (10000 tons)	原油（万吨） Crude Oil (10000 tons)	汽油（万吨） Gasoline (10000 tons)	煤油（吨） Kerosene (ton)	柴油（万吨） Diesel Oil (10000 tons)
0.02		0.04		0.02		0.02
0.33		0.20		0.10		0.10
		0.36		0.23	0.01	0.12
		0.32		0.16	0.01	0.15
		0.19		0.18		0.01
		0.09		0.05		0.04
		0.21		0.11		0.10
		0.02		0.02		
		0.06		0.03		0.03
		0.01				0.01
		0.02				0.02
		0.14		0.01		0.13
		12.88		**2.23**		**10.65**
		12.74		2.14		10.60
		0.10		0.08		0.02
		0.04		0.01		0.03
		9.23				**9.23**
		3.34				3.34
		2.63				2.63
		2.12				2.12
		1.14				1.14
		473.18		**242.42**	**77.74**	**118.26**
		58.72		0.59		23.37
		109.40		80.72		28.68
		70.44		46.66		23.78
		104.03		26.29	77.74	
		27.56		27.56		
		35.23		35.23		
		30.37		10.00		20.37
		37.42		15.37		22.05
		38.72		**14.01**		**24.71**
		87.98		**38.64**		**11.28**

8-9 续表4

行　业	Sector	燃料油（万吨） Fuel Oil (10000 tons)
消费总计	**Total Consumption**	**51.13**
农、林、牧、渔业	**Agriculture, Forestry, Animal Husbandry and Fishery**	
工业合计	**Industry**	**16.37**
轻工业	Light Industry	
重工业	Heavy Industry	16.37
采矿业	**Mining**	
煤炭开采和洗选业	Mining and Washing of Coal	
石油和天然气开采业	Extraction of Petroleum and Natural Gas	
黑色金属矿采选业	Mining of Ferrous Metal Ores	
有色金属矿采选业	Mining of Non-ferrous Metal Ores	
非金属矿采选业	Mining and Processing of Nonmetal Ores	
开采辅助活动	Mining of Other Ores	
其他采矿业	Mining of Other Ores	
制造业	**Manufacturing**	**16.37**
农副食品加工业	Processing of Food from Agricultural Products	
食品制造业	Manufacture of Foods	
酒、饮料和精制茶制造业	Manufacture of Wine, soft drinks and refined tea	
烟草制品业	Manufacture of Tobacco	
纺织业	Manufacture of Textile	
纺织服装、服饰业	Manufacture of Textile, Clothing and Apparel	
皮革毛皮羽毛及其制品和制鞋业	Manufacture of Leather, Fur, feather and Its Products and Footwear	
木材加工和木竹藤棕草制品业	Processing of Timbers, Manufacture of Wood, Bamboo, Rattan, Palm, and Straw Products	
家具制造业	Manufacture of Furniture	
造纸及纸制品业	Manufacture of Paper and Paper Products	
印刷和记录媒介的复制业	Printing, Reproduction of Recording Media	
文教工美体育和娱乐用品制造业	Manufacture of Culture, Art, Sports and Entertainment Goods	
石油加工、炼焦及核燃料加工业	Processing of Petroleum, Coking, Processing of Nuclear Fuel	16.37
化学原料及化学制品制造业	Manufacture of Chemical Raw Material and Chemical Products	
医药制造业	Manufacture of Medicines	
化学纤维制造业	Manufacture of Chemical Fiber	
橡胶和塑料制品业	Manufacture of Rubber and Plastic	
非金属矿物制品业	Manufacture of Non-metallic Mineral Products	
黑色金属冶炼及压延加工业	Manufacture and Processing of Ferrous Metals	

CONTINUED

液化石油气（万吨） Liquefied Petroleum Gas (10000 tons)	炼厂干气（万吨） Net Gas of Plant (10000 tons)	天然气（亿立方米） Natural Gas (100 million cu. m)	其它石油制品（万吨） Other Oil Products (10000 tons)	其它焦化产品（万吨） Other Coked Products (10000 tons)	热力（万百万千焦） Heat Power (10 billion kilo-joule)	电力（亿千瓦时） Electricity (100 million kwh)	其它能源（万吨标煤） Others (10000 tons of SCE)
111.46	**37.45**	**32.25**	**70.19**	**31.97**	**38399.87**	**896.61**	
						45.43	
73.40	**37.45**	**19.31**	**70.19**	**31.97**	**10078.47**	**540.48**	
		0.56			895.93	45.29	
73.40	37.45	18.75	70.19	31.97	9182.54	495.19	
			0.02			193.24	
			0.02			40.76	
						141.64	
						0.43	
						7.29	
						2.25	
						0.87	
73.40	**37.45**	**15.38**	**70.17**	**31.97**	**8647.74**	**181.39**	
		0.02			691.35	14.59	
		0.23			79.11	17.14	
		0.06			49.71		
		0.08			0.68		
		0.02			0.25	2.11	
						0.52	
						4.64	
					0.63		
					1.61	4.51	
		0.01			6.19	0.65	
					0.30	0.14	
73.40	37.45	11.76	70.17		7251.79	21.05	
		1.56		31.97	64.57	23.75	
		0.14			66.10	5.31	
						0.09	
						4.20	
		0.06			9.59	26.21	
		0.24			77.42	19.17	

8-9 续表5

行　　业	Sector	燃料油（万吨）Fuel Oil (10000 tons)
有色金属冶炼及压延加工业	Manufacture & Processing of Non-ferrous Metals	
金属制品业	Manufacture of Metal Products	
通用设备制造业	Manufacture of General Purpose Machinery	
专用设备制造业	Manufacture of Special Purpose Machinery	
汽车制造业	Manufacture of Automobile	
铁路、船舶、航空航天和其他运输设备制造业	Manufacture of Railroads, Ships, Aerospace and Other Transport Equipment	
电气机械及器材制造业	Manufacture of Electrical Machinery & Equipment	
计算机、通信和其他电子设备制造业	Manufacture of Computer,Communication and Other Electronic Equipment	
仪器仪表制造业	Manufacture of Instrument	
其他制造业	Other Manufacture	
废弃资源综合利用业	Recycling and Disposal of Waste	
金属制品、机械和设备修理业	Metal Products, Machinery and Equipment Repair	
电力、燃气及水的生产和供应业	**Production and Distribution of Electricity, Gas and Water**	
电力、热力的生产和供应业	Production and Supply of Electric Power and Heat Power	
燃气生产和供应业	Production and Distribution of Gas	
水的生产和供应业	Production and Distribution of Water	
建筑业	**Construction**	
房屋建筑业	Housing Building Construction	
土木工程建筑业	Civil Engineering Construction	
建筑安装业	Construction Installation	
建筑装饰和其他建筑业	Construction Decoration and Other Construction	
交通运输、仓储和邮政业	**Traffic, Transport, Storage and Postt**	**34.76**
铁路运输业	Transport Via Railway	34.76
道路运输业	Transport Via Road	
水上运输业	Water Transport	
航空运输业	Air Transport	
管道运输业	Transport Via Pipeline	
装卸搬运和运输代理业	Loading, Unloading, Portage and Other Transport Services	
仓储业	Storage	
邮政业	Post	
批发、零售业和住宿、餐饮业	**Wholesale, Retail Trades and Hotels, Catering Services**	
其他行业	**Others**	
城乡居民生活	**Household Consumption**	

CONTINUED

液化石油气（万吨） Liquefied Petroleum Gas (10000 tons)	炼厂干气（万吨） Net Gas of Plant (10000 tons)	天然气（亿立方米） Natural Gas (100 million cu. m)	其它石油制品（万吨） Other Oil Products (10000 tons)	其它焦化产品（万吨） Other Coked Products (10000 tons)	热力（万百万千焦） Heat Power (10 billion kilo-joule)	电力（亿千瓦时） Electricity (100 million kwh)	其它能源（万吨标煤） Others (10000 tons of SCE)
		0.20			19.47	7.44	
		0.03			9.75	4.77	
		0.15			60.79	8.87	
		0.57			124.18		
		0.14			32.54	8.79	
		0.02			62.03		
		0.08			28.39	7.21	
					1.01		
		0.01			10.27		
					0.01		
						0.23	
		3.93			**1430.73**	**165.85**	
		3.52			1430.73	154.45	
		0.41				4.69	
						6.71	
					86.60	12.76	
					86.60	5.64	
						3.76	
						2.26	
						1.10	
		1.73			**846.76**	**16.59**	
		1.73			107.83	2.75	
					122.57	1.89	
						1.65	
						0.95	
						2.40	
					47.08	2.30	
					281.25	3.80	
					288.03	0.85	
		0.76			**1827.15**	**37.21**	
					2498.69	**71.43**	
38.06		**10.45**			**23062.20**	**172.71**	

8-10 能源生产和消费弹性系数

ELASTICITY RATIO OF ENERGY PRODUCTION AND CONSUMPTION

年 份 Year	能源生产比上年增长(%) Growth Rate of Energy Production over Preceding Year (%)	能源消费比上年增长(%) Growth Rate of Energy Consumption over Preceding Year (%)	地区生产总值比上年增长(%) Growth Rate of Gross Domestic Product over Preceding Year (%)	能源生产弹性系数 Elasticity Ratio of Energy Production	能源消费弹性系数 Elasticity Ratio of Energy Consumption
1957	20.60	7.30	8.50	2.42	0.86
1962	-1.70	-18.80	-2.00	0.85	9.40
1965	15.80	-6.60	15.40	1.03	-0.43
1970	26.80	28.90	10.10	2.65	2.86
1975	11.60	3.00	7.60	1.53	0.39
1978	4.30	9.30	11.10	0.39	0.83
1980	1.50	4.30	10.00	0.15	0.43
1985	5.10	0.50	6.00	0.85	0.08
1990	2.70	3.10	5.80	0.47	0.53
1995	1.30	8.50	9.20	0.14	0.92
1996	1.10	0.10	10.20	0.11	0.01
1997	-9.60	5.90	10.00	-0.96	0.59
1998	4.50	0.90	8.30	0.54	0.11
1999	-6.10	-4.70	7.50	-0.81	-0.63
2000	-8.60	-11.10	8.20	-1.05	-1.35
2001	-1.00	2.90	9.30	-0.11	0.31
2002	3.00	6.40	10.30	0.29	0.62
2003	2.30	12.40	10.30	0.22	1.20
2004	13.60	11.90	11.70	1.16	1.02
2005	0.90	9.30	11.60	0.08	0.80
2006	1.20	8.60	12.00	0.10	0.72
2007	-2.70	7.50	12.00	-0.23	0.63
2008	-3.60	6.50	11.80	-0.31	0.55
2009	0.62	4.60	11.10	0.05	0.41
2010	0.02	6.98	12.60	0.01	0.55
2011	1.29	8.23	12.20	0.11	0.67
2012	-0.04	5.28	10.00		0.53
2013	-4.90	3.30	8.00	-0.61	0.41
2014	-6.20	0.86	5.60	-1.11	0.15
2015	-4.28	1.43	5.70	-0.75	0.25
2016	-3.71	1.27	6.10	-0.61	0.21

8-11 工业企业水消费(2016年)

WATER CONSUMPTION OF INDUSTRY ENTERPRISE (2016)

项 目	Item	取水量(万立方米) Quantity of Water (10000 cu.m)	外供水量(万立方米) External Water Supply (10000 cu.m)	用水量(万立方米) Water Consumption (10000 cu.m)
总 计	**Total**	**149717.6**	**81225.3**	**68492.4**
地表淡水	Surface Water	87391.9	15363.9	72028.0
地下淡水	Ground Water	35972.4	6527.0	29445.4
自来水	Tap Water	22180.1	58359.9	-36179.8
陆地苦咸水	Land Brackish	0.1		0.1
矿井水	Mine Water	229.3		229.3
雨水	Rainwater	2.7		2.7
再生水(中水)	Recycled Water	1468.6		1468.6
其他水	Other Water	2472.5	974.5	1498.0
外排水量	External Displacement	27336.7		
重复用水量	Duplicated Use	888882.6		
直流冷却水量(河湖水)	DC Cooling Water(river water)	78995.9		
污水处理企业污水处理量	Treatment Capacity Of Sewage Treatment Enterprises	9321.9		

8-12 规模以上工业企业分品种能源购进、消费及库存(2016年)

PURCHASE, CONSUME, AND STOCK OF ENERGY IN ABOVE DESIGNATED SIZE INDUSTRIAL ENTERPRISES BY CATALOG (2016)

项 目	Item	年初库存 Stock of Year Beginning	购进量 Purchase Capacity	消费量 Total Energy Consumption	工业生产消费 Consumption of Industry Production	非工业生产消费 Consumption of Industry Nonindustry Production	年末库存 Stock of Year End
原煤(万吨)	Clean Coal(10000 tons)	1057.40	8407.35	11274.89	11202.99	71.90	845.32
无烟煤	Anthracite Coal	9.67	22.79	38.30	37.92	0.38	7.84
炼焦烟煤	Coking Bituminous Coal	5.20	31.41	32.24	31.33	0.91	4.33
一般烟煤	General Bituminous Coal	903.49	7117.49	9896.16	9826.44	69.72	738.70
褐煤	Brown Coal	139.05	1235.67	1308.20	1307.30	0.90	94.46
洗精煤(万吨)	Clean Coal(10000 tons)	107.85	715.96	936.24	936.21	0.03	158.57
其它洗煤(万吨)	Other Clean Coal(10000 tons)	28.17	170.37	241.38	208.38	33.00	23.06
煤制品(万吨)	Coal Products(10000 tons)	0.31	15.44	15.52	15.37	0.15	0.23
焦炭(万吨)	Coke(10000 tons)	6.32	139.08	165.96	165.95	0.004	5.72
其他焦化产品(万吨)	Other Coking Products(10000 tons)	0.0002	7.58	6.84	6.84		0.74
焦炉煤气(亿立方米)	Coking Gas(100 million cu.m)		11.47	15.95	15.95		
高炉煤气(亿立方米)	Blast furnace Gas(100 million cu.m)		10.16	35.27	35.27		
转炉煤气(亿立方米)	Converter Gas(100 million cu.m)		0.05	1.70	1.70		
发生炉煤气(亿立方米)	Producer Gas(100 million cu.m)			5.77	5.77		
天然气(亿立方米)	Natural Gas(100 million cu.m)	0.002	14.39	28.48	28.41	0.08	0.005
液化天然气(吨)	Liquefied Gas(ton)		50500.53	50500.51	50500.51		0.02
煤层气(亿立方米)	Coalbed Methane(100 million cu.m)	0.04	0.04	0.29	0.29		
原油(万吨)	Crude Oil(10000 tons)	12.65	1664.30	1677.74	1677.74	0.006	18.87
汽油(万吨)	Gasoline(10000 tons)	0.11	8.89	8.53	6.04	2.49	0.04
煤油(吨)	Kerosene(ton)	98.37	376.93	471.52	400.94	70.58	63.84
柴油(万吨)	Diesel Fuel Oil(10000 tons)	0.50	28.63	28.86	26.33	2.53	0.36
燃料油(万吨)	Fuel Oil(10000 tons)	0.30	37.97	51.13	51.13	0.0001	0.29
液化石油气(万吨)	Liquefied Petroleum Gas(10000 tons)	0.001	23.70	73.44	73.44	0.004	0.001
炼厂干气(万吨)	Net Gas of Plant(10000 tons)			112.79	112.79		
石脑油(万吨)	Naphtha(10000 tons)		29.57	29.57	29.57		
润滑油(吨)	Lubricating Oil(ton)	10.98	221.92	197.77	191.59	6.18	13.43
石腊(吨)	Paraffin(ton)		29.00	29.00	29.00		
溶剂油(吨)	Solvent Oil(ton)	320.65	1024.58	1007.76	1007.76		288.47
石油焦(吨)	Petroleum Coke(ton)	279.00	279.00				279.00
石油沥青(万吨)	Petroleum Pitch(10000 tons)						
其他石油制品(万吨)	Other Petroleum Products(10000 tons)	0.005	184.06	188.95	188.95	0.002	0.005
热力(万百万千焦)	Heat(10 billion kilo-joule)		1598.15	7078.47	6837.13	241.34	
电力(亿千瓦时)	Power(100 millin kwh)		382.35	546.11	534.55	11.56	
煤矸石用于燃料(万吨)	Coal Waste for Fuel(10000 tons)	7.16	3719.29	572.88	572.51	0.37	5.56
生物质废料用于燃料(万吨)	Biomass Waste for Fuel(10000 tons)	15.26	199.01	215.93	215.90	0.03	18.49
余热余压(万百万千焦)	Residual Heat and Pressure(10 billion kilojoules)			71.07	71.07		
其它工业废料用于燃料(万吨)	Other Industrial Wastes for Fuel(10000 tons)		0.83	0.83	0.80	0.03	
其他燃料(万吨标准煤)	Other Fuel(10000 tons of SCE)	1.00	16.10	16.28	16.22	0.06	2.00
能源合计(万吨标准煤)	Total Energy(10000 tons of SCE)			13022.57	12924.08	98.49	

8-13 全社会用电量

ELECTRICITY CONSUMPTION

单位：亿千瓦时 (100 million kwh)

行 业	Sector	2012	2013	2014	2015	2016
全社会用电量	**Electricity Consumption**	**827.91**	**845.20**	**859.42**	**868.97**	**896.62**
居民生活用电	**Electricity Consumption for Households**	**156.32**	**159.29**	**163.85**	**167.62**	**172.71**
城镇居民	Urban	95.92	97.88	102.92	101.50	103.57
乡村居民	Rural	60.40	61.42	60.93	66.12	69.14
行业用电	**Electricity Consumption for Sector**	**671.59**	**685.90**	**695.57**	**701.35**	**723.90**
第一产业	Primary Industry	36.67	36.92	38.38	40.76	45.43
第二产业	Secondary Industry	543.78	549.31	551.18	547.89	553.24
工 业	Industry	532.95	537.77	539.11	535.69	540.47
轻工业	Light Industry	46.83	50.58	56.60	64.26	59.91
重工业	Heavy Industry	486.12	487.20	482.51	471.42	480.57
建筑业	Construction	10.83	11.54	12.08	12.20	12.76
第三产业	Tertiary Industry	91.13	99.67	106.01	112.71	125.23
批发和零售业	Wholesale and Retail Trade	17.15	19.24	21.24	25.40	28.25
交通运输、仓储和邮政业	Traffic, Transport, Storage and Post	11.76	13.43	13.80	13.14	16.59
住宿和餐饮业	Accommodation and Restaurants	8.65	9.21	9.41	8.66	8.97
信息传输、软件和信息技术服务业	Information Transmission, Software and IT Service	7.85	8.12	8.20	8.24	9.31
金融业	Finance	2.02	1.99	2.23	2.06	2.10
房地产业	Real estate	6.44	7.24	7.81	9.57	10.69
租赁和商务服务业、居民服务修理和其他服务业	Leasing and Business Services, Services to Households, Repair and Other Services	11.57	12.93	14.24	16.68	17.92
科学研究、技术服务业和地质勘查业	Scientific Research, Technical Services and Geological Prospecting	1.07	1.24	1.41	1.64	1.70
水利、环境和公共管理业	Management of Water Conservancy, Environment and Public Establishment	4.57	5.13	5.62	5.42	5.92
教 育	Education	6.43	7.36	7.28	7.62	8.23
卫生、社会保障和社会福利业	Health, Social Security and Social Welfare	3.72	4.13	4.54	4.76	5.37
文化、体育和娱乐业	Culture, Sports and Entertainment	1.87	1.95	2.40	1.87	2.06
公共管理、社会保障和社会组织	Public Management, Social Securities and Social Organization	8.04	7.70	7.83	7.65	8.14

8-14 工业用电量

ELECTRICITY CONSUMPTION OF INDUSTRY

单位：亿千瓦时 (100 million kwh)

行 业	Sector	2012	2013	2014	2015	2016
工业合计	**Total**	**532.95**	**537.77**	**539.11**	**535.69**	**540.47**
采矿业	**Mining**	**185.15**	**188.76**	**191.95**	**189.12**	**193.24**
煤炭开采和洗选业	Mining and Washing of Coal	49.00	50.44	47.01	41.79	40.76
石油和天然气开采业	Extraction of Petroleum and Natural Gas	129.61	129.71	134.23	135.97	141.64
黑色金属矿采选业	Mining of Ferrous Metal Ores	0.27	0.46	0.97	0.51	0.43
有色金属矿采选业	Mining of Non-ferrous Metal Ores	3.55	5.69	6.78	8.42	7.29
非金属矿采选业	Mining and Processing of Nonmetal Ores	2.20	2.05	2.18	1.61	2.25
其他采矿业	Mining of Other Ores n. e. c	0.52	0.42	0.79	0.83	0.87
制造业	**Manufaturing**	**204.56**	**203.23**	**193.85**	**192.08**	**181.38**
食品、饮料和烟草制造业	Manufacture of Foods, Beverage and Tobacco	24.19	25.86	29.16	29.11	31.73
纺织业	Manufacture of Textile	3.01	2.96	2.87	2.06	2.11
服装鞋帽、皮革羽绒及其制品业	Manufacture of Textile Wearing Apparel, Footware, Caps and Leather	0.49	0.82	0.83	0.63	0.52
木材加工及制品和家具制品业	Processing of Timbers, Manufacture of Furniture	8.73	8.95	6.73	4.62	4.64
造纸及纸制品业	Manufacture of Paper and Paper Products	4.94	5.35	5.35	4.61	4.51
印刷业和记录媒介的复制	Printing, Reproduction of Recording Media	1.21	1.07	1.01	0.64	0.65
文体用品制造业	Manufacture of Articles for Culture, Education and Sport Activity	0.27	0.28	0.28	0.13	0.14
石油加工、炼焦及核燃料加工业	Processing of Petroleum, Coking, Processing of Nucleus Fuel	15.89	18.73	19.76	18.43	21.05
化学原料及化学制品制造业	Manufacture of Chemical Raw Material and Chemical Products	30.59	28.42	23.67	25.65	23.75
医药制造业	Manufacture of Medicines	6.13	6.51	6.45	5.01	5.31
化学纤维制造业	Manufacture of Chemical Fiber	0.09	0.07	0.09	0.09	0.09
橡胶和塑料制品业	Manufacture of Rubber and Plastic	4.35	4.73	4.49	3.85	4.20
非金属矿物制品业	Manufacture of Non-metallic Mineral Products	38.56	37.79	35.59	30.40	26.21
黑色金属冶炼及压延加工业	Manufacture and Processing of Ferrous Metals	33.42	31.86	26.14	22.76	19.17
有色金属冶炼及压延加工业	Manufacture and Processing of Non-ferrous Metals	3.83	3.44	3.42	7.74	7.44
金属制品业	Manufacture of Metal Products	6.77	6.29	5.85	4.27	4.77
通用及专用设备制造业	Manufacture of General Purpose Machinery and Special Purpose Machinery	10.44	9.96	9.41	8.52	8.87
交通运输、电气、电子设备制造业	Manufacture of Transport Equipment and Electronic Equipment	10.33	8.94	8.55	7.98	8.79
工艺品及其他制造业	Manufacture of Artwork, Other Manufacture n. e. c	0.82	0.91	3.81	15.39	7.21
废弃资源和废旧材料回收加工业	Recycling and Disposal of Waste	0.49	0.33	0.39	0.19	0.23
电力、热力、燃气及水的生产和供应业	**Production and Distribution of Electricity, Heat, Gas and Water**	**143.24**	**145.78**	**153.31**	**154.49**	**165.86**
电力、热力的生产和供应业	Production and Supply of Electric Power and Heat Power	134.44	136.64	143.13	144.31	154.45
煤气生产和供应业	Production and Distribution of Gas	3.08	2.55	4.25	4.49	4.69
水的生产和供应业	Production and Distribution of Water	5.71	6.59	5.93	5.68	6.71

8-15 分地区单位地区生产总值电耗

ELECTRICITY CONSUMPTION PER UNIT OF GDP BY REGION

单位：千瓦时/万元 (kw.h/10000 yuan)

地　区	Region	2010	2011	2012	2013	2014	2015	2016
全　省	**Total**	**772.7**	**689.6**	**646.6**	**611.2**	**588.5**	**563.1**	**560.5**
哈尔滨	Harbin	614.9	477.9	422.9	400.7	380.4	356.3	348.8
齐齐哈尔	Qiqihar	880.5	693.9	670.8	633.7	605.3	612.3	602.0
鸡　西	Jixi	1050.3	943.9	841.3	844.4	790.5	737.0	767.4
鹤　岗	Hegang	677.9	1313.7	1130.9	1269.1	1362.6	1383.8	1525.0
双鸭山	Shuangyashan	917.3	946.5	873.9	884.6	991.9	1087.4	1037.9
大　庆	Daqing	1226.9	690.3	636.6	601.6	579.4	585.3	779.7
伊　春	Yichun	1154.0	1025.2	935.5	839.3	827.0	964.2	875.7
佳木斯	Jiamusi	823.9	522.0	520.7	546.4	504.9	481.1	467.0
七台河	Qitaihe	992.5	992.9	888.9	984.2	956.4	876.5	1142.6
牡丹江	Mudanjiang	794.5	588.2	497.4	441.9	399.5	362.8	346.9
黑　河	Heihe	613.3	1018.0	973.9	990.5	961.1	831.2	611.0
绥　化	Suihua	1219.6	450.0	455.0	463.5	479.9	486.3	462.1
大兴安岭	Daxinganling	569.3	375.6	406.4	423.8	376.8	405.9	321.8
绥芬河	Suifenhe			342.5	302.4	278.0	243.8	235.8
抚　远	Fuyuan			233.5	274.9	297.6	316.3	285.1

8-16 分地区规模以上工业企业综合能源消费量

ENERGY CONSUMPTION OF INDUSTRY ENTERPRISE ABOVE DESIGNATED SIZE BY REGION

单位：万吨标准煤 (10000 tons of SCE)

地　区	Region	2010	2011	2012	2013	2014	2015	2016
全　省	**Total**	**5791.0**	**5815.0**	**5883.2**	**5575.9**	**5272.5**	**4975.0**	**5051.3**
哈尔滨	Harbin	765.8	787.0	850.7	829.8	713.8	715.3	715.6
齐齐哈尔	Qiqihar	556.9	603.9	568.8	515.6	503.7	469.9	384.7
鸡　西	Jixi	456.5	488.1	495.6	410.0	305.6	282.3	245.9
鹤　岗	Hegang	387.8	339.7	339.6	265.7	199.0	190.6	272.1
双鸭山	Shuangyashan	474.0	454.3	461.8	436.2	392.8	372.3	402.2
大　庆	Daqing	1393.8	1478.1	1536.4	1600.6	1749.5	1593.6	1658.1
伊　春	Yichun	177.5	173.4	175.4	211.5	134.2	124.7	161.9
佳木斯	Jiamusi	178.4	182.2	183.0	166.6	153.1	144.1	138.7
七台河	Qitaihe	645.5	529.6	534.5	427.1	442.8	427.3	411.9
牡丹江	Mudanjiang	300.6	308.0	298.7	260.2	203.2	191.1	189.5
黑　河	Heihe	69.5	80.7	86.7	89.5	87.6	90.3	81.1
绥　化	Suihua	141.6	152.2	159.6	181.9	191.1	217.0	234.7
大兴安岭	Daxinganling	24.7	23.4	28.5	25.7	21.6	20.9	19.3
农垦总局	ARB	160.2	155.5	152.4	144.4	99.8	126.7	127.2
绥芬河	Suifenhe			8.8	9.1	9.3	6.7	6.2
抚　远	Fuyuan			2.5	2.1	2.1	2.1	2.1

8-17 分地区单位地区生产总值能耗

UNIT GDP ENERGY CONSUMPTION PER UNIT OF GDP BY REGION

单位：吨标准煤/万元 (ton of SCE/10000 yuan)

地 区	Region	2010	2011	2012	2013	2014	2015	2016
全 省	**Total**	**1.16**	**1.04**	**1.00**	**0.86**	**0.82**	**0.79**	**0.77**
哈尔滨	Harbin	1.18	1.04	1.01	0.66	0.70	0.63	0.61
齐齐哈尔	Qiqihar	1.39	1.13	1.08	0.79	0.86	0.71	0.64
鸡 西	Jixi	1.84	1.54	1.46	0.99	1.04	0.98	1.01
鹤 岗	Hegang	1.99	1.55	1.48	1.18	1.07	1.13	1.13
双鸭山	Shuangyashan	1.59	1.22	1.16	0.88	0.92	0.86	0.83
大 庆	Daqing	1.26	1.20	1.16	0.82	0.83	0.80	1.05
伊 春	Yichun	1.77	1.57	1.51	1.21	1.26	1.19	1.05
佳木斯	Jiamusi	1.15	1.04	1.03	0.75	0.75	0.72	0.68
七台河	Qitaihe	2.55	1.80	1.72	1.30	1.36	1.25	1.72
牡丹江	Mudanjiang	1.18	0.98	0.97	0.69	0.72	0.67	0.61
黑 河	Heihe	1.02	0.83	0.81	0.64	0.67	0.62	0.51
绥 化	Suihua	0.93	0.81	0.78	0.58	0.61	0.56	0.51
大兴安岭	Daxinganling	1.16	0.91	0.88	0.86	0.91	0.84	0.70
绥芬河	Suifenhe			0.61	0.46	0.49	0.44	0.41
抚 远	Fuyuan			0.50	0.38	0.39	0.37	0.32

8-18 分地区单位地区生产总值能耗下降率

DECLINE RATE OF ENERGY CONSUMPTION PER UNIT OF GDP BY REGION

单位：% (%)

地 区	Region	2010	2011	2012	2013	2014	2015	2016
全 省	**Total**	**-5.00**	**-3.50**	**-4.25**	**-4.31**	**-4.50**	**-4.01**	**-4.50**
哈尔滨	Harbin	-5.20	-3.53	-3.69	-4.60	-4.84	-3.11	-3.31
齐齐哈尔	Qiqihar	-5.80	-4.39	-4.17	-6.07	-8.78	-10.08	-7.29
鸡 西	Jixi	-6.30	-4.35	-5.26	-5.35	-4.69	-1.53	-7.34
鹤 岗	Hegang	-7.10	-4.57	-4.56	-4.21	-4.36	-4.18	-3.85
双鸭山	Shuangyashan	-6.60	-5.10	-5.23	-4.52	-4.06	-2.51	-4.03
大 庆	Daqing	-4.50	-4.01	-3.90	-3.52	-3.30	-2.51	-3.20
伊 春	Yichun	-7.70	-3.12	-3.67	-3.25	-3.95	-2.19	-3.55
佳木斯	Jiamusi	-4.80	-3.61	-4.24	-3.83	-3.52	-3.11	-5.30
七台河	Qitaihe	-6.80	-4.21	-4.75	-4.50	-4.30	-4.34	-4.51
牡丹江	Mudanjiang	-6.10	-4.03	-3.82	-3.81	-3.79	-4.01	-3.63
黑 河	Heihe	-4.50	-3.12	-4.35	-3.42	-3.42	-3.09	-8.99
绥 化	Suihua	-3.00	-3.20	-3.23	-3.23	-3.45	-3.42	-3.31
大兴安岭	Daxinganling	-4.50	-3.51	-3.31	-3.51	-3.21	-2.53	-3.24
绥芬河	Suifenhe			-3.60	-3.62	-4.19	-4.30	-1.02
抚 远	Fuyuan			-3.02	-3.25	-3.56	-3.12	-3.24

8-19 分地区单位工业增加值能耗下降率

DECLINE RATE OF ENERGY CONSUMPTION PER UNIT OF INDUSTRIAL VALUE-ADDED BY REGION

单位：%　　　　(%)

地　区	Region	2010	2011	2012	2013	2014	2015	2016
全　省	**Total**	**-6.35**	**-5.17**	**-8.24**	**-11.31**	**-7.57**	**-6.52**	**-1.45**
哈尔滨	Harbin	-7.40	-6.08	-8.18	-13.32	-12.19	-10.52	-3.63
齐齐哈尔	Qiqihar	-18.26	-4.64	-10.07	-16.79	-3.74	-10.14	-21.77
鸡　西	Jixi	-14.72	-10.42	-16.57	-11.04	-15.85	-10.60	-18.26
鹤　岗	Hegang	-21.63	-14.35	-25.35	7.77	24.96	-9.52	16.76
双鸭山	Shuangyashan	-17.50	-13.63	-15.51	-2.60	74.75	1.62	12.60
大　庆	Daqing	-6.71	-2.38	-5.10	-0.65	8.48	-4.33	7.22
伊　春	Yichun	-23.90	-5.89	-11.35	5.47	-6.63	10.16	26.23
佳木斯	Jiamusi	-19.36	-12.98	-17.17	-21.69	-11.95	5.69	-2.69
七台河	Qitaihe	-17.90	-7.96	-7.91	10.72	3.99	-6.04	-3.31
牡丹江	Mudanjiang	-23.20	-15.76	-18.33	-24.95	-27.80	-10.04	-6.74
黑　河	Heihe	-16.10	2.38	-10.22	-11.66	-5.30	0.91	-12.54
绥　化	Suihua	-10.97	-15.00	-19.80	-13.32	-9.67	-5.66	-5.93
大兴安岭	Daxinganling	-17.85	-9.06	-5.00	-16.66	35.09	-4.01	-17.14
绥芬河	Suifenhe			-11.63	-8.89	-9.17	-11.25	-3.11
抚　远	Fuyuan			-6.44	-21.29	-6.57	-5.72	8.91

主要统计指标解释

能源生产总量 指一定时期内，全国一次能源生产量的总和。该指标是观察全国能源生产水平、规模、构成和发展速度的总量指标。一次能源生产量包括原煤、原油、天然气、水电、核能及其他动力能(如风能、地热能等)发电量，不包括低热值燃料生产量、太阳热能等的利用和由一次能源加工转换而成的二次能源产量。

能源消费总量 是指一定地域内，国民经济各行业和居民家庭在一定时间消费的各种能源的总和。包括：原煤、原油、天然气、水能、核能、风能、太阳能、地热能、生物质能等一次能源；一次能源通过加工转换产生的洗煤、焦炭、煤气、电力、热力、成品油等二次能源和同时产生的其他产品；其他化石能源、可再生能源和新能源。其中水能、风能、太阳能、地热能、生物质能等可再生能源，是指人们通过一定技术手段获得的，并作为商品能源使用的部分。在核算过程中，一次能源、二次能源消费不能重复计算。能源消费总量分为终端能源消费量、能源加工转换损失量和能源损失量三部分。

(1)终端能源消费量：指一定时期内，全国生产和生活消费的各种能源在扣除了用于加工转换二次能源消费量和损失量以后的数量。

(2)能源加工转换损失量：指一定时期内，全国投入加工转换的各种能源数量之和与产出各种能源产品之和的差额。该指标是观察能源在加工转换过程中损失量变化的指标。

(3)能源损失量：指一定时期内，能源在输送、分配、储存过程中发生的损失和由客观原因造成的各种损失量，不包括各种气体能源放空、放散量。

能源生产弹性系数 是研究能源生产增长速度与国民经济增长速度之间关系的指标。计算公式：

$$\text{能源生产弹性系数}=\frac{\text{能源生产总量年平均增长速度}}{\text{国民经济年平均增长速度}}$$

国民经济年平均增长速度，可根据不同的目的或需要用国民生产总值、国内生产总值等指标来计算，本年鉴是采用国内生产总值指标计算的。

电力生产弹性系数 是研究电力生产增长速度与国民经济增长速度之间关系的指标。一般来说，电力的发展应当快于国民经济的发展，也就是说电力应超前发展。计算公式为：

$$\text{电力生产弹性系数}=\frac{\text{电力生产量年平均增长速度}}{\text{国民经济年平均增长速度}}$$

能源消费弹性系数 反映能源消费增长速度与国民经济增长速度之间比例关系的指标。计算公式为：

$$\text{能源消费弹性系数}=\frac{\text{能源消费量年平均增长速度}}{\text{国民经济年平均增长速度}}$$

电力消费弹性系数 反映电力消费增长速度与国民经济增长速度之间比例关系的指标。计算公式为：

$$\text{电力消费弹性系数}=\frac{\text{电力消费量年平均增长速度}}{\text{国民经济年平均增长速度}}$$

能源加工转换效率 指一定时期内，能源经过加工、转换后，产出的各种能源产品的数量与同期内投入加工转换的各种能源数量的比率。该指标是观察能源加工转换装置和生产工艺先进与落后、管理水平高低等的重要指标。计算公式为：

$$\text{能源加工转换效率}=\frac{\text{能源加工转换产出量}}{\text{能源加工转换投入量}}\times 100\%$$

单位地区生产总值能耗　指一定时期内，一个国家或地区每生产一个单位的地区生产总值所消耗的能源。计算公式为：

$$单位地区生产总值能耗=\frac{能源消费总量}{地区生产总值}$$

单位地区生产总值电耗　指一定时期内，一个国家或地区每生产一个单位的国内生产总值所消耗的电力。计算公式为：

$$单位地区生产总值电耗=\frac{全社会用电量}{地区生产总值}$$

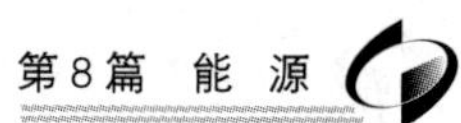

Explanatory Notes on Main Statistical Indicators

Total Energy Production refers to the total production of primary energy by all energy producing enterprises in the country in a given period of time. It is a comprehensive indicator to show the level, scale, composition and pace of development of energy production of the country. The production of primary energy includes that of coal, crude oil, natural gas, hydro-power and electricity generated by nuclear energy and other means such as wind power and geothermal power. However, it does not include the production of fuels of low calorific value, solar thermal and secondary energy converted from primary energy.

Total Energy Consumption refers to the total consumption of energy of various kinds by the production sectors of the economy and the households in a given period of time. It includes the primary kinds of energy such as coal, crude oil, natural gas, hydro-power, nuclear power, wind power, solar power, geothermal power and bio-energy; the secondary kinds of energy and their products which are transformed from the primary energy such as washed coal, coke, coal gas, electricity, heating, and petroleum products; and other kinds of fossil energy, renewable energy and new energy. The renewable energy, including hydro-power, wind power, solar power, geothermal power and bio-energy, refers to the part attained with some given technical means and used for commercial purposes. Total energy consumption can be divided into three parts: end-use energy consumption; loss during the process of energy conversion; and energy loss.

(1) End-use Energy Consumption: It refers to the total energy consumption by the production sectors and the households in the country (region) in a given period of time. It does not include the consumption during the conversion of primary energy into secondary energy and the loss in the process of energy conversion.

(2) Loss During the Process of Energy Conversion: It refers to the total input of various kinds of energy for conversion, minus the total output of various kinds of energy in the country in a given period of time. It is an indicator to show the loss that occurs during the process of energy conversion.

(3) Energy Loss: It refers to the total of the loss of energy during the course of energy transport, distribution and storage and the loss caused by any objective reason in a given period of time. The loss of various kinds of gas due to gas discharges and stocktaking is not included.

Elasticity Ratio of Energy Production is an indicator to show the relationship between the growth rate of energy production and the growth rate of the national economy. The formula is:

$$\text{Elasticity Ratio of Energy Production} = \frac{\text{Average Annual Growth Rate of Energy Production}}{\text{Average Annual Growth Rate of National Economy}}$$

The average annual growth rate of the national economy can be measured by indicators such as the Gross National Product and the Gross Domestic Product, depending on the purposes or needs. The Gross Domestic Product has been used in the calculation of the ratio in this Yearbook.

Elasticity Ratio of Electricity Production is an indicator to show the relationship between the growth rate of electricity production and the growth rate of the national economy. Generally speaking, the growth rate of electricity production should be higher than that of the national economy.

Its formula is:

$$\text{Elasticity Ratio of Electricity Production} = \frac{\text{Average Annual Growth Rate of Electricity Production}}{\text{Average Annual Growth Rate of National Economy}}$$

Elasticity Ratio of Energy Consumption is an indicator to show the relationship between the growth rate of energy consumption and the growth rate of the national economy. The formula is:

$$\text{Elasticity Ratio of Energy Consumption} = \frac{\text{Average Annual Growth Rate of Energy Consumption}}{\text{Average Annual Growth Rate of National Economy}}$$

Elasticity Ratio of Electricity Consumption is an indicator to show the relationship between the growth rate of electricity consumption and the growth rate of the national economy. The formula is:

$$\text{Elasticity Ratio of Electricity Consumption} = \frac{\text{Average Annual Growth Rate of Electricity Consumption}}{\text{Average Annual Growth Rate of National Economy}}$$

Efficiency of Energy Processing and Conversion refers to the ratio of the total output of energy products of various kinds after processing and conversion to the total input of energy of various kinds for processing and conversion in the same reference period. It is an important indicator to show the current conditions of energy processing and conversion equipment, production technique and management. The formula is:

$$\text{Efficiency of Energy Processing \& Conversion} = \frac{\text{Output of Energy After Processing \& Conversion}}{\text{Input of Energy for Processing \& Conversion}} \times 100\%$$

Energy Consumption per Unit of GDP refers to the energy consumption per unit of Gross Domestic Product in a country or the Gross Regional Product in a region in the same reference period. The formula is:

$$\text{Energy Consumption per Unit of GDP} = \frac{\text{Total Energy Consumption}}{\text{Gross Domestic Product}}$$

Electricity Consumption per Unit of GDP refers to the electricity consumption per unit of Gross Domestic Product in a country or the Gross Regional Product in a region in the same reference period. The formula is:

$$\text{Energy Consumption per Unit of GDP} = \frac{\text{Total Energy Consumption}}{\text{Gross Domestic Product}}$$

第九篇　固定资产投资

CHAPTER 9 INVESTMENT IN FIXED ASSETS

资料整理：赵春贵　王晓静

9-1 全社会固定资产投资

TOTAL INVESTMENT IN FIXED ASSETS

单位：亿元 (100 million yuan)

年 份 Year	投资总额 Total Investment	国有经济 State-owned Units	集体经济 Collective-owned Units	个体经济 Self-employed Individual	其他经济 Others	城镇投资 Urban Investment	#房地产开发 Real Estate Development	农村投资 Rural Investment
1978	27.0	25.5	0.2	1.3		27.0		
1979	26.9	26.6	0.3			26.9		
1980	38.5	37.9	0.6			38.5		
“六五”时期合计	**382.1**	**321.3**	**23.2**	**37.7**		**338.2**		**43.9**
The Period of Sixth Five-Year Plan								
1981	47.0	39.3	3.6	4.2		42.6		4.4
1982	62.9	53.5	5.8	3.6		56.2		6.7
1983	71.9	65.4	4.6	1.9		68.7		3.2
1984	88.5	73.9	3.5	11.1		76.7		11.8
1985	111.8	89.2	5.7	16.9		94.0		17.8
“七五”时期合计	**745.4**	**612.9**	**34.2**	**98.1**		**652.8**		**92.6**
The Period of Seventh Five-Year Plan								
1986	123.6	101.5	7.2	14.8		107.6		16.0
1987	140.3	115.5	7.9	16.9		123.2		17.1
1988	160.6	132.1	8.0	20.4		142.1		18.5
1989	158.0	129.2	5.6	23.2		138.7		19.3
1990	162.9	134.6	5.5	22.8		141.2	6.3	21.7
“八五”时期合计	**1655.2**	**1384.3**	**52.8**	**142.2**	**76.0**	**1513.2**	**113.7**	**142.0**
The Period of Eighth Five-Year Plan								
1991	189.6	162.6	5.9	21.2		168.2	8.9	21.4
1992	244.2	215.9	6.8	21.6		223.3	19.9	20.9
1993	328.6	290.7	9.3	19.8	8.7	308.1	31.5	20.5
1994	405.3	335.2	14.7	29.3	26.1	374.1	26.3	31.2
1995	487.5	379.9	16.1	50.3	41.2	439.5	27.1	48.0
“九五”时期合计	**3685.2**	**2577.8**	**150.9**	**404.0**	**552.6**	**3292.0**	**319.3**	**393.2**
The Period of Ninth Five-Year Plan								
1996	568.6	427.6	32.3	59.5	49.3	501.7	29.3	66.9
1997	669.9	531.0	23.3	69.0	46.6	601.1	45.2	68.8
1998	801.6	606.5	28.1	95.2	71.8	712.8	58.7	88.8
1999	785.9	562.9	31.3	89.5	102.2	702.1	82.0	83.8
2000	859.2	449.8	35.9	90.8	282.7	774.3	104.1	84.9
“十五”时期合计	**6415.9**	**2983.7**	**216.8**	**838.0**	**2377.4**	**5716.9**	**937.9**	**699.0**
The Period of Tenth Five-Year Plan								
2001	972.9	524.7	42.1	110.1	296.0	881.9	147.1	91.0
2002	1055.7	531.2	47.7	99.7	377.1	928.2	145.8	127.5
2003	1190.7	563.0	49.9	125.2	452.6	1055.0	163.3	135.7
2004	1464.7	610.2	56.0	214.4	584.1	1275.9	214.1	188.8
2005	1731.9	754.6	21.1	288.6	667.6	1575.9	267.6	156.0
“十一五”时期合计	**20586.6**	**8339.3**	**263.3**	**1687.2**	**10296.8**	**18994.4**	**2550.5**	**1592.2**
The Period of Eleventh Five-Year Plan								
2006	2235.9	910.5	20.5	216.8	1088.1	2040.3	321.3	195.6
2007	2864.2	1177.6	34.5	277.4	1374.7	2621.8	382.3	242.4
2008	3656.0	1521.7	45.3	347.7	1741.3	3354.8	439.9	301.2
2009	5028.8	2068.9	47.9	390.6	2521.4	4695.8	563.9	333.0
2010	6801.7	2660.6	115.1	454.7	3571.3	6281.7	843.1	520.0
“十二五”时期合计	**48720.5**	**15232.3**	**391.1**	**1875.8**	**30397.3**	**44071.6**	**6684.4**	**4649.3**
The Period of Twelfth Five-Year Plan								
2011	7475.4	2831.5	57.9	357.3	3404.7	6981.7	1227.6	493.7
2012	9780.2	3121.5	77.9	373.1	6207.7	9111.4	1535.8	669.2
2013	11453.1	3404.9	109.6	400.0	7538.6	10394.0	1604.8	1059.1
2014	9828.9	2997.3	68.8	372.1	6390.7	8659.4	1324.1	1169.5
2015	10182.9	2877.1	76.9	373.3	6855.6	8925.1	992.1	1257.8

注：1995-1996年，除房地产投资、农村集体投资、个人投资以外，投资统计的起点为5万元；自1997年起，除房地产投资、农村集体投资、个人投资以外，投资统计的起点由5万元提高到50万元；自2011年起，除房地产投资、农村个人投资外，固定资产投资的统计起点由50万元提高至500万元；城镇固定资产投资数据发布口径改为固定资产投资（不含农户），固定资产投资（不含农户）等于原口径的城镇固定资产投资加上农村企事业组织的项目投资（以下有关各表同）。

Note: From 1995 to 1996, the cut-off point of projects of investment was 50 000 yuan, except statistics on real estate, rural collective and individual investment;Since 1997, the cut-off point had changed from 50 000 yuan to 500 000 yuan, except real estate, rural collective and personal investment; Since 2011, the cut-off point has changed from 500 000 yuan to 5 million yuan, published coverage of investment in fixed assets in urban area changed into investmentin fixed assets(excluding rural households) which included investment in urban area and investment in rural enterprises(units). The same applies to the tables following.

9-2 固定资产投资主要指标

INVESTMENT IN FIXED ASSETS

指　标	Item	2013	2014	2015	2016
全社会固定资产投资总额(亿元)	**Total Investment(100 million yuan)**	**11453.1**	**9828.9**	**10182.9**	**10648.4**
#住　宅	#Residential Buildings	1419.8	1116.7	819.4	664.6
固定资产投资总额(不含农户)(亿元)	**Total Investment(ExcLuding Rural Households) (100 million yuan)**	**11121.3**	**9537.9**	**9884.3**	**10432.6**
按登记注册类型分	**Grouped by Registration Status**				
内　资	Domestic Capital	10938.9	9320.0	9682.4	10177.4
国　有	State-Owned Units	3404.9	2997.3	2877.1	2508.1
集　体	Collective-Owned Units	109.6	68.8	76.9	66.3
股份合作	Cooperative	40.7	27.5	38.5	46.7
联　营	Joint	48.3	57.0	34.0	5.8
国有独资公司	State-owned Companies	148.4	112.1	93.3	126.4
其他有限责任公司	Limited Liability	3354.7	2688.9	2806.1	3032.6
股份有限公司	Share-holding	420.6	306.2	148.4	193.8
私　营	Private	2811.4	2487.6	2772.9	3130.3
其　他	Others	600.3	574.6	835.3	1067.5
港澳台商投资	Funds from Hong Kong, Macao and Taiwan	39.1	85.5	71.2	53.4
外商投资	Foreign Funded	75.0	50.8	56.0	73.4
个体经营	Self-employed	68.2	81.5	74.6	128.3
按隶属关系分	**Grouped By Jurisdiction of Management**				
中　央	Central Investment	861.2	763.7	731.4	743.1
地　方	Local Investment	10260.0	8774.2	9152.9	9689.4
按控股情况分	**By Situation of Holdings**				
国有控股	State-holding	3846.2	3372.9	3182.4	3225.6
集体控股	Collective-holding	289.2	179.4	180.4	159.2
私人控股	Private-holding	5717.2	4799.6	5233.2	5711.1
港澳台商控股	Hong Kong, Macao and Taiwan-holding	30.7	54.7	55.2	41.4
外商控股	Foreign-holding	73.5	89.0	50.5	50.9
其他	Others	1164.4	1042.3	1182.5	1244.4
按构成分	**Grouped by Compositipon of Funds**				
建筑安装工程	Construction and Installation	7960.4	7159.0	7226.2	7270.2
设备工器具购置	Purchase of Equipment and Instruments	2538.5	1797.0	2153.6	2556.1
其他费用	Others	622.4	581.8	504.5	606.3
按产业分	**Grouped by Sector**				
第一产业	Primary Industry	764.2	682.9	904.2	1008.6
第二产业	Secondary Industry	4938.4	3829.3	3878.3	3970.0
#工　业	#Industry	4603.7	3563.4	3621.2	3764.2
第三产业	Tertiary Industry	5418.7	5025.7	5101.9	5453.9
按建设性质分	**Grouped by Type of Construction**				
#新　建	#New Construction	5091.5	4626.7	4834.0	5370.1
扩　建	Expansion	1626.0	1175.0	1192.2	1554.7
改建和技术改造	Reconstruction	1783.4	1805.2	2005.7	1553.3
本年新增固定资产(亿元)	**Newly Increased Fixed Assets(100 million yuan)**	**7784.0**	**7040.9**	**8776.6**	**8225.5**
固定资产交付使用率(%)	**Rate of Projects of Fixed Assets Completed and Put Into Use(%)**	**70.0**	**73.8**	**88.8**	**78.8**
房屋施工面积(万平方米)	**Floor Space of Buildings under Construction(10000 sq.m)**	**27748.4**	**19762.2**	**18775.0**	**15082.2**
#住　宅	#Residential Buildings	12123.7	11147.9	9138.4	8341.6
房屋竣工面积(万平方米)	**Floor Space of Buildings Completed(10000 sq.m)**	**9777.1**	**5388.4**	**7566.2**	**4080.3**
#住　宅	#Residential Buildings	3472.1	2722.1	2380.3	1979.1
房屋竣工价值(亿元)	**Cost of Buildings Completed(100 million yuan)**	**1897.9**	**1340.8**	**675.3**	**1039.3**
#住　宅	#Residential Buildings	679.0	611.1	479.7	463.5
到位资金(亿元)	**Funds Available(100 million yuan)**	**11955.0**	**10100.3**	**10979.9**	**10909.5**
施工项目个数(个)	**Number of Projects Under Construction(unit)**	**16080**	**12864**	**16118**	**21798**
#本年新开工	#Started This Year	13100	9672	13357	16743

9-3 固定资产投资资金来源 (不含农户)

FUNDS SOURCES OF INVESTMENT IN FIXED ASSETS (Excluding Rural Households)

单位：亿元 (100 million yuan)

年份 地区	Year Region	合计 Total	按资金来源分 By Sources of Funds					
			国家预算内资金 State Budget	国内贷款 Domestic Loans	债券 Bond	利用外资 Foreign Investment	自筹资金 Self-raising Funds	其他资金 Others
	2011	8023.1	412.8	510.3	9.1	22.9	6145.3	922.7
	2012	10434.9	476.2	453.7	27.2	28.5	8141.0	1308.3
	2013	12440.4	417.7	385.9	26.5	10.4	10228.8	1371.0
	2014	10630.7	370.1	213.3	26.4	31.4	8826.3	1163.1
	2015	11044.0	500.0	282.6	10.0	12.6	9042.1	1196.7
	2016	10949.8	499.0	381.8	58.8	4.4	8839.6	1166.3
哈尔滨	Harbin	5551.1	114.9	170.6	11.9	2.2	4549.1	702.3
齐齐哈尔	Qiqihar	942.0	33.0	15.7	4.0		702.0	187.3
鸡西	Jixi	243.2	30.6	34.7	2.0		153.4	22.5
鹤岗	Hegang	106.9	37.0	6.2	0.4		52.6	10.6
双鸭山	Shuangyashan	124.9	15.7	5.2	1.8		97.9	4.4
大庆	Daqing	582.0	31.2	7.3			499.3	44.2
伊春	Yichun	79.1	12.6				64.8	1.7
佳木斯	Jiamusi	641.3	25.9	15.3			544.5	55.7
七台河	Qitaihe	93.2	5.7	7.9			71.1	8.5
牡丹江	Mudanjiang	1009.6	52.4	37.2		2.1	839.9	78.0
黑河	Heihe	279.3	27.3	4.3			244.3	3.3
绥化	Suihua	790.8	49.7	1.5	0.2		719.4	20.1
大兴安岭	Daxinganling	50.5	12.1	11.6			24.2	2.6
绥芬河	Suifenhe	90.2	7.6	24.2			57.9	0.5
抚远	Fuyuan	22.3	3.5				17.8	1.0
不分地区	Not Classified by Region	343.5	39.7	40.0	38.6	0.1	201.7	23.6

9-4 按行业分固定资产投资及新增固定资产(不含农户) (2016年)

INVESTMENT IN FIXED ASSETS AND NEWLY INCREASED FIXED ASSETS BY SECTOR (Excluding Farm Households) (2016)

单位：万元 (10000 yuan)

指　标	Item	投资额 Investment	新　增 固定资产 Newly Increased Fixed Assets	固定资产交付使用率(%) Rate of Projects of Fixed Assets Completed and Put into Use(%)
总　计	**Total**	**104325545**	**82254507**	**78.8**
农、林、牧、渔业	**Agriculture, Forestry, Animal Husbandry and Fishery**	**10086491**	**8860253**	**87.8**
农业	Farming	4245634	3985916	93.9
林业	Forestry	158794	137292	86.5
畜牧业	Animal Husbandry	3130083	2608462	83.3
渔业	Fishery	163143	142457	87.3
农、林、牧、渔服务业	Services in Support of Agriculture	2388837	1986126	83.1
采矿业	**Mining and Quarrying**	**3660081**	**3162335**	**86.4**
煤炭开采和洗选业	Mining and Washing of Coal	821577	440439	53.6
石油和天然气开采业	Extraction of Petroleum and Natural Gas	2008790	2008490	100.0
黑色金属矿采选业	Mining and Processing of Ferrous Metals Ores	40000	3800	9.5
有色金属矿采选业	Mining and Processing of Non-ferrous Metal Ores	123053	85251	69.3
非金属矿采选业	Mining and Processing of Nonmetal Ores	526560	481773	91.5
开采辅助活动	Mining Auxiliary Activities	126791	129352	102.0
其他采矿业	Mining of Other Ores	13310	13230	99.4
制造业	**Manufacturing**	**30240315**	**25679063**	**84.9**
农副食品加工业	Processing of Food from Agricultural Products	7762251	6720691	86.6
食品制造业	Manufacture of Foods	1473934	1270358	86.2
酒、饮料和精制茶制造业	Manufacture of Wine, soft drinks and refined tea	1142478	1055157	92.4
烟草制品业	Manufacture of Tobacco	68982	38912	56.4
纺织业	Manufacture of Textile	225796	183972	81.5
纺织服装和服饰业	Manufacture of Textile and Apparel	192602	158847	82.5
皮革毛皮羽毛(绒)及其制品业	Manufacture of Leather, Furs, Feather and Related Products and Footwear	99855	83509	83.6
木材加工及木竹藤棕草制品业	Processing of Timber, Manufacture of Wood, Bamboo, Rattan, Palm and Straw Products	2147323	1803943	84.0
家具制造业	Manufacture of Furniture	423195	415642	98.2
造纸及纸制品业	Manufacture of Paper and Paper Products	588808	258555	43.9
印刷业和记录媒介的复制	Manufacture of Printing and Record Medium Reproduction	526995	436366	82.8
文教体育用品制造业	Manufacture of Articles for Culture, Education and Sports Activities	153582	129234	84.1
石油加工、炼焦及核燃料加工业	Processing of Petoleum,Coking, Processing of Nuclear Fuel	316270	247250	78.2
化学原料及化学制品制造业	Manufacture of Raw Chemical Materials and Chemical Products	1359358	1037227	76.3
医药制造业	Manufacture of Medicines	743802	717975	96.5
化学纤维制造业	Manufacture of Chemical Fibers	40815	13415	32.9
橡胶和塑料制品业	Manufacture of Rubber and Plastics	731143	605946	82.9
非金属矿物制品业	Manufacture of Non-metallic Mineral Products	2420863	2084900	86.1
黑色金属冶炼及压延加工业	Smelting and Pressing of Ferrous Metals	195502	184376	94.3
有色金属冶炼及压延加工业	Smelting and Pressing of Non-ferrous Metals	335906	154651	46.0
金属制品业	Manufacture of Metal Products	1290063	1207840	93.6
通用设备制造业	Manufacture of General Purpose Machinery	3492139	3038260	87.0
专用设备制造业	Manufacture of Special Purpose Machinery	1597165	1393433	87.2
汽车制造业	Manufacture of Automotive	1140133	976848	85.7
铁路、船舶、航空航天等制造业	Manufacture of Railroad, Marine, Aerospace and Other Transportation Equipment	195324	136393	69.8
电气机械及器材制造业	Manufacture of Electrical Machinery and Equipment	798347	746576	93.5
计算机、通信和其他电子设备制造业	Manufacture of Computers, Communication and Other Electronic Equipment	194936	116611	59.8
仪器仪表制造业	Manufacture of Measuring Instruments	149967	217017	144.7
其他制造业	Other Manufacturing	135323	116524	86.1
废弃资源综合利用业	Comprehensive Utilization of Waste Resources Industry	201050	47815	23.8
金属制品、机械和设备修理业	Metal Products, Machinery and Equipment Repair Industry	96408	80820	83.8
电力、热力、燃气及水的生产和供应业	**Production and Supply of Electric Power, heat, Gas and Water**	**3741272**	**2357697**	**63.0**
电力、热力的生产和供应业	Production and Supply of Electric Power and Heat Power	2619001	1494828	57.1
燃气生产和供应业	Production and Supply of Gas	487062	378389	77.7
水的生产和供应业	Production and Supply of Water	635209	484480	76.3
建筑业	**Construction**	**2058774**	**1807687**	**87.8**
房屋建筑业	**Housing** Building Construction	293584	242396	82.6
土木工程建筑业	Civil Engineering Construction	939093	765640	81.5
建筑安装业	Construction Installation	350087	339958	97.1
建筑装饰和其他建筑业	Construction Decoration and Other Construction	476010	459693	96.6

9-4 续表 CONTINUED

单位：万元　　(10000 yuan)

指　标	Item	投资额 Investment	新增固定资产 Newly Increased Fixed Assets	固定资产交付使用率(%) Rate of Projects of Fixed Assets Completed and Put into Use(%)
批发和零售业	**Wholesale and Retail Trades**	**6378730**	**5818867**	**91.2**
批发业	Wholesale Trade	4225793	3985337	94.3
零售业	Retail Trade	2152937	1833530	85.2
交通运输、仓储和邮政业	**Traffic, Transport, Storage and Post**	**11279159**	**5825485**	**51.6**
铁路运输业	Transport Via Railway	3259481	175302	5.4
道路运输业	Transport Via Road	3589425	2754210	76.7
水上运输业	Water Transport	73657	58158	79.0
航空运输业	Air Transport	288035	108785	37.8
管道运输业	Transport Via Pipeline	200360	22160	11.1
装卸搬运和运输代理业	Loading, Unloading, Portage and Other Transport Services	269743	169794	62.9
仓储业	Storage	3543671	2493201	70.4
邮政业	Post	54787	43875	80.1
住宿和餐饮业	**Hotels and Catering Services**	**2324841**	**1997131**	**85.9**
住宿业	Hotels	1485674	1176424	79.2
餐饮业	Catering Services	839167	820707	97.8
信息传输、软件和信息技术服务业	**Information Transmission, Computer Services and Software**	**2292296**	**1546395**	**67.5**
电信、广播电视和卫星传输服务业	Telecom & Other Information Transmission Services	776230	382598	49.3
互联网和相关服务业	Computer Services	429237	188630	43.9
软件和信息技术服务业	Software Industry	1086829	975167	89.7
金融业	**Financial Intermediation**	**647593**	**592986**	**91.6**
货币金融业	Monetary and Financial Industry	134272	124230	92.5
资本市场业	Capital Markets Industry	158704	158854	100.1
保险业	Insurance	39853	39853	100.0
其他金融业	Others	314764	270049	85.8
房地产业	**Real Estate**	**11508660**	**7968706**	**69.2**
租赁和商务服务业	**Leasing and Business Services**	**2586705**	**2187286**	**84.6**
租赁业	Leasing	525307	521149	99.2
商务服务业	Business Services	2061398	1666137	80.8
科学研究和技术服务业	**Scientific Research and Technical Services**	**1943336**	**1847366**	**95.1**
研究与试验发展	Research and Experimental Development	247483	224674	90.8
专业技术服务业	Professional Technical Services	689046	673020	97.7
科技交流和推广服务业	Services of Science and Technology Exchanges and Promotion	1006807	949672	94.3
水利、环境和公共设施管理业	**Management of Water Conservancy, Environment and Public Facilities**	**8645251**	**6637579**	**76.8**
水利管理业	Management of Water Conservancy	2230763	1319900	59.2
生态保护和环境治理业	Ecological Protection and Environmental Management Industry	206489	165762	80.3
公共设施管理业	Management of Public Facilities	6207999	5151917	83.0
居民服务和其他服务业	**Services to Households and Other Services**	**1023577**	**958351**	**93.6**
居民服务业	Services to Households	644042	595372	92.4
机动车、电子产品和日用产品修理业	Motor Vehicles, Electronics and Household Goods Repair Industry	238448	224236	94.0
其他服务业	Other Services	141087	138743	98.3
教育	**Education**	**1642425**	**1535064**	**93.5**
卫生和社会工作	**Health and Social Work**	**1569297**	**1269943**	**80.9**
卫生	Health	1100464	932196	84.7
社会工作	Social Work	468833	337747	72.0
文化、体育和娱乐业	**Culture, Sports and Entertainment**	**1467258**	**994682**	**67.8**
新闻出版业	Journalism and Publishing Activities	47090	48590	103.2
广播、电视、电影和影视录音制作业	Broadcasting, Movies, Television and Video Recording Production Industry	99405	95317	95.9
文化艺术业	Cultural and Art Activities	373110	349578	93.7
体育	Sports Activities	210015	173933	82.8
娱乐业	Entertainment	737638	327264	44.4
公共管理和社会组织	**Public Management and Social Organization**	**1229484**	**1207631**	**98.2**
中国共产党机关	Organs of Communist Party of China	18563	18563	100.0
国家机构	Government Agencies	975127	942185	96.6
人民政协和民主党派	People's Political Consultative Conference and Democratic Parties			
社会保障	Social Security	46490	66499	143.0
群众团体、社会团体和其他成员组织	Non-Governmental Organizations, Social Organizations and Other Members Organizations	76094	66254	87.1
基层群众自治组织	Grass Roots Self-governing Organizations	113210	114130	100.8
国际组织	**International Organizations**			

9-5 各行业按建设性质和构成分固定资产投资及施工、投产项目个数(不含农户)(2016年)

单位：万元

指　标	Item	投资额 Investment	#新　建 New Construction	#扩　建 Expansion
总　计	**Total**	**104325545**	**53701379**	**15546691**
农、林、牧、渔业	**Agriculture, Forestry, Animal Husbandry and Fishery**	**10086491**	**7352275**	**1830410**
农业	Farming	4245634	3124463	725368
林业	Forestry	158794	134167	13615
畜牧业	Animal Husbandry	3130083	2453832	549762
渔业	Fishery	163143	99118	60325
农、林、牧、渔服务业	Services in Support of Agriculture	2388837	1540695	481340
采矿业	**Mining and Quarrying**	**3660081**	**2536459**	**544080**
煤炭开采和洗选业	Mining and Washing of Coal	821577	295680	171331
石油和天然气开采业	Extraction of Petroleum and Natural Gas	2008790	1905415	102295
黑色金属矿采选业	Mining and Processing of Ferrous Metals Ores	40000	35700	4300
有色金属矿采选业	Mining and Processing of Non-ferrous Metal Ores	123053	75707	25899
非金属矿采选业	Mining and Processing of Nonmetal Ores	526560	137665	210025
开采辅助活动	Mining Auxiliary Activities	126791	81812	30230
其他采矿业	Mining of Other Ores	13310	4480	
制造业	**Manufacturing**	**30240315**	**13787764**	**6206730**
农副食品加工业	Processing of Food from Agricultural Products	7762251	4558914	1908641
食品制造业	Manufacture of Foods	1473934	796716	385379
酒、饮料和精制茶制造业	Manufacture of Wine, soft drinks and refined tea	1142478	581878	253016
烟草制品业	Manufacture of Tobacco	68982	35387	5880
纺织业	Manufacture of Textile	225796	115527	49367
纺织服装和服饰业	Manufacture of Textile and Apparel	192602	40485	72076
皮革毛皮羽毛(绒)及其制品业	Manufacture of Leather, Furs, Feather and Related Products and Footwear	99855	58335	6196
木材加工及木竹藤棕草制品业	Processing of Timber, Manufacture of Wood, Bamboo, Rattan, Palm and Straw Products	2147323	781185	960040
家具制造业	Manufacture of Furniture	423195	160962	76586
造纸及纸制品业	Manufacture of Paper and Paper Products	588808	412536	86548
印刷业和记录媒介的复制	Manufacture of Printing and Record Medium Reproduction	526995	146929	109023
文教体育用品制造业	Manufacture of Articles for Culture, Education and Sports Activities	153582	65620	33710
石油加工、炼焦及核燃料加工业	Processing of Petoleum, Coking, Processing of Nuclear Fuel	316270	183026	37571
化学原料及化学制品制造业	Manufacture of Raw Chemical Materials and Chemical Products	1359358	861139	215693
医药制造业	Manufacture of Medicines	743802	442453	98294
化学纤维制造业	Manufacture of Chemical Fibers	40815	12735	24580
橡胶和塑料制品业	Manufacture of Rubber and Plastics	731143	273021	161704
非金属矿物制品业	Manufacture of Non-metallic Mineral Products	2420863	1202794	485928
黑色金属冶炼及压延加工业	Smelting and Pressing of Ferrous Metals	195502	71115	34320
有色金属冶炼及压延加工业	Smelting and Pressing of Non-ferrous Metals	335906	217950	14000
金属制品业	Manufacture of Metal Products	1290063	487547	298847
通用设备制造业	Manufacture of General Purpose Machinery	3492139	637552	276541
专用设备制造业	Manufacture of Special Purpose Machinery	1597165	546275	343149
汽车制造业	Manufacture of Automotive	1140133	300135	38929
铁路、船舶、航空航天等制造业	Manufacture of Railroad, Marine, Aerospace and Other Transportation Equipment	195324	124293	5771
电气机械及器材制造业	Manufacture of Electrical Machinery and Equipment	798347	307289	114982
计算机、通信和其他电子设备制造业	Manufacture of Computers, Communication and Other Electronic Equipment	194936	63445	13370
仪器仪表制造业	Manufacture of Measuring Instruments	149967	21042	9161
其他制造业	Other Manufacturing	135323	61285	54242
废弃资源综合利用业	Comprehensive Utilization of Waste Resources Industry	201050	181630	11800
金属制品、机械和设备修理业	Metal Products, Machinery and Equipment Repair Industry	96408	38564	21386
电力、热力、燃气及水的生产和供应业	**Production and Supply of Electric Power, heat, Gas and Water**	**3741272**	**2657758**	**489416**
电力、热力的生产和供应业	Production and Supply of Electric Power and Heat Power	2619001	1825793	378962
燃气生产和供应业	Production and Supply of Gas	487062	399988	40390
水的生产和供应业	Production and Supply of Water	635209	431977	70064
建筑业	**Construction**	**2058774**	**1316538**	**219634**
房屋建筑业	Housing Building Construction	293584	198236	20197
土木工程建筑业	Civil Engineering Construction	939093	644149	140436
建筑安装业	Construction Installation	350087	259845	9810
建筑装饰和其他建筑业	Construction Decoration and Other Construction	476010	214308	49191

INVESTMENT IN FIXED ASSETS BY SECTOR, TYPE OF CONSTRUCTION AND COMPOSITION OF FUNDS, NUMBER OF CONSTRUCTION PROJECTS AND UNDER CONSTRUCTION AND PUT INTO USE (Excluding Rural Households)(2016)

(10000 yuan)

#改　建 Reconstruction	建筑安装工程投资 Construction and Installation	设备工器具购置 Purchase of Equipment and Instruments	其　他　费　用 Others	施工项目(个) Number of Projects under Construction (unit)	#新开工 Number of Projects Started This Year	全部建成投产项目(个) Number of Projects Completed and Put into Use(unit)	项目建成投产率(%) Rate of Construction Projects Completed and Put into Use(%)
15533270	**72701638**	**25560917**	**6062990**	**21798**	**16743**	**17654**	**81.0**
480092	**7231393**	**2000379**	**854719**	**3047**	**2670**	**2386**	**78.3**
194112	2803914	980172	461548	1297	1140	1089	84.0
7101	97905	16416	44473	69	62	54	78.3
99970	2418368	488848	222867	883	813	661	74.9
3700	130660	15417	17066	47	42	37	78.7
175209	1780546	499526	108765	751	613	545	72.6
489696	**2728808**	**654025**	**277248**	**398**	**318**	**314**	**78.9**
354566	539966	248498	33113	171	136	119	69.6
1080	1749253	156989	102548	29	29	28	96.6
	40000			2	1	1	50.0
20746	56346	15200	51507	30	22	16	53.3
89725	243907	195632	87021	139	106	126	90.6
14749	91831	31926	3034	23	20	20	87.0
8830	7505	5780	25	4	4	4	100.0
4828827	**16702198**	**12388422**	**1149695**	**7183**	**5016**	**5658**	**78.8**
918039	5455273	1996992	309986	1924	1597	1418	73.7
132852	949985	450078	73871	334	241	245	73.4
208478	774241	296047	72190	254	180	183	72.0
27715	46620	18364	3998	14	14	10	71.4
25200	142440	80187	3169	58	43	40	69.0
21214	109518	78273	4811	47	33	35	74.5
8897	55325	41660	2870	29	21	21	72.4
226382	1524443	558695	64185	544	452	460	84.6
77996	230486	172582	20127	114	79	99	86.8
48940	380739	201263	6806	75	55	55	73.3
82586	211399	291714	23882	127	66	104	81.9
23895	88305	61879	3398	40	31	34	85.0
86607	196528	79894	39848	70	53	47	67.1
174879	768815	510900	79643	245	190	198	80.8
98848	471290	232912	39600	163	98	117	71.8
3500	33395	7420		8	8	3	37.5
104311	413535	306389	11219	185	115	153	82.7
383158	1402414	913433	105016	587	430	483	82.3
37123	110094	82321	3087	49	31	41	83.7
19580	140015	195636	255	47	17	37	78.7
152045	685275	573957	30831	315	202	267	84.8
936882	717058	2726799	48282	927	458	786	84.8
247094	767146	789543	40476	420	263	342	81.4
599563	196168	878411	65554	213	138	163	76.5
39133	119279	56439	19606	35	19	24	68.6
64228	332718	428658	36971	196	97	165	84.2
14825	69867	119294	5775	41	15	29	70.7
42015	34024	115143	800	38	15	38	100.0
7900	89420	32720	13183	39	21	29	74.4
2800	119663	62631	18756	21	16	13	61.9
12142	66720	28188	1500	24	18	19	79.2
483491	**2641430**	**940792**	**159050**	**607**	**457**	**436**	**71.8**
350251	1829357	677259	112385	357	255	237	66.4
17263	310795	165787	10480	100	78	76	76.0
115977	501278	97746	36185	150	124	123	82.0
191619	**1603609**	**400481**	**54684**	**585**	**465**	**495**	**84.6**
35957	243292	48622	1670	92	76	72	78.3
67817	815699	102178	21216	294	242	233	79.3
13695	266573	80390	3124	78	61	74	94.9
74150	278045	169291	28674	121	86	116	95.9

9-5 续表

单位：万元

指　标	Item	投资额 Investment	#新　建 New Construction	#扩　建 Expansion
批发和零售业	**Wholesale and Retail Trades**	**6378730**	**2445353**	**1164914**
批发业	Wholesale Trade	4225793	1576401	778469
零售业	Retail Trade	2152937	868952	386445
交通运输、仓储和邮政业	**Traffic, Transport, Storage and Post**	**11279159**	**7396326**	**1785552**
铁路运输业	Transport Via Railway	3259481	2143341	17675
道路运输业	Transport Via Road	3589425	2042848	878558
水上运输业	Water Transport	73657	60289	4800
航空运输业	Air Transport	288035	143046	98989
管道运输业	Transport Via Pipeline	200360	181320	19040
装卸搬运和运输代理业	Loading, Unloading, Portage and Other Transport Services	269743	148669	66550
仓储业	Storage	3543671	2646541	691445
邮政业	Post	54787	30272	8495
住宿和餐饮业	**Hotels and Catering Services**	**2324841**	**1012987**	**179078**
住宿业	Hotels	1485674	689998	78340
餐饮业	Catering Services	839167	322989	100738
信息传输、软件和信息技术服务业	**Information Transmission, Computer Services and Software**	**2292296**	**1237890**	**162003**
电信、广播电视和卫星传输服务业	Telecom & Other Information Transmission Services	776230	524222	22437
互联网和相关服务业	Computer Services	429237	298487	29155
软件和信息技术服务业	Software Industry	1086829	415181	110411
金融业	**Financial Intermediation**	**647593**	**162934**	**44793**
货币金融业	Monetary and Financial Industry	134272	34521	23430
资本市场业	Capital Markets Industry	158704	49600	9570
保险业	Insurance	39853	9738	
其他金融业	Others	314764	69075	11793
房地产业	**Real Estate**	**11508660**	**2406933**	**89465**
租赁和商务服务业	**Leasing and Business Services**	**2586705**	**1172825**	**315272**
租赁业	Leasing	525307	210963	38123
商务服务业	Business Services	2061398	961862	277149
科学研究和技术服务业	**Scientific Research and Technical Services**	**1943336**	**733134**	**256896**
研究与试验发展	Research and Experimental Development	247483	80469	28348
专业技术服务业	Professional Technical Services	689046	220252	84613
科技交流和推广服务业	Services of Science and Technology Exchanges and Promotion	1006807	432413	143935
水利、环境和公共设施管理业	**Management of Water Conservancy, Environment and Public Facilities**	**8645251**	**5652819**	**1272885**
水利管理业	Management of Water Conservancy	2230763	1723338	307248
生态保护和环境治理业	Ecological Protection and Environmental Management Industry	206489	110783	13740
公共设施管理业	Management of Public Facilities	6207999	3818698	951897
居民服务和其他服务业	**Services to Households and Other Services**	**1023577**	**372125**	**245601**
居民服务业	Services to Households	644042	211436	205183
机动车、电子产品和日用产品修理业	Motor Vehicles, Electronics and Household Goods Repair Industry	238448	115931	23380
其他服务业	Other Services	141087	44758	17038
教育	**Education**	**1642425**	**846195**	**246583**
卫生和社会工作	**Health and Social Work**	**1569297**	**786714**	**165994**
卫生	Health	1100464	496086	124979
社会工作	Social Work	468833	290628	41015
文化、体育和娱乐业	**Culture, Sports and Entertainment**	**1467258**	**978557**	**150447**
新闻出版业	Journalism and Publishing Activities	47090	17500	8588
广播、电视、电影和影视录音制作业	Broadcasting, Movies, Television and Video Recording Production Industry	99405	52690	9932
文化艺术业	Cultural and Art Activities	373110	160782	54528
体育	Sports Activities	210015	149734	29581
娱乐业	Entertainment	737638	597851	47818
公共管理和社会组织	**Public Management and Social Organization**	**1229484**	**845793**	**176938**
中国共产党机关	Organs of Communist Party of China	18563	13103	
国家机构	Government Agencies	975127	683908	112613
人民政协和民主党派	People's Political Consultative Conference and Democratic Parties			
社会保障	Social Security	46490	46490	
群众团体、社会团体和其他成员组织	Non-Governmental Organizations, Social Organizations and Other Members Organizations	76094	64089	12005
基层群众自治组织	Grass Roots Self-governing Organizations	113210	38203	52320
国际组织	**International Organizations**			

CONTINUED

(10000 yuan)

#改 建 Reconstruction	建筑安装工程投资 Construction and Installation	设备工器具购置 Purchase of Equipment and Instruments	其 他 费 用 Others	施工项目(个) Number of Projects under Construction (unit)	#新开工 Number of Projects Started This Year	全部建成投产项目(个) Number of Projects Completed and Put into Use(unit)	项目建成投产率(%) Rate of Construction Projects Completed and Put into Use(%)
1490768	**4252045**	**1909098**	**217587**	**1564**	**1146**	**1413**	**90.3**
875078	2650417	1413799	161577	1028	714	937	91.1
615690	1601628	495299	56010	536	432	476	88.8
1654623	**9217436**	**1190225**	**871498**	**1667**	**1310**	**1250**	**75.0**
1084185	2719525	123697	416259	64	45	32	50.0
386535	2917402	424291	247732	726	572	585	80.6
4800	64989	8668		17	16	13	76.5
	222094	58136	7805	7	3	3	42.9
	68685	52925	78750	7	6	5	71.4
11550	201012	67517	1214	48	32	35	72.9
158401	2994414	435116	114141	781	622	564	72.2
9152	29315	19875	5597	17	14	13	76.5
1050128	**1757919**	**519370**	**47552**	**602**	**547**	**562**	**93.4**
676352	1065885	392752	27037	350	313	318	90.9
373776	692034	126618	20515	252	234	244	96.8
651710	**1248471**	**976305**	**67520**	**425**	**334**	**329**	**77.4**
202311	512666	259976	3588	70	59	61	87.1
64510	138267	258576	32394	72	61	54	75.0
384889	597538	457753	31538	283	214	214	75.6
177617	**346079**	**296624**	**4890**	**148**	**81**	**132**	**89.2**
68080	106399	25053	2820	38	31	29	76.3
71507	125107	32947	650	33	24	32	97.0
10062	15147	23286	1420	10	4	10	100.0
27968	99426	215338		67	22	61	91.0
305420	**10097930**	**229655**	**1181075**	**386**	**311**	**280**	**72.5**
545702	**1599770**	**807654**	**179281**	**596**	**427**	**521**	**87.4**
96421	237976	280696	6635	134	87	124	92.5
449281	1361794	526958	172646	462	340	397	85.9
449216	**1200257**	**688798**	**54281**	**481**	**340**	**438**	**91.1**
57992	119619	121477	6387	64	38	53	82.8
228401	441917	220391	26738	183	138	171	93.4
162823	638721	346930	21156	234	164	214	91.5
1425075	**6964943**	**974761**	**705547**	**2073**	**1738**	**1717**	**82.8**
180084	1927324	82050	221389	424	310	333	78.5
64218	135529	53947	17013	86	57	57	66.3
1180773	4902090	838764	467145	1563	1371	1327	84.9
257981	**742349**	**253614**	**27614**	**286**	**232**	**265**	**92.7**
183565	517306	110429	16307	176	154	164	93.2
39205	149461	84042	4945	73	53	66	90.4
35211	75582	59143	6362	37	25	35	94.6
405625	**1223558**	**347670**	**71197**	**547**	**447**	**467**	**85.4**
336836	**1031682**	**484566**	**53049**	**492**	**347**	**387**	**78.7**
219229	668830	393475	38159	338	222	276	81.7
117607	362852	91091	14890	154	125	111	72.1
198909	**1098291**	**331413**	**37554**	**344**	**253**	**279**	**81.1**
6120	27938	18002	1150	13	7	12	92.3
10700	62849	34183	2373	27	17	24	88.9
96013	240476	118254	14380	127	96	108	85.0
28700	160664	46320	3031	75	62	55	73.3
57376	606364	114654	16620	102	71	80	78.4
109935	**1013470**	**167065**	**48949**	**367**	**304**	**325**	**88.6**
5460	15525	3038		7	7	7	100.0
82288	809690	151684	13753	278	220	248	89.2
	44390	2100		16	14	11	68.8
	36303	6233	33558	25	25	19	76.0
22187	107562	4010	1638	41	38	40	97.6

9-6 各行业按隶属关系、登记注册类型和控股情况分固定资产投资(不含农户) (2016年)

单位：万元

指　标	Item	投资额 Investment
总　计	**Total**	**104325545**
农、林、牧、渔业	**Agriculture, Forestry, Animal Husbandry and Fishery**	**10086491**
农业	Farming	4245634
林业	Forestry	158794
畜牧业	Animal Husbandry	3130083
渔业	Fishery	163143
农、林、牧、渔服务业	Services in Support of Agriculture	2388837
采矿业	**Mining and Quarrying**	**3660081**
煤炭开采和洗选业	Mining and Washing of Coal	821577
石油和天然气开采业	Extraction of Petroleum and Natural Gas	2008790
黑色金属矿采选业	Mining and Processing of Ferrous Metals Ores	40000
有色金属矿采选业	Mining and Processing of Non-ferrous Metal Ores	123053
非金属矿采选业	Mining and Processing of Nonmetal Ores	526560
开采辅助活动	Mining Auxiliary Activities	126791
其他采矿业	Mining of Other Ores	13310
制造业	**Manufacturing**	**30240315**
农副食品加工业	Processing of Food from Agricultural Products	7762251
食品制造业	Manufacture of Foods	1473934
酒、饮料和精制茶制造业	Manufacture of Wine, soft drinks and refined tea	1142478
烟草制品业	Manufacture of Tobacco	68982
纺织业	Manufacture of Textile	225796
纺织服装和服饰业	Manufacture of Textile and Apparel	192602
皮革毛皮羽毛(绒)及其制品业	Manufacture of Leather, Furs, Feather and Related Products and Footwear	99855
木材加工及木竹藤棕草制品业	Processing of Timber, Manufacture of Wood, Bamboo, Rattan, Palm and Straw Products	2147323
家具制造业	Manufacture of Furniture	423195
造纸及纸制品业	Manufacture of Paper and Paper Products	588808
印刷业和记录媒介的复制	Manufacture of Printing and Record Medium Reproduction	526995
文教体育用品制造业	Manufacture of Articles for Culture, Education and Sports Activities	153582
石油加工、炼焦及核燃料加工业	Processing of Petoleum, Coking, Processing of Nuclear Fuel	316270
化学原料及化学制品制造业	Manufacture of Raw Chemical Materials and Chemical Products	1359358
医药制造业	Manufacture of Medicines	743802
化学纤维制造业	Manufacture of Chemical Fibers	40815
橡胶和塑料制品业	Manufacture of Rubber and Plastics	731143
非金属矿物制品业	Manufacture of Non-metallic Mineral Products	2420863
黑色金属冶炼及压延加工业	Smelting and Pressing of Ferrous Metals	195502
有色金属冶炼及压延加工业	Smelting and Pressing of Non-ferrous Metals	335906
金属制品业	Manufacture of Metal Products	1290063
通用设备制造业	Manufacture of General Purpose Machinery	3492139
专用设备制造业	Manufacture of Special Purpose Machinery	1597165
汽车制造业	Manufacture of Automotive	1140133
铁路、船舶、航空航天等制造业	Manufacture of Railroad, Marine, Aerospace and Other Transportation Equipment	195324
电气机械及器材制造业	Manufacture of Electrical Machinery and Equipment	798347
计算机、通信和其他电子设备制造业	Manufacture of Computers, Communication and Other Electronic Equipment	194936
仪器仪表制造业	Manufacture of Measuring Instruments	149967
其他制造业	Other Manufacturing	135323
废弃资源综合利用业	Comprehensive Utilization of Waste Resources Industry	201050
金属制品、机械和设备修理业	Metal Products, Machinery and Equipment Repair Industry	96408
电力、热力、燃气及水的生产和供应业	**Production and Supply of Electric Power, heat, Gas and Water**	**3741272**
电力、热力的生产和供应业	Production and Supply of Electric Power and Heat Power	2619001
燃气生产和供应业	Production and Supply of Gas	487062
水的生产和供应业	Production and Supply of Water	635209
建筑业	**Construction**	**2058774**
房屋建筑业	Housing Building Construction	293584
土木工程建筑业	Civil Engineering Construction	939093
建筑安装业	Construction Installation	350087
建筑装饰和其他建筑业	Construction Decoration and Other Construction	476010

INVESTMENT IN FIXED ASSETS BY SECTOR, JURISDICTION OF MANAGEMENT AND REGISTRATION STATUS (Excluding Farm Households) (2016)

(10000 yuan)

中 央 Central Investment	地 方 Local Investment	内 资 Domestic Funds	港澳台商投资 Funds from Hong Kong, Macao and Taiwan	外商投资 Foreign Funded	个体经营 Individuals Economy	#国有控股 State-holding	#集体控股 Collective-holding
7431308	**96894237**	**101773763**	**534160**	**734419**	**1283203**	**32256049**	**1591999**
21054	**10065437**	**9707299**	**11340**	**12800**	**355052**	**2395665**	**458562**
16782	4228852	4128577	4890		112167	1016581	167980
3672	155122	158794				114964	2140
	3130083	2929606	6450	12800	181227	238915	190268
	163143	147493			15650	14540	1710
600	2388237	2342829			46008	1010665	96464
1961321	**1698760**	**3595200**	**23150**		**41731**	**2252576**	**17796**
49906	771671	796337			25240	311485	16716
1905115	103675	2008790				1905115	1080
	40000	40000					
	123053	109053	14000			27977	
	526560	512069			14491		
6300	120491	116641	9150		1000	7999	
	13310	12310			1000		
306532	**29933783**	**29259485**	**135381**	**591439**	**254010**	**1792676**	**238136**
1850	7760401	7620828	30853	22870	87700	449885	77047
15000	1458934	1406019		43235	24680	94083	9060
17442	1125036	1025277	52402	62699	2100	26130	9600
	68982	68982				48842	3610
	225796	221996			3800		
	192602	192602					4998
	99855	96855			3000	3997	
	2147323	2115516	10000	4985	16822	34450	12360
	423195	422495			700	11100	
	588808	588808				3565	
	526995	519329		4840	2826	33867	3380
	153582	153582				10803	
81750	234520	316270				122038	
18174	1341184	1353808			5550	44421	19950
	743802	739602	2200	2000		50222	11210
	40815	40815					
	731143	721891		9252		2000	5490
11419	2409444	2367851	5560		47452	132677	19820
	195502	195502				240	11360
	335906	335906				14000	4500
30000	1260063	1276073			13990	25188	4840
58523	3433616	3471199	5000		15940	167716	12665
	1597165	1574415			22750	74260	10488
22024	1118109	746476		393657		281756	4510
14966	180358	158064	29366	7894		72400	
20144	778203	761565		36782		37334	3200
15240	179696	191711		3225		25060	1388
	149967	149967				200	2600
	135323	128623			6700		2860
	201050	201050				5140	3200
	96408	96408				21302	
561975	**3179297**	**3659278**	**6695**	**75299**		**1748568**	**48642**
561975	2057026	2538697	5005	75299		1251845	22606
	487062	485372	1690			13080	6588
	635209	635209				483643	19448
5643	**2053131**	**2058774**				**785167**	**109861**
843	292741	293584				126119	54690
300	938793	939093				588960	42173
4500	345587	350087				15105	
	476010	476010				54983	12998

9-6 续表

单位：万元

指　标	Item	投资额 Investment
批发和零售业	**Wholesale and Retail Trades**	**6378730**
批发业	Wholesale Trade	4225793
零售业	Retail Trade	2152937
交通运输、仓储和邮政业	**Traffic, Transport, Storage and Post**	**11279159**
铁路运输业	Transport Via Railway	3259481
道路运输业	Transport Via Road	3589425
水上运输业	Water Transport	73657
航空运输业	Air Transport	288035
管道运输业	Transport Via Pipeline	200360
装卸搬运和运输代理业	Loading, Unloading, Portage and Other Transport Services	269743
仓储业	Storage	3543671
邮政业	Post	54787
住宿和餐饮业	**Hotels and Catering Services**	**2324841**
住宿业	Hotels	1485674
餐饮业	Catering Services	839167
信息传输、软件和信息技术服务业	**Information Transmission, Computer Services and Software**	**2292296**
电信、广播电视和卫星传输服务业	Telecom & Other Information Transmission Services	776230
互联网和相关服务业	Computer Services	429237
软件和信息技术服务业	Software Industry	1086829
金融业	**Financial Intermediation**	**647593**
货币金融业	Monetary and Financial Industry	134272
资本市场业	Capital Markets Industry	158704
保险业	Insurance	39853
其他金融业	Others	314764
房地产业	**Real Estate**	**11508660**
租赁和商务服务业	**Leasing and Business Services**	**2586705**
租赁业	Leasing	525307
商务服务业	Business Services	2061398
科学研究和技术服务业	**Scientific Research and Technical Services**	**1943336**
研究与试验发展	Research and Experimental Development	247483
专业技术服务业	Professional Technical Services	689046
科技交流和推广服务业	Services of Science and Technology Exchanges and Promotion	1006807
水利、环境和公共设施管理业	**Management of Water Conservancy, Environment and Public Facilities**	**8645251**
水利管理业	Management of Water Conservancy	2230763
生态保护和环境治理业	Ecological Protection and Environmental Management Industry	206489
公共设施管理业	Management of Public Facilities	6207999
居民服务和其他服务业	**Services to Households and Other Services**	**1023577**
居民服务业	Services to Households	644042
机动车、电子产品和日用产品修理业	Motor Vehicles, Electronics and Household Goods Repair Industry	238448
其他服务业	Other Services	141087
教育	**Education**	**1642425**
卫生和社会工作	**Health and Social Work**	**1569297**
卫生	Health	1100464
社会工作	Social Work	468833
文化、体育和娱乐业	**Culture, Sports and Entertainment**	**1467258**
新闻出版业	Journalism and Publishing Activities	47090
广播、电视、电影和影视录音制作业	Broadcasting, Movies, Television and Video Recording Production Industry	99405
文化艺术业	Cultural and Art Activities	373110
体育	Sports Activities	210015
娱乐业	Entertainment	737638
公共管理和社会组织	**Public Management and Social Organization**	**1229484**
中国共产党机关	Organs of Communist Party of China	18563
国家机构	Government Agencies	975127
人民政协和民主党派	People's Political Consultative Conference and Democratic Parties	
社会保障	Social Security	46490
群众团体、社会团体和其他成员组织	Non-Governmental Organizations, Social Organizations and Other Members Organizations	76094
基层群众自治组织	Grass Roots Self-governing Organizations	113210
国际组织	**International Organizations**	

CONTINUED

(10000 yuan)

中 央 Central Investment	地 方 Local Investment	内 资 Domestic Funds	港澳台商投资 Funds from Hong Kong, Macao and Taiwan	外商投资 Foreign Funded	个体经营 Individuals Economy	#国有控股 State-holding	#集体控股 Collective-holding
31995	**6346735**	**6234701**	**13000**	**30354**	**100675**	**219889**	**72291**
31395	4194398	4184811		850	40132	158129	61424
600	2152337	2049890	13000	29504	60543	61760	10867
3318280	**7960879**	**11228547**	**9040**	**4200**	**37372**	**7700179**	**131225**
3079778	179703	3259481				3215448	
25351	3564074	3576965			12460	2749000	31998
2819	70838	68857			4800	35353	
	288035	288035				242035	
179220	21140	200360				179220	
	269743	269743				33493	
31112	3512559	3510319	9040	4200	20112	1236680	99227
	54787	54787				8950	
	2324841	**2085456**		**500**	**238885**	**129604**	**12656**
	1485674	1390642			95032	105939	12656
	839167	694814		500	143853	23665	
633522	**1658774**	**2073272**	**206574**	**12450**		**922060**	**16710**
446134	330096	736236	27544	12450		697496	16710
177303	251934	259224	170013			47297	
10085	1076744	1077812	9017			177267	
	647593	**643250**			**4343**	**101763**	**10147**
	134272	134272				55941	10147
	158704	158704				4950	
	39853	39853				1722	
	314764	310421			4343	39150	
98344	**11410316**	**11385549**	**116659**	**6452**		**3391995**	**83408**
	2586705	**2567285**			**19420**	**264632**	**24437**
	525307	520407			4900		2480
	2061398	2046878			14520	264632	21957
11175	**1932161**	**1933697**			**9639**	**370515**	**13121**
7285	240198	247483				30369	8168
3890	685156	679407			9639	85655	
	1006807	1006807				254491	4953
362407	**8282844**	**8634855**	**9471**	**925**		**6758299**	**260749**
26089	2204674	2230763				1920350	21864
	206489	206489				113250	11176
336318	5871681	6197603	9471	925		4724699	227709
	1023577	**928517**			**95060**	**144850**	**1650**
	644042	588500			55542	134714	1650
	238448	205619			32829	3821	
	141087	134398			6689	6315	
61166	**1581259**	**1634103**			**8322**	**1103791**	**34603**
9582	**1559715**	**1496364**			**72933**	**819516**	**20090**
4707	1095757	1046180			54284	608877	9480
4875	463958	450184			18649	210639	10610
4998	**1462260**	**1428311**	**2850**		**36097**	**368565**	**30100**
1500	45590	44240	2850			1500	
3098	96307	99405				26699	
	373110	373110				183638	12600
400	209615	196915			13100	115275	
	737638	714641			22997	41453	17500
43314	**1186170**	**1219820**			**9664**	**985739**	**7815**
500	18063	18563				14065	
42814	932313	975127				901097	
	46490	46490				26190	
	76094	66430			9664	2150	
	113210	113210				42237	7815

9-7 分地区按构成和建设性质分固定资产投资 (不含农户)

INVESTMENT IN FIXED ASSETS BY REGION, COMPOSITION OF FUNDS AND TYPE OF CONSTRUCTION (Excluding Farm Households)

单位：亿元 (100 million yuan)

年份 地区	Year Region	投资额 Total Investment	按构成分 By Composition of Funds			按建设性质分 By Type of Construction		
			建筑安装工程 Construction and Installation	设备、工器具购置 Purchase of Equipment and Instruments	其他费用 Others	#新建 New Construction	#扩建 Expansion	#改建 Reconstruction
	2011	7157.9	5024.4	1386.0	747.5	2614.1	1221.3	1632.1
	2012	9375.4	6577.0	2040.1	758.3	3695.2	1589.6	1804.7
	2013	11121.3	7960.4	2538.5	622.4	5091.5	1626.0	1783.4
	2014	9537.9	7159.0	1797.0	581.8	4626.7	1175.0	1805.2
	2015	9884.3	7226.2	2153.6	504.5	4834.0	1192.2	2005.7
	2016	10432.6	7270.2	2556.1	606.3	5370.1	1554.7	1553.3
哈尔滨	Harbin	5040.1	2916.8	1752.4	370.8	1743.2	741.5	1074.3
齐齐哈尔	Qiqihar	916.5	791.9	105.4	19.3	645.7	138.8	52.9
鸡西	Jixi	238.3	184.8	38.0	15.5	161.9	16.1	36.4
鹤岗	Hegang	96.1	77.7	16.5	1.9	80.9	3.0	7.9
双鸭山	Shuangyashan	129.9	114.8	11.1	4.0	113.6	2.7	4.7
大庆	Daqing	565.3	422.8	101.7	40.8	437.7	27.3	32.9
伊春	Yichun	76.3	68.5	6.9	1.0	57.1	3.7	3.3
佳木斯	Jiamusi	588.3	520.6	58.6	9.2	433.1	89.5	12.2
七台河	Qitaihe	80.1	52.2	25.8	2.2	59.8	4.2	9.6
牡丹江	Mudanjiang	1132.1	782.4	291.9	57.8	532.7	276.1	201.8
黑河	Heihe	275.3	211.2	38.6	25.4	221.7	19.1	14.2
绥化	Suihua	770.6	686.8	63.3	20.5	541.2	161.4	28.7
大兴安岭	Daxinganling	49.5	32.0	7.6	9.8	41.8	3.0	2.8
绥芬河	Suifenhe	85.4	80.2	2.6	2.6	11.7	64.5	1.3
抚远	Fuyuan	23.0	22.2	0.6	0.1	15.8	2.5	3.9
不分地区	Not Classified by Region	366.0	305.2	35.2	25.6	272.2	1.3	66.3

9-8 分地区按登记注册类型分固定资产投资 (2016年)

TOTAL INVESTMENT IN FIXED ASSETS BY STATUS OF REGISTRATION AND REGION (2016)

单位：亿元 (100 million yuan)

地　区	Region	总　计 Total	内　资 Domestic	国　有 State-owned	集　体 Collective-owned	股份合作 Cooperative	联　营 Joint
总　计	**Total**	**10432.6**	**10305.7**	**2508.1**	**66.3**	**46.7**	**5.8**
哈 尔 滨	Harbin	5040.1	4974.4	793.6	43.2	15.8	0.8
齐齐哈尔	Qiqihar	916.5	907.2	218.7	3.1	22.2	0.5
鸡　西	Jixi	238.3	234.4	81.8	2.3	0.3	1.1
鹤　岗	Hegang	96.1	96.1	50.4			
双 鸭 山	Shuangyashan	129.9	129.9	77.1		2.6	
大　庆	Daqing	565.3	546.7	110.2	1.5		
伊　春	Yichun	76.3	76.3	43.7		0.2	
佳 木 斯	Jiamusi	588.3	587.4	144.3	1.3	2.7	
七 台 河	Qitaihe	80.1	80.1	10.4		1.5	
牡 丹 江	Mudanjiang	1132.1	1124.9	283.3	13.4	0.4	0.3
黑　河	Heihe	275.3	272.4	150.2	1.5		1.0
绥　化	Suihua	770.6	770.4	187.2	0.1	0.9	1.2
大兴安岭	Daxinganling	49.5	49.5	21.5			0.8
绥 芬 河	Suifenhe	85.4	85.4	5.0			
抚　远	Fuyuan	23.0	23.0	14.5			
不分地区	Not Classified by Region	365.8	347.6	316.2		0.1	0.1

9-8 续表 CONTINUED

单位：亿元 (100 million yuan)

地　区	Region	有限责任公司 Limited Liability	股份有限公司 Share-holding	私营 Private	个体 Self-employed Individual	其他 Others	港、澳、台商投资 Funds from Hong Kong, Macao and Taiwan	外商投资 Foreign Funded
总　计	**Total**	**3158.9**	**193.8**	**3130.3**	**128.3**	**1067.5**	**53.4**	**73.4**
哈 尔 滨	Harbin	1436.7	61.3	1892.3	66.8	664.0	16.7	48.9
齐齐哈尔	Qiqihar	234.2	23.9	251.0	22.2	131.5	4.9	4.4
鸡　西	Jixi	63.6	2.8	56.4	11.0	15.1	3.4	0.5
鹤　岗	Hegang	32.2	1.3	9.8		2.4		
双 鸭 山	Shuangyashan	20.0	3.0	21.2	0.2	5.7		
大　庆	Daqing	294.2	11.3	87.8	8.5	33.2	4.3	14.2
伊　春	Yichun	8.9	1.0	18.9	0.5	3.1		
佳 木 斯	Jiamusi	147.9	9.7	266.4	4.0	11	0.2	0.8
七 台 河	Qitaihe	8.8	8.1	34.9		16.5		
牡 丹 江	Mudanjiang	385.9	18.5	322.4	4.4	96.2	4.1	3.1
黑　河	Heihe	43.6	4.8	38.5	4.9	27.9	2.8	
绥　化	Suihua	447.7	16.1	54.1	4.9	58.2	0.2	
大兴安岭	Daxinganling	5.1	18.6	2.6	0.1	0.9		
绥 芬 河	Suifenhe	3.4	5.5	70.0		1.4		
抚　远	Fuyuan	7.5		1.0				
不分地区	Not Classified by Region	19.2	7.9	3.0	0.8	0.4	16.8	1.5

9-9 分地区按行业分固定资产投资(不含农户)
INVESTMENT IN FIXED ASSETS BY REGION AND SECTOR (Excluding Rural Households)

单位：万元 (10000 yuan)

年份 地区	Year Region	总计 Total	农、林、牧、渔业 Agriculture, Forestry, Animal Husbandry and Fishery	采矿业 Mining	制造业 Manufacturing	电力、热力、燃气及水的生产和供应业 Production and Supply of Electric, heat, Gas and Water	建筑业 Construction	批发和零售业 Wholesale and Retail Trades
	2012	93754447	5463575	6019715	30218138	5172429	1759540	3295527
	2013	111212842	7641963	6341039	35183236	4512782	3406346	6158217
	2014	95378774	6829137	5084197	26109244	4440880	2659170	4827648
	2015	98842827	9041673	4591705	28179329	3441347	2570250	5864159
	2016	104325545	10086491	3660081	30240315	3741272	2058774	6378730
哈尔滨	Harbin	50400546	3646714	438521	15693279	1077210	768378	4585747
齐齐哈尔	Qiqihar	9165212	2044432	4995	2606391	564244	144932	423058
鸡西	Jixi	2382644	114253	335017	505519	211321		43115
鹤岗	Hegang	960675	49682	140935	116496	82487	18606	46711
双鸭山	Shuangyashan	1298500	69699	32460	147751	52632	30238	19636
大庆	Daqing	5652597	631868	2036130	811684	445968		41068
伊春	Yichun	762998	65678	2200	124139	23621	85335	
佳木斯	Jiamusi	5883482	309544	24160	2082465	161314	59372	302429
七台河	Qitaihe	801137	8902	142621	356584	61824	39963	19878
牡丹江	Mudanjiang	11320623	1050193	357509	4223329	363379	325838	564775
黑河	Heihe	2752803	602276	114651	456115	89830	72697	62842
绥化	Suihua	7705753	963994	4888	2495883	529466	480088	139203
大兴安岭	Daxinganling	494861	30288	21204	35738	14054		2252
绥芬河	Suifenhe	853775	4772		526736	5620	4500	128016
抚远	Fuyuan	229960	38194		1130	10446	11379	
不分地区	Not Classified by Region	3659979	456002	4790	57076	47856	17448	

9-9 续表1 CONTINUED

单位：万元 (10000 yuan)

年份 地区	Year Region	交通运输仓储和邮政业 Transport, Storage and Post	住宿和餐饮业 Hotels and Catering Services	信息传输、软件和信息技术服务业 Information Transmission, Software and IT Softwares	金融业 Financial Intermediation	房地产业 Real Estate	租赁和商务服务业 Leasing and Business Services	科学研究和技术服务业 Scientific Research and Technical Service
	2012	4986195	915207	1245876	316281	19268699	841930	834711
	2013	5425235	1375614	1360414	262195	20457530	1623121	1226352
	2014	7072927	2018695	1694433	289690	16003558	1532110	922912
	2015	9855886	1796699	1646812	319850	12405282	1800724	1252612
	2016	11279159	2324841	2292296	647593	11508660	2586705	1943336
哈尔滨	Harbin	3044905	1692544	1638757	576283	5914337	1984871	1478665
齐齐哈尔	Qiqihar	1298249	64197	10955	13000	885196	113673	16831
鸡西	Jixi	269886	15200	8220		636141	6808	2800
鹤岗	Hegang	16180	1500	14440		376052	4000	
双鸭山	Shuangyashan	382415	7332	8693		289438	3300	24500
大庆	Daqing	146078	20060	131252	37160	626144	5790	5300
伊春	Yichun	29168	66137			123703	12743	210
佳木斯	Jiamusi	1017259	196959	51811		878571	47650	14230
七台河	Qitaihe	36194		9317		101098	9000	3500
牡丹江	Mudanjiang	744266	141431	129958	20550	692579	182570	100207
黑河	Heihe	418479	18600	22000		238971	6800	
绥化	Suihua	1016074	97881	19550	600	486146	172656	291853
大兴安岭	Daxinganling	229780	3000	943		17181	980	390
绥芬河	Suifenhe	36731				88171	13864	
抚远	Fuyuan	72721		870		7460	22000	4850
不分地区	Not Classified by Region	2520774		245530		147472		

9-9 续表 2 CONTINUED

单位：万元 (10000 yuan)

年　份 地　区	Year Region	水利、环境和公共设施管理业 Management of Water Conservancy, Environment and Public Facilities	居民服务、修理和其他服务业 Services to Households Repair and Other Services	教　育 Education	卫生和社会工作 Health and Social Work	文化、体育和娱乐业 Culture, Sports and Entertainment	公共管理、社会保障和社会组织 Public Management Social Securities and Social Organization
2012		7887384	456053	1033727	785696	1357254	1892010
2013		9498964	764800	1566984	1308792	1146063	1953195
2014		9261166	599455	1358115	1418014	1077813	2179610
2015		9224711	890594	1619059	1303249	1551040	1487846
2016		8645251	1023577	1642425	1569297	1467258	1229484
哈尔滨	Harbin	3950926	669315	1037406	776399	851573	574716
齐齐哈尔	Qiqihar	325326	47514	165412	238169	73287	125351
鸡　西	Jixi	168057	5640	19508	24411	5802	10946
鹤　岗	Hegang	54746	2515	3417	3226	25557	4125
双鸭山	Shuangyashan	130766		40671	45964	9384	3621
大　庆	Daqing	612909	2146	31734	33044	22410	11852
伊　春	Yichun	116563	8730	5220	8785	44495	46271
佳木斯	Jiamusi	479594	29552	48576	84923	56143	38930
七台河	Qitaihe	4990		1616	3650	2000	
牡丹江	Mudanjiang	1626853	60281	160699	203166	305663	67377
黑　河	Heihe	330325	6600	7333	21125	14813	269346
绥　化	Suihua	537104	189254	99220	109559	40024	32310
大兴安岭	Daxinganling	116007	1130	5788	4170	2404	9552
绥芬河	Suifenhe	17116		627	215	1517	25890
抚　远	Fuyuan	42771		280	4631	4031	9197
不分地区	Not Classified by Region	131198	900	14918	7860	8155	

9-10 分地区固定资产投资(不含农户)建设总规模

TOTAL INVESTMENT IN FIXED ASSETS OF CONSTRUCTION BY REGION

单位：亿元 (100 million yua)

地　区	Region	建设总规模 Total Investment in Construction	在建总规模 Total Investment in Projects under Construction	在建净规模 Net Investment in Projectsunder Construction
2012		21478.2	14191.1	6973.6
2013		24006.9	17444.5	6804.9
2014		24073.8	18479.3	7046.4
2015		24038.5	16443.0	6229.7
2016		24564.9	15701.8	6676.5
哈尔滨	Harbin	10259.7	6391.4	2570.9
齐齐哈尔	Qiqihar	1732.2	953.0	370.8
鸡　西	Jixi	752.3	525.0	189.3
鹤　岗	Hegang	437.1	394.6	167.6
双鸭山	Shuangyashan	726.4	620.6	344.3
大　庆	Daqing	1336.8	901.6	391.6
伊　春	Yichun	265.6	176.6	68.4
佳木斯	Jiamusi	1397.7	903.1	395.5
七台河	Qitaihe	190.3	157.4	73.1
牡丹江	Mudanjiang	2349.3	1398.6	717.0
黑　河	Heihe	562.5	310.5	108.6
绥　化	Suihua	1240.4	574.9	264.6
大兴安岭	Daxinganling	231.7	200.5	115.0
绥芬河	Suifenhe	145.2	88.5	25.3
抚　远	Fuyuan	59.9	36.8	12.6
不分地区	Not Classified by Region	2877.8	2068.7	861.9

9-11 分地区固定资产投资(不含农户)房屋施工、竣工面积 (2016年)

FLOOR SPACE OF BUILDINGS UNDER CONSTRUCTION AND BUILDINGS COMPLETED (Excluding Rural Households) BY REGION (2016)

年份 地区	Year Region	房屋施工面积(万平方米) Floor Space of Buildings under Construction (10000 sq. m)	#住宅 Residential Buildings	房屋竣工面积(万平方米) Floor Space of Buildings Completed (10000 sq. m)	#住宅 Residential Buildings
总计	**Total**	**15082.2**	**8341.6**	**4080.3**	**1979.1**
哈尔滨	Harbin	5998.4	3200.3	1969.7	1154.7
齐齐哈尔	Qiqihar	1456.7	818.6	384.2	187.1
鸡西	Jixi	1052.6	644.0	191.9	57.4
鹤岗	Hegang	151.1	115.0	8.3	4.1
双鸭山	Shuangyashan	310.8	185.6	37.5	24.7
大庆	Daqing	930.9	673.1	96.1	69.0
伊春	Yichun	255.9	120.9	36.7	5.1
佳木斯	Jiamusi	886.1	535.2	320.6	183.7
七台河	Qitaihe	149.0	101.5	1.3	1.3
牡丹江	Mudanjiang	1995.6	1117.4	432.6	111.7
黑河	Heihe	376.7	144.0	156.9	44.8
绥化	Suihua	950.8	471.9	315.1	104.3
大兴安岭	Daxinganling	34.8	19.1	11.5	7.6
绥芬河	Suifenhe	349.2	125.0	80.6	14.9
抚远	Fuyuan	16.5	9.6		
不分地区	Not Classified by Region	167.1	60.4	37.3	8.7

9-12 分地区固定资产投资(不含农户)新增固定资产及交付使用率 (2016年)

NEWLY INCREASED FIXED ASSETS AND RATE OF PROJECTS OF FIXED ASSETS (Excluding Rural Households) COMPLETED AND PUT INTO USE BY REGION (2016)

年份 地区	Year Region	固定资产投资额(亿元) Investment in Fixed Assets (100 million yuan)	新增固定资产(亿元) Newly Increased Fixed Assets (100 million yuan)	固定资产交付使用率(%) Rate of Projects of Fixed Assets Completed and Put into Use (%)
总计	**Total**	**10432.6**	**8225.5**	**78.8**
哈尔滨	Harbin	5040.1	4281.5	85.0
齐齐哈尔	Qiqihar	916.5	790.2	86.2
鸡西	Jixi	238.3	184.8	77.6
鹤岗	Hegang	96.1	41.9	43.6
双鸭山	Shuangyashan	129.9	42.2	32.5
大庆	Daqing	565.3	464.6	82.2
伊春	Yichun	76.3	65.5	85.9
佳木斯	Jiamusi	588.3	407.4	69.2
七台河	Qitaihe	80.1	23.9	29.8
牡丹江	Mudanjiang	1132.1	895.8	79.1
黑河	Heihe	275.3	200.2	72.7
绥化	Suihua	770.6	667.5	86.6
大兴安岭	Daxinganling	49.5	20.6	41.7
绥芬河	Suifenhe	85.4	44.8	52.5
抚远	Fuyuan	23.0	22.9	99.4
不分地区	Not Classified by Region	365.8	71.7	19.6

9-13 国有单位固定资产投资

INVESTMENT IN FIXED ASSETS OF STATE-OWNED UNITS

指 标	Item	2012	2013	2014	2015	2016
投资总额(亿元)	**Total Investment (100 million yuan)**	**3121.5**	**3404.9**	**2997.3**	**2877.1**	**2508.1**
#住 宅	#Residential Buildings	340.0	263.1	87.9	33.9	45.5
按构成分	**Grouped by Compositipon of Funds**					
建筑安装工程	Construction and Installation	2449.3	2902.8	2487.3	2408.3	2085.5
设备、工器具购置	Purchase of Equipment and Instruments	428.9	366.7	326.3	296.2	270.0
其他费用	Others	243.3	135.4	183.7	172.7	152.6
按隶属关系分	**Grouped By Jurisdiction of Management**					
中 央	Central Investment	773.5	835.5	732.6	700.4	411.9
地 方	Local Investment	2348.0	2569.4	2264.6	2176.7	2096.1
按建设性质分	**Grouped by Type of Construction**					
#新 建	# New Construction	1393.7	1728.0	1590.5	1710.9	1689.9
扩 建	Expansion	465.9	435.0	373.4	328.6	314.4
改 建	Reconstruction	930.0	920.0	865.9	736.7	398.0
按行业分	**Grouped by Sector**					
农、林、牧、渔业	Agriculture, Forestry, Animal Husbandry and Fishery	288.6	337.1	239.5	254.5	233.8
采矿业	Mining	344.9	394.2	355.0	316.3	9.7
制造业	Manufacturing	234.0	170.3	120.7	97.6	91.4
电力、热力、燃气及水的生产和供应业	Production and Supply of Electric, heat, Gas and Water	245.5	191.7	198.8	166.9	123.9
建筑业	Construction	88.9	183.3	195.0	162.2	76.1
批发和零售业	Wholesale and Retail Trade	18.4	18.2	32.1	18.1	15.5
交通运输、仓储及邮政业	Transport, Storage and Post	366.7	305.0	379.9	521	723.1
住宿和餐饮业	Hotels and Catering Services	22.3	19.5	14.7	7.9	12.6
信息传输、软件和信息技术服务业	Information Transmission, Software and IT Services	73.9	76.4	104.3	95.3	34.8
金融业	Financial Intermediation	14.4	13.6	14.6	6.9	6.2
房地产业	Real Estate	356.5	394.4	166.6	126.8	183.5
租赁和商务服务业	Leasing and Business Services	26.7	36.8	22.7	16.2	7.5
科学研究和技术服务业	Scientific Research and Technical Services	32.6	41.5	25.2	30.1	36.9
水利、环境和公共设施管理业	Management of Water Conservancy, Environment and Public Facilities	588.3	766.9	726.4	741.8	625.4
居民服务、修理和其他服务业	Services to Households,Repair and Other Services	21.1	19.8	10.3	10.2	14.5
教 育	Education	84.2	124.3	90.9	98.6	100.1
卫生、社会工作	Health and Social Work	67.9	95.4	83.1	68.2	79.7
文化、体育和娱乐业	Culture, Sports and Entertainment	75.3	48.5	37.0	24.3	35.3
公共管理、社会保障和社会组织	Public Management, Social Securities and Social Organization	171.0	167.9	180.6	114.0	98.0
国际组织	International Organizations					
新增固定资产(亿元)	**Newly Increased Fixed Assets (100 million yuan)**	2198.4	2511.0	2095.5	2213.5	1630.9
固定资产交付使用率(%)	**Rate of Projects of Fixed Assets Completed and Put Into Use (%)**	70.4	73.7	69.9	76.9	65.0
房屋建筑面积(万平方米)	**Floor Space of Buildings(10000 sq.m)**					
施工面积	Floor Space under Construction	5740.8	5474.9	2085.2	3120.8	1228.6
竣工面积	Floor Space Completed	2226.8	2478.7	1028.2	2646.7	372.9
#住 宅	#Residential Buildings	1466.8	1109.1	533.2	248.4	116.0

9-14 按构成和建设性质分的国有单位固定资产投资

INVESTMENT IN FIXED ASSETS OF STATE-OWNED UNITS BY COMPOSITION OF FUNDS AND TYPE OF CONSTRUCTION

单位：亿元 (100 million yua)

年份 Year 地区 Region	投资总额 Total Investment	#住宅 Residential Buildings	按构成分 By Compositipon of Funds 建筑安装工程 Construction and Installation	设备、工器具购置 Purchase of Equipment and Instruments	其他费用 Others	按建设性质分 By Type of Construction #新建 New Construction	#扩建 Expansion	#改建 Recon-struction
1981	40.6	7.9	29.1	10.2	1.3	14.3	13.4	11.9
1982	53.5	9.0	39.0	11.5	3.0	13.0	16.3	23.7
1983	65.4	8.7	43.8	17.2	4.4	20.4	27.3	17.1
1984	72.7	8.5	48.9	19.6	4.2	17.0	39.3	12.4
1985	89.2	12.4	58.8	25.1	5.3	18.6	52.2	10.5
1986	101.1	11.6	63.0	30.2	7.9	24.3	55.6	14.9
1987	115.5	11.4	72.1	34.0	9.5	28.7	15.4	64.5
1988	132.1	11.8	82.2	37.4	12.5	29.0	76.5	20.7
1989	129.2	12.0	85.0	35.3	8.9	23.4	81.0	18.3
1990	134.6	14.8	93.2	32.3	9.1	19.7	85.7	17.7
1991	162.6	19.9	109.2	39.0	14.4	20.3	104.1	22.9
1992	215.9	33.9	144.2	49.9	21.8	38.5	121.6	27.6
1993	290.7	54.9	209.1	53.1	28.6	52.5	164.0	30.9
1994	335.2	56.0	233.5	69.8	32.0	60.7	199.8	32.5
1995	379.9	59.9	249.2	99.5	31.2	72.1	226.5	37.6
1996	427.6	57.6	280.6	107.1	39.8	91.9	239.3	39.9
1997	531.0	63.9	355.4	127.0	48.6	143.5	299.4	38.4
1998	606.5	91.9	399.3	154.8	52.4	137.6	354.7	41.2
1999	562.9	90.4	397.8	118.9	46.2	128.9	296.9	53.1
2000	449.8	98.1	311.2	92.3	46.3	186.0	142.5	45.2
2001	524.7	88.6	380.4	87.0	57.3	169.7	220.1	60.8
2002	531.2	46.7	341.4	134.5	55.2	208.0	180.7	65.9
2003	563.0	56.1	371.0	129.5	62.5	243.5	186.2	60.6
2004	610.2	50.3	400.9	130.9	78.4	235.2	209.1	84.3
2005	754.6	52.7	458.3	189.0	107.3	289.4	182.8	187.5
2006	910.5	40.3	592.0	205.9	112.6	370.9	240.2	190.8
2007	1177.6	87.1	783.7	255.1	138.8	372.4	271.2	360.9
2008	1521.7	156.5	1023.6	291.5	206.6	401.6	231.5	371.0
2009	2062.5	253.7	1503.9	318.7	239.8	711.0	412.0	713.8
2010	2637.9	237.3	1938.1	360.2	339.6	817.6	422.5	1136.1
2011	2831.5	376.8	2235.3	339.7	256.5	1177.6	363.4	1036.0
2012	3121.5	340.0	2449.3	428.9	243.3	1393.7	465.9	930.0
2013	3404.9	263.1	2902.8	366.7	135.4	1728.0	435.0	920.0
2014	2997.3	87.9	2487.3	326.3	183.7	1590.5	373.4	865.9
2015	2877.1	33.9	2408.3	296.2	172.7	1710.9	328.6	736.7
2016	2508.1	45.5	2085.5	270.0	152.6	1689.9	314.4	398.0
哈尔滨 Harbin	793.6	7.7	572.2	132.4	89.0	419.9	129.8	186.7
齐齐哈尔 Qiqihar	218.7	4.2	195.3	16.4	6.9	177.0	14.4	22.1
鸡西 Jixi	81.8	16.9	73.8	4.5	3.5	60.7	4.5	11.6
鹤岗 Hegang	50.4	0.4	46.7	3.7		46.8	1.1	2.5
双鸭山 Shuangyashan	77.1		74.2	2.6	0.2	74.4	2.0	0.6
大庆 Daqing	110.2	0.9	86.5	18.2	5.6	69.2	14.0	14.9
伊春 Yichun	43.7	3.3	39.1	4.3	0.3	34.1	2.3	3.2
佳木斯 Jiamusi	144.3	2.2	137.1	5.1	2.1	105.8	33.1	5.3
七台河 Qitaihe	10.4	3.7	9.3	0.8	0.3	9.2	0.3	0.7
牡丹江 Mudanjiang	283.3	2.2	227.0	49.4	6.9	144.0	56.6	76.6
黑河 Heihe	150.2	2.4	128.8	11.3	10.1	129.0	10.0	8.6
绥化 Suihua	187.2	0.9	184.8	1.7	0.6	146.6	37.5	0.6
大兴安岭 Daxinganling	21.5		18.9	1.0	1.5	16.2	2.7	2.1
绥芬河 Suifenhe	5.0		5.0			1.3	2.5	1.3
抚远 Fuyuan	14.5		14.2	0.3	0.1	8.5	2.5	3.5
不分地区 Not Classified by Region	316.3	0.5	272.5	18.3	25.5	247.3	1.0	57.4

9-15 农村农户固定资产投资和建房情况

FARM HOUSEHOLDS INVESTMENT IN FIXED ASSETS AND BUILDINGS CONSTRUCTION IN RURAL

年 份 Year	投资额（万元） Total Investment (10000 yuan)	#竣工房屋投资 Investment in Buildings Completed	#住 宅 Residential Buildings	#购置生产性固定资产投资 Investment In Productive Fixed Assets	竣工房屋建筑面积（万平方米） Floor Space of Buildings Completed (10000 sq. m)	#住 宅 Residential Buildings	竣工房屋造 价（元/平方米） Cost of Buildings Completed (yuan/sq. m)	#住 宅 Residential Buildings
1985	145350	58235	58209	87115	865.3	865.3	67.3	67.3
1986	113848	49658	24832	64190	684.0	570.3	72.6	43.5
1987	123706	46499	37711	77207	633.5	549.0	73.4	68.7
1988	143122	56196	44660	86926	670.6	527.9	83.8	84.6
1989	164362	59644	54720	104718	625.2	570.0	95.6	96.0
1990	176780	107240	99670	69540	1006.0	931.5	106.6	107.0
1991	175187	106282	78296	68905	1043.0	689.0	101.9	113.6
1992	168431	73315	68145	95116	613.0	501.0	119.6	136.0
1993	147695	48258	43922	99437	314.0	259.0	153.7	169.6
1994	241567	83780	75021	143886	496.6	391.7	168.7	191.5
1995	400000	141183	137985	237412	819.4	646.3	172.3	213.5
1996	499293	321333	317260	144447	1078.3	969.9	298.0	327.1
1997	526784	270961	267301	163526	826.1	719.4	328.0	371.6
1998	680000	349770	345046	211088	982.5	795.4	356.0	433.8
1999	620000	318908	314109	192462	816.8	675.2	390.4	465.2
2000	613000	315407	297884	259000	801.6	637.6	393.8	497.2
2001	660000	320000	305000	260000	803.1	638.2	398.5	477.9
2002	873000	423000	403000	344000	998.2	790.1	396.6	488.2
2003	929000	429000	405000	367000	1000.2	810.1	428.9	499.9
2004	1393000	445389	414680	450870	1038.2	819.5	429.0	506.0
2005	1407874	300538	293445	637090	788.7	620.1	381.1	473.2
2006	1821789	524740	471127	817732	756.1	673.4	694.0	699.6
2007	2270526	645255	574562	865642	892.0	720.0	723.0	798.0
2008	2833858	811558	747667	969793	1052.1	937.4	771.0	798.0
2009	3165470	861177	767915	1300581	1076.9	955.9	799.7	803.3
2010	3167097	892971	818479	1365179	1086.0	969.6	822.3	844.1
2011	3174647	917505	806478	1202375	1055.0	945.0	869.7	853.4
2012	3193014	846586	673273	1452329	951.0	879.0	890.2	766.0
2013	3317971	975060	908798	2263403	865.0	797.0	1062.0	1077.0
2014	2911168	753543	647272	1362262	747.6	579.0	1008.0	1117.0
2015	2986632	1046506	1003741	1699593	750.0	704.0	1395.3	1425.8
2016	2157954	400120	354714	1411439	455.4	365.0	879.0	972.0

9-16 新增主要产品生产能力

NEWLY INCREASED PRODUCTION CAPACITY OF MAJOR PRODUCTION

指　标	Item	2012	2013	2014	2015	2016
原煤开采（万吨／年）	Coal Mining (10000 tons/year)	2466.0	949.9	429.8	458.1	174.5
洗煤（万吨／年）	Coal Washing (10000 tons/year)	1397.0	2738.6	336.0	222.2	
焦炭（万吨／年）	Coke(10000 tons/year)	119.0	147.0	30.0	7.0	16.3
天然原油开采（万吨／年）	Petroleum Extraction(10000 tons/year)	394.6	383.3	379.8	327.9	303.4
天然气开采（亿立方米／年）	Extraction of Petroleum and Natural Gas(100 million cu.m/year)	2.0		1.2		
石油加工：	Oil processing					
蒸馏设备能力（处理万吨／年）	Power of Distillation Equipment(treatment 10000 tons/year)	210.0	52.4	51.5	81.0	
裂化设备能力（处理万吨／年）	Power of Cracking Equipment((treatment 10000 tons/year)	25.0	102.8	42.2	42.0	3.6
黄金（公斤／年）	Gold(kg/year)	1089.1	608.0	257.0		350.0
发电机组容量（万千瓦）	Dynamotor Capacities(10000 kw)	189.4	107.9	50.3	144.9	64.1
水力发电（万千瓦）	Hydraulic Power(10000 kw)	82.3	64.2	20.7	4.1	1.6
火力发电（万千瓦）	Fire Power(10000 kw)	46.8	27.2	7.0	82.8	7.0
风力发电（万千瓦）	Wind Power(10001 kw)					32.0
太阳能发电（万千瓦）	Solar Power(10002 kw)					14.5
其他发电（万千瓦）	Other Power(10000 kw)	60.3	16.5	22.6	30.6	9.0
输电线路长度(11万伏及以上)（公里）	Length of Transmission Line (110000 volts and over) (km)	443.2	222.6	380.0	352.5	96.5
水泥（万吨／年）	Cement(10000 tons/year)	383.4	499.6	164.6	234.5	16.0
平板玻璃（万重量箱／年）	Plate Glass(10000 Weight-box/year)	67.0	39.0	9.5	1.0	
石墨及炭素制品（吨／年）	Graphite and Carbon Products(ton/year)	32550		40		
农用氮、磷、钾化学肥料（吨／年）	Nitrogen, Phosphate and Potash Fertilizer(ton/year)	540237	546745	181807	945334	272400
氮肥（吨／年）	Nitrogen Fertilizer(ton/year)	367743	467697	147591	314029	155600
磷肥（吨／年）	Phosphate Fertilizer(ton/year)	91331	62948	19804	220005	87200
钾肥（吨／年）	Potash Fertilizer(ton/year)	81163	16100	14412	411300	16600
塑料树脂及共聚物（吨／年）	Plastic Colophony and Polymer(ton/year)	259950	231721	117639	60106	3220
酒（万吨／年）	Liquor(10000 tons/year)	52.7	41.9	27.3	36.4	65.9
啤　酒	Beer	34.0	9.6	22.0	17.3	53.0
白　酒	Distilled Spirit	18.7	30.8	4.1	17.5	10.5
其他酒	Other Alcohols	0.08	1.5	1.2	1.6	2.4
机制纸浆（万吨／年）	Machine-made Pulp(10000 tons/year)	2.0	16.8	27.3	1.3	
新建铁路主线正线交付运营里程（公里）	Main Line Length of Newly-built and Operating Railway(km)	75.0	44.5	11.9	302.0	
新建公路（公里）	Length of New Highways(km)	1514.0	4304.2	196.9	348.5	1148.0
#高速公路	#Expressway	107.3	18.0	16.0	17.4	298.0
改建公路（公里）	Length of Reconstructed Highways(km)	2022.4	2872.9	1253.6	1737.4	1740.7
#高速公路	#Expressway		76.0	39.0	10.2	
新建独立公路桥梁（延长米）	Newly-built Highway Bridge(meter)	13425.7	11374.3	1686.9	4042.9	5198.2
新建独立公路桥梁（座）	Newly-built Highway Bridge(unit)	30	23	6	14	9
新(扩)建港口码头（年吞吐量:万吨）	Newly-built or Expanded Ports(Annual Handling Capacity 10000 tons)	20				10
新(扩)建客、货运站（个）	Newly-built or expanded conveyance station(unit)	8	13	8	11	6
新(扩)建客、货运站（平方米）	Newly-built or expanded conveyance station(sq.m)	24563	35386	27100	45100	15459
城市自来水供水能力（万吨/日）	Tap Water Supply Capacity(10000 tons/day)	9.4	40.8	13.6	35.8	17.2
城市污水处理能力（万吨／日）	Sewage Treatment Capacity(10000 tons/day)	34.3	122.9	11.1	19.7	53.1

9-17 四大主导产业建设施工项目个数 (2016年)

NUMBER OF CONSTRUCTION PROJECTS UNDER CONSTRUCTION OF FOUR LEADING INDUSTRY (2016)

单位：个　　　　(unit)

指　标	Item	合计 Total	国有 State-Owned Units	外资 Foreign Funded Enterprises	其他 Others
总　计	**Total**	**5909**	**415**	**24**	**5470**
装备工业	**Equipment Industry**	**2209**	**78**	**5**	**2126**
金属制品业	Manufacture of Metal Products	315	6	1	308
金属制品、机械和设备修理业	Metal Products, Machinery and Equipment Repair Industry	24	5		19
通用设备制造业	Manufacture of General Purpose Machinery	927	20		907
专用设备制造业	Manufacture of Special Purpose Machinery	420	15		405
汽车制造业	Manufacture of Automotive	213	8	2	203
铁路、船舶、航空航天和其他运输设备制造业	Manufacture of Railroad, Marine, Aerospace and Other Transportation Equipment	35	13		22
电气机械及器材制造业	Manufacture of Electrical Machinery and Equipment	196	7	1	188
计算机、通信和其他电子设备制造业	Manufacture of Computers, Communication and Other Electronic Equipment	41	3	1	37
仪器仪表制造业	Manufacture of Measuring Instrument	38	1		37
石化工业	**Petrochemical Industry**	**508**	**40**	**2**	**466**
石油加工、炼焦及核燃料加工业	Processing of Petroleum, Coking, Processing of Nuclear Fuel	70	32		38
化学原料及化学制品制造业	Manufacture of Chemical Raw Material and Chemical Products	245	7	1	237
化学纤维制造业	Manufacture of Chemical Fiber	8			8
橡胶和塑料制品业	Manufacture of Rubber and Plastics	185	1	1	183
能源工业	**Energy Industry**	**680**	**201**	**4**	**475**
煤炭开采和洗选业	Mining and Washing of Coal	171	23		148
石油和天然气开采业	Extraction of Petroleum and Natural Gas	29	1		28
电力、热力的生产和供应业	Production and Supply of Electric Power and Heat Power	357	170	2	185
燃气生产和供应业	Production and Distribution of Gas	100	5		95
开采辅助活动	Mining Auxiliary Activities	23	2	2	19
食品工业	**Food Industry**	**2512**	**96**	**13**	**2403**
农副食品加工业	Processing of Food from Agricultural Products	1924	74	3	1847
食品制造业	Manufacture of Foods	334	16	3	315
酒、饮料和精制茶制造业	Manufacture of Beverage	254	6	7	241

9-18 四大主导产业建设投产项目个数（2016年）

NUMBER OF CONSTRUCTION PROJECTS PUT INTO USE OF FOUR LEADING INDUSTRY (2016)

单位：个 (unit)

指　标	Item	合计 Total	国有 State-Owned Units	外资 Foreign Funded Enterprises	其他 Others
总　计	**Total**	**4560**	**272**	**17**	**4271**
装备工业	**Equipment Industry**	**1833**	**50**	**3**	**1780**
金属制品业	Manufacture of Metal Products	267	5	1	261
金属制品、机械和设备修理业	Metal Products, Machinery and Equipment Repair Industry	19	4		15
通用设备制造业	Manufacture of General Purpose Machinery	786	11		775
专用设备制造业	Manufacture of Special Purpose Machinery	342	12		330
汽车制造业	Manufacture of Automotive	163	4	1	158
铁路、船舶、航空航天和其他运输设备制造业	Manufacture of Railroad, Marine, Aerospace and Other Transportation Equipment	24	7		17
电气机械及器材制造业	Manufacture of Electrical Machinery and Equipment	165	4		161
计算机、通信和其他电子设备制造业	Manufacture of Computers,Communication and Other Electronic Equipment	29	2	1	26
仪器仪表制造业	Manufacture of Measuring Instrument	38	1		37
石化工业	**Petrochemical Industry**	**401**	**23**	**2**	**376**
石油加工、炼焦及核燃料加工业	Processing of Petroleum, Coking, Processing of Nuclear Fuel	47	17		30
化学原料及化学制品制造业	Manufacture of Chemical Raw Material and Chemical Products	198	5	1	192
化学纤维制造业	Manufacture of Chemical Fiber	3			3
橡胶和塑料制品业	Manufacture of Rubber and Plastics	153	1	1	151
能源工业	**Energy Industry**	**480**	**137**	**3**	**340**
煤炭开采和洗选业	Mining and Washing of Coal	119	12		107
石油和天然气开采业	Extraction of Petroleum and Natural Gas	28	1		27
电力、热力的生产和供应业	Production and Supply of Electric Power and Heat Power	237	118	1	118
燃气生产和供应业	Production and Distribution of Gas	76	4		72
开采辅助活动	Mining Auxiliary Activities	20	2	2	16
食品工业	**Food Industry**	**1846**	**62**	**9**	**1775**
农副食品加工业	Processing of Food from Agricultural Products	1418	45	2	1371
食品制造业	Manufacture of Foods	245	12	3	230
酒、饮料和精制茶制造业	Manufacture of Beverage	183	5	4	174

9-19 四大主导产业建设完成投资 (2016年)

ACTUALLY COMPLETED INVESTMENT OF FOUR LEADING INDUSTRY (2016)

单位：万元　　　　(10000 yuan)

指　标	Item	合计 Total	国有 State-Owned Units	外资 Foreign Funded Enterprises	其他 Others
总　计	**Total**	**27843952**	**4933297**	**270711**	**22639944**
装备工业	**Equipment Industry**	**8954482**	**705216**	**45462**	**8203804**
金属制品业	Manufacture of Metal Products	1290063	25188	4000	1260875
金属制品、机械和设备修理业	Metal Products, Machinery and Equipment Repair Industry	96408	21302		75106
通用设备制造业	Manufacture of General Purpose Machinery	3492139	167716		3324423
专用设备制造业	Manufacture of Special Purpose Machinery	1597165	74260		1522905
汽车制造业	Manufacture of Automotive	1140133	281756	3200	855177
铁路、船舶、航空航天和其他运输设备制造业	Manufacture of Railroad, Marine, Aerospace and Other Transportation Equipment	195324	72400		122924
电气机械及器材制造业	Manufacture of Electrical Machinery and Equipment	798347	37334	35037	725976
计算机、通信和其他电子设备制造业	Manufacture of Computers, Communication and Other Electronic Equipment	194936	25060	3225	166651
仪器仪表制造业	Manufacture of Measuring Instrument	149967	200		149767
石化工业	**Petrochemical Industry**	**2447586**	**168459**	**12252**	**2266875**
石油加工、炼焦及核燃料加工业	Processing of Petroleum, Coking, Processing of Nuclear Fuel	316270	122038		194232
化学原料及化学制品制造业	Manufacture of Chemical Raw Material and Chemical Products	1359358	44421	3000	1311937
化学纤维制造业	Manufacture of Chemical Fiber	40815			40815
橡胶和塑料制品业	Manufacture of Rubber and Plastics	731143	2000	9252	719891
能源工业	**Energy Industry**	**6063221**	**3489524**	**80529**	**2493168**
煤炭开采和洗选业	Mining and Washing of Coal	821577	311485		510092
石油和天然气开采业	Extraction of Petroleum and Natural Gas	2008790	1905115		103675
电力、热力的生产和供应业	Production and Supply of Electric Power and Heat Power	2619001	1251845	71379	1295777
燃气生产和供应业	Production and Distribution of Gas	487062	13080		473982
开采辅助活动	Mining Auxiliary Activities	126791	7999	9150	109642
食品工业	**Food Industry**	**10378663**	**570098**	**132468**	**9676097**
农副食品加工业	Processing of Food from Agricultural Products	7762251	449885	26370	7285996
食品制造业	Manufacture of Foods	1473934	94083	28162	1351689
酒、饮料和精制茶制造业	Manufacture of Beverage	1142478	26130	77936	1038412

9-20 四大主导产业新增固定资产 (2016年)

NEWLY INCREASED FIXED ASSETS OF FOUR LEADING INDUSTRY (2016)

单位：万元　　　　(10000 yuan)

指　标	Item	合计 Total	国有 State-Owned Units	外资 Foreign Funded Enterprises	其他 Others
总　计	**Total**	**23315340**	**3677794**	**199843**	**19437703**
装备工业	**Equipment Industry**	**7913798**	**390516**	**34324**	**7488958**
金属制品业	Manufacture of Metal Products	1207840	21588	10000	1176252
金属制品、机械和设备修理业	Metal Products, Machinery and Equipment Repair Industry	80820	19380		61440
通用设备制造业	Manufacture of General Purpose Machinery	3038260	44780		2993480
专用设备制造业	Manufacture of Special Purpose Machinery	1393433	76339		1317094
汽车制造业	Manufacture of Automotive	976848	148159	3000	825689
铁路、船舶、航空航天和其他运输设备制造业	Manufacture of Railroad, Marine, Aerospace and Other Transportation Equipment	136393	45703		90690
电气机械及器材制造业	Manufacture of Electrical Machinery and Equipment	746576	20247	18099	708230
计算机、通信和其他电子设备制造业	Manufacture of Computers,Communication and Other Electronic Equipment	116611	9820	3225	103566
仪器仪表制造业	Manufacture of Measuring Instrument	217017	4500		212517
石化工业	**Petrochemical Industry**	**1903838**	**129462**	**12252**	**1762124**
石油加工、炼焦及核燃料加工业	Processing of Petroleum, Coking, Processing of Nuclear Fuel	247250	97344		149906
化学原料及化学制品制造业	Manufacture of Chemical Raw Material and Chemical Products	1037227	30118	3000	1004109
化学纤维制造业	Manufacture of Chemical Fiber	13415			13415
橡胶和塑料制品业	Manufacture of Rubber and Plastics	605946	2000	9252	594694
能源工业	**Energy Industry**	**4451498**	**2701233**	**13485**	**1736780**
煤炭开采和洗选业	Mining and Washing of Coal	440439	115955		324484
石油和天然气开采业	Extraction of Petroleum and Natural Gas	2008490	1905115		103375
电力、热力的生产和供应业	Production and Supply of Electric Power and Heat Power	1494828	649064	4335	841429
燃气生产和供应业	Production and Distribution of Gas	378389	12100		366289
开采辅助活动	Mining Auxiliary Activities	129352	18999	9150	101203
食品工业	**Food Industry**	**9046206**	**456583**	**139782**	**8449841**
农副食品加工业	Processing of Food from Agricultural Products	6720691	327022	14300	6379369
食品制造业	Manufacture of Foods	1270358	88040	58062	1124256
酒、饮料和精制茶制造业	Manufacture of Beverage	1055157	41521	67420	946216

主要统计指标解释

全社会固定资产投资 是以货币形式表现的在一定时期内全社会建造和购置固定资产的工作量以及与此有关的费用的总称。该指标是反映固定资产投资规模、结构和发展速度的综合性指标,又是观察工程进度和考核投资效果的重要依据。全社会固定资产投资按登记注册类型可分为国有、集体、联营、股份制、私营和个体、港澳台商、外商、其他等。

固定资产投资（不含农户） 指城镇和农村各种登记注册类型的企业、事业、行政单位及城镇个体户进行的计划总投资500万元及500万元以上的建设项目投资和房地产开发投资，包含原口径的城镇固定资产投资加上农村企事业组织项目投资，该口径自2011年起开始使用。

房地产开发投资 指各种登记注册类型的房地产开发法人单位统一开发的包括统代建、拆迁还建的住宅、厂房、仓库、饭店、宾馆、度假村、写字楼、办公楼等房屋建筑物，配套的服务设施，土地开发工程（如道路、给水、排水、供电、供热、通讯、平整场地等基础设施工程）和土地购置的投资；不包括单纯的土地开发和交易活动。

固定资产投资的实际到位资金 根据固定资产投资的资金来源不同，分为国家预算资金、国内贷款、利用外资、自筹资金和其他资金。

(1)国家预算资金 国家预算包括一般预算、政府性基金预算、国有资本经营预算和社保基金预算。各类预算中用于固定资产投资的资金全部作为国家预算资金填报，其中一般预算中用于固定资产投资的部分包括基建投资、车购税、灾后恢复重建基金和其他财政投资。各级政府债券也应归入国家预算资金。

(2)国内贷款 指报告期固定资产项目投资单位向银行及非银行金融机构借入用于固定资产投资的各种国内借款，包括银行利用自有资金及吸收存款发放的贷款、上级主管部门拨入的国内贷款、国家专项贷款（包括煤代油贷款、劳改煤矿专项贷款等），地方财政专项资金安排的贷款、国内储备贷款、周转贷款等。

(3)利用外资 指报告期收到的境外（包括外国及港澳台地区）资金(包括设备、材料、技术在内)。包括对外借款(外国政府贷款、国际金融组织贷款、出口信贷、外国银行商业贷款、对外发行债券和股票)、外商直接投资、外商其他投资(包括利用外商投资收益在国内进行固定资产再投资活动的资金)。不包括我国自有外汇资金(国家外汇、地方外汇、留成外汇、调剂外汇和国内银行自有资金发放的外汇贷款等)。各类外资按报告期末的外汇牌价（中间价）折成人民币计算。

(4)自筹资金 指固定资产投资单位在报告期收到的，由各企、事业单位筹集用于固定资产投资的资金，包括各类企事业单位的自有资金和从其他单位筹集的用于固定资产投资的资金，但不包括各类财政性资金、从各类金融机构借入资金和国外资金。

(5)其他资金 指在报告期收到的除以上各种资金之外的用于固定资产投资的资金，包括社会集资、个人资金、无偿捐赠的资金及其他单位拨入的资金等。

固定资产投资按国民经济行业分 指根据其从事的社会经济活动性质对各类单位进行的分类。应根据建设项目建成投产后的主要产品种类或主要用途及社会经济活动种类来划分，不能根据项目单位本身的行业类别来划分。如果项目投产后有几种产品，应根据主要产品来确定行业类别。一般情况下，一个建设项目只能属于一种国民经济行业。

固定资产投资按隶属关系分 是按建设单位或企业、事业、行政单位的主管上级机关确定的。

(1)中央 是指中共中央、人大常委会和国务院各部、委、局、总公司以及直属机构直接领导的建设项目和企业、事业、行政单位。这些单位的固定资产投资计划由国务院各部门直接编制和下达，统一组织或委托下级实施。包括有中央垂直管理的部门（如国家统计局各级调查队）和中央直属企业、事业单位（如工商银行、中国电信、中国石油）等。

(2)地方 是由省（自治区、直辖市）、地（区、市、州、盟）、县（区、市、旗）三级政府及业务主管部门直接领导和管理的建设项目、企业、事业、行政单位。地方项目还包括不隶属以上各级政府及主管部门的建设项目和企业、事业单位，如外商投资企业和无主管部门的企业等。

固定资产投资按建设性质分 按整个建设项目情况来确定。建设项目的性质一般分为新建、扩建、改建和技术改造、单纯建造生活设施、迁建、恢复、单纯购置。房地产开发单位、农户投资不划分建设性质。

(1)新建 指从无到有“平地起家”开始建设的项目。现有企业、事业、行政单位投资的项目一般不属于新建。但如有的单位原有基础很小，经过建设后新增的固定资产价值超过该企业、事业、行政单位原有固定资产价值（原值）三倍以上的，也应作为新建。

(2)扩建 指在厂内或其他地点，为扩大原有产品的生产能力(或效益)或增加新的产品生产能力，而增建的生产车间(或主要工程)、分厂、独立的生产线的企业、事业单位。行政、事业单位在原单位增建业务性用房(如学校增建教学用房、医院增建门诊部、病房等)也作为扩建。

现有企、事业单位为扩大原有主要产品生产能力或增加新的产品生产能力，增建一个或几个主要生产车间(或主要工程)、分厂，同时进行一些更新改造工程的，也应作为扩建。

(3)改建和技术改造 指现有企业、事业单位对原有设施进行技术改造或更新(包括相应配套的辅助性生产、生活福利设施) 的建设项目。改建项目包括现有企业、事业单位为适应市场变化的需要，而改变企业的主要产品种类(如军工企业转民产品等) 的建设项目，原有产品生产作业线由于各工序(车间)之间能力不平衡，为填平补齐充分发挥原有生产能力而增建不增加本企业主要产品设计能力的车间的建设项目。技术改造是指企业、事业单位在现有基础上，用先进的技术代替落后的技术，用先进的工艺和装备代替落后的工艺和装备，以改变企业落后的技术经济面貌，实现以内涵为主的扩大再生产，达到提高产品质量、促进产品更新换代、节约能源、降低消耗、扩大生产规模、全面提高社会经济效益的目的。技术改造具体包括以下内容：机器设备和工具的更新改造；生产工艺改革、节约能源和原材料的改造；厂房建筑和公共设施的改造；保护环境进行的“三废”治理改造；劳动条件和生产环境的改造等。

固定资产投资按构成分

(1)建筑工程 指各种房屋、建筑物的建造工程，又称建筑工作量。这部分投资额必须兴工动料，通过施工活动才能实现，是固定资产投资额的重要组成部分。

(2)安装工程 指各种设备、装置的安装工程，又称安装工作量。

在安装工程中，不包括被安装设备本身价值。

(3)设备工具器具购置 指报告期内购置或自制的，达到固定资产标准的设备、工具、器具的价值。新建单位及扩建单位的新建车间，按照设计或计划要求购置或自制的全部设备、工具、器具，不论是否达到固定资产标准均计入“设备工具器具购置”中。

(4)其他费用 指在固定资产建造和购置过程中发生的，除建筑安装工程和设备、工器具购置投资完成额以外的应当分摊计入固定资产投资的费用，不指经营中财务上的其他费用。

施工项目个数 是指本年正式进行过建筑或安装施工活动的建设项目个数。包括本年新开工项目，以前年度开工跨入本年继续施工项目，本年全部建成投产项目、以前年度全部停缓建在本年恢复施工的项目，本年进行过施工又在本年内全部停缓建的项目。施工项目个数可以反映一定时期固定资产投资的实际规模，与同期全部建成投产项目个数相比，可以从建设速度的角度反映固定资产投资的效果。

本年投产项目个数 指报告期内按设计文件规定建成主体工程和相应配套的辅助设施，形成生产能力或工程效益，经过验收合格，并且已正式投入生产或交付使用的建设项目。

新增生产能力(或工程效益) 指通过固定资产投资活动而增加的设计能力(或工程效益)。主要指标包括建设规模、本年施工规模、自开始建设累计新增生产能力(或工程效益)、本年新增生产能力(或工程效益)等。

建设规模 指建设项目或工程设计文件中规定的全部设计能力(或工程效益)。包括已经建成投产和尚未建成投产的工程的生产能力(或工程效益)。

本年施工规模 指报告期内施工的单项工程（或更新改造项目）的设计能力(或工程效益)，包括报告期以前已开工跨入本年继续施工的工程的设计能力和报告期新开工工程的设计能力。也包括报告期内建成投产或报告期施工后又停缓建的单项工程设计能力。不包括在报告期以前建成投产或已经停、缓建的工程，以及报告期内尚未正式开工的工程的设计能力。

自开始建设累计新增生产能力(或工程效益) 指自开始建设至本年底止建成投产的全部单项工程累计新增生产能力(或工程效益)。

本年新增生产能力(或工程效益) 指在本年度内按照新增生产能力(或工程效益)的计算条件和标准，实际建成投入生产或交付使用的生产能力(或工程效益)。

新增固定资产 是指已经完成建造和购置过程，并已交付生产或使用单位的固定资产的价值，包括已经建成投入生产或交付使用的工程投资和达到固定资产标准的设备、工具、器具的投资及有关应摊入的费用。该指标是表示固定资产投资成果的价值指标，也是反映建设进度，计算固定资产投资效果的重要指标。

项目建成投产率 指一定时期内全部建成投产项目个数与同期施工项目个数的比率。该指标从建设单位建设速度的角度反映投资效果。

固定资产交付使用率 指一定时期新增固定资产与同期完成投资额的比率。该指标是反映固定资产动用速度，衡量建设过程中宏观投资效果的综合指标。由于新增固定资产是较长时期内形成的结果，而投资额则是当年完成的，因此，该指标一般适宜于反映较长时期内固定资产的动用情况。

Explanatory Notes on Main Statistical Indicators

Total Investment in Fixed Assets in the Whole Country refers to the volume of activities in construction and purchases of fixed assets of the whole country and related fees, expressed in monetary terms during the reference period. It is a comprehensive indicator which shows the size, structure and growth of the investment in fixed assets, providing a basis for observing the progress of construction projects and evaluating results of investment. Total investment in fixed assets in the whole country includes, by type of ownership, the investment by State-owned units, collective-owned units, joint ownership units, share-holding units, private units, individuals as well as investments by entrepreneurs from Hong Kong, Macao and Taiwan, foreign investors and others.

Investment in Fixed Assets (Excluding Rural Households) refers to the investment in construction projects with a total planned investment of 5 million yuan and over by enterprises of various ownerships, institutions, administrative units and urban self-employed individuals, and the investment in real estate development in both urban and rural areas. Since 2011, it covers the urban investment in fixed assets under the previous statistical coverage plus project investments by rural enterprises and institutions.

Investment in Real Estate Development refers to investment by real estate development companies, commercialized buildings construction companies and other real estate development units of various types of ownership in the construction of buildings, such as residential buildings, factory buildings, warehouses, hotels, guesthouses, holiday villages, office buildings, the complementary service facilities and land development projects, such as roads, water supply, water drainage, power supply, heating supply, telecommunications, land leveling and other infrastructural projects. It does not include activities in pure land transactions.

Actual Funds in Place for Investment in Fixed Assets are categorized as funds from the State budget, domestic loans, foreign investment, self-raised funds, and others, depending on the sources of investment.

(1) Fund from the State budget: State budget consists of general budget, government fund budget, operation budget of state-owned assets and social security fund budget. Funds for investment in fixed assets from various budgets are reported as fund from the state budget, of which, the general budget utilized on fixed assets investment includes investment on infrastructure construction, vehicle purchase tax, post-disaster restoration and reconstruction funds and other financial investment. Government bonds at all levels should also be included.

(2) Domestic loans refer to loans of various forms borrowed by investing units from banks and non-bank financial institutions during the reference period for the purpose of investment in fixed assets, including loans issued by banks from their self-owned funds and deposit, loans appropriated by higher responsible authorities, special loans by government (including loan for substituting petroleum with coal, special loans for reform-through-labour coal mines), loans arranged by local government from special funds, domestic reserve loan, and revolving loan, etc.

(3) Foreign investment refers to overseas (including foreign countries, Hongkong, Macao and Taiwan)

funds received during the reference period (covering equipment, materials and technology), including foreign borrowings (loans from foreign governments and international financial institutions, export credit, commercial loans from foreign banks, issue of bonds and stocks overseas), foreign direct investment and other foreign investments (including funds from foreign direct investment income that are reinvested in fixed assets domestically). Excluded from this category is capital in foreign exchanges owned by China (foreign exchanges owned by the central and local governments, foreign exchanges retained by enterprises, foreign exchanges by enterprises through the regulating mechanism, loans in foreign exchanges issued by the Bank of China with its own fund, etc.). In calculating the utilization of foreign capital, foreign currencies are converted into Chinese Renminbi applying the exchange rate (central parity rate) at the end of the reference period.

(4) Self-raised funds refer to funds for investment in fixed assets received during the reference period by investing units, including investment in fixed assets using own funds of various enterprises and institutions or funds raised from other units other than financial funds, funds borrowed from financial institutions and overseas funds.

(5) Others refer to funds for investment in fixed assets received from sources other than those listed above, including funds raised from individuals and through donations, and funds transferred from other units.

Investment in Fixed Assets by Sector refers to the classification of investment by the nature of social economic activities the investing units are engaged in. The classification of construction projects by sector is determined by the major products or the purpose of the projects when they are put into production or use, and by the nature of their social economic activities, instead of being determined by industrial classification of the project enterprises. The project will be classified according to major product if there are several kinds of products yielded. In general, one project can only be classified into one sector.

Investment in Fixed Assets by Jurisdiction of Management refers to the classification of investment by the competent authorities under which investment is made by construction units, enterprises, institutions or administrative units.

(1) Central investment refers to the investment in projects or by enterprises, institutions or administrative units which are under the direct leadership and management of the State Council and of the national commissions, ministries, agencies and State-owned large corporations. Various ministries and departments of the State Council prepare and implement plans through unified organization or lower-level commissions, which include departments direct under central government (i.e. survey offices at all level of the National Bureau of Statistics) and enterprises and institutions directly under central government (like the Industrial and Commercial Bank of China, China Telecom and China National Petroleum Corporation)..

(2) Local investment refers to the investment in projects or by enterprises, institutions or administrative units which are under the direct leadership and management of competent departments and governments at the level of province (autonomous regions and municipalities directly under the Central Government), prefecture (prefectures, cities and leagues) and county (districts, cities and banners). Also included are projects by foreign-invested enterprises and enterprises without competent managing

authorities.

Investment in Fixed Assets by Type of Construction Construction projects in general can be classified, by the type of construction, into new construction, expansion, reconstruction and technical transformation, purely construction of living facilities, moving, restoration and purely purchasing. However, investment by type of construction is not applied to investment by real-estate development units and investment by rural households.

(1) New construction in general refers to construction projects, which start from scratch. The existing projects invested by enterprises, institutions and administrative agencies cannot be classified as new construction. In case the size of the existing unit is quite small, and the value of newly added fixed assets is more than three times of the original value, the expansion will be considered as new construction.

(2) Expansion refers to construction of new production workshop, branch factory or independent production line within a factory or in other locations, for the purpose of increasing the production capacity (or improving efficiency) or adding new production capacity by enterprises and institutions. Newly constructed accommodation for the operation of institutions and administrative organizations (such as newly constructed buildings for teaching in schools, buildings for clinics or wards in hospitals, etc.) are also classified as expansion.

Also included in expansion are investments by existing enterprises or institutions in building major production line(s) or branch factory (ies) along with some work on innovation, for the purpose of expanding the production capacity of original products or producing new products.

(3) Reconstruction and technical transformation refers to construction projects by existing enterprises or institutions in innovation or technical transformation of the old facilities (including auxiliary production equipment and welfare facilities). Also considered as reconstruction is the construction of new workshops by the existing enterprises or institutions to change the variety of products to meet the market demand (such as the production of civil products by defence industries), or to bring the designed production capacity into full play through a more balanced production process on production lines. Technical transformation refers to replacement of old technology or equipment by new technology or equipment, in order to expand the reproduction through improvement of technology contents in production, to improve product quality, to promote new products, to save energy, to reduce consumption, to expand the production scale and to improve overall social-economic efficiency. Contents of technical transformation include: updating of machinery, equipment and tools; reforming production process by using energy or materials saving technology; construction of factory workshops and transformation of public facilities; treatment transformation of "three wastes" (waste gas, waste water and industrial residue) aiming at environmental protection; improvement of working conditions and environment, etc.

Investment in Fixed Assets by Structure

(1) Construction refers to the construction of houses and buildings, also known as work volume of construction. This part of investment can only be achieved through construction activities, it is the major component of the total investment in fixed assets.

(2) Installation refers to the installation of various kinds of equipment and instruments, also known

as work volume of installation.

The value of equipment installed itself is not included in the value of installation projects.

(3) Purchase of equipment and instruments refers to the total value of equipment, tools, and instruments purchased or self-produced which come up to the cut-off point for fixed assets during the reference period. Equipment, tools and instruments purchased or self-produced for new workshops by newly established or expanded units are categorized as "purchase of equipment and instruments" no matter whether they come up to the cut-off point for fixed assets.

(4) Other expenses refer to expenses arising during the construction or purchase of fixed assets other than those expenses on construction, installation and purchase of equipment and instruments. Other financial expenses arising in operation are not included.

Number of Projects under Construction refers to number of all projects with actual construction or installation activities in current year, including newly started projects, projects started previously and extended into the current year, projects completed and put into operation in current year, projects suspended previously and resumed in current year, and projects started this year but suspended or postponed in current year. The number of projects under construction can reflect the actual size of investment in fixed assets during a given period, and when compared with the number of projects completed and put into use during the same period, it demonstrates the results of investment in fixed assets from the angle of the speed of the construction.

Number of Projects Put into Use This Year refer to projects have completed the main construction and correspondent auxiliary facilities in accordance with the design documents, resulting in forming production capacity (efficiency) and have been checked and accepted after relevant tests, and have been formally delivered for use.

Newly Increased Production Capacity (or Project Efficiency) refers to the increase in design capacity (or project efficiency) through investment in fixed assets. The main indicators include: construction scale, scale of projects under construction in current year, the accumulated newly increased production capacity (project efficiency) since the start of the projects and the newly increased production capacity (project efficiency) of current year.

Construction Scale refers to the total designed production capacity (project efficiency) of the construction projects in accordance with the design document, including those have been put into operation and those that have not been completed.

Scale of Projects under Construction in Current Year refers to the designed production capacity (project efficiency) of a single project (or renovation project) under construction in the reference period, including the designed production capacity of projects that have been started previously and still under construction in the current year, the newly started projects, and projects that have been completed and put into operation in the reference period or those have been started but suspended or postponed in the reference period. Projects that have been completed and put into operation, suspended or postponed before the reference period, and projects that have not been officially started in the reference period are not included.

The Accumulated Newly Increased Production Capacity (project efficiency) since the Start of the Projects

refers to the accumulated newly increased production capacity of all the single projects which have been put into use from the beginning of the projects till the end of current year.

The Newly Increased Production Capacity (project efficiency) of Current Year refers to the production capacity (project efficiency) that has been completed and put into operation in current year according to the calculation conditions and standards on newly increased production capacity (project efficiency).

Newly Increased Fixed Assets refer to the value of fixed assets that has completed the construction and purchase, and has been delivered to the production or owner units, including investment in projects that have been completed and put into operation in current year and the investment in equipment, tools and appliance that meet the standard of fixed assets and fees that should be apportioned. This is an indicator that demonstrates the results of investment in fixed assets in monetary terms, and an important indicator to reflect the speed of construction and to calculate the efficiency of investment.

Rate of Construction Projects Completed and Put into Use refers to the ratio of the number of construction projects completed and put into use in a certain period of time to the number of projects under construction in the same period. This reflects the investment efficiency from the perspective of the speed of projects construction.

Rate of Projects of Fixed Assets Completed and Put into Operation refers to the ratio of the newly increased fixed assets to the total investment made in the same period. This is a comprehensive indicator reflecting the speed of the employment of fixed assets and the investment efficiency at the macro-level. As the newly increase fixed assets is the result of a long period while the investment is completed in the current year, this indicator is expected to be used to reflect the employment of fixed assets over a long period of time.

第十篇　对外经济贸易

CHAPTER 10 FOREIGN TRADE AND ECONOMIC COOPERATION

资料整理：张莹娣

10-1 对外经济贸易基本情况

FOREIGN TRADE ECONOMIC COOPERATION

指标	Item	2012	2013	2014	2015	2016
货物进出口总额(人民币亿元)	**Total Value of Imports and Exports (RMB 100 million yuan)**	**2387.4**	**2407.9**	**2389.5**	**1307.3**	**1093.7**
出口总额	Total Exports	911.5	1005.2	1065.2	500.1	332.5
进口总额	Total Imports	1476.5	1402.8	1324.4	807.2	761.2
进出口差额	Balance	-565.0	-397.0	-259.2	-306.4	-428.8
货物进出口总额(亿美元)	**Total Value of Imports and Exports (USD 100 million)**	**378.2**	**388.8**	**389.0**	**209.9**	**165.4**
出口总额	Total Exports	144.4	162.3	173.4	80.3	50.4
初级产品	Primary Goods	8.8	9.6	9.7	8.6	7.4
工业制成品	Manufactured Goods	135.5	152.7	163.7	71.7	43.1
进口总额	Total Imports	233.9	226.5	215.6	129.6	114.9
初级产品	Primary Goods	190.9	182.2	175.4	99.0	85.3
工业制成品	Manufactured Goods	92.9	44.3	40.2	30.6	29.7
进出口差额	Balance	-89.5	-64.1	42.2	-49.2	-64.5
实际使用外资额(亿美元)	**Total Amount of Foreign Investment Actually Utilized (USD 100 million)**	**39.9**	**46.4**	**51.6**	**55.5**	**59.0**
#对外借款	#Foreign Loans	0.9	0.3	0.7	1.0	0.8
外商直接投资	Foreign Direct Investments	39.0	46.1	50.9	54.5	58.2
外商直接投资合同项目(个)	**Number of Projects for Contracted Foreign Direct Investment (unit)**	**98**	**86**	**102**	**91**	**117**
外商直接投资合同金额(亿美元)	**Contract Value of Projects for Contracted Foreign Direct Investment (USD 100 million)**	**39.0**	**51.5**	**61.4**	**58.4**	**77.2**
外资企业基本情况	**Registered Foreign-funded Enterprises**					
年底登记户数(户)	Number of Registered Enterprises (household)	5039	4924	5016	4149	4227
投资总额(亿美元)	Total Investment(USD 100 million)	222.5	227.9	239.8	223.0	282.8
注册资本(亿美元)	Registered Capital(USD 100 million)	127.9	131.1	143.4	126.9	149.1
#外方	#Capital from Foreign Investors	94.5	96.1	109.5	96.5	110.4

10-2 货物进出口总额

TOTAL VALUE OF IMPORTS AND EXPORT

年 份 Year	人民币(亿元) (RMB 100 million yuan)				美元(亿元) (USD 100 million)			
	进出口总额 Total Value of Imports and Exports	出口总额 Total Exports	进口总额 Total Imports	进出口差额 Balance	进出口总额 Total Value of Imports and Exports	出口总额 Total Exports	进口总额 Total Imports	进出口差额 Balance
1957	2.6	2.6			0.8	0.8		
1965	0.6	0.6			0.2	0.2		
1970	0.5	0.5			0.2	0.2		
1975	1.3	1.3			0.7	0.7		
1978	0.8	0.8			0.5	0.5		
1979	1.2	1.2			0.7	0.7		
1980	1.9	1.5	0.5	1.0	1.3	1.0	0.3	0.7
1981	2.7	2.3	0.4	1.8	1.6	1.3	0.3	1.1
1982	3.8	3.3	0.5	2.9	2.0	1.7	0.2	1.5
1983	6.5	5.4	1.1	4.3	3.3	2.7	0.5	2.2
1984	10.0	7.9	2.1	5.8	4.3	3.4	0.9	2.5
1985	15.0	12.1	2.9	9.3	5.1	4.1	1.0	3.2
1986	28.0	21.2	6.7	14.5	8.1	6.2	2.0	4.2
1987	35.8	30.2	5.6	24.6	9.6	8.1	1.5	6.6
1988	46.2	34.9	11.3	23.6	12.4	9.4	3.0	6.3
1989	53.2	38.7	14.5	24.2	14.1	10.3	3.9	6.4
1990	71.4	52.0	19.4	32.6	14.9	10.9	4.1	6.8
1991	107.4	73.3	34.1	39.2	20.2	13.8	6.4	7.4
1992	158.9	101.0	57.9	43.1	28.8	18.3	10.5	7.8
1993	190.1	97.2	92.9	4.3	33.0	16.9	16.1	0.7
1994	209.1	107.0	102.1	4.9	24.3	12.4	11.8	0.6
1995	199.3	97.4	101.9	-4.5	23.9	11.7	12.2	-0.5
1996	203.6	90.0	113.7	-23.7	24.5	10.8	13.7	-2.9
1997	204.2	108.4	95.8	12.6	24.6	13.1	11.6	1.5
1998	166.4	75.0	91.4	-16.4	20.1	9.1	11.0	-2.0
1999	181.4	78.7	102.7	-24.1	21.9	9.5	12.4	-2.9
2000	247.2	120.1	127.1	-7.0	29.9	14.5	15.4	-0.8
2001	280.2	133.4	146.7	-13.2	33.9	16.1	17.7	-1.6
2002	360.1	164.7	195.3	-30.6	43.5	19.9	23.6	-3.7
2003	441.2	237.5	203.6	33.9	53.3	28.7	24.6	4.1
2004	562.0	304.6	257.4	47.2	67.9	36.8	31.1	5.7
2005	783.9	497.2	286.7	210.5	95.7	60.7	35.0	25.7
2006	1025.2	672.8	352.4	320.5	128.6	84.4	44.2	40.2
2007	1315.5	933.0	382.5	550.5	173.0	122.7	50.3	72.4
2008	1590.4	1150.8	438.9	711.9	229.0	165.7	63.2	102.5
2009	1108.0	688.6	419.4	268.5	162.2	100.8	61.4	39.3
2010	1726.2	1102.1	624.1	477.9	255.0	162.8	92.2	70.6
2011	2487.3	1141.3	1346.0	-204.7	385.1	176.7	208.4	-31.7
2012	2387.4	911.5	1476.5	-565.0	378.2	144.4	233.9	-89.5
2013	2407.9	1005.2	1402.8	-397.0	388.8	162.3	226.5	-64.1
2014	2389.5	1065.2	1324.4	-259.2	389.0	173.4	215.6	-42.2
2015	1307.3	500.1	807.2	-306.4	209.9	80.3	129.6	-49.2
2016	1093.7	332.5	761.2	-428.8	165.4	50.4	114.9	-64.5

注：进出口总额1993年以前为对外贸易经济合作厅数据，1993年起为哈尔滨海关数据，未包括石油出口业务（下同）。

Note: The data of total value of imports and exports were provided by Department of Foreign Trade and Economic Cooperation prior to 1993. Since 1994, the data were provided by Harbin CIQ expecting exports of petroleum. The same as following tables.

10-3 海关货物进出口总额

TOTAL VALUE OF IMPORTS AND EXPORTS (CUSTOMS STATISTICS)

单位：万美元 (USD 10000)

类　别	Category	进出口总额 Total Value of Imports and Exports				
		2012	2013	2014	2015	2016
总　额	**Total**	**3782146**	**3887785**	**3890037**	**2098599**	**1653789**
一般贸易	General Trade	2747141	2797929	2813390	1440287	1123261
国家间、国际组织无偿援助和赠送	Donation of Countries and International	17	2	123		277
其他境外捐赠物资	Others Donation of Overseas Chinese	3			1	22
补偿贸易	Compensation Trade					
来料加工装配贸易	Processing and Assembling with Customer's Materials	21673	22185	28306	104018	85338
进料加工贸易	Processing and Assembling with Import Materials	55153	58434	57050	46443	33519
边境小额贸易	Little Amount Trade on the Borders	781881	788680	733550	348615	265337
对外承包工程出口货物	Export Goods of Contracted Projects with Foreign Countries or Territories	38646	34771	46632	101449	72508
外商投资企业作为投资进口的设备、物品	Import Equipments and Goods of Foreign-Funded Enterprises	2888	3763	858		575
保税监管场所进出境货物	Inbound and Outbound Goods in Bonded Supervision Places	43094	16110	23578	6679	6055
其　他	Others	91650	165912	186550	51107	66897

10-3 续表 CONTINUED

单位：万美元 (USD 10000)

类　别	Category	出口总额 Total Exports				
		2012	2013	2014	2015	2016
总　额	**Total**	**1443614**	**1623159**	**1734041**	**803072**	**504386**
一般贸易	General Trade	886248	901301	961859	432750	224766
国家间、国际组织无偿援助和赠送	Donation of Countries and International	17	2	119		5
其他境外捐赠物资	Others Donation of Overseas Chinese	2			1	
补偿贸易	Compensation Trade					
来料加工装配贸易	Processing and Assembling with Customer's Materials	12951	12414	12431	46584	39619
进料加工贸易	Processing and Assembling with Import Materials	41464	47376	43796	35662	21793
边境小额贸易	Little Amount Trade on the Borders	366719	460230	479782	142431	93022
对外承包工程出口货物	Export Goods of Contracted Projects with Foreign Countries or Territories	38646	34771	46632	101449	72508
保税监管场所进出境货物	Inbound and Outbound Goods in Bonded Supervision Places	7265	2056	4843	1740	96
其　他	Others	90302	165009	184579	42455	52577

10-4 海关分国家(地区)货物进出口总额

TOTAL VALUE OF IMPORTS AND EXPORTS BY COUNTRIES AND TERRITORIES (CUSTOMS STATISTICS)

单位：万美元 (USD 10000)

国家（地区）	Countries(Territories)	进出口总额 Total Value of Imports and Exports		出口总额 Total Exports		进口总额 Total Imports	
		2015	2016	2015	2016	2015	2016
总　额	**Total**	**2098599**	**1653789**	**803072**	**504386**	**1295527**	**1149403**
亚　洲	**Asia**	**478744**	**307126**	**332683**	**182761**	**146061**	**124365**
阿富汗	Afghanistan	15	8	15	8		
巴　林	Bahrain	313	229	313	229		
孟加拉国	Bangladesh	5646	10002	5640	10002	6	
不　丹	Bhutan	8		8			
文　莱	Brunei	909	234	909	234		
缅　甸	Myanmar	1128	303	1128	303		
柬埔寨	Cambodia	493	343	432	343	61	
塞浦路斯	Cyprus	114	58	114	58		
中国香港	Hong Kong, China	10923	13031	10887	12893	37	137
印　度	India	41731	13779	41223	13689	508	91
印度尼西亚	Indonesia	41123	8881	40090	7820	1033	1062
伊　朗	Iran	1984	2574	1915	2517	69	57
伊拉克	Iraq	27631	22589	4631	2417	23000	20171
以色列	Israel	2107	1777	1214	870	893	907
日　本	Japan	32594	37974	16994	17546	15599	20427
约　旦	Jordan	214	379	214	379		
科威特	Kuwait	6816	5112	656	206	6160	4906
黎巴嫩	Lebanon	338	480	338	480		
中国澳门	Macao, China	2	1	2	1		
马来西亚	Malaysia	33745	7499	32347	4406	1398	3093
马尔代夫	Maldives	18	93	18	93		
蒙　古	Mongolia	12176	7536	8363	3319	3813	4217
尼泊尔	Nepal	7		7			
阿　曼	Oman	18505	1867	1376	541	17129	1326
巴基斯坦	Pakistan	3866	19196	3835	19140	31	56
菲律宾	Philippines	3744	5869	3360	5575	384	294
卡塔尔	Qatar	213	203	213	203		
沙特阿拉伯	Saudi Arabia	58797	44459	2662	1170	56135	43289
新加坡	Singapore	34550	13311	30794	12144	3756	1167
韩　国	Republic of Korea	35408	18923	30185	13968	5223	4955
斯里兰卡	Sri Lanka	528	1113	528	1112		1
叙利亚	Syria	174	252	174	252		
泰　国	Thailand	10786	4143	9141	2993	1646	1150
土耳其	Turkey	37317	21919	36886	21709	431	211
阿拉伯联合酋长国	United Arab Emirates	11607	22268	7257	7396	4349	14872
也门共和国	Arab Republic of Yemen	98	197	98	197		
越　南	Viet Nam	5422	3193	4996	2764	425	429
中国台湾	Taiwan, China	5741	5711	4655	4962	1086	749
哈萨克斯坦	Kazakhstan	9378	1023	8893	954	484	69
吉尔吉斯斯坦	Kirghizia	282	132	277	132	5	
塔吉克斯坦	Tadzhikistan		666		666		
土库曼斯坦	Turkmenistan	1609	321	74	220	1535	101
乌兹别克斯坦	Uzbekistan	8248	7391	8248	7391		

注：亚洲差额部分为政策性进出口。
Note:The part balance of Asian is policy imports and exports.

10-4 续表1 CONTINUED

单位：万美元 (USD 10000)

国家（地区）	Countries(Territories)	进出口总额 Total Value of Imports and Exports		出口总额 Total Exports		进口总额 Total Imports	
		2015	2016	2015	2016	2015	2016
非 洲	**Africa**	**75178**	**31882**	**43851**	**17244**	**31327**	**14638**
阿尔及利亚	Algeria	1428	1044	1428	1044		
安哥拉	Angola	30442	8942	8584	254	21858	8687
贝 宁	Benin	272	129	260	129	12	
博茨瓦那	Botswana	1	1	1	1		
布隆迪	Burundi	8		8			
喀麦隆	Cameroon	389	171	388	170	1	1
佛得角	Cape Verde		3		3		
乍 得	Chad	10	116	10	116		
科摩罗	Comoro		43		43		
刚 果	Congo	65	3995	65	49		3946
吉布提	Djibouti	226	281	226	281		
埃 及	Egypt	1845	900	1834	829	11	71
赤道几内亚	Eq. Guinea	12		12			
埃塞俄比亚	Ethiopia	203	452	203	120		332
加 蓬	Gabon	207	7	21		186	7
冈比亚	Gambian	16	46	16	46		
加 纳	Ghana	457	528	457	499		29
几内亚	Guinea	241	140	241	140		
科特迪瓦	Cote D'Ivoir	58	80	58	80		
肯尼亚	Kenya	2186	572	2116	521	71	51
利比里亚	Liberia	18	36	18	36		
利比亚	Libya	6906	93	291	93	6615	
马达加斯加	Madagascar	233	383	164	297	70	86
马拉维	Malawi	44	23	44	23		
马 里	Mali		18		1		17
毛里塔尼亚	Mauritania		90		90		
毛里求斯	Mauritius	92	151	92	151		
摩洛哥	Morocco	327	151	325	149	2	2
莫桑比克	Mozambique	11506	368	11324	324	182	44
纳米比亚	Namibia	71	58	71	58		
尼日尔	Niger	259	225	66		193	225
尼日利亚	Nigeria	3409	2235	3404	2212	5	23
留尼汪	Reunion	10		10			
卢旺达	Rwanda	11		11			
塞内加尔	Senegal	83	165	69	113	15	52
塞舌尔	Seychelles		1		1		
塞拉利昂	Sierra Leone	23	48	23	47		
索马里	Somalia	34	1	30	1	4	
南 非	South Africa	3604	1322	2588	933	1016	389
苏 丹	Sudan	8288	7798	7518	7388	770	410
坦桑尼亚	Tanzania	1197	775	895	631	302	144
多 哥	Togo	491	230	491	145		85
突尼斯	Tunisia	24	54	24	49		6
乌干达	Uganda	115	50	103	20	13	31
刚果(金)	Congo	133	87	132	87	1	
赞比亚	Zambia	35	48	34	48	1	
津巴布韦	Zimbabwe	20	20	20	20		
莱索托	Lesotho	40		40			
南苏丹共和国	Republic of South Sultan	138		138			

10-4 续表2 CONTINUED

单位：万美元 (USD 10000)

国家（地区）	Countries(Territories)	进出口总额 Total Value of Imports and Exports		出口总额 Total Exports		进口总额 Total Imports	
		2015	2016	2015	2016	2015	2016
欧 洲	**Europe**	**1220414**	**1056236**	**306803**	**221445**	**913611**	**834791**
比利时	Belgium	8075	3388	5485	1880	2590	1508
丹 麦	Denmark	3664	3356	2398	2751	1266	604
英 国	United Kingdom	14538	12982	9556	5532	4983	7451
德 国	Germany	28372	28146	14686	11895	13686	16252
法 国	France	13790	25811	2478	2116	11312	23695
爱尔兰	Ireland	7986	5016	136	132	7850	4884
意大利	Italy	7847	13021	2923	2730	4924	10291
卢森堡	Luxemburg	72	37			72	37
荷 兰	Netherlands	10593	7552	8088	5566	2506	1986
希 腊	Greece	398	366	394	362	4	4
葡萄牙	Portugal	727	1151	699	1025	29	126
西班牙	Spain	5784	11073	3823	4644	1961	6429
阿尔巴尼亚	Albania	37	14	37	14		
奥地利	Austria	1046	613	131	72	915	541
保加利亚	Bulgaria	299	354	294	335	5	19
芬 兰	Finland	924	3256	384	266	540	2991
匈牙利	Hungary	804	339	85	85	719	254
冰 岛	Iceland	3	1	3	1		
马耳他	Malta	144	1	144	1		
挪 威	Norway	786	531	616	455	170	76
波 兰	Poland	2984	2124	1983	1616	1001	508
罗马尼亚	Romania	2011	367	422	242	1589	125
瑞 典	Sweden	3429	4096	1144	1864	2285	2232
瑞 士	Switzerland	2340	3023	44	78	2296	2945
爱沙尼亚	Estonia	145	42	138	39	7	3
拉脱维亚	Latvia	409	297	370	175	39	123
立陶宛	Lithuania	2197	282	2174	222	22	60
格鲁吉亚	Georgia	30	109	29	91	1	18
亚美尼亚	Armenia	11	3	4	1	6	2
阿塞拜疆	Azerbaijan	872	1471	237	1354	635	116
白俄罗斯	Byelorussia	12037	3961	10671	3622	1366	338
摩尔多瓦	Moldova	71	51	8	2	63	48
俄罗斯联邦	Russia	1084636	919213	235285	169997	849351	749216
乌克兰	Ukraine	1667	1860	1182	1005	485	856
斯洛文尼亚共和国	Republic of Slovenia	342	1108	321	1083	20	25
克罗地亚共和国	Republic of Croatia	191	151	191	117		34
捷克共和国	Republic of Czech	923	441	208	41	714	400
斯洛伐克共和国	Republic of Slovakia	213	594	24	27	190	568
塞尔维亚	Serbia	16	35	6	7	10	27

10-4 续表3 CONTINUED

单位：万美元 (USD 10000)

国家（地区）	Countries(Territories)	进出口总额 Total Value of Imports and Exports		出口总额 Total Exports		进口总额 Total Imports	
		2015	2016	2015	2016	2015	2016
拉丁美洲	**Latin America**	**130453**	**120078**	**46107**	**27552**	**84346**	**92526**
安提瓜和巴布达	Antigua and Barbuda	1		1			
阿根廷	Argentina	11707	3712	1034	1415	10673	2297
阿鲁巴岛	Arubaisland	81		81			
巴哈马	Bahamas	9	1	9	1		
巴巴多斯	Barbados	17	2	17	2		
伯利兹	Belize	5	176	5	176		
多民族玻利维亚国	Bolivia	1	6	1	6		
巴　西	Brazil	78480	78055	7767	1921	70714	76134
智　利	Chile	4816	2159	4160	1708	655	451
哥伦比亚	Colombia	1125	9380	1125	1087		8293
哥斯达黎加	Costa Rica	456	289	441	280	15	9
古　巴	Cuba	27	80	27	80		
库腊索岛	Curacao	2	15	2	15		
多米尼加共和国	Dominican Republic	279	225	272	225	7	
厄瓜多尔	Ecuador	13171	12681	13171	9734		2948
法属圭亚那	French Guiana		2		2		
瓜德罗普岛	Guadeloupe	5		5			
危地马拉	Guatemala	6098	628	6098	628		
圭亚那	Guyana	349	264	8	264	341	
海　地	Haiti	44	6	44	6		
洪都拉斯	Honduras	31	47	31	47		
牙买加	Jamaica	103	54	103	54		
墨西哥	Mexico	4294	2615	3919	2533	375	82
蒙特赛拉特	Monte match		4		4		
尼加拉瓜	Nicaragua	198	79	198	79		
巴拿马	Panama	2819	2131	2819	2131		
巴拉圭	Paraguay	140	179	140	179		
秘　鲁	Peru	4716	1523	3961	1523	755	
波多黎各	Puerto Rico	64	58	64	58		
圣马丁岛	Sint Maarten		2		2		
圣文森特和格林纳丁	Saint Vincent and the Grenadines		3		3		
萨尔瓦多	El Salvador	56	82	56	82		
苏里南	Surinam	18	178	18	178		
特立尼达和多巴哥	Trinidad and Tobago	15	27	15	27		
乌拉圭	Uruguay	939	3922	129	1610	810	2313
委内瑞拉	Venezuela	388	1446	388	1446		
英属维尔京群岛	British virgin islands		1		1		
圣其茨-尼维斯	Saint Kitts and Nevis		5		5		
荷属安地列斯群岛	Netherlands Antilles		39		39		
北美洲	**North America**	**164300**	**116310**	**57077**	**38764**	**107223**	**77547**
加拿大	Canada	15526	14129	7470	5195	8056	8935
美　国	United States	148774	102181	49607	33569	99167	68612
大洋洲	**Oceania**	**29499**	**22123**	**16552**	**16621**	**12948**	**5503**
澳大利亚	Australia	19875	17930	14098	15650	5776	2280
斐　济	Fiji	35	56	35	56		
新喀里多尼亚	New Gredonia	12	18	12	18		
瓦努阿图	Venoato	1	30	1	30		
新西兰	New Zealand	9366	3900	2195	678	7171	3222
巴布亚新几内亚	Papua New Guinea	169	43	169	43		
所罗门群岛	Solomon Islands	4	73	4	73		
汤　加	Tonga	17	8	17	8		
萨摩亚	Samoa		33		33		
基里巴斯	Kiribati		12		12		
密克罗尼西亚联邦	Micronesia		7		7		
马绍尔群岛共和国	Marshall Island	17		17			
帕劳共和国	Republic of Palau	3	8	3	7		1
法属波利尼西亚	French Polynesia		1		1		

10-5 海关主要商品出口数量和金额

MAIN EXPORT COMMODITIES IN VOLUME AND VALUE (CUSTOMS STATISTICS)

品　名	Item	数　量 Volume		金额（万美元） Value (USD 10000)	
		2015	2016	2015	2016
肉及杂碎(吨)	Meat and Offal (ton)	3195	1990	2749	2482
猪肉(吨)	Pork(ton)	871	31	284	16
水海产品(吨)	Aquatic Products(ton)	2445	194	298	153
谷物及谷物粉(万吨)	Cereals and Cereals Flour(10000 tons)	3	2	2630	1158
#稻谷和大米	#Paddy and Rice	3	1	2595	934
蔬菜(万吨)	Vegetables(10000 tons)	24	19	17918	16469
鲜、干水果及坚果(万吨)	Fruits and Nuts(10000 tons)	13	11	14117	13763
食用油籽(万吨)	Seeds of Edible Oil(10000 tons)	1	1	1592	1077
食用植物油(吨)	Edible Vegetable Oil(ton)	26029	90	3619	12
烘焙花生(吨)	Baked Peanuts (ton)	241	331	43	60
辣椒干(吨)	Dried Capsicum(ton)	5	3	1	1
番茄酱(吨)	Ketchup(ton)	13	31	3	4
蘑菇罐头(吨)	Canned Mushroom(ton)	1098	2506	594	1697
啤酒(万升)	Beer(10000 liters)	346	496	259	301
肠衣(吨)	Casings(ton)	2325	1959	2465	2466
填充用羽毛、羽绒(吨)	Feathers and Dawn for Stuffing(ton)	3	6	5	32
中药材及中式成药(吨)	Medical Materials(ton)	639	843	1234	1216
烤烟(吨)	Flue-cured Tobacco(ton)	710	2963	227	1099
肥料(吨)	Chemical Fertilizers,Manufactured(Actual Weight)(ton)	1055489	318635	33752	6921
锯材(立方米)	Wood Sawn (cu.m)	18703	13425	1302	846
胶合板及类似多层板(立方米)	Plywood and Similar Products(cu.m)	41010	41428	3856	4951
印刷品(吨)	Printed Matter(ton)	1773	1066	1149	741
生丝(吨)	Raw Silk(ton)	1	0.2	4	1
黏土及其他耐火矿物(吨)	Saggars and Other Fire-resistant Mineral(ton)	16223	10187	854	868
煤及褐煤(吨)	Coal and Lignite(ton)		2		
成品油(吨)	Refined Oil(ton)	585101	705515	35669	32214
石蜡(吨)	Paraffin Wax(ton)	17671	19892	1967	1846
医药品(吨)	Medical and Pharmaceutical Products(ton)	2224	1294	4984	2983
新的充气橡胶轮胎(万条)	Rubber Tyres(10000 units)	44	15	1375	792
家用或装饰用木制品(吨)	Wood for Household Use or Decorate(ton)	48667	26258	3967	2505
纸及纸板(吨)	Paper and Paperboard(ton)	11894	8482	3450	1490
纺织纱线、织物及制品	Yarns, Fabrics and Products			37727	26933
棉纱线(吨)	Cotton Yarn(ton)	872	547	156	60
毛纺机织物(万米)	Wool Textile(10000 meters)			1	
棉机织物(万米)	Cotton Textile(10000 meters)			936	428
亚麻及苎麻机织物(万米)	Textile of Flax and Ramee(10000 meters)	1556	1889	4739	5190
地　毯(万平方米)	Carpets (10000 sq.m)	31	15	437	154
塑料编织袋(万条)	Bags of PP or PE Strip(10000 items)	45860	43766	7096	5466
水泥及水泥熟料(吨)	Cement and Cement Clinker(ton)	47995	3955	426	38
花岗岩石材及制品(吨)	Granite Material and Products(ton)	26081	10013	1408	279
平板玻璃(万平方米)	Plate Glass(10000 sq.m)	111	117	405	258
玻璃制品(吨)	Glass Products(ton)	4150	1388	1847	528
钢材(吨)	Rolled Steel(ton)	327538	145032	25251	9961
未锻轧的铜及铜材(吨)	Unwrought Copper and Copper(ton)	100	9	170	10
未锻轧的铝及铝材(吨)	Unwrought Aluminum and Aluminous Material(ton)	8634	6005	3056	1703
钢铁或铜制标准紧固件(吨)	Iron and Steel Nails, Bolts, etc.(ton)	1685	910	652	249
不锈钢厨具、餐具等家用器皿(吨)	Household Utensils Made of Stainless Steel(ton)	997	362	1363	382

10-5 续表　CONTINUED

品　名	Item	数　量 Volume		金额（万美元） Value (USD 10000)	
		2015	2016	2015	2016
餐桌、厨房及其他家用搪瓷(吨)	Enamelware (Table, Kitchen, etc.)(ton)	18		3	
手用或机用工具(吨)	Hand Tools and Tools for Machines(ton)	2129	1440	2372	1457
电扇(万台)	Fans(10000 sets)	22	8	961	426
纺织机械及零件	Textile Machinery			213	457
电子计算器(万台)	Electric Calculator(10000 sets)	69	84	340	335
自动数据处理设备及其部件(万台)	ADP Equipments(10000 units)	82	22	1102	522
自动数据处理设备的零件(吨)	Hardwares of ADP Equipments(ton)	74	7	116	7
轴承(万套)	Axletrees(10000 units)	948	565	1831	1034
电动机及发电机(万台)	Electric Motors and Generators(10000 sets)	10	5	1693	560
静止式变流器(万个)	Static Converters(10000 units)	575	376	3759	1935
蓄电池(万个)	Electric Accumulators(10000 units)	593	90	9973	4985
扬声器(万个)	Loudspeakers(10000 units)	64	149	801	305
录、放像机(万台)	Video Tape Recorders(10000 sets)	15	4	486	125
声音录制或重放设备(万台)	Sound Recording Apparatus(10000 sets)	47	15	656	73
收音设备(万台)	Radio Equipment(10000 sets)	31	4	454	50
录放音、像机及唱机的零附件(吨)	Parts of Tape Recorders and Phonograph(ton)			116	10
印刷电路(万块)	Printed Circuits(10000 sets)	304	316	109	202
通断保护电路装置及零件(吨)	Electrical Apparatus for Switching or Protecting Electrical Circuits(ton)			6356	6069
二极管及类似半导体器件(万个)	Diodes and Hardwares Resembled Semiconductors(10000 units)	3122	1344	962	313
集成电路(万个)	Integrated Circuits(10000 sets)	1484	2016	176	230
电线和电缆(吨)	Electrical wires and Cables(ton)	4791	6629	5508	7758
汽车(包括整套散件)(辆)	Vehicles(including complete Spare Parts)(cars)	384	542	3171	2823
汽车零件	Parts of Motor Vehicles			8681	6683
摩托车及自行车的零件	Parts of Motorcycles and Bicycles			1841	731
手表(万只)	Wrist Watches(10000 units)	220	89	551	287
医疗仪器及器械	Medical Instruments and Appliances			690	121
日用钟(万只)	Clocks(10000 units)	74	58	519	359
家具及其零件	Furniture			21974	11712
床垫、寝具及类似品	Mattresses, Bedclothing and Similar Articles			778	243
灯具、照明装置及类似品	Lamps and Lanterns, Lighting Sets and Similar Articles			17385	3721
箱包及类似容器	Bags and similar containers			21785	3972
服装及衣着附件	Garments and Affix of Clothing			82009	60812
#织物制服装	#Knitted and Crocheted Garments			64801	51606
皮革服装(万件)	Leather Garments(10000 pairs)	18	24	730	863
裘皮服装(吨)	Furry Garments(ton)	11	19	752	993
皮革手套(万双)	Leather Gloves(10000 pairs)	219	263	1158	668
织物制手套(万双)	Knitted and Crocheted Gloves(10000 pairs)	1831	1534	1311	850
织物制袜子(万双)	Knitted and Crocheted Stockings(10000 pairs)	1693	1252	1111	650
帽类(万个)	Headgear(10000 units)	3286	627	7364	1824
鞋类	Footwear			38802	31424
#鞋(万双)	#Shoes(10000 pairs)	2461	1842	31737	23784
塑料制品(吨)	Plastic Articles(ton)	13779	8861	10549	4103
玩具	Toys			95	1104
游戏机及零件(吨)	Game Machines and Parts(ton)	238	40	668	32
圣诞用品(吨)	Articles for Christmas Day(ton)	1863	834	2233	511
足球、篮球、排球(万个)	Footballs, Basketballs and Volleyballs(10000 units)	83	44	358	268
伞(万把)	Umbrellas(10000 units)	118	87	1180	882
柳编结品(吨)	Wickerwork(ton)	276	315	81	83
农产品	Farm Produce			86272	78583
机电产品	Mechanical and Electrical Products			280262	167723
高新技术产品	High and New-tech Products			21926	19092

10-6 海关主要商品进口数量和金额

MAIN IMPORT COMMODITIES IN VOLUME AND VALUE (CUSTOMS STATISTICS)

品　名	Item	数　量 Volume		金额（万美元） Value (USD 10000)	
		2015	2016	2015	2016
冻鱼(吨)	Frozen Fishes(ton)	676	3003	123	422
鲜、干水果及坚果(吨)	Fresh, Dried Fruit and Nuts(ton)	8382	1915	2272	690
粮食(万吨)	Grain(10000 tons)	344	309	140617	121467
谷物及谷物粉(吨)	Cereals and Cereal Powder(ton)	105779	99797	2766	2500
大豆(吨)	Soybean(ton)	3326583	2992664	136997	118914
酒类(万升)	Alcohol(10000 liters)	1262	1989	1011	1431
啤酒(万升)	Beer(10000 liters)	1147	1790	685	957
葡萄酒(万升)	Wine(10000 liters)	108	174	307	407
天然橡胶(包括胶乳)(吨)	Caoutchouc(ton)	605	907	89	123
合成橡胶(包括胶乳)(吨)	Synthetic Rubber(ton)	15978	34456	2963	5165
原木(万立方米)	Logs(10000 cu. m)	509	591	65490	69915
锯材(万立方米)	Wood Sawn(10000 cu. m)	185	267	39371	54900
纸浆(吨)	Paper Pulp(ton)	280537	366977	17015	19829
铁矿砂及其精矿(万吨)	Iron Ore and Concentrates(10000 tons)	423	284	23523	11247
煤及褐煤(万吨)	Coal and Lignite(10000 tons)	91	144	4069	6086
原油(万吨)	Crude Oil(10000 tons)	1945	2031	780900	644219
成品油(万吨)	Petroleum Products Refined(10000 tons)	5	5	2951	2333
苯乙烯(吨)	Styrene(ton)	9594		1024	
医药品(吨)	Pharmaceutical Products(ton)	25	14	87	50
肥料(万吨)	Manufactured Fertilizers(10000 tons)	75	79	22826	19492
聚合物油漆及清漆(吨)	Polymer Paint or Varnish(ton)	532	321	223	113
初级形状的塑料(吨)	Plastic in Primary Form(ton)	18624	13061	2186	1488
纸及纸板(吨)	Paper and Paperboard(ton)	39471	33139	2517	1988
涂布纸(吨)	Coated paper(ton)	357	195	95	61
棉机织物(万米)	Cotton Textiles(10000 meters)			1	5
合成纤维长丝机织物(万米)	Synthetic Fibers Silk Knit Goods(10000 meters)	1	17	3	39
服装及衣着附件	Apparel and Clothing Accessories			191	182
玻璃纤维(吨)	Fiberglass(ton)	22	3	14	21
钢材(吨)	Rolled Steel(ton)	6645	20777	4246	13956
钢铁制标准坚固件(吨)	Steely Nails, Bolts, etc.(ton)	156	379	328	460
未锻轧的铜及铜材(吨)	Unwrought Copper and Copper(ton)	4645	673	2835	866
未锻轧的铜(吨)	Unwrought Copper(ton)	4060	4	2178	1
铜材(吨)	Rolled Copper(ton)	585	670	657	866

10-6 续表 CONTINUED

品　名	Item	数　量 Volume		金额（万美元） Value (USD 10000)	
		2015	2016	2015	2016
未锻轧的铝及铝材(吨)	Unwrought Aluminum and Aluminum(ton)	46	126	44	82
铝材(吨)	Aluminum(ton)	46	126	44	82
钢铁或铝制结构及其部件(吨)	Steel and Aluminum Structure or Parts(ton)	121	302	61	124
活塞式内燃机的零件(吨)	Parts of Gas Engine with Piston(ton)	74	73	291	334
液泵及液体提升机(台)	Liquid Pumps and Machines with Liquid Exaltation(set)	3478	4015	468	609
非家用型水的过滤、净化机(台)	Depurative Machineries or Filters for Water(set)	23	7	23	10
机械提升搬运设备及零件	Portage, Load and Unload Equipment and Accessories with Machine Exaltation			123	480
建筑及采矿用机械及零件	Construction and Mining Machinery and Parts			301	195
食品加工机械及零件	Food Processing Machinery and Parts			483	548
制造纸及制品用机械及零件	Paper and Related Products Manufacturing Machinery and Parts			24	1077
印刷、装订机械及零件	Printing, Bookbinding Machinery and Parts			495	657
纺织机械及零件	Textile Machinery and Parts			84	180
金属加工机床(台)	Machine Tools for Processing Metals(set)	150	219	2709	8878
金属轧机及零件	Metal Rolling Mill and Accessories			34	16
橡胶或塑料加工机械及零件	Rubber or Plastic Processing Machinery and Parts			284	132
型模及金属铸造用型箱(吨)	Models and Patterns(ton)			536	519
阀门(万套)	Valves(10000 sets)	3	4	7275	7266
自动数据处理设备及其部件(台)	ADP Equipments(set)	129	141	3824	102
电动机及发电机(台)	Electric Motors and Generators(set)	7349	6119	530	461
变压、整流、电感器及零件	Transformers, Rectifiers, Inductances and Accessories			655	934
无线电导航雷达及遥控设备(台)	Radio Navigation Radar and Remote Control Equipment	85	9807	55	286
电容器(吨)	Capacitors(ton)	8	2	26	12
电阻器(吨)	Resistors(ton)	1	1	6	4
印刷电路(块)	Printed Circuit(unit)	3	2		
通断保护电路装置及零件(吨)	On-off Protection Circuit Devices and Components(ton)			617	354
二极管及类似半导体器件(万个)	Diode and Similar Semiconductor Devices(10000 units)	26	21	259	245
集成电路(万个)	Integrated Circuit(10000 units)	9	5	504	468
电缆和电线(吨)	Electrical wires and Cables(ton)	60	47	356	335
汽车(包括整套散件)(辆)	Vehicles (including the package parts)(car)	210	279	1508	1923
汽车零件	Parts of Motor Vehicles			3667	4437
航空器零件(吨)	Parts of Aircraft(ton)	35	33	2142	1031
医疗仪器及器械	Medical Instruments and Equipments			4264	3272
计量检测分析自控仪器具	Detection and Analysis of the Measurement Apparatus with Automatic Control			8818	8727
塑料制品(吨)	Plastic Articles(ton)	165	196	180	206
农产品	Farm Produce			175892	149841
机电产品	Mechanical and Electrical Products			101646	106444
高新技术产品	High and New-tech Products			35083	40667

10-7 分地区进出口总额

TOTAL VALUE OF IMPORT AND EXPORT BY REGION

单位：万美元 (USD 10000)

地 区	Region	进出口总额 Total Value of Imports and Exports		出口总额 Total Exports		进口总额 Total Imports		进出口差额 Balance	
		2015	2016	2015	2016	2015	2016	2015	2016
全 省	**Total**	**2098599**	**1653789**	**803072**	**504386**	**1295527**	**1149403**	**492454**	**-645017**
哈尔滨	harbin	473168	391525	231679	162335	241490	229190	9811	-66856
齐齐哈尔	Qiqihar	56136	25942	43872	16708	12264	9234	-31607	7473
鸡 西	Jixi	25234	18994	22227	15635	3007	3359	-19220	12275
鹤 岗	Hegang	22131	7812	21097	5071	1033	2742	-20064	2329
双鸭山	Shuangyashan	63823	13725	58003	6150	5820	7575	-52183	-1426
大 庆	Daqing	643655	562234	58914	44743	584741	517491	525826	-472748
伊 春	Yichun	7731	6005	5878	5317	1853	688	-4026	4629
佳木斯	Jiamusi	100775	66755	69543	39564	31232	27191	-38311	12373
七台河	Qitaihe	220	236	174	175	46	62	-128	113
牡丹江	Mudanjiang	137227	113704	114395	90117	22831	23587	-91564	66530
黑 河	Heihe	79383	61008	46125	28793	33259	32215	-12866	-3422
绥 化	Suihua	19312	18217	11529	15062	7783	3154	-3746	11908
大兴安岭	Daxinganling	57294	1188	1487	840	55807	348	54320	492
绥芬河	Suifenhe	352176	324845	64338	42265	287839	282580	223501	-240315
抚 远	Fuyuan	60335	41598	53811	31613	6524	9986	-47287	21627

10-8 分地区外商直接投资情况

DIRECT FOREIGN INVESTMENT BY REGION

地 区	Region	项 目（个） Number of Projects (unit)			合同外资（万美元） Contract Value (USD 10000)			实际外资（万美元） Used Value (USD 10000)		
		2014	2015	2016	2014	2015	2016	2014	2015	2016
全 省	**Total**	**98**	**80**	**116**	**586327**	**568839**	**769585**	**508791**	**544875**	**581833**
哈尔滨	harbin	64	53	69	288318	273725	353630	253631	282712	310730
齐齐哈尔	Qiqihar	10	11	2	78635	56063	78581	45705	47282	50788
鸡 西	Jixi			2	12159	13840	15475	13333	14040	14842
鹤 岗	Hegang	2		1	7327	7324	9199	6823	7030	7482
双鸭山	Shuangyashan		3		2669	4182	3000	2669	2800	3000
大 庆	Daqing	3	4	6	65394	90980	143992	67889	73455	68943
伊 春	Yichun	1		1	10375	990	57	948	1050	459
佳木斯	Jiamusi	5		4	20228	25105	32275	23100	24255	25468
七台河	Qitaihe	1			1365	770	5985	747	770	5985
牡丹江	Mudanjiang	6	3	8	47270	45134	54509	45015	46273	48868
黑 河	Heihe	1	2	4	18531	12156	21500	18131	11255	11879
绥 化	Suihua	4	2		25313	30308	26663	23109	25721	28067
大兴安岭	Daxinganling				2974	3305	90	3000	3305	98
绥芬河	Suifenhe		**2**	16	4690	4957	5455	4692	4927	5224
抚 远	Fuyuan	1	**0**	3	1080		19175			

10-9 利用外资概况

UTILIZATION OF FOREIGN CAPITAL

单位：个、万美元 (unit, USD 10000)

年 份 Year	总 计 Total			对外借款 Foreign Loans		
	项 目 Number of Projects	合同金额 Contracted Value	实际使用额 Used Value	项 目 Number of Projects	合同金额 Contracted Value	实际使用额 Used Value
1985	53	9169	1747	8	4951	249
1986	52	4389	4987	5	2641	2409
1987	46	11291	4558	5	3332	2597
1988	97	15949	9860	11	5328	3553
1989	90	9952	15347	4	861	11050
1990	89	4100	11777	2	788	7102
1991	256	16517	6462	6	3484	4148
1992	928	56177	10516	5	1655	99
1993	1727	121653	29969	13	22317	7007
1994	726	106265	49054	13	47281	14241
1995	867	160160	74994	18	54693	23458
1996	545	77627	78725	12	5988	22034
1997	407	88757	103537	27	30052	30052
1998	278	89866	87009	28	34370	34370
1999	331	122651	111309	18	29414	29414
2000	281	108557	110359	21	27274	27274
2001	269	118800	115114	27	29000	29000
2002	199	141404	123656		29100	29100
2003	258	165283	128772	28	25800	25800
2004	286	197366	144546	6	20907	20907
2005	272	215776	152202	6	18252	7512
2006	251	261030	174901	11	39800	4100
2007	242	295757	216908	2	22800	8400
2008	170	402686	265642	10	66700	10900
2009	169	331852	250900	11	76700	14700
2010	149	307439	275851	2	20329	9700
2011	131	352006	345694			20890
2012	98	390017	399140			9144
2013	86	514830	464232	1	15000	2901
2014	102	614462	515551	4	28135	6760
2015	91	583935	554509	11	15096	9634
2016	117	772249	589647	1	2664	7814

10-10 按行业分外商直接投资情况 (2016年)

FOREIGN DIRECT INVESTMENT BY SECTOR (2016)

单位：万美元 (USD 10000)

行　业	Sector	项目数（个） Number of Projects (unit)	外商直接投资额 Direct Foreign Investment	#合资经营 Joint Ventures Enterprises	#合作经营 Cooperative Operation Enterprises	#外资企业 Foreign Investment Enterprises	#外资股份制 Share-holding
总　计	**Total**	**116**	**581833**	**2217**	**88**	**24477**	**4940**
农、林、牧、渔业	Farming, Forestry, Animal Husbandry and Fishery	5	4288	261		697	
采矿业	Mining		41349		80		
制造业	Manufacturing	33	210329	92	8	16912	4940
电力、燃气及水的生产和供应业	Production and Distribution of Electricity, Gas and Water	1	54998	409			
交通运输、仓储和邮政业	Traffic, Transport, Storage and Post	2	13620			1895	
信息传输、计算机服务和软件业	Information Transfer, Computer Services and Software	4	24171				
批发零售业	Wholesale and Retail Trade	46	31377			236	
住宿和餐饮业	Accommodation and Restaurants	2	9016			79	
金融业	Banking business	2	5925	250		1036	
房地产业	Real Estate	2	116954			2148	
租赁和商务服务业	Tenancy and Business Services	6	7657	794		1468	
科学研究、技术服务和地质勘查业	Scientific Research, Technical Service and Geologic Perambulation	9	1158	411			
水利、环境和公共设施管理业	Management of Water Conservancy, Environment and Public Establishment		5898				
居民服务和其他服务业	Resident Services and Other Services	3					
文化、体育和娱乐业	Culture, Sports and Entertainment	1	55093			6	

10-11 按国别(地区)分外商直接投资额(2016年)

DIRECT FOREIGN INVESTMENT BY COUNTRY (TERRITORY) (2016)

单位：个、万美元　　　　(unit, USD 10000)

国　别 (地区)	Country (Territory)	外商直接投资合计 Direct Foreign Investment		#合资经营 Joint Ventures Enterprises		#合作经营 Cooperative Operation Enterprises		#外资企业 Foreign Investment Enterprises	
		项　目 Number of Projects	投资额 Investment	项　目 Number of Projects	投资额 Investment	项　目 Number of Projects	投资额 Investment	项　目 Number of Projects	投资额 Investment
总　计	**Total**	**116**	**581833**	**46**	**2217**	**2**	**88**	**67**	**24477**
亚　洲	**Asia**	**67**	**453398**	**30**	**1808**		**80**	**36**	**10490**
中国香港	Hong Kong, China	32	430439	13	1305		80	19	9002
中国台湾	Taiwan, China	12	10876	6	90			5	66
马来西亚	Malaysia		162						
文　莱	Brunei		1275						1275
新加坡	Singapore	1	1122	1	411				79
日　本	Japan	4	2572	1	2			3	
韩　国	Korea	18	6952	9				9	68
非　洲	**Africa**	**3**	**2313**	**1**				**2**	
塞舌尔	Seychelles	3	2313	1				2	
欧　洲	**Europe**	**35**	**24511**	**13**			**8**	**22**	**1628**
英　国	United Kingdom	1	7349					1	
德　国	Germany	1						1	
法　国	France		3647						
意大利	Italy		152						
比利时	Belgium		11						11
丹　麦	Denmark		500						
荷　兰	Holland		3450						1617
奥地利	Austria		2500						
瑞　典	Sweden		8				8		
瑞　士	Switzerland		4626						
俄罗斯	Russia	32	1177	12				20	
乌克兰	Ukraine	1		1					
白俄罗斯	Belarus		1090						
拉丁美洲	**Latin America**	**1**	**25705**		**409**			**1**	**7821**
开曼群岛	Cayman Islands	1	15722					1	7821
维尔京群岛	Virgin Is.		9983		409				
北美洲	**North America**	**3**	**45581**	**2**				**1**	**2180**
加拿大	Canada		1644						
美　国	United States	3	43937	2				1	2180
大洋洲	**Oceania**	**1**	**13210**					**1**	
澳大利亚	Australia	1	9133					1	
新西兰	New Zealand		2475						
萨摩亚	Samoa		1602						
投资性公司投资	**Investment Company**	**6**	**11497**	**1**				**5**	**2358**

10-12 外商投资企业个数和投资额(2016年)

NUMBER OF ENTERPRISE AND INVESTMENT OF FOREIGN-FUNDED (2016)

项　　目	Item	企业数（个） Number of Enterprise (unit)	投资总额（万美元） Total Investment (USD 10000)	注册资本（万美元） Registered Capital (USD 10000)	#外方 Foreign Partner
全　省	**Total**	**4227**	**2828047**	**1491008**	**1103739**
按企业类别分组	**Grouped by Status**				
中外合资	Equity Joint Venture	474	1289280	634099	354117
中外合作(法人)	Contractural Joint Venture	48	269243	101192	68361
外资企业	Foreign Companies	719	1146517	639570	639570
外商投资股份有限公司	Foreign Investment Co., Ltd.	19	121352	114493	41691
其他外商投资企业	Other Foreign-invested Enterprises	2	1654	1654	
外商投资企业分支机构	Branches of Foreign-invested Enterprises	2964			
按行业分组	**Grouped by Sector**				
农林牧渔业	Agriculture, Forestry, Animal Husbandry and Fishery	52	160375	116735	79281
采矿业	Mining	10	12690	10550	10253
制造业	Manufacturing	532	1331677	718964	536692
电力、燃气及水的生产和供应业	Production and Supply of Electricity, Gas and Water	83	244453	92605	58031
建筑业	Construction	37	15520	11370	8737
交通运输、仓储和邮政业	Transport, Storage and Post	41	35662	17804	15090
信息传输、计算机服务和软件业	Information Transmission, Computer Services and Software	1630	13599	10370	6478
批发和零售业	Wholesale and Retail Trades	718	134896	96001	89786
住宿和餐饮业	Hotels and Catering Services	368	62693	26534	21304
金融业	Financial Intermediation	168	129198	22865	16937
房地产业	Real Estate	63	177811	97353	62782
租赁和商务服务业	Leasing and Business Services	269	55181	39442	31630
科学研究和技术服务业	Scientific Research, Technical Services and Geologic Prospecting	109	283390	131032	102270
水利、环境和公共设施管理业	Management of Water Conservancy, Environment and Public Facilities	11	11527	5269	4750
居民服务和其他服务业	Services to Households and Other Services	43	6527	4355	3644
教　　育	Education	1	12	12	12
卫生、社会保障和社会福利业	Health, Social Security and Social Welfare	5	12835	5424	3491
文化、体育和娱乐业	Culture, Sports and Entertainment	24	38022	17448	17222
其　　他	Othere	63	101979	66874	35350

主要统计指标解释

货物进出口总额　指实际进出我国国境的货物总金额。包括对外贸易实际进出口货物，来料加工装配进出口货物，国家间、联合国及国际组织无偿援助物资和赠送品，华侨、港澳台同胞和外籍华人捐赠品，租赁期满归承租人所有的租赁货物，进料加工进出口货物，边境地方贸易及边境地区小额贸易进出口货物(边民互市贸易除外)，中外合资企业、中外合作经营企业、外商独资经营企业进出口货物和公用物品，到、离岸价格在规定限额以上的进出口货样和广告品(无商业价值、无使用价值和免费提供出口的除外)，从保税仓库提取在中国境内销售的进口货物，以及其他进出口货物。该指标可以观察一个国家在对外贸易方面的总规模。我国规定出口货物按离岸价格统计，进口货物按到岸价格统计。

商品经营单位所在地进、出口额　指在所在地海关注册登记的有进出口经营权的企业实际进、出口额。

商品目的地进口额和商品货源地出口额　目的地进口额指进口货物的消费、使用或最终抵运地的实际进口额；货源地出口额指出口货物的产地或原始发货地的实际出口额。

服务进出口　指常住单位与非常住单位之间相互提供的服务。包括运输服务、旅游服务、通信服务、建筑服务、保险服务、金融服务、计算机和信息服务、咨询服务、广告宣传服务、电影音像服务、专有权利使用费和特许费、其他商务服务。不包括政府服务。

外商直接投资　是指外国投资者在我国境内通过设立外商投资企业、合伙企业、与中方投资者共同进行石油资源的合作勘探开发以及设立外国公司分支机构等方式进行投资。外国投资者可以用现金、实物、无形资产、股权等投资，还可以用从外商投资企业获得的利润进行再投资。

外商其他投资　指除对外借款和外商直接投资以外的各种利用外资的形式。包括企业在境内外股票市场公开发行的以外币计价的股票发行价总额，国际租赁进口设备的应付款，补偿贸易中外商提供的进口设备、技术、物料的价款，加工装配贸易中外商提供的进口设备、物料的价款。

对外直接投资　指我国企业、团体等(简称境内投资主体) 在国外及港澳台地区以现金、实物、无形资产等方式投资，并以控制国(境)外企业的经营管理权为核心的经济活动。对外直接投资的内涵主要体现在一经济体通过投资于另一经济体而实现其持久利益的目标。

对外承包工程　根据《对外承包工程管理条例》，对外承包工程是指中国的企业或者其他单位承包境外建设工程项目的活动。

对外劳务合作　指组织劳务人员赴其他国家或地区为国外的企业或机构工作的经营性活动。

Explanatory Notes on Main Statistical Indicators

Total Import and Export of Goods refer to the real value of commodities imported and exported across the border of China. They include the actual imports and exports through foreign trade, imported and exported goods under the processing and assembling trades and materials, supplies and gifts as aid given gratis between governments and by the United Nations and other international organizations, and contributions donated by overseas Chinese, compatriots in Hong Kong and Macao and Chinese with foreign citizenship, leasing commodities owned by tenant at the expiration of leasing period, the imported and exported commodities processed with imported materials, commodities trading in border areas (excluding mutual exchange goods), the imported and exported commodities and articles for public use of the Sino-foreign joint ventures, cooperative enterprises and ventures with sole foreign investment. Also included is import or export of samples and advertising goods for which CIF or FOB value are beyond the permitted ceiling (excluding goods of no trading or use value and free commodities for export), imported goods sold in China from bonded warehouses and other imported or exported goods. The indicator of the total imports and exports at customs can be used to observe the total size of external trade in a country. In accordance with the stipulation of the Chinese government, imports are calculated at CIF, while exports are calculated at FOB.

Import or Export Value by Location of China's Foreign Trade Managing Units refers to actual value of imports and exports carried out by corporations which have been registered by the local Customs house and are vested with right to run import export business.

Import Value of Commodities by Place of Destination and Export Value of Commodities by Place of Origin in China The former indicator refers to the value of import commodities of the places of their consumption, utilization or the places of their final destination. The latter indicator refers to the value of export commodities of the places of their origin or the places of the commodities dispatched.

Import and Export of Services refers to services provided between resident and non-resident units, including services on transportation, tourism, communications, construction, insurance, banking, computer and information, consultancy, advertising and publicity, as well as film, audio and video services, royalty for patents, trade marks and other special rights, other commercial services, but excluding government services.

Foreign Direct Investment refers to foreign investment in China through the establishment of foreign invested enterprises, cooperative exploration and development of petroleum resources with domestic investors and the establishment of branch organizations of foreign enterprises. Foreign investment can be made in forms of cash, physical investment, intangible assets and equity, in addition with reinvestment of the foreign enterprises with the profits gained from the investment.

Other Foreign Investment refers to all forms of utilization of foreign capitals other than foreign borrowings and foreign direct investment. It includes the total value of stock shares in foreign currencies issued by enterprises at domestic or foreign stock exchanges, rent payable for the imported equipment through international leasing arrangement, cost of imported equipment, technology and materials provided by foreign counterparts in compensation trade and processing and assembly trade.

Overseas Direct Investment refers to investment made by domestic enterprises and organizations (referred to as domestic investors) in foreign countries and Hong Kong SAR, Macao SAR and Taiwan province in forms of cash, physical investment and intangible assets, and the economic activities centring on operation and management of those enterprises are under the control of domestic investors. The content of overseas direct investment mainly reflects one economic entity by investing in another economic entity to achieve its goal of lasting interest.

Overseas Contracted Projects refer to activities of contracting overseas construction projects by Chinese enterprises or any other units, which are stipulated in the Regulations on Administration of Foreign Contracted Project.

Overseas Labour Services refer to operational activities of organizing labour force to go abroad providing services to foreign enterprises or agencies.

第十一篇 农 业

CHAPTER 11 AGRICULTURE

资料整理：孙崇智　赵秋梅　燕慧军
　　　　　接广军　吕后中

11-1 农业生产条件
CONDITION FOR AGRICULTURAL PRODUCTION

项 目	Item	2012	2013	2014	2015	2016
农村基层单位(个)	Basic Unit in Rural(unit)					
乡镇数	Township and Towns	863	859	882	879	875
#镇数	#Towns	460	466	499	505	508
村民委员会	Villagers Committee	8997	8997	8994	8991	8997
化肥施用量(万吨)	Consumption of Chemical Fertilizers(10000 tons)	240.3	245.0	251.9	255.3	252.8
氮 肥	Nitrogenous Fertilizer	86.0	86.8	89.0	88.5	87.1
磷 肥	Phosphate Fertilizer	51.1	50.9	52.4	52.1	50.7
钾 肥	Potash Fertilizer	35.7	37.0	37.9	37.3	36.4
复合肥	Compound Fertilizer	67.5	70.4	72.7	77.5	78.6
农村用电量(亿千瓦时)	Electricity Consumed in Rural Areas(100 million kwh)	64.3	67.0	69.6	72.6	77.5
乡村办水电站(个)	Hydropower Station in Rural Areas(unit)	12	13	13	13	14
装机容量(万千瓦)	Capacity of Power Generating Sets(10000 kw)	1.3	1.5	1.6	1.6	2.2
发电量(万千瓦时)	Generating Capacity(10000 kwh)	4820	4905	4970	4830	5932
农用塑料簿膜使用量(万吨)	Consumption of Agricultural Films(10000 tons)	8.5	8.5	8.4	8.3	8.3
#地膜使用量	#Consumption of Ground Films	3.3	3.3	3.4	3.3	3.3
地膜覆盖面积(千公顷)	Ground Film Covered Areas(1000 hectares)	353.1	340.2	338.8	323.4	306.7
农用柴油使用量(万吨)	Consumption of Agricultural Diesel Oil(10000 tons)	139.2	140.3	145.0	145.0	145.5
农药使用量(万吨)	Consumption of Pesticide(10000 tons)	8.1	8.4	8.7	8.3	8.3
有效灌溉面积(万公顷)	Effective Irrigated Area(10000 hectares)	488.9	534.2	530.5	553.1	595.3
666.7公顷(万亩)以上灌区(处)	Number of Irrigated region 666.7 hectares and over(unit)	386	386	386	386	386
666.7公顷以上灌区	Irrigated Area of Irrigated Region					
有效灌溉面积(万公顷)	Region 666.7 hectares and over(10000 hectares)	93.0	93.0	91.3	91.4	140.6
水库(座)	Number of Reservoirs(unit)	1140	1144	1144	1144	1130
大型水库(1亿立方米以上)	Large(above 100 million cu.m)	28	29	29	29	28
中型水库(1千万-1亿立方米)	Medium-sized(10 million-100 million cu.m)	97	100	100	100	97
小型水库(10万-1千万立方米)	Small(100000-10 million cu.m)	1015	1015	1015	1015	1005
水库库容量(亿立方米)	Capacity of Reservoirs(100 million cu.m)	268.1	271.4	271.4	271.4	276.6
大型水库	Large	219.5	221.0	221.0	221.0	221.0
中型水库	Medium-sized	31.2	33.0	33.0	33.0	31.2
小型水库	Small	17.4	17.4	17.4	17.4	16.8
机电井数(万眼)	Number of Electrical and Mechanical Well(10000 unit)	24.2	24.1	25.4	27.0	26.9
易涝面积(万公顷)	Area Liable to Flooding or Water Logging(10000 hectares)	446.6	446.6	446.6	446.6	446.6
除涝面积(万公顷)	Area with Flood Prevention Measures(10000 hectares)	336.6	337.8	338.2	338.5	339.4
占易涝面积比重(%)	Proportion to Flooding or Water Logging(%)	75.3	75.6	75.7	75.8	76.0
水土流失面积(万公顷)	Area of Soil Erosion(10000 hectares)	1085.0	1085.0	1085.0	1085.0	1085.0
治理水土流失面积(万公顷)	Area of Soil Erosion under Control(10000 hectares)	284.0	361.0	370.8	383.4	379.2
占流失面积比重(%)	Proportion to Area of Soil Erosion (%)	26.0	33.2	34.2	35.3	35.0
堤防长度(公里)	Total Length of Dikes(km)	12471	12677	14134	14347	14514
堤防保护面积(万公顷)	Area of Land Protected by Dikes(10000 hectares)	308.2	343.9	361.8	362.5	383.9

11-2 乡村户数和从业人员

NUMBER OF RURAL HOUSEHOLDS AND EMPLOYED PERSONS

单位：万人、人 (10000 persons, person)

年份 地区	Year Region	乡村户数（万户、户） Number of Rural Households (10000 housholds, houshold)	乡村从业人员 Rural Employees	男 Male	女 Female	#农业从业人员 Agriculture Employees
	2005	493.5	950.1	545.1	405.1	696.7
	2006	498.3	944.3	541.3	403.0	689.6
	2007	493.9	949.4	543.1	406.3	675.1
	2008	504.9	966.3	554.0	412.4	678.0
	2009	509.5	978.2	557.7	420.5	684.1
	2010	509.1	989.4	564.2	425.3	677.5
	2011	512.5	989.2	553.4	435.8	677.7
	2012	514.1	988.5	552.1	436.4	667.3
	2013	517.7	992.8	554.6	438.2	666.7
	2014	520.5	982.8	548.9	433.9	647.9
	2015	524.5	976.0	545.2	430.8	642.5
	2016	521.3	955.3	535.8	419.5	632.5
哈尔滨	Harbin	1382997	2380468	1336421	1044047	1380652
齐齐哈尔	Qiqihar	945423	1749915	965227	784688	1252467
鸡西	Jixi	201440	336762	191950	144812	228836
鹤岗	Hegang	67349	111686	64556	47130	89404
双鸭山	Shuangyashan	144585	270036	151226	118810	164139
大庆	Daqing	394785	700484	380662	319822	459408
伊春	Yichun	51743	89341	49761	39580	61759
佳木斯	Jiamusi	341663	641633	370241	271392	466831
七台河	Qitaihe	97436	130759	75256	55503	87213
牡丹江	Mudanjiang	314137	708153	381856	326297	403520
黑河	Heihe	225817	339542	189023	150519	227889
绥化	Suihua	1001508	2012819	1158418	854401	1439452
大兴安岭	Daxinganling	17795	27021	15079	11942	17572
绥芬河	Suifenhe	2903	5639	3058	2581	1307
抚远	Fuyuan	23138	48566	25413	23153	44527

11-3 农、林、牧、渔业总产值和指数

GROSS OUTPUT VALUE OF FARMING, FORESTRY, ANIMAL HUSBANDRY AND FISHERY AND RELATED INDICES

年份 地区	Year Region	绝对数（亿元、万元） Gross Output Value of Farming, Forestry, Animal Husbandry and Fishery (100 million yuan, 10000 yuan)					指数（上年=100） Indices (preceding year=100)				
		总产值 Total	#农业 Farming	#林业 Forestry	#牧业 Animal Husbandry	#渔业 Fishery	总产值 Total	#农业 Farming	#林业 Forestry	#牧业 Animal Husbandry	#渔业 Fishery
	1978	60.9	51.0	2.6	7.2	0.1	120.2	126.3	81.3	99.0	90.0
	1980	85.6	69.6	3.5	12.2	0.3	108.6	110.5	113.6	94.8	119.0
	1985	114.3	84.6	7.0	21.5	1.2	92.7	91.1	89.0	110.4	137.3
	1990	245.4	183.7	7.6	49.3	4.7	125.1	127.6	101.2	121.1	106.5
	1991	244.3	175.0	8.2	55.9	5.2	99.5	93.6	100.7	122.0	110.9
	1992	278.0	204.3	10.3	57.1	6.3	105.6	108.6	107.8	95.2	108.8
	1993	318.0	235.4	10.2	64.5	7.9	102.2	100.9	98.0	106.5	103.9
	1994	509.6	381.5	12.4	106.0	9.7	112.5	109.7	113.8	121.7	115.2
	1995	623.6	462.2	14.7	134.3	12.4	106.3	100.7	118.9	125.0	124.1
	1996	740.8	558.7	16.8	151.5	13.8	110.6	111.0	110.0	109.3	115.8
	1997	772.3	571.1	17.1	168.7	15.4	107.1	107.9	101.9	105.3	111.6
	1998	736.3	517.6	17.7	184.5	16.5	100.1	96.1	97.8	109.9	115.7
	1999	660.5	459.9	18.3	165.9	16.4	103.0	102.6	107.0	103.0	106.3
	2000	625.1	414.4	18.3	175.7	16.8	99.3	95.3	100.0	108.2	103.2
	2001	711.0	450.6	15.7	224.6	20.1	106.5	106.5	97.9	109.9	105.0
	2002	776.7	487.5	16.2	252.1	20.9	108.1	107.5	102.2	110.5	104.0
	2003	903.3	502.9	59.1	294.2	23.1	103.0	96.5	102.5	115.4	106.0
	2004	1136.6	620.2	65.8	400.7	25.0	119.3	122.7	111.4	117.7	103.5
	2005	1294.4	718.6	67.3	461.2	27.4	110.2	109.0	100.6	115.8	105.6
	2006	1391.1	817.5	68.0	448.7	21.1	106.4	106.5	101.0	106.8	108.8
	2007	1700.6	971.9	79.1	585.0	25.1	103.9	103.1	105.9	104.7	106.4
	2008	2123.4	1143.3	89.6	813.1	35.0	109.5	107.5	108.0	113.0	115.2
	2009	2251.1	1206.8	85.2	870.2	45.2	105.4	103.0	100.7	109.2	115.2
	2010	2536.3	1369.2	95.5	965.8	53.7	105.8	107.2	109.3	103.2	106.2
	2011	3223.5	1801.8	110.2	1189.9	58.9	106.0	108.3	104.8	101.7	105.0
	2012	3952.3	2315.6	134.5	1350.7	77.9	106.7	105.8	106.7	107.9	107.8
	2013	4633.3	2856.3	180.6	1430.1	82.5	104.7	105.9	106.9	102.2	108.1
	2014	4894.8	3015.6	195.7	1486.1	102.7	105.5	106.0	100.2	104.4	114.3
	2015	5044.9	2911.9	204.2	1704.8	117.6	105.2	105.4	105.7	104.2	110.2
	2016	5197.8	2873.9	219.9	1854.8	129.2	105.4	105.4	108.7	104.7	108.1
哈尔滨	Harbin	12965155	7159936	323451	4942200	239991	106.1	106.4	105.0	105.1	110.2
齐齐哈尔	Qiqihar	5752866	2944130	72238	2605268	107473	104.6	102.3	105.9	108.0	103.8
鸡西	Jixi	1952056	1077308	150069	607944	97108	106.9	105.7	105.6	109.5	109.7
鹤岗	Hegang	514726	335168	18333	136855	15500	96.9	99.6	80.5	94.1	81.4
双鸭山	Shuangyashan	1322535	828980	35775	426705	23308	103.4	106.0	106.4	98.3	99.7
大庆	Daqing	4036401	1583823	49980	2218818	168800	102.4	107.5	138.6	96.0	131.9
伊春	Yichun	1574943	859613	301557	403311	5520	102.2	107.9	103.9	88.3	100.8
佳木斯	Jiamusi	4310681	2610532	77288	1451924	161748	104.2	104.0	128.1	103.1	108.3
七台河	Qitaihe	476449	222870	37000	188379	6200	97.3	98.2	108.8	93.0	99.2
牡丹江	Mudanjiang	3891979	2953410	31037	758342	32484	104.9	106.7	93.8	99.0	100.6
黑河	Heihe	2721786	1994710	212619	424324	35309	107.1	105.6	110.1	112.6	109.4
绥化	Suihua	9259830	4531685	74556	4405106	197182	104.3	102.3	104.9	106.5	106.7
大兴安岭	Daxinganling	1192850	620802	335533	146310	25867	108.3	108.0	108.5	108.9	109.5
农垦总局	ARB	9486545	7390539	83854	1317931	65902	99.4	101.1	101.5	76.7	95.4
绥芬河	Suifenhe	19593	11851	5	7296	364	105.6	110.8	98.0	98.9	99.4
抚远	Fuyuan	354619	261807	3950	41852	45560	108.0	109.5	109.7	99.9	105.2

注：1.2003年起执行新的国民经济行业分类标准，农林牧渔业新增加了农林牧渔服务业，林业中新增加了林木采伐（下同）。
2.2006、2007年数据是与第二次农业普查衔接后数据。

Note: a) Since 2003, the new category standard of national economy industry is implemented, the relative service industry is newly added to farming, forestry, annimal husbandry and fishery, forest-cutting is newly added to forestry.
b) Data from 2006 to 2007 on national accounts have been adjusted according to the results of the second national agricultural census.

11-4 农、林、牧、渔业增加值

VALUE-ADDED OF FARMING, FORESTRY, ANIMAL HUSBANDRY AND FISHERY

单位：亿元、万元 (100 million yuan, 10000 yuan)

年份 地区	Year Region	增加值 Value-added	农业 Farming	林业 Forestry	牧业 Animal Husbandry	渔业 Fishery	农林牧渔服务业 Svice Industry of Farming, Forestry, Animal Husbandry and Fishery
	1990	160.3	128.1	4.8	23.7	3.7	
	1995	371.2	308.7	7.4	49.2	5.9	
	1996	444.1	378.9	7.9	50.7	6.6	
	1997	460.2	387.1	8.1	57.5	7.5	
	1998	429.1	351.9	7.8	62.4	7.0	
	1999	377.2	304.8	7.6	57.9	6.9	
	2000	353.6	271.6	7.7	67.0	7.3	
	2001	409.3	306.8	5.9	88.0	8.6	
	2002	447.0	331.0	6.1	101.0	8.9	
	2003	512.8	340.2	30.3	120.1	10.2	12.0
	2004	600.2	405.1	30.9	140.7	11.0	12.5
	2005	684.6	472.4	30.3	160.2	11.7	10.0
	2006	750.1	542.1	32.0	148.7	9.1	18.3
	2007	915.4	650.7	36.9	194.9	12.7	20.2
	2008	1089.1	738.1	41.8	274.4	13.1	21.6
	2009	1154.3	772.9	39.8	302.5	16.9	22.3
	2010	1302.9	876.3	44.3	335.7	20.2	26.5
	2011	1701.5	1150.2	51.1	446.2	22.1	31.9
	2012	2113.7	1478.2	62.3	506.5	29.2	37.5
	2013	2516.8	1823.3	83.6	536.3	30.9	42.7
	2014	2659.6	1925.0	90.5	557.3	38.5	48.3
	2015	2687.8	1852.8	95.0	641.5	44.3	54.3
	2016	2731.7	1823.6	100.8	697.6	48.4	61.2
哈尔滨	Harbin	7084161	4024325	191725	2553722	132252	182137
齐齐哈尔	Qiqihar	2810579	1481045	51566	1184426	71704	21838
鸡西	Jixi	1121245	685866	89733	285743	48150	11753
鹤岗	Hegang	267164	184335	10425	60730	5465	6209
双鸭山	Shuangyashan	687668	433652	20969	214836	12168	6043
大庆	Daqing	1673486	636236	24689	906240	97469	8852
伊春	Yichun	1008716	586018	219623	196256	3655	3164
佳木斯	Jiamusi	2155462	1412162	45201	613621	78333	6145
七台河	Qitaihe	269094	125029	20760	105678	2477	15150
牡丹江	Mudanjiang	2299393	1873538	15467	311741	18665	79982.0
黑河	Heihe	1502447	1130327	125012	195720	21669	29719
绥化	Suihua	4988458	2519028	46829	2265143	112932	44526
大兴安岭	Daxinganling	773890	354403	263892	74076	17181	64338
农垦总局	ARB	5565404	4463424	49742	638072	37709	376457
绥芬河	Suifenhe	11226	7644	3	3320	216	43
抚远	Fuyuan	187023	131514	3152	20696	30524	1137

注:2006、2007年数据是与第二次农业普查衔接后数据。
Note:Data from 2006 to 2007 on national accounts have been adjusted according to the results of the second national agricultural census.

11-5 主要农业机械拥有量(年底数)

MAJOR AGRICULTURAL MACHINERY AT YEAR-END

年份 Year 地区 Region		农业机械总动力(万千瓦) Total Power of Agriculture Machinery (10000 kw)	农用大中型拖拉机 Large and Medium Agriculture Tractors		小型拖拉机 Mini-Tractors		大中型拖拉机配套农具(万台、台) Number of Large and Medium Tractor Towing Farm Machinery (10000 units, unit)	小型拖拉机配套农具(万台、台) Number of Mini-Tractor Towing Farm Machinery (10000 units, unit)
			台 unit	万千瓦 10000 kw	万台、台 10000 units, unit	万千瓦 10000 kw		
	1980	709.3	68473	272.1	3.1	28.7	24.6	0.8
	1981	760.4	78268	316.5	4.2	38.5	27.2	1.8
	1982	814.1	82895	332.6	4.9	43.2	28.6	2.5
	1983	861.6	88485	349.9	7.9	70.0	27.7	3.4
	1984	901.7	92080	350.7	11.8	104.6	24.5	4.6
	1985	949.5	90306	354.0	15.0	134.0	26.9	6.3
	1986	935.2	91590	334.0	19.8	185.0	21.2	8.6
	1987	1093.5	82159	371.0	27.0	243.0	25.4	14.0
	1988	1105.2	90106	366.2	31.7	286.5	19.3	18.2
	1989	1162.8	91770	367.8	35.7	320.0	21.8	24.2
	1990	1173.4	88942	359.6	36.8	324.4	20.1	26.6
	1991	1179.5	88602	357.1	37.7	333.1	19.8	29.4
	1992	1172.6	87634	352.3	37.8	334.5	19.7	29.6
	1993	1185.3	84816	348.3	38.7	337.0	19.6	31.4
	1994	1190.0	82028	341.6	40.5	359.5	17.5	33.9
	1995	1226.1	79356	332.6	44.4	395.7	17.1	38.1
	1996	1254.8	73000	308.1	44.4	408.1	18.6	40.1
	1997	1285.4	71440	303.9	45.0	422.5	19.2	49.3
	1998	1454.5	69905	304.7	63.3	583.8	17.2	51.4
	1999	1559.7	74801	326.8	65.1	610.5	18.2	58.9
	2000	1613.8	75553	322.8	65.2	624.6	19.2	62.8
	2001	1648.3	78177	324.9	65.3	627.8	18.9	64.6
	2002	1741.8	85266	330.3	68.0	668.9	19.4	69.4
	2003	1807.7	99462	351.8	69.5	691.3	20.1	76.3
	2004	1952.2	127795	415.5	71.6	734.7	22.2	83.6
	2005	2234.0	217275	578.9	74.4	790.6	31.9	87.7
	2006	2570.6	323087	797.1	75.5	815.0	40.9	104.5
	2007	2785.3	381813	927.3	75.7	820.3	47.2	110.3
	2008	3018.4	481795	1145.9	71.4	771.4	59.3	113.2
	2009	3401.3	583015	1416.0	71.1	766.1	67.4	117.0
	2010	3736.3	654789	1623.3	69.3	740.9	75.9	118.1
	2011	4097.8	732577	1903.5	68.8	745.6	92.7	120.2
	2012	4549.3	808875	2135.4	66.5	721.2	104.5	119.6
	2013	4848.7	873322	2345.7	64.5	693.2	118.0	118.5
	2014	5155.5	922067	2516.4	62.4	667.8	130.3	114.9
	2015	5442.7	967653	2685.8	60.7	650.8	138.3	113.0
	2016	5634.3	1015630	2917.4	57.0	621.4	144.4	111.1
哈尔滨	Harbin	1039.0	154926	468.9	181891	191.4	195641	278056
齐齐哈尔	Qiqihar	829.9	198383	469.4	95620	103.4	236556	273559
鸡西	Jixi	242.0	38779	103.1	26972	26.9	62212	72087
鹤岗	Hegang	114.3	20591	63.7	4489	5.5	41074	13461
双鸭山	Shuangyashan	195.6	52808	125.7	11415	13.8	75853	24821
大庆	Daqing	341.5	88619	183.5	56000	59.6	70684	78212
伊春	Yichun	80.5	17934	49.2	7706	7.9	15249	3909
佳木斯	Jiamusi	463.1	96754	266.4	20661	25.1	129299	22808
七台河	Qitaihe	69.1	12124	36.9	6212	7.0	13121	9149
牡丹江	Mudanjiang	283.2	57264	159.6	54706	48.6	71635	84397
黑河	Heihe	296.4	53441	164.7	33112	40.8	68453	101909
绥化	Suihua	609.4	111026	305.6	61025	79.5	182902	112439
大兴安岭	Daxinganling	52.9	9680	34.6	3017	3.2	15451	3685
农垦总局	ARB	951.1	95089	457.1	6102	7.2	256020	31764
绥芬河	Suifenhe	4.5	1098	3.2	327	0.5	186	1230
抚远	Fuyuan	66.2	8212	28.8	1114	1.5	9850	1130

11-5 续表 CONTINUED

年份 Year 地区 Region	农用排灌动力机械 Draining Machinery for Agricultural Use						联合收割机 Combine Harvester		机动脱粒机（台）Motorized Threshing Machines (unit)
	柴油机 Diesel Engines		电动机 Electromotors		农用水泵 Pumps	节水灌溉机械 Irrigation Equipment			
	台 unit	万千瓦 10000 kw	台 unit	万千瓦 10000 kw	万台、台 10000 units, unit	台（套） unit	台 unit	万千瓦 10000 kw	
1980	30523	37.7	32501	36.9	5.8		14081	61.8	3807
1981	29337	36.8	30317	36.3	6.9		17924	89.9	
1982	32011	41.2	31347	37.5	6.2		19483	99.9	20346
1983	31711	44.7	33081	40.2	5.1		20740	99.4	22776
1984	27421	40.4	35165	36.3	4.5		21130	103.2	30257
1985	27067	36.8	28180	32.5	4.2		20311	105.6	36802
1986	41562	47.7	28384	39.8	5.4		16970	83.6	53367
1987	54629	55.9	27234	34.5	6.9		18853	107.4	63057
1988	52232	51.8	33333	38.9	6.8		17442	100.8	60045
1989	81375	71.3	34407	37.8	9.5		16930	103.5	67189
1990	117600	100.3	33700	34.2	12.8		15910	104.0	73581
1991	122000	105.4	33000	34.3	13.0		15191	106.7	77447
1992	122400	94.8	38000	36.1	13.0		14818	108.8	76417
1993	120305	100.0	32371	32.5	14.2		14564	108.1	77440
1994	122805	102.7	31140	31.3	14.5		13679	105.6	81273
1995	123370	103.7	31961	31.8	13.8		13366	105.2	82268
1996	136712	111.2	33984	35.0	16.6		12430	102.0	77604
1997	147558	123.3	43676	38.3	18.6		11920	97.5	83052
1998	139453	116.7	37645	31.9	29.3		15005	104.3	112459
1999	152488	136.3	41924	39.5	29.1		12889	102.5	115579
2000	166961	149.1	44471	41.6	29.7		13306	107.9	119231
2001	171142	156.4	49918	42.4	30.8		12615	76.7	125170
2002	185881	170.5	51443	45.5	31.6		16835	123.2	128232
2003	188788	171.6	51363	44.9	32.3	15307	17756	128.0	133809
2004	189953	171.5	53727	45.2	32.0	16733	20171	144.6	140969
2005	196996	174.3	57032	46.9	32.9	15722	25823	170.9	148068
2006	202461	189.5	62582	54.7	33.7	14871	31591	207.2	150713
2007	202567	193.2	70376	61.9	34.7	16082	36968	239.0	149530
2008	207032	195.3	77105	68.3	35.6	18010	42187	282.1	160221
2009	216162	219.4	84614	75.6	40.8	23818	48780	336.5	163616
2010	224920	237.9	97177	84.8	43.3	30065	60276	429.4	164679
2011	250990	250.7	114372	100.3	45.1	33272	61109	440.7	165082
2012	260349	264.8	122990	108.7	46.5	36221	76155	596.7	168804
2013	250817	253.8	131236	114.1	47.9	36912	91330	686.6	168739
2014	248787	256.0	141309	123.6	48.2	38443	108647	798.4	172509
2015	249546	256.4	143436	128.8	49.4	41608	117775	894.6	174072
2016	250670	238.3	149556	135.6	48.1	38966	129834	966.1	172811
哈尔滨 Harbin	67062	63.8	27756	23.6	86702	1816	20149	154.5	45363
齐齐哈尔 Qiqihar	33664	30.7	20636	16.3	110170	10795	15455	92.7	28327
鸡西 Jixi	10363	9.8	6472	4.2	16630	602	8203	44.4	7162
鹤岗 Hegang	2576	2.3	3125	3.3	12168	2156	3571	27.5	1979
双鸭山 Shuangyashan	4212	4.7	1055	1.1	7537	51	3355	29.2	3086
大庆 Daqing	19638	21.5	7105	6.2	39288	3541	3903	33.3	17168
伊春 Yichun	4139	4.2	1063	0.8	3915	355	899	5.6	3353
佳木斯 Jiamusi	14137	17.0	8044	7.3	22434	260	10615	85.5	8224
七台河 Qitaihe	1255	1.1	981	0.5	1988	86	1227	10.1	2045
牡丹江 Mudanjiang	7878	6.8	6250	5.1	16844	2677	2959	23.2	12276
黑河 Heihe	2146	2.6	423	0.4	2960	528	3322	39.9	10837
绥化 Suihua	29296	26.8	20906	12.7	54424	871	13055	104.8	31507
大兴安岭 Daxinganling	120	0.1	179	0.1	281	177	810	6.9	143
农垦总局 ARB	51834	45.1	43211	49.7	100837	15050	39550	289.1	1291
绥芬河 Suifenhe	16	0.014	20	0.008	49	16	13	0.1	109
抚远 Fuyuan	2350	1.8	2350	4.3	4700	1	2761	19.5	50

11-6 分地区农用化肥施用量和农村用电量

CONSUMPTION OF CHEMICAL FERTILIZERS AND ELECTRICITY CONSUMPTION IN RURAL AREAS BY REGION

地 区	Region	化肥施用量（实物量，吨）Consumption of Chemical Fertilizers (ton)	化肥施用折纯量(吨) Consumption of Chemical Fertilizers (ton Converting the Gross Weight into Weight Containing 100% Efficacious Component)					农村用电量（万千瓦时）Electricity Consumed in Rural Areas (10000 kwh)
			合 计 Total	氮 肥 Nitrogenous Fertilizer	磷 肥 Phosphate Fertilizer	钾 肥 Potash Fertilizer	复合肥 Compound Fertilizer	
	2010	5138394	2148852	773541	474006	307803	593502	557278
	2011	5419483	2284366	819024	490730	340986	633626	701381
	2012	5601697	2402818	859790	510504	357068	675456	643269
	2013	5789762	2449560	867799	508478	369810	703473	669533
	2014	5901989	2519295	889463	524068	378520	727244	695625
	2015	5930227	2553071	884584	521106	372702	774679	725812
	2016	5879446	2527469	870974	507033	363665	785797	774675
哈尔滨	Harbin	1092921	456393	160636	68018	68236	159503	191529
齐齐哈尔	Qiqihar	806796	303133	104881	53846	35085	109321	88842
鸡 西	Jixi	122991	50708	19559	12336	6276	12537	36160
鹤 岗	Hegang	98101	43056	13912	9738	6972	12434	5670
双鸭山	Shuangyashan	154428	74372	24424	11509	8854	29585	24137
大 庆	Daqing	347905	138970	51655	19418	10433	57464	50106
伊 春	Yichun	67716	25039	6252	8135	3845	6807	7212
佳木斯	Jiamusi	491032	231313	82187	53993	32475	62658	61707
七台河	Qitaihe	74846	27275	15407	6260	3309	2299	16710
牡丹江	Mudanjiang	194172	88319	29418	11969	11863	35069	50215
黑 河	Heihe	286873	142582	30690	34128	14131	63633	25339
绥 化	Suihua	934117	358523	120045	76592	42961	118925	141963
大兴安岭	Daxinganling	14800	7476	2575	1899	987	2015	1945
农垦总局	ARB	1167049	569813	207515	137203	116115	108980	64097
绥芬河	Suifenhe	668	369	85	28	32	224	305
抚 远	Fuyuan	25031	10128	1733	1961	2091	4343	8738

11-7 分地区有效灌溉面积、水库和除涝面积

IRRIGATED AREA, FLOOD PREVENTION AND AREA WITH FLOOD PREVENTION MEASURES BY REGION

地 区	Region	有效灌溉面积（千公顷） Irrigated Area (1000 hectares)	水库数（座） Number of Reservoirs (unit)	水库库容量（万立方米） Capacity of Reservoirs (10000 cu. m)	除涝面积（万公顷） Area with Flood Prevention Measures (10000 hectares)
2010		3875.2	913	1787011	333.5
2011		4332.7	922	1786435	335.0
2012		4776.5	1148	2778967	336.6
2013		5342.1	1144	2713743	337.8
2014		5305.2	1144	2713743	338.2
2015		5530.9	1144	2713743	338.5
2016		5953.4	1130	2675982	420.7
哈尔滨	Harbin	785.3	308	231283	77.4
齐齐哈尔	Qiqihar	849.8	144	968798	48.2
鸡 西	Jixi	166.9	55	77309	8.3
鹤 岗	Hegang	156.2	14	10052	19.3
双鸭山	Shuangyashan	101.7	13	76939	21.5
大 庆	Daqing	540.0	22	87408	32.0
伊 春	Yichun	52.6	14	5393	9.9
佳木斯	Jiamusi	462.2	33	25246	12.9
七台河	Qitaihe	19.6	19	64341	14.3
牡丹江	Mudanjiang	100.7	61	641903	44.5
黑 河	Heihe	92.2	112	251536	23.7
绥 化	Suihua	575.7	136	107059	45.7
大兴安岭	Daxinganling	9.4	10	16333	19.9
农垦总局	ARB	1855.7	187	111816	33.1
省森工总局	Longjiang Forestry Group	37.9			
省监狱管理局	Provincial Bureau of Prisons	20.4			
绥芬河	Suifenhe	1.0	2	565	0.9
抚 远	Fuyuan	126.2			9.1

11-8 主要农作物播种面积

SOWN AREAS OF MAJOR FARM CROPS

单位：万公顷、公顷　　　　(10000 hectares, hectare)

年 份 Year 地 区 Region	农作物总播种面积 Total Sown Areas of Farm Crops	粮食作物播种面积 Total Sown Areas of Grain crops	谷物 Cereal	#水稻 Rice	#小麦 Wheat	#玉米 Corn	#谷子 Millet	#高粱 Jowar
1980	872.4	731.8		21.0	210.5	188.4	76.9	27.1
1981	872.7	728.2		22.4	219.0	157.7	76.9	29.5
1982	847.9	708.9		23.9	190.4	136.3	72.3	29.0
1983	860.7	723.5		24.6	209.6	164.2	74.8	31.4
1984	862.2	735.5		27.8	198.0	192.0	63.3	29.3
1985	858.2	721.6		39.0	203.8	157.7	49.3	14.5
1986	846.3	571.5		50.7	196.9	168.9	41.0	17.5
1987	851.5	741.2		58.1	158.7	197.6	30.8	17.3
1988	823.3	688.6		55.3	123.9	182.8	24.5	17.2
1989	845.3	726.2		60.4	168.2	190.4	21.3	17.5
1990	855.9	742.0		67.4	178.1	216.9	17.5	15.9
1991	861.5	742.7	507.0	74.7	173.7	223.0	14.0	13.6
1992	848.0	734.8	491.3	77.8	161.5	216.6	13.2	14.1
1993	864.7	755.8	425.1	73.6	133.7	177.7	12.6	16.6
1994	867.0	750.1	433.1	74.8	119.5	196.4	10.8	16.2
1995	864.7	750.0	467.6	83.5	111.6	241.1	8.8	13.4
1996	888.4	779.6	534.0	110.9	123.7	266.6	7.3	17.1
1997	903.5	799.5	529.9	139.7	107.4	254.5	6.7	13.5
1998	919.4	808.3	526.8	156.3	95.9	248.6	7.0	11.7
1999	926.2	809.9	549.1	161.5	95.3	265.2	7.1	12.4
2000	932.9	785.2	427.9	160.6	59.0	180.1	8.2	11.6
2001	941.2	795.7	434.9	157.7	38.3	211.0	7.0	11.0
2002	940.0	783.3	439.4	157.1	24.5	223.7	7.4	11.6
2003	955.1	786.3	381.4	129.5	21.4	203.5	5.6	9.2
2004	964.7	821.6	423.3	167.5	24.7	214.2	4.1	6.3
2005	1132.2	988.9	503.3	185.0	25.9	273.0	4.2	7.9
2006	1167.8	1052.6	577.2	199.2	24.4	330.5	3.5	7.3
2007	1189.9	1082.1	650.6	225.3	23.3	388.4	2.9	4.9
2008	1208.7	1098.8	649.3	245.2	26.6	364.7	2.5	5.1
2009	1387.1	1313.3	788.4	263.6	33.7	485.4	1.5	3.3
2010	1425.0	1354.9	863.3	297.5	37.8	523.2	1.4	2.9
2011	1448.6	1375.9	980.8	344.8	41.5	590.4	1.2	2.3
2012	1466.0	1394.2	1087.8	382.0	40.2	661.5	0.9	2.6
2013	1467.8	1403.7	1133.2	403.1	17.1	709.9	0.7	2.2
2014	1477.5	1422.7	1079.7	399.7	12.3	664.2	0.7	2.7
2015	1479.5	1432.8	1167.6	384.3	7.5	772.3	0.9	2.5
2016	1472.8	1409.8	1052.0	381.0	11.3	644.3	3.2	6.1
哈尔滨 Harbin	2009197	1897635	1772611	558411		1209392	1842	2289
齐齐哈尔 Qiqihar	2303103	2242937	1601334	324093	815	1249601	18637	7902
鸡西 Jixi	442949	433325	358561	165416	122	192387	3	485
鹤岗 Hegang	204077	201351	175406	98909		76400		95
双鸭山 Shuangyashan	413570	393848	324051	79364	142	243966	33	544
大庆 Daqing	752533	694219	634925	119051	2462	446612	4855	21058
伊春 Yichun	241046	229464	92297	40851	128	51182	4	130
佳木斯 Jiamusi	1122274	1081939	927688	391998	54	526070	1	8330
七台河 Qitaihe	181296	160529	143832	18572		125247	12	1
牡丹江 Mudanjiang	651975	507234	350335	40001	569	309272	338	119
黑河 Heihe	1298854	1266327	331624	13761	90691	219132	101	7503
绥化 Suihua	1892644	1825218	1529234	357622	1136	1158115	6345	4729
大兴安岭 Daxinganling	177711	172865	18676	5	12016	6581		74
农垦总局 ARB	2859504	2814323	2120223	1486671	4859	620865	273	7332
绥芬河 Suifenhe	3337	2964	222			217	5	
抚远县 Fuyuan	174160	174060	138099	128933		9166		

注:2006、2007年数据是与第二次农业普查衔接后数据。

Note:Data from 2006 to 2007 on national accounts have been adjusted according to the results of the second national agricultural census.

11-8 续表1 CONTINUED

单位：万公顷、公顷 (10000 hectares, hectare)

年份 Year 地区 Region	豆类 Soybean	#大豆 Soja	薯类 Tuber	油料 Oil-bearing Crops	#油菜籽 Rapeseeds	#葵花籽 Helianthus	#白瓜籽 Pumpkin Seeds	甜菜 Beetsroots
1980	173.6	163.0	23.7	24.4	0.4	19.2		24.3
1981	190.4	180.0	21.9	31.5	0.2	26.7		23.4
1982	224.0	213.6	22.6	26.5	0.7	21.7		24.4
1983	181.1	169.3	26.1	22.5	0.8	19.0		33.7
1984	182.1	179.5	23.5	22.4	0.9	20.7		30.5
1985	226.0	216.7	22.2	39.2	2.0	33.8		29.2
1986	220.7	219.7	20.9	18.3	3.0	13.8		30.6
1987	240.9	240.0	21.4	16.9	5.4	10.6		26.3
1988	244.9	242.9	24.7	16.5	8.1	7.4		42.7
1989	229.1	226.4	23.3	13.4	5.8	6.2		31.4
1990	216.2	207.9	21.8	14.2	6.6	6.5		35.8
1991	215.4	209.4	20.3	13.7	6.5	6.5		41.6
1992	221.2	216.0	22.3	18.3	9.8	7.4		33.2
1993	307.2	297.9	23.5	15.5	6.6	7.3		28.4
1994	294.8	279.6	22.2	17.4	5.5	7.4		34.4
1995	258.9	251.3	23.5	14.7	4.5	6.8		32.8
1996	221.9	216.1	23.7	12.8	3.1	7.6		29.1
1997	245.4	239.4	24.2	14.2	2.1	8.8		25.1
1998	254.7	246.0	26.8	20.9	3.4	11.2		23.1
1999	229.2	215.3	31.6	29.3	7.2	13.9		12.4
2000	317.8	286.8	39.5	36.3	8.0	18.3		14.6
2001	319.6	287.4	41.2	30.2	1.3	18.0		18.2
2002	300.6	263.1	43.3	37.4	0.4	23.4	10.7	19.9
2003	366.1	324.2	38.8	46.3	0.2	25.7	15.1	11.9
2004	367.4	340.1	30.9	41.1	0.3	17.1	13.0	7.6
2005	452.4	421.5	33.2	41.0	0.2	20.7	16.0	8.0
2006	454.8	424.6	20.3	33.9	0.1	20.3	10.0	5.8
2007	409.9	380.9	21.5	27.7	0.1	14.1	10.0	7.9
2008	419.8	397.2	29.1	21.9	0.4	10.7	6.9	9.0
2009	502.9	486.3	22.0	20.3	0.2	8.7	7.9	6.4
2010	467.5	447.9	24.0	16.7	0.1	5.7	8.6	7.8
2011	366.5	346.2	28.6	14.9	0.1	4.0	8.4	8.2
2012	275.0	260.0	31.4	11.7	0.1	3.0	6.1	7.3
2013	244.3	230.2	26.2	9.8	0.009	2.0	5.1	3.9
2014	326.2	314.6	16.8	8.7	0.002	1.7	5.2	1.0
2015	248.6	235.5	16.6	9.5		1.1	6.7	0.2
2016	337.0	312.5	20.8	11.3	0.005	1.7	7.6	0.3
哈尔滨 Harbin	104658	99746	20367	12879		634	4282	
齐齐哈尔 Qiqihar	543266	500476	98337	4878		2490	1471	1662
鸡西 Jixi	74377	59570	387	3764	2	51	3699	
鹤岗 Hegang	25712	19319	233	906		2	237	
双鸭山 Shuangyashan	68324	65515	1473	6233		25	6208	
大庆 Daqing	55813	14503	3480	15594		2433	20	1413
伊春 Yichun	136006	132482	1161	2048			2048	
佳木斯 Jiamusi	145923	140788	8328	17221	2	735	6166	
七台河 Qitaihe	15503	14554	1194	1712		25	1682	
牡丹江 Mudanjiang	140034	130583	16862	52578		5994	46445	
黑河 Heihe	925524	872637	9179	3274		443	2808	
绥化 Shuihua	272897	261425	23087	2768		2493	154	1
大兴安岭 Daxinganling	150936	144648	3253	164	24	140		
农垦总局 ARB	675711	634767	18389	11536	21	1722	6815	184
绥芬河 Suifenhe	683	672	2059	223			223	
抚远 Fuyuan	35961	34612						

11-8 续表2 CONTINUED

单位：万公顷、公顷 (10000 hectares, hectare)

年份 Year 地区 Region	麻类 Fiber Crops	#亚麻 Flax	药材 Herb	烟叶 Tobacco	#烤烟 Flue-cured	蔬菜、食用菌 Vegetables Mushroom	瓜果类 Melon	饲料作物 Feed Crops
1980	13.7	8.9		1.0		33.0	6.6	
1981	11.4	8.0			1.7	29.5	7.8	
1982	7.8	5.3			4.0	31.0	5.8	
1983	6.2	5.3		3.2	2.8	29.6	6.0	
1984	7.1	6.5		3.4	3.1	27.3	5.9	
1985	7.8	7.4		5.0	4.3	24.9	7.7	
1986	8.2	7.9		5.0	4.2	25.1	7.7	
1987	12.3	12.1		5.9	5.1	22.8	7.6	
1988	14.1	13.9		8.3	7.6	24.8	7.1	
1989	8.9	8.8		13.8	13.0	24.5	7.6	
1990	8.2	8.1		12.5	11.6	23.0	3.4	
1991	9.8	9.7		13.2	12.3	21.8	3.1	
1992	7.1	7.0		9.7	9.2	23.4	3.8	
1993	6.5	6.4		8.4	7.8	26.3	5.0	
1994	8.3	8.2		7.1	6.6	26.3	5.0	
1995	10.1	10.0		6.8	6.5	29.3	5.0	
1996	8.5	8.4		10.2	9.8	29.4	5.0	
1997	5.5	5.4		10.8	10.3	29.9	6.0	
1998	3.6	3.5		5.9	5.4	35.4	7.8	
1999	5.0	4.9		6.4	6.1	44.6	8.2	
2000	9.5	8.8		4.9	4.5	44.6	12.6	
2001	12.9	12.4		4.6	4.1	42.7	13.0	
2002	10.3	10.1	2.4	4.5	4.0	43.2	14.1	14.9
2003	11.3	11.1	3.3	3.7	3.3	40.0	13.4	29.7
2004	9.8	8.9	3.5	3.2	2.8	29.2	9.5	29.9
2005	8.5	8.2	4.8	4.2	4.0	33.3	11.0	22.6
2006	5.6	4.8	2.6	1.9	1.7	31.3	12.2	23.4
2007	5.1	4.1	5.5	3.2	2.8	29.1	10.6	18.9
2008	4.1	3.6	5.2	3.3	3.3	28.8	10.1	19.4
2009	1.2	1.1	3.1	3.7	3.2	18.8	7.4	10.3
2010	0.5	0.5	3.7	3.7	3.2	18.4	6.9	8.4
2011	0.3	0.3	5.1	3.5	3.2	22.3	6.2	7.8
2012	0.2	0.2	4.7	3.8	3.4	25.0	5.8	6.5
2013	0.13	0.09	3.9	3.6	3.2	26.6	6.4	5.6
2014	0.33	0.14	3.0	3.3	3.1	26.9	5.7	4.3
2015	0.30	0.14	2.1	2.5	2.3	24.5	4.5	3.1
2016	1.26	0.18	2.9	2.0	1.9	24.1	6.1	8.2
哈尔滨 Harbin	161	140	5003	1680	1680	53807	10850	13748
齐齐哈尔 Qiqihar	569	33	4394	31		14059	6377	26671
鸡西 Jixi			1046	794	794	2294	631	195
鹤岗 Hegang			280	302	302	818	302	20
双鸭山 Shuangyashan	46		43	1145	898	5731	5472	57
大庆 Daqing	586	13	3260	1360	1360	16217	6972	5171
伊春 Yichun	5		1874			3620	479	36
佳木斯 Jiamusi	37		95	2531	2425	9007	3883	1018
七台河 Qitaihe			129	2302	2302	8088	5622	286
牡丹江 Mudanjiang	167	158	1753	8017	6994	37414	8545	244
黑河 Heihe	7081	55	6660	71		5924	596	2846
绥化 Suihua	577	99	1718	1784	1784	23325	6797	16301
大兴安岭 Daxinganling	877	877	971			1545	315	56
农垦总局 ARB	2445	383	1845	147	142	2046	4489	15302
绥芬河 Suifenhe			4			79		
抚远 Fuyuan						93	7	

11-9 主要农产品产量

YIELD OF MAJOR FARM CROPS

单位：万吨、吨 (10000 tons, ton)

年份 Year 地区 Region	粮食 Grain						
		谷物 Cereal					
			#水稻 Rice	#小麦 Wheat	#玉米 Corn	#谷子 Millet	#高粱 Jowar
1980	1462.4	1085.9	79.6	394.6	520.0	103.6	63.1
1981	1250.0	969.7	55.7	314.1	455.0	99.7	64.9
1982	1150.0	819.2	70.9	268.2	352.6	87.6	54.2
1983	1549.0	1228.8	91.5	451.0	463.5	125.7	76.9
1984	1757.5	1402.0	124.0	382.5	642.0	115.5	100.5
1985	1405.0	1035.6	162.9	376.8	386.8	63.2	34.0
1986	1776.3	1169.5	220.8	355.9	632.0	60.1	55.1
1987	1737.6	1373.3	225.7	299.8	646.1	40.2	48.0
1988	1768.0	1282.1	243.5	250.4	700.6	35.5	55.2
1989	1668.9	1292.2	231.7	367.3	615.2	22.7	43.8
1990	2312.5	1901.0	314.4	474.8	1008.3	31.3	53.3
1991	2164.3	1789.6	316.2	381.1	1007.5	23.7	45.8
1992	2366.3	1936.6	376.6	424.8	1042.8	24.3	51.4
1993	2390.8	1799.5	388.3	340.0	956.6	27.2	73.3
1994	2578.7	1971.3	410.4	275.3	1146.4	24.3	86.4
1995	2592.5	2062.8	469.9	293.4	1219.1	20.9	47.9
1996	3046.5	2512.4	636.0	329.5	1445.0	21.5	65.5
1997	3104.5	2434.9	860.9	328.4	1165.9	14.4	48.3
1998	3008.5	2483.4	925.8	285.2	1199.7	9.0	51.7
1999	3074.6	2524.8	944.3	284.2	1228.4	13.6	39.6
2000	2545.5	1974.1	1042.2	95.8	790.8	8.7	26.0
2001	2651.7	1989.1	1016.3	93.8	819.5	10.3	28.5
2002	2941.2	2195.5	921.0	89.4	1070.5	16.2	52.3
2003	2512.3	1792.0	842.8	39.7	830.9	12.9	39.8
2004	3135.0	2302.5	1120.0	83.0	1050.0	8.6	24.7
2005	3600.0	2714.0	1172.5	97.0	1379.5	7.4	25.6
2006	3780.0	2986.7	1360.0	93.0	1453.5	7.3	24.5
2007	3965.5	3349.3	1658.5	77.0	1568.5	4.9	15.9
2008	4225.0	3502.0	1518.0	89.5	1822.0	5.0	17.0
2009	4353.0	3641.7	1574.5	116.3	1920.2	4.5	21.6
2010	5012.8	4284.8	1843.9	92.5	2324.4	4.1	17.8
2011	5570.6	4858.2	2062.1	103.8	2675.8	3.5	11.1
2012	5761.3	5147.9	2171.2	70.0	2887.9	3.0	14.6
2013	6004.1	5495.9	2220.6	38.9	3216.4	2.4	16.4
2014	6242.2	5665.5	2251.0	46.6	3343.4	2.6	21.3
2015	6324.0	5786.3	2199.7	21.8	3544.1	2.5	17.7
2016	6058.5	5435.2	2255.3	29.0	3127.4	2.9	19.9
哈尔滨 Harbin	13293452	12897226	3950213		8871394	22320	52100
齐齐哈尔 Qiqihar	10808488	9139537	2033683	4158	6998824	54488	45450
鸡西 Jixi	2735462	2598959	1116341	203	1478959	6	3420
鹤岗 Hegang	1027724	981940	541196		440447		297
双鸭山 Shuangyashan	2562200	2436860	583137	528	1851925		1270
大庆 Daqing	4446755	4309911	807660	8617	3197498	26508	219873
伊春 Yichun	739429	516383	275074	34	241275		
佳木斯 Jiamusi	6734914	6399390	2795334	1272	3567647	4	34705
七台河 Qitaihe	923970	893131	119542		773540	45	4
牡丹江 Mudanjiang	2570210	2228857	275278	1341	1951117	415	
黑河 Heihe	2954859	1394223	85769	211161	1057989	464	38189
绥化 Suihua	12262876	11574980	2551406	4431	8969020	19294	29542
大兴安岭 Daxinganling	240932	75978	23	36828	38808		319
农垦总局 ARB	20594598	19005860	13368146	20871	5575989	970	39242
绥芬河 Suifenhe	10831	1112			1103	9	
抚远 Fuyuan	862542	806632	745729		60903		

注：大兴安岭地区粮食产量数据不包含驻扎在大杨树镇的大兴安岭农工商联合公司生产粮食产量。

Note: Grain output data of Daxinganling is not included data of Daxinganling Agricultural Industrial and Commercial Company .

11-9 续表1 CONTINUED

单位：万吨、吨 (10000 tons, ton)

年 份 Year 地 区 Region		豆 类 Soybean	#大豆 Soja	薯 类 Tuber	油 料 Oil-bearing Crops	#油菜籽 Rapeseeds	#葵花籽 Helianthus	#白瓜籽 Pumpkin Seeds
	1980	325.5	220.5	51.0	23.9		22.6	
	1981	235.4	188.3	44.9	37.4		40.0	
	1982	330.8	245.5	43.3	34.4		41.3	
	1983	258.7	238.5	61.5	32.2		28.9	
	1984	293.0	290.5	62.5	26.0		24.6	
	1985	325.6	313.7	43.8	28.4		25.2	
	1986	306.0	378.0	47.5	19.0		16.4	
	1987	397.1	383.5	67.2	12.6		6.5	
	1988	285.7	384.4	71.0	13.0		7.0	
	1989	303.3	291.8	73.4	13.1		6.5	
	1990	337.4	325.8	74.1	17.2	7.00	8.1	
	1991	317.4	309.8	57.3	15.2	7.00	6.6	
	1992	354.0	349.1	75.7	21.9	9.90	10.3	
	1993	505.3	491.5	86.0	16.1	4.30	9.5	
	1994	532.8	513.6	74.6	15.6	4.00	9.4	
	1995	448.2	438.8	81.5	20.1	5.30	9.0	
	1996	435.6	413.5	98.5	16.8	3.30	10.5	
	1997	588.7	576.2	80.9	18.2	2.90	11.6	
	1998	458.6	444.6	66.5	16.9	3.20	7.6	
	1999	474.1	446.6	75.7	39.3	7.70	22.6	
	2000	489.6	450.1	81.8	43.8	6.80	26.0	
	2001	537.5	496.2	125.1	36.3	1.47	20.8	
	2002	610.7	556.3	135.0	52.8	0.48	36.8	10.9
	2003	616.1	560.8	104.1	44.7	0.30	21.0	15.2
	2004	727.5	675.0	105.0	46.0	0.40	24.2	15.1
	2005	800.7	748.0	85.3	60.6	0.30	33.2	20.0
	2006	689.3	652.5	104.0	63.1	0.10	32.1	23.6
	2007	527.3	491.0	89.0	50.1	0.10	24.4	18.3
	2008	667.0	620.5	56.5	28.5	0.10	12.8	9.5
	2009	618.5	591.9	92.9	28.2	0.30	11.8	9.8
	2010	601.9	585.0	126.2	27.5	0.18	10.5	11.2
	2011	577.8	541.3	134.7	23.3	0.10	6.9	10.5
	2012	479.6	463.4	134.0	22.5	0.10	6.0	9.2
	2013	400.2	386.7	108.0	19.0	0.05	4.3	7.4
	2014	469.6	460.4	107.1	17.2	0.06	3.6	8.2
	2015	437.3	428.4	100.3	18.3	5.20	2.5	10.5
	2016	522.5	503.6	100.8	21.7	4.80	4.0	12.6
哈尔滨	Harbin	249899	241760	146327	20155	81	1740	11193
齐齐哈尔	Qiqihar	979520	824197	689431	7109		4033	1277
鸡 西	Jixi	132222	115424	4281	4246	5	132	4090
鹤 岗	Hegang	44004	31275	1781	975		4	254
双鸭山	Shuangyashan	117695	117028	7645	9654		46	9608
大 庆	Daqing	109112	23096	27732	42603		8164	54
伊 春	Yichun	219913	216085	3133	1832			1832
佳木斯	Jiamusi	279639	269125	55885	26242	8	1370	9536
七台河	Qitaihe	27519	24221	3320	845		203	633
牡丹江	Mudanjiang	276212	271021	65141	87231		12341	74564
黑 河	Heihe	1530057	1485744	30579	4804		1419	3385
绥 化	Shuihua	537836	526059	150060	7788		6396	427
大兴安岭	Daxinganling	157128	149536	7826	231		231	
农垦总局	ARB	1498114	1412991	90624	18593	441	3758	8754
绥芬河	Suifenhe	1109	1084	8610	157			157
抚 远	Fuyuan	55910	53332					

11-9 续表2 CONTINUED

单位：万吨、吨 (10000 tons, ton)

年份 Year 地区 Region	麻类 Fiber Crops	#亚麻 Flax	甜菜 Beetsroots	烟叶 Tobacco	#烤烟 Flue-cured Tobacco	蔬菜、食用菌 Vegetables Mushroom	瓜果类 Melon
1980	19.0	17.5	287.6	2.8	2.2	523.6	
1981	19.2	18.3	312.7	4.4	3.4		
1982	6.5	5.9	274.3	8.0	6.9		
1983	13.5	13.1	515.2	5.7	4.4		
1984	19.0	18.6	422.8	7.1	6.1		
1985	15.0	14.8	315.2	8.9	7.0	485.1	
1986	20.7	20.4	389.8	10.5	8.1	585.0	
1987	31.2	31.1	330.4	10.4	8.8	463.9	
1988	35.4	35.5	555.1	14.0	12.4	526.5	
1989	22.4	22.3	397.5	23.1	12.4	526.1	
1990	22.4	22.3	632.0	21.9	19.3	563.7	76.5
1991	26.8	26.7	620.3	18.5	16.8	484.0	46.5
1992	19.6	19.5	539.8	13.6	12.6	578.1	72.4
1993	17.2	17.0	298.7	13.1	11.6	672.3	94.9
1994	21.7	21.7	322.7	10.0	8.9	679.6	104.0
1995	32.2	32.0	500.8	11.2	10.1	883.6	126.6
1996	23.7	23.6	491.9	18.1	16.9	916.7	129.1
1997	13.3	13.1	447.7	17.5	16.3	990.0	158.7
1998	9.1	9.0	310.2	9.4	8.3	998.5	160.0
1999	14.8	14.6	203.6	11.2	10.3	1187.3	221.9
2000	18.7	18.0	254.8	9.6	8.1	1325.6	319.4
2001	29.8	28.1	329.8	8.4	7.3	1250.2	335.9
2002	36.2	35.7	437.6	7.4	6.3	1324.7	353.2
2003	28.3	26.7	71.4	4.6	4.5	1198.3	316.5
2004	39.3	31.0	96.0	5.6	5.6	1061.6	273.1
2005	36.1	34.5	155.0	7.4	7.4	1153.5	306.4
2006	29.4	20.5	205.0	5.6	5.6	1135.6	366.6
2007	18.0	15.4	237.2	6.9	6.9	1058.5	321.5
2008	16.5	15.0	260.0	7.8	7.8	1057.9	308.2
2009	4.5	4.4	110.0	8.3	7.3	701.2	218.3
2010	2.2	2.2	175.0	9.6	8.5	723.8	233.0
2011	1.2	1.2	275.0	8.5	7.8	789.9	225.6
2012	1.0	0.9	273.0	9.7	8.8	866.4	211.8
2013	0.9	0.6	123.2	8.9	8.1	946.1	225.3
2014	2.5	0.7	41.1	8.4	7.8	985.6	201.1
2015	2.0	0.6	7.3	6.9	6.2	957.4	161.6
2016	7.0	0.8	11.4	5.3	5.0	936.8	206.7
哈尔滨 Harbin	97	53		5794	5794	1966465	290094
齐齐哈尔 Qiqihar	2908	24	54524	114		544129	239517
鸡西 Jixi				1402	1402	120658	13219
鹤岗 Hegang				648	648	45904	9968
双鸭山 Shuangyashan	64			2927	2308	223948	193873
大庆 Daqing	5877	124	51448	5281	5281	649639	266293
伊春 Yichun	4					181460	18715
佳木斯 Jiamusi	221			5295	5108	253406	85316
七台河 Qitaihe				4877	4877	229979	114813
牡丹江 Mudanjiang	803	800		20617	18377	2300933	335212
黑河 Heihe	40330	206		174		137316	21169
绥化 Suihua	1930	524	30	5547	5547	1029877	329737
大兴安岭 Daxinganling	3948	3948				75020	16081
农垦总局 ARB	14367	1445	7875	347	281	89096	132938
绥芬河 Suifenhe						4355	
抚远 Fuyuan						2245	249

11-10 主要农产品单位面积产量

YIELD OF MAJOR FARM CROPS PER HECTARE

单位：千克/公顷 (kg/hectare)

年 份 Year 地 区 Region		粮 食 Grain	水 稻 Rice	小 麦 Wheat	玉 米 Corn	大 豆 Soybean	薯 类 Tuber	亚 麻 Flax	甜 菜 Beetsroots	烤 烟 Flue-cured Tobacco
1980		1998	3803	1868	2768	1350	2160	1980	11813	2678
1981		1717	2498	1440	2453	1058	2048	2273	13343	2003
1982		1622	2970	1418	2183	1148	1913		11228	1755
1983		2141	3713	2138	2835	1418	2363	2475	15278	1598
1984		2390	4478	1935	2533	1620	2655	1148	13860	2025
1985		1947	4185	1845	2610	1463	1980	2003	10800	1598
1986		3108	4343	1823	3758	1733	2273	2565	12713	1913
1987		2344	3893	1890	3780	1598	3128	2588	12578	1733
1988		2568	4410	2025	3848	1643	2880	2543	13028	1643
1989		2298	3825	2183	3218	1283	3150	2543	12668	1643
1990		3117	4658	2678	4658	1575	3398	2745	17663	1665
1991		2914	4230	2183	4523	1485	2835	2768	14918	1373
1992		3220	4838	2631	4815	1616	3690	2790	16268	1373
1993		3163	5279	2543	5384	1650	3646	2676	10512	1500
1994		3438	5485	2304	5836	1837	3679	2634	9390	1354
1995		3457	5626	2628	5056	1746	3468	3205	15246	1567
1996		3908	5739	2665	5421	1914	4155	3557	16922	1735
1997		3883	6163	3075	4581	2408	3345	2447	17808	1583
1998		3722	5909	2967	4823	1808	2479	2558	13450	1550
1999		3796	5851	2982	4632	2074	2396	3013	16421	1696
2000		3242	6489	1623	4390	1569	2071	2039	17482	1810
2001		3333	6444	2450	3884	1726	3039	2262	18112	1769
2002		3755	5861	3643	4785	2115	3116	3516	21999	1585
2003		3195	6510	1854	4083	1730	2685	2416	6011	1379
2004		3816	6687	3360	4902	1985	3398	3478	12710	2019
2005		3640	6338	3744	5053	1775	2567	4190	19264	1850
2006		3714	6511	3750	4908	1657	3128	4852	18457	2201
2007		3790	7020	3244	4508	1390	2555	3734	26359	2429
2008		3845	6191	3365	4496	1562	1942	4167	28889	2364
2009		3821	6313	3969	4685	1477	4220	3915	17222	2265
2010		4376	6659	3303	5321	1649	5163	4138	22476	2622
2011		4843	7001	3485	5833	1691	5379	4507	33526	2440
2012		5001	7072	3334	5564	1740	5461	5807	37439	2551
2013		5192	6993	2923	5904	1592	4034	6725	31932	2511
2014		5337	7023	3199	6146	1787	4440	5118	40098	2541
2015		5375	6988	3065	6088	1785	4675	4029	35541	2678
2016		5132	7040	3639	5994	1746	4655	4155	34272	2656
哈 尔 滨	Harbin	7336	7232		8108	1895	5379	379		3449
齐齐哈尔	Qiqihar	4984	6342	3749	6418	1561	6694	727	32806	
鸡 西	Jixi	6498	6964	3030	7762	1938	4559			1766
鹤 岗	Hegang	5414	5938		6150	1547	4424			2146
双 鸭 山	Shuangyashan	6710	7348	4190	7939	1786	2533			2570
大 庆	Daqing	6855	7805	3596	7771	1582	5081	9538	36410	3883
伊 春	Yichun	3622	7286	2615	6485	1713	4450			
佳 木 斯	Jiamusi	6600	7155	3890	7625	1963	4799			2106
七 台 河	Qitaihe	5800	6438		6296	1664	3747			2119
牡 丹 江	Mudanjiang	5199	6760	3083	6895	1798	4580	5063		2628
黑 河	Heihe	2754	6233	4110	6799	1839	3532	3745		
绥 化	Suihua	6984	7553	4378	8081	2012	5470	5293	30000	3109
大兴安岭	Daxinganling	1569	4600	4205	6528	1133	3292	4502		
农垦总局	ARB	7318	8992	4295	8981	2226	4928	3773	42799	1979
绥 芬 河	Suifenhe	3654			5083	1613	4182			
抚 远	Fuyuan	5564	6736		7443	1541				

11-11 水果生产情况

YIELD OF FRUITS

年 份 地 区	Year Region	果园面积（公顷） Area of Orchards (hectare)				水果产量（吨） Yield of Fruits (ton)			
		总 计 Total	#苹果 Apples	#梨 Pears	#葡萄 Grapes	总 计 Total	#苹果 Apples	#梨 Pears	#葡萄 Grapes
2005		39488	15488	5345	1708	461974	177432	48422	20720
2006		37593	13334	4919	1632	471209	159759	49124	22728
2007		40901	13166	5128	1781	517659	150534	46524	21847
2008		40960	11950	5250	2730	593539	138330	47078	45062
2009		35340	12000	4230	2480	493241	140670	41164	42206
2010		36153	11419	4836	2991	466371	117019	37648	56732
2011		34976	10854	4556	2965	542336	113984	40224	62120
2012		35330	11640	3984	3961	567404	150661	37259	83443
2013		34242	11648	3458	3870	491133	140649	28238	81441
2014		34710	12198	3819	4867	576390	148900	33830	118016
2015		33928	12378	3858	4608	518563	176181	34490	100042
2016		34171	10414	3838	5563	531624	149512	33165	100961
哈尔滨	Harbin	6795	632	370	796	103177	8043	5671	9608
齐齐哈尔	Qiqihar	3980	538	86	291	40140	5683	870	3443
鸡 西	Jixi	2202	642	289	132	61456	15340	6200	1112
鹤 岗	Hegang	62	17		26	1073	527		484
双鸭山	Shuangyashan	447	65	36	109	7048	438	204	1820
大 庆	Daqing	3404	144		2700	63088	2255		50396
伊 春	Yichun	120			12	2122			380
佳木斯	Jiamusi	689	90	68	73	6619	2041	1187	2422
七台河	Qitaihe	2355	104	88	555	48874	1242	268	15148
牡丹江	Mudanjiang	12355	7684	2822	541	143297	104197	18395	6128
黑 河	Heihe	43			1	3298			11
绥 化	Suihua	450	13		219	16640	180		8017
大兴安岭	Daxinganling	315				16081			
农垦总局	ARB	937	485	79	107	18381	9566	370	1952
绥芬河	Suifenhe	10				82			
抚 远	Fuyuan	7			1	249			40

11-12 蔬菜、食用菌生产情况

YIELD OF VEGETABLE AND MUSHROOM

年 份 地 区	Year Region	播种面积（公顷） Sown Area (hectare)				产量（吨） Yield (ton)			
		总 计 Total	#白菜 Chinese Cabbage	#黄瓜 Cucumber	#萝卜 Radish	总 计 Total	#白菜 Chinese Cabbage	#黄瓜 Cucumber	#萝卜 Radish
2005		333390	111305	23399	9078	11535465	4961917	777779	501397
2006		331094	113435	21731	14886	11327103	4888475	695098	487233
2007		291100	90206	20486	14041	10187924	3981792	698375	487481
2008		287700	86730	20330	14490	10578998	4094636	714842	492696
2009		187580	57040	15250	10590	7011518	2583124	589175	353666
2010		184480	53888	14407	9531	7238268	2647390	566848	357713
2011		223130	76560	17405	13742	7899314	3113831	618806	496705
2012		249850	68620	19280	13946	8664146	2887730	666798	495756
2013		265670	74193	20449	14077	9461458	3138127	783589	488111
2014		268850	73820	21086	11277	9856073	3311552	867131	424008
2015		245250	61470	15570	6420	9574374	3346748	683727	207829
2016		241333	61845	15988	8228	9368376	3198593	695446	352625
哈尔滨	Harbin	53807	15011	4896	3038	1966465	828346	157260	121255
齐齐哈尔	Qiqihar	14059	3725	1180	441	544129	191733	48270	17086
鸡 西	Jixi	2294	489	232	131	120658	32636	16358	6158
鹤 岗	Hegang	818	221	98	45	45538	10194	10037	2160
双鸭山	Shuangyashan	5731	1429	503	397	223948	62123	26152	16521
大 庆	Daqing	15999	3473	1836	727	644487	208543	66489	39283
伊 春	Yichun	3620	1059	255	184	181460	66173	8797	7988
佳木斯	Jiamusi	9007	4023	615	568	253406	138315	18532	18019
七台河	Qitaihe	8089	2877	851	324	233036	69718	32468	12288
牡丹江	Mudanjiang	37414	4383	3378	1466	2300933	229644	216495	71402
黑 河	Heihe	5924	3261	208	251	137316	88857	8376	3887
绥 化	Suihua	23325	11717	1521	446	1029877	543170	73823	26522
大兴安岭	Daxinganling	1545	717	53	125	75020	37560	1929	6577
农垦总局	ARB	2046	425	345	78	89096	20643	9970	3219
绥芬河	Suifenhe	79	24	5	3	4355	1573	274	142
抚 远	Fuyuan	93	10	12	4	2245	195	216	118

11–13 畜牧业生产情况

NUMBER OF LIVESTOCK

单位：万头、头 (10000 heads, head)

年份 Year 地区 Region	大牲畜数量 Large Animals	黄牛及肉牛 Oxes	奶牛 Milk Cow	马 Horses	驴 Donkeys	骡 Mules
1978	286.9	105.1	6.2	164.5	4.8	6.3
1980	257.8	95.6	7.8	143.6	4.6	6.2
1985	305.5	149.9	25.8	117.9	6.4	5.5
1986	314.0	156.7	31.9	113.3	6.5	5.6
1987	314.6	155.9	40.3	106.5	6.4	5.5
1988	318.1	157.7	47.0	101.3	6.6	5.5
1989	324.1	165.0	49.2	98.0	6.2	5.7
1990	348.2	182.8	54.0	99.2	6.3	5.9
1991	358.7	192.4	57.9	95.7	6.4	6.3
1992	365.3	200.6	61.1	90.1	7.0	6.5
1993	376.4	221.2	55.1	86.7	7.2	6.3
1994	420.2	265.9	56.4	83.4	8.2	6.5
1995	485.7	326.6	61.7	81.9	8.9	6.8
1996	540.6	376.7	65.8	81.2	9.8	7.1
1997	545.3	383.1	67.2	78.7	9.3	6.9
1998	549.5	388.1	68.5	77.8	8.9	6.3
1999	549.0	389.6	68.6	76.6	8.3	5.9
2000	547.7	391.5	69.8	72.8	7.9	5.6
2001	558.3	400.4	77.8	66.6	8.1	5.3
2002	598.3	432.3	93.3	60.0	7.6	5.1
2003	690.3	506.8	117.6	53.0	7.7	5.1
2004	773.0	573.9	141.0	45.5	7.7	4.8
2005	840.2	622.3	164.3	41.2	7.6	4.8
2006	541.2	343.1	161.7	26.6	6.4	3.3
2007	587.7	367.0	181.4	28.5	7.5	3.2
2008	776.5	378.8	221.5	28.2	8.1	3.7
2009	567.4	354.2	197.0	26.8	8.3	3.7
2010	573.3	328.3	205.4	27.6	8.8	3.5
2011	557.7	326.1	192.7	26.7	8.7	3.4
2012	557.6	326.3	202.2	25.9	8.7	3.2
2013	531.7	303.7	191.7	24.6	8.4	3.3
2014	536.6	305.0	197.2	23.6	7.7	3.1
2015	543.5	317.3	193.4	22.6	7.3	2.9
2016	524.2	317.6	176.8	20.5	6.9	2.5
哈尔滨 Harbin	1893602	1445708	383504	43885	13469	7036
齐齐哈尔 Qiqihar	1425230	954274	405275	35536	27000	3145
鸡西 Jixi	124145	105901	13824	2808	1152	460
鹤岗 Hegang	17579	14619	2793	159	8	
双鸭山 Shuangyashan	62283	58305	3501	280	176	21
大庆 Daqing	520912	302040	189928	22178	6243	523
伊春 Yichun	88845	59534	26500	2257	518	36
佳木斯 Jiamusi	692428	634322	48640	7708	887	871
七台河 Qitaihe	44047	42794	953	233	18	49
牡丹江 Mudanjiang	428102	399218	3742	15185	1249	8708
黑河 Heihe	587627	482601	88157	15940	691	238
绥化 Suihua	1892656	1440720	381002	52738	14316	3880
大兴安岭 Daxinganling	40400	34427	1173	4551	249	
农垦总局 ARB	204255	45464	155024	1187	2573	7
绥芬河 Suifenhe	1086	846	107	60	69	4
抚远 Fuyuan	9959	9531	39	389		

注:1. 2006、2007年数据是与第二次农业普查衔接后数据。
2. 2009年起，全省畜牧业数据为国家统计局反馈数据。

Note:a) Data from 2006 to 2007 on national accounts have been adjusted according to the results of the second national agricultural census.
b) In 2009, entire province animal husbandry data was State Statistical Bureau feedback data.

11-13 续表 CONTINUED

年 份 Year 地 区 Region		肉猪出栏数量（万头、头）Slaughtered Fattened Hogs (10000 heads, head)	猪年末数量（万头、头）Hogs (10000 heads, head)	羊年末数量（万只、只）Sheep and Goats (10000 heads, head)	山羊 Goats	绵羊 Sheep	家禽（万只、只）Poultry (10000 heads, head)
1978		403.7	835.0	218.7	11.7	207.0	1899.7
1980		446.0	716.7	303.0	32.6	270.4	2238.7
1985		383.5	592.9	229.6	30.8	198.8	5947.5
1986		392.4	564.8	210.4	25.1	185.3	5081.9
1987		371.6	438.4	218.5	23.5	195.0	5507.4
1988		334.8	486.8	236.7	24.5	212.2	6531.4
1989		350.5	548.7	264.3	28.1	236.2	7027.2
1990		458.6	654.9	283.3	34.2	249.1	7791.1
1991		511.7	683.7	291.0	35.8	255.2	9398.4
1992		524.4	678.6	281.7	35.6	246.1	10280.4
1993		509.4	665.0	279.8	45.0	234.8	11284.4
1994		573.8	719.0	326.0	61.3	264.7	13302.5
1995		672.4	855.9	389.2	94.7	294.5	16530.6
1996		882.4	900.7	431.6	124.0	307.6	18297.3
1997		936.5	932.2	440.5	122.1	318.4	18580.7
1998		1063.1	958.1	462.8	121.5	341.3	12028.6
1999		1123.2	1014.4	481.1	120.2	360.9	12878.2
2000		1206.6	1085.4	507.4	123.8	383.6	13144.5
2001		1300.2	1123.0	567.8	147.3	420.4	13739.4
2002		1395.4	1163.0	749.1	228.7	520.4	14783.4
2003		1599.6	1326.4	1029.5	403.0	626.5	15987.7
2004		1905.4	1532.1	1153.6	448.2	705.4	16691.5
2005		2238.0	1670.4	1180.3	408.9	771.4	16680.8
2006		1670.1	1209.8	777.6	298.8	478.7	11985.9
2007		1868.6	1318.2	820.0	316.2	503.8	12515.5
2008		2350.2	1788.1	1010.8	352.9	657.9	16625.2
2009		1512.6	1356.7	897.7	338.3	559.4	12886.5
2010		1601.8	1360.8	893.4	331.6	561.6	13079.8
2011		1635.9	1367.9	915.7	337.3	578.4	13715.9
2012		1765.2	1381.6	898.3	323.0	575.3	14658.9
2013		1821.6	1356.7	817.8	247.1	570.7	14158.5
2014		1921.0	1360.3	856.8	228.1	628.7	13940.1
2015		1863.4	1314.1	895.7	196.2	699.5	14546.1
2016		1844.7	1276.0	864.4	185.9	678.4	15085.2
哈尔滨	Harbin	5719500	3281371	743095	333003	410092	60392661
齐齐哈尔	Qiqihar	4498333	3120143	2790090	418696	2371394	23933359
鸡西	Jixi	1125724	577779	316013	144794	171219	5285178
鹤岗	Hegang	402201	293657	49708	16860	32848	1305353
双鸭山	Shuangyashan	1225366	790460	238840	105217	133623	2930634
大庆	Daqing	2211494	1147235	1495478	92849	1402629	13903554
伊春	Yichun	660562	368425	119354	89510	29844	6692611
佳木斯	Jiamusi	4531120	2916447	989978	301830	688148	12931760
七台河	Qitaihe	353646	256850	159486	20799	138687	2367900
牡丹江	Mudanjiang	1951544	1163991	513638	141468	372170	7049915
黑河	Heihe	924652	783861	975610	404202	571408	2580370
绥化	Suihua	6466396	4636095	1998467	300775	1697692	54794957
大兴安岭	Daxinganling	135153	116275	162873	96219	66654	951251
农垦总局	ARB	1532494	768022	261706	55415	206291	8285783
绥芬河	Suifenhe	27994	21308	2658	441	2217	131860
抚远	Fuyuan	28815	34158	20421	11250	9171	238700

11-14 畜产品产量

OUTPUT OF LIVESTOCK PRODUCTS

单位：万吨、吨 (10000 tons, ton)

年份 地区	Year Region	肉类产量 Output of Meat	#猪牛羊肉产量 Output of Pork, Beef and Mutton	猪肉 Pork	牛肉 Beef	羊肉 Mutton	#禽肉 Meat of Poultry	奶类 Milk	#牛奶 Cow Milk
1978			31.9						
1980			37.1	34.8	1.6	0.7		13.9	12.4
1985		34.9	31.5	29.7	1.0	0.8	3.4	45.5	43.0
1986		36.4	33.1	31.1	1.5	0.5	3.3	56.3	53.8
1987		36.3	32.1	29.1	2.4	0.6	4.2	68.1	66.3
1988		37.9	32.0	28.6	2.7	0.7	5.9	83.1	81.8
1989		40.9	33.2	29.5	2.9	0.7	7.4	88.2	87.1
1990		55.9	46.0	39.5	5.2	1.3	9.7	102.7	101.7
1991		62.7	50.9	43.4	6.1	1.4	11.3	114.2	112.6
1992		66.3	53.2	44.4	7.3	1.5	12.4	122.5	120.4
1993		65.4	52.4	42.6	8.4	1.4	12.3	113.3	111.6
1994		77.7	61.7	47.5	12.4	1.8	14.9	113.1	110.8
1995		90.3	70.3	53.4	15.0	1.9	18.8	121.2	121.2
1996		116.0	93.2	68.9	21.9	2.5	21.4	136.2	133.3
1997		125.9	100.1	74.1	23.5	2.6	25.9	143.0	140.5
1998		142.7	112.2	83.5	25.7	3.0	29.0	144.5	142.1
1999		150.9	119.5	89.0	27.3	3.2	30.0	145.0	142.8
2000		159.9	125.9	95.4	27.1	3.5	32.4	156.5	154.3
2001		171.2	134.4	101.4	29.0	3.9	34.5	192.4	189.0
2002		190.0	147.9	110.9	32.3	4.7	40.0	239.8	235.8
2003		217.2	167.5	125.0	35.8	6.7	47.7	304.0	300.5
2004		260.5	203.4	149.5	44.9	9.0	54.7	378.1	374.5
2005		306.3	242.5	177.1	54.1	11.3	61.4	444.2	440.2
2006		218.5	172.8	131.1	32.0	9.7	43.0	438.3	432.6
2007		234.2	188.8	144.5	34.4	9.9	42.8	478.4	473.6
2008		303.3	242.2	182.7	47.5	12.0	58.7	585.1	580.6
2009		187.6	156.6	108.2	36.8	11.6	28.9	649.5	528.7
2010		197.9	165.6	114.5	39.0	12.1	30.1	558.8	552.5
2011		201.2	168.0	116.9	39.3	11.8	31.0	550.4	543.1
2012		216.2	180.2	128.4	39.7	12.1	33.7	565.0	559.9
2013		221.2	184.9	133.4	39.7	11.8	34.1	522.5	518.2
2014		230.2	195.0	142.6	40.6	11.8	33.2	560.2	556.6
2015		228.7	192.3	138.4	41.6	12.3	34.4	574.4	570.5
2016		231.2	193.5	138.2	42.5	12.8	36.0	548.6	546.0
哈尔滨	Harbin	916150	630051	436623	183745	9683	282619	1500286	1489406
齐齐哈尔	Qiqihar	588138	493875	345696	116828	31351	91890	1242417	1240225
鸡西	Jixi	135165	114465	83800	24704	5961	19025	53251	52861
鹤岗	Hegang	36980	33240	30165	2249	826	3738	9433	9433
双鸭山	Shuangyashan	110468	103850	92740	7288	3822	6281	12927	12927
大庆	Daqing	351399	264875	177668	69512	17695	84686	744889	744889
伊春	Yichun	119019	63620	51008	10670	1942	53961	66779	61642
佳木斯	Jiamusi	435064	393220	339079	43585	10556	41496	109274	108658
七台河	Qitaihe	43098	33457	26142	5244	2071	9613	2640	2554
牡丹江	Mudanjiang	212048	187181	148526	32025	6630	22827	5461	4804
黑河	Heihe	121626	115481	69036	36610	9835	5982	225379	224861
绥化	Suihua	864219	664451	491961	146117	26373	197620	1109984	1104094
大兴安岭	Daxinganling	19831	16861	12182	2641	2038	2492	3052	3052
农垦总局	ARB	260165	138538	116926	15785	5827	120942	426819	426819
绥芬河	Suifenhe	2531	2269	2100	136	33	191	347	300
抚远	Fuyuan	4661	4322	1967	2033	322	335	100	100

注:2006、2007年数据是与第二次农业普查衔接后数据。

Note:Data from 2006 to 2007 on national accounts have been adjusted according to the results of the second national agricultural census.

11-14 续表 CONTINUED

单位：吨 (ton)

年 份 Year 地 区 Region		绵羊毛 Sheep Wool	#细羊毛 Fine Wool	#半细羊毛 Semi-Fine Wool	山羊毛 Goat Wool	羊 绒 （吨、公斤） Cashmere (ton, kg)	禽 蛋 （万吨、吨） Poultry Eggs (10000 tons, ton)	蜂 蜜 （吨、公斤） Honey (ton, kg)	蚕 茧 （吨、公斤） Silkworm Cocoons (ton, kg)
1978								4770	2079
1980		9635	4409	5043	102	4		5290	2469
1985		7564	3476	3992	57	5	20.5	5458	1069
1986		6542	2830	3593	30	11	18.6	3932	1197
1987		7086	3019	4002	26	19	20.5	4933	683
1988		7474	3295	4067	68	15	23.8	4529	779
1989		8503	3390	4942	125	11	24.3	4012	1052
1990		9614	3672	5852	93	4	30.9	3052	1451
1991		9737	3980	5757	75	4	36.8	2640	1427
1992		9330	3503	5827	92	2	37.8	2600	1069
1993		8329	3192	5137	112	1	36.8	2899	1021
1994		8817	3399	5418	99	2	40.8	2801	1052
1995		9751	3114	6637	96	6	48.6	3038	863
1996		11847	4004	7843	115	12	62.4	2964	879
1997		13014	3820	9194	91	18	67.5	2934	843
1998		12921	3956	8965	91	19	71.2	2678	1049
1999		12793	3548	9245	108	17	74.9	2956	1395
2000		13550	4365	9185	62	22	75.3	3765	1382
2001		14540	4423	10117	182	58	80.3	7331	1923
2002		17505	4576	12212	251	181	84.6	7781	2670
2003		20606	6107	13154	713	393	90.3	7016	3112
2004		24391	6297	16817	712	691	98.3	11884	3270
2005		25734	5296	17769	874	793	102.7	11286	3370
2006		19691	6022	13224	921	732	90.4	12716	3030
2007		20862	6064	12632	1044	772	94.8	10751	3365
2008		23449	4222	17366	1350	688	109.3	12281	3564
2009		25309	4611	20689	1152	770	101.9	15168	3018
2010		27058	5574	19399	1724	819	105.3	16402	3062
2011		29013	5532	21136	1852	687	105.4	20370	5308
2012		31755	5453	23404	1479	707	108.2	19691	5051
2013		32129	5281	23790	2089	494	102.7	18023	5276
2014		28375	5434	22941	1819	332	98.2	19004	5470
2015		28959	4404	22758	1663	329	139.7	19995	5300
2016		29401	3561	23856	1786	270	135.7	20574	4939
哈尔滨	Harbin	1332	524	808	92	8224	405098	1982944	23450
齐齐哈尔	Qiqihar	9093	2434	6659	57	14249	143100	163568	250000
鸡 西	Jixi	1260	29	50	162	15267	36684	1502904	187300
鹤 岗	Hegang	150		126	4	4365	14665	152277	
双鸭山	Shuangyashan	550		550		35405	12976	3662685	95080
大 庆	Daqing	6349	314	5916	302	783	114883	5000	
伊 春	Yichun	106		14	38	9913	53946	4663783	
佳木斯	Jiamusi	1594		1301	234	26328	84778	151034	867719
七台河	Qitaihe	377	135	144	277	7340	11288	2540	
牡丹江	Mudanjiang	1552		1552	182	10183	41638	5515574	3344248
黑 河	Heihe	1853	6	1765	17	90775	18832	450728	171000
绥 化	Suihua	4519	16	4503	287		379677	121689	
大兴安岭	Daxinganling	113		27	121	23638	7071	335041	100
农垦总局	ARB	538	103	435	4	13821	30114	1852370	
绥芬河	Suifenhe	6		6			1124	11320	
抚 远	Fuyuan	9			9	9417	998		

11-15 水产品产量

OUTPUT OF AQUATIC PRODUCTS

单位：吨 (ton)

年份 Year 地区 Region		总产量 Total	#鱼类 Fish	#虾蟹类 Shrimps	#贝类 Shell-fish	#淡水捕捞 Fresh Water Fishing	#人工养殖 Artificially Cultured	#鱼类 Fish
1980		20172	20122	31	19		8953	8953
1985		66389	65527	759	103		38205	38205
1990		147869	146916	892	52		99929	99929
1995		252900	251536	1253	108		200688	200676
1996		290209	287973	2164	67		238313	238281
1997		323450	321708	1419	71		274878	274588
1998		357033	351773	5221	37		283922	281916
1999		364998	362808	2151	37		312753	312418
2000		382153	380586	1522	43		324516	324230
2001		401892	399823	2019	47		364882	364586
2002		417786	416256	1121	48		365589	365031
2003		418915	415578	3229	99		371105	368678
2004		430066	425003	4637	397		376498	372885
2005		445970	438486	5936	451		395208	389532
2006		330852	324237	5308	390		292050	286638
2007		342505	335676	5525	372		303769	298143
2008		355800	350628	4784	367	41795	314005	309927
2009		380700	375354	4943	377	43149	337551	333096
2010		399700	394052	5323	284	46885	352815	347952
2011		356720	353781	2927	512	54203	314998	314998
2012		452840	447524	4914	356	51946	400894	396431
2013		488615	483859	4346	358	51560	437055	432997
2014		513534	508805	4359	319	54138	459396	455313
2015		542368	537152	4808	357	57169	485199	480595
2016		572955	566398	6124	377	54551	518404	512395
哈尔滨	Harbin	112704	112327	299	27	4621	108083	107779
齐齐哈尔	Qiqihar	65681	64565	1116		17644	48037	46981
鸡西	Jixi	43463	43108	355		3200	40263	39968
鹤岗	Hegang	7986	7940	41		530	7456	7415
双鸭山	Shuangyashan	10867	10829	38		800	10067	10029
大庆	Daqing	89161	86161	2650	350	16940	72221	69571
伊春	Yichun	3649	3649			395	3254	3254
佳木斯	Jiamusi	59021	58850	171		2527	56494	56323
七台河	Qitaihe	4890	4890				4890	4890
牡丹江	Mudanjiang	17523	17505	18		1030	16493	16475
黑河	Heihe	16190	16077	113		1120	15070	14957
绥化	Suihua	138563	137240	1323		4009	134554	133231
大兴安岭	Daxinganling	1305	1305			400	905	905
绥芬河	Suifenhe	201	201				201	201
抚远	Fuyuan	1751	1751			1335	416	416

注:2006、2007年数据是与第二次农业普查衔接后数据。
Note:Data from 2006 to 2007 on national accounts have been adjusted according to the results of the second national agricultural census.

11-16 特种作物生产情况

PRODUCTION OF SPECIAL CROPS

指 标	Item	播种面积（公顷） Sown Area(hectare)				产量（吨） Yield(ton)			
		2013	2014	2015	2016	2013	2014	2015	2016
药 材	Herb	38510	29870	21484	29074				
#人 参	#Panax	2064	1270	1718	2006	4454	2393	3359	3310
甘 草	Liquorice	2126	98	98	270	1036	449	449	1273
枸 杞	Medlar	819	2110	103	80	2095	707	373	368
龙胆草	Gentian	18	1018				1250		
月苋草	Evening Primrose	946	618	422	736	1839	618	826	1417
白瓜籽	Pumpkin seeds	48995	51092	65011	80096	73820	78954	103201	125855
万寿菊	Marigold	4265	912	1277	13001	78730	23632	29590	252133
甜叶菊	Stevia Rebaudiana	846	1070	3577	4907	3452	3543	11977	21436
甜葫芦	Sweet Calabash	673	690	863	1504	1699	2067	2416	3897
花 卉	Flower	3500	3531	2910	2435				

11-16 续表 CONTINUED

指 标	Item	产量 Yield				
		2012	2013	2014	2015	2016
食用菌(吨)	Edible Mushroom(ton)	640163	671338	747069	774120	743796
黑木耳(干品)	Jew's-ear(dry)	248156	293785	366139	377045	337108
香菇(干品)	Lentinus Eddoes(dry)	10692	16457	12265	20296	26034
蘑菇类(鲜品)	Others(fresh)	381315	361096	368665	376779	380654
鲜切花(万枝)	Fresh Flower and Ikebana(10000 branch)	179	198	161	359	443
盆栽观赏植物(包括盆景)(万盆)	Potted Ornamental(include bonsai)(10000 basin)	439	927	998	972	925

11-17 特色养殖生产情况

PRODUCTION OF CHARACTERISTIC BREEDING

指 标	Item	年末存栏 Stock at Year-end			指 标	Item	出栏数量和产量 Output		
		2014	2015	2016			2014	2015	2016
熊(只)	Beer(head)	3548	3723	3355	熊胆汁(千克)	Beer Bile(kg)	39843	44999	35413
鹿(只)	Deer(head)	54642	51128	44020	鹿茸(千克)	Deer horn(kg)	60002	58445	55713
鸵鸟(只)	Ostrich(head)	1088	1181	1696	出栏山鸡(只)	Wild Chicken(head)	226465	157938	138567
山鸡(只)	Wild Chicken(head)	142857	130865	137184	出栏笨鸡(万只)	Domestic Chicken (10000 heads)	2555	2175	2054
貉子(只)	Racoon Dog(head)	1183706	1269104	1134644					
鹧鸪(只)	Francolin(head)	13525	14725	36270	出栏肉犬(只)	Slaughtered Dog(head)	346796	307791	284131
狐(只)	Fox(head)	763848	771496	758326	林蛙(千克)	Rana Japonoca Guenlher(kg)	589096	582534	697760
笨鸡(万只)	Domestic Chicken (10000 heads)	2586	2232	2168					
					蚕茧(吨)	Pod(ton)	5470	5300	4939

11-18 绿色食品种植业和山特产品情况 (2016年)

BASIC STATISTICS ON GREEN FOOD AND SPECIAL MOUNTAIN-PRODUCTS (2016)

单位：万公顷、万吨 (10000 hectares, 10000 tons)

指标	Item	绿色食品 Green Food		有机食品 Organic Food	
		面积	产量	面积	产量
种植业合计	**Total Crops**	**488.09**		**4.72**	
水稻	Rice	209.49	1222.50	1.02	4.50
小麦	Wheat	10.20	18.30	0.05	0.20
玉米	Corn	106.16	525.50	0.22	1.40
谷子	Millet	2.60	9.40	0.05	0.10
大豆	Soja	127.51	191.70	0.47	1.00
绿豆	Mung bean	2.85	4.50	0.02	0.05
马铃薯	Tubers	10.02	42.30	0.01	0.40
甜菜	Beetroots				
蔬菜	Vegetables	2.61	77.80	0.004	0.03
其它	Others	16.66	323.10	2.88	0.82
山特产品合计	**Total Special Mountain-Product**	**5.25**	**26.20**	**0.95**	**0.20**
山野菜	Potherb				
食用菌	Edible Mushroom	4.10	24.70	0.89	0.15
其它	Others	1.15	1.50	0.06	0.05

注：有机食品指由中绿华夏有机食品认证中心认证的产品数据。
Note: Organic food data was provided by the Green China Organic Food Certification Center.

11-19 绿色食品养殖业情况

BREED AQUATICS OF GREEN FOOD

指标	Item	2012	2013	2014	2015	2016
牵动农户(户)	Number of Affected Households(household)	146000	151600	156200	30419	30956
生猪存栏(头)	Hogs in Stock(head)	13000	39522	60700	53107	62399
生猪出栏(头)	Slaughtered Fattened Hogs(head)	22000	46456	62600	76420	77956
猪肉产量(吨)	Output of Porks(ton)	1539	3275	4900	5542	5651
肉牛存栏(头)	Oxes in Stock(head)	51000	66500	56300		
肉牛出栏(头)	Slaughtered Fattened Beef(head)	72000	76600	58000		
牛肉产量(吨)	Output of Beef(ton)	11027	12225	9256		
奶牛存栏(头)	Milch Cow in Stock(head)	483000	596330	430000	380270	1700
牛奶产量(吨)	Output of Milk(ton)	1499000	1947500	1404297	1036791	1090
鹅存栏(只)	Goose in Stock(head)	786000	1016800	873200	754600	815000
鹅出栏(只)	Slaughtered Fattened Goose(head)	1073000	1543200	1375000	1289400	1360000

11-20 绿色食品加工企业情况

BASIC STATISTICS ON GREEN FOOD PROCESSING

指 标	Item	2012	2013	2014	2015	2016
企业个数(个)	Number of Enterprises(unit)	550	561	580	600	890
职工人数(万人)	Number of Staff and Workers(10000 persons)	19.1	19.8	20.5	21.9	24.5
#技术人员	#Technicians	2.1	2.2	2.4	2.5	2.7
#中级职称以上	#the Secondary Title and Above	0.9	0.9	0.9	0.9	1.1
资产总额(亿元)	Total Assets(100 million yuan)	338.9	346.5	355.2	367.4	552.5
流动资产(亿元)	Circulating Funds(100 million yuan)	162.5	165.2	166.1	167.5	239.9
固定资产净值(亿元)	Net Value of Fixed Assets(100 million yuan)	164.7	168.9	173.6	199.9	312.6
投资额度(亿元)	Investment Amount(100 million yuan)	162.4	175.3	150.7	195.4	255.2
国家预算内投资	State Budgetary Approriation	1.4	2.5	0.2	3.2	22.9
国内贷款	Domestic Loans	6.3	8.7	40.5	38.1	56.5
利用外资	Foreign Investment	32.9	38.7	3.0	1.3	1.8
自筹资金	Fundraising	118.2	121.3	105.1	145.2	160.7
其他投资	Others	3.6	4.1	1.9	7.6	13.3
产品产量(万吨)	Yield of Products(10000 tons)	1040.0	1090.0	1290.0	1350.0	1510.0
产值(亿元)	Output Value(100 million yuan)	650.0	810.0	1120.0	1380.0	1480.0
利税(亿元)	Profit and Revenue(100 million yuan)	45.3	62.1	85.7	89.6	97.1
定单数量(万吨)	Amount of Orders(10000 tons)	409.6	510.5	592.6	603.4	930.6
#省 内	#Inside the Province	125.6	147.6	168.2	144.7	194.7
省 外	Outside the Province	263.9	331.3	385.9	422.3	695.7
国 外	at Abroad	20.1	31.6	38.5	36.4	40.2

11-21 林业生产情况(2016)

BASIC STATISTICS ON FORESTRY (2016)

指 标	Item	2016
营造林面积(公顷)	**Total Area of Afforestation(hectare)**	**978051**
人工造林面积	Manual Planting	47055
飞播造林面积	Airplane Planting	
当年新封山（沙）育林面积	New Closing Hillsides for Afforestation	36814
退化林修复面积	Restoration of Degraded Forest	14923
人工更新面积	Artificial Regeneration	
森林抚育面积	Working Area of Forest	879259
年末实有封山(沙)育林面积(公顷)	**Closing Hillsides for Afforestation at Year-end**	
四旁(零星)植树(株)	**Oddly Tree Planting (root)**	**11363269**
商品材采伐(立方米)	**Forest Cutting (cu.m)**	**1163867**

11-22 农垦系统农牧场基本情况

BASIC STATISTICS ON LAND RECLAMATION SYSTEM

指　标	Item	2012	2013	2014	2015	2016
农牧场数(个)	Number of Farms and Pastures(unit)	113	113	113	113	113
职工人数(万人)	Number of Staff and Workers(10000 persons)	45.1	37.5	39.6	37.5	36.2
耕地面积(万公顷)	Cultivated Area(10000 hectares)	288.0	288.5	289.2	290.2	290.9
农业机械总动力(万千瓦)	Total Power of Agricultural Machinery(10000 kw)	818.6	895.3	930.9	980.4	1045.1
大中型农用拖拉机(万台)	Large and Medium Agricultural Tractors(10000 units)	6.2	6.8	7.3	7.6	8.1
小型拖拉机(万台)	Mini Tractors(10000 units)	6.5	6.2	5.6	5.2	5.0
联合收割机(台)	Combine Harvesters(unit)	26352	28402	30362	32020	36068
农用载重汽车(辆)	Trucks for Agricultural Use(unit)	900	879	1166	1124	1102
农用化肥施用折纯量(万吨)	Consumption of Chemical Fertilizers(10000 tons, Converting the gross weight into weight containing 100% effective component)	58.0	58.0	59.3	58.7	57.0
农业总产值(亿元)	Gross Agricultural Output Value(100 million yuan)	892.3	946.9	997.6	957.4	948.7
农林牧渔业增加值(亿元)	Value-added of Farming, Forestry, Animal Husbandry and Fishery(100 million yuan)	488.6	521.5	543.7	554.6	518.9
农林牧渔业商品产值(亿元)	Commodity Output Value of Farming, Forestry, Animal Husbandry and Fishery(100 million yuan)	829.5	869.8	887.0	873.9	826.2
商品率(%)	Commodity Ratio(%)	94.1	94.2	94.3	94.4	94.4
粮食交售量(万吨)	Sale Amount of Grain(10000 tons)	2034.3	2032.4	2056.4	2039.9	1944.1
肥猪交售量(万吨)	Sale Amount of Hogs(10000 tons)	36.4	32.4	20.6	21.8	11.4
农作物总播种面积(千公顷)	Sown Area of Farm Crops(1000 hectares)	2870.6	2879.9	2872.5	2861.2	2859.5
#粮　食	#Grain	2797.8	2803.4	2831.3	2825.4	2814.3
甜　菜	Beetroots	15.3	16.7			0.2
油　料	Oil-bearing Crops	10.6	5.5	4.9	4.5	11.5
烤烟(公顷)	Flue-cured Tobacco(hectare)	705.0	744.0	707.0	300.0	142.0
亚麻(公顷)	Flax(hectare)	551	200	99	604	383
主要农产品产量	Yield of Major Farm Crops					
粮食(万吨)	Grain(10000 tons)	2141.1	2150.4	2180.7	2161.1	2059.5
#大　豆	#Soja	85.9	56.5	114.8	111.8	141.3
油料(万吨)	Oil-bearing Crops(10000 tons)	1.7	1.0	0.8	0.7	1.9
甜菜(万吨)	Beetroots(10000 tons)	75.9	43.6			0.8
亚麻(吨)	Flax(ton)	2840	772	476	2560	1754
烤烟(吨)	Flue-cured Tobacco(ton)	2085	1701	1500	421	281
畜牧业生产情况	Production of Animal Husbandry					
大牲畜年底头数(万头)	Number of Large Animals at the Year-end(10000 heads)	49.2	30.7	19.7	19.4	20.4
猪年底头数(万头)	Number of Hogs(10000 heads)	181.6	148.5	99.8	80.6	76.8
羊年底只数(万只)	Number of Sheep and Goats(10000 heads)	134.7	57.4	27.8	26.6	26.2
#绵　羊	#Sheep	62.7	40.5	20.6	19.7	20.6
猪牛羊肉产量(万吨)	Pork, Beef and Mutton(10000 tons)	45.7	46.8	27.6	17.3	13.9
#猪肉产量	#Pork	33.7	32.8	20.5	13.0	11.7
牛奶产量(万吨)	Milk(10000 tons)	87.6	85.1	46.6	37.5	42.7
禽蛋产量(万吨)	Poultry Eggs(10000 tons)	8.0	6.7	4.3	3.4	3.0
绵羊毛产量(吨)	Sheep Wool(ton)	2301	2088	1043	569	538
水产品产量(吨)	Output of Aquatic Products(ton)	34500	36633	38903	33636	32680

主要统计指标解释

农林牧渔业总产值 指以货币表现的农、林、牧、渔业全部产品和对农林牧渔业生产活动进行的各种支持性服务活动的价值总量，它反映一定时期内农林牧渔业生产总规模和总成果。1957年以前的农林牧渔业总产值中包括了厩肥和农民自给性手工业(如农民自制衣服、鞋、袜，自己从事粮食初步加工等)。1958年及以后，林业中增加了村及村以下竹木采伐产值；牧业中取消了厩肥产值；副业中取消了农民自给性手工业产值，增加了村及村以下办的工业产值； 渔业中增加了海洋捕捞水产品产值。1980年及以后，在副业中增加了农民家庭兼营工业商品部分的产值。从1984年起村及村以下工业产值划归工业。从1993年起取消副业，将野生动物的捕猎划入牧业，野生植物采集和农民家庭兼营商品性工业划归农业。从2003年起，执行新的国民经济行业分类标准，农林牧渔业总产值中包括了农林牧渔服务业产值。林业中增加了森林采运业产值。农业中取消了家庭兼营商品性工业产值，将野生林产品的采集划归林业。第一次农业普查以后，由于畜牧业产品年报数据与普查数据之间存在一定的差距，根据农业普查结果，对畜牧业年报数据和畜牧业产值进行了修正。2010年执行《统计用产品分类目录》，对2009年的农业、林业产值做了相应调整。

农林牧渔业总产值的计算方法通常是按农、林、牧、渔业产品及其副产品的产量分别乘以各自单位产品价格求得；少数生产周期较长，当年没有产品或产品产量不易统计的，则采用间接方法匡算其产值；然后将四业产品产值及农林牧渔服务业产值相加即为农林牧渔业总产值。

粮食产量 指农业生产经营者日历年度内生产的全部粮食数量。按收获季节包括夏收粮食、早稻和秋收粮食，按作物品种包括谷物、薯类和豆类。其产量计算方法：谷物按脱粒后的原粮计算，豆类按去豆荚后的干豆计算；薯类(包括甘薯和马铃薯，不包括芋头和木薯)1963年以前按每4公斤鲜薯折1公斤粮食计算，从1964年开始改为按5公斤鲜薯折1公斤粮食计算，2014年开始按鲜薯计算；城市郊区作为蔬菜的薯类(如马铃薯等)按鲜品计算，并且不作粮食统计。1989年以前全国粮食产量数据主要靠全面报表取得，1989年开始使用抽样调查数据。

油料产量 指全部油料作物的生产量。包括花生、油菜籽、芝麻、向日葵籽、胡麻籽（亚麻籽）和其他油料。不包括大豆、木本油料和野生油料。花生以带壳干花生计算。

水产品产量 指渔业（捕捞和养殖）生产活动的最终有效成果，包括全部海水和淡水鱼类、甲壳类（虾、蟹）、贝类、头足类、藻类和其他类渔业产品的最终产量。水产品产量是通过各级水产和统计部门逐级上报取得数据。1995年及以前，贝类中牡蛎按鲜肉计算；蚶、蛤、蛙按 5 斤鲜品折 1 斤计算。1996年以后则统一按鲜品计算。

猪、牛、羊肉产量 指当年出栏并已屠宰、除去头蹄下水后带骨肉(即胴体重)的重量。包括全社会范围内的产量。1996年以前为全面统计并逐级上报数据。1996年第一次农业普查以后，根据普查结果，对畜牧业主要年报数据进行了修正。1999年以后，国家统计局在部分地区开展了猪、牛、羊、禽等主要畜禽品种的抽样调查，并用抽样数据作为国家定案数据使用。未开展抽样调查的地区和品种，仍使用各级统计部门逐级上报数据。2007年，根据第二次农业普查结果，对2000—2006年畜牧业主要年报数据进行了修正。2008年，建立了主要畜禽监测调查制度，猪、牛、羊、禽等主要畜禽数据均以抽样调查数为法定数据。

期初(末)畜禽存栏头(只)数 指报告期初(末)农村各种合作经济组织和国营农场、农民个人、机关、团体、学校、工矿企业、部队等单位以及城镇居民饲养的大牲畜、猪、羊、家禽等畜禽的数量。数据上报方式及数据调整情况同猪、牛、羊肉产量。

农作物播种面积 指农业生产经营者应在日历年度内收获农作物在全部土地（耕地或非耕地）上的播种或移植面积。凡是本年内收获的农作物，无论是本年还是上年播种，都算为播种面积，但不包括本年播种，下年收获的农作物面积。

有效灌溉面积 指具有一定的水源，地块比较平整，灌溉工程或设备已经配套，在一般年景下能够进行正常灌溉的耕地面积。在一般情况下，有效灌溉面积应等于灌溉工程或设备已经配套，能够进行正常灌溉的水田和水浇地面积之和。它是反映我国农田水利建设的重要指标。

农用化肥施用量　指本年内实际用于农业生产的化肥数量，包括氮肥、磷肥、钾肥和复合肥。化肥施用量要求按折纯量计算数量。折纯量是指把氮肥、磷肥、钾肥分别按含氮、含五氧化二磷、含氧化钾的百分之百成份进行折算后的数量。复合肥按其所含主要成分折算。公式为：

折纯量=实物量×某种化肥有效成份含量的百分比

农业机械总动力　指全部农业机械动力的额定功率之和。农业机械是指用于种植业、畜牧业、渔业、农产品初加工、农用运输和农田基本建设等活动的机械及设备。农机总动力按使用能源不同分为以下四部分：

柴油发动机动力：指全部柴油发动机额定功率之和；

汽油发动机动力：指全部汽油发动机额定功率之和；

电动机动力：指全部电动机（含潜水电泵的电动机）额定功率之和；

其他机械动力：指采用柴油、汽油、电力之外的其他能源，如水力、风力、煤炭、太阳能等动力机械功率之和。

这个指标的统计数据主要来源于农机部门。

乡村户数　指长期(一年以上)居住在乡镇(不包括城关镇)行政管理区域内的住户，还包括居住在城关镇所辖行政村范围内的农村住户。户口不在本地而在本地居住一年及以上的住户也包括在本地农村住户内；有本地户口，但举家外出谋生一年以上的住户，无论是否保留承包耕地都不包括在本地农村住户范围内。不包括乡村地区内的国有经济的机关、团体、学校、企业、事业单位的集体户。

乡村人口　指乡村地区常住居民户数中的常住人口数，即全年经常在家或在家居住6个月以上，而且经济和生活与本户连成一体的人口。外出从业人员在外居住时间虽然在6个月以上，但收入主要带回家中，经济与本户连为一体，仍视为家庭常住人口；在家居住，生活和本户连成一体的国家职工、退休人员也为家庭常住人口。但是现役军人、中专及以上(走读生除外)的在校学生、以及常年在外(不包括探亲、看病等)且已有稳定的职业与居住场所的外出从业人员，不应当作家庭常住人口。

乡村从业人员　指乡村人口中16周岁以上实际参加生产经营活动并取得实物或货币收入的人员，即包括劳动年龄内经常参加劳动的人员，也包括超过劳动年龄但经常参加劳动的人员，但不包括户口在家的在外学生、现役军人和丧失劳动能力的人，也不包括待业人员和家务劳动者。从业人员按从事主业时间最长（时间相同按收入）分为农林牧渔业从业人员、工业从业人员、建筑业从业人员、交通运输业、仓储及邮电通讯业从业人员、批零贸易及餐饮业从业人员、其他非农行业从业人员。

Explanatory Notes on Main Statistical Indicators

Gross Output Value of Agriculture, Forestry, Animal Husbandry and Fishery refers to the total value of products of agriculture, forestry, animal husbandry and fishery, and total value of services in support of agriculture, forestry, animal husbandry and fishery activities. It reflects the total scale and results of agricultural production during a given period. Prior to 1957, China's gross agricultural output value included barnyard manure and handicraft products for self-consumption (clothes, shoes, stockings, and initial grain processing undertaken by peasants). Since 1958, cutting and felling of bamboo and trees by villages and other cooperative organizations under villages have been included in forestry; value of barnyard manure has been excluded from animal husbandry; self consumed handicrafts have not been included from sideline occupations, while the output value of industries run by villages and cooperative organizations under village has been included in sideline occupations; and the output value of fish catches by motor fishing boats has been added to fishery. Since 1980, the value of handicraft products made for sale by individuals in households has been added to sideline occupations. Since 1984, industries run by villages and under villages have been included in the sector of industry. Since 1993, the subdivision of sideline occupations has been cancelled, and the hunting of wild animals has been classified into animal husbandry, and the gathering of wild plants and commodity industry run by rural household have been included in farming. A new industrial classification of economic activities was introduced in 2003. Under the new classification, value of services to agriculture, forestry, animal husbandry and fishery is included in the gross output value of agriculture, value of wood felling and transport is included in forestry, value of industrial output by rural households is not included in agriculture. The First Agriculture Census of China revealed some discrepancy between the production of animal products from the annual reports and that from the census. According to the result of the First Agriculture census, efforts were made to adjust the annual reports of animal husbandry output and the output value of animal husbandry to make the figures from the annual reports consistent with the census data. "The Classification of Products for Statistical Purposes" implemented in 2010 made relevant revision on the output value of agriculture and forestry in 2009.

Gross output value of agriculture is obtained by multiplying the output of each product or by-product by its price, resulting in the output value of each single item. For a small number of products, annual output of which is not available or difficult to get due to the long production (growing) process involved, the output value is estimated through an indirect approach. The sum of output values of all products of agriculture, forestry, animal husbandry and fishery and services in support to those industries is then equal to the gross output value of agriculture.

Grain Output refers to the total output of grains produced by agricultural producers within a calendar year. It includes summer grain, early rice and autumn grain if classified by harvest seasons; it covers cereal, tubers and beans if classified by type of crops. Output of cereal should be limited to husked grain only. Output of beans refers to dry beans without pods. The output of tubers (sweet potatoes and potatoes, not including taros and cassava) are converted into that of grain at the ratio 4:1, i.e. 4 kilograms of fresh tubers were equivalent to 1 kilogram of grain up to 1963. Since 1964 the ratio for conversion has been 5:1, and Starting from 2014, the ratio for conversion has been 1:1. Tubers supplied as vegetables (such as potatoes) in cities and suburbs are calculated as fresh vegetables and their output is not included in the output of grain. Data on grain production before 1989 were obtained through the Comprehensive Statistical Reporting System. Since 1989, data from sample surveys are used.

Cotton Output refers to cotton production in the whole country including cotton planted in spring and in autumn. Output is measured as the weight of ginned cotton. Ceiba is not included.

Output of Oil-bearing Crops refers to the total production of oil-bearing crops of various kinds, including peanuts (dry, in shell), rapeseeds, sesame, sunflower seeds, flax seeds, and other oil-bearing crops. Soybeans, oil-bearing woody plants, and wild oil-bearing crops are not included.

Output of Aquatic Products refers to final output actually yielded from fishing production (fishery and breeding), including all output of marine and freshwater fish, crustaceans (shrimps, crabs), shellfish, cephalopod, seaweed and other fishery products. Data on output of aquatic products are reported by aquatic product and statistical agencies level by level. Before 1995, among the shellfish, oyster was counted as fresh meat; 5 kilograms of ark shell, clams and frogs are equivalent to 1 kilogram of fresh aquatic products; they have all been counted as fresh aquatic products since 1996.

Output of Pork, Beef, and Mutton refers to the meat of slaughtered hogs, cattle, sheep and goats with head, feet, and offal taken away. Data refers to the production of the whole country. Before 1996, it was a comprehensive reporting from the lower level to the upper one. The First Agricultural Census of China in 1996 revealed some discrepancy between the production of animal products from the annual reports and that from the census. Efforts were made to adjust the output value of animal husbandry to make the figures from the annual reports consistent with the census data. Since 1999, the NBS conducted sample surveys for the major animal husbandry products, such as hogs, cattle, sheep and goats and fowls, and the data from sample surveys are used as national finalized data. Those products, which are not covered by the sample survey, are still reported by statistical agencies level by level. In 2007, the data on animal husbandry from 2000 to 2006 were revised according to the results of the Second Agriculture Census of China. In 2008, A Monitoring and Survey Program was set up on main livestock, the data on the main livestock such as hog, cattle, sheep and poultry became the official data based on the sampling survey.

Number of Livestock or Poultry in Stock at Beginning (or End) of Period refers to the total number of large animals, pigs, sheep, fowls, etc. raised by rural cooperative organizations, State farms, rural individuals, government agencies, schools, industrial and mining enterprises, army, and urban residents at the beginning (or end) of the reference period. Data reporting system and data adjustment are the same as that in the output of pork, beef and mutton.

Sown Area of Crops refers to area of all land (cultivated or non-cultivated area) sown or transplanted with crops that are harvested within the calendar year by agricultural producers. All crops harvested within the year are counted as sown area, regardless of being sown in this year or the previous year. Crops sown this year but will be harvested in the coming year are excluded.

Effective Irrigated Area refers to area of land that are effectively irrigated, i.e. relatively level land, where there are water sources or complete sets of irrigation facilities to lift and move adequate water for irrigation purpose under normal conditions. Under normal situations, irrigated area is the sum of watered fields and irrigated fields where irrigation systems or equipment have been installed for regular irrigation purpose. It is an important indicator to reflect the farmland water conservancy construction in China.

Consumption of Chemical Fertilizers in Agriculture refers to the quantity of chemical fertilizers applied in agriculture in the year, including nitrogenous fertilizer, phosphate fertilizer, potash fertilizer, and compound fertilizer. The consumption of chemical fertilizers is calculated in terms of volume of effective components by means of converting the gross weight of the respective fertilizers into weight containing effective component (e.g. nitrogen content in nitrogenous fertilizer, phosphorous pentoxide contents in phosphate fertilizer, and potassium oxide contents in potash fertilizer). Compound fertilizer is converted in regard to its major components. The formula is:

Volume of effective component= physical quantity× effective component of certain chemical fertilizer (%)

Total Power of Agricultural Machinery refers to the total rated capacity of all agricultural machinery. Agricultural machinery refers to the machineries and equipments which are used for activities of planting, animal husbandry, fishery, primary processing of agricultural products, agricultural transport and infrastructure construction of farmland. Total power of agricultural machinery is grouped into four parts according to the energy used:

Diesel engine power refers to the total rated capacity of all diesel engines.

Gasoline engine power refers to the total rated capacity of all gasoline engines.

Motor power refers to the total rated capacity of all motors (include submersible pump motors).

Other mechanical powers refer to the total mechanical capacity of the sources of energy besides diesel, gasoline and motor power, such as hydro power, wind power, coal and solar energy.

Data are mainly from agricultural machinery agencies.

Number of Households in Villages refers to households resident on a long term basis (i.e. 1 year or more) in administrative districts in townships (not including urban townships), including rural households resident in areas under the jurisdiction of urban townships. Households whose household registration is not in the locality yet resident for one year or more are included among the rural households. Households having local household registration yet the whole household having left for somewhere else for work for one year or more, whether still retaining contracted farmland, are not included among the local rural households. Also not included are collective households associated with institutions of the State economy, organizations, schools and enterprises.

Number of Residents of Villages refers to the number of usual residents in usual resident households in rural areas. These are persons who are regularly at home or are at home for 6 months or more and economically and socially integrated with the household. For persons who are away from home for employment for more than 6 months yet the main income is brought back home and thus economically integrated with the household, the person is still considered as a usual resident of the household. National employee and retired personnel who reside at home and whose living is integrated with the household are also considered as usual residents. However, serving military personnel, students at secondary technical level or above (

unless commuting between school and home), employed persons who are regularly elsewhere the year round (except visiting relatives or receiving medical attention) and having a stable job and residence should not be considered as usual resident of the household.

Rural Persons Engaged refer to persons in the rural labour force aged over 16 years who are engaged in actual production and management activities and receive payment in kind or wages, including those covered within the labour force age bracket and regularly participating in production activities, and those who are out of the labour force age bracket yet also participating in production activities regularly. Students studying in other places with their permanent residence registered in local areas, servicemen and persons incapable of working are not included. Also not included are those who are waiting for jobs and those engaged in housework. Persons employed are classified as persons engaged in agriculture, forestry, animal husbandry or fishery activities; persons engaged in industrial activities; persons engaged in construction activities; persons engaged in transport, storage and telecommunications activities; persons engaged in wholesale and retail trade and catering activities; and persons engaged in other non-agriculture activities. In case the person is engaged in more than one type of work, classification is according to the industry in which he works most of the time (where time is the same income would be the criterion).

第十二篇　工　业

CHAPTER 12 INDUSTRY

资料整理：高松凡　栾　超　杨　阳
　　　　　尹　波　王志博

12-1 工业企业单位数

NUMBER OF INDUSTRY ENTERPRISES

单位：个 (unit)

类 别	Category	2012	2013	2014	2015	2016
总 计	**Total**	**3911**	**4398**	**4305**	**4162**	**3946**
#亏损企业	#Loss-making Enterprises	623	698	760	835	705
#国有及国有控股企业	#State-owned and State-holding Enterprises	457	460	457	446	447
#农村工业	#County Enterprises	35	32	29	30	27
按登记注册类型分	**Grouped by Status of Registration**					
内资企业	Domestic Funded	3677	4168	4085	3964	3758
国有企业	State-owned Enterprises	223	153	134	135	120
#中央企业	#Central Industry	41	27	23	25	15
集体企业	Collective-owned Enterprises	95	80	49	42	29
股份合作企业	Cooperative Enterprises	49	23	19	16	11
联营企业	Joint Ownership Enterprises	3	3	1	3	1
有限责任公司	Limited Liability Corporations	1247	1530	1565	1588	1612
股份有限公司	Share Holding Enterprises	197	223	218	211	214
私营企业	Private Enterprises	1758	2126	2080	1955	1759
私营独资企业	Private-funded Enterprises	290	125	82	66	42
私营合伙企业	Private Partnership	27	10	5	5	3
私营有限责任公司	Private Limited Liability Corporations	1357	1866	1874	1769	1604
私营股份有限公司	Private Share-holding Enterprises	84	125	119	115	110
其他企业	Other Enterprises	105	30	19	14	12
港、澳、台商投资企业	Enterprises with Funds from Hong Kong, Macao and Taiwan	66	70	67	60	61
外商投资企业	Foreign Funded Enterprises	168	160	153	138	127
按轻重工业分	**Grouped by Light and Heavy Industry**					
轻工业	Light Industry	1620	1903	1985	2001	1952
重工业	Heavy Industry	2291	2495	2320	2161	1994
按企业规模分	**Grouped by Size of Enterprises**					
大 型	Large Enterprises	132	134	117	102	87
中 型	Medium-sized Enterprises	503	514	511	490	465
小 型	Smal Enterprises	3082	3406	3330	3204	3050
微 型	Micro type	194	344	347	366	344
按行业分	**Grouped by Sector**					
采矿业	Mining and Quarrying	364	364	246	212	175
#煤炭开采和洗选业	#Mining and Washing of Coal	267	267	154	128	95
石油和天然气开采业	Extraction of Petroleum and Natural Gas	4	4	2	1	1
制造业	Manufacturing	3280	3741	3748	3609	3401
电力、热力、燃气及水的生产和供应业	Production and Supply of Electric, heat, Gas and Water	267	293	311	341	370

注：2011年起，规模以上工业企业统计范围由年主营业务收入500万元提高到2000万元以上。

Note: Since 2011, industrial enterprises above designated size range from statistics the main business income in 5 increase to 20 million yuan of above.

12-2 工业总产值

GROSS INDUSTRIAL OUTPUT VALUE

单位：亿元 (100 million yuan)

类 别	Category	2012	2013	2014	2015	2016
总 计	**Total**	**12565.6**	**13719.3**	**13423.5**	**11607.9**	**11279.9**
#亏损企业	#Loss-making Enterprises	2288.6	2852.5	2419.1	2291.3	2679.6
#国有及国有控股企业	#State-owned and State-holding Enterprises	6458.7	6470.8	6325.6	4726.7	4275.4
#农村工业	#County Enterprises	88.9	83.0	79.6	72.6	66.6
按登记注册类型分	**Grouped by Status of Registration**					
内资企业	Domestic Funded	11480.0	12510.6	12191.3	10501.2	10120.8
国有企业	State-owned Enterprises	1337.9	698.5	898.7	544.2	475.4
#中央企业	#Central Industry	736.3	469.1	641.8	300.7	233.5
集体企业	Collective-owned Enterprises	141.9	93.6	68.3	61.6	50.2
股份合作企业	Cooperative Enterprises	82.7	12.6	13.4	12.8	12.1
联营企业	Joint Ownership Enterprises	12.9	18.0	0.2	6.9	0.2
有限责任公司	Limited Liability Corporations	5643.2	6632.8	6331.4	5271.7	5093.3
股份有限公司	Share Holding Enterprises	1598.4	1628.0	1623.8	1452.2	1373.7
私营企业	Private Enterprises	2564.7	3402.7	3231.9	3134.2	3107.9
私营独资企业	Private-funded Enterprises	406.8	144.3	116.9	98.8	63.5
私营合伙企业	Private Partnership	32.0	5.8	5.7	4.9	3.9
私营有限责任公司	Private Limited Liability Corporations	1969.7	3025.5	2920.0	2842.5	2844.8
私营股份有限公司	Private Share-holding Enterprises	156.1	227.1	189.3	187.9	195.7
其他企业	Other Enterprises	98.2	24.3	23.6	17.3	7.9
港、澳、台商投资企业	Enterprises with Funds from Hong Kong, Macao and Taiwan	290.5	323.5	317.1	274.2	374.8
外商投资企业	Foreign Funded Enterprises	795.0	885.2	915.1	832.6	784.3
按轻重工业分	**Grouped by Light and Heavy Industry**					
轻工业	Light Industry	3787.4	4724.6	4774.9	4729.5	4820.7
重工业	Heavy Industry	8778.2	8994.7	8648.6	6878.4	6459.2
按企业规模分	**Grouped by Size of Enterprises**					
大 型	Large Enterprises	6492.2	6404.8	6101.0	4570.2	4048.9
中 型	Medium-sized Enterprises	1904.5	2103.3	2377.4	2281.8	2343.0
小 型	Smal Enterprises	4065.8	5054.2	4779.2	4595.4	4701.8
微 型	Micro type	103.1	157.1	166.0	160.6	186.2
按行业分	**Grouped by Sector**					
采矿业	Mining and Quarrying	2982.2	2754.0	2495.7	1536.2	1304.1
#煤炭开采和洗选业	#Mining and Washing of Coal	732.8	566.8	360.8	301.7	267.8
石油和天然气开采业	Extraction of Petroleum and Natural Gas	1980.9	1893.2	1835.1	954.5	762.0
制造业	Manufacturing	8397.9	9667.9	9588.1	8831.3	8733.3
电力、热力、燃气及水的生产和供应业	Production and Supply of Electric, heat, Gas and Water	1185.4	1297.4	1339.8	1240.5	1242.5

12-3 分地区工业企业单位数

MUMBER OF INDUSTRIAL ENTERPRISES BY REGION

单位：个 (unit)

年份 地区	Year Region	总计 Total	#国有及国有控股 State-owned and State	#集体 Collective-owned	大型 Large	中型 Medium	小型 Small	微型 Micro type	轻工业 Light Industry	重工业 Heavy Industry
	2011	3377	425	89	122	501	2599	155	1367	2010
	2012	3911	457	95	132	503	3082	194	1620	2291
	2013	4398	460	80	134	514	3406	344	1903	2495
	2014	4305	457	49	117	511	3330	347	1985	2320
	2015	4162	446	42	102	490	3204	366	2001	2161
	2016	3946	447	29	87	465	3050	344	1952	1994
哈尔滨	Harbin	1315	147	4	33	116	1065	101	715	600
齐齐哈尔	Qiqihar	382	42	2	9	74	267	32	186	196
鸡西	Jixi	110	26		3	19	62	26	44	66
鹤岗	Hegang	94	10	3	1	9	72	12	38	56
双鸭山	Shuangyashan	127	19		3	11	97	16	58	69
大庆	Daqing	356	46	11	13	36	270	37	160	196
伊春	Yichun	92	14		1	12	70	9	50	42
佳木斯	Jiamusi	286	31	1	2	21	242	21	125	161
七台河	Qitaihe	67	10	1	3	16	43	5	20	47
牡丹江	Mudanjiang	445	26	7	4	58	363	20	175	270
黑河	Heihe	99	14		1	10	77	11	38	61
绥化	Suihua	373	32		9	68	263	33	208	165
大兴安岭	Daxinganling	18	5			3	15		7	11
农垦总局	ARB	156	23		5	12	123	16	125	31
绥芬河	Suifenhe	22					18	4	2	20
抚远	Fuyuan	4	2				3	1	1	3

12-4 分地区工业总产值

GROSS INDUSTRIAL OUTPUT VALUE BY REGION

单位：亿元 (100 million yuan)

年份 地区	Year Region	总计 Total	#国有及国有控股 State-owned and State	#集体 Collective-owned	大型 Large	中型 Medium	小型 Small	微型 Micro type	轻工业 Light Industry	重工业 Heavy Industry
	2011	11514.6	6482.6	144.4	6246.7	1761.6	3074.0	432.2	3125.8	8388.7
	2012	12565.6	6458.7	141.9	6492.2	1904.5	4065.8	103.1	3787.4	8778.2
	2013	13719.3	6470.8	93.6	6404.8	2103.3	5054.2	157.1	4724.6	8994.7
	2014	13423.5	6325.6	68.3	6100.9	2377.4	4779.2	166.0	4774.9	8648.6
	2015	11607.9	4726.7	61.6	4570.2	2281.8	4595.4	160.6	4729.5	6878.4
	2016	11279.9	4275.4	50.2	4048.9	2343.0	4701.8	186.2	4820.7	6459.2
哈尔滨	Harbin	3236.9	1186.9	0.6	1169.4	537.9	1480.8	48.8	1591.4	1645.5
齐齐哈尔	Qiqihar	1079.7	194.0	4.0	139.2	451.5	475.8	13.1	649.2	430.5
鸡西	Jixi	185.3	77.1		38.4	57.2	70.0	19.7	55.9	129.5
鹤岗	Hegang	138.9	69.9	1.7	42.7	44.9	48.0	3.3	28.8	110.2
双鸭山	Shuangyashan	253.8	63.2		86.1	38.6	116.7	12.4	89.4	164.4
大庆	Daqing	2845.3	1879.9	34.9	1857.3	376.7	590.6	20.7	524.7	2320.5
伊春	Yichun	89.4	30.6		27.9	17.9	40.5	3.1	21.5	67.9
佳木斯	Jiamusi	530.7	63.9	1.6	21.6	99.5	399.4	10.1	279.7	250.9
七台河	Qitaihe	144.5	71.3	0.2	58.8	59.1	25.5	1.1	11.0	133.5
牡丹江	Mudanjiang	1026.6	64.3	7.1	45.4	239.8	732.5	9.1	382.0	644.7
黑河	Heihe	134.8	29.7		4.3	34.7	87.7	8.2	48.1	86.7
绥化	Suihua	1007.2	126.4		152.3	345.5	481.0	28.4	599.1	408.1
大兴安岭	Daxinganling	16.0	7.1			6.6	9.4		7.1	8.9
农垦总局	ARB	566.3	410.2		405.5	33.1	121.4	6.3	530.0	36.3
绥芬河	Suifenhe	20.9					19.3	1.7	1.0	19.9
抚远	Fuyuan	3.5	0.7				3.2	0.3	1.8	1.6

12-5 工业企业主要经济指标(2016年)

单位：万元

类别	Category	单位数(个) Number of Enterprises (unit)	#亏损企业 Loss-making Enterprises	工业总产值 Gross Industrial Output Value
总计	**Total**	**3946**	**705**	**112799110**
#亏损企业	#Loss-making Enterprises	705	705	26795535
#国有及国有控股企业	#State-owned and State-holding Enterprises	447	164	42754339
#农村工业	#County Enterprises	27	2	665727
按登记注册类型分	**Grouped by Status of Registration**			
内资企业	Domestic Funded	3758	661	101208282
国有企业	State-owned Enterprises	120	77	4754431
#中央企业	#Central Industry	15	7	2334982
集体企业	Collective-owned Enterprises	29	6	502418
股份合作企业	Cooperative Enterprises	11	1	120586
联营企业	Joint Ownership Enterprises	1		2152
有限责任公司	Limited Liability Corporations	1612	325	50933405
国有独资公司	Sole State-funded Corporations	59	20	6420556
其他有限责任公司	Other Limited Liability Corporations	1553	305	44512849
股份有限公司	Share Holding Enterprises	214	42	13736621
私营企业	Private Enterprises	1759	208	31079279
私营独资企业	Private-funded Enterprises	42	4	635237
私营合伙企业	Private Partnership	3		39259
私营有限责任公司	Private Limited Liability Corporations	1604	184	28447916
私营股份有限公司	Private Share-holding Enterprises	110	20	1956867
其他企业	Other Enterprises	12	2	79389
港、澳、台商投资企业	Proprietorship from Hong Kong, Macao and Taiwan	61	15	3747613
外商投资企业	Foreign Funded Enterprises	127	29	7843216
按经济组织类型分	**Grouped by Medium-sized Enterprises**			
独资企业	Proprietorship	277	118	9603418
国有企业	State-owned Enterprises	120	77	4754431
集体企业	Collective-owned Enterprises	29	6	502418
私营独资企业	Private-funded Enterprises	42	4	635237
港澳台商独资经营企业	Proprietorship from Hong Kong, Macao and Taiwan	25	11	1100371
外资企业	Foreign Funded Enterprises	61	20	2610961
合作、合伙企业	Cooperative Enterprises and Partnership	39	3	1952175
股份合作企业	Cooperative Enterprises	11	1	120586
国有联营企业	State Joint Ownership Enterprises			
集体联营企业	Collective Joint Ownership Enterprises			
国有与集体联营企业	State and Collective Joint Ownership Enterprises	1		2152
其他联营企业	Other Joint Ownership Enterprises			
私营合伙企业	Private Partnership	3		39259
港或澳、台资合作经营企业	Cooperative Enterprises with Funds from Hong Kong, Macao and Taiwan	3		955989
中外合作经营企业	Sino-foreign Cooperative Enterprises	4		135485
其他企业(内资)	Other Enterprises (Domestic Funded)	12	2	79389
股份有限公司	Share Holding Enterprises	330	63	16537480
股份有限公司(内资)	Share Holding Enterprises (Domestic Funded)	214	42	13736621
私营股份有限公司	Private Share Holding Enterprises	110	20	1956867
港澳台商投资股份有限公司	Share Holding Enterprises with Funds from Hong Kong, Macao and Taiwan	2		414240
外商投资股份有限公司	Foreign Funded Share Holding Enterprises	4	1	429751
有限责任公司	Limited Liability Corporations	3300	521	84706038
国有独资公司	Sole State-funded Corporations	59	20	6420556
私营有限责任公司	Private Limited Liability Corporations	1604	184	28447916
港澳台合资经营企业	Joint Venture Enterprises of Hong Kong, Macao and Taiwan	28	4	667366
中外合资经营企业	Sino-foreign Cooperative joint venture Enterprises	56	8	4657351
其他有限责任公司	Other Limited Liability Corporations	1553	305	44512849

MAJOR INDICATORS OF INDUSTRIAL ENTERPRISES (2016)

(10000 yuan)

工业销售产值 Sale Output Value of Industry	应收帐款 Receivables	产成品 Finished Goods	流动资产合计 Total Working Capitals	固定资产原价 Original Value of Fixed Assets	固定资产合计 Total of Fixed Assets	资产合计 Total Assets	负债合计 Total Liabilities	主营业务收入 Revenue from Principal Business
111035610	**12926582**	**4557204**	**59688733**	**135303135**	**67521019**	**149519167**	**83999659**	**113477729**
26702425	4502051	1954148	25439175	78269961	35287399	71218466	42302804	28659102
42831571	6215203	2031767	31487398	99240565	45817714	90072248	51205636	45718139
652461	157186	13595	293990	166007	115536	463344	210773	638437
99436195	11239133	4043373	52114682	123674673	60784549	132982436	74111548	100866900
4730076	762361	174039	2206851	7387364	3789904	6922048	5837420	5629263
2347900	560049	115103	1028968	3936623	1731125	3356725	3131453	3174433
507035	169514	13284	399589	260264	113343	531448	395739	501759
120681	35662	4555	75150	26200	12207	92691	29779	144690
1884	130	52	775	102	97	1302	0.1	2003
50158792	5983547	2383494	33829148	90276768	44483930	91862025	50698672	51209713
6326496	552938	165438	2603541	13323088	7439077	13699850	10662288	6418322
43832296	5430609	2218056	31225608	76953681	37044853	78162175	40036384	44791391
13535991	2336554	559403	7462419	12298020	6105686	17083041	8894874	13446458
30302863	1941512	904609	8114383	13355836	6246114	16427900	8221142	29848573
632285	23652	7226	107819	240077	92457	227399	84516	610510
39222	1311	940	7318	5224	3442	10760	6729	39722
27745896	1737161	829778	7342848	12238437	5649429	14777277	7518619	27316098
1885460	179388	66665	656398	872098	500785	1412464	611278	1882243
78874	9854	3937	26367	70118	33269	61981	33923	84441
3706763	386899	134027	2650514	3261684	1951645	5790884	3397255	3702365
7892652	1300550	379804	4923538	8366778	4784825	10745847	6490855	8908464
9683639	1468797	406409	5383438	10667872	5688558	12752117	9661288	10703529
4730076	762361	174039	2206851	7387364	3789904	6922048	5837420	5629263
507035	169514	13284	399589	260264	113343	531448	395739	501759
632285	23652	7226	107819	240077	92457	227399	84516	610510
1084536	191352	49397	1225691	623106	403250	1954475	1371260	1085450
2729708	321919	162464	1443488	2157061	1289603	3116747	1972355	2876547
1950424	93751	26724	585902	1953766	1012038	1693170	599847	1982189
120681	35662	4555	75150	26200	12207	92691	29779	144690
1884	130	52	775	102	97	1302	0.1	2003
39222	1311	940	7318	5224	3442	10760	6729	39722
955989	2685	774	17969	1586837	783958	807488	36006	961991
134460	3240	1103	37202	105973	54472	99605	55643	133679
78874	9854	3937	26367	70118	33269	61981	33923	84441
16256194	2550363	709441	8537065	13728266	7016208	19839246	10187393	16142371
13535991	2336554	559403	7462419	12298020	6105686	17083041	8894874	13446458
1885460	179388	66665	656398	872098	500785	1412464	611278	1882243
417621	18647	16088	219501	262643	203061	915778	493084	356017
417122	15774	67286	198747	295504	206676	427963	188158	457653
83145353	8813671	3414629	45182329	108953232	53804215	115234635	63551130	84649641
6326496	552938	165438	2603541	13323088	7439077	13699850	10662288	6418322
27745896	1737161	829778	7342848	12238437	5649429	14777277	7518619	27316098
638970	135221	52406	788303	720358	504287	1583495	1120922	692255
4601695	957742	148951	3222030	5717668	3166569	7011839	4212917	5431574
43832296	5430609	2218056	31225608	76953681	37044853	78162175	40036384	44791391

12-5 续表1

单位：万元

类别	Category	单位数（个）Number of Enterprises (unit)	#亏损企业 Loss-making Enterprises	工业总产值 Gross Industrial Output Value
按轻重工业分	**Grouped by Light and Heavy Industry**			
轻工业	Light Industry	1952	255	48207017
重工业	Heavy Industry	1994	450	64592093
按行业分	**Grouped by Industry**			
采矿业	Mining and Quarrying	175	63	13040696
煤炭开采和洗选业	Mining and Washing of Coal	95	46	2677604
石油和天然气开采业	Extraction of Petroleum and Natural Gas	1	1	7619548
黑色金属矿采选业	Mining and Processing of Ferrous Metal Ores	11	3	414151
有色金属矿采选业	Mining and Processing of Non-ferrous Metal Ores	12	4	286499
非金属矿采选业	Mining and Processing of Non-metal Ores	38	6	464703
开采辅助活动	Support Activities For Mining	18	3	1578190
其他采矿业	Mining of Other Ores			
制造业	Manufacturing	3401	520	87333189
农副食品加工业	Processing of Food from Agricultural Products	1102	133	27776417
食品制造业	Manufacture of Foods	156	21	5755276
酒、饮料和精制茶制造业	Manufacture of Liquor, Beverages and Refined Tea	170	24	3025243
烟草制品业	Manufacture of Tobacco	4		950809
纺织业	Manufacture of Textile	48	7	1046137
纺织服装、服饰业	Manufacture of Textile, Wearing Apparel and Accessories	18	1	291546
皮革、毛皮、羽毛及其制品和制鞋业	Manufacture of Leather, Fur, Feather and Related Products and Footwear	41	2	915297
木材加工及木、竹、藤、棕、草制品业	Processing of Timber, Manufacture of Wood, Bamboo, Rattan, Palm and Straw Products	222	22	4643095
家具制造业	Manufacture of Furniture	53	7	781391
造纸及纸制品业	Manufacture of Paper and Paper Products	53	16	614050
印刷和记录媒介复制业	Printing and Reproduction of Recording Media	31	8	322605
文教、工美、体育和娱乐用品制造业	Manufacture of Articles for Culture, Education, Arts and Crafts, Sport and Entertainment Activities	42	1	756879
石油加工、炼焦及核燃料加工业	Processing of Petoleum, Coking, Processing of Nuclear Fuel	39	11	9583683
化学原料及化学制品制造业	Manufacture of Raw Chemical Materials and Chemical Products	207	38	5426520
医药制造业	Manufacture of Medicines	109	13	3190492
化学纤维制造业	Manufacture of Chemical Fibers	3	1	24122
橡胶和塑料制品业	Manufacture of Rubber and Plastics Products	109	16	2084574
非金属矿物制品业	Manufacture of Non-metallic Mineral Products	320	57	5383739
黑色金属冶炼及压延加工业	Smelting and Pressing of Ferrous Metals	31	11	1055793
有色金属冶炼及压延加工业	Smelting and Pressing of Non-ferrous Metals	15	6	403259
金属制品业	Manufacture of Metal Products	95	13	1556811
通用设备制造业	Manufacture of General Purpose Machinery	149	28	3305453
专用设备制造业	Manufacture of Special Purpose Machinery	173	32	2467285
汽车制造业	Manufacture of Automobiles	36	11	2369817
铁路、船舶、航空航天和其他运输设备制造业	Manufacture of Railway, Ship, Aerospace and Other Transport Equipments	32	9	675993
电气机械及器材制造业	Manufacture of Electrical Machinery and Apparatus	76	15	2076492
计算机、通信和其他电子设备制造业	Manufacture of Computers, Communication and Other Electronic Equipment	20	3	244026
仪器仪表制造业	Manufacture of Measuring Instruments and Machinery	26	6	252259
其他制造业	Other Manufacture	12	4	209688
废弃资源综合利用业	Utilization of Waste Resources	5	2	105831
金属制品、机械和设备修理业	Repair Industry of Metal Products, Machinery and Equipment	4	2	38610
电力、热力、燃气及水的生产和供应业	Production and Supply of Electric Power, heat, Gas and Water	370	122	12425225
电力、热力的生产和供应业	Production and Supply of Electric Power and Heat Power	329	107	11661119
燃气生产和供应业	Production and Supply of Gas	21	6	601981
水的生产和供应业	Production and Supply of Water	20	9	162126

CONTINUED

(10000 yuan)

工业销售产值 Sale Output Value of Industry	应收帐款 Receivables	产成品 Finished Goods	流动资产合计 Total Working Capitals	固定资产原价 Original Value of Fixed Assets	固定资产合计 Total of Fixed Assets	资产合计 Total Assets	负债合计 Total Liabilities	主营业务收入 Revenue from Principal Business
47074013	3292528	1952164	18850076	22531792	11946183	35672881	18396694	48640930
63961597	9634054	2605039	40838658	112771343	55574836	113846286	65602965	64836800
12931314	1040308	502910	11148049	57897146	23678985	39969391	14927916	13143656
2561074	653033	160137	2523583	6416077	3177382	7393729	6791340	2775224
7663595	179618	304304	7789153	47665672	18130361	28666062	6385654	7696014
411542	13218	3704	104828	355922	327626	529617	363005	423711
273224	1867	14120	171968	608014	475222	894948	695932	247993
445435	34267	19046	152773	168588	145359	349319	195207	442512
1576444	158305	1600	405743	2682874	1423035	2135716	496778	1558203
85765327	10643192	3934662	42953160	48292736	26708032	80749643	48153598	86849568
27272894	1201500	1069656	8597679	10876447	4809782	15187037	9209269	28381942
5390061	556934	246171	2055622	2786374	1781381	4261205	1673922	5404728
2948480	154507	123967	1230155	2239473	1488208	3061319	1624304	2911856
938818	63740	16852	470839	583768	370702	875815	138050	938527
1028170	51814	82644	280924	349758	184880	617456	229118	1005400
283931	18363	4241	63717	110592	63325	146822	49188	272188
908213	49993	22765	162514	59822	47641	223959	120838	808740
4566932	177696	82198	695293	1387907	793994	1702214	670890	4449322
767073	60957	71373	359155	385702	250058	642447	410226	767021
610440	73819	38184	329538	568450	256413	721644	347233	602009
317165	37611	10757	157558	202857	121373	312704	173340	296037
734912	16625	12147	71520	277964	138487	217420	56801	754655
9488038	362160	313460	2052447	7609789	3431098	5947398	3584510	9551492
5337958	356092	180915	1949231	3002375	1775826	4375014	2703065	5295742
3152158	656452	153127	3108160	2418603	1591943	5829454	2295335	3852045
21442	1146	3152	9478	16591	11288	33247	12828	21790
2028641	244184	65877	1131507	944923	530041	1878540	1112622	2014309
5213705	843904	187429	2903599	2918579	2043226	6246246	3853718	5111883
1011675	261494	442807	1500824	1864362	1192490	3881570	3588598	1008936
399172	61001	31202	364840	630810	407141	945670	600254	389336
1534236	187454	64877	612747	576581	311191	1069776	557076	1368266
3370511	1439586	190539	5038216	1668150	1128592	6518136	4886971	3307768
2387323	1903392	236306	4240483	2245249	1428332	6643815	3894025	2271251
2363816	515587	51726	1559410	2065608	1094186	2962623	2584480	2365704
693627	359185	29238	828508	630750	390628	1348179	779096	714378
2153810	739811	130594	2406839	1136918	711714	3741988	2132784	2138360
233738	81504	25135	259693	123086	84677	429009	205199	243813
259322	89790	27746	311045	138790	78209	472069	279128	273182
211060	25421	6259	68635	412066	153037	261629	239132	185937
99685	32117	8976	67066	26513	24556	103150	75068	105238
38323	19355	4346	65919	33882	13614	92090	66534	37713
12338970	1243082	119631	5587524	29113254	17134003	28800133	20918146	13484505
11570690	1181594	109529	4573231	28198214	16610294	26643357	19572373	12655058
606715	34225	10008	306891	429545	305358	668389	339849	668362
161565	27263	95	707402	485496	218352	1488386	1005924	161085

12-5 续表2

单位：万元

类　别	Category	主营业务成本 Cost of Principal Business	销售费用 Selling Expenses
总　计	**Total**	**97110010**	**2848975**
#亏损企业	#Loss-making Enterprises	27043085	508353
#国有及国有控股企业	#State-owned and State-holding Enterprises	38294904	770128
#农村工业	#County Enterprises	567021	18027
按登记注册类型分	**Grouped by Status of Registration**		
内资企业	Domestic Funded	87105558	2059677
国有企业	State-owned Enterprises	5339057	42029
#中央企业	#Central Industry	3137643	25940
集体企业	Collective-owned Enterprises	434708	6224
股份合作企业	Cooperative Enterprises	120100	2909
联营企业	Joint Ownership Enterprises	1889	17
有限责任公司	Limited Liability Corporations	45053487	998585
国有独资公司	Sole State-funded Corporations	6241809	45510
其他有限责任公司	Other Limited Liability Corporations	38811678	953075
股份有限公司	Share Holding Enterprises	9416146	324746
私营企业	Private Enterprises	26667662	683164
私营独资企业	Private-funded Enterprises	521669	21643
私营合伙企业	Private Partnership	35097	641
私营有限责任公司	Private Limited Liability Corporations	24461063	619612
私营股份有限公司	Private Share-holding Enterprises	1649832	41269
其他企业	Other Enterprises	72511	2004
港、澳、台商投资企业	Proprietorship from Hong Kong, Macao and Taiwan	2818553	289129
外商投资企业	Foreign Funded Enterprises	7185899	500168
按经济组织类型分	**Grouped by Medium-sized Enterprises**		
独资企业	Proprietorship	9651729	250887
国有企业	State-owned Enterprises	5339057	42029
集体企业	Collective-owned Enterprises	434708	6224
私营独资企业	Private-funded Enterprises	521669	21643
港澳台商独资经营企业	Proprietorship from Hong Kong, Macao and Taiwan	949260	29913
外资企业	Foreign Funded Enterprises	2407036	151079
合作、合伙企业	Cooperative Enterprises and Partnership	1497278	171168
股份合作企业	Cooperative Enterprises	120100	2909
国有联营企业	State Joint Ownership Enterprises		
集体联营企业	Collective Joint Ownership Enterprises		
国有与集体联营企业	State and Collective Joint Ownership Enterprises	1889	17
其他联营企业	Other Joint Ownership Enterprises		
私营合伙企业	Private Partnership	35097	641
港或澳、台资合作经营企业	Cooperative Enterprises with Funds from Hong Kong, Macao and Taiwan	758657	831
中外合作经营企业	Sino-foreign Cooperative Enterprises	108466	3034
其他企业(内资)	Other Enterprises(Domestic Funded)	72511	2004
股份有限公司	Share Holding Enterprises	11579886	463215
股份有限公司(内资)	Share Holding Enterprises(Domestic Funded)	9416146	324746
私营股份有限公司	Private Share Holding Enterprises	1649832	41269
港澳台商投资股份有限公司	Share Holding Enterprises with Funds from Hong Kong, Macao and Taiwan	178271	27830
外商投资股份有限公司	Foreign Funded Share Holding Enterprises	335637	69370
有限责任公司	Limited Liability Corporations	74381117	1963704
国有独资公司	Sole State-funded Corporations	6241809	45510
私营有限责任公司	Private Limited Liability Corporations	24461063	619612
港澳台合资经营企业	Joint Venture Enterprises of Hong Kong,Macao and Taiwan	537754	68822
中外合资经营企业	Sino-foreign Cooperative joint venture Enterprises	4328812	276685
其他有限责任公司	Other Limited Liability Corporations	38811678	953075

CONTINUED

(10000 yuan)

管理费用 Overhead Expenses	财务费用 Financial Expenses	利息支出 Expenditure for Interests	利润总额 Total Profits	亏损企业亏损额 Total Losses Made by Enterprises -in-red	从业人员平均人数(人) Average Employed Persons (person)
5661811	**1304262**	**1301219**	**2955423**	**3276807**	**1081515**
2346366	569095	672624	-3276807	3276807	469176
3264424	712283	869603	-915618	2798148	575903
15384	4239	1525	25626	1292	3414
4903534	1133664	1154835	2019954	3174689	988287
204271	49833	43120	-246320	430294	70630
77252	11041	11676	-325938	350505	28830
31989	1436	1385	24541	1541	9096
7888	-71	121	9887	861	747
20	4		74		100
2975653	712480	816690	360749	1825913	581012
291329	180299	190378	-169171	282053	123855
2684324	532180	626312	529920	1543860	457157
838713	198900	183491	469130	776593	124513
842270	170265	109238	1396474	139294	200975
25640	3839	1348	34100	497	5002
955	112	113	2730		377
752365	142373	87247	1264538	113566	180415
63309	23941	20531	95106	25231	15181
2731	817	791	5419	194	1214
266333	60928	49837	338720	22313	21315
491944	109671	96547	596749	79804	71913
448566	112467	84658	2746	488404	114145
204271	49833	43120	-246320	430294	70630
31989	1436	1385	24541	1541	9096
25640	3839	1348	34100	497	5002
56471	18030	17722	56970	7888	6589
130195	39331	21084	133455	48185	22828
113481	13438	11551	178631	1055	6540
7888	-71	121	9887	861	747
20	4		74		100
955	112	113	2730		377
80826	1981	1712	97300		801
5417	627	678	18093		1762
2731	817	791	5419	194	1214
971596	235638	206397	688528	804694	146362
838713	198900	183491	469130	776593	124513
63309	23941	20531	95106	25231	15181
48866	11354	996	91306		661
20708	1443	1379	32986	2870	6007
4128168	942719	998613	2085519	1982654	814468
291329	180299	190378	-169171	282053	123855
752365	142373	87247	1264538	113566	180415
64526	21777	21271	48913	14426	11777
335624	66089	73405	411319	28749	41264
2684324	532180	626312	529920	1543860	457157

12-5 续表3

单位：万元

类　别	Category	主营业务成本 Cost of Principal Business	销售费用 Selling Expenses
按轻重工业分	**Grouped by Light and Heavy Industry**		
轻工业	Light Industry	41886977	1739963
重工业	Heavy Industry	55223033	1109012
按行业分	**Grouped by Industry**		
采矿业	Mining and Quarrying	11208225	180584
煤炭开采和洗选业	Mining and Washing of Coal	2640987	41280
石油和天然气开采业	Extraction of Petroleum and Natural Gas	6441261	103503
黑色金属矿采选业	Mining and Processing of Ferrous Metal Ores	370157	8527
有色金属矿采选业	Mining and Processing of Non-ferrous Metal Ores	191622	4052
非金属矿采选业	Mining and Processing of Non-metal Ores	365744	22174
开采辅助活动	Support Activities For Mining	1198455	1048
其他采矿业	Mining of Other Ores		
制造业	Manufacturing	73280319	2562203
农副食品加工业	Processing of Food from Agricultural Products	26010530	541927
食品制造业	Manufacture of Foods	4344711	518948
酒、饮料和精制茶制造业	Manufacture of Liquor, Beverages and Refined Tea	2318170	172312
烟草制品业	Manufacture of Tobacco	446865	11991
纺织业	Manufacture of Textile	923616	11226
纺织服装、服饰业	Manufacture of Textile, Wearing Apparel and Accessories	244079	5183
皮革、毛皮、羽毛及其制品和制鞋业	Manufacture of Leather, Fur, Feather and Related Products and Footwear	777547	2376
木材加工及木、竹、藤、棕、草制品业	Processing of Timber,Manufacture of Wood,Bamboo,Rattan,Palm and Straw Products	4003822	110623
家具制造业	Manufacture of Furniture	649965	27418
造纸及纸制品业	Manufacture of Paper and Paper Products	510532	22604
印刷和记录媒介复制业	Printing and Reproduction of Recording Media	249868	7782
文教、工美、体育和娱乐用品制造业	Manufacture of Articles for Culture, Education, Arts and Crafts, Sport and Entertainment Activities	685457	11476
石油加工、炼焦及核燃料加工业	Processing of Petoleum,Coking,Processing of Nuclear Fuel	6233084	115751
化学原料及化学制品制造业	Manufacture of Raw Chemical Materials and Chemical Products	4705228	87659
医药制造业	Manufacture of Medicines	2474704	337507
化学纤维制造业	Manufacture of Chemical Fibers	18841	547
橡胶和塑料制品业	Manufacture of Rubber and Plastics Products	1740555	46724
非金属矿物制品业	Manufacture of Non-metallic Mineral Products	4352374	140747
黑色金属冶炼及压延加工业	Smelting and Pressing of Ferrous Metals	949947	38125
有色金属冶炼及压延加工业	Smelting and Pressing of Non-ferrous Metals	340056	8209
金属制品业	Manufacture of Metal Products	1185109	20176
通用设备制造业	Manufacture of General Purpose Machinery	2850217	81554
专用设备制造业	Manufacture of Special Purpose Machinery	2063488	97470
汽车制造业	Manufacture of Automobiles	2025308	31555
铁路、船舶、航空航天和其他运输设备制造业	Manufacture of Railway, Ship, Aerospace and Other Transport Equipments	609589	16740
电气机械及器材制造业	Manufacture of Electrical Machinery and Apparatus	1857476	68868
计算机、通信和其他电子设备制造业	Manufacture of Computers,Communication and Other Electronic Equipment	188163	5534
仪器仪表制造业	Manufacture of Measuring Instruments and Machinery	217234	14049
其他制造业	Other Manufacture	173738	5793
废弃资源综合利用业	Utilization of Waste Resources	98501	1031
金属制品、机械和设备修理业	Repair Industry of Metal Products, Machinery and Equipment	31548	303
电力、热力、燃气及水的生产和供应业	Production and Supply of Electric Power, heat,Gas and Water	12621465	106187
电力、热力的生产和供应业	Production and Supply of Electric Power and Heat Power	11935792	44371
燃气生产和供应业	Production and Supply of Gas	578256	48019
水的生产和供应业	Production and Supply of Water	107417	13797

CONTINUED

(10000 yuan)

管理费用 Overhead Expenses	财务费用 Financial Expenses	利息支出 Expenditure for Interests	利润总额 Total Profits	亏损企业亏损额 Total Losses Made by Enterprises -in-red	从业人员平均人数(人) Average Employed Persons (person)
1651376	318089	248168	2634822	206768	329961
4010436	986173	1053051	320601	3070038	751554
1726213	116590	267623	-926939	1343524	303155
370543	95369	102168	-256815	410494	170092
1187031	-11778	136074	-899160	899160	113008
12255	1802	1543	28691	942	2749
19582	25115	21920	-10937	24411	2514
18399	2196	1440	31879	2111	4860
118403	3886	4478	179404	6406	9932
3560996	778045	663254	3878752	1421042	631947
590025	185517	133724	1001224	113326	128307
142731	29652	23085	415104	20986	34644
139622	24028	20737	183630	16580	28907
88484	-1197	307	44518		5611
18277	4005	3759	51509	3332	21729
5404	970	876	15903	396	3050
3796	49	67	24443	568	2521
90860	11829	10144	220725	8608	26897
38334	7241	4654	43836	4073	12937
30366	9247	8012	21248	20485	6904
18279	2423	1864	18227	3012	3899
11337	1126	1146	42095	386	7168
471438	75553	68195	740662	78528	43050
171393	61819	52724	197065	130105	34172
413863	19331	16486	602811	5131	44832
1227	341	341	716	2	293
87084	18317	16138	127503	11853	16978
218520	68121	46053	332574	34983	40230
42564	61672	64136	-77826	87811	14525
37897	20613	20993	-11969	20469	6666
47121	9818	8752	84124	2509	10822
236487	15911	25290	88912	65539	36910
217945	94819	80998	-495940	615585	35924
125778	19122	19586	167308	37319	12558
91989	7443	7677	-6683	42766	14834
134249	21038	20272	9929	68770	23327
27122	2156	1690	25074	2752	3607
37762	4521	3386	4060	15916	5173
13663	1566	748	862	8737	3631
2412	789	1219	5484	169	945
4970	209	197	1624	350	896
374603	409627	370342	3610	512240	146413
305069	384779	345515	-30043	487925	131750
27757	-752	1244	40815	6462	6529
41778	25600	23583	-7162	17852	8134

12-6 大中型工业企业主要经济指标 (2016年)

单位：万元

类　别	Category	单位数（个）Number of Enterprises (unit)	#亏损企业 Loss-making Enterprises	工业总产值 Gross Industrial Output Value
总　计	**Total**	**552**	**130**	**63918480**
#亏损企业	#Loss-making Enterprises	130	130	22725043
#国有及国有控股企业	#State-owned and State-holding Enterprises	171	74	39254583
#大型	#Large-sized Enterprises	87	29	40488562
按登记注册类型分	**Grouped by Status of Registration**			
内资企业	Domestic Funded	485	119	54181097
国有企业	State-owned Enterprises	50	30	4059186
#中央企业	#Central Industry	8	4	2212692
集体企业	Collective-owned Enterprises	9	1	347255
股份合作企业	Cooperative Enterprises			
联营企业	Joint Ownership Enterprises			
有限责任公司	Limited Liability Corporations	252	62	32620089
国有独资公司	Sole State-funded Corporations	27	12	6145793
其他有限责任公司	Other Limited Liability Corporations	225	50	26474296
股份有限公司	Share Holding Enterprises	48	10	10899940
私营企业	Private Enterprises	125	15	6247441
私营独资企业	Private-funded Enterprises	4		123548
私营合伙企业	Private Partnership			
私营有限责任公司	Private Limited Liability Corporations	111	12	5843486
私营股份有限公司	Private Share-holding Enterprises	10	3	280407
其他企业	Other Enterprises	1	1	7187
港、澳、台商投资企业	Proprietorship from Hong Kong, Macao and Taiwan	19	4	3051560
外商投资企业	Foreign Funded Enterprises	48	7	6685824
按经济组织类型分	**Grouped by Medium-sized Enterprises**			
独资企业	Proprietorship	92	38	7228564
国有企业	State-owned Enterprises	50	30	4059186
集体企业	Collective-owned Enterprises	9	1	347255
私营独资企业	Private-funded Enterprises	4		123548
港澳台商独资经营企业	Proprietorship from Hong Kong, Macao and Taiwan	6	2	760486
外资企业	Foreign Funded Enterprises	23	5	1938089
合作、合伙企业	Cooperative Enterprises and Partnership	6	1	1615609
股份合作企业	Cooperative Enterprises			
国有联营企业	State Joint Ownership Enterprises			
集体联营企业	Collective Joint Ownership Enterprises			
国有与集体联营企业	State and Collective Joint Ownership Enterprises			
其他联营企业	Other Joint Ownership Enterprises			
私营合伙企业	Private Partnership			
港或澳、台资合作经营企业	Cooperative Enterprises with Funds from Hong Kong, Macao and Taiwan	1		953772
中外合作经营企业	Sino-foreign Cooperative Enterprises	2		54574
其他企业(内资)	Other Enterprises(Domestic Funded)	1	1	7187
股份有限公司	Share Holding Enterprises	63	14	11970098
股份有限公司(内资)	Share Holding Enterprises(Domestic Funded)	48	10	10899940
私营股份有限公司	Private Share Holding Enterprises	10	3	280407
港澳台商投资股份有限公司	Share Holding Enterprises with Funds from Hong Kong, Macao and Taiwan	1		360000
外商投资股份有限公司	Foreign Funded Share Holding Enterprises	4	1	429751
有限责任公司	Limited Liability Corporations	391	77	43104210
国有独资公司	Sole State-funded Corporations	27	12	6145793
私营有限责任公司	Private Limited Liability Corporations	111	12	5843486
港澳台合资经营企业	Joint Venture Enterprises of Hong Kong, Macao and Taiwan	9	2	377225
中外合资经营企业	Sino-foreign Cooperative joint venture Enterprises	19	1	4263410
其他有限责任公司	Other Limited Liability Corporations	225	50	26474296

MAJOR INDICATORS OF LARGE AND MEDIUM-SIZED INDUSTRIAL ENTERPRISES (2016)

(10000 yuan)

工业销售产值 Sale Output Value of Industry	应收帐款 Receivables	产成品 Finished Goods	流动资产合计 Total Working Capitals	固定资产原价 Original Value of Fixed Assets	固定资产合计 Total of Fixed Assets	资产合计 Total Assets	负债合计 Total Liabilities	主营业务收入 Revenue from Principal Business
63575165	**8490587**	**2980641**	**41896197**	**110302260**	**50426720**	**107282289**	**61316871**	**66283733**
22756551	3490539	1592342	21154494	72934990	31323443	61382957	35058918	24577074
39439500	5455781	1821300	28848825	91752485	40280180	78948079	44645277	42243929
40671781	5618010	1852522	29604471	87230924	38246589	78586284	42951614	43328768
53801413	7127245	2609749	35616340	100482815	44899671	93648246	53162044	55551377
4057446	663459	160044	1827302	6356816	3182578	5864406	4881965	4926611
2223591	483606	114733	865630	3907833	1716057	3167483	2986919	3054148
350077	143107	11628	314937	160850	55920	380715	289567	342578
32451305	3874103	1728516	25516020	78442095	35444815	71060678	38372879	33573491
6059829	509549	153502	2394494	12483726	6809216	12323016	9686289	6144720
26391475	3364553	1575014	23121527	65958369	28635599	58737662	28686589	27428771
10790695	2020539	440245	6144363	10671132	4993990	12768495	7559193	10716843
6144703	423623	267434	1807219	4830605	1210111	3553027	2046960	5984666
123548	1618	270	7305	83523	11707	24889	10123	123548
5747784	377117	248750	1648539	4569367	1098045	3225394	1875756	5608845
273370	44888	18415	151374	177715	100360	302744	161080	252273
7187	2415	1883	6499	21317	12258	20925	11480	7188
3025688	284916	83546	2077911	2804381	1583756	4658243	2691830	3005814
6748065	1078426	287346	4201946	7015064	3943293	8975800	5462997	7726542
7343942	1113142	305375	4052491	8696564	4441169	9736390	7469244	8300984
4057446	663459	160044	1827302	6356816	3182578	5864406	4881965	4926611
350077	143107	11628	314937	160850	55920	380715	289567	342578
123548	1618	270	7305	83523	11707	24889	10123	123548
750043	149962	31841	934172	429378	235690	1346292	893421	727131
2062827	154997	101592	968775	1665997	955274	2120088	1394167	2181116
1614583	45899	14178	434055	1731614	888124	1404312	460074	1614585
953772	2308		4954	1576881	779912	787866	34025	953772
53549	2182	351	27942	65993	39545	71421	44577	53549
7187	2415	1883	6499	21317	12258	20925	11480	7188
11841187	2098564	538398	6694282	11377497	5475852	14367042	8366142	11725164
10790695	2020539	440245	6144363	10671132	4993990	12768495	7559193	10716843
273370	44888	18415	151374	177715	100360	302744	161080	252273
360000	17362	12453	199798	233146	174827	867840	457711	298396
417122	15774	67286	198747	295504	206676	427963	188158	457653
42775453	5232982	2122690	30715369	88496584	39621576	81774545	45021412	44643000
6059829	509549	153502	2394494	12483726	6809216	12323016	9686289	6144720
5747784	377117	248750	1648539	4569367	1098045	3225394	1875756	5608845
361796	76290	27308	544328	497553	336918	1132144	936681	426438
4214568	905472	118117	3006482	4987570	2741799	6356329	3836095	5034226
26391475	3364553	1575014	23121527	65958369	28635599	58737662	28686589	27428771

12-6 续表1

单位：万元

类　别	Category	单位数（个）Number of Enterprises (unit)	#亏损企业 Loss-making Enterprises	工业总产值 Gross Industrial Output Value
按轻重工业分	**Grouped by Light and Heavy Industry**			
轻工业	Light Industry	238	34	21132223
重工业	Heavy Industry	314	96	42786258
按行业分	**Grouped by Industry**			
采矿业	Mining and Quarrying	47	17	11585955
煤炭开采和洗选业	Mining and Washing of Coal	27	14	1988835
石油和天然气开采业	Extraction of Petroleum and Natural Gas	1	1	7619548
黑色金属矿采选业	Mining and Processing of Ferrous Metals Ores	6		300277
有色金属矿采选业	Mining and Processing of Non-ferrous Metal Ores	3	1	139012
非金属矿采选业	Mining and Processing of Nonmetal Ores	2		36072
开采辅助活动	Mining Auxiliary Activities	8	1	1502212
其他采矿业	Mining of Other Ores			
制造业	Manufacturing	408	74	42952937
农副食品加工业	Processing of Food from Agricultural Products	86	9	10433441
食品制造业	Manufacture of Foods	32	2	3941129
酒、饮料和精制茶制造业	Manufacture of Wine, soft drinks and refined tea	23	6	1219653
烟草制品业	Manufacture of Tobacco	3		914144
纺织业	Manufacture of Textile	23	6	735938
纺织服装、服饰业	Manufacture of Textile and Apparel	3		81860
皮革、毛皮、羽毛及其制品和制鞋业	Manufacture of Leather, Furs, Feather and Related Products and Footwear			
木材加工及木、竹、藤、棕、草制品业	Processing of Timber, Manufacture of Wood, Bamboo, Rattan, Palm and Straw Products	17		834847
家具制造业	Manufacture of Furniture	11	3	197929
造纸及纸制品业	Manufacture of Paper and Paper Products	1		134673
印刷和记录媒介复制业	Manufacture of Printing and Record Medium Reproduction	4	1	81687
文教、工美、体育和娱乐用品制造业	Manufacture of Articles for Culture, Education and Sports Activities	7	1	292522
石油加工、炼焦及核燃料加工业	Processing of Petoleum, Coking, Processing of Nuclear Fuel	18	5	9339258
化学原料及化学制品制造业	Manufacture of Raw Chemical Materials and Chemical Products	25	5	2796252
医药制造业	Manufacture of Medicines	27	2	1889143
化学纤维制造业	Manufacture of Chemical Fibers			
橡胶和塑料制品业	Manufacture of Rubber and Plastics	9	1	816240
非金属矿物制品业	Manufacture of Non-metallic Mineral Products	32	2	1254545
黑色金属冶炼及压延加工业	Smelting and Pressing of Ferrous Metals	6	2	881151
有色金属冶炼及压延加工业	Smelting and Pressing of Non-ferrous Metals	2	2	230548
金属制品业	Manufacture of Metal Products	8	2	237915
通用设备制造业	Manufacture of General Purpose Machinery	17	4	1819467
专用设备制造业	Manufacture of Special Purpose Machinery	17	6	937470
汽车制造业	Manufacture of Automotive	8	2	2141215
铁路、船舶、航空航天和其他运输设备制造业	Manufacture of Railroad, Marine, Aerospace and Other Transportation Equipment	5	4	343743
电气机械及器材制造业	Manufacture of Electrical Machinery and Equipment	14	5	1125554
计算机、通信和其他电子设备制造业	Manufacture of Computers, Communication and Other Electronic Equipment	5	1	140649
仪器仪表制造业	Manufacture of Measuring Instruments	2	1	47491
其他制造业	Other Manufacturing	1	1	56577
废弃资源综合利用业	Comprehensive Utilization of Waste Resources Industry	1		22481
金属制品、机械和设备修理业	Metal Products, Machinery and Equipment Repair Industry	1	1	5414
电力、热力、燃气及水的生产和供应业	Production and Supply of Electric Power, heat, Gas and Water	97	39	9379588
电力、热力的生产和供应业	Production and Supply of Electric Power and Heat Power	86	34	9131173
燃气生产和供应业	Production and Supply of Gas	3	1	131016
水的生产和供应业	Production and Supply of Water	8	4	117399

CONTINUED

(10000 yuan)

工业销售产值 Sale Output Value of Industry	应收帐款 Receivables	产成品 Finished Goods	流动资产合计 Total Working Capitals	固定资产原价 Original Value of Fixed Assets	固定资产合计 Total of Fixed Assets	资产合计 Total Assets	负债合计 Total Liabilities	主营业务收入 Revenue from Principal Business
20888875	1893555	1090946	11766648	13326181	6490029	21028314	11597798	22612705
42686290	6597032	1889695	30129549	96976078	43936691	86253975	49719074	43671027
11525590	821079	407339	10035711	56860022	22877199	37785564	13401598	11794910
1896638	514879	88592	1775556	6110471	2959752	6313029	6032722	2168323
7663595	179618	304304	7789153	47665672	18130361	28666062	6385654	7696014
297789	10937	2260	91624	284401	272619	457883	323899	315618
126903	28	10394	53903	173071	124306	327777	212647	96853
38454	15382	892	24167	17005	2567	40012	24661	37604
1502212	100234	897	301308	2609403	1387594	1980801	422015	1480499
42715171	6784800	2463042	28233597	32239824	16494464	51453191	33399798	44144044
10535949	433841	551128	4338176	5663426	2065147	7051279	5369206	11441593
3699487	389126	152490	1370622	1888637	1171306	2793615	1056609	3743346
1194193	103379	56438	698048	1295830	906573	1696676	964625	1237787
902154	63393	16794	469034	581219	368814	872121	137679	901863
721138	29930	69630	227088	209115	136574	465775	172318	701855
81184	9491	390	17614	76747	37392	61181	4302	79763
826876	34674	20594	146530	510814	201883	360614	117170	808111
193980	28117	60608	207315	154288	114573	337882	270469	188567
137315	31093	18152	179154	266846	100478	313655	84344	136699
81238	11790	828	38651	79324	45855	100201	62850	79957
290831	4285	3784	29353	171503	95840	128102	32450	284518
9247703	349431	285699	1954826	7519060	3391080	5783005	3469573	9314063
2760234	184028	82793	921822	1780678	941901	2063283	1509500	2721485
1871044	538933	103490	2559371	1780093	1028939	4584733	1765362	2664603
801090	159284	21166	826305	482510	228025	1184628	779681	786332
1198996	335865	77450	1152296	1211330	846544	2849281	1761435	1144682
836606	237799	435186	1418097	1790297	1143684	3721772	3483075	828765
232700	16427	25223	194771	522752	321260	597630	475727	222147
233966	75633	34019	281935	154910	51488	359308	243558	220755
1947492	1127058	114931	4022255	1085764	657449	4853127	3948760	1886782
914926	1416401	127314	3193423	1461825	889120	4691494	2847762	766191
2142350	480619	39531	1432352	1909083	994960	2679636	2423655	2150288
356204	161845	21570	418277	463642	286385	791830	496072	366498
1237875	489818	100550	1863555	673823	291767	2581562	1502730	1200702
140166	40909	9400	153907	90157	62374	261489	126765	140176
49382	6100	17727	48695	70371	26116	93096	50651	47178
58020	1371	3060	18371	333230	78409	104530	198530	53759
16945	20583	8976	37208	8747	8466	45674	27776	20214
5127	3579	4121	14549	3805	2064	26012	17162	5367
9334404	884708	110260	3626888	21202413	11055058	18043534	14515475	10344779
9086346	855862	101841	2751482	20524639	10725461	16439881	13460778	10048600
131016	12098	8419	214301	301265	191423	410921	202809	179248
117043	16748		661105	376509	138174	1192732	851888	116931

12-6 续表2

单位：万元

类 别	Category	主营业务成本 Cost of Principal Business	销售费用 Selling Expenses
总 计	**Total**	**55058368**	**1823061**
#亏损企业	#Loss-making Enterprises	23125859	390034
#国有及国有控股企业	#State-owned and State-holding Enterprises	35298633	694855
#大型	#Large-sized Enterprises	36041074	914084
按登记注册类型分	**Grouped by Status of Registration**		
内资企业	Domestic Funded	46658833	1101935
国有企业	State-owned Enterprises	4656697	36278
#中央企业	#Central Industry	3029859	25939
集体企业	Collective-owned Enterprises	304469	4241
股份合作企业	Cooperative Enterprises		
联营企业	Joint Ownership Enterprises		
有限责任公司	Limited Liability Corporations	29428952	619506
国有独资公司	Sole State-funded Corporations	6033107	39348
其他有限责任公司	Other Limited Liability Corporations	23395845	580158
股份有限公司	Share Holding Enterprises	7091051	242421
私营企业	Private Enterprises	5171460	199152
私营独资企业	Private-funded Enterprises	97433	5016
私营合伙企业	Private Partnership		
私营有限责任公司	Private Limited Liability Corporations	4857496	184297
私营股份有限公司	Private Share-holding Enterprises	216531	9838
其他企业	Other Enterprises	6205	338
港、澳、台商投资企业	Proprietorship from Hong Kong, Macao and Taiwan	2214961	261206
外商投资企业	Foreign Funded Enterprises	6184573	459920
按经济组织类型分	**Grouped by Medium-sized Enterprises**		
独资企业	Proprietorship	7500365	186287
国有企业	State-owned Enterprises	4656697	36278
集体企业	Collective-owned Enterprises	304469	4241
私营独资企业	Private-funded Enterprises	97433	5016
港澳台商独资经营企业	Proprietorship from Hong Kong, Macao and Taiwan	632218	13847
外资企业	Foreign Funded Enterprises	1809548	126906
合作、合伙企业	Cooperative Enterprises and Partnership	1191164	162967
股份合作企业	Cooperative Enterprises		
国有联营企业	State Joint Ownership Enterprises		
集体联营企业	Collective Joint Ownership Enterprises		
国有与集体联营企业	State and Collective Joint Ownership Enterprises		
其他联营企业	Other Joint Ownership Enterprises		
私营合伙企业	Private Partnership		
港或澳、台资合作经营企业	Cooperative Enterprises with Funds from Hong Kong, Macao and Taiwan	754245	303
中外合作经营企业	Sino-foreign Cooperative Enterprises	42225	782
其他企业(内资)	Other Enterprises(Domestic Funded)	6205	338
股份有限公司	Share Holding Enterprises	7766497	347509
股份有限公司(内资)	Share Holding Enterprises(Domestic Funded)	7091051	242421
私营股份有限公司	Private Share Holding Enterprises	216531	9838
港澳台商投资股份有限公司	Share Holding Enterprises with Funds from Hong Kong, Macao and Taiwan	123278	25880
外商投资股份有限公司	Foreign Funded Share Holding Enterprises	335637	69370
有限责任公司	Limited Liability Corporations	38600343	1126298
国有独资公司	Sole State-funded Corporations	6033107	39348
私营有限责任公司	Private Limited Liability Corporations	4857496	184297
港澳台合资经营企业	Joint Venture Enterprises of Hong Kong, Macao and Taiwan	316733	59632
中外合资经营企业	Sino-foreign Cooperative joint venture Enterprises	3997163	262863
其他有限责任公司	Other Limited Liability Corporations	23395845	580158

CONTINUED

(10000 yuan)

管理费用 Overhead Expenses	财务费用 Financial Expenses	利息支出 Expenditure for Interests	利润总额 Total Profits	亏损企业亏损额 Total Losses Made by Enterprises-in-red	从业人员平均人数(人) Average Employed Persons (person)
4199348	**846910**	**954167**	**726928**	**2909515**	**786606**
2056053	432078	584200	-2909515	2909515	415614
3081287	550216	733703	-1043296	2688243	541449
2970969	450454	641379	-737343	2500038	520511
3530237	719568	831305	-128356	2871762	705933
164988	31323	30806	-229506	403538	58040
67742	11187	11853	-328171	350179	27728
15161	609	556	15579	930	6805
2402402	449230	601283	-480281	1637347	466138
274922	152321	166005	-203464	272540	120831
2127479	296909	435278	-276817	1364807	345307
716797	173604	165770	271858	750643	107694
230221	64645	32576	294188	79111	66846
9068	44	44	8159		2040
207586	50489	19009	284146	59699	58595
13567	14112	13524	1883	19412	6211
669	157	315	-193	193	410
236314	48063	40393	300621	16312	16474
432798	79279	82469	554663	21442	64199
325372	65041	62051	-44318	421354	90234
164988	31323	30806	-229506	403538	58040
15161	609	556	15579	930	6805
9068	44	44	8159		2040
40928	10804	13424	46663	2900	4608
95227	22261	17222	114789	13986	18741
99413	10059	10576	148385	193	4096
79965	1603	1603	95826		739
3323	513	522	8594		1595
669	157	315	-193	193	410
798884	199515	180673	398020	772925	120368
716797	173604	165770	271858	750643	107694
13567	14112	13524	1883	19412	6211
47812	10355		91292		456
20708	1443	1379	32986	2870	6007
2975680	572295	700867	224842	1715044	571908
274922	152321	166005	-203464	272540	120831
207586	50489	19009	284146	59699	58595
52153	17514	17230	22682	13412	9319
313540	55062	63345	398295	4586	37856
2127479	296909	435278	-276817	1364807	345307

12-6 续表3

单位：万元

类　别	Category	主营业务成　本 Cost of Principal Business	销售费用 Selling Expenses
按轻重工业分	**Grouped by Light and Heavy Industry**		
轻工业	Light Industry	18506185	1152511
重工业	Heavy Industry	36552182	670551
按行业分	**Grouped by Industry**		
采矿业	Mining and Quarrying	10060610	138333
煤炭开采和洗选业	Mining and Washing of Coal	2104317	25017
石油和天然气开采业	Extraction of Petroleum and Natural Gas	6441261	103503
黑色金属矿采选业	Mining and Processing of Ferrous Metals Ores	276808	3430
有色金属矿采选业	Mining and Processing of Non-ferrous Metal Ores	69880	2882
非金属矿采选业	Mining and Processing of Nonmetal Ores	30037	2561
开采辅助活动	Mining Auxiliary Activities	1138307	941
其他采矿业	Mining of Other Ores		
制造业	Manufacturing	35125339	1620689
农副食品加工业	Processing of Food from Agricultural Products	10509097	223833
食品制造业	Manufacture of Foods	2901108	472320
酒、饮料和精制茶制造业	Manufacture of Wine, soft drinks and refined tea	899663	104882
烟草制品业	Manufacture of Tobacco	413479	10698
纺织业	Manufacture of Textile	650845	7248
纺织服装、服饰业	Manufacture of Textile and Apparel	73437	1197
皮革、毛皮、羽毛及其制品和制鞋业	Manufacture of Leather, Furs, Feather and Related Products and Footwear		
木材加工及木、竹、藤、棕、草制品业	Processing of Timber, Manufacture of Wood, Bamboo, Rattan, Palm and Straw Products	682696	27315
家具制造业	Manufacture of Furniture	149424	10983
造纸及纸制品业	Manufacture of Paper and Paper Products	93050	12223
印刷和记录媒介复制业	Manufacture of Printing and Record Medium Reproduction	65986	5668
文教、工美、体育和娱乐用品制造业	Manufacture of Articles for Culture, Education and Sports Activities	251997	4876
石油加工、炼焦及核燃料加工业	Processing of Petoleum, Coking, Processing of Nuclear Fuel	6007906	109675
化学原料及化学制品制造业	Manufacture of Raw Chemical Materials and Chemical Products	2417647	36845
医药制造业	Manufacture of Medicines	1562985	260225
化学纤维制造业	Manufacture of Chemical Fibers		
橡胶和塑料制品业	Manufacture of Rubber and Plastics	684980	17029
非金属矿物制品业	Manufacture of Non-metallic Mineral Products	854339	49045
黑色金属冶炼及压延加工业	Smelting and Pressing of Ferrous Metals	786378	35001
有色金属冶炼及压延加工业	Smelting and Pressing of Non-ferrous Metals	195503	5674
金属制品业	Manufacture of Metal Products	182035	2390
通用设备制造业	Manufacture of General Purpose Machinery	1587774	57371
专用设备制造业	Manufacture of Special Purpose Machinery	738199	65079
汽车制造业	Manufacture of Automotive	1843835	27197
铁路、船舶、航空航天和其他运输设备制造业	Manufacture of Railroad, Marine, Aerospace and Other Transportation Equipment	333930	8053
电气机械及器材制造业	Manufacture of Electrical Machinery and Equipment	1010524	55153
计算机、通信和其他电子设备制造业	Manufacture of Computers, Communication and Other Electronic Equipment	111902	1979
仪器仪表制造业	Manufacture of Measuring Instruments	38492	5565
其他制造业	Other Manufacturing	61164	2725
废弃资源综合利用业	Comprehensive Utilization of Waste Resources Industry	12946	153
金属制品、机械和设备修理业	Metal Products, Machinery and Equipment Repair Industry	4019	288
电力、热力、燃气及水的生产和供应业	Production and Supply of Electric Power, heat, Gas and Water	9872419	64040
电力、热力的生产和供应业	Production and Supply of Electric Power and Heat Power	9663149	17798
燃气生产和供应业	Production and Supply of Gas	135515	35617
水的生产和供应业	Production and Supply of Water	73755	10624

CONTINUED

(10000 yuan)

管理费用 Overhead Expenses	财务费用 Financial Expenses	利息支出 Expenditure for Interests	利润总额 Total Profits	亏损企业亏损额 Total Losses Made by Enterprises -in-red	从业人员平均人数(人) Average Employed Persons (person)
1013822	184241	151836	1403440	105871	187093
3185526	662669	802331	-676512	2803644	599513
1653359	80818	240929	-952410	1293217	290682
340097	82656	94817	-259499	389079	163532
1187031	-11778	136074	-899160	899160	113008
4763	1569	1419	27306		2338
9556	4831	4804	3702	133	1434
2389	147	147	2675		1426
109523	3394	3668	172566	4845	8944
2295747	517272	477878	1864513	1173538	379306
230905	114360	83232	314129	73574	55686
87710	14520	13396	313267	2479	22246
82520	8850	10610	99883	10907	14826
88048	-1210	294	42980		5403
11351	2967	2870	33383	3076	19042
1000	8.5	8.4	4120		1238
29528	2092	2145	60760		7455
22558	4422	1997	2181	3731	7605
11785	1849	2701	17986		2378
7515	873	874	1482	41	1469
3636	384	384	22796	386	4080
462438	74428	67232	744455	72326	41555
91598	40264	35540	57937	112371	20184
353906	10910	8637	472711	1720	34360
47710	6593	9889	42833	8091	7830
89540	40224	23610	137979	2414	14929
33902	59528	62760	-79581	83545	12670
24253	18369	17963	-19811	19811	5135
17337	1524	1216	7975	543	4701
165046	4943	17628	30678	46718	25449
136475	71243	73412	-546618	587723	23930
106087	17694	18446	162585	26382	9698
56340	5885	6282	-32809	36063	10939
97525	12665	13479	-23960	57873	17971
12568	1238	845	14199	2462	2429
13395	2044	1405	-11833	12394	2633
9260	5.2		-8569	8569	2779
603	401	827	3716		294
1209	197	197	-340	340	392
250242	248820	235360	-185175	442760	116618
199582	229155	214349	-195615	424754	104916
16246	-1724	211	17547	4839	4899
34415	21390	20800	-7107	13168	6803

12-7 国有及国有控股工业企业主要经济指标 (2016年)

单位：万元

类别	Category	单位数（个）Number of Enterprises (unit)	#亏损企业 Loss-making Enterprises	工业总产值 Gross Industrial Output Value
总计	**Total**	**447**	**164**	**42754339**
#亏损企业	#Loss-making Enterprises	164	164	22146659
#大中型企业	#Large and Medium-sized Enterprises	171	74	39254583
按轻重工业分	**Grouped by Light and Heavy Industry**			
轻工业	Light Industry	82	29	7026220
重工业	Heavy Industry	365	135	35728119
按行业分	**Grouped by Industry**			
采矿业	Mining and Quarrying	22	12	9952678
煤炭开采和洗选业	Mining and Washing of Coal	12	7	1710338
石油和天然气开采业	Extraction of Petroleum and Natural Gas	1	1	7619548
黑色金属矿采选业	Mining and Processing of Ferrous Metals Ores			
有色金属矿采选业	Mining and Processing of Non-ferrous Metal Ores	2	2	99469
非金属矿采选业	Mining and Processing of Nonmetal Ores	3	1	11159
开采辅助活动	Mining Auxiliary Activities	4	1	512164
其他采矿业	Mining of Other Ores			
制造业	Manufacturing	215	72	22326911
农副食品加工业	Processing of Food from Agricultural Products	26	9	3942063
食品制造业	Manufacture of Foods	13	3	920677
酒、饮料和精制茶制造业	Manufacture of Wine, soft drinks and refined tea	6	2	105069
烟草制品业	Manufacture of Tobacco	2		880644
纺织业	Manufacture of Textile			
纺织服装、服饰业	Manufacture of Textile and Apparel			
皮革、毛皮、羽毛及其制品和制鞋业	Manufacture of Leather, Furs, Feather and Related Products and Footwear	1		34434
木材加工及木、竹、藤、棕、草制品业	Processing of Timber,Manufacture of Wood,Bamboo,Rattan,Palm and Straw Products	4	3	11460
家具制造业	Manufacture of Furniture			
造纸及纸制品业	Manufacture of Paper and Paper Products	2	1	137657
印刷和记录媒介复制业	Manufacture of Printing and Record Medium Reproduction	7	3	42252
文教、工美、体育和娱乐用品制造业	Manufacture of Articles for Culture,Education and Sports Activities	1		5000
石油加工、炼焦及核燃料加工业	Processing of Petoleum,Coking,Processing of Nuclear Fuel	7	2	8500941
化学原料及化学制品制造业	Manufacture of Raw Chemical Materials and Chemical Products	18	6	1618758
医药制造业	Manufacture of Medicines	8	1	774190
化学纤维制造业	Manufacture of Chemical Fibers			
橡胶和塑料制品业	Manufacture of Rubber and Plastics	4		45810
非金属矿物制品业	Manufacture of Non-metallic Mineral Products	33	8	740755
黑色金属冶炼及压延加工业	Smelting and Pressing of Ferrous Metals	3	2	123690
有色金属冶炼及压延加工业	Smelting and Pressing of Non-ferrous Metals	5	3	255994
金属制品业	Manufacture of Metal Products	7	3	76612
通用设备制造业	Manufacture of General Purpose Machinery	19	5	1642507
专用设备制造业	Manufacture of Special Purpose Machinery	11	6	571710
汽车制造业	Manufacture of Automotive	6	4	583425
铁路、船舶、航空航天和其他运输设备制造业	Manufacture of Railroad, Marine, Aerospace and Other Transportation Equipment	13	5	470685
电气机械及器材制造业	Manufacture of Electrical Machinery and Equipment	11	4	668999
计算机、通信和其他电子设备制造业	Manufacture of Computers,Communication and Other Electronic Equipment	2		33127
仪器仪表制造业	Manufacture of Measuring Instruments	2	1	45969
其他制造业	Other Manufacturing	2	1	68290
废弃资源综合利用业	Comprehensive Utilization of Waste Resources Industry	2		26194
金属制品、机械和设备修理业	Metal Products, Machinery and Equipment Repair Industry			
电力、热力、燃气及水的生产和供应业	Production and Supply of Electric Power,heat,Gas and Water	210	80	10474750
电力、热力的生产和供应业	Production and Supply of Electric Power and Heat Power	192	70	10004155
燃气生产和供应业	Production and Supply of Gas	4	2	335360
水的生产和供应业	Production and Supply of Water	14	8	135235

MAJOR INDICATORS OF STATE-OWNED AND STATE-HOLDING INDUSTRIAL ENTERPRISES (2016)

(10000 yuan)

工业销售产值 Sale Output Value of Industry	应收帐款 Receivables	产成品 Finished Goods	流动资产合计 Total Working Capitals	固定资产原价 Original Value of Fixed Assets	固定资产合计 Total of Fixed Assets	资产合计 Total Assets	负债合计 Total Liabilities	主营业务收入 Revenue from Principal Business
42831571	**6215203**	**2031767**	**31487398**	**99240565**	**45817714**	**90072248**	**51205636**	**45718139**
22283648	3165284	1380533	19775320	73094915	31527341	59972839	33102094	24112049
39439500	5455781	1821300	28848825	91752485	40280180	78948079	44645277	42243929
7033842	836269	518410	5673083	4612301	2376617	8910560	5685957	8740384
35797729	5378933	1513357	25814316	94628264	43441097	81161688	45519679	36977755
9901286	688438	382753	9508849	54588385	21726201	35713085	12534393	10155645
1616051	473856	74761	1561610	5667554	2696981	5626970	5473849	1858828
7663595	179618	304304	7789153	47665672	18130361	28666062	6385654	7696014
98304	849	2023	16516	344198	306089	404333	438464	98500
11172	1406	1002	6492	4756	8838	15342	12277	11004
512164	32709	663	135078	906205	583933	1000377	224150	491300
22513313	4520149	1542615	18033827	18907459	9651344	30572781	21410670	24118542
3982201	238670	320779	2841822	1163760	860138	3929788	3501187	4870415
905679	122027	94446	367600	681987	255706	664948	327857	887397
102633	2176	3405	25687	64356	27577	81173	73712	103583
864735	60139	10618	434261	559834	358750	827285	126224	864475
34434	299	319	820	2	1.9	856	668	34827
11430	6764	2056	23603	26677	33729	60969	42718	10574
139900	30605	20478	183861	266978	100646	318559	88744	139284
39591	12199	7069	81307	65794	25211	118774	60647	38936
4918	1331	1776	8083	5124	3190	13485	3482	4267
8485487	141968	195159	730305	6750395	2853049	3397572	1822326	8493536
1577834	53683	47431	601892	1619004	951850	1840830	1185102	1635175
768093	342256	50785	1210586	1006995	466519	1945558	763401	1614636
45820	11010	9109	38441	33499	12388	52886	33875	46960
708636	175909	53708	787757	997950	744245	1757294	1240174	711360
140177	41841	339399	526262	537428	363140	1359285	1240897	141896
257978	24651	26542	238070	530353	325526	716340	517107	247193
75549	26373	22116	196355	96910	63869	285151	202607	72524
1776642	1133883	97385	4007778	920140	630155	4827670	4014758	1738385
570587	1174954	93846	2694889	1271299	770638	3976322	2545508	441801
586236	137799	40780	713730	869864	136606	1070782	1475059	595861
485466	276027	8774	599873	533086	327740	1020236	604156	484738
782733	445435	55568	1539082	475451	215115	1957719	1214175	776745
28308	14898	10124	36816	6485	3309	51912	20472	27421
47860	7143	17075	62122	70736	26183	108031	62373	47008
69733	17265	4894	42711	333881	78539	131222	206595	65622
20658	20847	8976	40118	19472	17523	58131	36848	23927
10416972	1006615	106399	3944723	25744722	14440169	23786383	17260573	11443952
9946951	978370	100071	3054908	25019873	14061969	22043297	16117379	10926893
335360	10343	6245	210799	260913	171905	386419	198165	382869
134661	17902	83	679016	463936	206296	1356667	945030	134190

12-7 续表

单位：万元

类　别	Category	主营业务成　本 Cost of Principal Business	销售费用 Selling Expenses
总　计	**Total**	**38294904**	**770128**
#亏损企业	#Loss-making Enterprises	22710028	323814
#大中型企业	#Large and Medium-sized Enterprises	35298633	694855
按轻重工业分	**Grouped by Light and Heavy Industry**		
轻工业	Light Industry	7301946	303188
重工业	Heavy Industry	30992959	466939
按行业分	**Grouped by Industry**		
采矿业	Mining and Quarrying	8763044	121063
煤炭开采和洗选业	Mining and Washing of Coal	1868461	15479
石油和天然气开采业	Extraction of Petroleum and Natural Gas	6441261	103503
黑色金属矿采选业	Mining and Processing of Ferrous Metals Ores		
有色金属矿采选业	Mining and Processing of Non-ferrous Metal Ores	81256	254
非金属矿采选业	Mining and Processing of Nonmetal Ores	8143	1190
开采辅助活动	Mining Auxiliary Activities	363924	638
其他采矿业	Mining of Other Ores		
制造业	Manufacturing	18690772	582009
农副食品加工业	Processing of Food from Agricultural Products	4668103	62701
食品制造业	Manufacture of Foods	719048	89814
酒、饮料和精制茶制造业	Manufacture of Wine, soft drinks and refined tea	83863	11821
烟草制品业	Manufacture of Tobacco	387100	8401
纺织业	Manufacture of Textile		
纺织服装、服饰业	Manufacture of Textile and Apparel		
皮革、毛皮、羽毛及其制品和制鞋业	Manufacture of Leather, Furs, Feather and Related Products and Footwear	34764	
木材加工及木、竹、藤、棕、草制品业	Processing of Timber, Manufacture of Wood, Bamboo, Rattan, Palm and Straw Products	9747	313
家具制造业	Manufacture of Furniture		
造纸及纸制品业	Manufacture of Paper and Paper Products	95926	12230
印刷和记录媒介复制业	Manufacture of Printing and Record Medium Reproduction	29438	522
文教、工美、体育和娱乐用品制造业	Manufacture of Articles for Culture, Education and Sports Activities	3031	167
石油加工、炼焦及核燃料加工业	Processing of Petoleum, Coking, Processing of Nuclear Fuel	5324167	45424
化学原料及化学制品制造业	Manufacture of Raw Chemical Materials and Chemical Products	1459065	26809
医药制造业	Manufacture of Medicines	1132763	101763
化学纤维制造业	Manufacture of Chemical Fibers		
橡胶和塑料制品业	Manufacture of Rubber and Plastics	33769	2711
非金属矿物制品业	Manufacture of Non-metallic Mineral Products	554551	26052
黑色金属冶炼及压延加工业	Smelting and Pressing of Ferrous Metals	131976	12142
有色金属冶炼及压延加工业	Smelting and Pressing of Non-ferrous Metals	218031	6157
金属制品业	Manufacture of Metal Products	64960	2472
通用设备制造业	Manufacture of General Purpose Machinery	1474921	44437
专用设备制造业	Manufacture of Special Purpose Machinery	505105	51449
汽车制造业	Manufacture of Automotive	522343	18387
铁路、船舶、航空航天和其他运输设备制造业	Manufacture of Railroad, Marine, Aerospace and Other Transportation Equipment	438012	9887
电气机械及器材制造业	Manufacture of Electrical Machinery and Equipment	659839	40283
计算机、通信和其他电子设备制造业	Manufacture of Computers, Communication and Other Electronic Equipment	14815	897
仪器仪表制造业	Manufacture of Measuring Instruments	40587	3944
其他制造业	Other Manufacturing	70015	2956
废弃资源综合利用业	Comprehensive Utilization of Waste Resources Industry	14834	273
金属制品、机械和设备修理业	Metal Products, Machinery and Equipment Repair Industry		
电力、热力、燃气及水的生产和供应业	Production and Supply of Electric Power, heat, Gas and Water	10841088	67055
电力、热力的生产和供应业	Production and Supply of Electric Power and Heat Power	10411744	20878
燃气生产和供应业	Production and Supply of Gas	339501	34289
水的生产和供应业	Production and Supply of Water	89844	11889

CONTINUED

(10000 yuan)

管理费用 Overhead Expenses	财务费用 Financial Expenses	利息支出 Expenditure for Interests	利润总额 Total Profits	亏损企业亏损额 Total Losses Made by Enterprises -in-red	从业人员平均人数(人) Average Employed Persons (person)
3264424	**712283**	**869603**	**-915618**	**2798148**	**575903**
1971018	415913	569267	-2798148	2798148	392816
3081287	550216	733703	-1043296	2688243	541449
471053	63330	59520	228403	87361	61699
2793371	648953	810083	-1144021	2710787	514204
1516870	74655	233848	-1100241	1276825	266659
306385	66011	80023	-257164	353194	147089
1187031	-11778	136074	-899160	899160	113008
5379	19485	16543	-19417	19417	348
832	31	30	686	208	333
17242	906	1178	74815	4845	5881
1493921	287551	314275	310719	1042791	190679
70661	55914	46152	-33818	62112	10091
23349	3045	1935	66837	2257	9252
5704	630	490	-845	2330	1320
84328	-1506		38655		5033
22			33		51
1975	308		-1486	1569	729
11888	1861	2712	17573	412	2419
8132	216	205	-50	2387	1821
916	2	5	480		217
396599	40107	43262	748822	4459	32349
71559	34697	34415	-25071	109794	11313
220254	-4164	518	151639	655	21469
5815	587	696	3922		1658
64308	25322	21259	62592	12571	8043
15661	29726	33770	-44191	44254	5416
29625	18062	18012	-19092	19933	5577
9912	923	922	-193	1519	2592
147148	4526	17419	24482	40542	21061
104876	65739	69040	-590024	592400	17246
58368	6052	11075	-11937	34937	5640
54769	5150	6026	-19330	32450	11236
76469	-1400	3687	-51554	57249	10270
6144	64	87	6222		277
13781	961	1405	-11863	12394	2390
9797	54	83	-6460	8569	2815
1861	676	1102	5374		394
253634	350077	321481	-126096	478532	118565
202203	329248	300298	-135549	455518	107265
13329	-2046	196	21745	5200	4191
38102	22874	20987	-12292	17814	7109

12-8 集体工业企业主要经济指标(2016年)

单位：万元

类　别	Category	单位数(个) Number of Enterprises (unit)	#亏损企业 Loss-making Enterprises	工业总产值 Gross Industrial Output Value
总　计	**Total**	**29**	**6**	**502418**
#亏损企业	#Loss-making Enterprises	6	6	14346
#大中型企业	#Large and Medium-sized Enterprises	9	1	347255
按轻重工业分	**Grouped by Light and Heavy Industry**			
轻工业	Light Industry	6	1	93435
重工业	Heavy Industry	23	5	408983
按行业分	**Grouped by Industry**			
采矿业	Mining and Quarrying	9	2	59188
煤炭开采和洗选业	Mining and Washing of Coal	4	2	19618
石油和天然气开采业	Extraction of Petroleum and Natural Gas			
黑色金属矿采选业	Mining and Processing of Ferrous Metals Ores			
有色金属矿采选业	Mining and Processing of Non-ferrous Metal Ores			
非金属矿采选业	Mining and Processing of Nonmetal Ores	2		8750
开采辅助活动	Mining Auxiliary Activities	3		30821
其他采矿业	Mining of Other Ores			
制造业	Manufacturing	18	4	424423
农副食品加工业	Processing of Food from Agricultural Products			
食品制造业	Manufacture of Foods	1		38321
酒、饮料和精制茶制造业	Manufacture of Wine, soft drinks and refined tea			
烟草制品业	Manufacture of Tobacco	1		36664
纺织业	Manufacture of Textile			
纺织服装、服饰业	Manufacture of Textile and Apparel			
皮革、毛皮、羽毛及其制品和制鞋业	Manufacture of Leather, Furs, Feather and Related Products and Footwear			
木材加工及木、竹、藤、棕、草制品业	Processing of Timber,Manufacture of Wood,Bamboo,Rattan,Palm and Straw Products			
家具制造业	Manufacture of Furniture			
造纸及纸制品业	Manufacture of Paper and Paper Products	4	1	18450
印刷和记录媒介复制业	Manufacture of Printing and Record Medium Reproduction			
文教、工美、体育和娱乐用品制造业	Manufacture of Articles for Culture,Education and Sports Activities			
石油加工、炼焦及核燃料加工业	Processing of Petoleum,Coking,Processing of Nuclear Fuel			
化学原料及化学制品制造业	Manufacture of Raw Chemical Materials and Chemical Products	6		289979
医药制造业	Manufacture of Medicines			
化学纤维制造业	Manufacture of Chemical Fibers			
橡胶和塑料制品业	Manufacture of Rubber and Plastics	1		2058
非金属矿物制品业	Manufacture of Non-metallic Mineral Products	2	1	8497
黑色金属冶炼及压延加工业	Smelting and Pressing of Ferrous Metals			
有色金属冶炼及压延加工业	Smelting and Pressing of Non-ferrous Metals			
金属制品业	Manufacture of Metal Products	1	1	4740
通用设备制造业	Manufacture of General Purpose Machinery	1	1	1833
专用设备制造业	Manufacture of Special Purpose Machinery			
汽车制造业	Manufacture of Automotive			
铁路、船舶、航空航天和其他运输设备制造业	Manufacture of Railroad, Marine, Aerospace and Other Transportation Equipment			
电气机械及器材制造业	Manufacture of Electrical Machinery and Equipment			
计算机、通信和其他电子设备制造业	Manufacture of Computers,Communication and Other Electronic Equipment			
仪器仪表制造业	Manufacture of Measuring Instruments			
其他制造业	Other Manufacturing			
废弃资源综合利用业	Comprehensive Utilization of Waste Resources Industry			
金属制品、机械和设备修理业	Metal Products, Machinery and Equipment Repair Industry	1		23882
电力、热力、燃气及水的生产和供应业	Production and Supply of Electric Power,heat,Gas and Water	2		18807
电力、热力的生产和供应业	Production and Supply of Electric Power and Heat Power	2		18807
燃气生产和供应业	Production and Supply of Gas			
水的生产和供应业	Production and Supply of Water			

MAJOR INDICATORS OF COLLECTIVE-OWNED INDUSTRIAL ENTERPRISES (2016)

(10000 yuan)

工业销售产值 Sale Output Value of Industry	应收帐款 Receivables	产成品 Finished Goods	流动资产合计 Total Working Capitals	固定资产原价 Original Value of Fixed Assets	固定资产合计 Total of Fixed Assets	资产合计 Total Assets	负债合计 Total Liabilities	主营业务收入 Revenue from Principal Business
507035	**169514**	**13284**	**399589**	**260264**	**113343**	**531448**	**395739**	**501759**
15493	6019	825	19111	11537	5400	26452	26481	16502
350077	143107	11628	314937	160850	55920	380715	289567	342578
95097	24138	1663	61531	27096	13064	74595	14784	96980
411938	145376	11620	338058	233169	100279	456854	380955	404779
60851	9127	674	55308	74992	41599	109200	115379	58337
21281	4427	386	21993	22190	20724	50059	32472	18997
8750	231	54	847	7235	5307	6154	874	8750
30821	4469	234	32468	45566	15568	52988	82033	30590
427390	160062	12610	339191	166861	64173	409587	269950	423541
38192	20905	736	51806	16444	6625	58431	8741	38192
36664	347	58	1806	2549	1888	3694	371	36664
20241	2885	870	7920	8103	4550	12469	5671	22123
291267	125683	10711	241678	111173	37148	282982	218952	284849
2199	411	41	2870	2488	1541	4411	1965	2246
8497	2477	130	5323	6175	4537	9862	5087	11816
4740	1450	30	2150	1911	1911	4520	2289	2120
1709	276		2790	5355	1431	4220	7362	2000
23882	5627	36	22849	12664	4542	28997	19512	23530
18793	325		5090	18411	7571	12661	10410	19881
18793	325		5090	18411	7571	12661	10410	19881

12-8 续表

单位：万元

类　别	Category	主营业务成本 Cost of Principal Business	销售费用 Selling Expenses
总　计	**Total**	**434708**	**6224**
#亏损企业	#Loss-making Enterprises	15663	86
#大中型企业	#Large and Medium-sized Enterprises	304469	4241
按轻重工业分	**Grouped by Light and Heavy Industry**		
轻工业	Light Industry	86947	1698
重工业	Heavy Industry	347761	4527
按行业分	**Grouped by Industry**		
采矿业	Mining and Quarrying	43266	259
煤炭开采和洗选业	Mining and Washing of Coal	17234	51
石油和天然气开采业	Extraction of Petroleum and Natural Gas		
黑色金属矿采选业	Mining and Processing of Ferrous Metals Ores		
有色金属矿采选业	Mining and Processing of Non-ferrous Metal Ores		
非金属矿采选业	Mining and Processing of Nonmetal Ores	6287	208
开采辅助活动	Mining Auxiliary Activities	19745	
其他采矿业	Mining of Other Ores		
制造业	Manufacturing	377688	5965
农副食品加工业	Processing of Food from Agricultural Products		
食品制造业	Manufacture of Foods	34398	244
酒、饮料和精制茶制造业	Manufacture of Wine, soft drinks and refined tea		
烟草制品业	Manufacture of Tobacco	33386	1293
纺织业	Manufacture of Textile		
纺织服装、服饰业	Manufacture of Textile and Apparel		
皮革、毛皮、羽毛及其制品和制鞋业	Manufacture of Leather, Furs, Feather and Related Products and Footwear		
木材加工及木、竹、藤、棕、草制品业	Processing of Timber,Manufacture of Wood,Bamboo,Rattan,Palm and Straw Products		
家具制造业	Manufacture of Furniture		
造纸及纸制品业	Manufacture of Paper and Paper Products	19164	161
印刷和记录媒介复制业	Manufacture of Printing and Record Medium Reproduction		
文教、工美、体育和娱乐用品制造业	Manufacture of Articles for Culture,Education and Sports Activities		
石油加工、炼焦及核燃料加工业	Processing of Petoleum,Coking,Processing of Nuclear Fuel		
化学原料及化学制品制造业	Manufacture of Raw Chemical Materials and Chemical Products	254677	4175
医药制造业	Manufacture of Medicines		
化学纤维制造业	Manufacture of Chemical Fibers		
橡胶和塑料制品业	Manufacture of Rubber and Plastics	1989	17
非金属矿物制品业	Manufacture of Non-metallic Mineral Products	9464	72
黑色金属冶炼及压延加工业	Smelting and Pressing of Ferrous Metals		
有色金属冶炼及压延加工业	Smelting and Pressing of Non-ferrous Metals		
金属制品业	Manufacture of Metal Products	2160	3.8
通用设备制造业	Manufacture of General Purpose Machinery	1850	
专用设备制造业	Manufacture of Special Purpose Machinery		
汽车制造业	Manufacture of Automotive		
铁路、船舶、航空航天和其他运输设备制造业	Manufacture of Railroad, Marine, Aerospace and Other Transportation Equipment		
电气机械及器材制造业	Manufacture of Electrical Machinery and Equipment		
计算机、通信和其他电子设备制造业	Manufacture of Computers,Communication and Other Electronic Equipment		
仪器仪表制造业	Manufacture of Measuring Instruments		
其他制造业	Other Manufacturing		
废弃资源综合利用业	Comprehensive Utilization of Waste Resources Industry		
金属制品、机械和设备修理业	Metal Products, Machinery and Equipment Repair Industry	20601	
电力、热力、燃气及水的生产和供应业	Production and Supply of Electric Power,heat,Gas and Water	13754	
电力、热力的生产和供应业	Production and Supply of Electric Power and Heat Power	13754	
燃气生产和供应业	Production and Supply of Gas		
水的生产和供应业	Production and Supply of Water		

CONTINUED

(10000 yuan)

管理费用 Overhead Expenses	财务费用 Financial Expenses	利息支出 Expenditure for Interests	利润总额 Total Profits	亏损企业亏损额 Total Losses Made by Enterprises -in-red	从业人员平均人数(人) Average Employed Persons (person)
31989	**1436**	**1385**	**24541**	**1541**	**9096**
1749	120	120	-1541	1541	589
15161	609	556	15579	930	6805
2423	256	256	5652	114	1074
29566	1179	1128	18889	1427	8022
10285	625	625	3016	1026	2028
852	622	622	-211	1026	574
525			1709		105
8908	2.9	2.9	1519		1349
16089	560	509	21390	515	6821
258	236	236	3056		396
436	13	13	1538		208
1730	7.1	7.1	1058	114	470
10685	272	220	12641		5119
166	8.7	10	33		138
481	0.2		1775	28	124
87	0.2	0.2	-131	131	48
366	22	22	-242	242	28
1881	0.1	0.2	1662		290
5616	251	251	135		247
5616	251	251	135		247

12-9 按行业分私营工业企业主要指标(2016年)

单位：万元

行　　业	Sector
总　计	**Total**
采矿业	Mining and Quarrying
煤炭开采和洗选业	Mining and Washing of Coal
石油和天然气开采业	Extraction of Petroleum and Natural Gas
黑色金属矿采选业	Mining and Processing of Ferrous Metals Ores
有色金属矿采选业	Mining and Processing of Non-ferrous Metal Ores
非金属矿采选业	Mining and Processing of Nonmetal Ores
开采辅助活动	Mining Auxiliary Activities
其他采矿业	Mining of Other Ores
制造业	Manufacturing
农副食品加工业	Processing of Food from Agricultural Products
食品制造业	Manufacture of Foods
酒、饮料和精制茶制造业	Manufacture of Wine, soft drinks and refined tea
烟草制品业	Manufacture of Tobacco
纺织业	Manufacture of Textile
纺织服装、服饰业	Manufacture of Textile and Apparel
皮革、毛皮、羽毛及其制品和制鞋业	Manufacture of Leather, Furs, Feather and Related Products and Footwear
木材加工及木、竹、藤、棕、草制品业	Processing of Timber, Manufacture of Wood, Bamboo, Rattan, Palm and Straw Products
家具制造业	Manufacture of Furniture
造纸及纸制品业	Manufacture of Paper and Paper Products
印刷和记录媒介复制业	Manufacture of Printing and Record Medium Reproduction
文教、工美、体育和娱乐用品制造业	Manufacture of Articles for Culture, Education and Sports Activities
石油加工、炼焦及核燃料加工业	Processing of Petoleum, Coking, Processing of Nuclear Fuel
化学原料及化学制品制造业	Manufacture of Raw Chemical Materials and Chemical Products
医药制造业	Manufacture of Medicines
化学纤维制造业	Manufacture of Chemical Fibers
橡胶和塑料制品业	Manufacture of Rubber and Plastics
非金属矿物制品业	Manufacture of Non-metallic Mineral Products
黑色金属冶炼及压延加工业	Smelting and Pressing of Ferrous Metals
有色金属冶炼及压延加工业	Smelting and Pressing of Non-ferrous Metals
金属制品业	Manufacture of Metal Products
通用设备制造业	Manufacture of General Purpose Machinery
专用设备制造业	Manufacture of Special Purpose Machinery
汽车制造业	Manufacture of Automotive
铁路、船舶、航空航天和其他运输设备制造业	Manufacture of Railroad, Marine, Aerospace and Other Transportation Equipment
电气机械及器材制造业	Manufacture of Electrical Machinery and Equipment
计算机、通信和其他电子设备制造业	Manufacture of Computers, Communication and Other Electronic Equipment
仪器仪表制造业	Manufacture of Measuring Instruments
其他制造业	Other Manufacturing
废弃资源综合利用业	Comprehensive Utilization of Waste Resources Industry
金属制品、机械和设备修理业	Metal Products, Machinery and Equipment Repair Industry
电力、热力、燃气及水的生产和供应业	Production and Supply of Electric Power, heat, Gas and Water
电力、热力的生产和供应业	Production and Supply of Electric Power and Heat Power
燃气生产和供应业	Production and Supply of Gas
水的生产和供应业	Production and Supply of Water

MAIN INDICATORS OF PRIVATE ENTERPRISES BY INDUSTRIAL SECTOR (2016)

(10000 yuan)

企业单位数 (个) Number of Enterprises (unit)	工业总产值 Gross Industrial Output Value	资产总计 Total Assets	流动资产合计 Total Working Capitals	固定资产原价 Original Value of Fixed Assets	固定资产合计 Total of Fixed Assets	负债合计 Total Liabilities
1759	**31079279**	**16427900**	**8114383**	**13355836**	**6246114**	**8221142**
76	819069	972634	546145	468719	272762	649192
43	311128	654385	374394	265127	156932	481668
3	155906	32961	7951	75439	24883	10119
3	29051	38959	29535	22216	6336	32700
20	276676	138716	52183	65325	63768	82389
7	46309	107612	82083	40613	20843	42317
1628	29659416	14142062	7062017	12097398	5306378	6566911
601	12916959	4627730	2498815	6504773	1599494	1959762
62	869104	554382	241689	329001	251213	264680
65	812523	428174	152011	379107	183820	188586
22	583581	255094	97999	137835	64779	64335
11	95534	52729	31718	16983	12463	28403
14	221384	67165	55269	9950	8580	33569
138	2888977	856064	388323	660819	391485	300289
30	460375	340595	186724	174869	137815	167551
24	211192	196287	81822	46022	65372	121439
13	140097	137728	49441	95740	70785	81621
24	496071	65840	26303	66167	38213	17210
18	402589	813785	422521	305188	254079	662887
93	1937658	920947	399256	586692	328402	489177
38	564250	551781	247087	229506	232782	201471
3	24122	33247	9478	16591	11288	12828
50	808558	338785	145339	334375	161293	155273
135	2571623	1202675	527014	810372	590926	674500
16	129608	91863	46360	42855	28470	49405
4	87552	101886	71471	24984	16541	28305
44	555196	344882	160330	167142	148635	146874
59	902626	523842	242307	333109	229705	238676
90	981025	793546	476123	432799	240830	290034
12	142842	76678	51885	33094	22022	47601
10	114779	193726	146657	54072	29385	116157
31	503232	227376	101538	177379	87644	86328
6	119739	165025	112901	45582	27547	63057
11	48520	100046	81479	17449	12739	66105
3	66533	76380	7116	63194	59448	9385
1	3169	3804	3042	1751	622	1403
55	600794	1313204	506220	789719	666974	1005038
48	474025	1254404	481937	770831	651638	983059
6	123758	48265	16924	17900	14762	19536
1	3011	10534	7360	988	574	2443

12-9 续表

单位：万元

行　　业	Sector
总　计	**Total**
采矿业	Mining and Quarrying
煤炭开采和洗选业	Mining and Washing of Coal
石油和天然气开采业	Extraction of Petroleum and Natural Gas
黑色金属矿采选业	Mining and Processing of Ferrous Metals Ores
有色金属矿采选业	Mining and Processing of Non-ferrous Metal Ores
非金属矿采选业	Mining and Processing of Nonmetal Ores
开采辅助活动	Mining Auxiliary Activities
其他采矿业	Mining of Other Ores
制造业	Manufacturing
农副食品加工业	Processing of Food from Agricultural Products
食品制造业	Manufacture of Foods
酒、饮料和精制茶制造业	Manufacture of Wine, soft drinks and refined tea
烟草制品业	Manufacture of Tobacco
纺织业	Manufacture of Textile
纺织服装、服饰业	Manufacture of Textile and Apparel
皮革、毛皮、羽毛及其制品和制鞋业	Manufacture of Leather, Furs, Feather and Related Products and Footwear
木材加工及木、竹、藤、棕、草制品业	Processing of Timber, Manufacture of Wood, Bamboo, Rattan, Palm and Straw Products
家具制造业	Manufacture of Furniture
造纸及纸制品业	Manufacture of Paper and Paper Products
印刷和记录媒介复制业	Manufacture of Printing and Record Medium Reproduction
文教、工美、体育和娱乐用品制造业	Manufacture of Articles for Culture, Education and Sports Activities
石油加工、炼焦及核燃料加工业	Processing of Petoleum, Coking, Processing of Nuclear Fuel
化学原料及化学制品制造业	Manufacture of Raw Chemical Materials and Chemical Products
医药制造业	Manufacture of Medicines
化学纤维制造业	Manufacture of Chemical Fibers
橡胶和塑料制品业	Manufacture of Rubber and Plastics
非金属矿物制品业	Manufacture of Non-metallic Mineral Products
黑色金属冶炼及压延加工业	Smelting and Pressing of Ferrous Metals
有色金属冶炼及压延加工业	Smelting and Pressing of Non-ferrous Metals
金属制品业	Manufacture of Metal Products
通用设备制造业	Manufacture of General Purpose Machinery
专用设备制造业	Manufacture of Special Purpose Machinery
汽车制造业	Manufacture of Automotive
铁路、船舶、航空航天和其他运输设备制造业	Manufacture of Railroad, Marine, Aerospace and Other Transportation Equipment
电气机械及器材制造业	Manufacture of Electrical Machinery and Equipment
计算机、通信和其他电子设备制造业	Manufacture of Computers, Communication and Other Electronic Equipment
仪器仪表制造业	Manufacture of Measuring Instruments
其他制造业	Other Manufacturing
废弃资源综合利用业	Comprehensive Utilization of Waste Resources Industry
金属制品、机械和设备修理业	Metal Products, Machinery and Equipment Repair Industry
电力、热力、燃气及水的生产和供应业	Production and Supply of Electric Power, heat, Gas and Water
电力、热力的生产和供应业	Production and Supply of Electric Power and Heat Power
燃气生产和供应业	Production and Supply of Gas
水的生产和供应业	Production and Supply of Water

CONTINUED

(10000 yuan)

流动负债合计 Total Working Liabilities	所有者权益 Owners' Equities	主营业务收入 Revenue from Principal Business	主营业务成本 Cost of Principal Business	利润总额 Total Profits	从业人员平均人数(人) Average Employed Persons (person)
6432580	**8201573**	**29848573**	**26667662**	**1396474**	**200975**
582235	323442	844797	700623	28366	12647
445148	172718	328572	266864	-15463	8158
9876	22842	156035	132612	19892	999
30534	6259	28583	22217	404	690
56932	56328	282285	240691	16641	2296
39745	65295	49322	38239	6892	504
5141925	7569966	28395883	25407928	1354522	181624
1628124	2663138	12558453	11454053	469755	56332
230510	289354	802518	681447	69827	8187
150335	239588	731616	636922	40431	6287
47497	190759	564799	514652	37252	11421
25824	24326	82152	71411	4879	1491
33539	33596	171946	164084	5469	1016
219077	555774	2735442	2492087	129723	15063
128042	173043	454971	383974	30750	7596
90681	74848	190256	175326	2615	1982
50077	56107	126106	107364	6126	1291
15886	48630	506832	463587	27471	2341
499266	150898	377086	347953	-30469	4317
242945	431770	1875857	1642958	143201	8554
173183	350310	464381	368203	33780	5567
7942	20419	21790	18841	716	293
133545	183512	775265	679479	50321	5667
552762	528175	2484888	2195343	130170	15398
41049	42458	125855	107837	4153	1286
15285	73581	69761	58505	2955	427
125073	198007	534641	469981	37114	3514
188186	285165	824720	727338	45275	5742
229707	503511	928025	813554	54727	8558
42108	29077	127749	104301	6789	1364
115930	77568	122749	84912	8172	2184
55885	141048	490914	449354	18401	3296
29989	101968	121044	93619	14726	1394
65629	33941	65183	47325	5092	786
2448	66995	57714	50857	4790	260
1403	2401	3169	2664	312	10
708421	308165	607894	559111	13585	6704
692692	271344	481797	443613	10062	6184
13285	28730	123086	113611	3151	422
2443	8091	3011	1888	373	98

12-10 按行业分“三资”工业企业主要指标(2016年)

单位：万元

行　业	Sector
总　计	**Total**
采矿业	Mining and Quarrying
煤炭开采和洗选业	Mining and Washing of Coal
石油和天然气开采业	Extraction of Petroleum and Natural Gas
黑色金属矿采选业	Mining and Processing of Ferrous Metals Ores
有色金属矿采选业	Mining and Processing of Non-ferrous Metal Ores
非金属矿采选业	Mining and Processing of Nonmetal Ores
开采辅助活动	Mining Auxiliary Activities
其他采矿业	Mining of Other Ores
制造业	Manufacturing
农副食品加工业	Processing of Food from Agricultural Products
食品制造业	Manufacture of Foods
酒、饮料和精制茶制造业	Manufacture of Wine, soft drinks and refined tea
烟草制品业	Manufacture of Tobacco
纺织业	Manufacture of Textile
纺织服装、服饰业	Manufacture of Textile and Apparel
皮革、毛皮、羽毛及其制品和制鞋业	Manufacture of Leather, Furs, Feather and Related Products and Footwear
木材加工及木、竹、藤、棕、草制品业	Processing of Timber,Manufacture of Wood,Bamboo,Rattan,Palm and Straw Products
家具制造业	Manufacture of Furniture
造纸及纸制品业	Manufacture of Paper and Paper Products
印刷和记录媒介复制业	Manufacture of Printing and Record Medium Reproduction
文教、工美、体育和娱乐用品制造业	Manufacture of Articles for Culture,Education and Sports Activities
石油加工、炼焦及核燃料加工业	Processing of Petoleum,Coking,Processing of Nuclear Fuel
化学原料及化学制品制造业	Manufacture of Raw Chemical Materials and Chemical Products
医药制造业	Manufacture of Medicines
化学纤维制造业	Manufacture of Chemical Fibers
橡胶和塑料制品业	Manufacture of Rubber and Plastics
非金属矿物制品业	Manufacture of Non-metallic Mineral Products
黑色金属冶炼及压延加工业	Smelting and Pressing of Ferrous Metals
有色金属冶炼及压延加工业	Smelting and Pressing of Non-ferrous Metals
金属制品业	Manufacture of Metal Products
通用设备制造业	Manufacture of General Purpose Machinery
专用设备制造业	Manufacture of Special Purpose Machinery
汽车制造业	Manufacture of Automotive
铁路、船舶、航空航天和其他运输设备制造业	Manufacture of Railroad, Marine, Aerospace and Other Transportation Equipment
电气机械及器材制造业	Manufacture of Electrical Machinery and Equipment
计算机、通信和其他电子设备制造业	Manufacture of Computers,Communication and Other Electronic Equipment
仪器仪表制造业	Manufacture of Measuring Instruments
其他制造业	Other Manufacturing
废弃资源综合利用业	Comprehensive Utilization of Waste Resources Industry
金属制品、机械和设备修理业	Metal Products, Machinery and Equipment Repair Industry
电力、热力、燃气及水的生产和供应业	Production and Supply of Electric Power,heat,Gas and Water
电力、热力的生产和供应业	Production and Supply of Electric Power and Heat Power
燃气生产和供应业	Production and Supply of Gas
水的生产和供应业	Production and Supply of Water

MAIN INDICATORS OF INDUSTRIAL ENTERPRISES WITH HONGKONG, MACAO, TAIWAN AND FOREIGN FUNDS BY INDUSTRIAL SECTOR (2016)

(10000 yuan)

企业单位数(个) Number of Enterprises (unit)	工业总产值 Gross Industrial Output Value	资产总计 Total Assets	流动资产合计 Total Working Capitals	固定资产原价 Original Value of Fixed Assets	固定资产合计 Total of Fixed Assets	负债合计 Total Liabilities
188	**11590829**	**16536731**	**7574052**	**11628462**	**6736471**	**9888110**
3	969655	835593	35430	1599096	783330	59640
2	15883	47728	30476	22215	3418	25616
1	953772	787866	4954	1576881	779912	34025
162	9815208	12958882	6940302	6698267	4102231	7587156
38	1849921	1789415	955294	1019988	596732	1276643
20	2164141	1803572	1042143	891642	595167	876987
25	946272	1320215	540582	1002784	673522	673699
4	138479	103357	56417	52070	45663	57567
1	51655	49682	15356	66491	28652	1955
1	15872	2030	913	2437	1036	125
7	129269	73186	41484	40096	28690	34145
3	17916	25081	13649	13928	10329	20931
3	89514	37909	8128	96937	27117	58644
5	113471	37821	10257	96131	25216	12271
1	50782	149819	94538	50410	36200	205873
8	198320	126546	50353	101196	67647	51074
8	1082284	2737684	1342180	1200923	629162	1277462
4	544655	1105141	791457	358128	183785	753479
9	94522	136915	73076	74756	50494	67572
1	12059	31003	8308	28805	22695	20740
4	31747	26956	15246	17727	9525	8636
2	22299	32999	23311	14967	9325	11605
7	179520	605158	322390	193717	148959	446698
5	1769798	2044237	1135568	1258827	861720	1348611
1	1908	20235	17766	5295	2083	1125
2	281500	620440	362577	97285	42421	320583
2	17100	22759	11019	11892	5500	11870
1	12204	56722	8289	1837	592	48861
23	805965	2742256	598321	3331099	1850910	2241314
16	627870	1953715	220567	3065947	1666750	1655300
5	158658	351586	155207	249646	177097	195954
2	19438	436955	222547	15506	7062	390061

12-10 续表

单位：万元

行　　业	Sector
总　计	**Total**
采矿业	Mining and Quarrying
煤炭开采和洗选业	Mining and Washing of Coal
石油和天然气开采业	Extraction of Petroleum and Natural Gas
黑色金属矿采选业	Mining and Processing of Ferrous Metals Ores
有色金属矿采选业	Mining and Processing of Non-ferrous Metal Ores
非金属矿采选业	Mining and Processing of Nonmetal Ores
开采辅助活动	Mining Auxiliary Activities
其他采矿业	Mining of Other Ores
制造业	Manufacturing
农副食品加工业	Processing of Food from Agricultural Products
食品制造业	Manufacture of Foods
酒、饮料和精制茶制造业	Manufacture of Wine, soft drinks and refined tea
烟草制品业	Manufacture of Tobacco
纺织业	Manufacture of Textile
纺织服装、服饰业	Manufacture of Textile and Apparel
皮革、毛皮、羽毛及其制品和制鞋业	Manufacture of Leather, Furs, Feather and Related Products and Footwear
木材加工及木、竹、藤、棕、草制品业	Processing of Timber, Manufacture of Wood, Bamboo, Rattan, Palm and Straw Products
家具制造业	Manufacture of Furniture
造纸及纸制品业	Manufacture of Paper and Paper Products
印刷和记录媒介复制业	Manufacture of Printing and Record Medium Reproduction
文教、工美、体育和娱乐用品制造业	Manufacture of Articles for Culture, Education and Sports Activities
石油加工、炼焦及核燃料加工业	Processing of Petoleum, Coking, Processing of Nuclear Fuel
化学原料及化学制品制造业	Manufacture of Raw Chemical Materials and Chemical Products
医药制造业	Manufacture of Medicines
化学纤维制造业	Manufacture of Chemical Fibers
橡胶和塑料制品业	Manufacture of Rubber and Plastics
非金属矿物制品业	Manufacture of Non-metallic Mineral Products
黑色金属冶炼及压延加工业	Smelting and Pressing of Ferrous Metals
有色金属冶炼及压延加工业	Smelting and Pressing of Non-ferrous Metals
金属制品业	Manufacture of Metal Products
通用设备制造业	Manufacture of General Purpose Machinery
专用设备制造业	Manufacture of Special Purpose Machinery
汽车制造业	Manufacture of Automotive
铁路、船舶、航空航天和其他运输设备制造业	Manufacture of Railroad, Marine, Aerospace and Other Transportation Equipment
电气机械及器材制造业	Manufacture of Electrical Machinery and Equipment
计算机、通信和其他电子设备制造业	Manufacture of Computers, Communication and Other Electronic Equipment
仪器仪表制造业	Manufacture of Measuring Instruments
其他制造业	Other Manufacturing
废弃资源综合利用业	Comprehensive Utilization of Waste Resources Industry
金属制品、机械和设备修理业	Metal Products, Machinery and Equipment Repair Industry
电力、热力、燃气及水的生产和供应业	Production and Supply of Electric Power, heat, Gas and Water
电力、热力的生产和供应业	Production and Supply of Electric Power and Heat Power
燃气生产和供应业	Production and Supply of Gas
水的生产和供应业	Production and Supply of Water

CONTINUED

(10000 yuan)

流动负债合计 Total Working Liabilities	所有者权益 Owners' Equities	主营业务收入 Revenue from Principal Business	主营业务成本 Cost of Principal Business	利润总额 Total Profits	从业人员平均人数(人) Average Employed Persons (person)
8207403	**6583937**	**12610829**	**10004452**	**935469**	**93228**
27940	775953	977300	770029	97548	1855
25616	22112	23528	15785	1721	1116
2325	753841	953772	754245	95826	739
6836073	5307042	10762923	8539469	771926	79276
1203458	512771	2016953	1826584	71302	10783
772833	926585	2076443	1485709	145242	11492
651192	646515	1014954	706472	95603	10272
55065	45790	137171	131361	1518	2462
1955	47727	51655	49185	2389	451
	1905	15307	14124	490	65
29866	39041	126854	117459	4066	1179
20931	4149	17691	14664	-2847	737
55288	-20735	91898	78894	-8601	236
11816	25550	112454	100412	5359	2620
192373	-56054	40302	37625	-1634	600
21847	75472	190293	159891	21501	545
1081290	1460222	1907296	1269331	242623	20248
737096	351662	525136	455758	29180	3838
61908	69343	68749	59390	2077	1119
20499	10263	14903	12587	69	233
7298	18320	35083	29682	2589	373
11605	21394	47811	43587	1147	287
359800	93777	187928	154206	-11865	1266
1203996	695627	1775040	1535713	158329	5094
1125	19110	18891	17254	-5740	98
281617	299857	260269	212593	20967	4970
4354	10890	17091	13611	924	188
48861	7861	12752	13377	-2762	120
1343389	500942	870606	694954	65995	12097
1143521	298415	629689	520057	42698	7588
185249	155632	221479	158626	33897	4157
14619	46895	19438	16272	-10600	352

12-11 分地区工业企业主要经济指标

MAJOR INDICATORS OF INDUSTRIAL ENTERPRISES BY REGION

单位：万元 (10000 yuan)

地 区	Region	工业销售产值 Sales Value of Industry	应收帐款 Receivables	产成品 Finished Goods	流动资产合计 Total Working Capitals	固定资产合计 Total of Fixed Assets	资产合计 Total Assets
	2011	111917554	8689086	4238772	51808599	55517385	119188305
	2012	122533357	10961107	4131580	55643420	60883972	132231419
	2013	134158911	11753611	4593806	59161644	65315274	142157738
	2014	131393829	12750187	4806495	62294591	68229582	149951906
	2015	115238693	13104509	4292904	62464256	69758202	154079605
	2016	111035610	12926582	4557204	59688733	67521019	149519167
哈尔滨	Harbin	32122029	4913771	1184453	19644949	14721880	43447537
齐齐哈尔	Qiqihar	10357200	2020814	718301	6763514	5500981	14245575
鸡西	Jixi	1746721	504870	123421	2021444	2032139	4742345
鹤岗	Hegang	1310425	193990	84233	1071461	1491801	3288540
双鸭山	Shuangyashan	2415700	282029	98312	1599298	2502154	5211320
大庆	Daqing	28399074	2330793	838654	13956427	26339578	44306544
伊春	Yichun	816037	288203	124085	1176984	1611696	3223717
佳木斯	Jiamusi	5182280	481245	187909	1953430	2153989	4800282
七台河	Qitaihe	1404166	327869	165195	1650898	1748033	4299737
牡丹江	Mudanjiang	10200789	528923	208647	2382449	3605751	6777020
黑河	Heihe	1299702	123359	65920	929025	969248	2227217
绥化	Suihua	9649396	570870	308923	2725420	3157468	6982512
大兴安岭	Daxinganling	163381	71969	33331	315764	187639	543382
农垦总局	ARB	5737831	247782	405934	3346926	1424483	5138991
绥芬河	Suifenhe	196059	27497	7657	123017	34024	212068
抚远	Fuyuan	34820	12598	2230	27727	40156	72381

12-11 续表1 CONTINUED

单位：万元 (10000 yuan)

地 区	Region	负债总计 Total Liabilities	主营业务收入 Revenue from Principal Business	主营业务成本 Cost of Principal Business	销售费用 Selling Expenses	管理费用 Overhead Expenses
	2011	67035890	114545985	84988688	2464447	5484787
	2012	75850807	125261436	95639742	2726616	6099105
	2013	82129564	137010647	107693689	3032544	6356665
	2014	85409467	134070897	107325636	3084525	6194322
	2015	86883806	117190328	98774174	3035492	6296310
	2016	83999659	113477729	97110010	2848975	5661811
哈尔滨	Harbin	26713460	32898936	27237894	1111632	1775885
齐齐哈尔	Qiqihar	8557531	10246712	8805198	450365	430425
鸡西	Jixi	3588951	1845044	1626522	49325	163944
鹤岗	Hegang	2795255	1386900	1271067	26176	95563
双鸭山	Shuangyashan	3709447	2436476	2197623	54132	138630
大庆	Daqing	16197228	29135614	24188372	285141	1976888
伊春	Yichun	3191267	798100	713230	20903	40007
佳木斯	Jiamusi	2905211	5227735	4722215	106938	146914
七台河	Qitaihe	2876716	1464814	1380820	41280	127069
牡丹江	Mudanjiang	3287543	10208529	8937979	298387	299678
黑河	Heihe	1500877	1230134	1044175	23724	68184
绥化	Suihua	3930226	9560006	8392196	205765	235156
大兴安岭	Daxinganling	413093	162669	130518	16163	13175
农垦总局	ARB	4115603	6678787	6270159	150924	146826
绥芬河	Suifenhe	164094	162455	160778	7433	2748
抚远	Fuyuan	53155	34820	31266	686	719

12-11 续表2 CONTINUED

单位：万元 (10000 yuan)

地 区	Region	财务费用 Financial Expenses	利息支出 Expenditure for Interests	利润总额 Total Profits	亏损企业亏损额 Total Losses Made by Enterprises -in-red	从业人员平均人数(人) Average Employed Persons (person)
	2011	954779	1174441	14466514	736812	1342300
	2012	1254569	1517969	13385582	1223349	1413500
	2013	1524873	1693017	11854868	1781047	1382219
	2014	1578053	1811386	10070814	2358695	1302148
	2015	1451442	1509238	4650917	2209231	1229896
	2016	1304262	1301219	2955423	3276807	1081515
哈尔滨	Harbin	329412	304574	1666964	284192	274056
齐齐哈尔	Qiqihar	241477	205685	3257	721061	96625
鸡西	Jixi	61411	54117	26367	138171	60782
鹤岗	Hegang	53790	51621	-56778	107560	46342
双鸭山	Shuangyashan	75356	53571	-20573	98485	48812
大庆	Daqing	126965	258796	-97238	1405466	226631
伊春	Yichun	63643	62554	-42017	69380	18147
佳木斯	Jiamusi	66866	58296	178695	76692	38562
七台河	Qitaihe	51888	64019	-38825	160022	53538
牡丹江	Mudanjiang	69186	67792	594096	50051	83123
黑河	Heihe	27045	23518	76508	13361	13098
绥化	Suihua	62357	33836	642343	40926	82972
大兴安岭	Daxinganling	4075	4107	2281	7568	5450
农垦总局	ARB	68393	57240	25446	94666	32041
绥芬河	Suifenhe	896	821	-7365	9207	1032
抚远	Fuyuan	1503	673	2261		304

12-12 分地区大中型工业企业主要经济指标

MAJOR INDICATORS OF LARGE AND MEDIUM-SIZED INDUSTRIAL ENTERPRISES BY REGION

单位：万元 (10000 yuan)

地 区	Region	工业销售产值 Sales Value of Industry	应收帐款 Receivables	产成品 Finished Goods	流动资产合计 Total Working Capitals	固定资产合计 Total of Fixed Assets
	2011	77847969	6204318	3035023	40501807	42947019
	2012	82067804	7978959	2923702	42740270	49044226
	2013	83558177	7840825	3317515	43329930	51018561
	2014	83051778	8703301	3495592	45843572	52967159
	2015	67685805	8971414	3088780	45245612	52175757
	2016	63575165	8490587	2980641	41896197	50426720
哈尔滨	Harbin	17328997	3075549	613368	13359605	9841700
齐齐哈尔	Qiqihar	5813250	1652437	621494	5374814	3141743
鸡西	Jixi	901033	397718	41471	1400154	1480640
鹤岗	Hegang	817660	110927	39514	484214	1075582
双鸭山	Shuangyashan	1226906	169987	47630	1053507	1802654
大庆	Daqing	22354649	1695672	655360	11630020	24941980
伊春	Yichun	372627	213221	96204	859405	657720
佳木斯	Jiamusi	1178038	216757	98561	865078	828069
七台河	Qitaihe	1121250	274036	131977	1305090	1422711
牡丹江	Mudanjiang	2836102	258169	90720	1217708	1539670
黑河	Heihe	375611	20131	10331	224614	484471
绥化	Suihua	4715750	201287	160759	1254871	2075073
大兴安岭	Daxinganling	67310	35896	20559	89753	91977
农垦总局	ARB	4465982	168801	352693	2777364	1042731
绥芬河	Suifenhe					
抚远	Fuyuan					

注：从2003年起，大中型企业划分按新标准执行。
Note: The partition of large and medium-sized industrial enterprises use new cirterion from 2003.

12-12 续表1 CONTINUED

单位：万元 (10000 yuan)

地 区	Region	资产合计 Total Assets	负债总计 Total Liabilities	主营业务收入 Revenue from Principal Business	主营业务成本 Cost of Principal Business	销售费用 Selling Expenses	管理费用 Overhead Expenses
	2011	92908613	52212528	80407306	55214187	1894994	4576730
	2012	104188084	60229441	85351633	60880620	1975821	4879226
	2013	108281515	62880257	86754028	63514344	2107647	4881586
	2014	113433264	65283619	86553337	65304930	2104747	4778869
	2015	113406107	64642516	71081613	57897903	1947774	4800442
	2016	107282289	61316871	66283733	55058368	1823061	4199348
哈尔滨	Harbin	28504421	19494748	18071149	14362134	718134	1138140
齐齐哈尔	Qiqihar	9844053	6390397	5541033	4676482	375086	291167
鸡西	Jixi	3442273	2628239	1092553	938577	23588	136183
鹤岗	Hegang	2175763	2075662	866264	795612	15975	79308
双鸭山	Shuangyashan	3714530	2815509	1283438	1160140	29306	91573
大庆	Daqing	39884373	13816970	23241211	18750811	216712	1851438
伊春	Yichun	1809048	2069603	366412	347836	13538	25437
佳木斯	Jiamusi	1922045	1416125	1222965	1081383	47132	70521
七台河	Qitaihe	3555652	2459978	1166252	1108091	32399	112690
牡丹江	Mudanjiang	3334470	1915358	2830028	2331623	90962	114307
黑河	Heihe	931769	615170	333464	247820	9074	28039
绥化	Suihua	3884261	1990706	4833385	4131645	124818	132821
大兴安岭	Daxinganling	191951	178779	67099	60988	3286	6479
农垦总局	ARB	4087680	3449628	5368482	5065226	123050	121244
绥芬河	Suifenhe						
抚远	Fuyuan						

12-12 续表2 CONTINUED

单位：万元 (10000 yuan)

地 区	Region	财务费用 Financial Expenses	利息支出 Expenditure for Interests	利润总额 Total Profits	亏损企业亏损额 Total Losses Made by Enterprises -in-red	从业人员平均人数(人) Average Employed Persons (person)
	2011	616620	877827	12415263	578870	1050200
	2012	875876	1187976	10969876	976178	1075600
	2013	1057903	1275456	8946365	1461782	1016411
	2014	1076585	1396879	7629698	2048449	964644
	2015	989159	1134706	2464602	1743949	910379
	2016	846910	954167	726928	2909515	786606
哈尔滨	Harbin	205061	228615	857337	180838	177886
齐齐哈尔	Qiqihar	191519	159212	-287965	678426	69796
鸡西	Jixi	42798	42088	29294	116444	55600
鹤岗	Hegang	42304	43457	-73342	100923	40520
双鸭山	Shuangyashan	52000	38585	-37027	74609	40321
大庆	Daqing	79035	215924	-335682	1371877	201865
伊春	Yichun	26209	27992	-38295	45865	10728
佳木斯	Jiamusi	30226	25756	-15807	64394	15988
七台河	Qitaihe	40855	54454	-34643	144119	49963
牡丹江	Mudanjiang	33441	36540	252131	22539	36786
黑河	Heihe	12562	12628	36529	1436	6291
绥化	Suihua	29781	16583	402878	12060	56233
大兴安岭	Daxinganling	2474	2475	-5286	5679	3566
农垦总局	ARB	58644	49858	-23193	90306	21063
绥芬河	Suifenhe					
抚远	Fuyuan					

12-13 分地区国有及国有控股工业企业主要经济指标

MAJOR INDICATORS OF STATE-OWNED AND STATE-HOLDING INDUSTRIAL ENTERPRISES BY REGION

单位：万元 (10000 yuan)

地 区	Region	工业销售产值 Sales Value of Industry	应收帐款 Receivables	产成品 Finished Goods	流动资产合计 Total Working Capitals	固定资产合计 Total of Fixed Assets	资产合计 Total Assets
	2011	63396546	4752373	1876994	31873380	42053017	81113775
	2012	63482393	5862326	1814187	32137395	44328075	86597401
	2013	63871568	5889768	2130414	33314228	46201384	90956939
	2014	62040152	6293713	2272282	35408333	47798644	94894086
	2015	46781156	6308075	2098100	34658645	47003141	94536530
	2016	42831571	6215203	2031767	31487398	45817714	90072248
哈尔滨	Harbin	12004198	2488473	374980	10618963	8934955	24881296
齐齐哈尔	Qiqihar	1925130	1392554	421888	3728072	3038685	7987956
鸡 西	Jixi	723372	275357	40343	890591	1612345	3009921
鹤 岗	Hegang	645558	84485	25053	380163	1084886	1995139
双鸭山	Shuangyashan	623278	89645	6285	527637	1200998	2004550
大 庆	Daqing	18845230	1000987	611889	10262809	23052050	36764704
伊 春	Yichun	314351	89038	4335	219164	995896	1354942
佳木斯	Jiamusi	607071	176736	69346	583148	1166239	2056281
七台河	Qitaihe	717161	160071	38753	491191	1186912	1960091
牡丹江	Mudanjiang	642759	78330	27776	323515	1025303	1472904
黑 河	Heihe	285669	61054	26664	190041	386648	588707
绥 化	Suihua	1247351	104371	30647	387179	967652	1693405
大兴安岭	Daxinganling	71972	42230	2481	99680	96209	205745
农垦总局	ARB	4171250	171436	351328	2782493	1041698	4063295
绥芬河	Suifenhe						
抚 远	Fuyuan	7222	436		2754	27240	33312

12-13 续表1 CONTINUED

单位：万元 (10000 yuan)

地 区	Region	负债总计 Total Liabilities	主营业务收入 Revenue from Principal Business	主营业务成本 Cost of Principal Business	销售费用 Selling Expenses	管理费用 Overhead Expenses
	2011	45531599	66078279	44156805	1017888	3627692
	2012	49460132	67050869	45785237	1066930	3897781
	2013	52740809	67081951	47592928	1073122	3991270
	2014	53808159	65554357	48185874	991327	3756991
	2015	54099757	50172360	40928822	843088	3729962
	2016	51205636	45718139	38294904	770128	3264424
哈尔滨	Harbin	17063758	12954636	10560577	265692	822072
齐齐哈尔	Qiqihar	5574399	1802227	1761010	86284	171719
鸡 西	Jixi	2577830	881196	811913	13018	116605
鹤 岗	Hegang	1982358	669990	631672	1676	75832
双鸭山	Shuangyashan	1667796	657558	598588	3608	48610
大 庆	Daqing	12343689	19772604	15775926	197285	1669803
伊 春	Yichun	1182799	298651	243403	2499	21958
佳木斯	Jiamusi	1414704	627666	524240	28520	41920
七台河	Qitaihe	1532294	761710	788205	6536	81292
牡丹江	Mudanjiang	902464	646597	507187	15578	32663
黑 河	Heihe	454821	260930	228451	2843	16897
绥 化	Suihua	773552	1234123	1013262	16778	40783
大兴安岭	Daxinganling	196043	72691	60316	10143	5671
农垦总局	ARB	3517654	5070339	4784555	119668	118601
绥芬河	Suifenhe					
抚 远	Fuyuan	21477	7222	5598		

12-13 续表2 CONTINUED

单位：万元 (10000 yuan)

地 区	Region	财务费用 Financial Expenses	利息支出 Expenditure for Interests	利润总额 Total Profits	亏损企业亏损额 Total Losses Made by Enterprises -in-red	从业人员平均人数(人) Average Employed Persons (person)
2011		490337	788267	11092925	465306	759900
2012		697198	1033985	9850133	734569	790100
2013		845508	1058994	7574071	1327490	733208
2014		878095	1199871	6324800	1639005	707601
2015		849787	1033512	833841	1534549	671384
2016		712283	869603	-915618	2798148	575903
哈尔滨	Harbin	171457	200268	345599	192579	127840
齐齐哈尔	Qiqihar	150274	153683	-632412	687500	40683
鸡 西	Jixi	42234	38292	-29767	118986	52220
鹤 岗	Hegang	40671	41646	-80461	97345	35131
双鸭山	Shuangyashan	38647	25369	-43080	69647	33038
大 庆	Daqing	57598	207808	-580184	1338508	184657
伊 春	Yichun	38209	35829	-12469	25363	4793
佳木斯	Jiamusi	37148	34710	-19048	54355	9760
七台河	Qitaihe	18091	30110	-34156	96635	37815
牡丹江	Mudanjiang	30608	29432	74432	15496	11295
黑 河	Heihe	11213	10323	12705	2840	3729
绥 化	Suihua	13441	9344	120835	11616	13065
大兴安岭	Daxinganling	2361	2401	-5387	6030	3576
农垦总局	ARB	59574	50386	-33185	81250	18199
绥芬河	Suifenhe					
抚 远	Fuyuan	757	3	958		102

12-14 分地区集体工业企业主要经济指标

MAJOR INDICATORS OF COLLECTIVE-OWNED INDUSTRIAL ENTERPRISES BY REGION

单位：万元 (10000 yuan)

地 区	Region	工业销售产值 Sales Value of Industry	应收帐款 Receivables	产成品 Finished Goods	流动资产合计 Total Working Capitals	固定资产合计 Total of Fixed Assets
2011		1422657	201803	46958	668304	250916
2012		1389929	317860	48750	836212	261676
2013		938028	227565	33913	565493	185897
2014		679531	190850	19189	504803	143565
2015		615012	178542	23246	509431	148033
2016		507035	169514	13284	399589	113343
哈尔滨	Harbin	8084	5179	222	11482	3206
齐齐哈尔	Qiqihar	40391	21316	776	54676	8167
鸡 西	Jixi					
鹤 岗	Hegang	19024	4078	47	19977	20650
双鸭山	Shuangyashan					
大 庆	Daqing	350709	137229	11011	299145	59169
伊 春	Yichun					
佳木斯	Jiamusi	15815			2565	7268
七台河	Qitaihe	2020	78	393	2106	834
牡丹江	Mudanjiang	70991	1634	835	9638	14049
黑 河	Heihe					
绥 化	Suihua					
大兴安岭	Daxinganling					
农垦总局	ARB					
绥芬河	Suifenhe					
抚 远	Fuyuan					

12-14 续表1 CONTINUED

单位：万元 (10000 yuan)

地 区	Region	资产合计 Total Assets	负债总计 Total Liabilities	主营业务收入 Revenue from Principal Business	主营业务成本 Cost of Principal Business	销售费用 Selling Expenses	管理费用 Overhead Expenses
	2011	989502	723369	1210899	1050708	15584	73998
	2012	1183553	897275	1292245	1131393	16206	93709
	2013	803278	641805	890517	790238	5843	55364
	2014	673551	573188	655857	584675	5148	43478
	2015	677064	585323	585790	520543	5881	39234
	2016	531448	395739	501759	434708	6224	31989
哈尔滨	Harbin	14690	14522	13577	11468	27	2181
齐齐哈尔	Qiqihar	62842	10706	40437	36386	261	424
鸡 西	Jixi						
鹤 岗	Hegang	47309	32108	16722	15702	42	202
双鸭山	Shuangyashan						
大 庆	Daqing	369487	322785	341090	297183	4179	21561
伊 春	Yichun						
佳木斯	Jiamusi	9833	9221	16903	11768		4729
七台河	Qitaihe	2940	2404	2020	1884	72	170
牡丹江	Mudanjiang	24347	3992	71009	60316	1644	2723
黑 河	Heihe						
绥 化	Suihua						
大兴安岭	Daxinganling						
农垦总局	ARB						
绥芬河	Suifenhe						
抚 远	Fuyuan						

12-14 续表2 CONTINUED

单位：万元 (10000 yuan)

地 区	Region	财务费用 Financial Expenses	利息支出 Expenditure for Interests	利润总额 Total Profits	亏损企业亏损额 Total Losses Made by Enterprises -in-red	从业人员平均人数(人) Average Employed Persons (person)
	2011	5387	4561	50551	4624	34583
	2012	7278	5897	43280	12346	34395
	2013	1801	1896	28015	6026	24054
	2014	1631	1776	10252	15717	15940
	2015	1804	1567	16751	10267	15008
	2016	1436	1385	24541	1541	9096
哈尔滨	Harbin	30	29	-108	270	429
齐齐哈尔	Qiqihar	245	247	3089		534
鸡 西	Jixi					
鹤 岗	Hegang	622	622	-116	930	474
双鸭山	Shuangyashan					
大 庆	Daqing	275	223	15690	131	6806
伊 春	Yichun					
佳木斯	Jiamusi	187	187	96		209
七台河	Qitaihe			-114	114	62
牡丹江	Mudanjiang	77	77	6003	96	582
黑 河	Heihe					
绥 化	Suihua					
大兴安岭	Daxinganling					
农垦总局	ARB					
绥芬河	Suifenhe					
抚 远	Fuyuan					

12-15 工业企业主要经济效益指标 (2016年)

行　业	Sector
总 计	**Total**
按轻重工业分	**Grouped by Light and Heavy Industry**
轻工业	Light Industry
重工业	Heavy Industry
按行业分	**Grouped by Sector**
采矿业	Mining and Quarrying
煤炭开采和洗选业	Mining and Washing of Coal
石油和天然气开采业	Extraction of Petroleum and Natural Gas
黑色金属矿采选业	Mining and Processing of Ferrous Metals Ores
有色金属矿采选业	Mining and Processing of Non-ferrous Metal Ores
非金属矿采选业	Mining and Processing of Nonmetal Ores
开采辅助活动	Mining Auxiliary Activities
其他采矿业	Mining of Other Ores
制造业	Manufacturing
农副食品加工业	Processing of Food from Agricultural Products
食品制造业	Manufacture of Foods
酒、饮料和精制茶制造业	Manufacture of Wine, soft drinks and refined tea
烟草制品业	Manufacture of Tobacco
纺织业	Manufacture of Textile
纺织服装、服饰业	Manufacture of Textile and Apparel
皮革、毛皮、羽毛及其制品和制鞋业	Manufacture of Leather, Furs, Feather and Related Productsand Footwear
木材加工及木、竹、藤、棕、草制品业	Processing of Timber, Manufacture of Wood, Bamboo, Rattan, Palm and Straw Products
家具制造业	Manufacture of Furniture
造纸及纸制品业	Manufacture of Paper and Paper Products
印刷和记录媒介复制业	Manufacture of Printing and Record Medium Reproduction
文教、工美、体育和娱乐用品制造业	Manufacture of Articles for Culture, Education and Sports Activities
石油加工、炼焦及核燃料加工业	Processing of Petoleum, Coking, Processing of Nuclear Fuel
化学原料及化学制品制造业	Manufacture of Raw Chemical Materials and Chemical Products
医药制造业	Manufacture of Medicines
化学纤维制造业	Manufacture of Chemical Fibers
橡胶和塑料制品业	Manufacture of Rubber and Plastics
非金属矿物制品业	Manufacture of Non-metallic Mineral Products
黑色金属冶炼及压延加工业	Smelting and Pressing of Ferrous Metals
有色金属冶炼及压延加工业	Smelting and Pressing of Non-ferrous Metals
金属制品业	Manufacture of Metal Products
通用设备制造业	Manufacture of General Purpose Machinery
专用设备制造业	Manufacture of Special Purpose Machinery
汽车制造业	Manufacture of Automotive
铁路、船舶、航空航天和其他运输设备制造业	Manufacture of Railroad, Marine, Aerospace and Other Transportation Equipment
电气机械及器材制造业	Manufacture of Electrical Machinery and Equipment
计算机、通信和其他电子设备制造业	Manufacture of Computers, Communication and Other Electronic Equipment
仪器仪表制造业	Manufacture of Measuring Instruments
其他制造业	Other Manufacturing
废弃资源综合利用业	Comprehensive Utilization of Waste Resources Industry
金属制品、机械和设备修理业	Metal Products, Machinery and Equipment Repair Industry
电力、热力、燃气及水的生产和供应业	Production and Supply of Electric Power, heat, Gas and Water
电力、热力的生产和供应业	Production and Supply of Electric Power and Heat Power
燃气生产和供应业	Production and Supply of Gas
水的生产和供应业	Production and Supply of Water

MAJOR INDICATORS ON ECONOMIC BENEFIT OF INDUSTRIAL ENTERPRISES (2016)

总资产贡献率（%） Ratio of Total Assets to Industrial Output Value(%)	资产负债率（%） Assets Liability Ratio(%)	成本费用利润率（%） Ratio of Profits to Industrial Cost(%)	产品销售率（%） Proportion of Products(%)
7.2	**56.2**	**2.7**	**98.4**
12.2	51.6	5.7	97.7
5.6	57.6	0.5	99.0
1.7	37.4	-6.7	99.2
2.4	91.9	-7.4	95.7
0.4	22.3	-11.3	100.6
9.6	68.5	7.3	99.4
3.5	77.8	-4.6	95.4
15.5	55.9	7.8	95.9
13.1	23.3	13.6	99.9
0.0	0.0	0.0	0.0
11.3	59.6	4.8	98.2
9.6	60.6	3.6	98.2
14.1	39.3	8.1	93.7
12.1	53.1	6.8	97.5
54.2	15.8	8.2	98.7
11.1	37.1	5.4	98.3
14.4	33.5	6.2	97.4
13.6	54.0	3.1	99.2
20.7	39.4	5.2	98.4
10.5	63.9	6.0	98.2
7.0	48.1	3.7	99.4
8.0	55.4	6.5	98.3
26.6	26.1	5.9	97.1
53.5	60.3	10.5	99.0
7.3	61.8	3.7	98.4
14.6	39.4	18.6	98.8
5.0	38.6	3.4	88.9
10.3	59.2	5.9	97.3
8.7	61.7	6.9	96.8
-0.2	92.5	-6.8	95.8
2.1	63.5	-2.9	99.0
10.4	52.1	6.6	98.6
3.4	75.0	2.8	102.0
-5.3	58.6	-19.9	96.8
8.1	87.2	7.6	99.8
3.7	57.8	-0.9	102.6
2.5	57.0	0.5	103.7
8.9	47.8	11.2	95.8
3.6	59.1	1.5	102.8
2.7	91.4	0.4	100.7
22.0	72.8	5.3	94.2
3.2	72.3	4.4	99.3
3.1	72.6	0.03	99.3
3.1	73.5	-0.2	99.2
8.5	50.9	6.0	100.8
1.6	67.6	-3.8	99.7

12-16 大中型工业企业主要经济效益指标 (2016年)

行　业	Sector
总 计	**Total**
按轻重工业分	**Grouped by Light and Heavy Industry**
轻工业	Light Industry
重工业	Heavy Industry
按行业分	**Grouped by Sector**
采矿业	Mining and Quarrying
煤炭开采和洗选业	Mining and Washing of Coal
石油和天然气开采业	Extraction of Petroleum and Natural Gas
黑色金属矿采选业	Mining and Processing of Ferrous Metals Ores
有色金属矿采选业	Mining and Processing of Non-ferrous Metal Ores
非金属矿采选业	Mining and Processing of Nonmetal Ores
开采辅助活动	Mining Auxiliary Activities
其他采矿业	Mining of Other Ores
制造业	Manufacturing
农副食品加工业	Processing of Food from Agricultural Products
食品制造业	Manufacture of Foods
酒、饮料和精制茶制造业	Manufacture of Wine, soft drinks and refined tea
烟草制品业	Manufacture of Tobacco
纺织业	Manufacture of Textile
纺织服装、服饰业	Manufacture of Textile and Apparel
皮革、毛皮、羽毛及其制品和制鞋业	Manufacture of Leather, Furs, Feather and Related Productsand Footwear
木材加工及木、竹、藤、棕、草制品业	Processing of Timber,Manufacture of Wood,Bamboo,Rattan, Palm and Straw Products
家具制造业	Manufacture of Furniture
造纸及纸制品业	Manufacture of Paper and Paper Products
印刷和记录媒介复制业	Manufacture of Printing and Record Medium Reproduction
文教、工美、体育和娱乐用品制造业	Manufacture of Articles for Culture,Education and Sports Activities
石油加工、炼焦及核燃料加工业	Processing of Petoleum,Coking,Processing of Nuclear Fuel
化学原料及化学制品制造业	Manufacture of Raw Chemical Materials and Chemical Products
医药制造业	Manufacture of Medicines
化学纤维制造业	Manufacture of Chemical Fibers
橡胶和塑料制品业	Manufacture of Rubber and Plastics
非金属矿物制品业	Manufacture of Non-metallic Mineral Products
黑色金属冶炼及压延加工业	Smelting and Pressing of Ferrous Metals
有色金属冶炼及压延加工业	Smelting and Pressing of Non-ferrous Metals
金属制品业	Manufacture of Metal Products
通用设备制造业	Manufacture of General Purpose Machinery
专用设备制造业	Manufacture of Special Purpose Machinery
汽车制造业	Manufacture of Automotive
铁路、船舶、航空航天和其他运输设备制造业	Manufacture of Railroad, Marine, Aerospace and Other Transportation Equipment
电气机械及器材制造业	Manufacture of Electrical Machinery and Equipment
计算机、通信和其他电子设备制造业	Manufacture of Computers,Communication and Other Electronic Equipment
仪器仪表制造业	Manufacture of Measuring Instruments
其他制造业	Other Manufacturing
废弃资源综合利用业	Comprehensive Utilization of Waste Resources Industry
金属制品、机械和设备修理业	Metal Products, Machinery and Equipment Repair Industry
电力、热力、燃气及水的生产和供应业	Production and Supply of Electric Power,heat,Gas and Water
电力、热力的生产和供应业	Production and Supply of Electric Power and Heat Power
燃气生产和供应业	Production and Supply of Gas
水的生产和供应业	Production and Supply of Water

MAJOR INDICATORS ON ECONOMIC BENEFIT OF LARGE AND MEDIUM-SIZED INDUSTRIAL ENTERPRISES (2016)

总资产贡献率（%） Ratio of Total Assets to Industrial Output Value(%)	资产负债率（%） Assets Liability Ratio(%)	成本费用利润率（%） Ratio of Profits to Industrial Cost(%)	产品销售率（%） Proportion of Products(%)
6.8	**57.2**	**1.1**	**99.5**
12.6	55.2	6.5	98.9
5.4	57.6	-1.6	99.8
1.5	35.5	-7.6	99.5
2.1	95.6	-9.0	95.4
0.4	22.3	-11.3	100.6
8.9	70.7	9.5	99.2
6.5	64.9	4.3	91.3
10.9	61.6	7.6	106.6
13.7	21.3	13.8	100.0
12.1	64.9	4.6	99.5
8.2	76.2	2.8	101.0
16.5	37.8	8.8	93.9
11.9	56.9	8.9	97.9
54.2	15.8	8.4	98.7
9.9	37.0	4.9	98.0
6.9	7.0	5.5	99.2
26.7	32.5	8.2	99.1
3.4	80.1	1.1	98.0
10.6	26.9	15.1	102.0
4.2	62.7	1.9	99.5
23.5	25.3	8.7	99.4
54.9	60.0	11.0	99.0
6.4	73.2	2.2	98.7
14.6	38.5	21.6	99.0
6.3	65.8	4.1	98.1
7.8	61.8	13.2	95.6
-0.4	93.6	-8.2	94.9
1.2	79.6	-7.8	100.9
3.9	67.8	3.9	98.3
2.7	81.4	1.7	107.0
-9.2	60.7	-53.3	97.6
8.5	90.5	8.1	100.1
0.1	62.7	-7.3	103.6
1.6	58.2	-2.0	110.0
8.8	48.5	11.1	99.7
-8.4	54.4	-19.7	104.0
-5.1	189.9	-9.0	102.6
11.9	60.8	26.4	75.4
-0.5	66.0	-6.0	94.7
3.0	80.5	-1.8	99.5
3.0	81.9	-1.93	99.5
6.9	**49.4**	**8.5**	100.0
1.7	**71.4**	**-5.0**	99.7

12-17 国有及国有控股工业企业主要经济效益指标(2016年)

行　业	Sector
总 计	**Total**
按轻重工业分	**Grouped by Light and Heavy Industry**
轻工业	Light Industry
重工业	Heavy Industry
按行业分	**Grouped by Sector**
采矿业	Mining and Quarrying
煤炭开采和洗选业	Mining and Washing of Coal
石油和天然气开采业	Extraction of Petroleum and Natural Gas
黑色金属矿采选业	Mining and Processing of Ferrous Metals Ores
有色金属矿采选业	Mining and Processing of Non-ferrous Metal Ores
非金属矿采选业	Mining and Processing of Nonmetal Ores
开采辅助活动	Mining Auxiliary Activities
其他采矿业	Mining of Other Ores
制造业	Manufacturing
农副食品加工业	Processing of Food from Agricultural Products
食品制造业	Manufacture of Foods
酒、饮料和精制茶制造业	Manufacture of Wine, soft drinks and refined tea
烟草制品业	Manufacture of Tobacco
纺织业	Manufacture of Textile
纺织服装、服饰业	Manufacture of Textile and Apparel
皮革、毛皮、羽毛及其制品和制鞋业	Manufacture of Leather, Furs, Feather and Related Productsand Footwear
木材加工及木、竹、藤、棕、草制品业	Processing of Timber, Manufacture of Wood, Bamboo, Rattan, Palm and Straw Products
家具制造业	Manufacture of Furniture
造纸及纸制品业	Manufacture of Paper and Paper Products
印刷和记录媒介复制业	Manufacture of Printing and Record Medium Reproduction
文教、工美、体育和娱乐用品制造业	Manufacture of Articles for Culture, Education and Sports Activities
石油加工、炼焦及核燃料加工业	Processing of Petoleum, Coking, Processing of Nuclear Fuel
化学原料及化学制品制造业	Manufacture of Raw Chemical Materials and Chemical Products
医药制造业	Manufacture of Medicines
化学纤维制造业	Manufacture of Chemical Fibers
橡胶和塑料制品业	Manufacture of Rubber and Plastics
非金属矿物制品业	Manufacture of Non-metallic Mineral Products
黑色金属冶炼及压延加工业	Smelting and Pressing of Ferrous Metals
有色金属冶炼及压延加工业	Smelting and Pressing of Non-ferrous Metals
金属制品业	Manufacture of Metal Products
通用设备制造业	Manufacture of General Purpose Machinery
专用设备制造业	Manufacture of Special Purpose Machinery
汽车制造业	Manufacture of Automotive
铁路、船舶、航空航天和其他运输设备制造业	Manufacture of Railroad, Marine, Aerospace and Other Transportation Equipment
电气机械及器材制造业	Manufacture of Electrical Machinery and Equipment
计算机、通信和其他电子设备制造业	Manufacture of Computers, Communication and Other Electronic Equipment
仪器仪表制造业	Manufacture of Measuring Instruments
其他制造业	Other Manufacturing
废弃资源综合利用业	Comprehensive Utilization of Waste Resources Industry
金属制品、机械和设备修理业	Metal Products, Machinery and Equipment Repair Industry
电力、热力、燃气及水的生产和供应业	Production and Supply of Electric Power, heat, Gas and Water
电力、热力的生产和供应业	Production and Supply of Electric Power and Heat Power
燃气生产和供应业	Production and Supply of Gas
水的生产和供应业	Production and Supply of Water

MAJOR INDICATORS ON ECONOMIC BENEFIT OF STATE-OWNED AND STATE-HOLDING INDUSTRIAL ENTERPRISES (2016)

总资产贡献率（%） Ratio of Total Assets to Industrial Output Value(%)	资产负债率（%） Assets Liability Ratio(%)	成本费用利润率（%） Ratio of Profits to Industrial Cost(%)	产品销售率（%） Proportion of Products(%)
5.4	**56.9**	**-2.1**	**100.2**
10.8	63.8	2.7	100.1
4.9	56.1	-3.2	100.2
0.9	35.1	-9.9	99.5
1.5	97.3	-9.9	94.5
0.4	22.3	-11.3	100.6
1.0	108.4	-18.3	98.8
7.4	80.0	6.7	100.1
14.0	22.4	19.6	100.0
12.7	70.0	1.4	100.8
2.5	89.1	-0.7	101.0
15.9	49.3	7.6	98.4
7.8	90.8	-0.8	97.7
56.1	15.3	8.1	98.2
7.5	78.1	0.1	100.0
-2.9	70.1	-12.0	99.7
10.3	27.9	14.4	101.6
1.9	51.1	-0.1	93.7
7.3	25.8	11.7	98.4
91.6	53.6	12.7	99.8
1.1	64.4	-1.6	97.5
12.5	39.2	10.4	99.2
17.2	64.1	8.8	100.0
7.5	70.6	9.3	95.7
-1.0	91.3	-20.3	113.3
1.1	72.2	-6.8	100.8
0.8	71.1	-0.2	98.6
2.4	83.2	1.5	108.2
-12.4	64.0	-79.6	99.8
0.5	137.8	-2.0	100.5
1.9	59.2	-3.5	103.1
-0.04	62.0	-6.6	117.0
14.7	39.4	27.2	85.5
-7.2	57.7	-19.8	104.1
-1.9	157.4	-6.2	102.1
12.8	63.4	30.3	78.9
2.9	72.6	-1.1	99.5
2.9	73.1	-1.2	99.4
8.3	51.3	5.4	100.0
1.1	69.7	-7.5	99.6

12-18 集体工业企业主要经济效益指标 (2016年)

行　业	Sector
总　计	**Total**
按轻重工业分	**Grouped by Light and Heavy Industry**
轻工业	Light Industry
重工业	Heavy Industry
按行业分	**Grouped by Sector**
采矿业	Mining and Quarrying
煤炭开采和洗选业	Mining and Washing of Coal
石油和天然气开采业	Extraction of Petroleum and Natural Gas
黑色金属矿采选业	Mining and Processing of Ferrous Metals Ores
有色金属矿采选业	Mining and Processing of Non-ferrous Metal Ores
非金属矿采选业	Mining and Processing of Nonmetal Ores
开采辅助活动	Mining Auxiliary Activities
其他采矿业	Mining of Other Ores
制造业	Manufacturing
农副食品加工业	Processing of Food from Agricultural Products
食品制造业	Manufacture of Foods
酒、饮料和精制茶制造业	Manufacture of Wine, soft drinks and refined tea
烟草制品业	Manufacture of Tobacco
纺织业	Manufacture of Textile
纺织服装、服饰业	Manufacture of Textile and Apparel
皮革、毛皮、羽毛及其制品和制鞋业	Manufacture of Leather, Furs, Feather and Related Productsand Footwear
木材加工及木、竹、藤、棕、草制品业	Processing of Timber,Manufacture of Wood,Bamboo,Rattan, Palm and Straw Products
家具制造业	Manufacture of Furniture
造纸及纸制品业	Manufacture of Paper and Paper Products
印刷和记录媒介复制业	Manufacture of Printing and Record Medium Reproduction
文教、工美、体育和娱乐用品制造业	Manufacture of Articles for Culture,Education and Sports Activities
石油加工、炼焦及核燃料加工业	Processing of Petoleum,Coking,Processing of Nuclear Fuel
化学原料及化学制品制造业	Manufacture of Raw Chemical Materials and Chemical Products
医药制造业	Manufacture of Medicines
化学纤维制造业	Manufacture of Chemical Fibers
橡胶和塑料制品业	Manufacture of Rubber and Plastics
非金属矿物制品业	Manufacture of Non-metallic Mineral Products
黑色金属冶炼及压延加工业	Smelting and Pressing of Ferrous Metals
有色金属冶炼及压延加工业	Smelting and Pressing of Non-ferrous Metals
金属制品业	Manufacture of Metal Products
通用设备制造业	Manufacture of General Purpose Machinery
专用设备制造业	Manufacture of Special Purpose Machinery
汽车制造业	Manufacture of Automotive
铁路、船舶、航空航天和其他运输设备制造业	Manufacture of Railroad, Marine, Aerospace and Other Transportation Equipment
电气机械及器材制造业	Manufacture of Electrical Machinery and Equipment
计算机、通信和其他电子设备制造业	Manufacture of Computers,Communication and Other Electronic Equipment
仪器仪表制造业	Manufacture of Measuring Instruments
其他制造业	Other Manufacturing
废弃资源综合利用业	Comprehensive Utilization of Waste Resources Industry
金属制品、机械和设备修理业	Metal Products, Machinery and Equipment Repair Industry
电力、热力、燃气及水的生产和供应业	Production and Supply of Electric Power,heat,Gas and Water
电力、热力的生产和供应业	Production and Supply of Electric Power and Heat Power
燃气生产和供应业	Production and Supply of Gas
水的生产和供应业	Production and Supply of Water

MAJOR INDICATORS ON ECONOMIC BENEFIT OF COLLECTIVE-OWNED INDUSTIAL ENTERPRISES (2016)

总资产贡献率（%） Ratio of Total Assets to Industrial Output Value(%)	资产负债率（%） Assets Liability Ratio(%)	成本费用利润率（%） Ratio of Profits to Industrial Cost(%)	产品销售率（%） Proportion of Products(%)
8.8	**74.5**	**5.1**	**100.9**
10.4	19.8	6.2	101.8
8.6	83.4	4.9	100.7
8.1	105.7	5.5	102.8
3.7	64.9	-1.1	108.5
33.7	14.2	24.3	100.0
9.3	154.8	5.3	100.0
9.0	65.9	5.3	100.7
5.8	15.0	8.7	99.7
66.9	10.0	4.4	100.0
15.4	45.5	5.0	109.7
8.9	77.4	4.6	100.4
2.6	44.5	1.5	106.9
20.5	51.6	17.7	100.0
-2.9	50.6	-5.8	100.0
-4.0	174.4	-10.8	93.2
7.8	67.3	7.4	100.0
7.6	82.2	0.7	99.9
7.6	82.2	0.7	99.9

12-19 按行业分私营工业企业主要经济效益指标（2016年）

行 业	Sector
总 计	**Total**
采矿业	Mining and Quarrying
煤炭开采和洗选业	Mining and Washing of Coal
石油和天然气开采业	Extraction of Petroleum and Natural Gas
黑色金属矿采选业	Mining and Processing of Ferrous Metals Ores
有色金属矿采选业	Mining and Processing of Non-ferrous Metal Ores
非金属矿采选业	Mining and Processing of Nonmetal Ores
开采辅助活动	Mining Auxiliary Activities
其他采矿业	Mining of Other Ores
制造业	Manufacturing
农副食品加工业	Processing of Food from Agricultural Products
食品制造业	Manufacture of Foods
酒、饮料和精制茶制造业	Manufacture of Wine, soft drinks and refined tea
烟草制品业	Manufacture of Tobacco
纺织业	Manufacture of Textile
纺织服装、服饰业	Manufacture of Textile and Apparel
皮革、毛皮、羽毛及其制品和制鞋业	Manufacture of Leather, Furs, Feather and Related Products and Footwear
木材加工及木、竹、藤、棕、草制品业	Processing of Timber, Manufacture of Wood, Bamboo, Rattan, Palm and Straw Products
家具制造业	Manufacture of Furniture
造纸及纸制品业	Manufacture of Paper and Paper Products
印刷和记录媒介复制业	Manufacture of Printing and Record Medium Reproduction
文教、工美、体育和娱乐用品制造业	Manufacture of Articles for Culture, Education and Sports Activities
石油加工、炼焦及核燃料加工业	Processing of Petoleum, Coking, Processing of Nuclear Fuel
化学原料及化学制品制造业	Manufacture of Raw Chemical Materials and Chemical Products
医药制造业	Manufacture of Medicines
化学纤维制造业	Manufacture of Chemical Fibers
橡胶和塑料制品业	Manufacture of Rubber and Plastics
非金属矿物制品业	Manufacture of Non-metallic Mineral Products
黑色金属冶炼及压延加工业	Smelting and Pressing of Ferrous Metals
有色金属冶炼及压延加工业	Smelting and Pressing of Non-ferrous Metals
金属制品业	Manufacture of Metal Products
通用设备制造业	Manufacture of General Purpose Machinery
专用设备制造业	Manufacture of Special Purpose Machinery
汽车制造业	Manufacture of Automotive
铁路、船舶、航空航天和其他运输设备制造业	Manufacture of Railroad, Marine, Aerospace and Other Transportation Equipment
电气机械及器材制造业	Manufacture of Electrical Machinery and Equipment
计算机、通信和其他电子设备制造业	Manufacture of Computers, Communication and Other Electronic Equipment
仪器仪表制造业	Manufacture of Measuring Instruments
其他制造业	Other Manufacturing
废弃资源综合利用业	Comprehensive Utilization of Waste Resources Industry
金属制品、机械和设备修理业	Metal Products, Machinery and Equipment Repair Industry
电力、热力、燃气及水的生产和供应业	Production and Supply of Electric Power, heat, Gas and Water
电力、热力的生产和供应业	Production and Supply of Electric Power and Heat Power
燃气生产和供应业	Production and Supply of Gas
水的生产和供应业	Production and Supply of Water

MAIN INDICATORS ON ECONOMIC BENEFIT OF PRIVATE INDUSTRIAL ENYERPRISES BY INDUSTRIAL SECTOR (2016)

总资产贡献率（%） Ratio of Total Assets to Industrial Output Value(%)	资产负债率（%） Assets Liability Ratio(%)	成本费用利润率（%） Ratio of Profits to Industrial Cost(%)	产品销售率（%） Proportio of Products(%)
12.4	**50.0**	**4.9**	**97.5**
9.8	66.8	3.6	100.0
4.5	73.6	-4.7	101.5
86.3	30.7	14.7	100.0
7.1	83.9	1.5	100.0
19.4	59.4	6.3	98.4
7.4	39.3	16.4	99.9
13.6	46.4	5.0	97.4
13.4	42.4	3.9	96.9
16.4	47.7	9.2	97.7
14.5	44.0	5.9	96.4
18.5	25.2	7.0	99.5
15.2	53.9	6.4	100.9
12.1	50.0	3.3	99.8
23.6	35.1	5.0	98.5
13.3	49.2	7.3	100.0
3.3	61.9	1.4	94.8
6.4	59.3	5.1	98.9
53.0	26.1	5.7	96.2
0.2	81.5	-7.6	99.7
18.9	53.1	8.3	98.5
9.9	36.5	7.9	95.8
5.0	38.6	3.4	88.9
20.0	45.8	7.0	98.0
16.1	56.1	5.6	97.6
7.3	53.8	3.4	98.6
4.6	27.8	4.5	99.9
13.1	42.6	7.5	98.1
11.9	45.6	5.7	95.2
10.2	36.6	6.3	96.1
13.8	62.1	5.6	94.7
10.4	60.0	7.1	102.9
11.3	38.0	3.9	99.5
13.7	38.2	13.9	99.5
8.0	66.1	8.4	100.3
7.4	12.3	9.1	99.9
11.0	36.9	11.0	100.0
2.1	76.5	2.2	97.7
1.7	78.4	2.1	97.0
10.1	40.5	2.6	100.4
5.0	23.2	14.2	100.0

12-20 按行业分“三资”工业企业主要经济效益指标(2016年)

行　业	Sector
总 计	**Total**
采矿业	Mining and Quarrying
煤炭开采和洗选业	Mining and Washing of Coal
石油和天然气开采业	Extraction of Petroleum and Natural Gas
黑色金属矿采选业	Mining and Processing of Ferrous Metals Ores
有色金属矿采选业	Mining and Processing of Non-ferrous Metal Ores
非金属矿采选业	Mining and Processing of Nonmetal Ores
开采辅助活动	Mining Auxiliary Activities
其他采矿业	Mining of Other Ores
制造业	Manufacturing
农副食品加工业	Processing of Food from Agricultural Products
食品制造业	Manufacture of Foods
酒、饮料和精制茶制造业	Manufacture of Wine, soft drinks and refined tea
烟草制品业	Manufacture of Tobacco
纺织业	Manufacture of Textile
纺织服装、服饰业	Manufacture of Textile and Apparel
皮革、毛皮、羽毛及其制品和制鞋业	Manufacture of Leather, Furs, Feather and Related Products and Footwear
木材加工及木、竹、藤、棕、草制品业	Processing of Timber, Manufacture of Wood, Bamboo, Rattan, Palm and Straw Products
家具制造业	Manufacture of Furniture
造纸及纸制品业	Manufacture of Paper and Paper Products
印刷和记录媒介复制业	Manufacture of Printing and Record Medium Reproduction
文教、工美、体育和娱乐用品制造业	Manufacture of Articles for Culture, Education and Sports Activities
石油加工、炼焦及核燃料加工业	Processing of Petoleum, Coking, Processing of Nuclear Fuel
化学原料及化学制品制造业	Manufacture of Raw Chemical Materials and Chemical Products
医药制造业	Manufacture of Medicines
化学纤维制造业	Manufacture of Chemical Fibers
橡胶和塑料制品业	Manufacture of Rubber and Plastics
非金属矿物制品业	Manufacture of Non-metallic Mineral Products
黑色金属冶炼及压延加工业	Smelting and Pressing of Ferrous Metals
有色金属冶炼及压延加工业	Smelting and Pressing of Non-ferrous Metals
金属制品业	Manufacture of Metal Products
通用设备制造业	Manufacture of General Purpose Machinery
专用设备制造业	Manufacture of Special Purpose Machinery
汽车制造业	Manufacture of Automotive
铁路、船舶、航空航天和其他运输设备制造业	Manufacture of Railroad, Marine, Aerospace and Other Transportation Equipment
电气机械及器材制造业	Manufacture of Electrical Machinery and Equipment
计算机、通信和其他电子设备制造业	Manufacture of Computers, Communication and Other Electronic Equipment
仪器仪表制造业	Manufacture of Measuring Instruments
其他制造业	Other Manufacturing
废弃资源综合利用业	Comprehensive Utilization of Waste Resources Industry
金属制品、机械和设备修理业	Metal Products, Machinery and Equipment Repair Industry
电力、热力、燃气及水的生产和供应业	Production and Supply of Electric Power, heat, Gas and Water
电力、热力的生产和供应业	Production and Supply of Electric Power and Heat Power
燃气生产和供应业	Production and Supply of Gas
水的生产和供应业	Production and Supply of Water

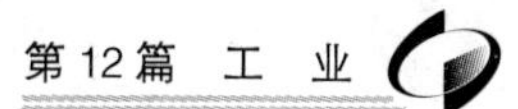

MAIN INDICATORS ON ECONOMIC BENEFIT OF INDUSTRIAL ENTERPRISES WITH HONGKONG, MACAO, TAIWAN AND FOREIGN FUNDS BY INDUSTRIAL SECTOR (2016)

总资产贡献率（%） Ratio of Total Assets to Industrial Output Value(%)	资产负债率（%） Assets Liability Ratio(%)	成本费用利润率（%） Ratio of Profits to Industrial Cost(%)	产品销售率（%） Proportion of Products(%)
9.2	**59.8**	**7.7**	**100.1**
15.5	7.1	11.4	100.3
10.0	53.7	8.0	115.0
15.8	4.3	11.5	100.0
9.3	58.6	7.4	100.0
5.6	71.3	3.6	104.6
14.0	48.6	7.3	98.5
14.4	51.0	10.6	99.9
2.6	55.7	1.1	101.3
4.8	3.9	4.9	100.0
24.2	6.2	3.3	96.4
11.3	46.7	3.3	100.0
-10.0	83.5	-11.6	97.3
-14.8	154.7	-9.3	103.4
26.5	32.4	5.0	99.1
0.7	137.4	-2.6	70.3
20.8	40.4	12.8	97.1
12.5	46.7	14.7	99.0
4.4	68.2	3.7	99.5
3.3	49.4	2.9	92.9
8.4	66.9	0.5	72.2
14.9	32.0	7.7	95.4
7.3	35.2	2.5	102.2
-3.0	73.8	-5.9	105.8
10.1	66.0	9.7	100.3
-15.9	5.6	-24.7	100.0
5.2	51.7	8.6	91.8
7.7	52.2	5.7	100.0
-3.4	86.1	-16.9	104.5
6.8	81.7	7.7	100.4
7.1	84.7	7.1	99.9
12.2	55.7	15.0	102.7
1.2	89.3	-31.6	100.0

12-21 四大主导产业主要经济指标(2016年)

单位：亿元

指标	Item	工业总产值 Gross Industrial Output Value	资产合计 Total Assets	负债合计 Total Liabilities
总计	**Total**	**9080.1**	**12352.9**	**6889.2**
装备工业	Equipment Industry	1298.7	2327.8	1538.5
金属制品业	Manufacture of Metal Products	155.7	107.0	55.7
金属制品、机械和设备修理业	Metal Products, Machinery and Equipment Repair Industry	3.9	9.2	6.7
通用设备制造业	Manufacture of General Purpose Machinery	330.5	651.8	488.7
专用设备制造业	Manufacture of Special Purpose Machinery	246.7	664.4	389.4
汽车制造业	Manufacture of Automotive	237.0	296.3	258.4
铁路、船舶、航空航天和其他运输设备制造业	Manufacture of Railroad, Marine, Aerospace and Other Transportation Equipment	67.6	134.8	77.9
电气机械及器材制造业	Manufacture of Electrical Machinery and Equipment	207.6	374.2	213.3
计算机、通信和其他电子设备制造业	Manufacture of Computers,Communication and Other Electronic Equipment	24.4	42.9	20.5
仪器仪表制造业	Manufacture of Measuring Instrument	25.2	47.2	27.9
石化工业	Petrochemical Industry	1711.9	1223.4	741.3
石油加工、炼焦及核燃料加工业	Processing of Petroleum, Coking, Processing of Nuclear Fuel	958.4	594.7	358.5
化学原料及化学制品制造业	Manufacture of Chemical Raw Material and Chemical Products	542.7	437.5	270.3
化学纤维制造业	Manufacture of Chemical Fiber	2.4	3.3	1.3
橡胶和塑料制品业	Manufacture of Rubber and Plastics	208.5	187.9	111.3
能源工业	Energy Industry	2413.8	6550.7	3358.6
煤炭开采和洗选业	Mining and Washing of Coal	267.8	739.4	679.1
石油和天然气开采业	Extraction of Petroleum and Natural Gas	762.0	2866.6	638.6
电力、热力的生产和供应业	Production and Supply of Electric Power and Heat Power	1166.1	2664.3	1957.2
燃气生产和供应业	Production and Distribution of Gas	60.2	66.8	34.0
开采辅助活动	Mining Auxiliary Activities	157.8	213.6	49.7
食品工业	Food Industry	3655.7	2251.0	1250.7
农副食品加工业	Processing of Food from Agricultural Products	2777.6	1518.7	920.9
食品制造业	Manufacture of Foods	575.5	426.1	167.4
酒、饮料和精制茶制造业	Manufacture of Beverage	302.5	306.1	162.4

MAIN ECONOMIC INDICATORS OF FOUR LEADING INDUSTRY (2016)

(100 million yuan)

主营业务收入 Main Camp Service Income	主营业务成本 Main Camp Service Cost	销售费用 Selling Expenses	管理费用 Overhead Expenses	财务费用 Financial Expenses	利润总额 Total Profits	从业人员平均人数(人) Average Employed Persons (person)
9165.5	**7919.4**	**205.8**	**453.6**	**104.2**	**157.9**	**861713**
1272.0	1102.8	33.6	92.3	17.5	-12.2	144051
136.8	118.5	2.0	4.7	1.0	8.4	10822
3.8	3.2	0.03	0.50	0.02	0.16	896
330.8	285.0	8.2	23.6	1.6	8.9	36910
227.1	206.3	9.7	21.8	9.5	-49.6	35924
236.6	202.5	3.2	12.6	1.9	16.7	12558
71.4	61.0	1.7	9.2	0.7	-0.7	14834
213.8	185.7	6.9	13.4	2.1	1.0	23327
24.4	18.8	0.6	2.7	0.2	2.5	3607
27.3	21.7	1.4	3.8	0.45	0.41	5173
1688.3	1269.8	25.1	73.1	15.6	106.6	94493
955.1	623.3	11.6	47.1	7.6	74.1	43050
529.6	470.5	8.8	17.1	6.2	19.7	34172
2.18	1.88	0.05	0.12	0.03	0.07	293
201.4	174.1	4.7	8.7	1.8	12.8	16978
2535.3	2279.5	23.8	200.9	47.2	-96.6	431311
277.5	264.1	4.1	37.1	9.5	-25.7	170092
769.6	644.1	10.4	118.7	-1.2	-89.9	113008
1265.5	1193.6	4.4	30.5	38.5	-3.0	131750
66.8	57.8	4.8	2.8	-0.08	4.1	6529
155.8	119.8	0.1	11.8	0.4	17.9	9932
3669.9	3267.3	123.3	87.2	23.9	160.0	191858
2838.2	2601.1	54.2	59.0	18.6	100.1	128307
540.5	434.5	51.9	14.3	3.0	41.5	34644
291.2	231.8	17.2	14.0	2.4	18.4	28907

12-22 主要工业产品产量

OUTPUT OF MAJOR INDUSTRIAL PRODUCTS

指　标	Item	2012	2013	2014	2015	2016
原煤(万吨)	Coal(10000 tons)					5623.2
原油(万吨)	Crude Oil(10000 tons)	4001.5	4001.0	4000.0	3838.6	3656.0
天然气(亿立方米)	Natural Gas(100 million cu.m)	33.7	34.8	35.1	35.6	38.0
大米(万吨)	Rice(10000 tons)	1503.8	1619.9	1504.1	1462.7	1462.7
铁矿石原矿量(万吨)	Original Ironstone Reserves(10000 tons)	472.5	585.9	539.9	444.9	437.5
精制食用植物油(万吨)	Purifier Edible Vegetable Oil(10000 tons)	304.8	352.9	313.0	253.5	256.9
成品糖(万吨)	Finished Product Sugar(10000 tons)	26.5	14.9	5.4	3.8	0.4
乳制品(万吨)	Dairy Products(10000 tons)	185.7	213.7	195.4	191.4	196.1
#液体乳	#Liguid Milk	134.1	150.3	141.1	140.7	140.3
白酒(万千升)	Liquor(10000 kiloliter)	38.0	50.1	57.0	57.4	60.9
啤酒(万千升)	Beer(10000 kiloliter)	209.1	218.9	203.7	208.1	200.7
卷烟(亿支)	Cigarettes(100 million pieces)	437.0	439.5	450.0	426.0	404.5
亚麻布(万米)	Linen(10000 m)	5784.4	5514.9	6401.6	6666.5	6686.0
人造板(万立方米)	Man-made Board(10000 cu.m)	306.5	433.9	460.8	397.4	401.5
机制纸及纸板(万吨)	Machine-made Paper and Paperboards(10000 tons)	61.6	75.1	59.5	51.7	34.4
原油加工量(万吨)	Crude Oil Processed(10000 tons)	1676.7	1645.4	1579.6	1555.5	1631.0
汽油(万吨)	Gasolene(10000 tons)	463.5	480.7	429.5	480.4	501.9
柴油(万吨)	Diesel oil(10000 tons)	573	584.5	530.5	534.4	482.3
焦炭(万吨)	Coke(10000 tons)	957.2	815.2	802.8	687.5	674.5
硫酸(折100%,万吨)	Sulfuric Acid(convert into 100%, 10000 tons)	9.3	4.2	2.8	1.9	7.7
盐酸(万吨)	Muriatic Acid(10000 tons)	9.4	10.7	8.7	10.9	16.7
烧碱(万吨)	Caustic Soda(10000 tons)	12.8	12.7	11.4	15.8	18.0
合成氨(万吨)	Synthetic Ammonia(10000 tons)	85.2	73.8	68.9	62.7	48.5
农用化肥(折100%,万吨)	Chemical Fertilizer for Agricultural Use (convert into 100%,10000 tons)	71.6	60.4	49.0	49.2	63.4
化学农药(折100%,吨)	Chemical Presticide(convert into100%,ton)	3129	11065	3164	1338	964
乙烯(万吨)	Ethylene(10000 tons)	67.2	76.0	103.9	84.0	110.8
化学原料药(吨)	Chemical Raw Medicine(ton)	4896.3	4889.2	10679.4	11212.9	11184.7
中成药(万吨)	Proprietary Chinese Medicine	14.0	5.2	4.2	2.7	2.5
化学纤维(万吨)	Chemical Fiber(10000 tons)	10.7	7.1	7.7	8.0	7.7
轮胎外胎(万条)	Tires(10000 units)	424.1	484.2	496.3	493.5	541.6
塑料制品(万吨)	Plastic Products(10000 tons)	63.8	47.1	41.3	38.0	37.7
水泥(万吨)	Cement(10000 tons)	3872.9	4028.5	3672.1	3264.5	3544.7
平板玻璃(万重量箱)	Plate Glass(10000 weight cases)	399.9	416.0	415.5	386.1	400.7
石墨及碳素制品(吨)	Graphite and Related Products(ton)	92865	88369	88781	158813	180448
生铁(万吨)	Pig Iron(10000 tons)	674.7	716.3	456.7	408.9	354.0
粗钢(万吨)	Crude Steel(10000 tons)	697.6	768.7	476.3	418.5	372.3
成品钢材(万吨)	End Product Steel Products(10000 tons)	610.2	631.0	483.5	403.8	332.7
铝材(万吨)	Aluminous Material(10000 tons)	6.1	7.0	9.1	8.8	12.3
电站锅炉(蒸发量吨)	Power Plant Boiler(vaporing ton)	201471	171801	161107	144847	153249
电站汽轮机(500千瓦以上)(万千瓦)	Power Plant Turbine(≥500 kw, 10000 kw)	1404.5	1018.5	1757.9	1383.6	1551.4
金属切削机床(台)	Metal-cutting Machine Tools(unit)	4578.0	3980.0	990.0	505.0	358.0
发电设备(万千瓦)	Power Generating Equipment(10000 kw)	2329.8	1916.3	2181.0	2040.6	2394.4
矿山设备(吨)	Mining Equipment(ton)	125486	101860	70502	37673	17517
冶炼设备(吨)	Smelting Equipment(ton)	200	3612	6671	88	
金属轧制设备(吨)	Metal-rolling Equipment(ton)	99343	107610	58573	44330	40116
大中型拖拉机(台)	Large and Medium Tractors(unit)	15793	13153	9854	9716	7929
小型拖拉机(台)	Small-sized Tractors(unit)	3464	1619	527	362	53
铁路货车(辆)	Railway Passenger Engines(unit)	14009	11290	7940	6176	3803
汽车(辆)	Motor Vehicles(unit)	97989	122496	116003	80483	75761
改装汽车(辆)	Special Automobile(unit)	1487	1505	1686	1344	1720
发电量(亿千瓦时)	Electricity(100 million kwh)	843.1	826.4	874.1	870.0	897.9
微型电子计算机(万台)	Mini-computers(10000 units)	3.6	3.5	3.5	1.7	1.1

12-23 分地区主要工业产品产量(2016年)

OUTPUT OF MAJOR INDUSTRIAL PRODUCTS BY REGION (2016)

地 区	Region	原 煤 (万吨) Coal (10000 tons)	原 油 (万吨) Crude Oil (10000 tons)	大 米 (万吨) Rice (10000 tons)	精制食用植物油 (万吨) Purifier Edible Vegetable Oil (10000 tons)	成品糖 (吨) Finished Product Sugar (ton)	乳制品 (吨) Dairy Products (ton)
全 省	**Total**	**5623.2**	**3656.0**	**1462.7**	**256.9**	**4375**	**1960827**
哈 尔 滨	Harbin	229.3		479.3	20.0		213435
齐齐哈尔	Qiqihar			150.5	18.3	4375	798700
鸡 西	Jixi	1296.7		65.3			617
鹤 岗	Hegang	1263.2		46.7	1.9		
双 鸭 山	Shuangyashan	1077.3		42.2	9.4		
大 庆	Daqing		3656.0	41.0			253955
伊 春	Yichun			1.5	0.2		533
佳 木 斯	Jiamusi			250.5	14.8		11314
七 台 河	Qitaihe	1093.3		1.2			
牡 丹 江	Mudanjiang	202.4		72.6	7.5		2563
黑 河	Heihe	256.7			2.8		36191
绥 化	Suihua			127.7	9.6		344970
大兴安岭	Daxinganling	204.5					
农垦总局	ARB			179.3	172.4		298550
绥 芬 河	Suifenhe						
抚 远	Fuyuan			4.9			

12-23 续表1 CONTINUED

地 区	Region	卷 烟 (万支) Cigarettes (10000 pieces)	白 酒 (千升) Liquor (1000 litre)	啤 酒 (千升) Beer (1000 litre)	亚麻布 (万米) Linen (10000 m)	机制纸及纸板 (吨) Machine-made Paper and Paperboards (ton)	汽 油 (万吨) Gasolene (10000 tons)
全 省	**Total**	**4045000**	**609371**	**2007453**	**6686**	**343847**	**501.9**
哈 尔 滨	Harbin	4045000	412675	1252908	674	42843	118.9
齐齐哈尔	Qiqihar		49865	84271	1219	17100	
鸡 西	Jixi			35780		11930	
鹤 岗	Hegang		914	12093		4453	
双 鸭 山	Shuangyashan		5078				
大 庆	Daqing		2368	219368		49267	382.1
伊 春	Yichun		1045	43432		6248	
佳 木 斯	Jiamusi		73043	112937		63585	
七 台 河	Qitaihe						
牡 丹 江	Mudanjiang		33773	233879		140286	1.0
黑 河	Heihe			12785			
绥 化	Suihua		21840		4793	8136	
大兴安岭	Daxinganling						
农垦总局	ARB		8770				
绥 芬 河	Suifenhe						
抚 远	Fuyuan						

12-23 续表2 CONTINUED

地 区	Region	柴 油（万吨）Diesel Oil (10000 tons)	农用化肥（吨）Chemical Fertilizer for Agricultural Use (10000 tons)	化学农药（吨）Chemical Presticide (ton)	化学原料药（吨）Chemical Raw Medicine (ton)	水 泥（万吨）Cement (10000 tons)	平板玻璃（万重量箱）Plate Glass (10000 weight cases)
全 省	**Total**	**482.3**	**634032**	**964**	**11185**	**3544.7**	**400.7**
哈尔滨	Harbin	108.5	33953		891	994.2	
齐齐哈尔	Qiqihar		19			829.7	
鸡 西	Jixi					119.4	
鹤 岗	Hegang		283452			21.8	
双鸭山	Shuangyashan		58157			89.3	
大 庆	Daqing	371.0	240810			243.1	
伊 春	Yichun				128	72.7	
佳木斯	Jiamusi		1381	964		327.8	400.7
七台河	Qitaihe					38.5	
牡丹江	Mudanjiang	2.8			9323	265.2	
黑 河	Heihe					210.3	
绥 化	Suihua		15468			293.3	
大兴安岭	Daxinganling					28.3	
农垦总局	ARB		72297		843	22.1	
绥芬河	Suifenhe						
抚 远	Fuyuan						

12-23 续表3 CONTINUED

地 区	Region	汽 车（辆）Motor Vehicles (unit)	粗 钢（万吨）Crude Steel (10000 tons)	金属切削机床（台）Metal-cutting Machine Tools (unit)	金属轧制设备（吨）Metal-rolling Equipment (ton)	小型拖拉机（台）Small-sized Tractors (unit)	发电量（亿千瓦小时）Electricity (100 million kwh)
全 省	**Total**	**75761**	**372**	**358**	**40116**	**53**	**897.9**
哈尔滨	Harbin			113	2080		175.5
齐齐哈尔	Qiqihar		56	245	38036		102.2
鸡 西	Jixi						55.9
鹤 岗	Hegang						62.6
双鸭山	Shuangyashan		179				86.2
大 庆	Daqing	75761					131.4
伊 春	Yichun		135				34.2
佳木斯	Jiamusi					53	53.6
七台河	Qitaihe						81.7
牡丹江	Mudanjiang		2				63.5
黑 河	Heihe						17.7
绥 化	Suihua						19.5
大兴安岭	Daxinganling						4.5
农垦总局	ARB						8.3
绥芬河	Suifenhe						
抚 远	Fuyuan						1.2

主要统计指标解释

工业 指从事自然资源的开采，对采掘品和农产品进行加工和再加工的物质生产部门。具体包括：(1)对自然资源的开采，如采矿、晒盐等(但不包括禽兽捕猎和水产捕捞)；(2)对农副产品的加工、再加工，如粮油加工、食品加工、缫丝、纺织、制革等；(3)对采掘品的加工、再加工，如炼铁、炼钢、化工生产、石油加工、机器制造、木材加工等，以及电力、燃气及水的生产和供应等；(4)对工业品的修理、翻新，如机器设备的修理等。

工业统计调查单位为工业法人单位。

工业法人单位指从事工业生产经营活动的法人单位。工业法人单位应同时具备以下条件：①依法成立，有自己的名称、组织机构和场所，能够独立承担民事责任；②独立拥有（或授权）使用资产，承担负债，有权与其他单位签订合同；③具有包括资产负债表在内的帐户，或者能够根据需要编制帐户。

国有控股企业 即原来的国有及国有控股企业，根据企业实收资本中国有经济成分的出资人的实际投资情况，或国有经济成分的出资人对企业资产的实际控制、支配程度进行分类。以下情况为国有控股：（1）在企业的全部实收资本中，国有经济成分的出资人拥有的实收资本（股本）所占企业全部实收资本（股本）的比例大于50%的国有绝对控股。（2）在企业的全部实收资本中，国有经济成分的出资人拥有的实收资本（股本）所占比例虽未大于50%，但相对大于其他任何一方经济成分的出资人所占比例的国有相对控股；或者虽不大于其他经济成分，但根据协议规定拥有企业实际控制权的国有协议控股。（3）投资双方各占50%，且未明确由谁绝对控股的企业，若其中一方为国有经济成分的，一律按国有控股处理。

本篇涉及的企业登记注册类型的解释详见综合篇。

资产总计 指企业过去的交易或者事项形成的、由企业拥有或者控制的、预期会给企业带来经济利益的资源。资产一般按流动性分为流动资产和非流动资产。其中流动资产可分为货币资金、交易性金融资产、应收票据、应收账款、预付款项、其他应收款、存货等；非流动资产可分为长期股权投资、固定资产、无形资产及其他非流动资产等。来源于会计“资产负债表”中“资产总计”项目的期末余额数。

流动资产合计 资产满足以下条件之一应归为流动资产：（1）预计在一个正常营业周期中变现、出售或耗用，主要包括存货、应收账款等；（2）主要为交易目的而持有；（3）预计在资产负债表日起一年内（含一年）变现；（4）自资产负债日起一年内，交换其他资产或清偿负债的能力不受限制的现金或现金等价物。包括货币资金、应收票据、应收账款、存货等项目。来源于会计“资产负债表”中“流动资产合计”项目的期末余额数。

负债合计 指企业过去的交易或者事项形成的，预期会导致经济利益流出企业的现时义务。负债一般按偿还期长短分为流动负债和非流动负债。来源于会计“资产负债表”中“负债合计”项目的期末余额数。

所有者权益合计 指企业资产扣除负债后由所有者享有的剩余权益。公司的所有者权益又称股东权益。包括实收资本、资本公积、盈余公积、未分配利润等。来源于会计“资产负债表”中“所有者权益合计”项目的期末余额数。

主营业务收入 指企业确认的销售商品、提供劳务等主营业务的收入。来源于会计“主营业务收入”科目的期末贷方余额（结转前）。

主营业务成本 指企业经营主要业务所发生的成本总额。来源于会计“主营业务成本”科目的期末借方余额（结转前）。

主营业务税金及附加 指企业经营主要业务应负担的营业税、消费税、城市维护建设税、教育费附加等。来源于会计“主营业务税金及附加”科目的期末借方余额（结转前）。

利润总额 指企业在一定会计期间的经营成果，是生产经营过程中各种收入扣除各种耗费后的盈余，反映企业在报告期内实现的盈亏总额。来源于会计“利润表”中“利润总额”项目的本期金额数。

应交增值税　指企业按税法规定，从事货物销售或提供加工、修理修配劳务等增加货物价值的活动本期应交纳的税金。计算公式为：

应交增值税=销项税额-（进项税额-进项税额转出）-出口抵减内销产品应纳税额-减免税款+出口退税

进项税额指企业在报告期内购入货物或接受应税劳务而支付的、准予从销项税额中抵扣的增值税额。

销项税额指企业在报告期内销售货物或提供应税劳务应收取的增值税额。

总资产贡献率　反映企业全部资产的获利能力，是企业经营业绩和管理水平的集中体现，是评价和考核企业盈利能力的核心指标。计算公式为：

$$\text{总资产贡献率}(\%)=\frac{\text{利润总额}+\text{税金总额}+\text{利息支出}}{\text{平均资产总额}}\times 100\%$$

公式中：税金总额为主营业务税金及附加与应交增值税之和；平均资产总额为期初期末资产之和的算术平均值。

资产负债率　该指标既反映企业经营风险的大小，也反映企业利用债权人提供的资金从事经营活动的能力。计算公式为：

$$\text{资产负债率}(\%)=\frac{\text{负债总额}}{\text{资产总额}}\times 100\%$$

资产与负债均为报告期期末数。

流动资产周转次数　指一定时期内流动资产完成的周转次数，反映投入工业企业流动资金的周转速度。计算公式为：

$$\text{流动资产周转次数}=\frac{\text{主营业务收入}}{\text{全部流动资产平均余额}}$$

公式中：全部流动资产平均余额为期初和期末的流动资产之和的算术平均值。

成本费用利润率　反映企业投入的生产成本及费用的经济效益，同时也反映企业降低成本所取得的经济效益。计算公式为：

$$\text{成本费用利润率}(\%)=\frac{\text{利润总额}}{\text{成本费用总额}}\times 100\%$$

公式中：成本费用总额为主营业务成本、销售费用、管理费用、财务费用之和。

人均主营业务收入　该指标反映企业劳动投入的产出效率。计算公式为：

$$\text{人均主营业务收入}=\frac{\text{主营业务收入}}{\text{平均用工人数}}$$

Explanatory Notes on Main Statistical Indicators

Industry refers to the material production sector which is engaged in the extraction of natural resources and processing and reprocessing of minerals and agricultural products, including (1) extraction of natural resources, such as mining, salt production (but not including hunting and fishing); (2) processing and reprocessing of farm and sideline produces, such as grain and oil processing, food processing, silk reeling, spinning and weaving and leather making; (3) processing and reprocessing of mineral products, such as steel making, iron smelting, chemicals manufacturing, petroleum processing, machine building, timber processing, and production and supply of electricity, gas and water; (4) repairing and renovating of industrial products such as the machinery.

In industrial surveys, the units of enquiry are industrial corporate units.

Industrial corporate units refer to corporate units engaging in industrial production and operation activities, which meet the following requirements: (1) They are established legally, having their own names, organizations, location, and are able to take civil liability independently; (2) They possess (or are authorized to use) assets independently, assume liabilities and are entitled to sign contracts with other units; (3) They have accounts including the balance sheets or can compile the accounts according to the need.

State-holding Enterprises cover the original state-owned enterprises and state-holding enterprises. They are classified according to the actual investment made by the contribor of state-owned part in the paid-in capital of the enterprises, or the degree of control or dominance of the contributor on the assets of the enterprises. The following cases are regarded as state-holding: (1) Absolute state-holding in which the contribors of state-owned parts possess more than 50% of all the paid-in capital (stocks) of the enterprises; (2) Relative state-holding in which the contribors of state-owned parts possess no more than 50% of the paid-in capital (stocks) of the enterprises, but more than that of any other contributors; or Agreed state-holding in which the contribors of state-owned parts possess no more than other contributors but have actual control over the enterprises according to agreements; (3) In the case both contributors possess 50% and it is not clear which one is in absolute holding position, the enterprise is regarded as state-holding enterprise if one of the contributor has state-owned elements.

For explanation of types of registration covered in this chapter, please refer to General Survey.

Total Assets refer to all resources that are owned or controlled by enterprises through previous trades or transactions with expectation of making economic profits. Classified by the degree of liquidity, total assets include current assets and non-current assets. Current assets can be classified into monetary capital, trading financial assets, notes receivable, accounts receivable, advanced payments, other receivables and inventories. Non-current assets can be divided into long-term equity investment, fixed assets, intangible assets and other non-current assets. Data on this indicator can be obtained from the year-end figures of total assets in the Balance Sheet of accounting records.

Total Current Assets refer to the assets that meet one of the following requirements: (1) expected to be cashed, sold or used in a normal operation cycle, mainly including inventory and accounts receivable; (2) be owned for trading purpose mainly; (3) expected to be cashed in one year (including one year) from the day of the Balance Sheet; (4) unlimited cash or cash equivalents that can be exchanged with other assets or being capable of settling debts during one year since the day of the Balance Sheet. Included are monetary capital, notes receivable, accounts receivable and inventories. Data on this indicator can be obtained from the year-end figures of total current assets in the Balance Sheet of accounting records.

Total Liabilities refer to payable liabilities of enterprises that accumulated from previous trades or transactions with expectation of economic profits leaking out. In terms of payment, it can be divided into liquid liabilities and long-term liabilities. Data on this indicator can be obtained from the year-end figures of total liabilities in the Balance Sheet of accounting records.

Total Equity refers to the residual ownership of enterprise investors by deducting total liabilities from the total assets, including the paid-in capital, accumulation of capital, operating surplus and non-distributed profits. Data can be obtained from the year-end figures of total equity in the Balance Sheet of accounting records.

Revenue from Principal Business refers to the income confirmed of an enterprise from the principal business of selling products and providing labor services. Data on this indicator can be obtained from the year-end credit balance of "revenue from principal business" in the accounting record of enterprise (before carryover).

Cost of Principal Business refers to the total cost occurred from the principal business of the enterprise. Data can be obtained from the year-end debit balance of "cost of principal business" in the accounting record of enterprise (before carryover).

Tax and Extra Charges from Principal Business refer to the sales tax, consumption tax, urban maintenance and construction tax and education expenses shouldered by the enterprise from its principal business. Data are obtained from the year-end debit balance of "tax and extra charges from principal business" in the accounting record of enterprise (before carryover).

Total Profits refers to the operation results in a certain accounting period, and it is the balance of various incomes minus various spendings in the course of operation, reflecting the total profits and losses of enterprises in reference period. Data are obtained from the amount of total profits in the profit statement of the accounting record of enterprise.

Value-added Tax Payable refers to the payable tax according to Tax Law of enterprises which engaged in selling goods or providing services that bring added value to the goods, such as processing, repairing, fitting and other activities. The formula is as follows:

Value-added Tax Payable = tax on sales-(tax on purchase-transferred tax on purchase)-exports deduct tax payable on domestic sales-tax relief+the export tax rebate.

Tax on Purchase refers to the value-added tax payable by enterprises that purchase goods or receive taxable services during the reference period and this part of the tax is allowed to be deducted from the tax on sales.

Tax on Sales refers to the value-added tax chargeable by enterprises that sell goods or provide taxable services during the reference period.

Ratio of Profits, Taxes and Interests to Average Assets reflects the profit-making capability of all assets, manifests the performance and management of the enterprise, and is a key indicator for evaluating the profit-making potential of the enterprise. It is calculated as follows:

$$\text{Ratio of Profits, Taxes and Interests to Average Assets (\%)} = \frac{\text{total profits + total taxes + interest payment}}{\text{average assets}} \times 100\%$$

In the above formula, total taxes is the sum of tax and extra charges on the principal business and value-added tax payable; and average assets is the arithmetic mean of the sum of beginning assets and ending assets.

Ratio of Debts to Assets reflects both the operation risk and the capability of the enterprise in making use of the capital from the creditors. It is calculated as follows:

$$\text{Ratio of Debts to Assets (\%)} = \frac{\text{total debts}}{\text{total assets}} \times 100\%$$

Both assets and debts are figures at the end of the reference period.

Turnover of Current Assets refers to the number of times of turnover of current assets in a given period of time, which reflects the speed of the turnover of current assets of industrial enterprises, and is calculated as follows:

$$\text{Turnover of Current Assets} = \frac{\text{revenue from principal business}}{\text{average balance of total current assets}}$$

In the above formula, average balance of total current assets refers to the arithmetic mean of the sum of current assets at the beginning and at the end of the reference period.

Ratio of Profits to Total Industrial Costs reflects the economic efficiency of input cost and cost reduction. It is calculated as follows:

$$\text{Ratio of Profits to Total Industrial Cost (\%)} = \frac{\text{total profits}}{\text{total costs}} \times 100\%$$

Total costs in the above formula are the sum of cost of principal business, marketing cost, management cost and financial cost.

Per Capita Revenue from Principal Business reflects the output efficiency of labour input of enterprises. It is calculated as follows:

$$\text{Per Capita Revenue from Principal Business} = \frac{\text{revenue from principal business}}{\text{average number of workers}} \times 100\%$$

第十三篇 建筑业

CHAPTER 13 CONSTRUCTION

资料整理：戚 萍

13-1 建筑业企业基本情况

BISIC CONDITIONS OF CONSTRUCTION ENTERPRISES

指 标	Item	2012	2013	2014	2015	2016
施工企业单位数(个)	Number of Construction Enterprises(unit)	2038	2008	1825	1599	1566
年平均人数(万人)	Average Number of Employed Persons(10000 persons)	87.2	101.9	85.7	73.3	67.0
固定资产原价(亿元)	Original Value of Fixed Assets(100 million yuan)	321.8	310.1	300.2	287.9	289.9
固定资产净值(亿元)	Net Value of Fixed Assets(100 million yuan)	199.5	185.5	174.5	165.0	161.1
自有机械设备台数(万台)	Number of Machinery and Equipment Owned(10000 units)	13.5	13.5	15.3	12.4	12.3
自有机械设备净值(亿元)	Net Value of Machinery and Equipment Owned(10000 yuan)	80.5	77.0	85.4	76.4	75.6
自有机械设备总功率(万千瓦)	Total Power of Machinery and Equipment Owned(10000 kw)	312.5	283.5	330.0	306.6	324.1
总产值(亿元)	Gross Output Value of Construction(100 million yuan)	2374.0	2471.9	2150.7	1675.1	1716.6
#建筑工程	#Construction Projects	1945.5	2006.3	1739.9	1312.0	1368.9
安装工程	Installation Projects	345.1	394.2	358.8	312.8	287.0
竣工产值(亿元)	Output Value of Buildings Completed(100 million yuan)	1226.0	1260.3	1037.4	1008.3	1076.4
产值竣工率(%)	Ratio of Output Value of Buildings Completed to Gross Output Value(%)	51.6	51.0	48.2	60.2	62.7
签订的合同金额(亿元)	Contracted Fund(100 million yuan)	3446.3	3303.0	3245.7	2512.8	2592.3
#本年新签合同金额	#New singed Contracted Fund at Current year	2056.0	2214.6	2035.2	1628.3	1682.8
房屋建筑施工面积(万平方米)	Floor Space of Buildings under Construction(10000 sq.m)	8563.0	8174.8	7034.6	5617.1	5014.1
房屋建筑竣工面积(万平方米)	Floor Space of Buildings Completed(10000 sq.m)	4341.0	4390.1	3884.6	2966.8	2746.9
房屋建筑面积竣工率(%)	Rate of Floor Space of Buildings Completed(%)	50.7	53.7	55.2	52.8	50.8
利润总额(亿元)	Total Profits(100 million yuan)	61.8	67.0	50.9	46.6	52.5
利税总额(亿元)	Total Tax(100 million yuan)	133.9	132.0	113.9	101.1	105.3
按总产值计算全员劳动生产率(元/人)	Overall Labor ProductivityIn Terms of Gross Output Value(yuan/person)	272229	242528	251080	228445	256076
技术装备率(元/人)	Value of Machines per Laborer(yuan/person)	9228	7555	9968	10425	11281
动力装备率(千瓦/人)	Power of Machines per Laborer(kw/person)	3.6	2.8	3.9	4.2	4.8
产值利润率(%)	Ratio of Profit to Gross Output Value(%)	2.6	2.7	2.4	2.8	3.1
产值利税率(%)	Ratio of Pre-tax Profit to Gross Output Value(%)	5.6	5.3	5.3	6.0	6.1

13-2 建筑业企业生产情况 (2016年)

类别	Item	企业单位数（个） Number of Enterprises (unit)	签定的合同额（万元） Value of Newly Signed Contracts (10000 yuan)
总 计	**Total**	**1566**	**25923453**
#国有及国有控股	#State-owned and State-holding Enterprises	218	12330995
按登记注册类型分组	**Grouped by Status of Registration**		
内资企业	Domestic Funded Enterprises	1558	25833133
国有企业	State-owned Enterprises	104	2685084
集体企业	Collective-owned Enterprises	83	1115693
股份合作企业	Cooperative Enterprises	1	41000
联营企业	Joint Ownership Enterprises	1	1037
有限责任公司	Limited Liability Corporations	728	16963851
股份有限公司	Share Holding Enterprises	75	1606926
私营企业	Private Enterprises	564	3412755
港、澳、台商投资企业	Enterprises with Funds from Hong Kong, Macao and Taiwan	4	2570
外商投资企业	Foreign Funded Enterprises	4	87750
按经济组织类型分组	**Grouped by Type of Economic Organizations**		
独资企业	Proprietorship	189	3851699
合作、合伙企业	Cooperative Enterprises and Partnership	5	51583
股份有限公司	Share Holding Enterprises	120	1995700
有限责任公司	Limited Liability Corporations	1252	20024470
按国民经济行业分组	**Grouped by Sector**		
房屋建筑业	Housing Building Construction	736	12082846
土木工程建筑业	Civil Engineering Construction	340	9091663
铁路、道路、隧道和桥梁	Railway, Road, Tunnel and Bridge	195	4441443
铁路工程建筑	Railway Engineering	9	115784
公路工程建筑	Highway Engineering	48	1854264
市政道路工程建筑	Municipal Road Engineering	93	1728348
其他道路、隧道和桥梁工程建筑	Other	45	743047
水利和内河港口工程建筑	Water Conservancy and Inland Port Engineering Construction	54	1017405
水源及供水设施工程建筑	Water Supply and Water Supply Facilities	33	479196
河湖治理及防洪设施工程建筑	Governance of Lakes and Flood Control Facilities	15	531515
港口及航运设施工程建筑	Port and Shipping Facilities	6	6694
工矿工程	Mining Engineering	13	2341055
架线和管道工程建筑	Line Putting-up and Pipeline Engineering	57	1227315
架线及设备工程建筑	Wiring and Equipment Engineering	39	1153053
管道工程建筑	Pipeline Engineering	18	74262
其他土木工程	Other Civil Engineering	21	64445
建筑安装业	Construction Installation	269	3477676
电气安装	Electrical Installation	73	859381
管道和设备安装	Piping and Equipment Installation	60	155208
其他建筑安装业	Other	136	2463087
建筑装饰和其他建筑业	Construction Decoration and Other Construction	221	1271268
建筑装饰业	Construction Decoration	143	721132
工程准备活动	Project Preparation Activities	32	343650
提供施工设备服务	Provide Construction Equipment Service	7	4374
其他未列明建筑业	Other Construction Not listed	39	202111
按隶属关系分组	**Grouped by Administration**		
#中 央	#Central	20	3677953
省	Provincial	110	7104785
地 市	Prefectural	269	4474699
按企业资质等级分组（新标）	**Grouped by Quality and Grade**		
施工总承包	Overall Contracted Construction	1064	23386216
特 级	Special Grade	3	3367273
一 级	First Grade	114	11862100
二 级	Second Grade	461	4945504
三 级	Third Grade	486	3211340
专业承包	Specialized Contraction	502	2537237
#一 级	#First Grade	74	443556
二 级	Second Grade	218	1234784
三 级	Third Grade	210	858896

PRODUCTION OF CONSTRUCTION ENTERPRISES (2016)

#本年新签定 This Year	总产值（万元） Gross Output Value (10000 yuan)	建筑工程 Construction Projects	安装工程 Installation Projects	其 他 Others	在总产值中（万元） in Gross Output Value(10000 yuan) 在外省完成的产值 Completed outside the Province	装修装饰产 值 Building Decoration
16828078	**17166070**	**13689050**	**2870261**	**606760**	**2528332**	**688210**
7087790	7186816	5311702	1691435	183679	1331247	22675
16753094	17083112	13609080	2867272	606760	2526771	685269
1893362	2151174	1459214	677750	14210	217915	6966
911356	1034178	861601	146842	25735	1541	21251
41000	41000	40680	320			
	1037	1037				
10283392	9984620	7947056	1575999	461565	2011387	502659
1102763	1183753	902111	270899	10743	161455	11170
2521221	2680941	2391231	195202	94507	134473	143223
2037	2041	1742	299		71	1742
72947	80917	78228	2690		1490	1200
2855640	3235244	2367481	827797	39966	219456	31870
43760	51207	50627	580			
1417515	1541283	1240033	283724	17526	161933	22260
12511163	12338337	10030909	1758160	549268	2146943	634081
8103746	8260565	7817113	161678	281774	449419	166182
5894651	5611320	4013646	1481820	115855	1370973	30490
3177709	3053698	3005272	20369	28058	631044	14607
80379	74613	74613			1375	
1094842	1368944	1368569	25	350	206430	380
1408811	1195153	1152289	19926	22938	405566	14227
593677	414989	409802	417	4770	17674	
424182	585995	556652	21421	7923	10728	9394
223629	307335	293156	13490	688	124	9394
193939	269761	259771	5931	4060	10215	
6614	8899	3725	2000	3174	388	
1625233	1140815	207309	899860	33645	472682	
608894	768445	211105	537281	20060	233300	65
538362	683995	154198	512098	17698	233300	65
70532	84450	56906	25182	2362		
58633	62368	33309	2889	26170	23219	6425
1825625	2270360	960422	1137509	172429	356609	25839
365498	407276	93107	312486	1682	37026	
96375	116037	37352	73114	5571	14263	3762
1363753	1747048	829963	751909	165176	305320	22077
1004055	1023825	897869	89254	36702	351331	465699
537272	530110	482282	14030	33797	312810	464735
340660	345668	339261	4970	1437	2538	
4374	6454	2079	4374		121	
121749	141593	74246	65879	1468	35862	964
1805716	1746041	781146	929796	35099	737794	4766
3875476	4140839	3508224	506723	125892	590874	1904
2804807	2811318	2374926	375158	61234	50205	87197
14834368	15011945	12507873	2010073	493999	1961723	192970
1944745	1613087	1136011	477076		524607	
6312781	6797623	5425700	1200201	171721	1306934	61335
3771138	3586841	3146024	180046	260770	62748	65255
2805705	3014395	2800138	152750	61507	67436	66380
1993709	2154125	1181177	860188	112761	566609	495241
251022	259714	111914	104010	43791	5358	66004
950633	1076059	655103	381908	39048	358941	414612
792054	818352	414160	374271	29922	202310	14624

13-2 续表1

类别	Item	竣工产值（万元） Output Value of Buildings Completed (10000 yuan)
总计	**Total**	**10764287**
#国有及国有控股	#State-owned and State-holding Enterprises	3230630
按登记注册类型分组	**Grouped by Status of Registration**	
内资企业	Domestic Funded Enterprises	10682983
国有企业	State-owned Enterprises	1167896
集体企业	Collective-owned Enterprises	816028
股份合作企业	Cooperative Enterprises	33523
联营企业	Joint Ownership Enterprises	
有限责任公司	Limited Liability Corporations	5848059
股份有限公司	Share Holding Enterprises	860333
私营企业	Private Enterprises	1950436
港、澳、台商投资企业	Enterprises with Funds from Hong Kong, Macao and Taiwan	1770
外商投资企业	Foreign Funded Enterprises	79534
按经济组织类型分组	**Grouped by Type of Economic Organizations**	
独资企业	Proprietorship	2010657
合作、合伙企业	Cooperative Enterprises and Partnership	42985
股份有限公司	Share Holding Enterprises	1083299
有限责任公司	Limited Liability Corporations	7627347
按国民经济行业分组	**Grouped by Sector**	
房屋建筑业	Housing Building Construction	5214734
土木工程建筑业	Civil Engineering Construction	3759080
铁路、道路、隧道和桥梁	Railway, Road, Tunnel and Bridge	2240012
铁路工程建筑	Railway Engineering	16682
公路工程建筑	Highway Engineering	1016791
市政道路工程建筑	Municipal Road Engineering	1013740
其他道路、隧道和桥梁工程建筑	Other	192799
水利和内河港口工程建筑	Water Conservancy and Inland Port Engineering Construction	222573
水源及供水设施工程建筑	Water Supply and Water Supply Facilities	111990
河湖治理及防洪设施工程建筑	Governance of Lakes and Flood Control Facilities	105134
港口及航运设施工程建筑	Port and Shipping Facilities	5448
工矿工程	Mining Engineering	570147
架线和管道工程建筑	Line Putting-up and Pipeline Engineering	668834
架线及设备工程建筑	Wiring and Equipment Engineering	605222
管道工程建筑	Pipeline Engineering	63611
其他土木工程	Other Civil Engineering	57515
建筑安装业	Construction Installation	997079
电气安装	Electrical Installation	250625
管道和设备安装	Piping and Equipment Installation	101179
其他建筑安装业	Other	645275
建筑装饰和其他建筑业	Construction Decoration and Other Construction	793394
建筑装饰业	Construction Decoration	474331
工程准备活动	Project Preparation Activities	235142
提供施工设备服务	Provide Construction Equipment Service	1968
其他未列明建筑业	Other Construction Not listed	81954
按隶属关系分组	**Grouped by Administration**	
#中央	#Central	755759
省	Provincial	1726774
地市	Prefectural	1485827
按企业资质等级分组（新标）	**Grouped by Quality and Grade**	
施工总承包	Overall Contracted Construction	9090839
特级	Special Grade	602345
一级	First Grade	3290174
二级	Second Grade	2680271
三级	Third Grade	2518051
专业承包	Specialized Contraction	1673447
#一级	#First Grade	182261
二级	Second Grade	895758
三级	Third Grade	595429

CONTINUED

产值竣工率 (%) Ratio of Output Value of Buildings Completed to Gross Output Value (%)	房屋建筑施工面积 (万平方米) Floor Space of Buildings under Construction (10000 sq.m)	#本年新开工 Starting Working at Current Year	#实行招标承包面积 Contract through Dublic Bidding	房屋建筑竣工面积 (万平方米) Floor Space of Buildings Completed (10000 sq.m)	#住宅 Residence	房屋建筑面积竣工率 (%) Rate of Floor Space of Buildings (%)
62.7	**5404.1**	**3345.0**	**3931.1**	**2746.9**	**2069.0**	**50.8**
45.0	1917.0	877.0	1655.7	584.7	399.1	30.5
62.5	5404.1	3345.0	3931.1	2746.9	2069.0	50.8
54.3	318.9	216.0	231.7	206.7	159.8	64.8
78.9	386.7	335.4	186.5	229.5	116.7	59.3
81.8	29.3	29.3	29.3	29.3	29.3	100.0
58.6	3466.0	1878.5	2726.5	1517.8	1153.6	43.8
72.7	193.4	146.7	98.5	120.6	106.3	62.4
72.8	1005.4	739.1	654.2	638.7	499.0	63.5
86.7						
98.3						
62.1	725.0	570.8	427.2	455.4	284.9	62.8
83.9	35.2	30.7	35.2	35.1	33.7	99.7
70.3	346.2	233.4	216.5	217.6	177.2	62.9
61.8	4297.8	2510.0	3252.2	2038.8	1573.2	47.4
63.1	5184.7	3220.4	3826.4	2629.1	1996.4	50.7
67.0	65.4	43.1	58.2	46.1	27.7	70.6
73.4	21.6	10.8	15.1	20.14	19.86	93.2
22.4						
74.3	10.8		10.8	10.8	10.8	100.0
84.8	6.0	6.0		4.5	4.5	75.2
46.5	4.9	4.9	4.3	4.9	4.6	100.0
38.0	5.7	5.7	5.7	3.8	3.8	67.4
36.4	5.7	5.7	5.7	3.8	3.8	67.4
39.0						
61.2						
50.0	9.0	9.0	8.2	7.8		86.8
87.0	22.5	11.1	22.5	10.4		46.1
88.5	22.5	11.1	22.5	10.4		46.1
75.3						
92.2	6.6	6.6	6.6	4.0	4.0	60.7
43.9	152.6	81.3	46.5	70.7	44.9	46.3
61.5	35.2	25.1	25.0	21.0	20.0	59.7
87.2	7.68			3.8		49.9
36.9	109.7	56.2	21.5	45.8	24.9	41.8
77.5	1.5	0.1	0.1	1.0		66.7
89.5						
68.0						
30.5						
57.9	1.5	0.1	0.1	1.0		66.7
43.3	54.8	25.9	53.1	22.2	0.8	40.5
41.7	1417.6	546.5	1293.0	405.0	286.0	28.6
52.9	985.5	602.3	662.6	419.3	329.0	42.5
60.6	5364.2	3311.7	3930.1	2735.3	2062.0	51.0
37.3	639.0	202.8	639.0	77.1	52.2	12.1
48.4	1940.2	932.3	1550.2	679.5	522.7	35.0
74.7	1487.4	1050.2	938.2	974.3	758.3	65.5
83.5	1297.6	1126.4	802.7	1004.4	728.8	77.4
77.7	40.0	33.2	1.1	11.6	6.9	29.1
70.2	2.0	0.5				
83.2	31.3	29.5	0.1	8.0	6.0	25.6
72.8	6.7	3.2	1.0	3.6	1.0	53.6

13-2 续表2

类　别	Item	自有机械设备数量（台）Number of Machinery and Equipment Owned (unit)	自有机械设备功率（万千瓦）Total Power of Machinery and Equipment Owned (10000 kw)
总　计	**Total**	**123106**	**324.1**
#国有及国有控股	#State-owned and State-holding Enterprises	58983	131.4
按登记注册类型分组	**Grouped by Status of Registration**		
内资企业	Domestic Funded Enterprises	123058	324.0
国有企业	State-owned Enterprises	15069	40.5
集体企业	Collective-owned Enterprises	5276	9.8
股份合作企业	Cooperative Enterprises	5	0.05
联营企业	Joint Ownership Enterprises		
有限责任公司	Limited Liability Corporations	77292	196.0
股份有限公司	Share Holding Enterprises	5899	29.1
私营企业	Private Enterprises	18907	48.2
港、澳、台商投资企业	Enterprises with Funds from Hong Kong,Macao and Taiwan	12	0.02
外商投资企业	Foreign Funded Enterprises	36	0.1
按经济组织类型分组	**Grouped by Type of Economic Organizations**		
独资企业	Proprietorship	21408	50.7
合作、合伙企业	Cooperative Enterprises and Partnership	855	0.5
股份有限公司	Share Holding Enterprises	8122	34.5
有限责任公司	Limited Liability Corporations	92721	238.5
按国民经济行业分组	**Grouped by Sector**		
房屋建筑业	Housing Building Construction	52084	112.2
土木工程建筑业	Civil Engineering Construction	55878	150.5
铁路、道路、隧道和桥梁	Railway,Road, Tunnel and Bridge	11747	66.5
铁路工程建筑	Railway Engineering	224	0.6
公路工程建筑	Highway Engineering	6186	31.1
市政道路工程建筑	Municipal Road Engineering	2944	18.7
其他道路、隧道和桥梁工程建筑	Other	2393	16.1
水利和内河港口工程建筑	Water Conservancy and Inland Port Engineering Construction	4090	13.2
水源及供水设施工程建筑	Water Supply and Water Supply Facilities	2786	9.2
河湖治理及防洪设施工程建筑	Governance of Lakes and Flood Control Facilities	1215	3.6
港口及航运设施工程建筑	Port and Shipping Facilities	89	0.4
工矿工程	Mining Engineering	31658	58.6
架线和管道工程建筑	Line Putting-up and Pipeline Engineering	7804	11.4
架线及设备工程建筑	Wiring and Equipment Engineering	6674	7.4
管道工程建筑	Pipeline Engineering	1130	4.0
其他土木工程	Other Civil Engineering	579	0.7
建筑安装业	Construction Installation	12215	55.1
电气安装	Electrical Installation	3643	25.3
管道和设备安装	Piping and Equipment Installation	925	2.1
其他建筑安装业	Other	7647	27.7
建筑装饰和其他建筑业	Construction Decoration and Other Construction	2929	6.3
建筑装饰业	Construction Decoration	1642	2.3
工程准备活动	Project Preparation Activities	1023	2.5
提供施工设备服务	Provide Construction Equipment Service	74	0.4
其他未列明建筑业	Other Construction Not listed	190	1.2
按隶属关系分组	**Grouped by Administration**		
#中　央	#Central	35251	67.8
省	Provincial	13772	44.5
地　市	Prefectural	18441	62.3
按企业资质等级分组（新标）	**Grouped by Quality and Grade**		
施工总承包	Overall Contracted Construction	114523	301.5
特　级	Special Grade	25586	47.6
一　级	First Grade	37771	125.0
二　级	Second Grade	30995	84.6
三　级	Third Grade	20171	44.3
专业承包	Specialized Contraction	8583	22.6
#一　级	#First Grade	2778	6.2
二　级	Second Grade	3470	10.4
三　级	Third Grade	2335	6.1

CONTINUED

自有机械设备净值（万元）Net Value of Machinery and Equipment Owned (10000 yuan)	技术装备率（元/人）Value of Machinery per Laborer (yuan/person)	动力装备率（千瓦/人）Power of Machinery per Laborer (kw/person)	劳动生产率（元/人，按总产值计算）Overall Labor Productivity (yuan/person)	年末从业人员（人）Number of Persons Employed (person)	#工程技术人员 Engineering Technicians
756200	**11281**	**4.8**	**256076**	**373570**	**65468**
260552	9755	4.9	269072	133990	23064
755993	11330	4.9	256027	373120	65298
52992	6515	5.0	264464	39963	7678
30807	7738	2.5	259772	19842	2667
2720	22295	0.4	336066	911	35
			296229	36	4
484052	12718	5.1	262341	218375	38450
41307	9113	6.4	261159	21229	3394
143359	12079	4.1	225889	72589	12933
91	5241	1.1	117293	124	29
115	393	0.2	275510	326	141
85646	6972	4.1	263360	60515	10472
4027	24780	2.9	315118	1268	206
57151	9574	5.8	258197	29350	4861
609376	12534	4.9	253778	282437	49929
331086	9830	3.3	245255	194664	31255
366266	17199	7.1	263488	118535	21784
170016	15070	5.9	270682	49446	12764
5726	12296	1.2	160216	5814	591
76728	16018	6.5	285792	17454	3858
54291	12215	4.2	268906	16629	6257
33271	21040	10.2	262435	9549	2058
37164	15387	5.5	242618	14191	2768
29986	24551	7.5	251625	8870	1707
6789	6003	3.2	238537	4925	933
388	6165	6.7	141256	396	128
137265	30138	12.9	250475	38173	3240
15052	5424	4.1	276907	14694	2466
10504	4295	3.0	279661	12402	1930
4548	13810	12.2	256454	2292	536
6770	25092	2.7	231162	2031	546
40059	4509	6.2	255559	38576	8990
9638	5755	15.1	243222	8443	2852
4667	7879	3.5	195909	4894	1538
25755	3892	4.2	264020	25239	4600
18789	5921	2.0	322637	21795	3439
6431	4629	1.6	381566	11590	1961
8925	7359	2.0	285017	5957	431
431	18113	15.6	271156	162	51
3001	5483	2.1	258664	4086	996
127606	19418	10.3	265699	40264	4539
92000	6065	2.9	272977	75600	13277
123524	11098	5.6	252576	60077	13527
706650	11958	5.1	254024	323517	56511
126494	20872	7.9	266164	34962	3949
188417	7297	4.8	263243	110923	20651
251002	17433	5.9	249123	97901	19800
140737	10982	3.5	235213	79731	12111
49550	6242	2.8	271352	50053	8957
9226	7698	5.2	216699	9200	1755
10772	2985	2.9	298152	22780	4787
29551	9439	1.9	261379	18073	2415

13-3 建筑业企业财务状况 (2016年)

单位：万元

类 别	Item	资产合计 Total Assets	#流动资产 Circulating Funds	#在建工程 Progress Under Construction
总 计	**Total**	**19565969**	**15093959**	**106118**
#国有及国有控股	#State-owned and State-holding Enterprises	8006566	6819715	17963
按登记注册类型分组	**Grouped by Status of Registration**			
内资企业	Domestic Funded Enterprises	19498413	15039174	106118
国有企业	State-owned Enterprises	1472371	1172418	12701
集体企业	Collective-owned Enterprises	549942	434207	890
股份合作企业	Cooperative Enterprises	10362	5326	
联营企业	Joint Ownership Enterprises	1351	1235	
有限责任公司	Limited Liability Corporations	12325255	9324271	28721
股份有限公司	Share Holding Enterprises	1871437	1419393	9227
私营企业	Private Enterprises	3262722	2678945	54137
港、澳、台商投资企业	Enterprises with Funds from Hong Kong, Macao and Taiwan	10073	8866	
外商投资企业	Foreign Funded Enterprises	57482	45919	
按经济组织类型分组	**Grouped by Type of Economic Organizations**			
独资企业	Proprietorship	2027454	1608981	13591
合作、合伙企业	Cooperative Enterprises and Partnership	17686	10221	442
股份有限公司	Share Holding Enterprises	2192871	1701588	9227
有限责任公司	Limited Liability Corporations	15327957	11773170	82858
按国民经济行业分组	**Grouped by Sector**			
房屋建筑业	Housing Building Construction	8671234	6282325	50829
土木工程建筑业	Civil Engineering Construction	7483758	6185614	39076
铁路、道路、隧道和桥梁	Railway, Road, Tunnel and Bridge	3643281	2873872	16487
铁路工程建筑	Railway Engineering	195140	170081	732
公路工程建筑	Highway Engineering	1441070	1007314	10793
市政道路工程建筑	Municipal Road Engineering	1425973	1211332	1719
其他道路、隧道和桥梁工程建筑	Other	581098	485144	3242
水利和内河港口工程建筑	Water Conservancy and Inland Port Engineering Construction	674628	529090	4056
水源及供水设施工程建筑	Water Supply and Water Supply Facilities	329206	256927	1103
河湖治理及防洪设施工程建筑	Governance of Lakes and Flood Control Facilities	329253	261062	2953
港口及航运设施工程建筑	Port and Shipping Facilities	16169	11101	
工矿工程	Mining Engineering	2355595	2119706	117
架线和管道工程建筑	Line Putting-up and Pipeline Engineering	741904	609331	18396
架线及设备工程建筑	Wiring and Equipment Engineering	626397	518516	18298
管道工程建筑	Pipeline Engineering	115507	90815	98
其他土木工程	Other Civil Engineering	68351	53616	20
建筑安装业	Construction Installation	2245583	1763998	6256
电气安装	Electrical Installation	486573	396544	2097
管道和设备安装	Piping and Equipment Installation	470439	285503	428
其他建筑安装业	Other	1288570	1081951	3732
建筑装饰和其他建筑业	Construction Decoration and Other Construction	1165394	862022	9957
建筑装饰业	Construction Decoration	458563	325710	3283
工程准备活动	Project Preparation Activities	74259	55040	21
提供施工设备服务	Provide Construction Equipment Service	7529	4716	
其他未列明建筑业	Other Construction Not listed	625043	476555	6652
按隶属关系分组	**Grouped by Administration**			
#中 央	#Central	2891810	2653975	347
省	Provincial	4126295	3331467	4922
地 市	Prefectural	4233726	2765877	21224
按企业资质等级分组（新标）	**Grouped by Quality and Grade**			
施工总承包	Overall Contracted Construction	17272519	13253942	94535
特 级	Special Grade	2680544	2242824	
一 级	First Grade	7941053	6006112	21994
二 级	Second Grade	4786614	3659081	50289
三 级	Third Grade	1864309	1345925	22251
专业承包	Specialized Contraction	2293449	1840017	11583
#一 级	#First Grade	352027	307155	1965
二 级	Second Grade	1077794	852006	8170
三 级	Third Grade	863628	680857	1448

FINANCIAL STATUS OF CONSTRUCTION ENTERPRISES (2016)

(10000 yuan)

#固定资产 Fixed Assets	#固定资产累计折旧 Accumulated Depreciation of Fixed Assets	负债合计 Total Liabilities	#流动负债 Circulating Liabilities	#非流动负债 Non-current Liabilities	所有者权益 Total Owners Rights and Interests	#实收资本 Actual Received Capital	#国家资本 State Capital
1839875	**1288025**	**13538096**	**11697368**	**450058**	**6027872**	**4269043**	**738456**
563043	553758	6779596	6495390	252621	1226970	1130085	691934
1838483	1286513	13477715	11636987	450127	6020698	4263575	737502
167827	147254	1232615	1187028	17636	239756	295942	253351
77994	44468	381212	371752	881	168729	106262	4000
4977	2521	6152	6152		4210	4210	
103	98	1532	1532		-182	464	
1084256	801124	8941747	7427802	281062	3383509	2488165	452491
133122	71052	1091505	914373	132411	779932	306488	20297
368799	219206	1821610	1727041	18102	1441112	1058641	7214
1098	630	5648	5648	-69	4426	3279	
295	882	54734	54734		2748	2189	954
248607	192771	1614778	1559720	18517	412677	404954	257351
7034	3530	9265	9230	35	8421	8687	150
159290	94427	1273408	1079768	132591	919464	407252	25983
1424944	997297	10640646	9048651	298915	4687311	3448150	454973
824079	398325	5950425	4608273	173016	2720809	2016472	255690
766784	720659	5704317	5444533	203727	1779441	1434854	392384
362231	279515	2466049	2288388	155007	1177232	812260	198003
24044	8501	156664	153429	2233	38476	31264	7015
146341	93837	983858	866139	116488	457211	333946	126238
130020	120571	1031899	989833	30729	394074	277172	33656
61826	56607	293628	278988	5558	287470	169879	31094
94786	38797	457031	447605	196	217597	188018	80401
63323	27455	212696	207459	195	116510	88426	2652
26467	9220	238450	234262	1	90804	95086	76385
4997	2123	5885	5885		10284	4506	1363
196844	310945	2246880	2216097	30442	108715	258462	43621
100547	83733	495600	453830	18082	246304	152730	63960
82817	72793	426967	387510	16021	199430	117175	58222
17730	10940	68634	66320	2061	46874	35555	5738
12377	7668	38757	38613		29594	23385	6400
152110	118784	1493029	1322561	9818	752554	512869	85079
40121	29764	316201	244643	1201	170372	110497	13805
20747	20918	263105	179318	94	207334	175388	11669
91242	68102	913722	898601	8523	374848	226984	59605
96902	50256	390326	322001	63497	775068	304848	5304
24769	14636	214414	147877	61893	244149	151201	1625
15153	9846	34645	34522		39614	16561	3016
1484	1925	3730	3730		3799	4178	
55497	23849	137537	135873	1604	487506	132908	663
221655	331260	2683755	2642400	39193	208055	321852	109369
229017	146577	3286812	3054139	181470	839483	647423	376455
345162	242362	3322354	2098832	121331	911373	665349	172376
1650939	1145051	12448946	10711997	384810	4823574	3686800	678727
141993	232075	2389874	2245399	144475	290670	282114	66230
554191	473669	6368386	5108995	140993	1572667	1176123	384060
628029	317053	2767071	2522956	91477	2019543	1520734	179454
326727	122255	923616	834647	7866	940693	707829	48984
188936	142974	1089151	985372	65247	1204299	582243	59729
27401	37098	183837	177263	381	168190	112928	10726
71633	58859	606444	523426	64174	471350	277275	25880
89902	47017	298869	284683	693	564759	192040	23123

13-3 续表

单位：万元

类　　别	Item	#集体资本 Collective-Owned Capital	#法人资本 Corporation Capital	总收入 Total Income
总 计	**Total**	**336327**	**1356694**	**15301588**
#国有及国有控股	#State-owned and State-holding Enterprises	6705	348844	6403726
按登记注册类型分组	**Grouped by Status of Registration**			
内资企业	Domestic Funded Enterprises	336277	1355037	15281588
国有企业	State-owned Enterprises	589	13940	1562661
集体企业	Collective-owned Enterprises	92484	8980	876706
股份合作企业	Cooperative Enterprises	4210		37563
联营企业	Joint Ownership Enterprises		464	1036
有限责任公司	Limited Liability Corporations	118140	966323	9270291
股份有限公司	Share Holding Enterprises	100795	76773	1172847
私营企业	Private Enterprises	17506	287957	2354158
港、澳、台商投资企业	Enterprises with Funds from Hong Kong, Macao and Taiwan	50	1414	4053
外商投资企业	Foreign Funded Enterprises		243	15947
按经济组织类型分组	**Grouped by Type of Economic Organizations**			
独资企业	Proprietorship	93073	25038	2489260
合作、合伙企业	Cooperative Enterprises and Partnership	6764	1674	47685
股份有限公司	Share Holding Enterprises	100795	86571	1466805
有限责任公司	Limited Liability Corporations	135696	1243412	11297838
按国民经济行业分组	**Grouped by Sector**			
房屋建筑业	Housing Building Construction	183295	467442	6990626
土木工程建筑业	Civil Engineering Construction	60205	556091	5501584
铁路、道路、隧道和桥梁	Railway, Road, Tunnel and Bridge	18683	287687	2587531
铁路工程建筑	Railway Engineering	1036	12791	178454
公路工程建筑	Highway Engineering	9554	89463	936293
市政道路工程建筑	Municipal Road Engineering	6411	140576	1036094
其他道路、隧道和桥梁工程建筑	Other	1683	44858	436690
水利和内河港口工程建筑	Water Conservancy and Inland Port Engineering Construction	4000	41956	622770
水源及供水设施工程建筑	Water Supply and Water Supply Facilities	4000	37986	327631
河湖治理及防洪设施工程建筑	Governance of Lakes and Flood Control Facilities		2500	279684
港口及航运设施工程建筑	Port and Shipping Facilities		1470	15454
工矿工程	Mining Engineering		211471	1428474
架线和管道工程建筑	Line Putting-up and Pipeline Engineering	36273	7953	796177
架线及设备工程建筑	Wiring and Equipment Engineering	29706	2389	713819
管道工程建筑	Pipeline Engineering	6567	5565	82358
其他土木工程	Other Civil Engineering	1248	7024	66632
建筑安装业	Construction Installation	28849	208624	1892857
电气安装	Electrical Installation	22491	22471	341221
管道和设备安装	Piping and Equipment Installation	1833	130971	136900
其他建筑安装业	Other	4525	55182	1414735
建筑装饰和其他建筑业	Construction Decoration and Other Construction	63979	124538	916521
建筑装饰业	Construction Decoration	874	81847	563936
工程准备活动	Project Preparation Activities		4383	105101
提供施工设备服务	Provide Construction Equipment Service			5668
其他未列明建筑业	Other Construction Not listed	63105	38307	241816
按隶属关系分组	**Grouped by Administration**			
#中　央	#Central	2389	210094	2248762
省	Provincial	43901	113390	3329093
地　市	Prefectural	104471	131382	2237664
按企业资质等级分组(新标)	**Grouped by Quality and Grade**			
施工总承包	Overall Contracted Construction	232692	1197000	13572041
特　级	Special Grade	449	180800	1646100
一　级	First Grade	70444	314842	5719833
二　级	Second Grade	101707	507912	3390378
三　级	Third Grade	60093	193447	2815729
专业承包	Specialized Contraction	103635	159694	1729547
#一　级	#First Grade	6016	31427	291583
二　级	Second Grade	25114	94815	900222
三　级	Third Grade	72505	33451	537742

CONTINUED

(10000 yuan)

主营业务收入 Revenue from Principal Business	#主营业务成本 Cost of Principal Business	#主营业务税金及附加 Taxes and Extra Charges of Principal Business	营业外收入 Other Revenue from Business	管理费用 Management Expenses	财务费用 Financial Expenses	营业利润 operating profit	利润总额 Total Profits	利税总额 Total Pre-tax Profits
15238448	**13612669**	**349910**	**59340**	**579816**	**50648**	**489777**	**525244**	**1053488**
6355278	5953081	89962	44573	201377	15707	44032	74071	212994
15218490	13596454	349767	59299	578410	50576	489552	524978	1053015
1559800	1387712	42968	2885	69240	1701	26182	27537	92095
874390	750145	37890	2064	40802	20	40769	41458	95853
37563	30625	5169		81	26	1647	1344	6537
1036	1001	20		19		-3	-3	18
9221008	8424931	168466	46195	306703	34271	219602	249237	510421
1166375	987189	25107	5974	65196	6293	66779	72328	112591
2351992	2009003	69935	2182	96140	8260	134547	133048	235256
4052	3556	98	1	294		99	100	201
15907	12659	45	40	1112	72	127	165	272
2484082	2174382	84605	4948	111948	1847	71520	73564	197302
47685	39644	5426		438	33	2129	1826	7284
1460278	1247009	33214	6030	73597	7673	80345	85916	138340
11246404	10151633	226665	48362	393834	41096	335783	363938	710562
6981658	6169272	223970	8786	223489	21324	258392	260977	566847
5458029	5010167	79020	39880	225729	17936	86755	112558	253224
2583547	2319906	37996	789	100755	16627	80003	78561	149238
178430	164117	1690	24	5659	-29	7055	6506	10993
933214	844157	15882	162	29667	6547	26145	26019	48588
1035288	920497	13779	350	46472	7545	34705	34635	62695
436614	391134	6644	253	18958	2565	12098	11401	26963
621987	568299	18773	629	24029	577	9991	10087	39486
327576	295589	11321	56	12437	301	7622	7283	24193
278957	257789	7382	573	10791	278	2738	3174	15507
15454	14921	70		802	-1	-370	-370	-213
1392374	1379805	3057	35675	44095	452	-43966	-18736	-9901
793491	684812	17225	2785	54764	42	36172	38090	66030
711581	615973	14959	2360	48510	-394	31991	33596	56758
81910	68838	2266	425	6254	436	4181	4494	9272
66631	57347	1969	1	2086	238	4556	4557	8370
1885782	1695605	30972	7002	86514	6176	63867	67562	123090
336563	291866	5011	4432	25658	3925	9023	11949	24633
135715	113592	2428	1165	9884	563	6664	7175	12366
1413504	1290147	23534	1405	50973	1687	48181	48437	86092
912979	737625	15948	3673	44084	5212	80764	84147	110327
563439	489495	10091	369	14189	4057	44759	45064	61389
105101	81615	2118		3709	76	4345	4325	7628
5668	3212	85		527	71	82	82	279
238771	163304	3655	3304	25659	1008	31577	34677	41031
2213724	2145512	9813	34753	70397	597	-23663	2163	20660
3318033	3058319	62468	8220	102241	14788	40809	46115	136975
2228147	1988412	42612	9225	105982	4626	58995	62132	145413
13514456	12199950	314900	53751	468605	44085	362458	394683	866759
1612225	1586858	12291	32985	30447	3172	-31332	-6240	6928
5709204	5329238	86881	10954	193753	25187	74020	79132	228152
3378888	2938899	92641	8316	145965	7948	137538	141347	290635
2814137	2344956	123087	1496	98440	7777	182232	180444	341044
1723993	1412718	35010	5589	111211	6563	127319	130561	186729
291474	244358	5945	109	16973	934	9007	8849	17782
898061	755241	15594	2135	49785	3702	69924	71138	100076
534459	413120	13471	3345	44453	1927	48388	50574	68872

13-4 分地区建筑业企业基本情况

BASIC CONDITIONS OF CONSTRUCTION ENTERPRISES BY REGION

年份 地区	Year Region	企业单位数（个） Number of Enterprises (unit)	年末从业人员（人） Number of Persons Employed (person)	自有机械设备数量（台） Number of Machinery and Equipment Owned(unit)	自有机械设备功率（万千瓦） Total Power of Machinery and Equipment Owned (10000 kw)	自有机械设备净值（万元） Net Value of Machinery and Equipment Owned (10000 yuan)
	2005	1948	430971	165903	341.9	679666
	2006	1781	432016	157684	334.1	711059
	2007	1733	471335	157949	366.3	748550
	2008	1971	479114	161174	372.3	798106
	2009	1919	674884	159810	358.9	762805
	2010	1945	561857	143340	327.8	749900
	2011	2020	490761	156112	364.4	783975
	2012	2038	490884	134579	312.5	804716
	2013	2008	440100	134516	283.5	770020
	2014	1825	363016	153448	330.0	853835
	2015	1599	466601	123778	306.6	764419
	2016	1566	373570	123106	324.1	756200
哈尔滨	Harbin	734	183918	45408	129.7	289655
齐齐哈尔	Qiqihar	94	18403	5715	13.0	44459
鸡西	Jixi	71	13117	3623	8.4	27621
鹤岗	Hegang	44	8649	3342	4.2	15272
双鸭山	Shuangyashan	37	6625	2431	3.6	5343
大庆	Daqing	180	47213	37695	73.1	174596
伊春	Yichun	31	4692	1153	4.3	12354
佳木斯	Jiamusi	60	27906	7198	31.6	31505
七台河	Qitaihe	27	3004	558	2.2	10831
牡丹江	Mudanjiang	124	32498	4115	12.5	42921
黑河	Heihe	54	8413	3306	6.3	16311
绥化	Suihua	86	15788	5921	20.6	68448
大兴安岭	Daxinganling	17	3011	2367	13.5	13895
绥芬河	Suifenhe	7	333	274	1.3	2990
抚远	Fuyuan					

13-4 续表1 CONTINUED

年份 地区	Year Region	劳动生产率（元/人，按总产值计算） Overall Labor Productivity (yuan/person)	产值竣工率(%) Ratio of Output Value of Buildings Completed to Gross Output Value(%)	房屋建筑面积竣工率(%) Rate of Floor Space of Buildings Completed(%)	技术装备率（元/人） Value of Machinery per Laborer (yuan/person)	动力装备率（千瓦/人） Power of Machinery per Laborer (kw/person)
	2005	91345	78.1	50.4	10837	5.5
	2006	109543	70.7	49.1	11130	5.2
	2007	139136	58.2	54.7	11891	5.8
	2008	127267	60.8	44.1	9797	4.6
	2009	146124	57.1	68.4	8303	3.9
	2010	183395	50.2	50.5	7771	3.4
	2011	220377	56.4	49.8	8514	4.0
	2012	272229	51.6	50.7	9228	3.6
	2013	242528	51.0	53.7	7555	2.8
	2014	251080	48.2	55.2	9968	3.9
	2015	228445	60.2	52.8	10425	4.2
	2016	256076	62.7	50.8	11281	4.8
哈尔滨	Harbin	259566	55.1	35.9	7455	3.3
齐齐哈尔	Qiqihar	233881	68.7	52.9	17576	5.2
鸡西	Jixi	213783	53.6	68.1	15562	4.7
鹤岗	Hegang	198659	70.2	56.0	14157	3.9
双鸭山	Shuangyashan	147424	56.7	38.0	7541	5.0
大庆	Daqing	237020	65.0	89.0	33607	14.1
伊春	Yichun	251870	91.9	90.7	22311	7.7
佳木斯	Jiamusi	253338	67.8	69.8	7414	7.4
七台河	Qitaihe	223988	110.0	78.6	28310	5.8
牡丹江	Mudanjiang	314195	75.7	62.8	6933	2.0
黑河	Heihe	247321	94.7	93.7	5809	2.2
绥化	Suihua	227515	85.2	96.6	30933	9.3
大兴安岭	Daxinganling	224528	66.0	86.4	32023	31.1
绥芬河	Suifenhe	278891	48.2	28.9	47231	20.0
抚远	Fuyuan					

13-4 续表2 CONTINUED

年份 地区	Year Region	资产合计（万元）Total Assets (10000 yuan)	负债合计（万元）Total Liabilities (10000 yuan)	所有者权益（万元）owner's equity (10000 yuan)	#实收资本 #Paid-up capital	总收入（万元）Total Income (10000 yuan)	利润总额（万元）Total Profits (10000 yuan)	利税总额（万元）Total Pre-tax Profits (10000 yuan)
	2005	7038066	4261973	2776123	2585760	5664967	52342	245187
	2006	8203440	5278702	2924738	2700632	6840358	76641	305123
	2007	9142571	6054731	3087840	2699169	8508795	98029	343990
	2008	10397027	6964890	3432138	3132750	10913499	457660	1520636
	2009	10829222	7133558	3695664	3232330	13078488	558203	1332707
	2010	11951907	8195121	3756786	3289940	16082766	564931	1781420
	2011	14595943	10040174	4555769	3587785	19446063	589187	1321917
	2012	16398329	11079601	5293964	4010791	21053609	617830	1338823
	2013	18019776	12563726	5456050	4061503	18358995	670536	1321228
	2014	17958140	12499104	5459037	4745830	17365202	508883	1139144
	2015	17275931	11736030	5539901	4022879	14578309	466005	1011231
	2016	19565969	13538096	6027872	4269043	15301588	525244	1053488
哈尔滨	Harbin	11318726	8086693	3232033	2274760	8216448	253320	475682
齐齐哈尔	Qiqihar	727736	368477	359259	243840	640649	23639	47903
鸡西	Jixi	419281	254030	165251	115339	347060	4619	21797
鹤岗	Hegang	304718	186829	117890	61035	221551	3868	12893
双鸭山	Shuangyashan	277688	180496	97192	84302	125211	-388	6290
大庆	Daqing	3353013	2773268	579745	561766	1728248	-895	23741
伊春	Yichun	225550	154705	70844	56674	112852	4115	12951
佳木斯	Jiamusi	842704	466065	376639	197011	1040466	45850	110698
七台河	Qitaihe	149791	73268	76523	58199	94135	3831	7305
牡丹江	Mudanjiang	1058489	608971	449518	271701	1456896	118263	182844
黑河	Heihe	198982	78841	120141	94319	692387	47530	97831
绥化	Suihua	532364	232903	299460	193061	509798	19501	46330
大兴安岭	Daxinganling	115476	51522	63954	46370	100760	1917	6538
绥芬河	Suifenhe	41452	22029	19423	10667	15125	75	686
抚远	Fuyuan							

13-4 续表3 CONTINUED

年份 地区	Year Region	产值利润率(%) Profit Rate Value (%)	产值利税率(%) Gross Output Value (%)	资本利润率(%) profit ratio of capital (%)	资本利税率(%) Profits to Assets (%)	人均利润（元/人）per capita profit (yuan/person)	人均利税（元/人）Per capita taxes (yuan/person)	资产负债率(%) Assets-Liability Ratio(%)
	2005	0.9	4.3	2.0	10.5	835	3909	60.6
	2006	1.1	4.4	2.0	8.9	1200	4776	64.3
	2007	1.1	3.9	3.6	7.8	1557	5464	66.2
	2008	2.5	14.7	14.6	2.1	5618	18667	67.0
	2009	4.2	9.9	17.3	2.4	6076	14507	65.9
	2010	3.2	10.1	17.2	1.8	5854	18461	68.6
	2011	2.9	6.5	16.4	2.7	6399	14357	68.8
	2012	2.6	5.6	15.4	3.0	7085	15353	67.6
	2013	2.7	5.3	16.5	3.1	6579	12963	69.7
	2014	2.4	5.3	10.7	24.0	5941	13298	69.6
	2015	2.8	6.0	11.6	25.1	6355	13791	67.9
	2016	3.1	6.1	12.3	24.7	7835	15716	69.2
哈尔滨	Harbin	2.5	4.7	11.1	20.9	6520	12243	71.4
齐齐哈尔	Qiqihar	4.0	8.1	9.7	19.6	9345	18938	50.6
鸡西	Jixi	1.2	5.7	4.0	18.9	2603	12281	60.6
鹤岗	Hegang	1.8	6.0	6.3	21.1	3586	11953	61.3
双鸭山	Shuangyashan	-0.4	6.0	-0.5	7.5	-548	8877	65.0
大庆	Daqing	-0.1	1.9	-0.2	4.2	-172	4570	82.7
伊春	Yichun	3.0	9.3	7.3	22.9	7432	23389	68.6
佳木斯	Jiamusi	4.3	10.3	23.3	56.2	10790	26052	55.3
七台河	Qitaihe	4.5	8.5	6.6	12.6	10012	19093	48.9
牡丹江	Mudanjiang	6.1	9.4	43.5	67.3	19103	29535	57.5
黑河	Heihe	6.8	14.1	50.4	103.7	16926	34839	39.6
绥化	Suihua	3.9	9.2	10.1	24.0	8813	20937	43.7
大兴安岭	Daxinganling	2.0	6.7	4.1	14.1	4418	15068	44.6
绥芬河	Suifenhe	0.4	3.9	0.7	6.4	1180	10839	53.1
抚远	Fuyuan							

主要统计指标解释

建筑业统计单位　指从事房屋、构筑物建造和设备安装活动的法人企业。建筑业法人企业应具有建筑业资质并能够独立核算，同时还应具备以下条件：①依法成立，有自己的名称、组织机构和场所，能够承担民事责任；②独立拥有和使用资产，承担负债，有权与其他单位签订合同；③独立核算盈亏，能够编制资产负债表。

建筑业总产值　是以货币形式表现的建筑业企业在一定时期内生产的建筑业产品和提供服务的总和。建筑业总产值包括：

⑴建筑工程产值：指列入建筑工程预算内的各种工程价值。

⑵安装工程产值：指设备安装工程价值，不包括被安装设备本身的价值。

⑶其他产值：建筑业总产值中除建筑工程、安装工程以外的产值。包括房屋构筑物修理产值、非标准设备制造产值、总包企业向分包企业收取的管理费以及不能明确划分的施工活动所完成的产值。

a.房屋构筑物修理产值：指房屋和构筑物修理所完成的产值，但不包括被修理房屋、构筑物本身价值和生产设备的修理价值。

b.非标准设备制造产值：指加工制造没有定型的非标准生产设备的加工费和原材料价值(如化工厂、炼油厂用的各种罐、槽，矿井生产统一使用的各种漏斗、三角槽、阀门等)以及附属加工厂为本企业承建工程制作的非标准设备的价值。

建筑业增加值　指建筑业企业在报告期内以货币形式表现的建筑业生产经营活动的最终成果。

从2004年第一次全国经济普查开始，建筑业现价增加值按生产法和分配法(收入法)两种方法计算，以收入法的计算结果为准，即从收入的角度出发，根据生产要素在生产过程中应得的收入份额计算。具体计算方法：经济普查年度建筑业增加值按照《经济普查年度GDP核算方案》计算，非经济普查年度建筑业增加值按照《非经济普查年度GDP核算方案》计算。

房屋施工面积　指报告期内施工的全部房屋建筑面积，包括本期新开工的房屋建筑面积、上期跨入本期继续施工的房屋建筑面积、上期停缓建在本期恢复施工的房屋建筑面积、本期竣工的房屋建筑面积及本期施工后又停缓建的房屋建筑面积。

房屋竣工面积　指报告期内房屋建筑按照设计要求已全部完工，达到住人和使用条件，经验收鉴定合格或达到竣工验收标准，可正式移交使用的各栋房屋建筑面积的总和。

Explanatory Notes on Main Statistical Indicators

Statistical Unit in the Construction Industry refers to a corporate enterprise engaged in the construction of buildings and structures and in the installation of equipment. A corporate construction enterprise should have qualification certificates with independent accounting system, and should meet the following 3 requirements: a) being set up in line with relevant legal basis, having its full name, organization and location, and capable of taking civil liabilities; b) independently possessing and using its assets and assuming its liabilities, and entitled to sign contracts with other institutions; and c) making independent accounts of its profits and losses, and capable of compiling its own balance sheet.

Gross Output Value of Construction refers to total of construction products and services, expressed in money terms, produced or rendered by construction and installation enterprises during a given period of time. It includes:

(1) Output value of construction projects: the value of projects covered by the project budgets;

(2) Output value of installation projects: the value of the installation of equipment, (excluding the value of the equipment to be installed);

(3) Other output values: the output value of construction industry apart from that of construction projects and installation projects. It includes: output value of repair of buildings and structures; output value of non-standard equipment manufacturing; overhead expenses received by contracted enterprises from the sub-contracted enterprises and the completed output value of construction activities for which there is no clear definition.

a. Output value of repair of buildings and structures: the value created through the repairs of buildings or structures. It does not include the value of buildings or structures being repaired and the value of the repair of production equipment;

b. Output value of manufactured non-standard equipment: the value of non-standard production equipment, including raw materials and manufacturing cost, made for the construction project (i.e., chemical plant; kettles or tanks used by refineries; various fillers, triangle tanks, valves used by mines). It also includes the output value of equipment manufactured by subsidiary workshops.

Value-added of Construction refers to the final result of the activities of production and operation of enterprises of the construction industry in monetary terms during the reference period.

Starting from the 2004 economic census, value-added of construction is calculated by both production approach and income approach, with the figures from the income approach as the final figures. Under the income approach, calculation starts from the perspective of income and is based on the share of income derived from the production process by the relevant factors of production. Specifically, value-added of construction for the Census years is calculated in accordance with the Programme of Compilation of GDP and National Accounts for the Year of Economic Census, and value-added of construction for other years is calculated in accordance with the Programme of Compilation of GDP and National Accounts for the Non Economic Census Years.

Floor Space of Buildings refers to floor space of buildings under construction in the reference period, including the space of buildings for which construction has newly started; buildings for which construction has started earlier and is continuing during the reference period; and buildings for which construction has been suspended earlier but has restarted during the reference period; buildings completed during the reference period; and buildings under construction but construction has subsequently been during the reference period.

Floor Space of Buildings Completed refers to the total floor space of each building that has been completed in the reference period in accordance with the requirements of the design, up to the standard for being resided in and put into use, or has been checked and accepted by departments concerned as qualified ones or up to the standard of buildings completed and can be handed over for putting into use.

第十四篇　住房和房地产

CHAPTER 14 HOUSING AND REAL ESTATE

资料整理：罗华军　付　爽

14-1 房地产开发企业主要指标

MAIN INDICATORS OF ENTERPRISES FOR REAL ESTATE DEVELOPMENT

指　标	Item	2012	2013	2014	2015	2016
企业个数(个)	**Number of Enterprises(unit)**	**2134**	**2118**	**2154**	**2041**	**1956**
内　资	Domestic Funded	2092	2081	2119	2012	1931
#国　有	#State-owned Enterprises	78	49	47	39	31
集　体	Collective-owned Enterprises	4	1	1	1	1
港、澳、台投资	Enterprises with Funds from Hong Kong, Macao and Taiwan	23	23	24	19	15
外商投资	Foreign Funded	17	13	11	10	10
从业人员期末人数(万人)	**Final Number of Employed Persons (10000 persons)**	4.64	4.50	4.43	4.08	3.80
内资企业	Domestic Funded	4.56	4.40	4.34	4.00	3.75
#国　有	#State-owned Enterprises	0.26	0.10	0.11	0.09	0.07
集　体	Collective-owned Enterprises	0.03				0.02
港、澳、台投资企业	Enterprises with Funds from Hong Kong, Macao and Taiwan	0.05	0.06	0.07	0.05	0.04
外商投资企业	Foreign Funded	0.03	0.03	0.02	0.02	0.01
本年土地购置面积(万平方米)	**Land Space Purchased This Year(10000 sq.m)**	929.9	655.7	416.6	270.4	161.2
本年完成投资(亿元)	**Investment Completed This Year(100 million yuan)**	1535.8	1604.8	1324.1	992.1	864.8
#住　宅	#Residential Buildings	1122.5	1124.7	946.0	681.2	598.0
资金来源小计(亿元)	**Sources of Funds(100 million yuan)**	1711.0	1833.6	1408.4	1221.0	1061.6
#国内贷款	#Domestic Loans	87.6	130.2	97.8	126.5	90.5
自筹资金	Self-raising Fund	1104.1	1102.6	909.9	730.7	552.2
其他资金	Others	519.3	600.8	397.9	362.5	418.0
房屋建筑面积(万平方米)	**Floor Space of Buildings(10000 sq.m)**					
施工面积	Floor Space under Construction	13485.0	13567.4	14218.1	12410.4	10865.7
#住　宅	#Residential Buildings	10472.0	10241.4	10424.1	8785.0	7746.0
#本年新开工	#Floor Space Started This Year	5074.3	4030.4	3281.4	2181.8	2006.3
竣工面积	Floor Space Completed	3245.7	2932.7	3000.9	2924.2	2375.6
商品房销售面积(万平方米)	**Floor Space of Commercialized Buildings Sold (10000 sq.m)**	3806.8	3340.0	2475.7	1996.6	2117.3
#住　宅	#Residential Buildings	3226.2	2944.2	2131.5	1710.6	1797.0
实收资本合计(亿元)	**Total Capital Held(100 million yuan)**	892.5	973.5	1025.1	1262.3	1047.3
资产负债率(%)	**Ratio of Liabilities to Assets(%)**	60.9	62.4	60.7	69.4	67.6
主营业务收入(亿元)	**Revenue from Principle Business(100 million yuan)**	986.4	995.3	891.9	816.4	1217.4

14-2 房地产开发企业个数

NUMBER OF ENTERPRISES FOR REAL ESTATE DEVELOPMENT

单位：个 (unit)

年份 地区	Year Region	合计 Total	国有 State-owned Enterprises	集体 Collective-owned Enterprises	股份有限公司 Share-holding Corporations Ltd.	港澳台商投资 Enterprises with Funds from Hong Kong, Macao and Taiwan	外商投资 Foreign Funded Enterprises	其他 Others
1995		295	183	24	44	30	9	5
2000		439	170	32	71	25	9	132
2001		483	152	32	79	23	8	189
2002		606	142	24	111	23	18	288
2003		776	144	21	131	25	17	438
2004		1009	118	15	137	23	12	704
2005		1050	124	7	170	21	17	711
2006		1214	127	6	144	24	18	895
2007		1320	117	7	137	25	18	1016
2008		1589	102	11	145	23	19	1289
2009		1576	101	7	133	25	17	1293
2010		1890	97	9	164	23	19	1578
2011		2157	88	6	165	25	19	1854
2012		2134	78	4	144	23	17	1868
2013		2118	49	1	137	23	13	1894
2014		2154	47	1	124	24	11	1947
2015		2041	39	1	116	19	10	1856
2016		1956	31	1	115	15	10	1784
哈尔滨	Harbin	805	21	1	24	11	8	740
齐齐哈尔	Qiqihar	158	2		8	1		147
鸡西	Jixi	114	3		6			105
鹤岗	Hegang	61	1		5			55
双鸭山	Shuangyashan	42			3	1		38
大庆	Daqing	120			3		1	116
伊春	Yichun	39			2			37
佳木斯	Jiamusi	76	2		1		1	72
七台河	Qitaihe	31			1			30
牡丹江	Mudanjiang	196	1		18	2		175
黑河	Heihe	64			5			59
绥化	Suihua	174	1		22			151
大兴安岭	Daxinganling	17			2			15
绥芬河	Suifenhe	39			15			24
抚远	Fuyuan	6						6

14-3 房地产开发企业从业人员数

NUMBER OF EMPLOYED PERSONS IN ENTERPRISES FOR REAL ESTATE DEVELOPMENT

单位：人 (person)

年份 地区	Year Region	合计 Total	国有 State-owned Enterprises	集体 Collective-owned Enterprises	股份有限公司 Share-holding Corporations Ltd.	港澳台商投资 Enterprises with Funds from Hong Kong, Macao and Taiwan	外商投资 Foreign Funded Enterprises	其他 Others
1995		15473	11541	724	1005	785	320	1098
2000		23058	10756	858	5055	504	229	5656
2001		23792	9752	997	3624	521	198	8700
2002		25486	4710	623	5085	568	457	14043
2003		27465	4029	679	4302	307	385	17763
2004		33076	4199	403	5489	379	472	22134
2005		30169	4253	90	4278	318	611	20619
2006		29933	3554	151	3323	389	597	21919
2007		33353	3258	153	3097	414	562	25869
2008		35664	3195	211	3098	313	533	28314
2009		33929	2932	354	3402	366	388	26487
2010		40308	3420	398	3223	359	463	32445
2011		47678	4588	137	4633	490	434	37396
2012		46396	2639	325	2840	466	308	39818
2013		45004	1278	5	3043	566	257	39855
2014		44332	1077	5	2613	666	192	39779
2015		40786	869	5	2659	471	152	36630
2016		38015	726	153	2615	424	133	33964
哈尔滨	Harbin	16969	522	153	515	311	94	15374
齐齐哈尔	Qiqihar	3068	5		485	65		2513
鸡西	Jixi	1154	58		41			1055
鹤岗	Hegang	956	65		55			836
双鸭山	Shuangyashan	623			61	10		552
大庆	Daqing	3815			209		33	3573
伊春	Yichun	818			13			805
佳木斯	Jiamusi	1718	49		45		6	1618
七台河	Qitaihe	540			136			404
牡丹江	Mudanjiang	3210	22		397	38		2753
黑河	Heihe	940			76			864
绥化	Suihua	3023	5		379			2639
大兴安岭	Daxinganling	162			3			159
绥芬河	Suifenhe	564			200			364
抚远	Fuyuan	122						122

14-4 房地产开发企业的土地开发、购置及投资规模

LAND DEVELOPMENT, PURCHASE AND INVESTMENT SCALE OF ENTERPRISES FOR REAL ESTATE DEVELOPMENT

年份 地区	Year Region	本年购置土地面积（平方米） Land Space Purchased This Year (sq. m)	实际需要的总投资（万元） Total Investment Actually Needed (10000 yuan)	开始建设累计完成投资（万元） Accumulative Investment Actually Completed Since Starting of Construction (10000 yuan)	全部建成尚需投资（万元） Further Investment Required for the Completion of Construction (10000 yuan)
	1995	2064	1366222	754008	612214
	2000	2564674	2202002	1575893	626109
	2001	2177103	2861880	2024592	837288
	2002	3892116	3543170	2102119	1441051
	2003	4943627	3903147	2447840	1455307
	2004	5691027	5892072	3350300	2541772
	2005	6925485	6823703	4089993	2733710
	2006	6197941	8014573	5415257	2599316
	2007	7043255	9580358	6590127	2990231
	2008	8709744	11266041	7434679	3831362
	2009	8333122	15162888	10451311	4711577
	2010	11743040	23411233	14348207	9063026
	2011	18606548	40598254	21536691	19061563
	2012	9299142	51698029	31809107	19888922
	2013	6556746	57810218	39909895	17900323
	2014	4165769	64563657	45766253	18797404
	2015	2703960	60605240	42875259	17729981
	2016	1612034	59834332	41176141	18658191
哈尔滨	Harbin	568804	34685042	23836959	10848083
齐齐哈尔	Qiqihar	283167	3952856	2787329	1165527
鸡西	Jixi	47400	1681783	1247391	434392
鹤岗	Hegang	10304	660657	277808	382849
双鸭山	Shuangyashan	88112	1060462	619813	440649
大庆	Daqing	104212	4616592	3672710	943882
伊春	Yichun		619837	285740	334097
佳木斯	Jiamusi	30000	2589826	1946379	643447
七台河	Qitaihe	214485	523047	383585	139462
牡丹江	Mudanjiang	148438	5816242	3637786	2178456
黑河	Heihe	68794	497827	344929	152898
绥化	Suihua	22600	1384018	973388	410630
大兴安岭	Daxinganling		154817	99692	55125
绥芬河	Suifenhe	25718	504415	389566	114849
抚远	Fuyuan		25028	20308	4720

14-5 房地产开发完成投资额

ACTUALLY COMPLETED INVESTMENT OF ENTERPRISES FOR REAL ESTATE

单位：万元 (10000 yuan)

年份 地区	Year Region	本年完成投资额 Investment Completed This Year	按构成分 By Use of Funds 建筑安装工程 Construction and Installation	设备、工器具购置 Purchase of Equipment and Instrument	其他费用 Others	#土地购置 Land Purchase
	1995	473651	417508	8318	47825	30988
	2000	1040979	782764	14412	243803	83939
	2001	1470839	1173669	25869	271301	109197
	2002	1457937	1021700	23967	412270	238993
	2003	1632806	1140727		461438	265734
	2004	2140702	1589430	66980	484292	302887
	2005	2676332	2106481	47981	521870	324360
	2006	3213152	2607672	32091	573389	220157
	2007	3823651	2838824	56278	928549	466463
	2008	4398563	3041451	57241	1299871	896126
	2009	5639170	4272536	63859	1302775	743112
	2010	8431198	6752877	88864	1589457	906816
	2011	12275672	10060375	106728	2108569	1530448
	2012	15358438	12635375	124052	2599011	1509508
	2013	16048330	13418518	214380	2415432	1253332
	2014	13240875	11013966	249453	1977456	1671406
	2015	9921453	8569430	114075	1237948	994961
	2016	8648391	7548991	98393	1001007	832675
哈尔滨	Harbin	5121301	4246384	80324	794593	676100
齐齐哈尔	Qiqihar	764700	715013	1725	47962	46707
鸡西	Jixi	232082	208663	400	23019	10646
鹤岗	Hegang	37987	31807	4160	2020	650
双鸭山	Shuangyashan	87374	82507	708	4159	2929
大庆	Daqing	540192	465704	4640	69848	56442
伊春	Yichun	74515	72592		1923	1923
佳木斯	Jiamusi	526126	516659	670	8797	5220
七台河	Qitaihe	63645	56080	1700	5865	4365
牡丹江	Mudanjiang	484293	454284	305	29704	18543
黑河	Heihe	101575	96674	581	4320	3139
绥化	Suihua	375931	373201	440	2290	1039
大兴安岭	Daxinganling	12400	8400	2500	1500	
绥芬河	Suifenhe	78860	74023		4837	4837
抚远	Fuyuan	7460	7230	60	170	135

14-6 房地产开发建设按工程用途分的投资和新增固定资产

ACTUALLY COMPLETED INVESTMENT OF ENTERPRISES FOR REAL ESTATE BY USE AND NEWLY INCREASED FIXED ASSETS

单位：万元 (10000 yuan)

年份 地区	Year Region	按工程用途分的投资额 by Use of Projects 住宅 Residential Buildings	办公楼 Office Buildings	商品营业用房 House for Business Use	其他 Others	新增固定资产 Newly Increased Fixed Assets
	1999	532679	49827	145167	91880	679863
	2000	712644	35691	162186	130458	961671
	2001	1016457	42330	254384	157668	1274384
	2002	771661	76021	276203	334052	904095
	2003	886210	63710	351126	331760	1067546
	2004	1397332	80734	451728	262031	1351368
	2005	1748422	82290	461665	383955	1572296
	2006	2476493	59546	472631	204482	1907823
	2007	2796442	64450	505361	457398	2426086
	2008	3065870	35325	566332	731036	2052819
	2009	4425157	91569	699868	422576	3657239
	2010	6575367	109197	1053409	693225	5517655
	2011	9478981	166726	1446218	1183747	6769528
	2012	11225245	269161	2183563	1680469	8246658
	2013	11247187	311156	2763097	1726890	8353877
	2014	9460270	252529	2368761	1159315	9527092
	2015	6811541	253191	2102305	754416	11476701
	2016	5979597	243593	1714812	710389	7075620
哈尔滨	Harbin	3484393	216476	944990	475442	5002147
齐齐哈尔	Qiqihar	587304	2496	112120	62780	590788
鸡西	Jixi	120428	300	105103	6251	325859
鹤岗	Hegang	23840	150	10924	3073	20778
双鸭山	Shuangyashan	62566	450	20691	3667	98428
大庆	Daqing	370078	2000	85310	82804	126789
伊春	Yichun	37874		28346	8295	8296
佳木斯	Jiamusi	384991	1941	133241	5953	224589
七台河	Qitaihe	2934	347	59517	847	2773
牡丹江	Mudanjiang	365402	11542	80368	26981	268939
黑河	Heihe	71703	5912	16816	7144	51858
绥化	Suihua	270390	1810	92184	11547	222660
大兴安岭	Daxinganling	2400		4000	6000	11560
绥芬河	Suifenhe	57753	169	11590	9348	44716
抚远	Fuyuan	5944		1259	257	

14-7 房地产开发企业的资金来源

CAPITAL SOURCE OF ENTERPRISES FOR REAL ESTATE DEVELOPMENT

单位：万元 (10000 yuan)

年份 地区	Year Region	本年资金来源合计 Total Funds the Year	上年末结余资金 A Balance at End of Previous Year	本年资金来源小计 Sources of Funds	国内贷款 Domestic Loans	利用外资 Foreign Investment	自筹资金 Self-raising Fund	其他资金 Others
	1999	752630	39319	713311	147930	3010	276685	281665
	2000	957753	38734	919019	182528	10543	362915	362033
	2001	1385794	60016	1325778	159546	420	566232	599580
	2002	1415734	97988	1317746	236117	6233	618710	452116
	2003	1721670	113689	1607981	260166	4050	870635	472780
	2004	2246559	151780	2094779	183776	54912	1092193	761598
	2005	2844133	163416	2680717	178057	35300	1362272	1105088
	2006	3585481	148891	3436590	331881	39073	1859085	1206551
	2007	4288367	220609	4067758	261860	18718	2436261	1350919
	2008	5009858	385031	4624827	294758	13771	3145679	1170619
	2009	7271208	480773	6790435	737899	25877	3605959	2420700
	2010	11430442	926816	10503626	488956	15000	6513529	3486141
	2011	17685735	1675059	16010676	619884	33500	10870814	4486478
	2012	19633386	2522968	17110418	876365	165	11040675	5193213
	2013	20920924	2584488	18336436	1301852		11026235	6008349
	2014	16956270	2872261	14084009	978225	27000	9099429	3979355
	2015	14903067	2693467	12209600	1264556	13228	7306680	3625136
	2016	13307892	2691520	10616372	905389	9000	5521943	4180040
哈尔滨	Harbin	9089163	2105670	6983493	591269	9000	3099897	3283327
齐齐哈尔	Qiqihar	779267	185896	593371	30067		367367	195937
鸡西	Jixi	248979	23274	225705	68435		114720	42550
鹤岗	Hegang	88159	4266	83893	2300		59634	21959
双鸭山	Shuangyashan	75310	2246	73064	9000		49668	14396
大庆	Daqing	763708	105158	658550	50200		481132	127218
伊春	Yichun	74970		74970	246		64724	10000
佳木斯	Jiamusi	564850	2047	562803	24500		407024	131279
七台河	Qitaihe	102345	9823	92522			87150	5372
牡丹江	Mudanjiang	733800	228314	505486	76136		232273	197077
黑河	Heihe	108930	6369	102561			95061	7500
绥化	Suihua	393366	9936	383430			382280	1150
大兴安岭	Daxinganling	12344	7	12337			12066	271
绥芬河	Suifenhe	121091	1304	119787	50086		66289	3412
抚远	Fuyuan	4410	600	3810	2300		1510	

14-8 房地产开发建设房屋施工面积

FLOOR SPACE OF BUILDINGS UNDER CONSTRUCTION OF REAL ESTATE DEVELOPMENT

单位：平方米 (sq. m)

年份 地区	Year Region	施工房屋建筑面积 Floor Space of Buildings Under Construction	#新开工 Started This Year	住宅 Residential Buildings	办公楼 Office Buildings	商业营业用房 House for Business Use	其他 Others
	1999	11187155	7273868	8268285	630728	2065737	222405
	2000	14513563	8473110	10995283	535182	2640151	342947
	2001	17685892	9172691	13612689	611730	3164906	296567
	2002	15895856	8685336	11647486	812504	2924268	511598
	2003	19000320	11104078	13111334	792962	4154636	941388
	2004	22550629	11931656	15830527	800083	5014827	905192
	2005	26304651	14851141	19226052	934958	4894991	1248650
	2006	31064526	17477365	24271325	711888	4622027	1459286
	2007	33017345	18340732	26363154	437141	4780785	1436265
	2008	36111387	22410734	29066535	401381	4528881	2114590
	2009	45213490	29955500	36926884	586070	5078374	2622162
	2010	75328812	50214326	61074452	752647	8622671	4879042
	2011	121229416	72742236	96628625	1220343	13710366	9670082
	2012	134849706	50743456	104719594	1776618	15699880	12653614
	2013	135673668	40304430	102413971	1993260	18778597	12487840
	2014	142180884	32813806	104241125	2505387	20862869	14571503
	2015	124103540	21817937	87849756	2491408	21131449	12630927
	2016	108657453	20063137	77460456	2367085	17129958	11699954
哈尔滨	Harbin	47341120	8940768	31709552	1828662	7598644	6204262
齐齐哈尔	Qiqihar	10129767	3245088	7973815	40219	1225767	889966
鸡西	Jixi	6067933	564470	4880048	137412	580274	470199
鹤岗	Hegang	1284002	96369	1110142	2922	132783	38155
双鸭山	Shuangyashan	2648772	369113	1855828	7231	576408	209305
大庆	Daqing	8470773	790189	6395713	39502	1260071	775487
伊春	Yichun	722555	162470	514861		158497	49197
佳木斯	Jiamusi	4572199	1232683	3368627	116139	829345	258088
七台河	Qitaihe	1044482	88863	661988	10985	302983	68526
牡丹江	Mudanjiang	14951626	922182	10959791	84878	2119086	1787871
黑河	Heihe	1733927	579608	1255734	28301	333070	116822
绥化	Suihua	6268425	2606036	4718841	9964	1331464	208156
大兴安岭	Daxinganling	256339	6000	162178	2105	56466	35590
绥芬河	Suifenhe	1958921	400202	1249918	6023	298876	404104
抚远	Fuyuan	122813	31279	95951		15852	11010

14-9 房地产开发建设房屋竣工面积和造价

FLOOR SPACE OF BUILDINGS COMPLETED AND THEIR COST IN REAL ESTATE DEVELOPMENT

年份 地区	Year Region	竣工房屋建筑面积（平方米） Floor Space of Buildings Completed (sq. m)	住宅 Residential Buildings	办公楼 Office Buildings	商业营业用房 House for Bussiness Use	其他 Others	竣工房屋造价（元/平方米） Cost of Buildings Completed (yuan/sq. m)	#住宅 Residential Buildings
	1999	5474196	4288778	195416	889600	100402	897	820
	2000	8278630	6293041	365015	1428150	192424	905	819
	2001	10138189	8283706	218061	1472774	163648	944	914
	2002	8035908	6398979	229070	1209003	198856	929	873
	2003	8834762	6590471	257897	1573139	413255	984	906
	2004	11132574	8323312	231200	2222841	355221	1051	956
	2005	13050250	10394472	272514	1847289	535975	1089	1044
	2006	13981158	11535031	305411	1619101	521615	1230	1184
	2007	15956174	12448764	272726	2540478	694206	1404	1034
	2008	14047031	11600798	126015	1773934	546284	1195	1122
	2009	18882802	15754595	181325	1942761	1004121	1548	1495
	2010	26458267	21989911	242769	3032968	1192619	1718	1677
	2011	32313443	25979788	219545	4344276	1769834	1661	1650
	2012	32457265	26462053	285203	3402487	2307522	1977	1942
	2013	29327010	23444092	320683	3398376	2163859	2190	2160
	2014	30009026	22957015	534876	3607919	2909216	2433	2287
	2015	29242070	21268196	262082	5327396	2384396	2309	2256
	2016	23756095	17570854	408494	3454339	2322408	2525	2426
哈尔滨	Harbin	14945953	11367712	251747	1827991	1498503	2836	2746
齐齐哈尔	Qiqihar	2642125	1854363	20324	431316	336122	2144	2096
鸡西	Jixi	686492	305495	114480	195195	71322	3459	3060
鹤岗	Hegang	31053	27454		3023	576	1358	1262
双鸭山	Shuangyashan	373102	247097		126005		2371	2194
大庆	Daqing	524061	416554		53210	54297	2167	2208
伊春	Yichun	22571	19347			3224	1994	2026
佳木斯	Jiamusi	971914	663315	8000	181539	119060	1831	1765
七台河	Qitaihe	12899	12899				2150	2150
牡丹江	Mudanjiang	1251980	1003134	150	156097	92599	1942	1859
黑河	Heihe	419390	298537		81244	39609	1233	1125
绥化	Suihua	1330611	1042697	2028	272951	12935	1105	983
大兴安岭	Daxinganling	96356	76455	2098	740	17063	1200	1200
绥芬河	Suifenhe	211467	149417		33616	28434	1656	1694
抚远	Fuyuan							

14-10 按用途分商品房屋销售面积

FLOOR SPACE OF COMMERCIALIZED BUILDINGS SOLD BY USE

单位：平方米 (sq. m)

年份 地区	Year Region	商品房屋销售面积 Floor Space of Commercialized Buildings Sold	住宅 Residential Buildings	#别墅、高档公寓 Villas, High-grade Apartments	办公楼 Office Buildings	商业营业用房 Houses for Business Use	其他 Others
	1999	3513834	2946888	11621	94633	430949	41364
	2000	4998452	4244271	156915	106813	585997	61371
	2001	5946410	4906264	84552	182549	763290	94307
	2002	6924691	5743325	99919	131366	968783	81217
	2003	8146447	6731129	22275	146593	1154425	114300
	2004	9846508	7900508	46261	127929	1562776	255295
	2005	12428124	10482603	72356	290082	1382206	273233
	2006	14827148	12985068	180519	204711	1411379	225990
	2007	17092455	15185671	837951	114405	1436368	356011
	2008	14865665	12866198	258154	89502	1593543	316422
	2009	20169765	17512157	575101	194221	1922128	541259
	2010	27209459	23856799	518243	83786	2347388	921486
	2011	33977745	29191147	198249	79085	3603816	1103697
	2012	38068231	32262165	229540	242575	4108684	1454807
	2013	33399501	29442296	158394	248432	2562090	1146683
	2014	24757412	21314633	212268	153360	2395608	893811
	2015	19966142	17106037	150395	181983	1982818	695304
	2016	21172915	17970213	319860	263493	2219650	719559
哈尔滨	Harbin	10433762	8944877	222236	202686	1019725	266474
齐齐哈尔	Qiqihar	2249982	1886346	1420		237507	126129
鸡西	Jixi	434766	387192		14314	28030	5230
鹤岗	Hegang	107409	102852			2750	1807
双鸭山	Shuangyashan	437073	317956	437	3098	107891	8128
大庆	Daqing	2379855	2002218	58790	42046	262104	73487
伊春	Yichun	156227	142662			13565	
佳木斯	Jiamusi	838446	790655	6238		39228	8563
七台河	Qitaihe	90342	76561			13781	
牡丹江	Mudanjiang	1494780	1297196	26659		92987	104597
黑河	Heihe	637763	483547			105601	48615
绥化	Suihua	1528131	1238526	4080		253294	36311
大兴安岭	Daxinganling	58236	45753		1349	1775	9359
绥芬河	Suifenhe	175806	113341			31786	30679
抚远	Fuyuan						

14-11 按用途分商品房屋销售额

TOTAL SALE OF COMMERCIALIZED BUILDINGS BY USE

单位：万元 (10000 yuan)

年份 地区	Year Region	商品房屋销售额 Total Sale of Commercialized Buildings	住宅 Residential Buildings	#别墅、高档公寓 Villas, High-grade Apartments	办公楼 Office Buildings	商业营业用房 Houses for Business Use	其他 Others
	2004	1873625	1315782	12204	36577	450912	70354
	2005	2608815	1963185	30667	119489	452856	73285
	2006	3255377	2642682	58552	70609	473964	68122
	2007	4224086	3575076	143480	29895	511022	108093
	2008	4209652	3399086	139762	25092	689934	95540
	2009	6536890	5370482	323094	80446	875396	210566
	2010	10119482	8330469	318940	35809	1367963	385241
	2011	13573379	10819917	162007	38358	2238139	476965
	2012	15482979	12019303	214318	138229	2645351	680096
	2013	15823382	13059034	104195	176126	1968866	619356
	2014	12085441	9626924	252725	119604	1919667	419246
	2015	10271369	8242147	121055	134932	1529970	364320
	2016	11210446	9036646	302833	213931	1550636	409233
哈尔滨	Harbin	6982763	5678794	255572	184568	896476	222925
齐齐哈尔	Qiqihar	1007590	795939	2816		159516	52135
鸡西	Jixi	157195	133718		6625	15132	1720
鹤岗	Hegang	29988	27355			1479	1154
双鸭山	Shuangyashan	114582	76282	105	1239	34661	2400
大庆	Daqing	1094800	902885	27328	21229	139061	31625
伊春	Yichun	44304	38555			5749	
佳木斯	Jiamusi	314224	280979	2524		29295	3950
七台河	Qitaihe	28498	21473			7025	
牡丹江	Mudanjiang	555289	449054	12856		62994	43241
黑河	Heihe	173395	120533			38822	14040
绥化	Suihua	548848	386103	1632		138359	24386
大兴安岭	Daxinganling	16092	11626		270	1080	3116
绥芬河	Suifenhe	57369	35733			13160	8476
抚远	Fuyuan						

14-12 按不同分组分房地产开发企业投资完成情况(2016年)

单位：万元

项 目	Item	计划总投资 Total Investment Planed	累计完成投资 Accumulated Investment Completed	本年完成投资 Investment Completed This Year
总 计	**Total**	**59834332**	**41176141**	**8648391**
按登记注册类型分组	**By Status of Registration**			
内资企业	Domestic Funded	58248070	40205362	8536094
#国有企业	#State-owned Enterprises	417605	343870	147900
集体企业	Collective-owned Enterprises			
股份合作企业	Cooperative Enterprises			
国有联营企业	State Joint Ownership Enterprises			
国有独资公司	State Sole funded Corporations	2375226	1776882	374327
其他有限责任公司	Other Limited Liability Corporations	34659732	23715021	4676780
股份有限公司	Share-holding Corporations Limited	2848555	1656362	373737
私营独资企业	Private-funded Enterprises	225881	192587	151167
私营合伙企业	Private Partnership Enterprises			
私营有限责任公司	Private Limited Liability Corporations	16542615	11789142	2575817
私营股份有限公司	Private Share-holding Corporations Limited	976571	655102	159970
其他企业	Other Enterprises	201885	76396	76396
港澳台商投资企业	Enterprises with Funds from Hong Kong, Macao and Taiwan	556262	456281	105845
与港澳台商合资经营企业	Joint-ventures Enterprises	70960	67661	1800
与港澳台商合资合作经营企业	Cooperative Enterprises	60000	117805	36828
港澳台商独资经营企业	Enterprises with Sole Investment	425302	270815	67217
港澳台商投资股份有限公司	Share-holding Corporations Ltd.			
外商投资企业	Foreign Funded Enterprises	1030000	514498	6452
中外合资经营企业	Joint-venture Enterprises			
中外合作经营企业	Cooperation Enterprises			
外资企业	Enterprises with Sole Funds	1030000	514498	6452
外商投资股份有限公司	Share-holding Corporations Ltd.			
按控股情况分组	**By Share-holding**			
国有控股	State-owned Enterprises	10403402	7122214	1382717
集体控股	Collective-owned Enterprises	731934	691487	74348
私人控股	Private Share-holding	34443416	23669214	5453783
港澳台商控股	Enterprise swith Funds from Hong Kong, Macao and Taiwan	775582	645081	119522
外商控股	Foreign Funded Enterprises	1540000	1091702	16569
其 他	Others	11939998	7956443	1601452
按资质等级分组	**By Qualification Grade**			
一 级	First Grade	2763834	2070077	237458
二 级	Second Grade	14896215	9947752	1514256
三 级	Third Grade	24010264	18389359	3504892
四 级	Fourth Grade	1023171	688514	177632
暂 定	Interim	14931775	8953836	2654521
其 他	Others	2209073	1126603	559632
按隶属关系分组	**By Jurisdiction of Management**			
中 央	Central	1323770	973831	97593
省	Province	3461134	2163217	531441
地 区	District	10671746	6705868	1398113
县及县以下	County and Under County Level	5975187	4700507	1003401
其 他	Others	38402495	26632718	5617843

INVESTMENT ACTUALLY COMPLETED BY ENTERPRISES FOR REAL ESTATE DEVELOPMENT BY DIFFERENT GROUPING (2016)

(10000 yuan)

住宅 Residential Buildings	#别墅、高档公寓 Villas, High-grade Apartments	办公楼 Office Buildings	商业营业用房 Houses for Business Use	其他 Others	本年新增固定资产 Newly Increased Fixed Assets This Year	本年资金来源小计 Sources of Funds
5979597	**173486**	**243593**	**1714812**	**710389**	**7075620**	**10616372**
5903336	173186	243593	1685176	703989	6993264	10483623
105501		3969	24550	13880	166776	146419
295813		141	24636	53737	4387	384548
3232949	120839	196957	938826	308048	4233170	6372164
258529	26061	1775	94402	19031	153307	342245
65746			72653	12768	126646	122304
1787399	13166	39969	496356	252093	2179758	2857190
131183	13120	782	18479	9526	125320	153892
26216			15274	34906	3900	104861
69809			29636	6400	82356	120257
				1800	22946	18994
29940			2288	4600	59410	43368
39869			27348			57895
6452	300					12492
6452	300					12492
1056474	17516	66907	119003	140333	1039630	1601844
51937	15	580	19290	2541	52473	71380
3795913	112040	123617	1046505	487748	4211376	6156492
80486			29636	9400	191920	163874
14623	300		890	1056	243200	193058
980164	43615	52489	499488	69311	1337021	2429724
192541	18191		28856	16061	445495	423488
1055275	28888	54167	188643	216171	1919617	2154564
2500639	65982	105667	679378	219208	2579075	4254389
120723		300	42262	14347	153498	183135
1733815	60425	78394	655364	186948	1840911	3084902
376604		5065	120309	57654	137024	515894
69287			4835	23471		232060
461281	16300	22593	41105	6462	289535	651577
938703	25921	43521	283782	132107	762870	1646531
718092	6485	33020	175177	77112	1051873	1249095
3792234	124780	144459	1209913	471237	4971342	6837109

14-13 按不同分组分房地产开发企业商品房销售情况 (2016年)

项 目	Item	商品房销售面积（平方米）Floor Space of Commercialized Buildings Sold (sq. m)	住宅 Residential Buildings
总 计	**Total**	**21172915**	**17970213**
按登记注册类型分组	**By Status of Registration**		
内资企业	Domestic Funded	20695012	17527778
#国有企业	#State-owned Enterprises	355147	241546
集体企业	Collective-owned Enterprises	22000	20000
股份合作企业	Cooperative Enterprises		
国有联营企业	State Joint Ownership Enterprises		
国有独资公司	State Sole funded Corporations	295461	287553
其他有限责任公司	Other Limited Liability Corporations	11003109	9421380
股份有限公司	Share-holding Corporations Limited	1249485	954753
私营独资企业	Private-funded Enterprises	102207	92805
私营合伙企业	Private Partnership Enterprises		
私营有限责任公司	Private Limited Liability Corporations	7304723	6178792
私营股份有限公司	Private Share-holding Corporations Limited	297848	271712
其他企业	Other Enterprises	65032	59237
港澳台商投资企业	Enterprises with Funds from Hong Kong, Macao and Taiwan	417087	383514
与港澳台商合资经营企业	Joint-ventures Enterprises	184014	162388
与港澳台商合资合作经营企业	Cooperative Enterprises	87524	86413
港澳台商独资经营企业	Enterprises with Sole Investment	145549	134713
港澳台商投资股份有限公司	Share-holding Corporations Ltd.		
外商投资企业	Foreign Funded Enterprises	60816	58921
中外合资经营企业	Joint-venture Enterprises	42705	41176
中外合作经营企业	Cooperation Enterprises		
外资企业	Enterprises with Sole Funds	18111	17745
外商投资股份有限公司	Share-holding Corporations Ltd.		
按控股情况分组	**By Share-holding**		
国有控股	State-owned Enterprises	2117021	1815491
集体控股	Collective-owned Enterprises	664654	512388
私人控股	Private Share-holding	14895847	12556453
港澳台商控股	Enterprise swith Funds from Hong Kong, Macao and Taiwan	459967	426394
外商控股	Foreign Funded Enterprises	142852	140670
其 他	Others	2892574	2518817
按资质等级分组	**By Qualification Grade**		
一 级	First Grade	909652	771097
二 级	Second Grade	4535927	4036518
三 级	Third Grade	10318788	8605727
四 级	Fourth Grade	760444	615162
暂 定	Interim	4232940	3595135
其 他	Others	415164	346574
按隶属关系分组	**By Jurisdiction of Management**		
中 央	Central	191439	185896
省	Province	1196359	1071366
地 区	District	3059634	2522298
县及县以下	County and Under County Level	3699216	2923513
其 他	Others	13026267	11267140

SALE OF COMMERCIALIZED BUILDINGS BY ENTERPRISES FOR REAL ESTATE DEVELOPMENT BY DIFFERENT GROUPING (2016)

办公楼 Office Buildings	商业营业用房 Houses for Business Use	其他 Others	商品房销售额（万元） Total Sale of Commercialized Buildings Sold (10000 yuan)	住宅 Residential Buildings	办公楼 Office Buildings	商业营业用房 Houses for Business Use	其他 Others
263493	**2219650**	**719559**	**11210446**	**9036646**	**213931**	**1550636**	**409233**
259548	2193431	714255	10952693	8815571	210799	1519274	407049
	66129	47472	201692	122752		61798	17142
	2000		4800	4000		800	
	5045	2863	176586	169066		5620	1900
190941	1075304	315484	6048578	4942837	150084	771497	184160
	215874	78858	601005	385409		168344	47252
	5859	3543	26548	24469		871	1208
68607	794169	263155	3663078	2971303	60715	476945	154115
	23256	2880	159764	142107		16385	1272
	5795		70642	53628		17014	
3945	25541	4087	213570	178658	3132	30560	1220
3945	17681		114722	85202	3132	26388	
	1111		48469	46977		1492	
	6749	4087	50379	46479		2680	1220
	678	1217	44183	42417		802	964
	312	1217	34261	32995		302	964
	366		9922	9422		500	
42684	109404	149442	1502549	1234503	33721	126219	108106
3098	130461	18707	301100	191186	1239	93710	14965
191438	1658067	489889	7232630	5757151	157752	1054295	263432
3945	25541	4087	240045	205133	3132	30560	1220
	965	1217	123187	121276		947	964
22328	295212	56217	1810935	1527397	18087	244905	20546
	55746	82809	701033	567349		53920	79764
11688	400095	87626	2669631	2242971	9704	333801	83155
140470	1208711	363880	5077641	4019702	116783	783096	158060
1349	100660	43273	231474	166579	270	48012	16613
100965	407978	128862	2310496	1880486	78153	284349	67508
9021	46460	13109	220171	159559	9021	47458	4133
	952	4591	132642	128020		1347	3275
3098	49152	72743	904422	814258	1239	57153	31772
49193	349111	139032	1589277	1190991	27995	266100	104191
65635	554677	155391	1490759	1046061	55186	319588	69924
145567	1265758	347802	7093346	5857316	129511	906448	200071

14-14 按不同分组分房地产开发企业主要财务指标(2016年)

单位：万元

项　目	Item	资产总计 Total Assets	流动资产合计 Total Working Capitals	固定资产原价 Original Value of Fixed Assets	累计折旧 Accumulated depreciation
总　计	**Total**	**90336865**	**69643510**	**3078445**	**643391**
按登记注册类型分组	**By Status of Registration**				
内资企业	Domestic Funded	88739764	68315100	3031420	611709
#国有企业	#State-owned Enterprises	1020451	699894	227841	64540
集体企业	Collective-owned Enterprises	5957	4410	951	951
股份合作企业	Cooperative Enterprises	2101	2044	62	6
国有联营企业	State Joint Ownership Enterprises				
国有独资公司	State Sole funded Corporations	8819294	7338266	233292	45544
其他有限责任公司	Other Limited Liability Corporations	53603360	38302954	1995415	262409
股份有限公司	Share-holding Corporations Limited	3764722	2958395	106315	41800
私营独资企业	Private-funded Enterprises	2158	2158		
私营合伙企业	Private Partnership Enterprises				
私营有限责任公司	Private Limited Liability Corporations	20438564	18066873	441284	187058
私营股份有限公司	Private Share-holding Corporations Limited	1083157	940107	26259	9401
其他企业	Other Enterprises				
港澳台商投资企业	Enterprises with Funds from Hong Kong, Macao and Taiwan	948372	841763	21496	19967
与港澳台商合资经营企业	Joint-ventures Enterprises	541582	465843	19885	18986
与港澳台商合资合作经营企业	Cooperative Enterprises	75070	75025	80	48
港澳台商独资经营企业	Enterprises with Sole Investment	331721	300895	1531	933
港澳台商投资股份有限公司	Share-holding Corporations Ltd.				
外商投资企业	Foreign Funded Enterprises	648729	486647	25529	11715
中外合资经营企业	Joint-venture Enterprises	262819	259342	5770	2514
中外合作经营企业	Cooperation Enterprises	11539	11081	557	99
外资企业	Enterprises with Sole Funds	374371	216224	19202	9102
外商投资股份有限公司	Share-holding Corporations Ltd.				
按控股情况分组	**By Share-holding**				
国有控股	State-owned Enterprises	36859867	23073794	1980249	236746
集体控股	Collective-owned Enterprises	2301868	1730098	44909	19520
私人控股	Private Share-holding	37529871	33279849	841630	310028
港澳台商控股	Enterprise swith Funds from Hong Kong, Macao and Taiwan	1079571	927646	21971	20204
外商控股	Foreign Funded Enterprises	1481497	1316981	26647	12542
其　他	Others	11084192	9315142	163039	44351
按资质等级分组	**By Qualification Grade**				
一　级	First Grade	2878594	2697005	38649	21922
二　级	Second Grade	27753827	24089503	582335	186091
三　级	Third Grade	39813638	27355930	974528	295552
四　级	Fourth Grade	784307	675028	31464	6219
暂　定	Interim	11810233	8935851	274800	38029
其　他	Others	7296267	5890193	1176669	95578
按隶属关系分组	**By Jurisdiction of Management**				
中　央	Central	1336546	1244157	25670	12152
省	Province	5309040	3225680	233016	29865
地　区	District	33548128	21436408	1508572	206196
县及县以下	County and Under County Level	8016311	6599478	303423	48567
其　他	Others	42126842	37137788	1007765	346611

MAIN FINANCIAL INDICATORS BY ENTERPRISES OF REAL ESTATE DEVELOPMENT BY DIFFERENT GROUPING (2016)

(10000 yuan)

负债合计 Total Liabilities	实收资本 Paidin Capital	主营业务收入 Revenue from Principal Business	土地转让收入 Land Transferred Revenue	商品房屋销售收入 Sales Revenue of Commercial Houses	房屋出租收入 Revenue from Houses Leasing	其他收入 Other Revenue	主营业务成本 Cost of Principal Business	主营业务税金及附加 Taxes and Other Charges on Principal Business	主营业务利润 Profits of Principal Business	利润总额 Total Profits
61038885	**10472674**	**12174158**	**27429**	**11919954**	**62482**	**164293**	**9406995**	**943128**	**676817**	**857077**
59903177	10066457	11737943	27429	11487870	58963	163680	9088023	921236	612171	789375
657555	305857	107496	22	33763	591	73121	95520	1638	-2554	-1152
4410	200								-11	-11
	2000								-29	-29
5756211	552559	506589		501015	812	4762	354210	27596	81130	127447
33119668	5676087	7038779	26470	6917604	32505	62200	5479678	558595	280729	407259
2885019	405141	946577		936657	1209	8712	816425	68203	-20943	-24127
139	2000	358		358			253	52	6	6
16574797	2995950	3020742	912	2983297	22666	13867	2241708	254967	272637	279406
905377	126664	117400	25	115177	1180	1019	100229	10184	1207	577
646941	264031	365433		361840	3339	253	255129	17962	71870	74111
373677	147287	244474		240882	3339	253	157707	9082	63544	62712
35449	35000	68690		68690			54082	5041	8125	8128
237815	81744	52269		52269			43340	3840	201	3270
488767	142186	70783		70243	180	360	63843	3930	-7224	-6409
243612	31000	32651		32311		340	24814	1300	-597	-2320
-2	5000	599		599			10	46	342	342
245157	106186	37533		37333	180	20	39019	2585	-6969	-4430
18060264	2542392	2256380	22	2126982	2813	126564	1744430	170563	130042	256721
2143361	232901	236825		231825	2600	2401	201889	15701	-47498	-49072
29790046	5600987	6248458	27407	6146897	43343	30810	4959013	491486	405659	412629
700292	339828	446564		442971	3339	253	327827	24302	72648	75670
1372832	179378	72132		71234	180	718	64682	3931	-16508	-15727
8972091	1577187	2913800		2900045	10208	3547	2109155	237147	132475	176857
2797648	331177	275544		275166	377	1	209081	22415	2341	-3974
20662709	2773699	4784172	21978	4728892	17945	15356	3539848	392826	368422	421433
25152234	4862896	4672526	4624	4483257	38873	145773	3858454	318953	77694	155742
541792	154005	214259	720	212249	754	536	166569	17247	8328	14703
8531734	1613561	1983876	6	1980678	1630	1562	1499449	139079	212902	209175
3352767	737336	243783	102	239712	2903	1066	133595	52609	7131	59997
1504039	62272	406234		405108		1126	273407	21444	83856	82831
3187834	562437	603783		602520	1063	200	447625	39577	50401	47585
16215416	2360325	1745921	22062	1662936	26580	34343	1378592	155785	-50709	56145
6306302	1001622	1363528	4378	1322281	3128	33741	1107486	84359	71635	93957
33825294	6486018	8054692	989	7927108	31711	94884	6199885	641962	521635	576558

14-15 按不同分组分房地产开发企业土地购置及建设房屋面积 (2016年)

单位：平方米

项 目	Item	企业数（个）Number of Enterprises (unit)	本年购置土地面积 Land Space Pending Development
总 计	**Total**	**1956**	**1612034**
按登记注册类型分组	**By Status of Registration**		
内资企业	Domestic Funded	1931	1612034
#国有企业	#State-owned Enterprises	31	
集体企业	Collective-owned Enterprises	1	
股份合作企业	Cooperative Enterprises	1	
国有联营企业	State Joint Ownership Enterprises		
国有独资公司	State Sole funded Corporations	26	
其他有限责任公司	Other Limited Liability Corporations	968	499948
股份有限公司	Share-holding Corporations Limited	115	53418
私营独资企业	Private-funded Enterprises	1	
私营合伙企业	Private Partnership Enterprises		
私营有限责任公司	Private Limited Liability Corporations	723	938513
私营股份有限公司	Private Share-holding Corporations Limited	65	
其他企业	Other Enterprises		120155
港澳台商投资企业	Enterprises with Funds from Hong Kong, Macao and Taiwan	15	
与港澳台商合资经营企业	Joint-ventures Enterprises	7	
与港澳台商合资合作经营企业	Cooperative Enterprises	1	
港澳台商独资经营企业	Enterprises with Sole Investment	7	
港澳台商投资股份有限公司	Share-holding Corporations Ltd.		
外商投资企业	Foreign Funded Enterprises	10	
中外合资经营企业	Joint-venture Enterprises	4	
中外合作经营企业	Cooperation Enterprises	1	
外资企业	Enterprises with Sole Funds	5	
外商投资股份有限公司	Share-holding Corporations Ltd.		
按控股情况分组	**By Share-holding**		
国有控股	State-owned Enterprises	139	88870
集体控股	Collective-owned Enterprises	57	
私人控股	Private Share-holding	1543	1121279
港澳台商控股	Enterprise swith Funds from Hong Kong, Macao and Taiwan	17	
外商控股	Foreign Funded Enterprises	13	
其 他	Others	187	401885
按资质等级分组	**By Qualification Grade**		
一 级	First Grade	15	
二 级	Second Grade	294	175900
三 级	Third Grade	1055	764217
四 级	Fourth Grade	170	53501
暂 定	Interim	364	172776
其 他	Others	58	445640
按隶属关系分组	**By Jurisdiction of Management**		
中 央	Central	10	
省	Province	73	
地 区	District	264	166770
县及县以下	County and Under County Level	358	355447
其 他	Others	1251	1089817

LAND PURCHASE AND FLOOR SPACE OF BUIDINGS DEVELOPED BY ENTERPRISES FOR REAL ESTATE DEVELOPMENT BY DIFFERENT GROUPING (2016)

(sq. m)

施工房屋面积 Floor Space of Buildings under Construction	本年新开工面积 Floor Space Started This Year	竣工房屋面积 Floor Space of Buildings Completed	竣工房屋价值（万元） Value of Buildings Completed (10000 yuan)	从业人员期末人数(人) Final Number of Employed Persons (person)
108657453	**20063137**	**23756095**	**5997454**	**38015**
106891071	20012614	23328410	5915098	37458
1294288	510149	569367	146967	726
				153
				4
3945620	227603	11917	3387	2145
59721263	10090479	14313687	3626994	18973
6628929	1793904	847421	128085	2615
495152	282679	42816	5000	4
32263605	6128847	7395612	1900536	11824
1957138	393877	116300	101229	1014
585076	585076	31290	2900	
1262914	50523	427685	82356	424
200418		76490	22946	194
351195		351195	59410	54
711301	50523			176
503468				133
				44
				11
503468				78
17173478	3251677	3463677	886430	5806
2012762	172120	121123	30908	1694
70673150	13791070	14339180	3415080	24962
1692255	50523	792901	191920	448
1412145		814669	243177	257
15693663	2797747	4224545	1229939	4848
5162536	235774	1406444	385812	1420
23010749	3731023	5302898	1609983	8640
47661205	7877892	10135804	2275458	18820
3731160	704318	944992	141347	2112
24316266	4997967	5288966	1451626	5807
4775537	2516163	676991	133228	1216
2141057	204083			952
4927807	286357	749042	188039	1395
17682495	3809458	2027101	524697	7277
16609224	3631145	4701702	901253	6023
67296870	12132094	16278250	4383465	22368

14-16 分地区房地产开发企业主要经济指标

MAIN INDICATORS OF REAL ESTATE DEVELOPMENT BY REGION

单位：万元 (10000 yuan)

年份 地区	Year Region	资产总计 Total Assets	负债合计 Total Liabilities	所有者权益合计 Owners' Equity	主营业务收入 Revenue from Principal Business	主营业务成本 Cost of Principal Business	利润总额 Total Profits
	2005	7638744	5708433	1930311	1935485	1653916	31628
	2006	9346277	6663943	2682334	2519647	2013278	320243
	2007	11532354	8641649	2890705	3224432	2563256	259949
	2008	14624206	9494495	5129711	3439803	2739794	258924
	2009	18613889	12677221	5936668	5149500	4093066	453941
	2010	25874201	18398317	7475884	6755674	5322608	649961
	2011	43470000	31489751	11980249	8419015	6287589	890654
	2012	71072452	43317095	27755357	9863946	7787222	610619
	2013	84893771	52968613	31925157	9953489	7603988	623345
	2014	101241094	61424461	39816633	8919262	6929111	257089
	2015	85246840	59150715	26096125	8163520	6173682	420611
	2016	90336865	61038885	29297981	12174158	9406995	857077
哈尔滨	Harbin	56276256	38481655	17794601	7677753	5884140	546325
齐齐哈尔	Qiqihar	10286381	5960903	4325478	897845	693801	71491
鸡　西	Jixi	1426272	1021980	404292	218602	169965	9547
鹤　岗	Hegang	558595	324956	233640	70875	58855	2869
双鸭山	Shuangyashan	619547	502271	117276	88216	76278	-2921
大　庆	Daqing	11214854	7368278	3846575	1221263	941297	118989
伊　春	Yichun	364019	252642	111377	45146	34730	1534
佳木斯	Jiamusi	1831720	1385003	446717	350756	292959	190
七台河	Qitaihe	447026	329666	117360	66649	51402	654
牡丹江	Mudanjiang	3803636	2959010	844626	576767	454129	28655
黑　河	Heihe	589622	345899	243723	183335	135014	19627
绥　化	Suihua	1147449	721313	426137	514411	432257	32309
大兴安岭	Daxinganling	60000	36414	23586	32474	26515	1958
绥芬河	Suifenhe	704434	516732	187703	62454	50935	4434
抚　远	Fuyuan	8007	3755	4252	1654	1357	111

主要统计指标解释

待开发土地面积 指房地产开发企业经有关部门批准，通过各种方式获得土地使用权，但尚未开工建设的土地面积。

本年土地购置面积 指房地产开发企业本年通过各种方式获得土地使用权的土地面积。

本年土地成交价款 指房地产开发企业本年进行土地使用权交易活动的最终金额。在土地一级市场，是指土地最后的划拨款、“招拍挂”价格和出让价；在土地二级市场是指土地转让、出租、抵押等最后确定的合同价格。土地成交价款与土地购置面积同口径。

土地购置费 指房地产开发企业通过各种方式取得土地使用权而支付的费用。土地购置费按本年实际发生额计入投资。土地购置费为分期付款的，分期计入房地产开发投资。

计划总投资 指房地产开发企业在建的建设工程按照总体设计（或按设计概算或预算）规定的内容全部建成计划需要的总投资。

自开始建设累计完成投资 指房地产开发企业在建的房屋建设工程或正在开发的土地开发工程从开始建设到本年末止累计完成的全部投资。

房地产开发投资 指房地产开发企业本年完成的全部用于房屋建设工程、土地开发工程的投资额以及公益性建筑和土地购置费等的投资。

本年实际到位资金小计 指房地产开发企业本年实际到位，可用于房地产开发的各种货币资金及来源渠道。具体细分为国内贷款、利用外资、自筹资金和其他资金。

房屋施工面积 指房地产开发企业本年施工的全部房屋建筑面积。包括本年新开工的房屋建筑面积、上年跨入本年继续施工的房屋建筑面积、上年停缓建在本年恢复施工的房屋建筑面积、本年竣工的房屋建筑面积以及本年施工后又停缓建的房屋建筑面积。多层建筑应填各层建筑面积之和。

房屋新开工面积 指房地产开发企业本年新开工建设的房屋建筑面积，以单位工程为核算对象。不包括在上年开工跨入本年继续施工的房屋建筑面积和上年停缓建而在本年恢复施工的房屋建筑面积。房屋的开工应以房屋正式开始破土刨槽（地基处理或打永久桩）的日期为准。房屋新开工面积指整栋房屋的全部建筑面积，不能分割计算。

房屋竣工面积 指房地产开发企业本年按照设计要求已全部完工，达到住人和使用条件，经验收鉴定合格或达到竣工验收标准，可正式移交使用的各栋房屋建筑面积的总和。

商品房销售面积 指房地产开发企业本年出售商品房屋的合同总面积(即双方签署的正式买卖合同中所确定的建筑面积)。

商品房销售额 指房地产开发企业本年出售商品房屋的合同总价款(即双方签署的正式买卖合同中所确定的合同总价)。该指标与商品房销售面积同口径。

Explanatory Notes on Main Statistical Indicators

Land Space Pending Development refers to the area of land with its use rights already approved by authorities and obtained by real estate development companies but the land development not yet starts.

Land Space Purchased in the Year refers to the area of land with its use rights already obtained in the year by real estate development companies.

Transaction Value of Land in the Year refers to the final amount of transactions made by real estate development companies to obtain the land use rights in the year. At the primary land market, it refers to the amount of final assignment, or the amount reached and transferred as a result of bidding, auction or listing procedures. In the secondary land market, it refers to the final amount on contracts with land transfer, lease and mortgage. The transaction value of land and the land space purchased have the same scope.

Value of Land Purchased refers to the payment made by real estate development companies for land use rights. The actual payment incurred in the year is included in the investment. The payment by installment when occurring is included in the investment.

Total Investment Planned refers to the total amount required for the completion of the activities according to the planned design or budget for the project under construction by real estate development companies.

Accumulative Investment Actually Completed Since Starting of Construction refers to all the investment accompalished by real estate development companies in the construction of building or the development of land from the beginning to the end of the year.

Investment in Real Estate Development refers to the investment made by real estate development companies in the construction of housing, development of land, nonprofit buildings and value of land purchased.

Total Actual Funds in Place This Year refers to the total amount available for real estate development regardless of kinds of currencies or sources of the funds which are further classified as domestic loans, foreign investment, self-raising funds and others.

Floor Space of Buildings under Construction refers to the total space area of the buildings under construction in the year by real estate development companies. It includes buildings started in the year, continued from the previous year, suspended in earlier years but restarted in the year, completed in the year, and started in the year but suspended in the year as well. The floor space of a multi-storied building should be the sum of floor space of all the stories.

Floor Space of Buildings Started This Year refers to the total floor space area of the buildings started in the year by real estate development companies. It excludes the buildings started in previous years and continued in the year, and the buildings suspended in previous years but restarted in the year. The start of a construction is defined by the date of ground breaking or pile driving. The floor space of the building includes that of the entire building.

Floor Space of Buildings Completed refers to the total floor space area of the buildings completed in the year by real estate development companies, which meet the requirements as designed, reach the criteria set for people to live in or use, have passed the acceptance checks, and are ready for delivery or use.

Area of Commercialized Housing Sold refers to total contracted area of commercialized housing (i.e. area of floor space as designated in the formal contracts signed by both sides) sold by real estate development companies during the reference time. It constitutes floor space of completed housing and floor space of future housing.

Value of Commercialized Housing Sold refers to the total contracted value (i.e. value of sales/ purchase for selling/purchase of commercialized housing as designated in the contract signed by both sides) received from the sales of the buildings by real estate development companies during the reference time. This indicator has the same coverage as the area of commercialized housing sold, which constitutes floor space of completed housing and floor space of housing yet to be completed.

第十五篇 国内贸易和旅游业

CHAPTER 15 DOMESTIC TRADE AND TOURISM

资料整理：李明武 张莹娣 刘 妍

15-1 国内贸易和旅游基本情况

BASIC CONDITIONS OF DOMESTIC TRADE AND TOURISM

单位：亿元　　(100 million yuan)

指　　标	Item	2012	2013	2014	2015	2016
社会消费品零售总额	**Total Retail Sales of Consumer Goods**	**5491.0**	**6251.2**	**7015.3**	**7640.2**	**8402.5**
按地区分	By Region					
城　镇	City	4815.5	5480.7	6148.8	6685.9	7349.0
#城　区	#County	3844.9	4401.6	4941.1	5564.1	6133.7
乡　村	Under County Level	675.5	770.5	866.5	954.3	1053.5
按行业分	By Sector					
批发零售贸易业	Wholesale and Retail Trade	4801.3	5508.1	6204.7	6728.1	7399.1
住宿和餐饮业	Hotels and Catering Services	689.7	743.1	809.1	900.7	998.5
限上批发零售业企业情况	**Indicators of Enterprise above Designated Size in Wholesale and Retail Trade**					
企业数(个)	Number of Enterprises(unit)	1929	2037	2059	1933	2002
从业人数(万人)	Employee(10000 persons)	14.8	15.0	14.8	14.1	14.1
商品销售总额	Total Sales	4965.4	5698.2	5498.0	4728.2	4893.8
限上住宿餐饮业企业情况	**Indicators of Enterprise above Designated Size in Hotels and Catering Services**					
企业数(个)	Number of Enterprises(unit)	488	444	402	379	369
从业人数(万人)	Employee (10000 persons)	4.5	3.8	3.1	2.9	2.6
营业额	Business Revenue	67.0	58.7	52.9	51.4	48.6
限上连锁店情况	**Indicators of Branch Chain Store above Designated Size**					
连锁门店数(个)	Number of Branch Chain Store(unit)	1866	1831	1956	1933	1978
营业面积(万平方米)	Business Areas(sq.m)	70.0	76.7	80.8	93.6	97.5
从业人员(人)	Number of Person Employed(person)	22966	25520	23897	24042	20055
销售总额	Total Sales	232.4	238.3	239.5	243.5	227.4
旅　游	**Tourism**					
国际旅游人数(万人)	Number of International Tourists(10000 person)	207.6	152.9	141.7	83.5	95.7
外国人	Foreigners	194.7	145.0	132.3	78.7	90.9
港、澳、台合计	Tourists from Hong Kong, Macao and Taiwan	12.9	7.8	9.4	4.8	4.8
香港同胞	Chinese Compatriots From Hong Kong	4.5	1.9	2.2	0.7	1.0
澳门同胞	Chinese Compatriots From Macao	0.5	0.3	0.5	0.0	0.1
台湾同胞	Chinese Compatriots FromTaiwan Province	7.9	5.7	6.7	4.0	3.8
旅游外汇收入总额(亿美元)	Total of Foreign Exchange Earnings(USD 100 million)	8.4	6.0	5.6	4.0	4.6
国内旅游人数(亿人次)	Number of Domestic Tourists (10000 million person-times)	2.5	2.9	1.1	1.3	1.4
国内旅游收入(亿元)	Receipts of Domestic Tourism (100 million yuan)	1248	1348	1031	1337	1573

15-2 社会消费品零售总额(1978-2009年)

TOTAL RETAIL SALE OF CONSUMER GOODS (1978-2009)

单位：亿元 (100 million yuan)

年份 Year	社会消费品零售总额 Total Retail Sale of Consumer Goods	按地区分 By Region			按行业分 By Sector				
		市 City	县 County	县以下 Under County Level	批发零售贸易业 Wholesale and Retail Trade	住宿和餐饮业 Hotels and Catering Services	制造业 Manufacturing	农业生产者 Farm Producers	其他 Others
1978	61.8	23.3	23.8	14.7	53.2	2.4	2.9		3.3
1980	81.0	37.1	23.9	20.0	68.6	3.7	4.4		4.3
1985	156.7	86.2	46.7	23.8	119.8	9.0	11.3		16.6
1990	341.0	199.5	74.6	66.9	271.4	17.9	19.6	19.1	13.0
1991	352.2	231.7	82.9	37.6	276.2	19.1	21.7		35.2
1992	403.0	269.9	84.3	48.8	313.9	20.8	24.0		44.3
1993	459.5	323.2	83.4	52.9	363.1	24.2	24.8	31.2	16.2
1994	551.7	388.3	96.7	66.7	420.5	35.6	30.7	47.8	17.1
1995	682.7	476.7	116.0	90.0	524.3	41.8	29.7	61.5	25.4
1996	782.2	554.2	124.1	103.9	600.9	54.3	37.6	73.0	16.4
1997	880.2	623.2	139.6	117.4	683.5	63.4	37.9	80.9	14.5
1998	949.7	679.9	138.0	131.8	734.1	77.2	36.9	87.2	14.3
1999	1016.2	725.8	150.5	139.8	778.4	86.9	41.6	91.1	18.3
2000	1094.0	785.2	160.6	148.3	848.7	98.5	39.7	88.2	19.0
2001	1198.9	867.4	171.5	159.7	929.1	115.9	46.0	85.3	22.7
2002	1320.0	959.6	186.6	173.8	1030.0	135.7	44.0	86.4	23.9
2003	1376.4	1019.4	186.6	170.4	1191.9	152.3			32.2
2004	1557.3	1160.7	206.1	190.5	1343.0	178.3			35.9
2005	1773.8	1323.0	226.3	210.7	1518.0	204.1			37.9
2006	2029.0	1524.7	237.8	235.2	1718.6	241.2			37.9
2007	2386.2	1799.9	273.0	258.2	2008.5	284.4			38.2
2008	2928.3	2201.5	325.2	311.9	2445.7	351.4			41.5
2009	3401.8	2640.0	386.1	375.7	2927.0	429.4			45.4

注：1.2000及以后商品购进、销售和库存总额为限额以上企业统计口径。
2.2003年起社会消费品零售总额不再包括“制造业”企业的科、室对居民及社会集团的零售额和“农业生产者”对非农业居民的零售额。
3.2005年及以前社会消费品零售总额不包括住宿业统计，所以住宿和餐饮业数据中不含住宿业(下同)。
4.2005年-2008年全省社会消费品零售总额为普查衔接后的数据，其他分项数据未做衔接，因此加总后不等于总额(下同)。

Note:a) The total purchases, sales and inventory only include enterprises above designated size from 2000.
b) The total retail sales of consumer goods do not include the retail sales of residents and social groups sold by unit of manufacturing and the retail sales sold by farmers to non-agricultural residents.
c) The total retail sales of consumer goods before 2005 do not include the statistics of hotel, so the number of hotel and food services do not include hotel (the same as next table).
d) Total Retail Sales of Consumer Goods from 2005 to 2008 are adjusted according to the Second National Economic Census in 2008, the other sub-data unadjusted (the same as next table).

15-3 社会消费品零售总额

TOTAL RETAIL SALE OF CONSUMER GOODS

单位：亿元 (100 million yuan)

年 份 Year 地 区 Region		社会消费品零售总额 Total Retail Sale of Consumer Goods	按地区分 By Region			按行业分 By Sector	
			城镇 City	#城区 County	乡村 Under County Level	批发零售贸易业 Wholesale and Retail Trade	住宿和餐饮业 Hotels and Catering Services
2010		4039.2	3585.9	2866.3	453.3	3542.6	496.6
2011		4750.1	4218.8	3382.0	531.3	4162.2	587.9
2012		5491.0	4815.5	3844.9	675.5	4801.3	689.7
2013		6251.2	5480.7	4401.6	770.5	5508.1	743.1
2014		7015.3	6148.8	4941.1	866.5	6204.7	809.1
2015		7640.2	6685.9	5564.1	954.3	6728.1	900.7
2016		8402.5	7349.0	6133.7	1053.5	7399.1	998.5
哈尔滨	Harbin	3744.2	3363.8	2666.2	380.4	3241.4	502.3
齐齐哈尔	Qiqihar	749.1	661.7	577.8	87.4	689.4	59.7
鸡 西	Jixi	242.9	202.8	173.2	40.1	200.6	42.0
鹤 岗	Hegang	125.5	116.3	107.5	9.2	110.1	15.4
双鸭山	Shuangyashan	128.8	117.4	65.8	11.4	109.8	18.0
大 庆	Daqing	1092.6	1013.5	796.5	79.1	1002.4	90.2
伊 春	Yichun	119.2	113.4	96.1	5.8	85.1	33.8
佳木斯	Jiamusi	446.2	392.8	333.4	53.4	387.3	58.9
七台河	Qitaihe	100.4	83.2	71.6	17.2	81.8	18.6
牡丹江	Mudanjiang	560.1	470.7	349.0	89.4	474.0	85.2
黑 河	Heihe	114.7	85.9	49.0	28.8	95.5	19.2
绥 化	Suihua	569.3	527.1	341.9	42.2	527.9	41.4
大兴安岭	Daxinganling	63.4	61.2	59.1	2.2	45.6	17.5
农垦总局	ARB	235.5	197.8	172.4	37.7	200.8	34.7
绥芬河	Suifenhe	27.3	21.6	18.3	5.7	23.9	3.4
抚 远	Fuyuan	10.6	8.1	6.3	2.6	9.1	1.5

15-4 限额以上批发零售业企业商品销售情况 (2016年)

单位：万元

类　别	Category	企业数（个）Number of Enterprises (unit)
总　计	**Total**	**2002**
批发业	**Wholesale Trade**	**727**
按登记注册类型分组	**Grouped by Status of Registration**	
内资企业	Domestic Funded Enterprises	722
国有企业	State-owned Enterprises	56
集体企业	Collective-owned Enterprises	11
股份合作企业	Cooperative Enterprises	
联营企业	Joint Ownership Enterprises	
有限责任公司	Limited Liability Corporations	290
国有独资企业	Sole State-funded Corporations	20
其他有限责任公司	Others Limited Liability Corporations	270
股份有限公司	Share-holding Corporations Ltd.	49
私营企业	Private Enterprises	311
私营独资企业	Private-funded Enterprises	
私营合伙企业	Private Partnership Enterprises	
私营有限责任公司	Private Limited Liability Corporations	298
私营股份有限公司	Private Share-holding Corporations Ltd.	13
其他企业	Other Enterprises	5
港、澳、台商投资企业	Enterprises with Funds from Hong Kong, Macao and Taiwan	4
外商投资企业	Foreign Funded Enterprises	1
按国民经济行业分组	**Grouped by Sector**	
农、林、牧产品批发业	Wholesale of Agriculture,Forestry and Livestock Products	183
食品、饮料及烟草制品批发业	Wholesale of Foods, Beverages and Tobaccos	85
#米、面制品及食用油批发	#Wholesale of Rice,Flour and Edible Oil	17
烟草制品批发	Wholesale of Tobaccos	18
纺织、服装及家庭用品批发业	Wholesale of Textile,Wearing Apparel and Household Articles	34
#服装批发	#Wholesale of Garments	10
文化、体育用品及器材批发业	Wholesale of Culture, Sports Appliances and Equipments	12
医药及医疗器材批发业	Wholesale of Medicines and Medical Appliances	79
矿产品、建材及化工产品批发业	Wholesale of Mineral Products, Building Materials and Chemical Products	209
#煤炭及制品批发	#Wholesale of Coal and Related Products	17
石油及制品批发	Wholesale of Petroleum and Related Products	35
金属及金属矿批发	Wholesale of Metal Materials	30
建材批发	Wholesale of Building Materials	42
化肥批发	Wholesale of Chemical Fertilizer	35
机械设备五金产品及电子产品批发	Wholesale of Machinery, Hardware and Electronics	106
汽车批发	Wholesale of Automobiles	13
摩托车及零配件	Wholesale of Motorcycles and Their Accessories	1
五金产品批发	Wholesale of Hardware Products	4
计算机、软件及辅助设备批发	Wholesale of Computer, Software and Assistant Appliances	17
贸易经纪与代理	Trade Broker and Agency	8
其他批发业	Other Wholesale not Classified Elsewhere	11

SALES STATISTICS OF ENTERPRISE ABOVE DESIGNATED SIZE IN WHOLESALE AND RETAIL TRADE (2016)

(10000 yuan)

商品购进额 Total Purchases	从业人数（人） Employment (person)	商品销售总额 Total Sales		
		合计 Total	批发 Wholesale Trade	零售 Retail Trade
42622853	**140973**	**48938142**	**27936035**	**21002107**
28418612	**44058**	**32025220**	**26922824**	**5102396**
26850756	43315	30419172	25348349	5070823
3806008	7361	4925843	4813567	112277
80301	486	85184	62627	22557
12737105	14941	13521005	12391437	1129568
506390	1668	575577	479081	96496
12230715	13273	12945428	11912356	1033072
5598429	13639	6745971	4100878	2645093
4563500	6815	5072221	3942112	1130109
4439058	6501	4947724	3826425	1121300
124442	314	124496	115687	8809
65413	73	68948	37728	31220
161656	743	180077	148505	31573
1406200		1425971	1425971	
2768182	9433	2427288	2063142	364146
4696703	8866	6961524	5938476	1023048
726103	663	784866	780339	4526
1041817	4843	2687839	2642616	45223
377233	1670	497342	411512	85831
27536	389	114560	52133	62427
63917	327	76408	73336	3072
1680149	4372	2050415	1913956	136459
15955476	15704	16936199	13722080	3214119
767725	796	781114	768356	12758
8715318	11321	9269359	6608295	2661064
1996619	499	2045217	2040462	4755
1756487	907	1832755	1379860	452895
2379551	1580	2605947	2530578	75369
2722835	3129	2907255	2650330	256925
1683123	256	1712945	1636711	76234
4345	8	4900	4900	
15548	56	17727	17727	
66166	360	88014	81765	6249
47236	126	50745	44648	6098
106881	431	118044	105345	12699

15-4 续表

单位：万元

类　别	Category	企业数（个）Number of Enterprises (unit)
零售业	**Retail Trade**	**1275**
按登记注册类型分组	**Grouped by Status of Registration**	
内资企业	Domestic Funded Enterprises	1250
国有企业	State-owned Enterprises	72
集体企业	Collective-owned Enterprises	26
股份合作企业	Cooperative Enterprises	16
联营企业	Joint Ownership Enterprises	3
有限责任公司	Limited Liability Corporations	511
国有独资企业	Sole State-funded Corporations	9
其他有限责任公司	Others Limited Liability Corporations	502
股份有限公司	Share-holding Corporations Ltd.	76
私营企业	Private Enterprises	528
私营独资企业	Private-funded Enterprises	37
私营合伙企业	Private Partnership Enterprises	5
私营有限责任公司	Private Limited Liability Corporations	464
私营股份有限公司	Private Share-holding Corporations Ltd.	22
其他企业	Other Enterprises	18
港、澳、台商投资企业	Enterprises with Funds from Hong Kong, Macao and Taiwan	17
外商投资企业	Foreign Funded Enterprises	8
按国民经济行业分组	**Grouped by Sector**	
综合零售业	Integrated Retail	269
#百货零售	#Retail of General Merchandise	186
超级市场零售	Retail of Supermarkets	66
食品、饮料及烟草制品专门零售业	Special Retail of Food, Beverages and Tobaccos	52
纺织、服装及日用品专门零售业	Special Retail of Textiles, Garments and Daily Consumer Articles	92
#服装零售	#Retail of Garments	72
文化、体育用品及器材专门零售业	Special Retail of Culture, Sports Appliances and Equipments	76
#体育用品及器材零售	#Retail of Sports Appliances and Equipment	7
图书、报刊零售	Retail of Books, Newspapers and Magazines	55
医药及医疗器材专门零售业	Special Retail of Medicines and Medical Appliances	128
#药品零售	#Retail of Medicines	120
汽车、摩托车、燃料及零配件专门零售业	Special Retail of Motor Vehicles, Motorcycles, Fueland Parts	429
#汽车零售	#Retail of Motor Vehicles	302
机动车燃料零售	Retail of Fuel of Motor Vehicles	103
家用电器及电子产品专门零售业	Special Retail of Household Electric Appliances and Electronic Products	120
家用视听设备零售	Retail of Household Electric Appliances	14
计算机、软件及辅助设备零售	Retail of Computer, Software and Assistant Appliances	33
通讯设备零售	Retail of Communication Equipments	13
五金、家具及室内装修材料专门零售业	Special Retail of Hardware, Furniture and Interior Decoration Materials	40
货摊、无店铺及其他零售业	Stalls, Non-shop and Other Retails	69
#邮购及电视、电话零售	#Mail Order,Television and Telephone Selling	1

CONTINUED

(10000 yuan)

商品购进额 Total Purchases	从业人数（人） Employment (person)	商品销售总额 Total Sales		
		合计 Total	批发 Wholesale Trade	零售 Retail Trade
14204241	**96915**	**16912922**	**1013211**	**15899711**
13587516	90062	16136897	1008127	15128770
374218	4080	414743	32785	381958
162247	1405	163743	23810	139933
48545	807	48499	3193	45306
71927	169	67040		67040
5945149	42540	7372807	352571	7020236
62516	431	70843		70843
5882633	42109	7301963	352571	6949392
2512404	12021	3343775	407795	2935979
4376124	28240	4589474	187972	4401502
156905	931	162426	8783	153643
32713	340	33347		33347
3963012	24562	4175220	177050	3998170
223493	2407	218481	2139	216341
96902	800	136817		136817
371264	4381	527961	4996	522966
245462	2472	248064	88	247975
4133425	42126	5962220	142526	5819694
3156039	29759	4911239	131440	4779799
904322	11559	947553	6342	941211
294477	2298	346417	4193	342224
934325	11100	1107899	12104	1095795
712877	9989	852414	649	851764
236529	4307	323627	23144	300483
38384	1564	111115		111115
156506	2475	167527	17387	150140
1701244	12668	1890874	384503	1506372
1598549	12350	1784853	383033	1401820
5128599	15496	5397430	243282	5154149
4388168	12525	4604351	142367	4461984
628807	2679	676701	96222	580479
1104737	6050	1162211	182149	980062
70800	1277	74174	1456	72718
168129	932	182281	5798	176482
161911	696	187856	42345	145511
251586	1402	289494	8416	281079
419321	1468	432750	12896	419853
6264	235	8106		8106

15-5 限额以上批发零售贸易业商品分类销售额(2016年)

TOTAL SALES OF ENTERPRISE ABOVE DESIGNATED SIZE IN WHOLESALE AND RETAIL TRADE BY CATEGORY OF COMMODITIES (2016)

单位：万元 (10000 yuan)

项目	Item	销售合计 Total	批发 Wholesale Trade	零售 Retail Trade
合计	**Total**	**56192689**	**31130652**	**25062037**
粮油、食品类	Grain and Oil, Food	9381967	6327215	3054752
#粮油类	#Grain and Oil	4965257	4123147	842110
肉禽蛋类	Meat, Poultry and Eggs	464632	115440	349193
水产品类	Aquatic Products	186800	32974	153825
蔬菜类	Vegetables	1309638	878623	431016
干鲜果品类	Dry and Fresh Fruits	421747	169156	252591
饮料类	Beverages	711619	288902	422717
烟酒类	Tobacco and Liquor	3613869	3009843	604026
服装、鞋帽、针纺织品类	Clothing, Shoes, Hats and Textiles	4917760	165694	4752066
服装类	Clothing	3533603	80380	3453223
鞋帽类	Shoes and Hats	995929	58153	937775
针纺织品类	Knitwear and Textiles	388228	27160	361068
化妆品类	Cosmetics	422167	92260	329907
金银珠宝类	Gold, Silver and Jewelry	515767	12176	503591
日用品类	Articles for Daily Use	827078	136463	690615
#儿童玩具类	#Children's Toys	64056	1449	62607
五金、电料类	Hardware and Electrical Materials	215220	26493	188727
体育、娱乐用品类	Sports and Recreation Articles	95697	4337	91360
书报、杂志类	Newspapers and Magazines	244047	68224	175823
电子出版物及音像制品类	E-journal and Video Products	16688	8927	7761
家用电器及音像器材类	Household Appliances and Video Appliances	1341043	232284	1108759
中西药品类	Traditional Chinese and Western Medicines	4500642	2564487	1936155
文化办公用品类	Cultural and Official Goods	500759	82618	418141
家俱类	Furniture	381060	2960	378101
通讯器材类	Communication Appliances	828324	294540	533785
煤炭及制品类	Coal and Related Product	1749122	1616296	132826
木材及制品类	Wood and Wooden Product	555850	555850	
石油及制品类	Petroleum Related Product	10058812	6765428	3293384
化工材料及制品类	Chemical Materials and Products	3502950	3502950	
#化肥类	#Fertilizer	2461359	2461359	
金属材料类	Metal Materials	1523876	1523876	
建筑及装潢材料类	Building and Decoration Materials	2279126	889400	1389727
机电产品及设备类	Mechanical and Electrical Products	751769	635660	116109
汽车类	Automobiles	6160229	1725202	4435027
种子饲料类	Seed and Feedstuff	248822	248822	
棉麻类	Cotton and Hemp	196		196
其他类	Others	848230	349746	498485

15-6 各地区限额以上批零贸易业商品销售情况 (2016年)

SALES STATISTICS OF ENTERPRISE ABOVE DESIGNATED SIZE IN WHOLESALE AND RETAIL TRADE BY REGION(2016)

地 区	Region	企业数（个） Number of Enterprises (unit)	产业活动单位数（个） Number of Establishments (unit)	从业人数（人） Employment (person)
全 省	**Total**	**2002**	**5829**	**140973**
哈尔滨	Harbin	840	2359	49807
齐齐哈尔	Qiqihar	175	381	9452
鸡 西	Jixi	89	287	5213
鹤 岗	Hegang	57	275	5227
双鸭山	Shuangyashan	48	157	6152
大 庆	Daqing	255	555	17430
伊 春	Yichun	28	131	1240
佳木斯	Jiamusi	50	241	11690
七台河	Qitaihe	18	56	1358
牡丹江	Mudanjiang	210	383	10635
黑 河	Heihe	50	192	3292
绥 化	Suihua	84	464	11854
大兴安岭	Daxinganling	16	82	1048
农垦总局	ARB	24	208	5525
绥芬河	Suifenhe	55	55	953
抚 远	Fuyuan	3	3	97

15-6 续表 CONTINUED

地 区	Region	商品销售总额(万元) Total Sales (10000 yuan)		
		合 计 Total	批 发 Wholesale Trade	零 售 Retail Trade
全 省	**Total**	**48938142**	**32025220**	**16912922**
哈尔滨	Harbin	23803325	14933780	8869545
齐齐哈尔	Qiqihar	2116408	1105236	1011173
鸡 西	Jixi	1309707	814661	495046
鹤 岗	Hegang	380944	209592	171352
双鸭山	Shuangyashan	640465	326445	314020
大 庆	Daqing	10299549	8317116	1982433
伊 春	Yichun	292093	152847	139246
佳木斯	Jiamusi	1298709	413501	885209
七台河	Qitaihe	303298	161529	141769
牡丹江	Mudanjiang	3146274	1690361	1455913
黑 河	Heihe	680984	431962	249022
绥 化	Suihua	1725643	581714	1143929
大兴安岭	Daxinganling	123073	97284	25789
农垦总局	ARB	1400934	1393388	7546
绥芬河	Suifenhe	1403300	1388426	14875
抚 远	Fuyuan	13436	7379	6057

15-7 限额以上住宿和餐饮业企业经营状况 (2016年)

SALES STATISTICS OF ACCOMADATION AND RESTAURANTS ABOVE DESIGNATED SIZE (2016)

项 目	Item	企业数（个）Number of Enterprises (unit)	从业人数（人）Employment (person)	营业额（万元）Business Revenue (10000 yuan)	#客房收入 Guest Room Revenue	#餐费收入 Food Revenue
总 计	**Total**	**369**	**25590**	**485598**	**198472**	**234367**
住宿业	**Accommodation**	**224**	**18221**	**339143**	**185723**	**113492**
按登记注册类型分组	**Grouped by Status of Registration**					
内资企业	Domestic Funded Enterprises	211	16667	293432	160646	97705
国有企业	State-owned Enterprises	49	4946	75561	36889	29659
集体企业	Collective-owned Enterprises	5	269	6250	4895	843
股份合作企业	Cooperative Enterprises	1	365	7991	1594	2689
联营企业	Joint Ownership Enterprises					
有限责任公司	Limited Liability Corporations	81	6212	94791	56867	28933
国有独资企业	Sole State-funded Corporations	3	166	1329	363	761
其他有限责任公司	Others Limited Liability Corporations	78	6046	93462	56504	28173
股份有限公司	Share-holding Corporations Ltd.	9	1265	26691	17030	3481
私营企业	Private Enterprises	63	3555	81242	42704	31860
私营独资企业	Private-funded Enterprises	13	474	10588	4699	4332
私营合伙企业	Private Partnership Enterprises	2	98	1505	736	720
私营有限责任公司	Private Limited Liability Corporations	45	2885	68469	36702	26697
私营股份有限公司	Private Share-holding Corporations Ltd.	3	98	680	568	111
其他企业	Other Enterprises	3	55	907	666	241
港、澳、台商投资企业	Enterprises with Funds from Hong Kong, Macao and Taiwan	10	1110	26484	14182	9602
合资经营企业	Joint-venture Enterprises	4	418	9048	5815	2573
合作经营企业	Cooperative Enterprises					
独资经营企业	Enterprises with Sole Investment	4	513	14711	7017	6167
投资股份有限公司	Share-holding Corporations Ltd. With Investment	1	99	1462	681	582
其他港澳台投资企业	Other Enterprisess	1	80	1263	669	281
外商投资企业	Foreign Funded Enterprises	3	444	19228	10896	6186
中外合资经营企业	Joint-venture Enterprises					
中外合作经营企业	Cooperative Enterprises	1	24	1543	1414	129
外资企业	Enterprises with Sole Foreign Investment	1	392	17366	9255	6057
外商投资股份有限公司	Share-holding Corporations Ltd. With Foreign Investment	1	28	319	228	
其他外商投资企业	Other foreign investment enterprise					
按住宿行业小类分组	**Grouped By Small Kind of Points**					
旅游饭店	Tourist Hotel	157	14531	266735	135354	95703
一般旅馆	General Hotel	57	3027	63995	45231	15466
其他住宿服务	Others	10	663	8413	5139	2323
按星级分组	**Grouped by Star**					
五 星	Five-star hotel	9	1333	43122	20239	17355
四 星	Four-star hotel	49	6440	100553	46510	39820
三 星	Three-star hotel	52	2684	39960	22491	13327
二 星	Two-star hotel	12	404	12276	6851	4248
一 星	One-star hotel	3	56	559	250	115
其 他	Others	99	7304	142673	89382	38629

15-7 续表 CONTINUED

项　目	Item	企业数（个）Number of Enterprises (unit)	从业人数（人）Employment (person)	营业额（万元）Business Revenue (10000 yuan)	#客房收入 Guest Room Revenue	#餐费收入 Food Revenue
餐饮业	**Restaurants**	**145**	**7369**	**146455**	**12749**	**120874**
按登记注册类型分组	**Grouped by Status of Registration**					
内资企业	Domestic Funded Enterprises	127	6112	119678	12749	96635
国有企业	State-owned Enterprises	11	543	6752	2667	3852
集体企业	Collective-owned Enterprises	1	26	310		310
股份合作企业	Cooperative Enterprises					
联营企业	Joint Ownership Enterprises					
有限责任公司	Limited Liability Corporations	38	1804	36229	5764	25869
国有独资企业	Sole State-funded Corporations					
其他有限责任公司	Others Limited Liability Corporations	38	1804	36229	5764	25869
股份有限公司	Share-holding Corporations Ltd.	6	304	2902		2636
私营企业	Private Enterprises	70	3303	72015	4318	62498
私营独资企业	Private-funded Enterprises	12	485	11353	806	9693
私营合伙企业	Private Partnership Enterprises	3	131	2424	483	1933
私营有限责任公司	Private Limited Liability Corporations	51	2568	57459	3003	50161
私营股份有限公司	Private Share-holding Corporations Ltd.	4	119	780	26	711
其他企业	Other Enterprises	1	132	1470		1470
港、澳、台商投资企业	Enterprises with Funds from Hong Kong, Macao and Taiwan	9	954	20205		18633
合资经营企业	Joint-venture Enterprises	5	689	13197		12017
合作经营企业	Cooperative Enterprises					
独资企业	Enterprises with Sole Investment	3	239	4306		3915
投资股份有限公司	Share-holding Corporations Ltd. With Investment	1	26	2701		2701
其他港澳台投资企业	Other Enterprisess					
外商投资企业	Foreign Funded Enterprises	9	303	6573		5606
中外合资经营企业	Joint-venture Enterprises	2	49	1170		1046
中外合作经营企业	Cooperative Enterprises	1	7	255		237
外资企业	Enterprises with Sole Foreign Investment	6	247	5147		4324
外商投资股份有限公司	Share-holding Corporations Ltd. With Foreign Investment					
其他外商投资企业	Other foreign investment enterprise					
按国民经济行业分组	**Grouped by Sector**					
正餐服务业	Dinner Service	140	6706	129478	12749	103902
快餐服务业	Snack Service	3	619	16286		16286
饮料及冷饮服务业	Beverage and Cold Drink Service	1	30	352		347
其他餐饮业	Other Restaurants	1	14	340		340

15-8 各地区限额以上住宿和餐饮业经营状况 (2016年)

SALES STATISTICS OF ACCOMADATION AND RESTAURANTS ABOVE DESIGNATED SIZE BY REGION (2016)

地　区	Region	住宿业 Accommodation				
		企业数 (个) Number of Enterprises(unit)	从业人数 (人) Employment (person)	营业额 (万元) Business Revenue (10000 yuan)	#客房收入 Guest Room Revenue	#餐费收入 Food Revenue
全　省	**Total**	**224**	**18221**	**339143**	**185723**	**113492**
哈尔滨	Harbin	115	10120	207270	120321	60736
齐齐哈尔	Qiqihar	10	467	10443	7595	2377
鸡　西	Jixi	7	239	1472	912	100
鹤　岗	Hegang	10	610	3754	2216	1408
双鸭山	Shuangyashan	1	68	840	808	18
大　庆	Daqing	13	1344	13372	7405	3710
伊　春	Yichun	14	1014	20753	8440	10072
佳木斯	Jiamusi	4	189	2345	1600	662
七台河	Qitaihe	3	183	1442	1077	314
牡丹江	Mudanjiang	21	1858	53629	23673	24002
黑　河	Heihe	5	468	5683	2867	2769
绥　化	Suihua	7	319	3702	1895	1362
大兴安岭	Daxinganling	6	631	5016	2771	2094
农垦总局	ARB	6	650	8710	3533	3869
绥芬河	Suifenhe	2	61	712	611	
抚　远	Fuyuan					

15-8 续表 CONTINUED

地　区	Region	餐饮业 Restaurants				
		企业数 (个) Number of Enterprises(unit)	从业人数 (人) Employment (person)	营业额 (万元) Business Revenue (10000 yuan)	#客房收入 Guest Room Revenue	#餐费收入 Food Revenue
全　省	**Total**	**369**	**25590**	**485598**	**198472**	**234367**
哈尔滨	Harbin	198	14485	303388	126821	143555
齐齐哈尔	Qiqihar	19	694	16941	7622	7440
鸡　西	Jixi	9	334	2791	1425	783
鹤　岗	Hegang	10	610	3754	2216	1408
双鸭山	Shuangyashan	6	303	2753	1473	1129
大　庆	Daqing	23	1860	23149	8401	11805
伊　春	Yichun	20	1226	26195	9633	13710
佳木斯	Jiamusi	15	883	9541	2700	6028
七台河	Qitaihe	4	201	1625	1077	471
牡丹江	Mudanjiang	30	2303	66395	24554	33664
黑　河	Heihe	8	699	7152	3438	3662
绥　化	Suihua	9	375	4188	1931	1725
大兴安岭	Daxinganling	6	631	5016	2771	2094
农垦总局	ARB	9	871	11387	3798	6281
绥芬河	Suifenhe	2	61	712	611	
抚　远	Fuyuan	1	54	612		612

15-9 限额以上批发零售贸易业商品销售数量(2016年)

TOTAL SALES NUMBER OF ENTERPRISE ABOVE DESIGNATED SIZE IN WHOLESALE AND RETAIL TRADE BY COMMODITIES (2016)

品　名	Item	购进量 Total Purchases volume	销售量 Total Sales volume
大米(稻米)(万吨)	Rice (rice)(10000 tons)	585	546
面粉(小麦面)(万吨)	Flour (wheat flour)(10000 tons)	1.9	1.9
杂粮(万吨)	Grains (10000 tons)	178	161
食用植物油(吨)	Edible Vegetable Oil(ton)	26081	26252
猪肉(吨)	Pork(ton)	13079	13265
牛肉(吨)	Beef(ton)	3553	2923
羊肉(吨)	Lamb(ton)	2473	2270
禽肉(吨)	Meat of Poultry(ton)	9951	10294
鲜蛋(吨)	Fresh Eggs(ton)	143382	143889
彩色电视机(台)	Color TV(unit)	1244959	1249681
家用电冰箱(台)	Household Refrigerator(unit)	444375	477672
房间空调器(台)	Household Air Conditioner(unit)	150130	164644
电脑(微型计算机)(台)	Computer (microcomputer)(unit)	140528	138759
钢材(吨)	Steel Products(ton)	1063111	939226
铝(吨)	Aluminum(ton)	3331	3536
水泥(吨)	Cement(ton)	113299	112496
化学肥料(吨)	Chemical Fertilizers(ton)	6065712	6051543
化学农药(吨)	Chemical Pesticide(ton)	9694	9344
汽车(辆)	Motor Vehicles(unit)	878547	866688
#轿车	#Car	517025	483012

15-10 限额以上批发零售贸易企业财务状况 (2016年)

单位：万元

项目	Item	企业数(个) Numbers of Enterprises (unit)	流动资产小计 Circulating Funds
总计	**Total**	**2002**	**25472749**
批发企业	**Wholesale Trade**	**727**	**20193660**
按登记注册类型分组	**Grouped by Status of Registration**		
内资企业	Domestic Funded Enterprises	722	20004136
国有企业	State-owned Enterprises	56	5262001
集体企业	Collective-owned Enterprises	11	14282
股份合作企业	Cooperative Enterprises		
联营企业	Joint Ownership Enterprises		
有限责任公司	Limited Liability Corporations	290	7793765
国有独资企业	Sole State-funded Corporations	20	369900
其他有限责任公司	Others Limited Liability Corporations	270	7423865
股份有限公司	Share-holding Corporations Ltd.	49	5586429
私营企业	Private Enterprises	311	1343845
其他企业	Other Enterprises	5	3814
港、澳、台商投资企业	Enterprises with Funds from Hong Kong, Macao and Taiwan	4	24198
外商投资企业	Foreign Funded Enterprises	1	165326
按国民经济行业分组	**Grouped by Sector**		
农、林、牧产品批发业	Wholesale of Agriculture, Forestry and Livestock Products	183	5914428
食品、饮料及烟草制品批发业	Wholesale of Foods, Beverages and Tobaccos	85	3406406
#米、面制品及食用油批发	#Wholesale of Rice, Flour and Edible Oil	17	1810654
烟草制品批发	Wholesale of Tobaccos	18	1130704
纺织、服装及家庭用品批发业	Wholesale of Textile, Wearing Apparel and Household Articles	34	123029
#服装批发	#Wholesale of Garments	10	16877
文化、体育用品及器材批发业	Wholesale of Culture, Sports Appliances and Equipments	12	45504
医药及医疗器材批发业	Wholesale of Medicines and Medical Appliances	79	616340
矿产品、建材及化工产品批发业	Wholesale of Mineral Products, Building Materials and Chemical Products	209	9242785
#煤炭及制品批发	#Wholesale of Coal and Related Products	17	238002
石油及制品批发	Wholesale of Petroleum and Related Products	35	4956464
金属及金属矿批发	Wholesale of Metal Materials	30	758508
建材批发	Wholesale of Building Materials	42	607719
化肥批发	Wholesale of Chemical Fertilizer	35	2543996
机械设备五金交电及电子产品批发	Wholesale of Machinery, Hardware and Electronics	106	783480
#汽车摩托车及零配件批发	#Wholesale of Automobiles, Motorcycles and Their Accessories	23	229699
五金产品批发	Wholesale of Hardware Products	4	23858
计算机软件及辅助设备批发	Wholesale of Computer, Software and Assistant Appliances	17	30164
贸易经纪与代理	Trade Broker and Agency	8	18823
其他批发业	Other Wholesale not Classified Elsewhere	11	42866

注：本表中数据按照批发零售住宿餐饮业财务报表填报，企业个数是指有财务活动的企业个数。
Note: Data in this table according to wholesale and retail hotels and catering provided financial statements, enterprise number refers to the number of enterprise financial activities.

FINANCIAL INDICATORS OF ENTERPRISE ABOVE DESIGNATED SIZE IN WHOLESALE AND RETAIL TRADE (2016)

(10000 yuan)

资产合计 Total Assets	负债合计 Total Liabilities	实收资本 Paicl-up Capital	固定资产原价 Original Value of Fixed Assets	累计折旧 Total Depreciation	主营业务收入 Revenue in Major Business	主营业务成本 Cost in Major Business	主营业务税金及附加 Tax and Extra Changes in Major Business
32447855	**26754546**	**13658046**	**4554645**	**1404811**	**45072314**	**40885141**	**515344**
24271837	**20549843**	**2203649**	**2028345**	**666014**	**30539616**	**27938142**	**412849**
24081523	20368926	2203273	2025880	664151	28934122	26339290	412688
5952685	4920806	130336	408237	181732	4570731	3988952	295032
21710	11753	7484	6737	1974	89605	84798	158
9523552	8343955	975083	847322	196288	12768249	12148938	53065
536392	562018	72581	133168	49437	514348	485524	1060
8987160	7781937	902502	714153	146851	12253901	11663414	52005
6979654	5874241	875149	537198	222407	6777837	6433702	17952
1597221	1213660	213105	224202	61129	4659689	3619608	44178
6701	4511	2116	2184	622	68011	63292	2302
24988	15750	276	2466	1863	179905	173980	135
165326	165167	100			1425589	1424873	27
6931362	6193192	502851	402499	100637	2355395	2217775	6706
4389862	2974576	421059	567405	187019	6123523	4507625	376872
2011114	1830001	154409	62756	12857	779316	758744	604
1273371	483062	24082	216031	109986	2346679	1739133	293455
235119	178147	38755	55475	6713	472072	453286	904
29764	16300	4252	2220	528	110146	100300	536
103047	75170	30206	42836	2071	64252	57732	29
711109	567269	103125	27584	10336	1880637	1754416	4762
10869562	9724807	980315	842121	334232	16659776	16130232	11229
278724	224367	65071	30407	12349	688574	668733	1812
5455277	4907405	480763	488156	246518	9590875	9399197	4816
1339327	1181241	220390	21905	7907	1786680	1733327	1255
815274	683959	80766	92584	16328	1644263	1547080	752
2836749	2581661	110333	202780	47080	2566113	2427193	2243
911683	705911	113182	82604	21589	2831031	2673247	12145
255680	241548	14501	16884	4721	1751817	1709854	8079
24830	22070	2212	495	331	13688	12619	9.7
32582	16000	12047	1952	1061	79575	68238	407
20794	17634	2260	2171	1235	49099	44109	49
99298	113136	11896	5651	2181	103832	99721	154

15-10 续表1

单位：万元

项　　目	Item	企业数(个) Numbers of Enterprises (unit)	流动资产小计 Circulating Funds
零售企业	**Retail Trade**	**1275**	**5279089**
按登记注册类型分组	**Grouped by Status of Registration**		
内资企业	Domestic Funded Enterprises	1250	5049006
国有企业	State-owned Enterprises	72	76310
集体企业	Collective-owned Enterprises	26	21093
股份合作企业	Cooperative Enterprises	16	20228
联营企业	Joint Ownership Enterprises	3	10448
有限责任公司	Limited Liability Corporations	511	2247770
国有独资企业	Sole State-funded Corporations	9	8656
其他有限责任公司	Others Limited Liability Corporations	502	2239115
股份有限公司	Share-holding Corporations Ltd.	76	1275949
私营企业	Private Enterprises	528	1355635
其他企业	Other Enterprises	18	41574
港、澳、台商投资企业	Enterprises with Funds from Hong Kong, Macao and Taiwan	17	165433
外商投资企业	Foreign Funded Enterprises	8	64650
按国民经济行业分组	**Grouped by Sector**		
综合零售业	Integrated Retail	269	1645131
#百货零售	#Retail of General Merchandise	186	1374706
超级市场零售	Retail of Supermarkets	66	257655
食品、饮料及烟草制品专门零售业	Special Retail of Food, Beverages and Tobaccos	52	49251
纺织、服装及日用品专门零售业	Special Retail of Textiles, Garments and Daily Consumer Articles	92	371440
#服装零售	#Retail of Garments	72	345801
文化、体育用品及器材专门零售业	Special Retail of Culture, Sports Appliances and Equipments	76	230675
#体育用品及器材零售	#Retail of Sports Appliances and Equipment	7	130297
图书、报刊零售	Retail of Books, Newspapers and Magazines	55	84901
医药及医疗器材专门零售业	Special Retail of Medicines and Medical Appliances	128	717147
#药品零售	#Retail of Medicines	120	677528
汽车、摩托车、燃料及零配件专门零售业	Special Retail of Motor Vehicles, Motorcycles, Fueland Parts	429	1884458
#汽车零售	#Retail of Motor Vehicles	302	1570109
机动车燃料零售	Retail of Fuel of Motor Vehicles	103	283802
家用电器及电子产品专门零售业	Special Retail of Household Electric Appliances and Electronic Products	120	273572
#家用视听设备零售	#Retail of Home Audio-visual Equipment	14	14984
计算机、软件及辅助设备零售	Retail of Computer, Software and Assistant Appliances	33	33724
通讯设备零售	Retail of Communication Equipments	13	28780
五金、家具及室内装修材料专门零售业	Special Retail of Hardware, Furniture and Interior Decoration Materials	40	37800
货摊、无店铺及其他零售业	Stalls, Non-shop and Other Retails	69	69616
#邮购及电视、电话零售	#Mail Order, Television and Telephone Selling	1	5699

CONTINUED

（10000 yuan）

资产合计 Total Assets	负债合计 Total Liabilities	实收资本 Paicl-up Capital	固定资产原价 Original Value of Fixed Assets	累计折旧 Total Depreciation	主营业务收入 Revenue in Major Business	主营业务成本 Cost in Major Business	主营业务税金及附加 Tax and Extra Changes in Major Business
8176018	**6204703**	**11454398**	**2526300**	**738798**	**14532698**	**12946999**	**102495**
7716444	5730685	11363346	2240697	623407	13813069	12376599	100402
421222	361757	54901	363414	22966	406329	363621	3282
46936	31214	6212	11269	4392	157591	142658	947
30902	24336	5451	15187	4937	46690	40666	177
16345	10935	5111	6619	785	65981	59280	158
3398902	2638043	10584282	965201	270822	6346255	5671897	46591
37464	28343	10715	24741	4687	57399	52451	75
3361438	2609700	10573566	940460	266135	6288857	5619446	46516
1809961	1114384	232272	393063	180905	2543698	2266593	12792
1861071	1462817	424697	420484	130142	4124299	3724014	34313
131105	87200	50421	65461	8459	122226	107869	2143
339778	310229	60895	203560	69098	498897	383738	1373
119796	163789	30156	82042	46293	220732	186663	720
3204141	2292140	10500266	1429966	414015	4482378	3862372	26909
2725512	1886891	10407145	1216097	323393	3578077	3088784	22650
462713	394970	89484	211226	89268	807846	694234	3649
68291	43473	13639	18651	6746	326587	293398	2755
655494	468672	158071	273695	68129	1002553	853922	10661
586785	425948	146794	204091	35409	763084	631433	9765
356644	203836	86221	109811	12649	298156	236229	1753
145691	82135	10854	6169	832	95060	62246	790
192168	113491	68663	100863	10549	161839	136309	728
815550	583890	90146	103410	34505	1684413	1474213	7566
765653	546485	80721	95499	32883	1592672	1389021	7253
2428407	2158321	457931	377595	142286	4949579	4632824	25397
1982819	1806347	367409	295069	111664	4217868	3970008	20620
404742	323762	77540	76967	28861	632953	572888	4443
400802	314515	70147	125427	33150	1096485	997811	5527
61250	62081	16029	53395	10769	69569	58104	843
45413	25892	15349	8507	1553	168801	153599	834
31290	21309	8304	2910	1516	175537	163291	302
90519	69716	24572	29202	5936	276605	254446	1848
156171	70141	53406	58545	21382	415942	341783	20079
7210	4160	1600	2097	1283	6978	4748	31

15-10 续表2

单位：万元

项　　目	Item	其他业务利润 Other Business Profit	营业费用 Business Expenses
总　计	**Total**	**140466**	**1411699**
批发企业	**Wholesale Trade**	**7575**	**784224**
按登记注册类型分组	**Grouped by Status of Registration**		
内资企业	Domestic Funded Enterprises	7441	780474
国有企业	State-owned Enterprises	-20178	204906
集体企业	Collective-owned Enterprises		2207
股份合作企业	Cooperative Enterprises		
联营企业	Joint Ownership Enterprises		
有限责任公司	Limited Liability Corporations	15416	274706
国有独资企业	Sole State-funded Corporations	58	20117
其他有限责任公司	Others Limited Liability Corporations	15358	254590
股份有限公司	Share-holding Corporations Ltd.	3354	201635
私营企业	Private Enterprises	8850	96764
其他企业	Other Enterprises		257
港、澳、台商投资企业	Enterprises with Funds from Hong Kong, Macao and Taiwan	134	3749
外商投资企业	Foreign Funded Enterprises		
按国民经济行业分组	**Grouped by Sector**		
农、林、牧产品批发业	Wholesale of Agriculture, Forestry and Livestock Products	2841	176791
食品、饮料及烟草制品批发业	Wholesale of Foods, Beverages and Tobaccos	3913	151208
#米、面制品及食用油批发	#Wholesale of Rice, Flour and Edible Oil	3208	14339
烟草制品批发	Wholesale of Tobaccos	192	64993
纺织、服装及家庭用品批发业	Wholesale of Textile, Wearing Apparel and Household Articles	3509	16695
#服装批发	#Wholesale of Garments	396	6703
文化、体育用品及器材批发业	Wholesale of Culture, Sports Appliances and Equipments	36	1557
医药及医疗器材批发业	Wholesale of Medicines and Medical Appliances	2537	57594
矿产品、建材及化工产品批发业	Wholesale of Mineral Products, Building Materials and Chemical Products	-7148	336794
#煤炭及制品批发	#Wholesale of Coal and Related Products		3743
石油及制品批发	Wholesale of Petroleum and Related Products	-17559	188542
金属及金属矿批发	Wholesale of Metal Materials	2159	15336
建材批发	Wholesale of Building Materials	785	42556
化肥批发	Wholesale of Chemical Fertilizer	6565	75144
机械设备五金交电及电子产品批发	Wholesale of Machinery, Hardware and Electronics	1543	37412
#汽车摩托车及零配件批发	#Wholesale of Automobiles, Motorcycles and Their Accessories	409	1916
五金产品批发	Wholesale of Hardware Products		541
计算机软件及辅助设备批发	Wholesale of Computer, Software and Assistant Appliances	139	1100
贸易经纪与代理	Trade Broker and Agency	148	1923
其他批发业	Other Wholesale not Classified Elsewhere	197	4251

CONTINUED

(10000 yuan)

管理费用 Management Expenses	财务费用 Financial Expenses	营业利润 Business Profits	利润总额 Total Profits	应交所得税 Payable Income Tax	应付工资 Total Wage Payable	本年应交增值税 Value-added Tax Payable
941332	**493256**	**1152780**	**1551628**	**168522**	**774779**	**514208**
462547	**366077**	**716431**	**1122788**	**110209**	**393641**	**353050**
460024	366068	716111	1122446	109636	390417	353351
145270	130417	-154362	162866	48202	124373	110682
1604	668	1333	1196	8.1	1900	194
177470	136647	27222	129602	27596	124615	44239
13893	17808	-18785	10905	2993	13143	-48
163577	118838	46007	118697	24603	111472	44287
74803	83858	4173	-3824	9723	119407	186474
60750	14451	835770	830630	24107	19888	10615
128	28	1976	1976		234	1148
1961	10	191	214	572	3224	440
562	-1.2	129	129	1.3		-741
67339	182701	-259983	115327	9149	44328	-1012
179307	18808	919645	928230	50312	125430	137397
10304	28987	-28158	-15503	208	3407	-1783
119200	-21006	168636	170113	42694	103708	102765
7573	4170	-8533	-3876	8.4	5995	2448
2816	226	-433	1590	-34	836	466
3394	472	1229	1155	6.6	1797	73
34866	4275	29791	62115	3088	21327	12545
127735	150830	-35623	-37558	38986	134660	197440
7982	1046	5841	6060	1047	4617	1167
20264	6861	-20404	-35011	9151	110721	185813
38259	81835	-53274	-59751	180	5344	1372
25970	12426	16738	21690	20994	2991	1047
27970	46042	8511	22256	7051	8392	5840
39493	2997	71729	59815	7727	15899	3592
4706	285	27621	27024	66	1399	-353
430	17	150	130	26	173	61
2430	255	7155	7503	606	1246	387
1231	-79	1972	2009	718	662	311
1610	1902	-3796	-4429	215	43543	257

15-10 续表3

单位：万元

项　　目	Item	其他业务利　润 Other Business Profit	营业费用 Business Expenses
零售企业	**Retail Trade**	**132891**	**627476**
按登记注册类型分组	**Grouped by Status of Registration**		
内资企业	Domestic Funded Enterprises	108862	546846
国有企业	State-owned Enterprises	1479	8804
集体企业	Collective-owned Enterprises	48	4216
股份合作企业	Cooperative Enterprises	628	2951
联营企业	Joint Ownership Enterprises		81
有限责任公司	Limited Liability Corporations	57028	286913
国有独资企业	Sole State-funded Corporations	275	3469
其他有限责任公司	Others Limited Liability Corporations	56753	283445
股份有限公司	Share-holding Corporations Ltd.	32045	97232
私营企业	Private Enterprises	12887	137443
其他企业	Other Enterprises	4748	9205
港、澳、台商投资企业	Enterprises with Funds from Hong Kong, Macao and Taiwan	7530	41871
外商投资企业	Foreign Funded Enterprises	16500	38759
按国民经济行业分组	**Grouped by Sector**		
综合零售业	Integrated Retail	99791	254470
#百货零售	#Retail of General Merchandise	79659	140065
超级市场零售	Retail of Supermarkets	19773	105045
食品、饮料及烟草制品专门零售业	Special Retail of Food, Beverages and Tobaccos	710	9569
纺织、服装及日用品专门零售业	Special Retail of Textiles, Garments and Daily Consumer Articles	4006	60358
#服装零售	#Retail of Garments	3883	51887
文化、体育用品及器材专门零售业	Special Retail of Culture, Sports Appliances and Equipments	3165	31951
#体育用品及器材零售	#Retail of Sports Appliances and Equipment		17832
图书、报刊零售	Retail of Books, Newspapers and Magazines	3165	12814
医药及医疗器材专门零售业	Special Retail of Medicines and Medical Appliances	2359	65826
#药品零售	#Retail of Medicines	2199	63911
汽车、摩托车、燃料及零配件专门零售业	Special Retail of Motor Vehicles, Motorcycles, Fueland Parts	15977	132284
#汽车零售	#Retail of Motor Vehicles	15554	103867
机动车燃料零售	Retail of Fuel of Motor Vehicles	413	25961
家用电器及电子产品专门零售业	Special Retail of Household Electric Appliances and Electronic Products	6475	45251
#家用电器零售	#Retail of Household Electric Appliances	171	3680
计算机、软件及辅助设备零售	Retail of Computer, Software and Assistant Appliances	14	2679
通讯设备零售	Retail of Communication Equipments	724	6975
五金、家具及室内装修材料专门零售业	Special Retail of Hardware, Furniture and Interior Decoration Materials	347	5747
货摊、无店铺及其他零售业	Stalls, Non-shop and Other Retails	62	22019
#邮购及电视、电话零售	#Mail Order, Television and Telephone Selling		710

CONTINUED

（10000 yuan）

管理费用 Management Expenses	财务费用 Financial Expenses	营业利润 Business Profits	利润总额 Total Profits	应交所得税 Payable Income Tax	应付工资 Total Wage Payable	本年应交增值税 Value-added Tax Payable
478784	**127179**	**436348**	**428839**	**58313**	**381138**	**161158**
451858	125078	437419	429676	55860	353936	148847
14109	2144	15852	14034	684	15827	1737
3153	853	6037	911	62	4373	325
2533	186	449	646	7.2	2666	420
669	403	5283	5389	30	494	50
223158	64913	151706	166655	20292	154655	89550
1872	211	-435	968	1.6	1689	605
221286	64701	152142	165687	20290	152967	88945
91046	5424	158423	140585	25948	77788	31902
110687	48875	101316	102907	8370	94092	23792
6503	2280	-1647	-1451	467	4041	1072
21254	1256	-732	-1285	1383	14493	8511
5673	846	-339	449	1070	12710	3799
188922	33061	207024	249688	31709	168116	84326
164141	28839	203294	237647	29960	125426	74330
21481	4106	-300	7861	1059	40011	8887
4971	904	15313	5926	457	7037	1985
35909	6796	67265	43374	2560	31156	6220
30137	6446	65543	39646	1989	27347	5366
20093	3281	7794	4954	247	16886	4683
8794	1921	3468	467	130	4619	4293
9969	1182	3679	3843	55	11411	179
57651	5255	70758	71110	15700	58694	25819
55393	4800	68857	69165	15468	57454	24996
104741	72097	20393	9459	4238	68303	23938
94233	69115	-838	-2906	4410	54798	18228
8288	2497	18761	11738	-232	12648	5528
32965	2523	27133	25334	3174	21805	11393
6622	318	847	-1433	14	5443	109
2810	356	9376	9326	158	3058	787
4608	672	2276	2190	543	2040	857
9473	1138	10463	10638	116	3756	1279
24059	2126	10206	8358	111	5387	1514
1790	-49	9	10.6	7.9	1325	183

15-11 限额以上住宿业财务指标(2016年)

单位：万元

项　　目	Item	企业数(个) Numbers of Enterprises (unit)	流动资产小计 Circulating Funds
总　计	**Total**	**224**	**281422**
按登记注册类型分组	**Grouped by Status of Registration**		
内资企业	Domestic Funded Enterprises	211	231801
国有企业	State-owned Enterprises	49	37648
集体企业	Collective-owned Enterprises	5	2367
股份合作企业	Cooperative Enterprises	1	6813
联营企业	Joint Ownership Enterprises		
有限责任公司	Limited Liability Corporations	81	115150
国有独资企业	Sole State-funded Corporations	3	1533
其他有限责任公司	Others Limited Liability Corporations	78	113617
股份有限公司	Share-holding Corporations Ltd.	9	5040
私营企业	Private Enterprises	63	64494
私营独资企业	Private-funded Enterprises	13	1852
私营合伙企业	Private Partnership Enterprises	2	145
私营有限责任公司	Private Limited Liability Corporations	45	62485
私营股份有限公司	Private Share-holding Corporations Ltd.	3	12
其他企业	Other Enterprises	3	290
港、澳、台商投资企业	Enterprises with Funds from Hong Kong, Macao and Taiwan	10	23569
合资经营企业	Joint-venture Enterprises	4	6508
合作经营企业	Cooperative Enterprises		
独资企业	Enterprises with Sole Investment	4	9190
投资股份有限公司	Share-holding Corporations Ltd. With Investment	1	7534
其他港澳台投资企业	Other Enterprisess	1	337
外商投资企业	Foreign Funded Enterprises	3	26052
中外合资经营企业	Joint-venture Enterprises		
中外合作经营企业	Cooperative Enterprises	1	1553
外资企业	Enterprises with Sole Foreign Investment	1	24462
外商投资股份有限公司	Share-holding Corporations Ltd. With Foreign Investment	1	38
其他外商投资企业	Other foreign investment enterprise		
按国民经济行业分组	**Grouped by Sector**		
旅游饭店	Restaurant for Tourism	157	235954
一般旅馆	Ordinary Hotels	57	40688
其他住宿服务	Others	10	4780

注：本表中数据按照批发零售住宿餐饮业财务报表填报，企业个数是指有财务活动的企业个数。
Note: Data in this table according to wholesale and retail hotels and catering provided financial statements, enterprise number refers to the number of enterprise financial activities.

FINANCIAL INDICATORS OF ENTERPRISE ABOVE DESIGNATED SIZE IN HOTELS SERVICES (2016)

(10000 yuan)

资产合计 Total Assets	负债合计 Total Liabilities	实收资本 Paicl-up Capital	固定资产原价 Original Value of Fixed Assets	累计折旧 Total Depreciation	主营业务收入 Revenue in Major Business	主营业务成本 Cost in Major Business	主营业务税金及附加 Tax and Extra Changes in Major Business
960614	**649036**	**519014**	**901629**	**361734**	**332326**	**135571**	**9190**
766251	499704	375011	640104	225875	287584	123040	7899
201340	106763	102233	221144	80136	73431	33295	2162
5617	7333	2040	7433	5117	5351	2879	86
19234	11669	4373	15853	6720	7990	2510	136
308079	211528	159588	231939	92022	89990	33131	2661
1818	967	1865	777	540	1287	556	25
306261	210561	157723	231162	91482	88703	32575	2636
65014	49941	22836	65560	18802	29149	8769	938
166376	112043	83792	97744	22753	80792	42137	1879
18963	5216	13887	15517	1952	10479	7665	113
301	227	48	206	167	1390	803	96
144200	104222	69424	78438	19949	68243	33591	1649
2913	2379	433	3582	685	680	78	21
591	428	150	432	326	882	320	36
138173	134058	125337	208533	106412	25591	9281	899
18354	57282	14915	78981	68785	8942	2065	155
84771	53214	100822	95773	27176	13716	6261	627
16741	4836	9600	11994	4575	1669	851	80
18307	18725		21786	5876	1263	104	37
56190	15274	18667	52992	29447	19152	3250	392
2245	296	1440	1569	879	1543	1101	87
53908	13105	17227	51422	28569	17382	2076	294
38	1873				228	73	11
834604	523083	457584	774182	288677	262968	102447	7035
107176	67364	47057	65376	19280	61175	30272	1777
18833	58589	14374	62071	53778	8183	2851	378

15-11 续表

单位：万元

项　目	Item	其他业务利润 Other Business Profit	营业费用 Business Expenses
总 计	**Total**	**10953**	**97946**
按登记注册类型分组	**Grouped by Status of Registration**		
内资企业	Domestic Funded Enterprises	10824	86965
国有企业	State-owned Enterprises	1499	24676
集体企业	Collective-owned Enterprises	3.0	1096
股份合作企业	Cooperative Enterprises		2756
联营企业	Joint Ownership Enterprises		
有限责任公司	Limited Liability Corporations	9179	28586
国有独资企业	Sole State-funded Corporations		218
其他有限责任公司	Others Limited Liability Corporations	9179	28368
股份有限公司	Share-holding Corporations Ltd.	2.7	9617
私营企业	Private Enterprises	140	19998
私营独资企业	Private-funded Enterprises	133	747
私营合伙企业	Private Partnership Enterprises		146
私营有限责任公司	Private Limited Liability Corporations	7.0	18742
私营股份有限公司	Private Share-holding Corporations Ltd.		362
其他企业	Other Enterprises		236
港、澳、台商投资企业	Enterprises with Funds from Hong Kong, Macao and Taiwan	38	6245
合资经营企业	Joint-venture Enterprises		2358
合作经营企业	Cooperative Enterprises		
独资企业	Enterprises with Sole Investment	38	3164
投资股份有限公司	Share-holding Corporations Ltd. With Investment		452
其他港澳台投资企业	Other Enterprisess		271
外商投资企业	Foreign Funded Enterprises	92	4736
中外合资经营企业	Joint-venture Enterprises		
中外合作经营企业	Cooperative Enterprises		123
外资企业	Enterprises with Sole Foreign Investment		4540
外商投资股份有限公司	Share-holding Corporations Ltd. With Foreign Investment	92	73
其他外商投资企业	Other foreign investment enterprise		
按国民经济行业分组	**Grouped by Sector**		
旅游饭店	Restaurant for Tourism	10951	77916
一般旅馆	Ordinary Hotels	2.7	16787
其他住宿服务	Others		3243

CONTINUED

(10000 yuan)

管理费用 Management Expenses	财务费用 Financial Expenses	营业利润 Business Profits	利润总额 Total Profits	应交所得税 Payable Income Tax	应付工资 Total Wage Payable	本年应交增值税 Value-added Tax Payable
96922	**7232**	**-10641**	**-6413**	**2608**	**65712**	**5610**
77379	7243	-11156	-6428	1680	61618	4938
22957	818	-10076	-8054	582	22422	1113
1240	-3.7	67	-15	49	800	122
2665	-1.1	801	905	225	2210	772
27137	2418	-4337	-3841	263	20843	1341
781	6.2	-299	-301		1077	33
26356	2412	-4038	-3540	263	19766	1308
7278	1571	1214	3187	363	4388	830
15956	2426	1049	1265	199	10810	745
517	115	1326	1298	1.6	1266	241
94	8.7	242	266		285	2
15024	2300	-416	-249	194	8988	502
321	2	-104	-49	2.8	272	1
147	16	127	127		145	15
11911	529	-3285	-3763		3465	171
6829	209	-2724	-2699		1396	37
3598	308	-201	-765		1598	122
227	2.1	57	119		116	
1257	11	-417	-418		356	12
7633	-540	3801	3778	929	629	501
84	1.8	32	32		75	
7246	-542	3769	3746	929	409	501
303	0.1				146	
79469	6259	-6947	-4518	2414	54667	4115
13801	967	-1753	505	136	9508	1445
3651	5.7	-1941	-2399	58	1537	50

15-12 限额以上餐饮业财务指标 (2016年)

单位：万元

项　目	Item	企业数(个) Numbers of Enterprises (unit)	流动资产小计 Circulating Funds
总 计	**Total**	**145**	**90872**
按登记注册类型分组	**Grouped by Status of Registration**		
内资企业	Domestic Funded Enterprises	127	77768
国有企业	State-owned Enterprises	11	-1703
集体企业	Collective-owned Enterprises	1	30
股份合作企业	Cooperative Enterprises		
联营企业	Joint Ownership Enterprises		
有限责任公司	Limited Liability Corporations	38	44986
国有独资企业	Sole State-funded Corporations		
其他有限责任公司	Others Limited Liability Corporations	38	44986
股份有限公司	Share-holding Corporations Ltd.	6	841
私营企业	Private Enterprises	70	33609
私营独资企业	Private-funded Enterprises	12	1857
私营合伙企业	Private Partnership Enterprises	3	550
私营有限责任公司	Private Limited Liability Corporations	51	30614
私营股份有限公司	Private Share-holding Corporations Ltd.	4	589
其他企业	Other Enterprises	1	5
港、澳、台商投资企业	Enterprises with Funds from Hong Kong, Macao and Taiwan	9	9959
合资经营企业	Joint-venture Enterprises	5	8842
合作经营企业	Cooperative Enterprises		
独资企业	Enterprises with Sole Investment	3	552
投资股份有限公司	Share-holding Corporations Ltd. With Investment	1	566
其他港澳台投资企业	Other Enterprisess		
外商投资企业	Foreign Funded Enterprises	9	3146
中外合资经营企业	Joint-venture Enterprises	2	719
中外合作经营企业	Cooperative Enterprises	1	124
外资企业	Enterprises with Sole Foreign Investment	6	2303
外商投资股份有限公司	Share-holding Corporations Ltd. With Foreign Investment		
其他外商投资企业	Other foreign investment enterprise		
按国民经济行业分组	**Grouped by Sector**		
正餐服务业	Dinner Service	140	82903
快餐服务业	Snack Service	3	7448
饮料及冷饮服务业	Beverage and Cold Drink Service	1	348
其他餐饮服务业	Other Food and Beverage Services	1	174

FINANCIAL INDICATORS OF ENTERPRISE ABOVE DESIGNATED SIZE IN CATERING SERVICES (2016)

(10000 yuan)

资产合计 Total Assets	负债合计 Total Liabilities	实收资本 Paicl-up Capital	固定资产原价 Original Value of Fixed Assets	累计折旧 Total Depreciation	主营业务收入 Revenue in Major Business	主营业务成本 Cost in Major Business	主营业务税金及附加 Tax and Extra Changes in Major Business
204457	**120706**	**63873**	**113610**	**34705**	**141379**	**78961**	**5475**
181887	113137	54366	105693	29717	115253	66493	4784
17538	19346	2768	25501	7287	6830	4820	334
206	156	50	183	6.7	312	193	26
73858	54201	21145	27832	9844	33299	18055	1212
73858	54201	21145	27832	9844	33299	18055	1212
3872	2562	268	3242	1186	3087	1956	205
86271	36845	30021	48712	11273	70255	40794	2871
6848	3061	3309	5840	1182	10898	7508	514
990	20	787	528	108	2385	1549	126
77588	33227	25701	41780	9668	56209	31370	2195
845	538	225	565	315	763	367	36
142	28	114	223	120	1470	675	137
18454	6776	7864	4657	2580	19814	9454	491
17124	4617	7628	3940	1923	13312	5196	326
590	1740	179	162	159	4260	2370	139
740	419	57	555	498	2242	1888	26
4116	793	1643	3261	2408	6313	3014	200
1171	75	420	2164	1728	1131	559	36
127	15	220	15	15	255	66	7.8
2818	702	1002	1082	665	4926	2389	156
186171	108160	57595	106820	32934	124478	73602	5174
17556	12036	5828	6459	1648	16230	5031	291
556	340	390	331	123	342	105	7.8
174	170	60			330	223	2.1

15-12 续表

单位：万元

项　目	Item	其他业务利　润 Other Business Profit	营业费用 Business Expenses
总 计	**Total**	**2881**	**35626**
按登记注册类型分组	**Grouped by Status of Registration**		
内资企业	Domestic Funded Enterprises	2881	26596
国有企业	State-owned Enterprises	141	380
集体企业	Collective-owned Enterprises		92
股份合作企业	Cooperative Enterprises		
联营企业	Joint Ownership Enterprises		
有限责任公司	Limited Liability Corporations	268	7374
国有独资企业	Sole State-funded Corporations		
其他有限责任公司	Others Limited Liability Corporations	268	7374
股份有限公司	Share-holding Corporations Ltd.		384
私营企业	Private Enterprises	2472	17864
私营独资企业	Private-funded Enterprises	128	928
私营合伙企业	Private Partnership Enterprises		92
私营有限责任公司	Private Limited Liability Corporations	2344	16551
私营股份有限公司	Private Share-holding Corporations Ltd.		294
其他企业	Other Enterprises		502
港、澳、台商投资企业	Enterprises with Funds from Hong Kong, Macao and Taiwan		7993
合资经营企业	Joint-venture Enterprises		7440
合作经营企业	Cooperative Enterprises		
独资企业	Enterprises with Sole Investment		501
投资股份有限公司	Share-holding Corporations Ltd. With Investment		52
其他港澳台投资企业	Other Enterprisess		
外商投资企业	Foreign Funded Enterprises		1037
中外合资经营企业	Joint-venture Enterprises		73
中外合作经营企业	Cooperative Enterprises		157
外资企业	Enterprises with Sole Foreign Investment		806
外商投资股份有限公司	Share-holding Corporations Ltd. With Foreign Investment		
其他外商投资企业	Other foreign investment enterprise		
按国民经济行业分组	**Grouped by Sector**		
正餐服务业	Dinner Service	2881	25156
快餐服务业	Snack Service		10230
饮料及冷饮服务业	Beverage and Cold Drink Service		240
其他餐饮服务业	Other Food and Beverage Services		

CONTINUED

(10000 yuan)

管理费用 Management Expenses	财务费用 Financial Expenses	营业利润 Business Profits	利润总额 Total Profits	应交所得税 Payable Income Tax	应付工资 Total Wage Payable	本年应交增值税 Value-added Tax Payable
14826	**3364**	**3767**	**541**	**640**	**20466**	**1056**
12000	3261	2625	556	384	17105	716
1424	27	-119	-178		1893	32
14		-13	-13		44	
4347	2020	389	-515	114	5105	331
4347	2020	389	-515	114	5105	331
502	2	37	28	2	638	
5675	1211	2212	1234	268	9016	353
722	87	1324	980	55	1324	9.2
150	22	446	356	71	314	
4747	1101	433	-112	137	7179	341
56	0.8	8.7	8.8	5.7	200	3.2
37	0.4	120			409	
1838	93	-81	-875	51	2564	236
1225	79	-963	-941	5	1927	236
569	8.7	672	66	46	520	
43	4.6	210			116	
989	10.7	1224	860	206	798	105
17	3.1	443	237		161	
8.4		15.6	15.9	10	19	5.0
963	7.6	765	608	196	618	100
13810	2778	4585	1572	640	18210	1024
743	586	-651	-849	0.3	2077	30
86	-0.6	-91	-106		141	1.7
187		-76	-76		39	

15-13 限额以上批发和零售连锁经营情况 (2016年)

CONDITIONS OF CHAIN WHOLESALE AND RETAIL ENTERPRISES ABOVE DESIGNATED SIZE (2016)

指　　标	Item	合 计 Total	直营店 Manufacturer Outlet Store	加盟店 Leagued Store
门店总数(个)	Number of Stores(unit)	1978	1517	461
年末从业人员数(人)	Employed Persons at Year-end(person)	20055	18584	1471
年末零售营业面积(平方米)	Operating Area of Retail Enterprises at Year-end(sq. m)	974796	943376	31420
连锁门店商品购进额(万元)	Total Purchases Value(10000yuan)	2040557	1995146	45412
#统一配送商品购进额	#Centralized Purchase and Delivery	1839638	1838760	878
连锁门店商品销售额(万元)	Total Sales of Commodities(10000yuan)	2274480	2213055	61425
#零售额	#Retail Sales	1736205	1675230	60974

15-14 限额以上住宿和餐饮业连锁经营情况 (2016年)

CONDITIONS OF CHAIN HOTELS AND CATERING ENTERPRISES ABOVE DESIGNATED SIZE (2016)

指　　标	Item	合 计 Total	直营店 Manufacturer Outlet Store	加盟店 Leagued Store
门店总数(个)	Number of Stores(unit)	**99**	**93**	**6**
年末从业人员数(人)	Employed Persons at Year-end(person)	2518	2390	128
年末餐饮营业面积(平方米)	Operating Area of Catering Enterprises at Year-end(sq. m)	33209	32934	275
客房数(间)	Number of Room(room)	2589	2045	544
床位数(个)	Number of Beds(bed)	3401	2696	705
餐位数(位)	Number of Dining-seats(unit)	11044	10920	124
连锁门店商品购进(采购)额(万元)	Total Purchases Value(10000 yuan)	11068	11001	67
#统一配送商品购进(采购)额	#Ceubralized Purchase and Delivery	10217	10150	67
连锁门店营业额(万元)	Business Revenue(10000 yuan)	46984	43482	3502
#餐费收入	#From Meals	32765	32661	104
商品销售额	Sales	1147	968	179

15-15 亿元以上商品交易市场基本情况 (2016年)

BASIC STATISTICS ON COMMODITY EXCHANGE MARKETS OF TRANSACTION VALUE OVER 100 MILLION YUAN (2016)

类　别	Category	摊位数量(个) Numberof Booths (Unit)	总成交额(亿元) Total Turnover (100 million yuan)
总 计	**Total**	**50925**	**1086.18**
粮油、食品类	Grain, Edible Oil, Food	13424	610.98
#粮油类	#Grain, Edible Oil	1559	80.69
肉禽蛋类	Meat, Poultry and Eggs	1944	42.02
水产品类	Aquatic Products	2138	60.99
蔬菜类	Vegetables	4757	239.95
干鲜果品类	Dried and Fresh Melons and Fruits	2851	178.43
饮料类	Beverages	405	36.82
烟酒类	Tobacco and Liquor	605	60.42
服装、鞋帽、针纺织品类	Garments, Footwears, Hats, Kintwear and Textiles	21549	106.30
服装类	Clothing	12243	67.07
鞋帽类	Shoes and Hats	3560	14.83
针纺织品类	Knitwear and Textiles	5746	24.40
化妆品类	Cosmetics	335	1.99
金银珠宝类	Gold, Silver and Fewelry	339	2.47
日用品类	Articles for Daily Use	623	3.07
#儿童玩具类	#Childern toys	145	1.17
五金、电料类	Hardware and Electrical Materials	347	1.84
体育、娱乐用品类	Sports & Recreation Articles	53	0.67
#照相器材类	#Photography Equipment	1	0.08
书报杂志类	Newspapers and Magazines	15	0.09
电子出版物及音像制品类	E-journals and Video Products	48	0.15
家用电器和音像器材类	Household Appliances and Video Appliances	153	11.19
中西药品类	Traditional Chinese and Western Medicines	2	0.02
#西药类	#Western Medicines		
中草药及中成药类	Traditional Chinese l Medicines		
文化办公用品类	Cultural and Official Appliances	2173	29.93
#计算机及其配套产品	#Computers and Related Products	2100	29.50
家具类	Furniture	690	12.13
通讯器材类	Communication Appliances	68	2.19
煤炭及制品类	Coal and Related Products		
木材及制品类	Wood and Wooden Products	75	0.90
石油及制品类	Petroleum and Related Products		
化工材料及制品类	Chemical Materials and Related Products	56	4.00
#化肥类	#Fertilizers	56	4.00
金属材料类	Metals Materials	793	104.60
建筑及装潢材料类	Building and Decoration Materials	4979	58.15
机电产品及设备类	Mechanical & Electrical Products		
#农机类	#Agricultural Machineries		
汽车类	Automobiles	1252	3.31
种子饲料类	Seeds and Feedstuff	65	3.60
棉麻类	Cotton and Hemp	8	0.03
其他类	Others	2868	31.34

15-16 旅游发展情况

DEVELOPMENT OF TOURISM

指 标	Item	2012	2013	2014	2015	2016
国际旅游人数总计(人次)	International Tourists(person-times)	2076165	1528554	1417227	834716	957038
外国人	Foreigners	1947335	1450170	1322891	786811	908707
港、澳、台合计	Tourists form Hong Kong, Macao and Taiwan	128830	78384	94336	47905	48331
香港同胞	Chinese Compatriots From Hong Kong	44747	18730	22413	7353	9961
澳门同胞	Chinese Compatriots FromMacao	5428	2760	4575	316	555
台湾同胞	Chinese Compatriots FromTaiwan Province	78655	56894	67348	40236	37815
国际旅游外汇收入总额(万美元)	Foreign Exchange Earnings from International Tourism (USD 10000)	83548	60436	56356	39533	45805
国内旅游人数(万人次)	Number of Domestic Visitors (10000 person-times)	25174	29004	10531	12926	14380
国内旅游收入(亿元)	Earnings from Domestic Tourism (100 million yuan)	1248	1348	1031	1337	1573

注：2014年开始国内旅游人数及收入按照“住宿+景点”口径统计，与以前年份不可比。
Note:Number of domestic tourism and Earnings from Domestic Tourism in accordance with the "accommodation +spots" caliber statistics.

15-17 按国别分外国入境游客

NUMBER OF OVERSEA VISITOR ARRIVALS BY COUNTRY/REGION

单位：人次 (person-times)

国 家	Countries	2009	2010	2011	2012	2013	2014	2015	2016
总 计	**Total**	**1350307**	**1648303**	**1978434**	**1947335**	**1450170**	**1322891**	**786811**	**908707**
#日 本	#Japan	45731	59237	116956	47969	23879	21536	23314	22918
菲律宾	Philippines	2051	1384	7904	1475	2877	983	257	451
新加坡	Singapore	10544	9027	3261	9516	12880	7839	2139	3090
泰 国	Thailand	4351	5932	11387	2052	2625	2594	777	1517
印度尼西亚	Indonesia	2229	1424	161	1272	1581	1590	1237	1280
马来西亚	Malaysia	4448	3643	2511	5987	3739	4871	2380	3960
韩 国	Republic of Korea	117248	146172	210803	194201	185742	178980	122871	111199
蒙 古	Mongolia	818	625	15857	657	550	304	148	197
印 度	India	1784	1701	4558	2517	1787	1593	549	751
美 国	United States	23200	22900	38673	43369	33010	33083	5498	5514
加拿大	Canada	4735	4958	10263	9638	16713	10209	1400	1638
英 国	United Kingdom	4436	4538	5966	9178	8780	7896	1211	1414
法 国	France	19792	20461	17477	13639	14076	12291	1103	1597
德 国	Germany	5852	5729	8035	6719	5987	5116	1577	2054
意大利	Italy	2180	2304	4832	8973	10347	9354	838	1139
瑞 士	Switzerland	637	522	758	1315	812	787	300	296
瑞 典	Sweden	601	797	2080	549	246	502	211	238
荷 兰	Netherlands	144	2	150	81	10	19	311	526
俄罗斯	Russia	1070994	1317308	1463368	1527864	972879	919053	609696	741779
西班牙	Spain	2929	2261	12072	6321	12884	11288	470	502
澳大利亚	Australia	5440	5525	7568	8524	9039	8637	1682	2120
新西兰	New Zealand	780	632	1295	1525	1008	**1031**	310	367

主要统计指标解释

批发业　指向其他批发或零售单位（含个体经营者）及其他企事业单位、机关团体等批量销售生活用品、生产资料的活动，以及从事进出口贸易和贸易经纪与代理的活动，包括拥有货物所有权，并以本单位(公司)的名义进行交易活动,也包括不拥有货物的所有权，收取佣金的商品代理、商品代售活动；还包括各类商品批发市场中固定摊位的批发活动，以及以销售为目的的收购活动。

零售业　指百货商店、超级市场、专门零售商店、品牌专卖店、售货摊等主要面向最终消费者（如居民等）的销售活动，以互联网、邮政、电话、售货机等方式的销售活动，还包括在同一地点，后面加工生产，前面销售的店铺（如面包房）；谷物、种子、饲料、牲畜、矿产品、生产用原料、化工原料、农用化工产品、机械设备（乘用车、计算机及通信设备除外）等生产资料的销售不作为零售活动；多数零售商对其销售的货物拥有所有权，但有些则是充当委托人的代理人，进行委托销售或以收取佣金的方式进行销售。

批发和零售业商品购进、销售、库存额　指各种登记注册类型的批发和零售业企业(单位)以本企业(单位)为总体的，从国内、国外市场购进的商品总量，销售和出口的商品总量，库存的商品总量等情况。该指标可以反映商品流转过程中商品的购进、销售、库存之间的比例关系和存在的问题。

商品购进额　指从本企业以外的单位和个人购进（包括从国外直接进口）作为转卖或加工后转卖的商品金额（含增值税）。商品购进包括：（1）从工农业生产者、批发和零售业企业、住宿和餐饮业企业、出版社或报社的出版发行部门和其他服务业企业购进的商品；（2）从机关团体、事业单位购进的商品；（3）从海关、市场管理部门购进的缉私和没收的商品；（4）从居民收购的废旧商品等。不包括：（1）企业为本单位自身经营用，不是作为转卖而购进的商品，如材料物资、包装物、低值易耗品、办公用品等；（2）未通过买卖行为而收入的商品，如接受其他部门移交的商品、借入的商品、收入代其他单位保管的商品、其他单位赠送的样品、加工回收的成品等；（3）经本单位介绍，由买卖双方直接结算，本单位只收取手续费的业务；（4）销售退回和买方拒付货款的商品；（5）商品溢余。

商品销售额　指对本单位以外的单位和个人出售的商品金额（包括售给本单位消费用的商品，含增值税）。商品销售包括（1）售给城乡居民和社会集团消费用的商品；（2）售给农业、工业、建筑业、服务业等国民经济各行业用于生产、经营用的商品，包括售予批发和零售业作为转卖或加工后转卖的商品；（3）对国（境）外直接出口的商品。不包括：（1）未通过买卖行为付出的商品，如随机构变动移交给其他企业单位的商品、借出的商品、归还受其他单位委托代保管的商品、付出的加工原料和赠送给其他单位的样品等；（2）经本单位介绍，由买卖双方直接结算，本单位只收取手续费的业务；（3）购货退回的商品；（4）商品损耗和损失；（5）出售本单位自用的废旧物资。

商品库存额　对于批发和零售业法人单位和个体经营户，是指报告期末取得所有权的全部商品金额（含增值税）；对于批发和零售业产业活动单位，是指报告期末实际在库且归属法人具有所有权的全部商品金额（含增值税）。库存商品包括：(1)存放在本单位(如门市部、批发站、采购站、经营处)的仓库、货场、货柜和货架中的商品；(2)挑选、整理、包装中的商品；(3)已记入购进而尚未运到本单位的商品，即发货单或银行承兑凭证已到而货未到的商品；(4)寄放他处的商品，如因购货方拒绝付款而暂时存在购货方的商品；(5)委托其他单位代销(未作销售或调出)尚未售出的商品；(6)代其他单位购进尚未交付的商品。不包括：所有权不属于本单位的商品；委托外单位加工的商品；外贸企业代理其他单位从国外进口，尚未付给订货单位的商品；代国家储备部门保管的商品。

连锁总店（总部）　指负责连锁企业资源（商号、商誉、经营模式、服务标准、管理模式等等）的开发、配置、控制或使用等功能的企业核心管理机构。连锁经营是指经营同类商品或服务，使用统一商号的若干店铺，在同一总店（总部）的管理下，采取统一采购或特许经营等方式，实现规模效益的组织形式，包括直营连锁、特许连锁和自愿连锁三种形式。

其中，直营连锁是指连锁店铺由连锁公司全资或控股开设，在总部的直接控制下，开展统一经营的连锁经营形式；特许连锁是指拥有注册商标、企业标志、专利、专有技术等经营资源的企业（特许人），以合同形式将其拥有的经营资源许可其他经营者（被特许人）使用，被特许人按合同约定在统一的经营模式下开展经营，并向特许人支付特许经营费用的连锁经营形式；自愿连锁是指若干个店铺或企业自愿组合起来，在不改变各自资产所有权关系的情况下，以同一个品牌形象面对消费者，以共同进货为纽带开展的连锁经营形式。

亿元以上商品交易市场 指年成交额在亿元及以上的商品交易市场。商品交易市场是指经有关部门和组织批准设立，有固定场所、设施，有经营管理部门和监管人员，若干市场经营者入内，常年或实际开业三个月以上，集中、公开、独立地进行生活消费品、生产资料等现货商品交易以及提供相关服务的交易场所，包括各类消费品市场、生产资料市场等。

社会消费品零售总额 指企业（单位、个体户）通过交易直接售给个人、社会集团非生产、非经营用的实物商品金额，以及提供餐饮服务所取得的收入金额。个人包括城乡居民和入境人员，社会集团包括机关、社会团体、部队、学校、企事业单位、居委会或村委会等。

住宿业 指为旅行者提供短期留宿场所的活动，有些单位只提供住宿，也有些单位提供住宿、饮食、商务、娱乐一体的服务，不包括主要按月或按年长期出租房屋住所的活动。

餐饮业 指通过即时制作加工、商业销售和服务性劳动等，向消费者提供食品和消费场所及设施的服务。

营业额 指住宿和餐饮业单位在经营活动中因提供服务或销售商品等取得的收入。包括：客房收入、餐费收入、商品销售额（含增值税）和其他收入。其中，客房收入指住宿和餐饮业单位在经营活动中因提供住宿服务取得的收入。餐费收入指本单位为顾客提供就餐服务取得的收入，包括：经烹饪、调制加工后出售的各种食品，如主食、炒菜、凉拌菜等的收入。

入境游客 指报告期内来中国（大陆）观光、度假、探亲访友、就医疗养、购物、参加会议或从事经济、文化、体育、宗教活动的外国人、港澳台同胞等游客（即入境旅游人数）。统计时，入境游客按每入境一次统计1人次。入境旅游人数包括入境过夜游客和入境一日游游客。

出境人数（出境游客） 指中国（大陆）居民因公或因私出境前往其他国家、中国香港特别行政区、澳门特别行政区和台湾省观光、度假、探亲访友、就医疗养、购物、参加会议或从事经济、文化、体育、宗教活动的人数（即出境游客）。统计时，出境游客按每出境一次统计1人次。

国内游客 指报告期内在中国（大陆）观光游览、度假、探亲访友、就医疗养、购物、参加会议或从事经济、文化、体育、宗教活动的中国（大陆）居民人数，其出游的目的不是通过所从事的活动谋取报酬。统计时，国内游客按每出游一次统计1人次。

国际旅游(外汇)收入 指入境游客在中国（大陆）境内旅行、游览过程中用于交通、参观游览、住宿、餐饮、购物、娱乐等全部花费。

国内旅游收入(旅游总花费) 指国内游客在国内旅行、游览过程中用于交通、参观游览、住宿、餐饮、购物、娱乐等全部花费。

星级饭店 指设备、设施、服务符合《旅游饭店星级的划分与评定》（GB/T14308-2003），通过相关旅游管理部门评定，并取得星级饭店称号的饭店（含预备星级饭店）。

Explanatory Notes on Main Statistical Indicators

Wholesale Trade refers to the activities of selling wholesale commodities for daily use and capital goods to enterprises of wholesale and retail trades (including self-employed individuals) and other enterprises, institutions and government organs and organizations, and the activities of engaging in import and export and acting as a trade agent. The wholesaler may have the ownership of the commodities for wholesale and trade in the name of its own (a company), and the wholesaler can act as commission agent or commodity broker without the ownership of commodities. Also included are the wholesale activities at the fixed stalls in wholesale market and the acquisition for sales purpose.

Retail Trade refers to the activities of department store, supermarket, franchised store, brand store, retail stall and on-the-spot-making-selling store selling commodities to the final consumers (residents) by any means including internet, post, telephone, sales machine. It also includes shops with sales and production localted in the same places (such as bakeries). Retail trade excludes the activities of sales of capital goods such as grain, seed, feed, livestock, mineral products, raw material for production, industrial chemicals, chemical products for agricultural use, machine and equipment (excluding vehicles, computers and communication equipment). Most retailers have the ownership of commodities to sell, but some are acting as agents or brokers to make transactions for a commission.

Purchase, Sales and Stock of Commodities by Wholesale and Retail Trades refer to the total volume of commodities purchased, total volume of sales and exports, and the stock of commodities by wholesale and retail enterprises (establishments) of different status of registration from domestic and overseas markets. This indicator reflects the relationship among purchase, sales and stock of commodities in the circulation of goods and reveals the existing problems.

Total Purchases of Commodities refer to the total value of purchases of commodities by enterprises (establishments) from other establishments or individuals (including direct import from abroad) for the purpose of re-selling, either with or without further processing of the commodities purchased. The commodities include: (1) commodities purchased from agricultural and industrial producer, wholesaler, retailer, publishing house and other service business; (2) commodities purchased from institutions and government departments; (3) confiscated goods purchased from the customs authorities or market management agencies; (4) second-hand goods and wastes purchased from residents; The commodities exclude (1) commodities purchased by enterprises (establishments) for use in their own business operation, commodities obtained without buying or selling procedures such as materials, consumable goods of low value, office appliance, etc. (2) received goods without trading, such as goods handed over from others, borrowed goods, preserved goods for others, donated goods from others, processed and retrieved goods, etc. (3) goods of direct settlement between buyer and seller with handling fees introduced by others, (4) goods returned or refused to pay by the buyer, (5) excessive goods.

Total Sales of Commodities refer to value of commodities sold by the establishments to other establishments and individuals (including goods sold for self consumption, including the value-added tax).

The commodities include: (1) commodities sold to urban and rural residents and social groups for their consumption; (2) commodities sold to establishments in all industries for their production and operation, including agriculture, industry, construction, and catering services including commodities sold to wholesale and retail establishments for re-selling, with or without further processing; and (3) commodities for direct export to abroad. Excluded are (1) extended commodities without trading, such as goods handed over to other enterprises and institutions because of the change of organizations, lent goods, returned goods preserved for others, extended processing materials and samples donated to others, (2) goods of direct settlement between buyer and seller with handling fees introduced by others, (3) goods returned after purchase, (4) damaged and spoiled goods, (5) waste and used goods of self use,

Total Stock of Commodities For the legal entities and self-employed individuals engaged in wholesale and retail trade, it refers to total value (including VAT) of commodities possessed at the end of the reference period; and for wholesale and retail establishments, it refers to the value (including VAT) of all commodities actually in stock and owned by their legal persons at the end of reference period. The commodities in stock includes: (1) commodities located in storage, garages, counters, and shelves of operating places of wholesale and retail trades (such as sale stores, wholesale centres, procurement stations and operating offices); (2) commodities in the process of being selected, sorted, and packed; (3) commodities not arrived but recorded as purchase in the account, i.e. commodities not arrived but payment receipts for the commodities from the sellers or the banks arrived; (4) commodities deposited in other places rather than places mentioned above, for instance: commodities in the hold of purchasers temporarily due to the refusal of payment; (5) commodities entrusted to other units to sell but not sold yet; (6) commodities purchased for other units but not delivered yet. Commodities not included as stock are those not owned by the enterprises (units), commodities on commission for processing, imported commodities of agency of foreign trade enterprise but not yet delivered to ordering units and finally those put in stock on behalf of the state reserves units.

Chain Head Stores (headquarter) refer to the core leading stores responsible for development, allocation, administration and utilization of resources (name of stores, brand of stores, operation model, service standard, management way, etc.) of chain stores. Chain stores refers to the stores engaged in providing homogeneous commodities or services, with the central leadership of head store (headquarters) and guided by common policies, conduct centralized purchase and distributed selling of commodities, in order to gain better efficiency through standardized operation. The chain stores include regular chain stores, franchise chain stores and voluntary chain stores.

Regular Chain store refers to chain stores that are invested or controlled by the headquarters. They operate under direct and unified management from the headquarters.

Franchise chain store refers to the chain stores (franchisees) which are franchised with operation resources such as trade marks, names, patent and operation know-how by the franchisors in form of contract and pay the operation fees to the franchisors.

Voluntary chain store refers to the stores operate jointly on the voluntary bases while maintaining their status of independent legal entities with full ownership of their assets. They sell goods of same brand from same channel of resource to the consumers.

Large Commodity Markets with Transaction Value over 100 Million Yuan refers to the commodity markets with an annual transaction at and above 100 million. The commodity market refers to the markets approved and managed by related departments, where there are fixed sites, facilities, managers and administration offices, where there are a certain number of traders to operate for three month and above or all the year, where the commodities including the articles for daily consumption and capital goods and services are traded in a centralized, independent and open way. Such market includes markets of daily goods and market of capital goods, etc.

Total Retail Sales of Consumer Goods refer to the amount obtained by enterprises (units, self-employed individuals) through direct sales of non-production and non-business physical commodity to individuals, social institutions, and revenue from providing catering services. Individuals include rural and urban households, population from abroad, social institutions include government agencies, social organizations, military units, schools, institutions, neighbourhood (village) committees.

Hotel Services refer to the accommodation services provided to visitors. Some units may provide only accommodation while others provide a combination of accommodation, meals, business services and/or recreational facilities. It excludes activities related to the provision of long-term primary residences in facilities such as apartments typically leased on a monthly or annual basis.

Catering Services refer to the activities of providing foods, serving locations and facilities to customers through instant processing, commercial sales and service-type labor.

Business Revenue refers to revenue of hotels and catering services received from providing services or selling commodities through business activities, including income from hotels, from catering services, from selling of commodities (including VAT) and from other services. Income from hotels refers to income of hotels and catering services by providing lodging services through business activities. Income from catering services refers to income from providing catering services, including selling of cooked or prepared foods, such as staple food, cooked dishes, or cold dishes.

Overseas Visitor Arrivals refer to the number of tourists of foreigners, Chinese compatriots from Hong Kong, Macao and Taiwan who come to China (mainland) within the reference period for sight-seeing, vacation, visiting relatives, medical treatment, shopping, attending conference, or to engage in economic, cultural, sports and religious activities (namely the number of overseas visitor arrivals). In compiling statistics, each arrival is counted as one person-time. The number of overseas visitor arrivals includes inbound overnight tourists and one-day tourists.

Number of Chinese Residents Going Abroad (Chinese Outbound Visitors) refers to the number of Chinese (mainland) residents going to other countries, Hong Kong Special Administrative region, Macao Special Administrative region and Taiwan for on official or private purposes, for sight-seeing, vacation, visiting relatives, medical treatment, shopping, attending conference, or to engage in economic, cultural, sports and religious activities (namely the Chinese outbound visitors). In compiling statistics, each time of leaving is counted as one person-time.

Number of Domestic Tourists refers to the number of Chinese (mainland) residents who travel within China (mainland) for sight-seeing, vacation, visiting relatives, medical treatment, shopping, attending conference, or to engage in economic, cultural, sports and religious activities. In compiling statistics, each time of travelling is counted as one person-time.

Foreign Exchange Earnings from International Tourism refer to the total expenditure of foreigners, overseas Chinese, Chinese compatriots from Hong Kong, Macao and Taiwan during their stay in the mainland of China on transportation, sighting, accommodation, food, shopping and entertainment.

Income from Domestic Tourism refer to expenditure of domestic tourists on transportation, sighting, accommodation, food, shopping and entertainment while they travel.

Star-rated Hotels refer to hotels rated with stars as assessed by the relevant tourism authorities according to GB/T14308-2003 standard with reference to their infrastructure, facilities and service levels.

第十六篇　运输和邮电

CHAPTER 16 TRANSPORT, POSTS AND TELECOMMUNICATION SERVICES

资料整理：董　铠

16-1 交通运输业基本情况

BASIC CONDITIONS OF TRANSPORT

指　　标	Item	2012	2013	2014	2015	2016
运输线路长度(公里)	**Length of Transport Routes (km)**					
铁路营业里程	Railways in Operation	6022	5906	5906	6120	6120
#地方铁路	#Local Railways	751	748	748	748	748
铁路正线延展里程	Extension Length of the Trunk Lines	7881	7873	7882	8510	8568
公路线路里程	Length of Highways	159063	160206	162464	163233	164502
内河通航里程	Length of Navigable Inland Waterways	5495	5495	5495	5495	5495
定期航班航线里程	Length of Civil Aviation Routes	267537	319043	398576	378183	488798
管道输油(气)里程	Petroleum and Gas Pipelines	7675	8413	8467	9633	10962
客运量(万人)	**Total Passenger Traffic (10000 persons)**	53353	46761	48258	44480	41254
铁　路	Railways	10380	10056	10041	9794	10454
公　路	Highways	41551	35102	36379	32632	28550
水　运	Waterways	329	357	366	372	355
民　航	Civil Aviation	1093	1246	1472	1682	1895
旅客周转量(亿人公里)	**Total Passenger-Kilometers (100 million passenger-km)**	733.9	679.2	736.5	762.5	805.4
铁　路	Railways	254.7	250.2	254.1	251.1	270.5
公　路	Highways	296.8	216.1	231.2	229.6	200.1
水　运	Waterways	0.4	0.4	0.4	0.4	0.4
民　航	Civil Aviation	182.0	212.5	250.7	281.4	334.5
货运量(万吨)	**Total Freight Traffic (10000 tons)**	68450	64317	65195	59591	58697
铁　路	Railways	16170	14101	11442	8866	9420
公　路	Highways	47465	45288	47173	44200	42897
水　运	Waterways	1175	1245	1262	1245	1130
民　航	Civil Aviation	9.2	9.9	11.3	12.0	13.0
管　道	Petroleum and Gas Pipelines	3631	3673	5306	5268	5237
货物周转量(亿吨公里)	**Total Freight Ton-kilometers (100 million ton-km)**	2020.8	2098.4	1979.5	1725.4	1729.0
铁　路	Railways	1041.1	928.3	775.4	593.6	620.0
公　路	Highways	929.0	972.9	1008.5	929.3	904.8
水　运	Waterways	7.6	7.9	7.9	8.1	7.3
民　航	Civil Aviation	1.8	2.0	2.2	2.2	2.6
管　道	Petroleum and Gas Pipelines	41.3	41.6	185.4	192.1	194.3
民用汽车拥有量(万辆)	**Number of Civil Motor Vehicles (10000 units)**	269.3	296.4	327.1	354.7	396.2
#载客汽车	#Number of Buses and Cars	201.4	228.9	258.3	288.7	330.1
载货汽车	Number of Trucks	55.9	58.1	61.8	60.3	61.4
#普通载货汽车	#Ordinary Trucks	31.4	32.6	33.9	33.3	34.2
#私人汽车	#Number of Private-owned Motor Vehicles	210.2	237.2	269.0	301.7	346.0
民用运输船舶拥有量(艘)	**Number of Civil Transport Vessels (unit)**	1592	1590	1585	1569	1543
机动船	Motor Vessels	1238	1239	1234	1219	1208
驳　船	Barges	354	351	351	350	335
私人运输船舶拥有量(艘)	**Number of Private-owned Transport Vessels (unit)**	1026	1020	1016	1015	1004
机动船	Motor Vessels	864	859	855	855	846
驳　船	Barges	162	161	161	160	158

注：根据交通部2013年专项调查，对2013年公路、水路客（货）运量进行了修订(下同)。
Note: According to Ministry of Transportation special investigation in 2013, the 2013 highway and waterway passenger (cargo) traffic has been revised (the same below).

16-2 运输线路长度

LENGTH OF TRANSPORTATION ROUTES

单位：公里 (km)

年 份 Year	铁 路 营业里程 Length of Railways in Operation	#地方铁路 Local Railways	铁路正线延展里程 Extension Length of the Trunk Lines	公路线路里 程 Length of Highways	内河通航里 程 Length of NavigableInland Waterways	定期航班航线里程 Length of Civil Aviation Routes	管道输油(气)里程 Petroleum and Gas Pipelines
1952	3669		4099	8919	3871		
1957	3740		4153	16892	4095		
1965	3750		4644	26256	5912		20.9
1975	4595		5506	40117	6810		148.2
1978	4594		5538	44797	6595	1261	182.2
1979	4796		5693	42191	5137	1261	182.2
1980	4796		5707	44590	5137	1261	240.2
1981	4819		5771	44749	4776	1261	240.2
1982	4818		5701	44965	4776	6693	240.2
1983	4861		5825	45295	4776	6693	240.2
1984	4917		6026	45396	4776	6705	240.2
1985	4681		6096	45487	4776	6705	302.2
1986	4956		6096	45659	4776	6705	302.2
1987	5020		6096	46090	4776	6705	302.2
1988	5121		6506	46617	4696	14274	302.2
1989	5124	187	6363	47045	4696	14274	302.2
1990	5316	428	6363	47203	4696	14274	422.5
1991	5316	428	6396	47188	4696	14274	474.2
1992	5307	428	6419	47882	4696	14274	737.4
1993	5262	428	6398	48023	4696	14274	746.6
1994	5262	428	6447	48356	5057	14274	746.6
1995	5262	428	6474	48819	5057	14274	749.4
1996	5295	428	6481	48986	5057	72000	749.4
1997	5336	428	6974	49631	5057	69000	802.4
1998	5336	428	7046	49766	5057	90000	802.4
1999	5464	490	7047	49928	5057	114000	985.4
2000	5465	491	7130	50284	5057	112000	985.4
2001	5464	490	7125	62979	5057	123416	985.4
2002	5464	490	7123	63046	5057	117406	985.4
2003	5373	490	7088	65123	5528	108716	985.4
2004	5432	650	7095	66821	5528	127486	985.4
2005	5499	718	7260	67077	5528	116624	985.4
2006	5503	723	7250	139335	5528	138845	985.4
2007	5563	723	7340	140909	5528	208119	985.4
2008	5563	723	7422	150846	5528	159587	985.4
2009	5644	724	7501	151470	5528	182243	6143.1
2010	5673	752	7535	151945	5495	203249	6938.0
2011	5832	751	7652	155592	5495	236674	7313.2
2012	6022	751	7881	159063	5495	267537	7674.6
2013	5906	748	7873	160206	5495	319043	8413.0
2014	5906	748	7055	162464	5495	398576	8467.1
2015	6120	748	8510	163233	5495	378183	9632.7
2016	6120	748	8568	164502	5495	488798	10962.0

注：2009年起，输油（气）管道里程包括液化气、天然气、人工煤气和输油管道里程。
Note:Since 2009, Length of Petroleum and Gas Pipelines included length of liquefied gas, natural gas, artificial gas and oil pipeline mileage.

16-3 公路里程

LENGTH OF HIGHWAYS

单位：公里　　(km)

年 份 Year	总 计 Total	等级公路 Expressway and Class I to Ⅳ Highway	高 速 Expressway	一 级 First Class	二 级 Second Class	三 级 Third Class	四 级 Fourth Class	等外公路 Highway Below Class Ⅳ
1979	42191	39966		14	490	8027	31435	2225
1980	44590	42567		18	597	8494	33458	2023
1981	44749	42762		18	623	8606	33515	1987
1982	44965	42989		18	623	8746	33602	1976
1983	45295	43361		18	652	9384	33307	1934
1984	45396	43558		18	697	9859	32984	1838
1985	45487	43649		18	716	9776	33139	1838
1986	45659	43821		32	758	9964	33067	1838
1987	46090	44343		162	780	10361	33040	1747
1988	46617	44715		160	573	12485	31497	1902
1989	47045	45186		189	806	13276	30915	1859
1990	47203	45495		191	891	14158	30255	1708
1991	47188	45568		192	939	14880	29557	1620
1992	47880	46264		213	1124	15662	29265	1616
1993	48023	46527		213	1302	16953	28059	1496
1994	48356	46919		214	1466	17979	27260	1437
1995	48819	47626	36	230	1977	18574	26809	1193
1996	48986	47787	36	271	2503	18547	26430	1199
1997	49631	48956	147	345	3135	22811	22518	675
1998	49766	49098	176	356	3616	22572	22378	668
1999	49928	49263	176	356	4113	22630	21988	665
2000	50284	49623	285	387	4643	22757	21551	661
2001	62979	57762	414	548	5638	33320	17842	5217
2002	63046	57882	413	707	5821	33132	17809	5164
2003	65123	59599	413	925	6623	33083	18555	5524
2004	66821	61303	722	1040	7034	33169	19339	5518
2005	67077	61691	958	1118	7140	32806	19669	5386
2006	139335	83546	958	1325	7279	33611	40373	55789
2007	140909	93850	1044	1453	7443	33027	50883	47059
2008	150846	104102	1044	1534	7743	32621	61160	46744
2009	151470	114511	1219	1576	8599	32186	70931	36960
2010	151945	118918	1358	1451	9063	32128	74918	33028
2011	155592	124132	3708	1289	8849	32298	77989	31460
2012	159063	129260	4084	1521	9623	32182	81850	29803
2013	160206	131778	4084	1593	9853	33108	83140	28429
2014	162464	135033	4084	1771	10598	34030	84550	27431
2015	163233	136325	4346	1930	11308	33833	84908	26908
2016	164502	138512	4350	2393	11552	34321	85896	25990

注：2006年全省农村公路普查核实后，公路线路里程统计口径调整，增加了“农村公路里程”(下同)。
Note: After the general survey of countryside road in April 2006, the item of length of highways add" length of countryside road". (the same as following tabales)

16-4 分地区运输线路长度(2016年底)

LENGTH OF TRANSPORT ROUTES AT YEAR-END BY REGION (2016)

单位：公里 (km)

地　区	Region	公路里程 Total Length of Highways	等级公路 Expressway and Class I to IV Highways	#高速 Express way	#一级 First Class	#二级 Second Class	等外公路 Highways Below Class IV
全　省	**Total**	**164502.1**	**138511.9**	**4349.6**	**2393.0**	**11552.1**	**25990.3**
哈尔滨	Harbin	25455.6	23029.2	877.2	432.7	1345.8	2426.3
齐齐哈尔	Qiqihar	23048.7	20309.9	451.4	181.5	1235.0	2738.8
鸡　西	Jixi	9308.7	7574.6	361.7	118.4	616.9	1734.1
鹤　岗	Hegang	5984.5	4266.6	10.3	119.3	328.2	1717.9
双鸭山	Shuangyashan	9088.2	6095.2	163.7	68.7	896.6	2992.9
大　庆	Daqing	8767.0	6982.2	249.6	292.8	624.2	1784.8
伊　春	Yichun	7142.4	6860.4	132.8	70.8	1033.4	282.1
佳木斯	Jiamusi	13486.0	9257.5	389.5	111.7	923.6	4228.5
七台河	Qitaihe	2561.8	2084.0	98.7	57.2	212.1	477.8
牡丹江	Mudanjiang	12352.6	11496.2	439.8	251.4	885.7	856.4
黑　河	Heihe	15954.7	12742.9	513.2	118.5	1046.9	3211.8
绥　化	Suihua	21742.2	19086.2	437.6	240.3	1116.2	2656.0
大兴安岭	Daxinganling	7179.8	7151.6		277.1	1091.2	28.2
绥芬河	Suifenhe	232.3	190.1	8.2	31.4	6.0	42.2
抚　远	Fuyuan	2197.7	1385.4	215.9	21.1	190.2	812.3

16-5 运输线路质量

QUALITY OF TRANSPORT ROUTES

指　标	Item	2012	2013	2014	2015	2016
铁路营业里程(公里)	**Length of Railways in Operation (km)**	**5158**	**5158**	**5158**	**5372**	**5372**
#复线里程(公里)	#Double-Tracking Length (km)	1639	1709	1711	2098	2165
复线里程比重(%)	Proportion (%)	31.8	33.1	33.2	39.1	40.3
#自动闭塞里程(公里)	#Automatic Blocking Length (km)	2206	2206	2199	2617	2617
自动闭塞里程比重(%)	Proportion (%)	42.8	42.8	42.6	48.7	48.7
公路线路里程(公里)	**Length of Highways (km)**	**159063**	**160206**	**162464**	**163233**	**164502**
#有路面里程(公里)	#Paved Highways (km)	129260	133053	135096	137551	139658
有路面里程比重(%)	Proportion (%)	81.3	83.1	83.2	84.3	84.9
内河航道里程(公里)	**Length of Navigable Inland Waterways (km)**	**5562**	**5562**	**5562**	**5562**	**5562**
#水深一米以上(公里)	#Upwards of one meter (km)	3347	3347	3347	3347	3347
水深一米以上比重(%)	Proportion (%)	60.1	60.1	60.1	60.1	60.1

注：铁路里程为哈尔滨铁路局在黑龙江省境内数据。

Note:Length of Railways in Operation is data of Harbin Railway Bureau in churchyard of Heilongjiang Province.

16-6 客运量

PASSENGER TRAFFIC

单位：万人 (10000 persons)

年 份 Year	合 计 Total	铁 路 Railways	公 路 Highways	水 运 Waterways	民 航 Civil Aviation
1978	13369	7707	5560	99	3
1979	14236	8329	5756	84	4
1980	14946	8963	5896	84	3
1981	15997	9806	6076	111	4
1982	17503	10566	6843	89	5
1983	18826	11281	7411	130	4
1984	20605	12111	8362	126	6
1985	20338	11625	8562	142	9
1986	21118	11413	9566	124	15
1987	26247	11697	14404	130	16
1988	26109	12689	13268	133	19
1989	25144	11999	13021	103	21
1990	22799	9855	12840	81	23
1991	23791	9938	13754	66	33
1992	23726	10573	13058	58	37
1993	22810	11658	11026	51	75
1994	23143	12231	10819	34	59
1995	23499	11881	11506	37	75
1996	38631	9515	29000	41	75
1997	45731	9604	36008	45	74
1998	47628	10070	37439	45	74
1999	48516	9847	38562	41	66
2000	49806	9819	39864	45	78
2001	50712	9692	40900	39	81
2002	51026	9188	41490	137	211
2003	47961	8207	39347	176	231
2004	51425	8724	42170	233	298
2005	55619	8251	46808	240	320
2006	60470	8801	51023	253	393
2007	64820	9495	54592	257	476
2008	41969	9872	31379	176	542
2009	43971	10000	32947	285	739
2010	47612	10468	36001	292	851
2011	51262	10604	39424	312	923
2012	53353	10380	41551	329	1093
2013	46761	10056	35102	357	1246
2014	48258	10041	36379	366	1472
2015	44480	9794	32632	372	1682
2016	41254	10454	28550	355	1895

注：2008年，交通运输部组织开展了全国公路水路运输量专项调查。统计口径发生较大变化，公路、水运数据不宜进行历史对比（下同）。

Note:In 2008, the Department of Transportation organized special investigation on national highway and waterway traffic. Changes in statistical large-caliber, highways, waterways historical data should not be compared (the same below).

16-7 旅客周转量

PASSENGER-KILOMETERS

单位：亿人公里　　(100 million passenger-km)

年　份 Year	合　计 Total	铁　路 Railways	公　路 Highways	水　运 Waterways	民　航 Civil Aviation
1978	90.8	72.2	17.5	0.7	0.3
1979	97.5	78.7	17.9	0.6	0.2
1980	102.6	83.5	18.4	0.6	0.2
1981	110.7	90.8	18.9	0.9	0.1
1982	119.7	97.2	21.8	0.6	0.2
1983	130.8	106.1	23.8	0.9	0.1
1984	146.4	118.2	27.2	0.8	0.2
1985	162.6	132.0	29.5	0.9	0.2
1986	176.5	140.1	35.4	0.7	0.2
1987	209.2	151.8	56.3	0.7	0.4
1988	227.9	174.0	52.9	0.7	0.4
1989	215.5	162.4	52.1	0.5	0.5
1990	183.6	131.6	50.3	0.4	1.3
1991	195.4	138.5	54.7	0.4	1.9
1992	212.1	155.7	50.9	0.3	5.2
1993	225.5	169.3	43.0	0.3	13.0
1994	225.3	171.8	42.9	0.2	10.4
1995	228.8	169.2	47.8	0.2	11.6
1996	280.3	141.9	126.8	0.2	11.4
1997	336.7	151.9	173.0	0.2	11.6
1998	355.5	156.0	186.9	0.1	12.5
1999	376.6	158.5	206.7	0.1	11.0
2000	388.8	160.9	214.5	0.1	13.3
2001	396.2	163.3	219.0	0.1	13.8
2002	400.3	163.2	221.8	0.1	15.2
2003	389.9	149.2	203.3	0.3	36.9
2004	444.7	171.0	225.8	0.3	47.6
2005	478.6	175.2	254.3	0.3	48.8
2006	536.5	192.5	280.6	0.3	63.1
2007	603.8	210.6	313.9	0.3	79.0
2008	524.1	220.7	213.6	0.3	89.5
2009	577.1	232.3	226.9	0.3	117.6
2010	627.8	252.3	243.2	0.3	132.0
2011	678.3	259.7	273.9	0.4	144.3
2012	733.9	254.7	296.8	0.4	182.0
2013	679.2	250.2	216.1	0.4	212.5
2014	736.5	254.1	231.2	0.4	250.7
2015	762.5	251.1	229.6	0.4	281.4
2016	805.4	270.5	200.1	0.4	334.5

16-8 货运量

FREIGHT TRAFFIC

单位：万吨　　　　(10000 tons)

年　份 Year	合　计 Total	铁　路 Railways	公　路 Highways	水　运 Waterways	民　航 Civil Aviation	管　道 Pipelines
1978	20659	8592	7888	314	0.1	3865
1979	20882	9101	7562	296	0.1	3923
1980	20600	9387	6897	287	0.1	4029
1981	20025	9321	6329	288	0.1	4087
1982	20096	9952	5720	314	0.1	4110
1983	19780	10436	4825	358	0.1	4161
1984	19185	10731	3752	383	0.2	4319
1985	22999	11341	6735	415	0.3	4508
1986	29926	11627	13386	442	0.3	4471
1987	33254	11722	16552	509	0.4	4471
1988	35899	11709	19180	539	0.5	4471
1989	37268	12389	20009	524	0.6	4345
1990	40062	12920	22239	516	1.0	4386
1991	38148	13108	20164	505	0.6	4371
1992	38392	13069	20416	556	0.5	4350
1993	37429	12947	19518	628	1.0	4335
1994	37221	13248	18857	699	1.0	4416
1995	37739	13607	19281	626	1.0	4224
1996	55568	13659	37000	650	1.0	4258
1997	59250	14290	40023	753	1.0	4183
1998	55336	12248	38291	651	1.1	4145
1999	56565	12877	38685	825	1.2	4177
2000	57213	12959	39685	788	1.7	3779
2001	58050	13671	39900	750	1.3	3728
2002	58006	13258	40317	708	4.1	3719
2003	57491	14118	39031	1052	4.7	3285
2004	59968	14975	40712	1156	5.5	3119
2005	64612	15959	44376	1301	4.2	2972
2006	68880	15859	48389	1389	4.6	3238
2007	73122	16599	51996	1250	5.4	3272
2008	56805	17511	35424	757	6.0	3107
2009	57046	16558	36486	978	6.8	3017
2010	61950	17463	40582	1015	7.6	2883
2011	66449	17378	44420	1118	8.2	3525
2012	68450	16170	47465	1175	9.2	3631
2013	64317	14101	45288	1245	9.9	3673
2014	65195	11442	47173	1262	11.3	5306
2015	59591	8866	44200	1245	11.6	5268
2016	58697	9420	42897	1130	13.0	5237

注:2014年管道货运统计口径调整，与往年不可比。
Note: Pipelines freight statistical standards of 2014 were adjusted,not comparable with previous years.

16-9 货物周转量

FREIGHT TON-KILOMETERS

单位：亿吨公里 (100 million ton-km)

年 份 Year	合 计 Total	铁 路 Railways	公 路 Highways	水 运 Waterways	民 航 Civil Aviation	管 道 Pipelines
1978	441.1	376.9	11.1	7.8		45.3
1979	461.9	398.4	10.1	7.5		46.0
1980	486.3	419.2	12.2	7.6		47.3
1981	504.4	420.7	27.5	8.3		47.9
1982	524.3	455.2	12.4	8.5		48.2
1983	564.2	494.4	10.3	10.7		48.8
1984	581.4	509.4	9.7	11.6		50.7
1985	633.9	559.9	18.2	13.9		41.9
1986	697.7	598.1	34.3	13.8		51.5
1987	739.8	629.1	44.1	15.1		51.5
1988	758.3	639.4	51.1	15.8		52.0
1989	810.8	689.6	54.9	16.0		50.3
1990	832.5	706.5	59.6	16.4		50.0
1991	836.5	713.0	57.7	16.2		49.6
1992	842.3	717.0	59.8	16.1		49.3
1993	846.1	724.9	55.9	16.1		49.1
1994	856.6	731.3	57.0	18.5		49.8
1995	867.9	748.3	55.9	16.1		47.6
1996	950.6	754.3	129.0	19.5	0.1	47.7
1997	1005.5	801.3	136.0	21.4	0.1	46.7
1998	889.5	684.7	140.4	18.5	0.1	45.8
1999	937.1	715.2	156.7	20.5	0.2	44.5
2000	943.0	718.5	161.9	19.5	0.3	42.8
2001	975.0	747.2	166.0	17.5	0.3	44.0
2002	976.2	748.3	167.5	16.2	0.3	43.9
2003	1015.1	788.6	163.1	19.3	1.0	43.1
2004	1122.0	856.9	203.8	18.9	1.1	41.3
2005	1180.6	898.7	227.6	20.0	0.8	33.5
2006	1228.6	917.8	252.1	21.2	1.0	36.5
2007	1297.7	956.1	289.9	13.6	1.1	37.0
2008	1704.3	1006.5	653.2	8.5	1.2	34.9
2009	1655.8	956.6	657.1	6.8	1.3	34.0
2010	1852.1	1032.9	762.4	7.0	1.4	48.4
2011	1984.8	1092.3	843.5	7.4	1.6	40.0
2012	2020.8	1041.1	929.0	7.6	1.8	41.3
2013	1952.7	928.3	972.9	7.9	2.0	41.6
2014	1979.5	775.4	1008.5	7.9	2.2	185.4
2015	1725.4	593.6	929.3	8.1	2.2	192.1
2016	1729.0	620.0	904.8	7.3	2.6	194.3

16-10 铁路按货物种类分的货运量和货物周转量

RAILWAY FREIGHT TRAFFIC AND FREIGHT TON-KILOMETERS BY CATEGORY OF CARGO

货类	Category	货运量（万吨）Freight Traffic (10000 tons)		货物周转量（百万吨公里）Freight Ton-km (million ton-km)		平均运距（公里）Average Transport Distance (km)	
		2015	2016	2015	2016	2015	2016
总计	**Total**	**17888**	**18861**	**85690**	**87061**	**479**	**462**
煤	Coal	8883	8584	53010	51279	597	597
焦炭	Coke	513	474	3020	3016	589	636
石油	Petroleum	1122	1052	3971	3853	354	366
钢铁	Steel and Iron	437	406	1526	1452	349	358
金属矿石	Metal Ores	876	897	5219	4494	596	501
非金属矿石	Nonmetal Ores	444	442	992	992	223	224
矿建材料	Mineral Building Materials	1036	1151	2373	2634	284	229
水泥	Cement	400	176	1135	456	227	259
木材	Timber	1348	1687	3055	3108	435	184
化肥和农药	Chemical Fertilizers and Pesticides	869	897	4145	3963	181	442
粮食	Grain	748	1133	3252	5274	533	465
其他	Others	1212	1961	3992	6539	329	333

注：本表为哈尔滨铁路局数据。
Note:Figures in this table are the data of Harbin Railway Bureau.

16-11 信息传输基本情况

BASIC CONDITIONS OF INFORMATION TRANSFER

指标	Item	2012	2013	2014	2015	2016
电信业务总量(亿元)	Business Volume of TelecommunicationsService(100 million yuan)	296.8	337.8	386.0	459.3	752.7
固定电话用户(万户)	Number of Fixed Telephone Subscribers at Yearend(10000 subscribers)	776.1	747.8	640.5	596.0	497.4
城市电话用户(万户)	Urban Fixed Telephones Subscribers(10000 subscribers)	594.3	602.0	536.6	503.8	430.7
农村电话用户(万户)	Rural Fixed Telephones Subscribers	181.7	145.8	103.9	92.2	66.8
移动电话用户(万户)	Number of Mobile Telephones Subscribers(10000 subscribers)	2663.9	3020.4	3457.8	3329.8	3445.6
#3G移动电话用户	#3G Mobile Phone Subscribers	471.7	837.4	1144.2	705.6	483.9
#4G移动电话用户	#4G Mobile Phone Subscribers			165.1	845.7	1691.8
移动电话通话时长(亿分钟)	Time of Mobile Telephones Conversation(100 million minutes)	1487.3	1562.1	1567	1516.3	1438.3
移动短信业务量(亿条)	Business Volume of Shot Message(100 million messages)	164.4	137.3	100.1	76.5	62.1
固定互联网络用户(万户)	Number of Subscribers of Internet Service(10000 subscribers)	453.7	469.7	492.5	527.4	575.1
长途光缆线路长度(公里)	Length of Long-distance Optical Cable Lines(km)	40496	45054	45619	46513	50222

16-12 铁路运输技术经济主要指标

PRINCIPLE ECONOMIC AND TECHNICAL INDICATORS OF RAILWAY TRANSPORT

指　标	Item	2012	2013	2014	2015	2016
货运机车日产量(万吨公里)	Average Daily Ton-kilometers of Freight Locomotives(10000 ton-km)	146.5	147.1	153.6	152.6	155.9
内燃机车	Diesel Locomotives	140.8	140.8	146.8	147.0	151.9
电力机车	Electric Locomotives	237.5	248.9	270.2	249.9	193.7
货运机车平均牵引总重(吨)	Average Total Tonnage of Freight Locomotives(ton)	3056	3089	3119	3101	3083
内燃机车	Diesel Locomotives	2985	3022	3053	3044	3044
电力机车	Electric Locomotives	3969	3893	3924	3855	3418
货运机车日车公里(公里)	Daily Distance per Freight Locomotive(km)	548	538	554	554	566
客运机车日车公里(公里)	Daily Distance per Passenger Locomotive(km)	815	781	785	791	827
内燃机车每万吨公里耗油(公斤)	Oil Consumption of Diesel Locomotives(kg/10000 ton-km)	24.0	24.0	23.7	24.7	26.0
电力机车每万吨公里耗电(千瓦小时)	Electricity Consumption of Electric Locomotives (kwh/10000 ton-km)	92.6	96.5	104.4	120.3	129.5
货物列车出发正点率(%)	Punctuality Rate of Freight Trains at Departure(%)	99.5	99.5	99.5	99.5	99.5
货物列车运行正点率(%)	Punctuality Rate of Freight Trains in Running(%)	99.5	99.5	99.5	99.5	99.4
旅客列车出发正点率(%)	Punctuality Rate of Passenger Trains at Departure(%)	100.0	100.0	100.0	100.0	100.0
旅客列车运行正点率(%)	Punctuality Rate of Passenger Trains in Running(%)	99.9	99.9	99.9	99.9	99.9
货物列车技术速度(公里/小时)	Technical Speed of Freight Trains(km/hour)	48.8	48.2	50.6	51.0	51.7
货物列车运行速度(公里/小时)	Running Speed of Freight Trains(km/hour)	38.5	38.1	40.2	41.5	40.7
货运密度(万吨/公里)	Density of Freight Transport(10000 ton/km)	1972	1781	1545	1225	1245
旅客列车技术速度(公里/小时)	Technical Speed of Passenger Trains(km/hour)	68.9	69.1	69.5	69.5	73.4
旅客列车运行速度(公里/小时)	Running Speed of Passenger Trains(km/hour)	61.3	61.4	61.4	61.6	65.4
客运密度(万人/公里)	Density of Passenger Transport(10000 passengers/km)	398.4	401.4	399.2	327.9	410.5
每万吨货运量拥有货车数(辆)	Number of Freight Cars per 10000 Tons(coach)	709.8	806.8	1027.6	1115.8	947.4
每百万货物吨公里拥有货车数(辆)	Number of Freight Cars per million Ton-km(unit)	123.1	139.6	179.9	203.4	180.6
货车周转时间(天)	Turning Around Time of Freight Cars(day)	2.9	2.9	2.9	2.6	2.6
一次货物作业时间(小时)	Handling Time of Freight(hour)	18.2	24.0	18.6	18.8	18.6
每车中转停留时间(小时)	Transfer Waiting Time per Car(hour)	5.8	6.2	6.5	6.0	5.3
货车净载重(准轨)(吨)	Static Load of Freight Cars(Standard Gauge)(ton)	62.2	62.6	63.2	62.4	59.8

注：本表为哈尔滨铁路局数据。
Note:Figures in this table are the data of Harbin Railway Bureau.

16-13 主要交通运输工具拥有量

NUMBER OF MAJOR MEANS OF TRANSPORTATION

指　标	Item	2012	2013	2014	2015	2016
铁路机车（台）	**Railway Locomotives (unit)**	**1196**	**1128**	**1130**	**1078**	**1089**
#内燃机车	#Diesel Locomotives	1194	1126	1128	1050	1018
电力机车	Electric Locomotives	2	2	2	28	71
铁路客车（辆）	**Railway Passenger Coaches (coach)**	**4195**	**4040**	**4573**	**5178**	**5135**
#软卧车	#Soft Berth Coaches	336	342	373	417	435
硬卧车	Hard Berth Coaches	1365	1374	1640	1920	1979
软座车	Soft Seat Coaches	324	388	446	560	576
硬座车	Hard Seat Coaches	1524	1446	1511	1673	1491
载货汽车（辆）	**Trucks (coach)**	**558566**	**581362**	**617730**	**603118**	**613708**
普通载货汽车	Ordinary Trucks	313937	326007	339170	333240	341747
专用载货汽车	Special Trucks	244629	255355	278560	269878	271961
#集装箱	#Containers	30	25	24	13	8
#私　人	#Private-owned	363553	387630	416650	419209	436281
特种汽车（辆）	**Special Motor Vehicles (unit)**	**23398**	**24685**	**24912**	**24094**	**22901**
载客汽车（辆）	**Passenger Vehicles (coach)**	**2014178**	**2289447**	**2583428**	**2886922**	**3301301**
#私　人	#Private-owned	1644174	1916680	2227067	2565008	2999521
民用轮驳船（艘）	**Civil Transport Vessels (unit)**	**354**	**351**	**351**	**350**	**335**
民用飞机（架）	**Civil Aircrafts (unit)**	**152**	**167**	**170**	**180**	**220**

16-14 民用车辆拥有量(2016年)

NUMBER OF CIVIL MOTOR VEHICLES OWNED (2016)

单位：辆 (coach)

指　标	Item	总计 Total	#个人 Individual	营运 Working	非营运 non-Working	校车 Schoolbus	#特种 Special
合　计	**Total**	**5928415**	**3776766**	**725345**	**3613169**	**4229**	**23332**
汽　车	**Automobile**	**3962069**	**3460447**	**619700**	**3338140**	**4229**	**22901**
载客汽车	Passenger Vehicles	3301301	2999521	154785	3142287	4229	19056
大　型	Large-sized	46425	6119	31258	11982	3185	373
中　型	Medium-sized	23650	9269	3263	19380	1007	1071
小　型	Small-sized	3186973	2943541	119793	3067143	37	17254
微　型	Mini-sized	44253	40592	471	43782		358
#轿　车	#Car	2144272	1990877	112956	2031316		10564
载货汽车	Trucks	613708	436281	441218	172490		2307
重　型	Heavy-sized	183122	84984	175721	7401		266
中　型	Medium-sized	52186	38255	47328	4858		315
轻　型	Light-sized	377031	311897	217764	159267		1726
微　型	Mini-sized	1369	1145	405	964		
#普通载货	#Accommodation Trucks	341747	279971	200546	141201		2052
其它汽车	Others	47060	24645	23697	23363		1538
摩托车	**Motorcycle**	**296419**	**294690**	**23579**	**272840**		**393**
普　通	Ordinary	292100	290387	23564	268536		393
轻　便	Light	4319	4303	15	4304		
拖拉机	**Tractor**	**1585672**					
大中型	Large and Medium-sized	1015630					
小　型	Small-sized	570042					
挂　车	**Trailer**	**82589**	**20884**	**81595**	**994**		**9**
其它类型车	**Others**	**1666**	**745**	**471**	**1195**		**29**

16-15 邮电业务量

年份 Year / 地区 Region		邮电业务总量(亿元) Business Volume of Postal and Telecommunication Services (100 million yuan)	邮政业务总量 Business Volume of Postal Services	电信业务总量 Business Volume of Telecommunication Services	函件(万件) Number of Letters (10000 pcs)	包裹(万件) Package (10000 pcs)	特快专递(万件) EMS (10000 pcs)	报刊期发数(万份) Issue of Newspapers and Magazines (10000 copies)	汇票(万笔) Postal Order (10000 times)
2009		697.8	40.2	657.6	8667.7	232.1	866.0	377.0	502.9
2010		823.4	47.0	776.4	9305.1	237.6	902.9	367.7	534.1
2011		307.7	30.1	277.6	7772.0	253.4	456.0	446.3	487.5
2012		329.2	32.4	296.8	7057.5	234.4	496.3	607.0	411.6
2013		377.0	39.2	337.8	8681.0	240.5	459.9	323.8	307.1
2014		430.6	44.6	386.0	6842.1	117.5	349.0	312.3	186.9
2015		511.8	52.2	459.6	4609.1	87.3	514.4	297.3	130.5
2016		821.4	68.7	752.7	3659.2	64.6	1236.5	255.2	84.8
哈尔滨	Harbin	346.5	35.4	311.1	2670.1	22.5	321.0	74.5	26.3
齐齐哈尔	Qiqihar	79.4	4.3	75.1	139.7	5.0	92.2	20.3	13.3
鸡西	Jixi	32.5	3.1	29.4	52.2	1.5	62.2	14.7	4.6
鹤岗	Hegang	20.2	1.4	18.8	8.5	0.6	34.8	6.5	1.7
双鸭山	Shuangyashan	24.8	1.8	23.0	41.1	1.4	63.1	10.1	2.5
大庆	Daqing	81.6	4.3	77.3	171.8	4.9	90.2	37.5	5.5
伊春	Yichun	19.0	1.4	17.6	18.0	2.0	52.5	7.2	1.1
佳木斯	Jiamusi	52.3	3.4	48.9	34.6	2.0	67.0	16.6	2.2
七台河	Qitaihe	16.2	0.7	15.5	99.6	0.8	18.6	3.9	0.8
牡丹江	Mudanjiang	53.9	6.1	47.8	99.2	12.9	209.5	27.8	9.1
黑河	Heihe	28.4	2.2	26.2	126.3	2.2	116.1	13.5	4.3
绥化	Suihua	57.7	3.9	53.8	172.9	3.4	69.9	18.3	12.9
大兴安岭	Daxinganling	9.0	0.9	8.1	25.3	5.5	33.7	4.2	0.6

BUSINESS VOLUME OF POSTAL AND TELECOMMUNICATION SERVICES

集邮业务（万枚）Stamps for Collection (10000 pieces)	邮路及农村投递线路长度（万公里）Length of Post Routes and Rural Delivery Routes (10000 km)	邮政局所数（处）Number of Post and Telecommunications Offices (unit)		移动电话用户（万户）Number of Mobile Telephone Subscribers at Year-end (10000 subscribers)			固定电话用户（万户）Number of Fixed Telephone Subscribers at Year-end (10000 subscribers)	宽带接入用户（万户）ADSL Subscribers of Internet Service (10000 subscribers)
			#设在农村 #in Rural		#3G移动电话用户 3G Mobile Phone Subscribers	#4G移动电话用户 4G Mobile Phone Subscribers		
3637.0	26.9	1513	979	1865.9	19.2		870.2	277.2
3477.5	16.9	1552	925	2243.0	90.4		813.5	326.6
4090.0	16.4	1963	976	2566.0	268.8		793.5	386.7
3838.3	17.2	1963	976	2663.9	471.7		776.1	435.8
4105.9	22.1	1978	962	3020.4	837.4		747.8	459.6
5389.8	22.9	1626	1041	3457.8	1144.2	165.1	640.5	484.6
6306.2	18.2	1626	1041	3329.8	705.6	845.7	596.0	519.5
5777.4	18.5	1642.0	1058.0	3445.6	483.9	1691.8	497.4	575.0
2332.6	3.2	309.0	191.0	1142.5	165.4	615.8	195.4	179.2
248.2	2.9	223.0	143.0	368.2	54.0	183.2	46.8	64.1
260.1	1.1	123.0	65.0	161.5	24.1	75.5	21.5	28.0
163.1	0.4	49.0	31.0	106.8	14.8	47.8	8.2	17.4
268.4	0.7	84.0	65.0	129.7	17.7	63.9	19.1	24.7
581.1	1.3	136.0	57.0	317.2	49.6	170.3	26.5	43.5
168.5	0.2	54.0	26.0	92.9	11.9	49.4	12.5	20.6
277.8	1.1	116.0	93.0	250.8	32.4	116.2	33.2	45.8
169.6	0.2	39.0	18.0	81.6	12.6	38.7	6.0	14.3
552.5	1.1	154.0	72.0	239.4	36.2	115.9	34.8	49.7
233.3	1.1	110.0	99.0	138.2	18.1	67.8	21.0	22.9
265.9	2.1	189.0	161.0	377.9	40.3	128.9	65.1	53.5
104.7	0.2	56.0	37.0	38.9	6.9	18.5	7.3	11.4

16-16 民用运输船舶拥有量

NUMBER OF TRANSPORT VESSELS OWNED

指　　标	Item	总　计 Total			#私人 Private		
		2014	2015	2016	2014	2015	2016
合　计	**Total**	**1585**	**1569**	**1543**	**1016**	**1015**	**1004**
机动船(艘)	**Motor Vessels (unit)**	**1234**	**1219**	**1208**	**855**	**855**	**846**
载客量(客位)	Passenger Capacity(seat)	21821	20427	20809	9635	9454	9376
净载重量(吨位)	Dead Weight Tonnage(ton)	25390	23559	107531	15819	16692	16487
总功率(千瓦)	Total Power(kw)	121100	118630	144017	57150	56562	56304
客船(艘)	Passenger Vessels(unit)	642	632	630	449	449	447
载客量(客位)	Passenger Capacity(seat)	19258	18045	18448	7072	7072	7015
净载重量(吨位)	Dead Weight Tonnage(ton)	6170	3658	3515	3048	3048	3025
功率(千瓦)	Power(kw)	52898	51565	53452	20415	20415	20381
客货船(艘)	Passenger- Cargo Vessels(unit)	64	67	65	64	67	65
载客量(客位)	Passenger Capacity(seat)	2563	2382	2361	2563	2382	2361
净载重量(吨位)	Dead Weight Tonnage(ton)	1886	3089	3047	1886	3089	3047
功率(千瓦)	Power(kw)	7298	7317	7243	7298	7317	7243
货船(艘)	Cargo Vessels(unit)	351	344	346	245	243	240
净载重量(吨位)	Dead Weight Tonnage(ton)	17334	16812	100969	10885	10555	10415
功率(千瓦)	Power(kw)	19723	18964	41257	10810	10600	10400
拖船(艘)	Towages(unit)	177	176	167	97	96	94
功率(千瓦)	Power(kw)	41181	40784	42065	18627	18230	18010
驳船(艘)	**Barges (unit)**	**351**	**350**	**335**	**161**	**160**	**158**
净载重量(吨位)	Dead Weight Tonnage(ton)	211038	210090	203360	40976	39848	38648

16-17 民用航空航线和飞机数量

NUMBER OF CIVIL AVIATION ROUTES AND CIVIL AIRCRAFTS

指　标	Item	2012	2013	2014	2015	2016
民用航空航线数量(条)	**Number of Civil Aviation Routes(unit)**	**117**	**137**	**157**	**160**	**202**
国际航线	International Routes	15	15	17	18	21
国内航线	Domestic Routes	100	120	139	140	178
地区航线	Regional Routes	2	2	1	2	3
民用航空航线里程(公里)	**Length of Civil Aviation Routes (km)**	**267537**	**319043**	**398576**	**378183**	**488798**
国际航线	International Routes	23218	24388	33220	35298	54816
国内航线	Domestic Routes	239109	289445	362780	338103	425854
地区航线	Regional Routes	5210	5210	2576	4782	8128
民用飞机数量(架)	**Number of Civil Aircrafts (unit)**	**152**	**167**	**170**	**180**	**220**
运输飞机	Aerotransport	29	34	40	42	48
通用飞机	General Aircraft	123	133	130	138	172
通用飞行时间(小时)	**Flying Time of General Aviation (hour)**	**23411**	**26181**	**28001**	**26712**	**28144**
农林业航空作业	Flight for Agriculture and Forestry	8033	7809	8590	8150	8412
航空护林	Forest Protection Service	2117	1224	1518	1819	2333
其　他	Others	13261	17148	17893	16743	17399

主要统计指标解释

铁路营业里程　又称营业长度，指投入客货运输营业或临时营业的线路长度。

电气化里程　指具备了电力机车牵引条件，并已交付运营的线路里程。

公路里程　指报告期末公路的实际长度。统计范围：包括城间、城乡间、乡（村）间能行驶汽车的公共道路，公路通过城镇街道的里程，公路桥梁长度、隧道长度、渡口宽度。不包括城市街道里程，断头路里程，农（林）业生产用道路里程，工（矿）企业等内部道路里程。统计原则：按已竣工验收或交付使用的实际里程计算；两条或多条公路共同经由同一路段的重复里程，只计算一次。

内河航道里程　指在一定时期内，能通航运输船舶及排筏的天然河流、湖泊水库、运河及通航渠道的长度。包括全年季节性通航累计三个月以上的航道，不包括仅供零散流放竹、木排的河道。两省以河为界的航道里程，双方均按一半计算，以免重复。

定期航班航线里程　指定期航班营运里程的总长度，以万公里为计算单位。航线里程的统计分为按重复距离计算和按不重复距离计算两种形式。“按重复距离计算”是指不同航线的相同航段距离可以重复累加；“按不重复距离计算”则不同航线相同航段只统计一次。

管道输油(气)里程　指油、气、成品油等各类介质实际输送距离，是反映运输管线长度的指标，也是计算周转量的依据。对于有复线和备用线的地段，原则上按单线计算管输里程。双线同时输送又不能分开计量的情况下，管输里程为双线长度之和除以2。

货(客)运量　指在一定时期内，各种运输工具实际运送的货物重量(旅客数量）。该指标是反映运输业为国民经济和人民生活服务的数量指标，也是制定和检查运输生产计划、研究运输发展规模和速度的重要指标。货运按吨计算，客运按人计算。货物不论运输距离长短、货物类别，均按实际重量统计。旅客不论行程远近或票价多少，均按一人一次客运量统计；半价票、小孩票也按一人统计。

货(客)运密度　指在一定时期内某种运输方式在营运线路的某一区段平均每公里线路通过的货物(旅客)运输周转量。计算公式为：

$$\text{货(客)运密度}=\frac{\text{货物(旅客)周转量}}{\text{营业线路长度}}$$

该指标可以反映交通运输线路上的货物(旅客)运输量运输繁忙程度，是平衡运输线路运输能力和通过能力，规划线路建设及改造、配备技术设备，研究运输网布局的重要依据。

货物(旅客)周转量　指在一定时期内，由各种运输工具运送的货物(旅客)数量与其相应运输距离的乘积之总和。该指标可以反映运输业生产的总成果，也是编制和检查运输生产计划，计算运输效率、劳动生产率以及核算运输单位成本的主要基础资料。计算货物周转量通常按发出站与到达站之间的最短距离，也就是计费距离计算。计算公式为：

货物（旅客）周转量=Σ（货物（旅客）运输量×运输距离）

铁路货车平均静载重　指货物在装车时的静止装载重量。计算公式为：

货车平均静载重(吨)=货物发送吨数 / 装车数

铁路货运机车日产量　指在一定时期内，平均每台货运机车在一昼夜内所完成的总重吨公里数，包括载运货物的重量和车辆本身的自重。该指标从时间和牵引能力两方面反映了机车运用效率。计算公式为：

$$\text{货运机车平均日产量}=\frac{\text{货运总重吨公里数}}{\text{货运机车台日数}}$$

港口货物吞吐量 指经由水路进、出港区范围，并经过装卸的货物数量。按货物流向分为进港吞吐量和出港吞吐量，按货物的贸易性质分为内贸和外贸吞吐量。货物类别根据现行的交通行业《运输货物分类和代码》标准分类。

民用运输船舶拥有量 指报告期末在水路运输管理部门注册登记的从事水上客、货运输活动的我国企业或私人拥有的营业性运输船舶（含我国企业或私人拥有的悬挂外国旗的船舶）数量。不包括非运输船舶及农业、渔业生产船舶。

民用汽车拥有量 指报告期末，在公安交通管理部门按照《机动车注册登记工作规范》，已注册登记领有民用车辆牌照的全部汽车数量。汽车拥有量统计的主要分类：根据汽车结构分为载客汽车、载货汽车及其他汽车；根据汽车所有者不同分为个人(私人)汽车、单位汽车；根据汽车的使用性质分为营运汽车、非营运汽车；根据汽车大小规格不同，载客汽车分为大型、中型、小型和微型，载货汽车分为重型、中型、轻型和微型。

邮电业务总量 指以货币形式表现的邮电企业为社会提供各类邮电通信服务的总数量。该指标是用于观察邮电业务发展变化总趋势的综合性总量指标，分别按邮政业务总量和电信业务总量统计。邮电业务总量是以各类业务的实物量分别乘以相应的不变单价，求出各类业务的货币量加总求得。不变单价是一定时期内计算业务总量的同度量因素，是根据基年各类邮电业务量与相对应的邮电业务收入测算的平均单价。

移动电话用户 指在电信运营企业营业网点办理开户登记手续，通过移动电话交换机进入移动电话网，占用移动电话号码的各类电话用户。包括各类签约用户、智能网预付费用户、无线上网卡用户。

互联网上网人数 指过去半年内使用过互联网的6周岁及以上中国居民人数。

固定电话用户 指在电信企业营业网点办理开户登记手续并已接入固定电话网上的全部电话用户。包括普通电话用户、无线市话用户、公用电话用户、窄带综合业务数字网（N—ISDN）用户、智能网专用接入终端用户等。

城市电话用户 指按行政区划属于中央直辖市、省辖市、地级市、县级市的市区、市郊区及县城区范围内的电话用户数。包括分布在农村地区但以县团级以上建制的独立工矿区、林区、驻军的电话用户。

农村电话用户 指按行政区划属于城市范围以外的乡（镇）、村电话用户。

住宅电话用户 指私人付费或安装在居民住宅并按照私人或住宅电话用户登记注册和收费的各类电话用户。

互联网宽带接入端口 指用于接入互联网用户的各类实际安装运行的接入端口的数量，包括xDSL用户接入端口、LAN接入端口、其他类型接入端口等，不包括窄带拨号接入端口。

Explanatory Notes on Main Statistical Indicators

Length of Railways in Operation refers to the total length of the trunk line for passenger and freight transportation in full operation or temporary operation.

Length of Electrified Trunk Line refers to the length of the trunk line capable for the running of electrified locomotives and having been put into operation.

Length of Highways refers to the actual length of highways at the end of reference period. It covers public roads running vehicles among cities, city and rural areas, township (villages), highways passing through streets at small cities and towns, length of bridges and tunnels, width of ferry piers. It does not include the length of streets in cities, dead end highways, the length of streets built for agricultural (forest) production and inside factories (mines). It can only be calculated with the actual mileage having been completed, checked and accepted or put into operation. If two or more highways go the same section of the way, the length of the section is only calculated for once.

Length of Navigable Inland Waterways refers to the length of natural rivers, lakes, reservoirs and canals that are open to navigation for ships and rafts during a given period. It includes the channels with annual seasonal navigation for more than three months other than the waterways only for scattered bamboo and wooden rafts. If two provinces share one river as the border, the length of waterways will be half divided for each province to avoid duplication.

Length of Routes with Scheduled Flights refers to the total length of all routes for scheduled flights, which is calculated using million kilometres as the unit. There are usually two ways to calculate the route length: duplicated calculation and non-duplicated calculation. Duplicated calculation means that the same segment of different routes can be added duplicately, while the non-duplicated calculation allows the same segment of different routes be counted once only.

Length of Oil (Gas) Pipelines refers to the actual transport distance of oil, gas and oil products, an indicator reflecting the length of transportation routes and a reference to calculate the freight-kilometers. For those sections with double pipelines and alternate pipeline, the length will be calculated according to the length of single pipeline in principle. If the double pipelines perform the transportation at the same time and unable to be counted separately, the length of pipelines will be the length of double pipelines divided by 2.

Freight (Passenger) Traffic refers to the weight of freight (number of passenger) transported with various means within a specific period of time. This indicator reflects the service of the transport industry towards the national economy and people' s living conditions, as well as an important indicator used in formulating and monitoring transport production plans and research into the scale and pace of transport development. Freight transport is calculated in tons and passenger traffic is calculated in terms of number of persons. Freight transport is calculated in terms of the actual weight of the goods and takes no account of the type of freight and distance of travel. Passenger traffic is calculated by the principle that one person can be counted only once in one trip and takes no account of the travelling distance and ticket price. The passengers who travel with a half price ticket or a child' s ticket is also calculated as one person.

Freight (Passenger) Traffic Density refers to the freight (passenger) traffic volume carried by a particular means of transportation during a given period through one kilometre of a specific section of transportation route. The formula is as follows:

$$\begin{array}{c}\text{Freight (Passenger)}\\ \text{traffic density}\end{array} = \frac{\begin{array}{c}\text{freight ton - kilometres}\\ \text{(passenger - kilometres)}\end{array}}{\begin{array}{c}\text{length of route}\\ \text{in operation}\end{array}}$$

Freight (passenger) traffic density reflects how busy freight (passenger) traffic is on transportation routes. It provides an important basis for balancing transport capability and throughput capability, planning construction and upgrading of transport routes, installing technical facilities and studying the distribution of transport networks.

Freight Ton-kilometres (Passenger-kilometres) refers to the sum of the product of the volume of transported cargo (passengers) multiplied by the transport distance. It is an important indicator to reflect the achievement of the transportation industry. This is an important indicator to show the total results of the transport industry; to prepare and examine the transport plan; and to serve as the main basic data for calculating the efficiency, labour productivity and unit cost of transport. Normally, the shortest distance between the departure station and the destination station (i.e., the payable distance) is the basis in calculating the freight ton-kilometres. The formula is as follows:

$$\begin{array}{c}\text{Freight ton - kilometres}\\ \text{(passenger - kilometres)}\end{array} = \sum \begin{array}{c}\text{freight}\\ \text{(passenger) traffic}\end{array} \times \begin{array}{c}\text{distance of}\\ \text{transportation}\end{array}$$

Average Static Load of Freight Cars refers to the average cargo weight when loaded onto each freight car under the static condition. For its calculation, the following formula is applied:

$$\begin{array}{c}\text{Averagestatic}\\ \text{load of freight cars}\end{array}\text{(tons)} = \frac{\text{Tonnage of goods dispatched}}{\text{Number of freight carsloaded}}$$

Average Daily Haul of Freight Locomotives refers to the average total ton-kilometres accomplished by each freight transport locomotive over one day and night during a given period of time. It includes both the weight of the goods carried and the dead weight of the train itself. It is a comprehensive indicator reflecting the locomotive efficiency in terms of both time and the pulling force.

$$\begin{array}{c}\text{Average daily haul of}\\ \text{freight transport locomotive}\\ \text{(ton - kilometre)}\end{array} = \frac{\begin{array}{c}\text{Total ton - kilometres}\\ \text{of treight}\end{array}}{\begin{array}{c}\text{Daily number of freight}\\ \text{transport locomotive}\end{array}}$$

Volume of Freight Handled in Coastal Ports above Designated Size refers to the volume of cargo passing in and out of the harbour area of the major coastal ports and having been loaded and unloaded. The volume of freight handled may be classified by direction of cargo flow as in-port freight and out-port freight, or by nature of cargo as freight for domestic trade and freight for foreign trade. It can also be classified by type of freight based on the existing standard classification for transportation industry "Classification and Coding for Freight".

Possession of Civil Transport Vessels refers to the total number at the end of reference period of operating transport vessels owned by Chinese enterprises or privately that are registered in the water transportation management institutions and permitted to perform cargo transport activities (including vessels with foreign flags but owned by Chinese enterprises or citizens). Non-transport vessels and vessels used for agriculture and fishery are not included.

Possession of Civil Motor Vehicles refer to the total numbers of vehicles that are registered and received vehicles license tags according to the Work Standard for Motor Vehicles Registration formulated by the Transport Management Office under the department of public security at the end of the reference period. They are divided into categories. According to the structure of motor vehicles, they are divided into passenger vehicles, trucks and others; according to ownership into private vehicles and vehicles for the unit' s use; according to kind of usage into working vehicles and non-working vehicles; and according to size of vehicles into large passenger vehicles, medium-sized passenger vehicles, small passenger vehicles and mini passenger vehicles, heavy trucks, light-heavy trucks, light trucks and mini-trucks.

Business Volume of Post and Telecommunications refers to the total amount of postal and telecommunication services, expressed in value terms, provided by the post and telecommunications departments for society. This indicator reflects the overall results of development of postal and telecommunication services. It can be classificated as postal services and telecommunication services. Business volume of post and telecommunications is the sum of each service in kind multiplying with its correspondent unit price (constant price).

Mobile Telephone Subscribers refer to persons who have gone through registration procedures in the operation points of enterprises engaged in telecommunications and are hence connected with the mobile telephone communication network through the mobile telephone switchboards and occupy mobile phone numbers. Included are various types of subscriber, prepaid users for intelligent network and wireless network card users.

Internet Users refer to the number of Chinese citizens aged 6 and over who use the Internet in the past six months.

Local Telephone Subscribers refer to all subscribers who have gone through registration procedures in the operation points of enterprises engaged in telecommunications and are hence connected to the local telecommunications service provider through fixed line network. Included are general subscribers, wireless local telephone subscribers, public telephones subscribers, N-ISDN subscribers and intelligent network terminal subscribers.

Urban Telephone Subscribers refer to the number of telephone subscribers, located at the municipalities directly under the Central Government, cities under the jurisdiction of province, cities at prefecture level, downtown and suburb of city at county level town and county towns according to the administrative division, including subscribers in rural mineral area, forest area, military area that are at or above county level.

Rural Telephone Subscribers refer to telephone subscribers, located at the towns and villages outside the coverage of urban areas according to the administrative division.

Household Telephone Subscribers refer to all kinds of subscribers with telephone sets paid privately or installed in the dwelling units of residents, and registered as private subscribers or residence subscribers for payment.

Broadband Connection Terminals refer to the connection terminals to internet users actually installed and put into operation, including connection terminals for XDSL, connection terminals for LAN, and other types of connection terminals. N-ISDN connection terminals are not included.

第十七篇　教育与科技

CHAPTER 17 EDUCATION, SCIENCE AND TECHNOLOGY

资料整理：孙　冰　王琳琳　杨　卓

17-1 教育事业基本情况

BASIC STATISTICS ON EDUCATION

指 标	Item	2012	2013	2014	2015	2016
学校数(所)	**Number of Schools (unit)**					
普通高等学校	Regular Institutions of Higher Education	79	80	80	81	82
成人高等学校	Adult Institutions of Higher Education	26	22	22	21	21
中等专业学校	Specialized Secondary Schools	73	73	74	72	77
成人中等专业学校	Adult Specialized Secondary Schools	163	156	154	44	41
普通中学	Regular Secondary Schools	2043	1965	1946	1940	1823
#高 中	#Senior Secondary Schools	398	379	378	377	372
职业中学	Vocational Secondary Schools	154	145	134	127	119
技工学校	Technical Schools	134	134	133	131	127
小 学	Primary Schools	4834	3261	3115	2802	1979
专任教师数(万人)	**Number of Full-time Teachers (10000 persons)**					
普通高等学校	Regular Institutions of Higher Education	4.5	4.6	4.7	4.7	4.7
成人高等学校	Adult Institutions of Higher Education	0.2	0.3	0.2	0.1	0.1
中等专业学校	Specialized Secondary Schools	0.4	0.4	0.5	0.5	0.5
成人中等专业学校	Adult Specialized Secondary Schools	0.5	0.5	0.5	0.2	0.2
普通中学	Regular Secondary Schools	15.8	15.5	15.5	15.3	15.1
#高 中	#Senior Secondary Schools	5.0	4.9	5.0	5.0	5.0
职业中学	Vocational Secondary Schools	0.8	0.8	0.8	0.8	0.7
技工学校	Technical Schools	0.9	0.8	0.8	0.8	0.8
小 学	Primary Schools	12.9	12.0	11.5	10.9	10.1
招生数(万人)	**New Student Enrollment (10000 persons)**					
普通高等学校	Regular Institutions of Higher Education	20.3	20.3	20.3	20.6	20.6
成人高等学校	Adult Institutions of Higher Education	1.1	1.2	1.1	0.7	0.5
中等专业学校	Specialized Secondary Schools	4.2	4.1	3.9	3.6	3.6
成人中等专业学校	Secondary Schools for Adults	2.5	1.6	1.7	1.7	1.2
技工学校	Vestibule Schools	9.5	4.5	3.0	2.3	2.3
普通中学	Regular Secondary Schools	54.7	47.3	44.5	43.2	46.1
#高 中	#Senior Secondary Schools	20.2	19.4	18.2	18.1	18.6
职业中学	Vocational Secondary Schools	3.3	2.7	2.3	2.3	2.3
小 学	Primary Schools	32.9	27.4	22.7	24.9	24.6
在校学生数(万人)	**Student Enrollment (10000 persons)**					
普通高等学校	Regular Institutions of Higher Education	70.5	71.8	73.1	73.5	73.6
成人高等学校	Adult Institutions of Higher Education	2.5	2.6	2.6	2.0	1.4
中等专业学校	Specialized Secondary Schools	12.1	11.9	11.7	11.2	10.6
成人中等专业学校	Adult Specialized Secondary Schools	6.4	6.1	5.3	4.8	4.3
普通中学	Regular Secondary Schools	181.7	152.2	148.3	145.4	145.4
#高 中	#Senior Secondary Schools	61.3	58.9	56.7	55.4	55.0
职业中学	Vocational Secondary Schools	10.9	9.4	7.3	7.0	6.6
技工学校	Technical Schools	22.6	14.4	9.6	6.3	5.6
小 学	Primary Schools	186.8	154.0	148.6	147.8	143.9
毕业生数(万人)	**Graduates (10000 persons)**					
普通高等学校	Regular Institutions of Higher Education	20.4	18.4	18.5	19.4	20.0
成人高等学校	Adult Institutions of Higher Education	0.9	1.0	1.0	1.1	1.0
中等专业学校	Specialized Secondary Schools	3.7	3.7	3.7	3.6	3.5
成人中等专业学校	Adult Specialized Secondary Schools	4.2	1.5	2.7	2.4	1.7
普通中学	Regular Secondary Schools	60.0	57.9	46.8	46.1	46.7
#高 中	#Senior Secondary Schools	20.6	20.6	19.9	19.4	19.1
职业中学	Vocational Secondary Schools	4.5	3.9	3.6	2.4	2.2
技工学校	Technical Schools	5.5	9.1	7.2	4.9	2.8
小 学	Primary Schools	34.7	33.0	26.7	25.4	27.8
每一教师负担学生(人)	**Student-teacher Ratio (person)**					
普通高等学校	Regular Institutions of Higher Education	15.5	15.5	15.6	15.7	15.7
中等学校	Secondary Schools	12.0	10.3	10.0	9.9	10.0
小 学	Primary Schools	14.5	12.8	13.0	13.6	14.2

17-2 各级各类学校数

NUMBER OF SCHOOLS BY LEVEL AND TYPE OF SCHOOL

单位：所 (unit)

年 份 Year	普 通 高等学校 Regular Institutions of Higher Education	中等学校 Secondary Schools	中等专业学 校 Specialized Secondary Schools	中 等 技术学校 Technical Secondary Schools	中 等 师范学校 Teacher Secondary Schools	职业中学 Vocational Secondary Schools
1978	24	4140	75	55	20	0
1980	28	3522	93	68	25	89
1985	40	3403	99	71	28	400
1990	42	3338	107	77	30	413
1995	38	3190	111	81	30	398
1996	38	3199	113	83	30	361
1997	37	3202	114	84	30	336
1998	38	3123	114	84	30	297
1999	39	3080	112	83	29	269
2000	36	3023	109	83	26	240
2001	41	3034	96	74	22	163
2002	48	3003	75	58	17	182
2003	55	2937	51	40	11	167
2004	59	2907	44	35	9	166
2005	62	2799	56	47	9	156
2006	65	2758	63	55	8	179
2007	68	2677	66	60	6	197
2008	70	2617	66	62	4	196
2009	78	2504	70	66	4	186
2010	79	2426	72	68	4	180
2011	78	2328	75	71	4	161
2012	79	2270	73	69	4	154
2013	80	2183	73	70	3	145
2014	80	2154	74	71	3	134
2015	81	2139	72	70	2	127
2016	82	2019	77	75	2	119

17-2 续表 CONTINUED

年 份 Year	普通中学 Regular Secondary Schools	高 中 Senior Secondary Schools	初 中 Junior Secondary Schools	小 学 Primary Schools	幼儿园 Kindergartens	盲聋哑 学 校 Blind, Deaf, Deaf-mute Schools
1978	4065	2119	1946	26425	1654	62
1980	3340	1480	1860	25879	2594	58
1985	2904	828	2076	18157	3216	61
1990	2818	600	2218	17092	1826	64
1995	2681	475	2206	16163	3918	68
1996	2725	470	2255	15902	3993	67
1997	2752	474	2278	15377	4168	67
1998	2712	461	2251	15193	4506	66
1999	2699	467	2232	14754	4830	70
2000	2674	463	2211	13995	4503	65
2001	2775	462	2313	12636	2089	72
2002	2746	447	2299	11990	2100	71
2003	2719	481	2238	11400	2181	71
2004	2697	479	2218	10791	3179	73
2005	2587	475	2112	9995	4156	72
2006	2516	475	2041	9288	4287	71
2007	2414	463	1951	8738	4135	71
2008	2355	445	1910	8142	4466	71
2009	2248	430	1818	7202	4092	72
2010	2174	416	1758	6490	3942	74
2011	2092	411	1681	5620	4504	73
2012	2043	398	1645	4834	4796	74
2013	1965	379	1586	3261	5571	74
2014	1946	378	1568	3115	5853	74
2015	1940	377	1563	2802	5770	73
2016	1823	372	1451	1979	5720	73

17-3 各级各类学校教职工数

NUMBER OF TEACHERS AND STAFF BY LEVEL AND TYPE OF SCHOOL

单位：人 (person)

年份 Year	普通高等学校 Regular Institutions of Higher Education	中等学校 Secondary Schools	中等专业学校 Specialized Secondary Schools	中等技术学校 Technical Secondary Schools	中等师范学校 Teacher Secondary Schools
1978	23867	188718	12062	9445	2617
1980	29070	192575	13057	10013	3044
1985	36949	194053	15991	13067	2924
1990	42418	214098	17483	13843	3640
1995	43324	208562	18075	14087	3988
1996	43204	208805	18387	14486	3901
1997	41212	209992	18282	14321	3961
1998	40564	211976	18013	14117	3896
1999	42608	213841	17440	13686	3754
2000	43120	210698	16443	12971	3472
2001	46163	210046	13433	10352	3081
2002	52140	207103	10221	7890	2331
2003	60609	203403	6592	4970	1622
2004	64831	201713	6055	4602	1453
2005	65640	193714	6648	5322	1326
2006	68252	193053	6969	5714	1255
2007	72316	192299	7519	6609	910
2008	74480	192253	7519	7002	517
2009	75062	192092	7880	7378	502
2010	75741	189957	7418	6810	608
2011	76205	204497	7462	6873	589
2012	77510	207351	7302	6935	367
2013	77234	201949	7263	6906	357
2014	77000	200828	7541	7361	180
2015	76086	197551	7551	7385	166
2016	74901	195656	7559	7403	156

17-3 续表 CONTINUED

年份 Year	普通中学 Regular Secondary Schools	职业中学 Vocational Secondary Schools	小学 Primary Schools	幼儿园 Kindergartens	盲聋哑学校 Blind, Deaf, Deaf-mute Schools
1978	176656		217179	13176	1064
1980	176247	3271	219967	23478	1197
1985	163216	14846	239660	32172	1562
1990	176687	19928	250064	40631	2164
1995	173311	17176	247894	42219	2779
1996	174556	15862	246032	40868	2577
1997	176878	14832	246444	39793	2524
1998	180066	13897	242001	37391	2598
1999	183112	13289	236864	34884	2550
2000	182246	12009	221859	32840	2466
2001	185718	10895	209888	19975	2598
2002	186394	10488	207924	19586	2628
2003	186384	10427	204820	20298	2546
2004	185184	10474	201911	24145	2484
2005	176524	10542	188256	25668	2290
2006	174745	11339	184214	27872	2295
2007	172633	12147	181778	27812	2281
2008	172718	12016	179467	29623	2295
2009	172299	11913	176830	28883	2285
2010	171212	11327	172707	29803	2312
2011	185966	11069	152915	39417	2308
2012	188935	11114	145978	44708	2312
2013	184377	10309	136461	51578	2253
2014	183497	9790	130444	55788	2281
2015	180505	9495	123574	59559	2222
2016	178757	9340	116470	62919	2260

17-4 各级各类学校教师数

NUMBER OF TEACHERS BY LEVEL AND TYPE OF SCHOOL

单位：人 (person)

年份 Year	普通高等学校 Regular Institutions of Higher Education	中等学校 Secondary Schools	中等专业学校 Specialized Secondary Schools	中等技术学校 Technical Secondary Schools	中等师范学校 Teacher Secondary Schools	职业中学 Vocational Secondary Schools
1978	8380	142761	4193	3094	1099	
1980	10365	144291	4946	3477	1469	2589
1985	13448	135366	5953	4610	1343	9306
1990	15915	149499	7253	5435	1818	12198
1995	16542	148057	7757	5726	2031	11028
1996	16403	149560	7917	5904	2013	10316
1997	15736	152402	7999	5938	2061	9883
1998	15505	156257	7958	5918	2040	9331
1999	15804	159855	7787	5762	2025	9032
2000	16169	160153	7358	5464	1894	8396
2001	18042	161133	6193	4389	1804	7617
2002	23179	161352	4925	3505	1420	7373
2003	28525	160108	3302	2267	1035	7177
2004	32119	159719	3039	2089	950	7208
2005	35105	153952	3247	2348	899	7517
2006	36866	154299	3647	2741	906	8124
2007	39792	154769	4017	3338	679	8830
2008	41727	156018	4069	3723	346	8932
2009	43057	156205	4353	4011	342	9020
2010	44198	155048	4198	3773	425	8694
2011	44821	168152	4349	3972	377	8371
2012	45448	170671	4211	3964	247	8441
2013	46215	167746	4279	4036	243	8005
2014	46870	167073	4523	4406	117	7626
2015	46806	165186	4587	4479	108	7630
2016	46829	162945	4678	4577	101	7497

17-4 续表 CONTINUED

年份 Year	普通中学 Regular Secondary Schools	高中 Senior Secondary Schools	初中 Junior Secondary Schools	小学 Primary Schools	幼儿园 Kindergartens	盲聋哑学校 Blind, Deaf, Deaf-mute Schools
1978	138568	28151	110417	187061	9306	642
1980	136756	27606	109150	193787	13317	694
1985	120107	23099	97008	207256	21255	974
1990	130048	22785	107263	215735	24429	1367
1995	129272	21536	107736	214944	28890	1936
1996	131327	21722	109605	213124	27659	1741
1997	134520	22294	112226	214807	27717	1724
1998	138968	22845	116123	210954	26273	1869
1999	143036	23582	119454	206807	25962	1793
2000	144399	24172	120227	193113	24221	1751
2001	147323	25502	121821	182929	11733	1899
2002	149054	26695	122359	180900	11145	1931
2003	149629	29728	119901	178122	11779	1926
2004	149472	32648	116824	175274	13956	1910
2005	143188	34093	109095	163204	14534	1782
2006	142528	35788	106740	160511	15955	1799
2007	141922	37373	104549	158918	16313	1801
2008	143017	39386	103631	157436	17233	1843
2009	142832	40113	102719	155025	16768	1868
2010	142156	40726	101430	151344	17559	1873
2011	155432	49559	105873	134479	22696	1872
2012	158019	50245	107774	128792	25427	1879
2013	155462	49378	106084	120214	28747	1850
2014	154924	50029	104895	114606	30865	1899
2015	152969	49667	103302	109061	32328	1877
2016	150770	49673	101097	101401	34177	1926

17-5 各级各类学校在校学生数

NUMBER OF STUDENTS ENROLLMENT BY LEVEL AND TYPE OF SCHOOL

单位：人 (person)

年 份 Year	普通高等学校 Regular Institutions of Higher Education	中等学校 Secondary Schools	中等专业学校 Specialized Secondary Schools	#中等技术学校 Technical Secondary Schools	#中等师范学校 Teacher Secondary Schools	职业中学 Vocational Secondary Schools
1978	33248	2622047	36051	19339	16712	0
1980	43627	2509164	41177	23483	17694	47822
1985	65940	2218705	59686	34629	25057	141245
1990	79908	2003199	66235	45337	20898	135486
1995	113523	2012719	100003	71239	28764	121520
1996	116379	2114982	111502	81527	29975	117839
1997	115767	2213940	118429	89123	29306	114606
1998	125140	2395561	123854	95414	28440	120185
1999	157063	2601909	128485	103235	25250	116937
2000	200386	2707986	115489	94596	20893	105060
2001	271435	2717522	116315	99280	17035	80619
2002	334627	2767789	121718	106897	14821	84884
2003	392246	2674379	111540	43778	6263	88916
2004	465703	2613122	107997	41862	5134	94725
2005	540867	2480041	97559	44002	5847	103092
2006	584112	2378916	94547	55101	5088	116684
2007	634902	2313072	105562	72217	2856	137601
2008	678139	2263200	115559	91325	1791	143016
2009	708935	2219578	115624	96818	1612	156894
2010	719117	2159652	119002	94312	1751	132873
2011	711198	2088030	119458	95753	3699	123127
2012	704538	2046550	120694	88286	4340	109139
2013	717856	1734842	119341	84363	4331	93773
2014	730614	1673320	117012	84031	4416	73231
2015	735151	1635788	111562	81633	3199	70264
2016	735857	1626379	106308	79579	2317	66344

17-5 续表 CONTINUED

年 份 Year	普通中学 Regular Secondary Schools	高中 Senior Secondary Schools	初中 Junior Secondary Schools	小学 Primary Schools	幼儿园 Kindergartens	盲聋哑学校 Blind, Deaf, Deaf-mute Schools
1978	2585996	493965	2092031	4958068	139791	4277
1980	2420165	455716	1964449	5002632	298740	4515
1985	2017774	335914	1681860	4677937	496132	5416
1990	1801478	267169	1534309	3977121	577053	5522
1995	1791196	252376	1538820	3729337	651655	5607
1996	1885641	260071	1625570	3713483	645365	4845
1997	1980905	270276	1710629	3705059	589276	4595
1998	2151522	292464	1859058	3448558	555898	4793
1999	2356487	309567	2046920	3101578	510631	4548
2000	2487437	328765	2158672	2830578	470317	4311
2001	2520588	362410	2158178	2587506	369821	7518
2002	2561187	413251	2147936	2437336	371120	7002
2003	2473923	486096	1987827	2401918	345116	6404
2004	2410400	546793	1863607	2315394	422998	6475
2005	2279390	583567	1695823	2204055	377242	6679
2006	2167685	607896	1559789	2103073	414227	6591
2007	2069909	607254	1462655	2040767	426913	6358
2008	2004625	611287	1393338	1982828	437284	8332
2009	1947060	608221	1338839	1903733	424717	9706
2010	1907777	616885	1290892	1879609	491647	8326
2011	1845445	622251	1223194	1874996	561714	6731
2012	1816717	612579	1204138	1867729	578793	6933
2013	1521728	589379	932349	1540035	540777	6482
2014	1483077	566805	916272	1486016	535854	6693
2015	1453962	554173	899789	1477992	532286	6903
2016	1453727	549844	903883	1439381	528090	7845

17-6 各级各类学校招生数

NUMBER OF NEW STUDENTS ENROLLMENT BY LEVEL AND TYPE OF SCHOOL

单位：人 (person)

年 份 Year	普 通 高等学校 Regular Institutions of Higher Education	中等学校 Secondary Schools	中等专业学校 Specialized Secondary Schools	#中 等 技术学校 Technical Secondary Schools	#中 等 师范学校 Teacher Secondary Schools
1978	13192	988741	19051	9907	9144
1980	11440	964834	19383	10304	9079
1985	24701	774608	24699	14729	9970
1990	24289	697999	19069	14176	4893
1995	35270	764356	35879	26806	9073
1996	36448	736548	39720	30156	9564
1997	36288	739193	41747	31605	10142
1998	39881	913767	44557	34779	9778
1999	62480	934441	46585	40237	6348
2000	76450	847161	35473	29187	6286
2001	98162	810737	31566	26573	4993
2002	115702	789643	40743	36057	4686
2003	125402	686475	36258	15540	2085
2004	149924	725222	33267	13253	1248
2005	172054	710305	31954	16629	1529
2006	180386	714447	35078	24506	1883
2007	195766	693270	40903	33282	999
2008	216022	690791	42038	35868	571
2009	210372	705121	42954	36594	418
2010	195365	650019	40329	32271	781
2011	199414	625026	42931	32830	1595
2012	203066	622583	42296	29130	2170
2013	202707	540110	40612	28258	1366
2014	203081	506653	39026	28905	1260
2015	205725	490720	35936	27604	605
2016	205903	520287	35575	26741	452

17-6 续表 CONTINUED

年 份 Year	普通中学 Regular Secondary Schools	高 中 Senior Secondary Schools	初 中 Junior Secondary Schools	职业中学 Vocational Secondary Schools	小 学 Primary Schools	盲聋哑学 校 Blind, Deaf, Deaf-mute Schools
1978	969690	244752	724938		1189813	730
1980	901537	216203	685334	43914	1078553	792
1985	676789	116124	560665	73120	736004	1059
1990	619527	95016	524511	59403	636998	820
1995	678617	93860	584757	49860	639529	831
1996	652427	90282	562145	44401	633284	672
1997	655077	98005	557072	42369	599270	703
1998	816060	113234	702826	53150	510911	796
1999	852360	110095	742265	35496	464113	580
2000	780271	118418	661853	31417	442988	618
2001	751164	141132	610032	28007	414318	884
2002	716662	159228	557434	32238	406494	1024
2003	618877	187643	431234	31340	405337	830
2004	661363	203315	458048	30592	383832	760
2005	641065	205541	435524	37286	240241	778
2006	630939	208852	422087	48430	333206	800
2007	595430	198023	397407	56937	340170	783
2008	598813	209254	389559	49940	336919	1126
2009	597601	207927	389674	64566	312389	1511
2010	570688	207452	363236	39002	341438	1233
2011	542744	207742	335002	39351	333945	664
2012	547433	202090	345343	32854	328950	700
2013	472887	193979	278908	26611	274454	731
2014	444859	181627	263232	22768	227120	1154
2015	431869	180950	250919	22915	249113	977
2016	461494	186283	275211	23218	246422	1531

17-7 各级各类学校毕业生数

NUMBER OF GRADUATES BY LEVEL AND TYPE OF SCHOOL

单位：人 (person)

年 份 Year	普 通 高等学校 Regular Institutions of Higher Education	中等学校 Secondary Schools	中等专业学校 Specialized Secondary Schools	#中等技术学校 Technical Secondary Schools	#中等师范学校 Teacher Secondary Schools
1980	7828	704698	19911	11708	8203
1985	11772	583165	17347	10620	6727
1990	22972	584486	15986	10607	5379
1995	30622	576053	23369	16177	7192
1996	33439	569253	28852	19881	8971
1997	30589	594398	33861	22956	10905
1998	30055	669351	37397	26665	10732
1999	30218	655719	39353	29862	9491
2000	31737	661074	38157	27606	10551
2001	37359	710566	30327	23054	7273
2002	46401	684420	32431	27214	5217
2003	69050	729371	45279	18758	2636
2004	84964	751291	34596	12241	2150
2005	100791	792618	32449	12201	752
2006	129465	778185	24699	13062	
2007	148883	721246	19317	9399	
2008	169988	708092	20032	12344	56
2009	174380	716578	34407	26216	61
2010	180982	678382	30569	24070	13
2011	196075	679656	35264	31111	581
2012	203792	682859	37357	30082	392
2013	184085	656062	37314	30449	491
2014	185376	541426	37011	27722	971
2015	193980	521228	36425	28274	1822
2016	199598	524250	35370	26988	1334

17-7 续表 CONTINUED

年 份 Year	普通中学 Regular Secondary Schools	高 中 Senior Secondary Schools	初 中 Junior Secondary Schools	职业中学 Vocational Secondary Schools	小 学 Primary Schools	盲聋哑学 校 Blind, Deaf, Deaf-mute Schools
1980	684422	169152	515270	365	760548	441
1985	527026	102731	424295	38792	654517	432
1990	522845	89285	433560	45655	635770	554
1995	507909	73306	434603	44775	638456	585
1996	497697	74005	423692	42704	606170	569
1997	515521	79682	435839	45016	591032	476
1998	586482	86053	500429	45472	749160	549
1999	575538	82932	492606	40828	785711	508
2000	578390	91419	486971	44527	698124	632
2001	630624	102784	527840	49615	638339	950
2002	621709	105634	516075	30280	570422	670
2003	658977	115778	543199	25115	438218	536
2004	688863	139441	549422	27832	462923	566
2005	726516	161301	565215	33653	443962	669
2006	718229	181583	536646	35257	427035	724
2007	669849	193767	476082	32080	398638	639
2008	650950	203680	447270	37110	390554	879
2009	642951	206616	436335	39220	389841	1629
2010	600743	195518	405225	47070	363943	931
2011	602472	204287	398185	41920	336006	642
2012	600231	206310	393921	45271	346553	576
2013	579347	206088	373259	39401	330069	799
2014	468483	198990	269493	35932	267124	653
2015	460988	193938	267050	23815	254050	655
2016	466614	190714	275900	22266	278092	708

17-8 普通高等学校本专科分学科学生数 (2016年)

NUMBER OF STUDENTS ENROLLMENT IN INSTITUTIONS OF HIGHER EDUCATION BY FIELD OF STUDY (2016)

单位：人 (person)

学 科	Subject	本科毕业生数 Graduates of Regular College Course	本科招生数 New Student Enrollment of Regular College Course	本科在校生数 Student Enrollment of Regular College Course
总 计	**Total**	**127314**	**130709**	**513947**
#女 性	#Female	67379	68539	269154
哲 学	Philosophy	79	122	435
经济学	Economics	6007	6349	24572
法 学	Law	2607	2890	11384
教育学	Education	4650	4856	18295
文 学	Literature	12332	11834	46109
历史学	History	535	476	2044
理 学	Science	7139	8053	30976
工 学	Engineering	46233	51261	196379
农 学	Agriculture	2386	3118	11320
医 学	Medicine	9204	9833	43844
管理学	Manage	25749	21862	88373
艺术学	Art	10393	10055	40216

17-8 续表 CONTINUED

单位：人 (person)

学 科	Subject	专科毕业生数 Graduates of Regular Specialized Subject	专科招生数 New Student Enrollment of Regular Specialized Subject	专科在校生数 Student Enrollment of Regular Specialized Subject
总 计	**Total**	**72284**	**75194**	**221910**
#女 性	#Female	36339	36075	108828
农林牧渔大类	Agriculture, Forestry, Animal Husbandry & Fishery Categories	2237	2817	8379
资源环境与安全大类	Resource Environment and Security Categories	1591	1128	3738
能源动力与材料大类	Energy Dynamics and Materials Categories	1364	1056	3360
土木建筑大类	Civil Construction Categories	10185	5941	21524
水利大类	Hydraulic Engineering Categories	185	77	349
装备制造大类	Equipment Manufacturing Categories	7895	7418	23887
生物与化工大类	Biology and Chemistry Categories	318	454	1085
轻工纺织大类	Light and Textile Industry Categories	120	167	402
食品药品与粮食大类	Food, Medicine and Food Categories	3946	3242	12091
交通运输大类	Major Transportation Sectors Categories	6479	8865	23866
电子信息大类	ElectronicInformationCategories	4598	7421	18915
医药卫生大类	Medical and Health Categories	7615	8909	25325
财经商贸大类	Finance and Trade Categories	11644	12218	36776
旅游大类	Tourism Categories	2158	2420	6720
文化艺术大类	Cultural and Artistic Categories	2615	2385	7513
新闻传播大类	News Communication Categories	522	477	1553
教育与体育大类	Education and Sports Categories	7152	8255	20860
公安与司法大类	Public Security and Judicial Categories	1279	1737	4612
公共管理与服务大类	Public Administration and Services	381	207	955

17-9 普通高等学校分科专任教师数 (2016年)

NUMBER OF FULL-TIME TEACHERS BY FIELD OF STUDY IN REGULAR HIGHER EDUCATION INSTITUTIONS (2016)

单位：人　(person)

学 科	Subject	合 计 Total	教 授 Professors	副教授 Asso. Prof	讲 师 Lecturers	助 教 Assistants	教 员 Instructors
总 计	**Total**	**46829**	**7538**	**15978**	**18663**	**3261**	**1389**
#女 性	#Female	25341	3297	8379	10865	1928	872
哲 学	Philosophy	858	162	283	321	65	27
经济学	Economics	2021	319	723	780	128	71
法 学	Law	1983	242	643	863	147	88
教育学	Education	3393	395	1187	1374	330	107
文 学	Literature	6449	602	1895	3289	490	173
历史学	History	272	48	126	84	9	5
理 学	Science	4757	835	1705	1779	321	117
工 学	Engineering	14988	2981	5393	5391	873	350
农 学	Agriculture	1717	462	660	525	50	20
医 学	Medicine	3621	679	1139	1442	228	133
管理学	Manage	3608	532	1326	1377	258	115
艺术学	Art	3162	281	898	1438	362	183

17-10 平均每万人口在校学生数和大中小学学生构成

NUMBER OF STUDENTS ENROLLMENT PER 10000 POPULATION AND COMPOSITION OF STUDENTS ENROLLED

年 份 Year	大中小学校在校学生占全省人口(%) Students as Percentage of Total Population (%)	平均每万人口学生数(人) Number of Students per 10000 Population(person)			大中小学学生构成(%) Student Structure of Different Level(%)		
		大学生 University and College Students	中学生 Secondary School Students	小学生 Primary School Students	大学生 University and College Students	中学生 Secondary School Students	小学生 Primary School Students
1978	24.3	10.6	837.8	1584.2	0.4	34.4	65.1
1980	23.6	13.6	783.2	1561.5	0.6	33.2	66.2
1985	20.7	19.6	660.9	1393.5	0.9	31.9	67.2
1990	17.1	22.6	565.4	1122.5	1.3	33.1	65.6
1995	15.8	30.7	543.8	1007.7	1.9	34.4	63.7
1996	15.9	31.2	567.3	996.1	2.0	35.6	62.5
1997	16.1	30.9	590.2	987.8	1.9	36.7	61.4
1998	15.8	33.2	634.9	914.0	2.1	40.1	57.8
1999	15.5	41.4	686.2	817.9	2.7	44.4	52.9
2000	15.1	52.6	711.3	743.5	3.5	47.2	49.3
2001	14.6	71.2	713.1	679.0	4.9	48.7	46.4
2002	14.5	87.8	725.9	639.2	6.0	50.0	44.0
2003	14.3	102.8	698.0	629.8	7.2	48.9	43.9
2004	14.7	157.8	704.2	606.8	10.7	47.9	41.3
2005	14.4	192.3	673.0	577.0	13.3	46.7	40.0
2006	14.2	213.3	655.0	550.0	15.0	46.2	38.8
2007	14.0	226.5	641.9	533.7	15.8	46.0	38.2
2008	14.0	242.7	636.1	518.5	17.4	45.5	37.1
2009	13.9	253.0	637.7	497.6	18.2	45.9	35.9
2010	13.8	257.1	629.8	491.0	18.7	45.7	35.6
2011	13.6	255.4	616.6	489.1	18.8	45.3	35.9
2012	13.5	258.3	609.3	487.1	19.1	45.0	36.0
2013	11.7	266.3	506.0	401.6	22.7	43.1	34.2
2014	11.3	270.4	475.4	387.6	23.9	41.9	34.2
2015	11.1	267.6	456.9	386.7	24.1	41.1	34.8
2016	10.9	259.1	453.5	378.2	23.7	41.6	34.7

17-11 中等专业学校分科学生数(2016年)

NUMBER OF STUDENTS IN SPECIALIZED SECONDARY SCHOOLS BY FIELD OF STUDY (2016)

单位：人 (person)

学　科	Subject	毕业生数 Graduates	招生数 New Student Enrollment	在校学生数 Student Enrollment
总　计	**Total**	**35370**	**35575**	**106308**
农林牧渔类	Agriculture, Forestry, Animal Husbandry & Fishery	4087	2181	6851
资源环境类	Resource and Environment	195	14	167
能源与新能源类	Energy and New Energy	4	23	64
土木水利类	Civil Engineering class	2355	1516	5077
加工制造类	Machining and Manufacture	1945	1326	5794
石油化工类	Petroleum Chemical			
轻纺食品类	Textile Food	592	623	1103
交通运输类	Traffic and Transport	3740	5975	17789
信息技术类	Information Technology	3893	3247	9096
医药卫生类	Medicine and Sanitation	9695	11405	33154
休闲保健类	Leisure-care	166	146	597
财经商贸类	Financial Business	2273	2180	5855
旅游服务类	Tourism Services	675	1258	3055
文化艺术类	Culture and Art	1586	1348	4783
体育与健身	Sports and Fitness	1065	710	1919
教育类	Educational	2775	3289	10151
司法服务类	Judicial Service	74	66	234
公共管理与服务类	Public management and service	250	263	538
其他	Others		5	81

17-12 中等专业学校专任教师数(2016年)

NUMBER OF FULL-TIME TEACHERS IN SPECIALIZED SECONDARY SCHOOLS (2016)

单位：人 (person)

项　目	Item	合　计 Total	#高级讲师 Senior Lecturers	#讲　师 Lecturers
总　计	**Total**	**4678**	**1485**	**1402**
文化基础课	Culture Basic Course	1563	473	480
专业课	Professionnal Course	2945	970	888
农林牧渔类	Agriculture, Forestry, Animal Husbandry & Fishery	138	46	45
资源环境类	Resource and Environment	14	2	6
能源与新能源类	Energy and New Energy	9	3	1
土木水利类	Civil Engineering class	152	35	56
加工制造类	Machining and Manufacture	313	127	95
石油化工类	Petroleum Chemical			
轻纺食品类	Textile Food	18	16	1
交通运输类	Traffic and Transport	391	91	120
信息技术类	Information Technology	368	126	118
医药卫生类	Medicine and Sanitation	744	259	216
休闲保健类	Leisure-care	16	5	5
财经商贸类	Financial Business	200	82	60
旅游服务类	Tourism Services	108	20	28
文化艺术类	Culture and art	191	44	52
体育与健身	Sports and Fitness	94	49	29
教育类	Educational	85	27	30
司法服务类	Judicial Service	7	2	2
公共管理与服务类	Public management and service	59	27	16
其他	Others	38	9	8
实习指导课	Practise and Direction Course	170	42	34

17-13 研究生数

NUMBER OF POSTGRADUATES

单位：人 (person)

年 份 Year	在校学生数 Student Enrollment	招生数 New Student Enrollment	毕业生数 Graduates	每十万人拥有研究生数 Number of Postgraduates per 100000 Population 在校学生数 Student Enrollment	招生数 New Student Enrollment	毕业生数 Graduates
1978	350	350		1.1	1.1	0.0
1980	437	115	202	1.4	0.4	0.6
1985	3572	1926	588	10.7	5.8	1.8
1990	4011	1285	1572	11.4	3.6	4.5
1995	5643	1914	1344	15.3	5.2	3.6
1996	6269	2249	1606	16.8	6.0	4.3
1997	6662	2326	1667	17.8	6.2	4.4
1998	7195	2345	1774	19.1	6.2	4.7
1999	8465	3116	1903	22.4	8.2	5.0
2000	10647	4494	2293	28.0	11.8	6.0
2001	13861	5741	2455	36.4	15.1	6.4
2002	17586	7091	2999	46.1	18.6	7.9
2003	23630	9906	3862	62.0	26.0	10.1
2004	30268	12023	5345	79.3	31.5	14.0
2005	37075	13653	6608	97.1	35.8	17.3
2006	42683	14863	9064	111.7	38.9	23.7
2007	46109	15125	11679	120.6	39.6	30.5
2008	48890	15533	12903	127.8	40.6	33.7
2009	51915	17580	14667	135.7	46.0	38.3
2010	54467	18369	15468	142.3	48.0	40.4
2011	57829	19432	15247	150.8	50.7	39.8
2012	60819	20286	16824	158.6	52.9	43.9
2013	62249	20824	18439	162.3	54.3	48.1
2014	61174	20471	20685	159.6	53.4	54.0
2015	62044	21172	19151	162.3	55.4	50.1
2016	63620	21889	19510	167.2	57.5	51.3

17-14 分学科研究生数 (2016年)

NUMBER OF POSTGRADUATES BY SUBJECT (2016)

单位：人 (person)

学 科	Subject	毕业生数 Graduates		招生数 New Student Enrollment		在校生数 Student Enrollment	
		博士 doctor	硕士 master	博士 doctor	硕士 master	博士 doctor	硕士 master
总 计	**Total**	**1650**	**17860**	**2638**	**19251**	**12526**	**51094**
#女 性	#Female	668	9534	1049	10217	4604	26733
哲 学	Philosophy	16	114	22	122	120	354
经济学	Economics	8	308	14	293	56	788
法 学	Law	24	955	57	1088	268	2833
教育学	Education	8	755	10	947	27	2100
文 学	Literature	27	1026	47	858	161	2124
历史学	History		112		110		326
理 学	Science	120	1344	190	1488	777	4008
工 学	Engineering	956	7706	1692	8161	8277	21975
农 学	Agriculture	89	910	156	988	728	2496
医 学	Medicine	283	2391	296	2806	1104	7685
军事学	Military						
管理学	Manage	107	1735	140	1988	971	5220
艺术学	Art	12	504	14	402	37	1185
学术型学位	Academic Degree	1647	10682	2617	11000	12437	30798
专业学位	Professional Degree	3	7178	21	8251	89	20296

17-15 各级各类学校女学生数和女教师数

NUMBER OF FEMALE STUDENTS AND TEACHERS BY LEVEL AND TYPE OF SCHOOL

项目	Item	2012	2013	2014	2015	2016
女学生数(万人)	**Number of Female Students (10000 persons)**	**227.4**	**197.9**	**192.4**	**190.1**	**187.2**
普通高等学校	Institutions of Higher Education	36.4	37.1	37.6	37.9	37.8
中等专业学校	Specialized Secondary Schools	6.4	6.3	6.2	5.8	5.4
普通中学	Regular Secondary Schools	90.0	76.2	74.1	72.6	72.4
职业中学	Vocational Secondary Schools	5.1	4.2	3.1	2.9	2.6
小学	Primary Schools	89.6	74.1	71.4	71.0	69.1
女学生占学生总数(%)	**Percentage of Female Students to Total Students (%)**	**49.2**	**49.6**	**49.5**	**49.4**	**49.3**
普通高等学校	Institutions of Higher Education	51.6	51.7	51.5	51.5	51.4
中等专业学校	Specialized Secondary Schools	52.9	53.0	53.2	51.8	50.9
普通中学	Regular Secondary Schools	49.6	50.1	49.9	49.9	49.8
职业中学	Vocational Secondary Schools	46.3	45.1	42.5	41.1	38.7
小学	Primary Schools	48.0	48.1	48.0	48.1	48.0
女教师数(万人)	**Number of Female Teachers (10000 persons)**	**21.3**	**20.8**	**20.6**	**20.3**	**20.0**
普通高等学校	Institutions of Higher Education	2.4	2.4	2.5	2.5	2.5
中等专业学校	Specialized Secondary Schools	0.2	0.3	0.3	0.3	0.3
普通中学	Regular Secondary Schools	10.0	9.8	9.9	9.8	9.8
职业中学	Vocational Secondary Schools	0.5	0.5	0.5	0.5	0.4
小学	Primary Schools	8.2	7.8	7.5	7.3	6.9
女教师占教师总数(%)	**Percentage of Female Teachers to Total Teachers (%)**	**61.7**	**62.1**	**62.7**	**63.2**	**64.1**
普通高等学校	Institutions of Higher Education	52.3	52.8	53.0	53.6	54.1
中等专业学校	Specialized Secondary Schools	58.4	59.8	59.5	59.4	59.7
普通中学	Regular Secondary Schools	63.0	63.3	63.7	64.1	64.8
职业中学	Vocational Secondary Schools	58.5	58.9	59.8	59.9	59.3
小学	Primary Schools	63.7	64.5	65.6	66.5	68.3

17-16 各级学校教师负担学生数

STUDENT-TEACHER RATIO BY LEVEL OF SCHOOL

单位：人　　(person)

年 份 Year	普通高等学校 Institutions of Higher Education		中等学校 Secondary Schools		小 学 Primary Schools	
	教师数 Number of Teachers	平均每个教师负担学生 Student-teacher Ratio	教师数 Number of Teachers	平均每个教师负担学生 Student-teacher Ratio	教师数 Number of Teachers	平均每个教师负担学生 Student-teacher Ratio
1978	8380	4.0	142761	18.4	187061	26.5
1980	10365	4.2	144291	17.4	193787	25.8
1985	13448	4.9	135366	16.4	207256	22.6
1990	15915	5.0	149499	13.4	215735	18.4
1991	15823	5.0	149950	13.3	216342	17.9
1992	15641	5.4	149918	13.2	216377	17.5
1993	15604	6.2	147621	12.7	213823	17.5
1994	16097	6.8	147699	12.8	215222	17.5
1995	16542	6.9	148057	13.6	214944	17.4
1996	16403	7.1	149560	14.1	213124	17.4
1997	15736	7.4	152402	14.5	214807	17.2
1998	15505	8.1	156257	15.3	210954	16.3
1999	15804	9.9	159855	16.3	206807	15.0
2000	16169	12.4	160153	16.9	193113	14.7
2001	18042	15.0	161133	16.9	182929	14.1
2002	23179	14.6	160153	17.2	180900	13.5
2003	28525	13.5	160108	16.6	178122	13.5
2004	32119	14.6	159719	16.4	175274	13.2
2005	35105	15.4	153952	16.1	163204	13.5
2006	36866	16.7	154299	15.1	160511	13.1
2007	39792	16.0	154769	14.9	158918	12.8
2008	41727	16.3	156018	14.5	157436	12.6
2009	43057	16.5	156205	14.2	155025	12.3
2010	44198	16	155048	14	151344	12
2011	44821	15.9	168152	12.4	134479	13.9
2012	45448	15.5	170671	12.0	128792	14.5
2013	46215	15.5	167746	10.3	120214	12.8
2014	46870	15.6	167073	10.0	114606	13.0
2015	46806	15.7	165186	9.9	109061	13.6
2016	46829	15.7	162945	10.0	101401	14.2

17-17 中小学升学及学龄儿童入学情况

STATISTICS OF JUNIOR SECONDARY SCHOOLS AND PRIMARY SCHOOLS ENTERING HIGHER LEVEL SCHOOLS, STATISTICS OF SCHOOL-AGE CHILDREN ENROLLED

单位：万人，%　　　　(10000 persons, %)

年 份 Year	初中毕业生数 Graduates of Junior Secondary Schools	高级中等学校招生数 Students Entering Senior Secondary Schools	小学毕业生数 Graduates of Primary Schools	初级中等学校招生数 Students Entering Junior Secondary Schools	小学升学率 Percentage of Graduates of Primary Schools Entering Junior Secondary Schools	学龄儿童数 School-age Children	已入学学龄儿童数 School-age Children Enrolled in Schools	学龄儿童入学率 Percentage of School-age Children Enrolled
1978	46.9	24.5	77.4	72.5	93.7	406.7	386.9	95.1
1980	51.5	26.0	76.1	68.5	90.1	417.9	395.1	94.5
1985	42.5	21.7	65.5	56.2	85.8	341.5	333.8	97.7
1990	43.5	20.0	63.6	52.7	82.8	313.1	310.0	99.0
1995	43.5	19.3	63.8	59.4	93.1	347.9	343.9	98.9
1996	42.4	18.4	60.6	57.3	94.6	346.9	345.8	99.7
1997	43.6	20.5	59.1	55.7	94.2	355.9	351.2	98.8
1998	50.0	20.8	74.9	70.3	94.0	334.0	327.7	98.1
1999	49.3	20.3	78.6	74.2	94.4	296.6	292.0	98.4
2000	48.7	18.9	69.8	66.2	95.9	275.1	271.7	98.8
2001	52.8	20.6	63.8	61.0	96.1	248.4	240.6	96.9
2002	52.3	26.3	57.0	56.1	98.4	232.0	226.5	97.6
2003	55.1	28.3	43.8	43.3	98.9	247.2	225.1	91.1
2004	55.6	28.5	46.3	45.9	99.2	232.1	217.8	93.8
2005	57.3	32.6	44.4	43.6	98.2	211.2	207.9	98.4
2006	54.2	36.2	42.7	42.2	98.9	201.2	198.9	98.9
2007	47.7	36.7	40.0	39.8	99.5	196.3	193.7	98.7
2008	44.8	39.2	39.1	39.0	99.7	189.7	188.5	99.4
2009	43.7	41.9	39.0	39.0	99.9	183.1	182.2	99.5
2010	40.5	40.6	36.4	36.4	99.9	181.6	180.0	99.1
2011	39.9	41.8	33.6	33.5	99.8	182.1	181.7	99.8
2012	39.4	39.7	34.7	34.6	99.7	181.7	181.3	99.8
2013	37.3	32.2	33.0	27.9	84.6	145.6	145.5	99.9
2014	27.0	29.0	26.7	26.3	98.5	141.1	141.0	99.9
2015	26.7	28.0	25.4	25.1	98.8	139.6	139.6	99.9
2016	27.6	28.1	27.8	27.5	99.0	136.0	136.0	99.9

注：2002起年高级中等学校招生数中新增了成人中专招生数，使相关数据明显增大。
Note:From 2002, the data of senior secondary schools include the data of specialized secondary schools for adults.

17-18 各类技工学校基本情况 (2016年)

STATISTICS ON VARIOUS TECHNICAL SCHOOLS (2016)

单位：人　　　　(person)

指 标	Item	合 计 Total	地方劳动保障部门办 Local Labor Safeguard Ministries	地方国有经济单位办 Launched by Local State-owned Economic Institution	行业办 Launched by Sector	企业办 Launched by Enterprise	其 他 Others
学校数（所）	Number of Schools (unit)	127	63	32	16	16	32
在校学生数	Number of Students	56295	29450	6581	3892	2689	20264
招生数	New Student Enrollment	23205	12378	2041	1153	888	8786
毕业生数	Graduates	27561	12247	5304	1708	3596	10010
在职教职工数	Teachers and Staff	10893	7742	1526	618	908	1625
#文化技术理论课教师	#Classroom Teachers	5788	4387	825	393	432	576
生产实习课指导教师	Practical Training Teachers	2295	1486	256	144	112	553

17-19 技工学校数、学生数和教职工数

NUMBER OF TECHNICAL SCHOOLS, STUDENTS, STAFF AND TEACHERS

单位：人 (person)

年份 Year	学校数（所） Schools (unit)	在校学生数 Student Enrollment	毕业生数 Graduates	招生数 New Student Enrollment	教职工数 Staff and Teachers	#教师数 Teachers
1978	128	25200	4523	19969	4887	1855
1980	217	50731	19969	25529	8941	3670
1985	202	50257	18949	25048	12902	5192
1990	220	95665	32103	33409	18271	7745
1995	220	85809	49100	29608	16179	8002
1996	195	64105	30884	20261	15245	7993
1997	192	62580	30898	22788	14990	7578
1998	168	44107	27155	13903	12595	6667
1999	170	35795	21884	10969	11962	7040
2000	172	28979	13126	9886	9375	5392
2001	166	24939	13379	9769	10429	7966
2002	150	28008	11567	13458	8892	5903
2003	147	31789	11135	17104	9454	7099
2004	135	41411	12318	21591	10833	7620
2005	128	60407	16429	28264	9417	6064
2006	124	68658	17167	32860	9256	6170
2007	121	88076	21775	46796	10457	7465
2008	130	91059	21063	40428	10261	7474
2009	130	101307	25158	44570	11101	8417
2010	133	142109	39697	82949	12316	7982
2011	133	194501	31131	100878	11539	8211
2012	134	225762	55013	94975	12338	8695
2013	134	144221	91463	44647	11671	7987
2014	133	95985	71838	30150	10789	7965
2015	131	63300	48680	22771	11274	8054
2016	127	56295	27561	23205	10893	8083

17-20 分地区普通高等学校基本情况 (2016年)

BASIC STATISTICS ON REGULAR INSTITUTIONS OF HIGHER EDUCATION BY REGION (2016)

单位：人 (person)

地区	Region	学校数（所） Schools (unit)	教职工数 Staff and Teachers	#专任教师 Full-time Teachers	#教授 Professors	#副教授 Asso. Prof	招生数 New Enrollment	在校生数 Total Enrollment	毕业生数 Graduates	授予学位数 Degrees Conferred
哈尔滨	harbin	51	51816	32558	5647	11568	141549	510230	138009	89424
齐齐哈尔	Qiqihar	6	4637	3291	367	1060	14993	54055	14751	9108
鸡西	Jixi	1	922	493	78	83	2654	8563	2059	
鹤岗	Hegang	1	410	214	23	111	782	2020	489	
双鸭山	Shuangyashan	1	335	164	16	62	318	649	504	
大庆	Daqing	5	5621	3307	590	1166	14140	50984	13797	10030
伊春	Yichun	1	351	199	13	64	750	1611	395	
佳木斯	Jiamusi	4	4117	2314	280	697	8360	29997	8280	6182
七台河	Qitaihe	1	172	144	28	51	728	1566	281	
牡丹江	Mudanjiang	7	4608	2849	391	810	14890	51085	14449	6132
黑河	Heihe	1	773	525	55	118	2534	9800	2329	2329
绥化	Suihua	1	815	527	33	117	3058	11397	2872	2853
大兴安岭	Daxinganling	1	324	244	17	71	1000	2840	827	

17-21 分地区中等专业学校基本情况 (2016年)

BASIC STATISTICS ON SECONDARY VOCATIONAL SCHOOLS BY REGION (2016)

单位：人 (person)

地 区	Region	学校数（所） Schools (unit)	教职工数 Staff and Teachers	#专任教师 Full-time Teachers	#副高级以上 Deputy High above	招生数 New Enrollment	#初中毕业 Graduate from Senior Secondary Schools	在校生数 Total Enrollment	毕业生数 Graduates
全 省	**Total**	**77**	**7559**	**4678**	**1485**	**35575**	**27710**	**106308**	**35370**
哈 尔 滨	harbin	34	2720	1726	447	15622	11782	45696	13306
齐齐哈尔	Qiqihar	8	986	590	202	3698	2277	11515	5226
鸡 西	Jixi	2	125	82	24	604	604	2106	576
鹤 岗	Hegang	3	354	232	103	1240	1035	3720	1191
双 鸭 山	Shuangyashan	1	35	29		563	490	1335	75
大 庆	Daqing	3	315	182	87	316	316	1070	477
伊 春	Yichun	3	519	211	90	2704	1166	5884	2560
佳 木 斯	Jiamusi	6	804	524	125	4442	4339	13836	4832
七 台 河	Qitaihe					650	650	1583	281
牡 丹 江	Mudanjiang	6	394	267	55	2290	2034	7221	2053
黑 河	Heihe	4	459	282	124	564	489	1648	1032
绥 化	Suihua	7	848	553	228	2316	1979	8793	3348
大兴安岭	Daxinganling					566	549	1901	413

17-22 分地区普通中学学校数 (2016年)

NUMBER OF REGULAR SECONDARY SCHOOLS BY REGION (2016)

单位：所 (unit)

地 区	Region	合 计 Total	#高 中 Senior Secondary Schools	城 区 Urban Areas	#高 中 Senior Secondary Schools	镇 区 Counties and Towns	#高 中 Senior Secondary Schools	乡 村 Rural Areas	#高 中 Senior Secondary Schools
全 省	**Total**	**1823**	**372**	**607**	**208**	**774**	**156**	**442**	**8**
哈 尔 滨	harbin	446	103	189	66	153	37	104	
齐齐哈尔	Qiqihar	254	40	58	22	107	18	89	
鸡 西	Jixi	100	21	30	12	45	6	25	3
鹤 岗	Hegang	56	15	26	7	28	8	2	
双 鸭 山	Shuangyashan	79	15	19	5	46	10	14	
大 庆	Daqing	148	29	71	20	45	9	32	
伊 春	Yichun	54	18	39	14	14	4	1	
佳 木 斯	Jiamusi	127	27	36	13	66	10	25	4
七 台 河	Qitaihe	49	9	20	5	17	4	12	
牡 丹 江	Mudanjiang	122	36	45	17	59	18	18	1
黑 河	Heihe	93	22	18	8	60	14	15	
绥 化	Suihua	256	30	40	15	113	15	103	
大兴安岭	Daxinganling	39	7	16	4	21	3	2	

17-23 分地区普通中学在校学生数 (2016年)

NUMBER OF STUDENTS OF REGULAR SECONDARY SCHOOLS BY REGION (2016)

单位：人　(person)

地　区	Region	合　计 Total	#高　中 Senior Secondary Schools	城　区 Urban Areas	#高　中 Senior Secondary Schools	镇　区 Counties and Towns	#高　中 Senior Secondary Schools	乡　村 Rural Areas	#高　中 Senior Secondary Schools
全　省	**Total**	**1453727**	**549844**	**721438**	**313321**	**606187**	**226601**	**126102**	**9922**
哈尔滨	Harbin	376576	137215	240060	97490	113324	39725	23192	
齐齐哈尔	Qiqihar	176449	65263	58613	28499	98042	36764	19794	
鸡　西	Jixi	75927	30050	41179	19358	24287	8568	10461	2124
鹤　岗	Hegang	41562	19364	21325	10954	20042	8410	195	
双鸭山	Shuangyashan	59535	26635	16919	8860	39688	17775	2928	
大　庆	Daqing	152867	55690	88327	36121	53091	19569	11449	
伊　春	Yichun	36760	18397	29419	15946	6788	2451	553	
佳木斯	Jiamusi	99615	40962	46917	21141	42638	14686	10060	5135
七台河	Qitaihe	37788	14378	22293	8206	12124	6172	3371	
牡丹江	Mudanjiang	97463	42255	45013	16301	43844	23291	8606	2663
黑　河	Heihe	63989	25149	22475	10551	39412	14598	2102	
绥　化	Suihua	219952	67045	79730	35043	107057	32002	33165	
大兴安岭	Daxinganling	15244	7441	9168	4851	5850	2590	226	

17-24 分地区普通中学招生数 (2016年)

NUMBER OF NEW ENROLLMENT STUDENTS OF REGULAR SECONDARY SCHOOLS BY REGION (2016)

单位：人　(person)

地　区	Region	合　计 Total	#高　中 Senior Secondary Schools	城　区 Urban Areas	#高　中 Senior Secondary Schools	镇　区 Counties and Towns	#高　中 Senior Secondary Schools	乡　村 Rural Areas	#高　中 Senior Secondary Schools
全　省	**Total**	**461494**	**186283**	**226648**	**106124**	**195567**	**76335**	**39279**	**3824**
哈尔滨	Harbin	121387	47211	75737	34019	37810	13192	7840	
齐齐哈尔	Qiqihar	59700	22134	19448	9818	33383	12316	6869	
鸡　西	Jixi	21707	9819	11855	6309	7172	2832	2680	678
鹤　岗	Hegang	13082	6308	6990	3587	6049	2721	43	
双鸭山	Shuangyashan	19309	8796	5577	2899	12802	5897	930	
大　庆	Daqing	45462	19360	25915	12412	16347	6948	3200	
伊　春	Yichun	11818	5810	9366	4989	2277	821	175	
佳木斯	Jiamusi	33996	13791	15684	6664	14340	4877	3972	2250
七台河	Qitaihe	11325	4792	6394	2683	3974	2109	957	
牡丹江	Mudanjiang	33277	14528	15240	5565	15110	8067	2927	896
黑　河	Heihe	21707	8395	7650	3623	13174	4772	883	
绥　化	Suihua	63825	23048	23843	12030	31255	11018	8727	
大兴安岭	Daxinganling	4899	2291	2949	1526	1874	765	76	

17-25 分地区普通中学毕业生数(2016年)

NUMBER OF GRADUATES OF REGULAR SECONDARY SCHOOLS BY REGION (2016)

单位：人 (person)

地区	Region	合计 Total	#高中 Senior Secondary Schools	城区 Urban Areas	#高中 Senior Secondary Schools	镇区 Counties and Towns	#高中 Senior Secondary Schools	乡村 Rural Areas	#高中 Senior Secondary Schools
全省	**Total**	**466614**	**190714**	**236968**	**110268**	**191935**	**77382**	**37711**	**3064**
哈尔滨	Harbin	119800	45911	74404	32414	37192	13497	8204	
齐齐哈尔	Qiqihar	59634	24092	21517	10626	32053	13466	6064	
鸡西	Jixi	23832	10380	12865	6771	7709	2743	3258	866
鹤岗	Hegang	15402	7519	8657	4478	6705	3041	40	
双鸭山	Shuangyashan	19606	8527	5330	2383	13235	6144	1041	
大庆	Daqing	44735	19710	27435	13265	14753	6445	2547	
伊春	Yichun	13937	6928	11156	6006	2571	922	210	
佳木斯	Jiamusi	34744	14166	16791	7682	14771	5150	3182	1334
七台河	Qitaihe	11896	5112	7006	3048	3871	2064	1019	
牡丹江	Mudanjiang	34086	14025	16478	5689	14590	7472	3018	864
黑河	Heihe	21348	8679	7841	3626	12858	5053	649	
绥化	Suihua	61682	22855	23804	12393	29474	10462	8404	
大兴安岭	Daxinganling	5912	2810	3684	1887	2153	923	75	

17-26 分地区普通中学教职工数(2016年)

NUMBER OF TEACHERS AND STAFF OF REGULAR SECONDARY SCHOOLS BY REGION (2016)

单位：人 (person)

地区	Region	合计 Total	按城乡分 By Urban and Rural Areas			按主管部门分 By Department			
			城区 Urban Areas	镇区 Counties and Towns	乡村 Rural Areas	教育部门办 Run by Educational Department	其他部门办 Schools Run by Other Department	地方企业办 Run by Local Businesses	民办 Run by Private and Other Social Sources
全省	**Total**	**178757**	**78385**	**74367**	**26005**	**148292**	**23070**	**55**	**7340**
哈尔滨	Harbin	44686	25675	13527	5484	37863	1729		5094
齐齐哈尔	Qiqihar	21612	6732	10280	4600	20598	726	55	233
鸡西	Jixi	10357	4070	4172	2115	7645	2461		251
鹤岗	Hegang	6626	3149	3376	101	3909	2302		415
双鸭山	Shuangyashan	7894	2479	4750	665	5506	2256		132
大庆	Daqing	17253	10660	4631	1962	16869	245		139
伊春	Yichun	5914	4423	1332	159	2381	3533		
佳木斯	Jiamusi	12795	4458	6649	1688	8759	3450		586
七台河	Qitaihe	3984	1939	1400	645	3836	148		
牡丹江	Mudanjiang	11133	4686	5087	1360	9055	1765		313
黑河	Heihe	9826	2347	6812	667	5825	4001		
绥化	Suihua	23654	6341	10820	6493	23023	454		177
大兴安岭	Daxinganling	3023	1426	1531	66	3023			

17-27 分地区普通中学教师数 (2016年)

NUMBER OF TEACHERS OF REGULAR SECONDARY SCHOOLS BY REGION (2016)

单位：人 (person)

地 区	Region	合 计 Total	#高 中 Senior Secondary Schools	按城乡分 By Urban and Rural Areas 城 区 Urban Areas	镇 区 Counties and Towns	乡 村 Rural Areas	按主管部门分 By Department 教育部门办 Run by Educational Department	其他部门办 Schools Run by Other Department	地方企业办 Run by Local Businesses	民 办 Run by Private and Other Social Sources
全 省	**Total**	**150770**	**42312**	**66732**	**61966**	**22072**	**127647**	**17652**	**37**	**5434**
哈尔滨	Harbin	38184	10950	22351	11413	4420	32881	1468		3835
齐齐哈尔	Qiqihar	18160	4917	5634	8748	3778	17325	625	37	173
鸡 西	Jixi	8680	2169	3565	3326	1789	6566	1901		213
鹤 岗	Hegang	5206	1562	2579	2566	61	3243	1702		261
双鸭山	Shuangyashan	6231	1815	1970	3696	565	4493	1649		89
大 庆	Daqing	14311	4577	8596	4002	1713	14011	193		107
伊 春	Yichun	4633	1627	3537	978	118	1915	2718		
佳木斯	Jiamusi	10602	3159	3902	5345	1355	7573	2614		415
七台河	Qitaihe	3584	1005	1735	1258	591	3468	116		
牡丹江	Mudanjiang	9609	3203	4020	4421	1168	8089	1269		251
黑 河	Heihe	7891	1950	2009	5330	552	4836	3055		
绥 化	Suihua	21426	4820	5770	9745	5911	20994	342		90
大兴安岭	Daxinganling	2253	558	1064	1138	51	2253			

17-28 分地区小学学校数和在校学生数 (2016年)

BASIC STATISTICS ON PRIMARY SCHOOLS AND STUDENTS ENROLLMENT BY REGION (2016)

地 区	Region	学校数（所） Number of Schools (unit)	按城乡分 By Urban and Rural Areas 城 区 Urban Areas	镇 区 Counties and Towns	乡 村 Rural Areas	在校学生数（人） Student Enrollment (person)	按城乡分 By Urban and Rural Areas 城 区 Urban Areas	镇 区 Counties and Towns	乡 村 Rural Areas
全 省	**Total**	**1979**	**576**	**625**	**778**	**1439381**	**621304**	**588558**	**229519**
哈尔滨	Harbin	366	178	127	61	419765	228757	136747	54261
齐齐哈尔	Qiqihar	526	59	92	375	211027	55428	104494	51105
鸡 西	Jixi	67	24	22	21	56934	24225	21160	11549
鹤 岗	Hegang	56	25	17	14	34098	18323	14817	958
双鸭山	Shuangyashan	69	20	40	9	55601	13621	36721	5259
大 庆	Daqing	178	68	43	67	125618	61686	40002	23930
伊 春	Yichun	51	35	11	5	28322	21163	6485	674
佳木斯	Jiamusi	140	38	52	50	111366	46898	52650	11818
七台河	Qitaihe	34	16	13	5	35556	17735	11812	6009
牡丹江	Mudanjiang	130	46	55	29	107049	53463	37065	16521
黑 河	Heihe	108	19	48	41	63564	19604	39723	4237
绥 化	Suihua	230	39	92	99	178329	54039	81590	42700
大兴安岭	Daxinganling	24	9	13	2	12152	6362	5292	498

17-29 分地区小学招生数和毕业生数(2016年)

NUMBER OF NEW STUDENTS ENROLLMENT AND GRADUATES OF PRIMARY SCHOOLS BY REGION (2016)

单位：人 (person)

地 区	Region	招生数 Number of New Students Enrollment	按城乡分 By Urban and Rural Areas			毕业生数 Number of Graduates	按城乡分 By Urban and Rural Areas		
			城 区 Urban Areas	镇 区 Counties and Towns	乡 村 Rural Areas		城 区 Urban Areas	镇 区 Counties and Towns	乡 村 Rural Areas
全 省	**Total**	**246422**	**113663**	**97742**	**35017**	**278092**	**115788**	**113423**	**48881**
哈尔滨	Harbin	73541	44389	22000	7152	75713	40093	24233	11387
齐齐哈尔	Qiqihar	33099	8905	16774	7420	37532	9447	18661	9424
鸡 西	Jixi	9800	4377	3553	1870	12004	5249	4069	2686
鹤 岗	Hegang	5629	2983	2484	162	6818	3496	3100	222
双鸭山	Shuangyashan	8667	2105	5932	630	10607	2705	6706	1196
大 庆	Daqing	24243	12591	7537	4115	26132	12339	8444	5349
伊 春	Yichun	4384	3292	1011	81	6080	4444	1490	146
佳木斯	Jiamusi	17305	7813	7924	1568	20324	8511	9453	2360
七台河	Qitaihe	6054	3291	1892	871	6552	3621	1846	1085
牡丹江	Mudanjiang	17382	8869	5899	2614	18914	9065	6711	3138
黑 河	Heihe	10327	3187	6445	695	13486	3938	8551	997
绥 化	Suihua	34151	10876	15508	7767	41248	11497	18996	10755
大兴安岭	Daxinganling	1840	985	783	72	2682	1383	1163	136

17-30 分地区小学教职工数(2016年)

NUMBER OF TEACHERS AND STAFF OF PRIMARY SCHOOLS BY REGION (2016)

单位：人 (person)

地 区	Region	合 计 Total	按城乡分 By Urban and Rural Areas			按主管部门分 By Department			
			城 区 Urban Areas	镇 区 Counties and Towns	乡 村 Rural Areas	教育部门办 Run by Educational Department	其他部门办 Schools Run by Other Department	地方企业办 Run by Local Businesses	民 办 Run by Private and Other Social Sources
全 省	**Total**	**116470**	**41273**	**43949**	**31248**	**107404**	**8564**	**45**	**457**
哈尔滨	Harbin	31565	13104	10382	8079	30064	1183		318
齐齐哈尔	Qiqihar	13540	3577	5288	4675	13081	459		
鸡 西	Jixi	4589	1695	1494	1400	4378	196		15
鹤 岗	Hegang	2918	1491	978	449	2655	263		
双鸭山	Shuangyashan	4980	1444	2795	741	4172	787		21
大 庆	Daqing	10062	3831	2842	3389	10062			
伊 春	Yichun	4566	3185	1110	271	1642	2924		
佳木斯	Jiamusi	8651	2865	3751	2035	8234	383		34
七台河	Qitaihe	2198	1141	712	345	2109	89		
牡丹江	Mudanjiang	9316	3551	3507	2258	7971	1307		38
黑 河	Heihe	5608	1598	2947	1063	4808	755	45	
绥 化	Suihua	16759	3066	7332	6361	16510	218		31
大兴安岭	Daxinganling	1718	725	811	182	1718			

17-31 分地区小学专任教师数 (2016年)

NUMBER OF FULL-TIME TEACHERS OF PRIMARY SCHOOLS BY REGION (2016)

单位：人　　(person)

地　区	Region	合　计 Total	按城乡分 By Urban and Rural Areas 城　区 Urban Areas	镇　区 Counties and Towns	乡　村 Rural Areas	按主管部门分 By Department 教育部门办 Run by Educational Department	其他部门办 Schools Run by Other Department	地方企业办 Run by Local Businesses	民　办 Run by Private and Other Social Sources
全　省	**Total**	**101401**	**36354**	**38006**	**27041**	**94341**	**6664**	**45**	**351**
哈尔滨	Harbin	27791	11557	9246	6988	26552	1002		237
齐齐哈尔	Qiqihar	11621	3131	4636	3854	11215	406		
鸡　西	Jixi	3867	1584	1163	1120	3714	139		14
鹤　岗	Hegang	2489	1301	853	335	2259	230		
双鸭山	Shuangyashan	4217	1243	2350	624	3597	608		12
大　庆	Daqing	8668	3189	2401	3078	8668			
伊　春	Yichun	3444	2446	823	175	1245	2199		
佳木斯	Jiamusi	7265	2715	3019	1531	6975	260		30
七台河	Qitaihe	2037	1042	658	337	1979	58		
牡丹江	Mudanjiang	8358	3279	2973	2106	7344	980		34
黑　河	Heihe	4867	1489	2498	880	4219	603	45	
绥　化	Suihua	15491	2835	6794	5862	15288	179		24
大兴安岭	Daxinganling	1286	543	592	151	1286			

17-32 分地区幼儿园基本情况 (2016年)

BASIC STATISTICS ON KINDERGARTENS BY REGION (2016)

地　区	Region	园　数 (个) Number of Kindergartens (unit)	班　数 (个) Number of Classes (unit)	幼儿数 (人) Student Enrollment (person)	教职工数 (人) Staff and Teachers (person)	#专任教师 Full-time Teachers
全　省	**Total**	**5720**	**24563**	**528090**	**62919**	**34177**
哈尔滨	Harbin	1325	6666	158740	17929	9180
齐齐哈尔	Qiqihar	981	3539	77240	6801	3724
鸡　西	Jixi	273	1101	22553	2722	1394
鹤　岗	Hegang	152	603	11853	1907	1013
双鸭山	Shuangyashan	195	886	18737	2284	1256
大　庆	Daqing	616	2536	53941	8226	4343
伊　春	Yichun	78	434	9786	1460	917
佳木斯	Jiamusi	436	2059	41687	5076	2663
七台河	Qitaihe	157	623	12386	1449	861
牡丹江	Mudanjiang	390	1782	37175	4685	2657
黑　河	Heihe	294	1095	22070	3008	1644
绥　化	Suihua	743	2943	56931	6327	3995
大兴安岭	Daxinganling	80	296	4991	1045	530

17-33 各级各类成人学校基本情况 (2016年)

BASIC STATISTICS ON ADULT SCHOOLS BY LEVEL AND TYPE (2016)

单位：人 (person)

学校类别	Category	学校数（所） Schools (unit)	毕业生数 Graduates	招生数 New Student Enrollment	在校生数 Student Enrollment	教职工数 Staff and Teachers	#专任教师 Full-time Teachers
总 计	**Total**	**1916**	**544024**	**17028**	**494502**	**21173**	**15702**
成人高等学校	Adult Education Schools	21	10431	4800	13934	2446	1278
广播电视大学	Radio and TV Universities	2	990	862	2664	445	221
职工高等学校	Schools of Higher Education for Staff and Workers	12	1486	240	2442	739	462
管理干部学院	College for Management Cadres	3	2473	1394	3456	667	412
教育学院	Pedagogical Colleges	4	5482	2304	5372	595	183
成人中等学校	Secondary Schools for Adults	1808	531904	12228	479389	17656	13473
中等专业学校	Specialized Secondary Schools for Adults	41	17291	12228	43077	2349	1687
成人中学	Secondary Schools for Adults	54	7706		7770	1019	855
职工中学	Secondary Schools for Staff and Workers	3	1676		3007	752	643
农民中学	Secondary Schools for Peasants	51	6030		4763	267	212
成人技术培训学校	Technical Training Schools for Adults	1713	506907		428542	14288	10931
职工技术培训学校（机构）	Worker's Technical Training School	92	29721		38545	2960	2279
农村成人文化技术培训学校(机构)	Rural Culture & Technology Training School(Institution)	1044	306146		280647	5984	4061
其他培训机构(含社会培训机构)	Other Training School	577	171040		109350	5344	4591
成人初等学校	Primary Schools for Adults	87	1689		1179	1071	951
职工小学	Primary School for Employee					206	187
民办小学	Primary Schools for Peasants	87	1689		1179	865	764
#扫盲班	#Literacy Courses						

17-34 各级各类成人学校在校学生数

STUDENT ENROLLMENT IN ADULT SCHOOLS BY LEVEL AND TYPE

单位：万人 (10000 persons)

学校类别	Category	2012	2013	2014	2015	2016
成人高等学校	**Adult Education Schools**	**2.50**	**2.63**	**2.58**	**1.98**	**1.39**
广播电视大学	Radio and TV Universities	0.31	0.28	0.30	0.28	0.27
职工高等学校	Schools of Higher Education for Staff and Workers	0.89	0.81	0.62	0.37	0.24
管理干部学院	College for Management Cadres	0.58	0.59	0.56	0.47	0.35
教育学院	Pedagogical Colleges	0.73	0.95	1.09	0.86	0.54
成人中等学校	**Secondary Schools for Adults**	**54.35**	**58.34**	**51.90**	**63.75**	**47.94**
中等专业学校	Specialized Secondary Schools for Adults	6.38	6.14	5.30	4.76	4.31
成人中学	Secondary Schools for Adults	2.23	1.50	1.12	1.26	0.78
成人技术培训学校	Technical Training Schools for Adults	45.74	50.70	45.48	57.73	42.85
成人初等学校	**Primary Schools for Adults**	**1.67**	**1.16**	**1.06**	**0.12**	**0.12**
职工小学	Primary School for Employee					
民办小学	Primary Schools for Peasants	1.66	1.15	1.06	0.12	0.12
#扫盲班	#Literacy Courses	0.18				

17-35 科技活动基本情况

BASIC STATISTICS ON SCIENTIFIC AND TECHNOLOGICAL ACTIVITIES

指　标	Item	2015	2016
单位基本情况	**Basic Statistics on Unit**		
单位数(个)	Number of Unit(unit)		5125
有R&D活动单位数(个)	Number of Unit With R&D Activities(unit)		666
研究与试验发展(R&D)投入情况	**Statistics on R&D Input**		
R&D人员全时当量(人年)	Full-time Equivalent of R&D Personnel(man-year)		54942
#基础研究	#Basic Research		10485
应用研究	Applied Research		8479
试验发展	Experimental Development		35978
R&D经费内部支出(万元)	Expenditure on R&D(10000 yuan)	1576677	1525048
#基础研究	#Basic Research	177746	157698
应用研究	Applied Research	319114	384187
试验发展	Experimental Development	1079817	983164
#政府资金	#Government Appropriation Funds	665481	553475
企业资金	Self-raised Funds by Enterprises	845865	905912
R&D经费内部支出相当于地区生产总值比例(%)	Proportion of R&D Expenditure to GDP(%)	1.04	0.99
科技产出及成果情况	**Statistics on S&T Outputs and Results**		
发表科技论文(篇)	Scientific Papers Issued(piece)		43169
出版科技著作(种)	Publication on Science and Technology(kind)		1291
科技成果登记数(项)	Number of Major Achievements(item)		1470
国家技术发明奖(项)	State Technological Invention Award(item)		12
国家科学技术进步奖(项)	National Science and Technology Progress Award(item)		13
专利申请受理数(件)	Number of Patent Applications Accepted(piece)		12795
#发明专利	#Inventions		6244
专利申请授权数(件)	Number of Patent Applications Granted(piece)		6496
#发明专利	#Inventions		2879
技术市场情况	**Basic Statistics on Technical Market**		
成交技术合同(件)	Number of Technical Contracts Completed(piece)	1854	1747
技术市场成交额(亿元)	Transaction Value in Technical Market(100 million yuan)	127.3	132.0

17-36 科学研究与开发机构基本情况

BASIC STATISTICS ON RESEARCH AND DEVELOPMENT INSTITUTIONS

指 标	Item	2012	2013	2014	2015	2016
机构基本情况	**Basic Statistics on Institutions**					
机构数(个)	Number of R&D Institutions(unit)	226	226	226	226	226
#中央属	#Subordinated to Central Level	16	16	16	16	16
地方属	Subordinated to Local Level	210	210	210	210	210
研究与试验发展(R&D)投入情况	**Statistics on R&D Input**					
R&D人员(人)	R&D Personnel (person)	7677	7710	7739	7663	7429
R&D人员全时当量(人年)	Full-time Equivalent of R&D Personnel(man-year)	7099	7591	7686	6778	6324
#基础研究	#Basic Research	1076	1374	1212	1268	
应用研究	Applied Research	2192	2239	2375	2229	
试验发展	Experimental Development	3831	3978	4099	3281	
R&D经费内部支出(万元)	Expenditure on R&D(10000 yuan)	144408	150448	161622	139353	142700
#基础研究	#Basic Research	24407	22768	25846	30880	24312
应用研究	Applied Research	40316	40491	42287	36789	34786
试验发展	Experimental Development	79686	87189	93490	71684	69118
#政府资金	#Government Appropriation Funds	116722	117118	113682	107780	94445
企业资金	Self-raised Funds by Enterprises	9851	16263	7719	7056	8287
R&D项目(课题)情况	**Statistics on R&D Topics**					
R&D项目(课题)数(项)	Projects of R&D(item)	1901	2050	2066	2165	2127
R&D项目(课题)人员全时当量(人年)	Participants(man-years)	6829	6966	6216	5806	5150
R&D项目(课题)经费内部支出(万元)	Intramural Expenditure(10000 yuan)	58427	63569	59811	65969	73034
科技产出及成果情况	**Statistics on S&T Outputs and Results**					
发表科技论文(篇)	Scientific Papers Issued(piece)	3781	3835	3791	3543	3687
#国外发表	#Published in Foreign Periodicals	275	356	512	427	736
出版科技著作(种)	Publication on Science and Technology(kind)	129	127	103	139	71
专利申请受理数(件)	Number of Patent Applications Accepted(piece)	688	578	521	624	789
#发明专利	#Inventions		290	235	303	357
专利申请授权数(件)	Number of Patent Applications Granted(piece)	448	363	378	412	557
#发明专利	#Inventions		153	117	134	170

17–37 高等学校科技活动情况

BASIC STATISTICS ON HIGHER EDUCATION FOR SCIENTIFIC AND TECHNOLOGICAL ACTIVITIES

指　标	Item	2012	2013	2014	2015	2016
高等学校基本情况	**Basic Statistics on Higher Education**					
学校数(个)	Number of Schools(unit)	90	93	83	121	135
#理工农医	#Science, Agricultural, Medicine	54	54	46	56	56
#人文社科	#Humanities and Social Sciences	36	39	37	65	79
R&D机构(个)	R&D Institutions (a)	304	288	267	305	329
研究与试验发展(R&D)投入情况	**Statistics on R&D Input**					
R&D人员全时当量(人年)	Full-time Equivalent of R&D Personnel(man-year)	15175	15267	14076	14787	14211
#基础研究	#Basic Research	8493	9000	8441	6428	8653
应用研究	Applied Research	6260	5816	5221	5176	5247
试验发展	Experimental Development	422	449	348	541	311
R&D经费内部支出(万元)	Expenditure on R&D(10000 yuan)	312084	363449	340561	380956	449414
#基础研究	#Basic Research	105341	128114	89170	112322	125165
应用研究	Applied Research	190116	214054	238823	221990	317902
试验发展	Experimental Development	16627	21279	12567	11544	6348
#政府资金	#Government Appropriation Funds	200274	209214	170908	212066	244137
企业资金	Self-raised Funds by Enterprises	106822	148880	166922	166070	195097
R&D项目(课题)情况	**Statistics on R&D Topics**					
R&D项目(课题)数(项)	Projects of R&D(item)	16988	18203	18100	19807	17308
R&D项目(课题)人员全时当量(人年)	Participants (man-year)	14925	15264	14012	15577	14210
R&D项目(课题)经费内部支出(万元)	Intramural Expenditure(10000 yuan)	287615	299994	317633	379856	409465
科技产出及成果情况	**Statistics on S&T Outputs and Results**					
发表科技论文(篇)	Scientific Papers Issued(piece)	37450	35282	37358	38123	36133
#国外发表	#Published in Foreign Periodicals	11071	10810	12669	14050	14502
出版科技著作(种)	Publication on Science and Technology(kind)	1419	1344	829	892	1142
专利申请受理数(件)	Number of Patent Applications Accepted(piece)	7054	6998	6497	8974	7679
#发明专利	#Inventions		3868	3974	4763	3878
专利申请授权数(件)	Number of Patent Applications Granted(piece)	4084	4724	3920	6130	5924
#发明专利	#Inventions		1483	1576	2559	2714

17-38 大中型工业企业科技活动基本情况

BASIC STATISTICS ON SCIENCE AND TECHNOLOGY ACTIVITIES OF LARGE AND MEDIUM-SIZED INDUSTRIAL ENTERPRISES

指　标	Item	2012	2013	2014	2015	2016
企业基本情况	**Basic Statistics on Enterprises**					
企业数(个)	Number of Enterprises(unit)	635	638	628	592	563
有R&D活动企业数(个)	Number of Enterprises With R&D Activities(unit)	144	111	123	121	119
R&D活动情况	**R&D Activities**					
R&D人员全时当量(人年)	R&D Personnel Full-time Equivalent(man-year)	33592	30447	34223	28140	27668
R&D经费内部支出(万元)	Intramural Expenditure(10000 yuan)	856410	640270	883407	787353	793594
R&D经费内部支出与主营业务收入之比(%)	Ratio of R&D Internal Expenditure and Main Business Income(%)	1.00	0.75	1.02	1.10	1.20
R&D项目数(项)	Projects (item)	3853	3329	3720	2501	2104
R&D项目经费内部支出(万元)	Internal Expenditure of R&D Project Funds(10000 yuan)	642154	560149	686289	718018	722200
企业办R&D机构情况	**Basic Statistics on Companies Organized R&D institutions**					
机构数(个)	Number of Institutions(unit)	154	113	125	125	103
机构人员数(人)	Personnel(person)	16224	18891	21094	21226	19123
机构经费支出(万元)	Expenditures(10000 yuan)	373370	274680	304454	333829	244868
新产品开发及生产情况	**Statistics onNew Product Development and Production**					
新产品开发项目数(个)	Number of New Product Development Projects(unit)	2865	2315	2909	2082	1738
新产品开发经费支出(万元)	New Product Development Expenditure(10000 yuan)	704050	456729	761810	637566	605928
新产品销售收入(万元)	New Product Sales(10000 yuan)	5190962	4892842	4809460	4629396	4357110
#新产品出口	#Exports	526974	381943	267354	343999	704133
技术获取和技术改造情况	Statistics on Technology Acquisition and Transformation					
引进国外技术经费支出(万元)	Introduction of Foreign Technology Expenditure(10000 yuan)	42154	19602	19718	25087	8785
引进技术消化吸收经费支出(万元)	Digestion and Absorption of Imported Technology Expenditure(10000 yuan)	12447	5348	2177	16099	5050
购买国内技术经费支出(万元)	Purchase of Technology Expenditure(10000 yuan)	6244	6554	3598	2293	4377
技术改造经费支出(万元)	Technological Innovation Expenditure(10000 yuan)	649875	461580	435736	295806	233216

17-39 按登记注册类型分规模以上工业企业研究与试验发展(R&D)活动及专利情况 (2016年)

STATISTICS ON R&D ACTIVITIES AND PATENTS OF INDUSTRIAL ENTERPRISES ABOVE DESIGNATED SIZE BY REGISTRATION STATUS (2016)

登记注册类型	Status of Registration	R&D人员全时当量(人年) Full-time Equivalent of R&D Personnel (man-year)	R&D经费内部支出(万元) Expenditure on R&D (10000 yuan)	R&D项目数(项) R&D Projects (unit)	专利申请数(件) Number of Patent Applications (piece)	#发明专利 Inventions	有效发明专利数(件) Number of Inventions In Force (piece)
合　计	**Total**	**32219**	**884925**	**3068**	**4127**	**1934**	**4716**
#大中型工业企业	Large and Medium-sized Industrial Enterprises	27668	793594	2104	2886	1446	3479
内资企业	Domestic Funded Enterprises	30568	828135	2765	3845	1745	4395
国有企业	State-owned Enterprises	2363	96861	117	199	125	526
集体企业	Collective-owned Enterprises	8	26	1			
股份合作企业	Cooperative Enterprises	31	1337	5	4	2	20
联营企业	Joint Ownership Enterprises						
国有联营企业	State Joint Ownership Enterprises						
有限责任公司	Limited Liability Corporations	22481	597122	1843	2773	1320	2781
国有独资公司	State Sole Funded Corporations	2449	87547	194	507	320	587
股份有限公司	Share-holding Corporations Ltd.	3997	94765	474	508	190	569
私营企业	Private Enterprises	1690	38025	325	361	108	499
其他企业	Other Enterprises						
港、澳、台商投资企业	Enterprises with Funds from Hong Kong, Macao and Taiwan	428	30252	171	153	144	115
合资经营企业	Joint-venture Enterprises	128	3091	39	23	14	43
合作经营企业	Cooperative Enterprises						
独资经营企业	Enterprises with Sole Fund	280	23178	116	130	130	25
投资股份有限公司	Share-holding Corporations Ltd.	20	3983	16			47
外商投资企业	Foreign Funded Enterprises	1223	26538	132	129	45	206
中外合资经营企业	Joint-venture Enterprises	1170	24828	127	122	40	181
中外合作经营企业	Cooperation Enterprises						
外资企业	Enterprises with Sole Fund	53	1711	5	7	5	14
外商投资股份有限公司	Share-holding Corporations Ltd.						11

17-40 按行业分规模以上工业企业研究与试验发展(R&D)活动及专利情况 (2016年)

STATISTICS ON R&D ACTIVITIES AND PATENTS OF INDUSTRIAL ENTERPRISES ABOVE DESIGNATED SIZE BY INDUSTRIAL SECTOR (2016)

行　业	Sector	R&D人员全时当量(人年) Full-time Equivalent of R&D Personnel (man-year)	R&D经费内部支出(万元) Expenditure on R&D (10000 yuan)	R&D项目数(项) R&D Projects (unit)	专　利申请数(件) Number of Patent Applications (piece)	#发明专利 Inventions	有效发明专利数(件) Number of Inventions In Force (piece)
全省总计	**Total**	**32219**	**884925**	**3068**	**4127**	**1934**	**4716**
煤炭开采和洗选业	Mining and Washing of Coal	219	5690	21	10		
石油和天然气开采业	Extraction of Petroleum and Natural Gas	10055	159912	491	293	100	454
黑色金属矿采选业	Mining and Processing of Ferrous Metal Ores						
有色金属矿采选业	Mining and Processing of Non-ferrous Metal Ores		6.8	3	2	2	
非金属矿采选业	Mining and Processing of Non-metal Ores	11	728	5			
农副食品加工业	Processing of Food from AgriculturalProducts	151	6522	42	50	19	107
食品制造业	Manufacture of Foods	97	1512	31	37	22	79
酒、饮料和精制茶制造业	Manufacture of Liquor, Beverages and Refined Tea	82	1812	7	35	16	25
烟草制品业	Manufacture of Tobacco	58	2226	17	2		3
纺织业	Manufacture of Textile	18	588	2			3
纺织服装、服饰业	Manufacture of Textile, Wearing Apparel and Accessories						
皮革、毛皮、羽毛及其制品和制鞋业	Manufacture of Leather, Fur, Feather and Related Products and Footwear						
木材加工和木、竹、藤、棕、草制品业	Processing of Timber, Manufacture of Wood, Bamboo, Rattan, Palm and Straw Products	50	1500	10	8	2	32
家具制造业	Manufacture of Furniture	13	446	4	102	51	1
造纸及纸制品业	Manufacture of Paper and Paper Products	54	2364	25	7	6	36
印刷和记录媒介复制业	Printing and Reproduction of Recording Media	27	914	10	6	6	6
文教、工美、体育和娱乐用品制造业	Manufacture of Articles for Culture, Education, Arts and Crafts, Sport and Entertainment Activities	13	652	15	8		
石油加工、炼焦及核燃料加工业	Processing of Petroleum, Coking and Processing of Nuclear Fuel	281	35040	16	49	13	93
化学原料及化学制品制造业	Manufacture of Raw Chemical Materials and Chemical Products	479	15714	96	99	49	184
医药制造业	Manufacture of Medicines	1901	39636	443	177	116	457
化学纤维制造业	Manufacture of Chemical Fibre	15	187	5	10	4	6
橡胶和塑料制品业	Manufacture of Rubber and Plastics Products	392	25660	152	156	132	66
非金属矿物制品业	Manufacture of Non-metallic Mineral Products	196	8704	53	111	38	119
黑色金属冶炼和压延加工业	Smelting and Pressing of Ferrous Metals	416	15468	43	10	8	34
有色金属冶炼和压延加工业	Smelting and Pressing of Non-ferrous Metals	565	19764	82	81	33	104
金属制品业	Manufacture of Metal Products	745	10707	93	63	40	154
通用设备制造业	Manufacture of General Purpose Machinery	4689	181663	579	699	266	858
专用设备制造业	Manufacture of Special Purpose Machinery	1917	42691	179	270	82	368
汽车制造业	Manufacture of Automobiles	1623	29084	74	242	95	99
铁路、船舶、航空航天和其他运输设备制造业	Manufacture of Railway, Ship, Aerospace and Other Transport Equipments	3882	193130	213	790	452	632
电气机械和器材制造业	Manufacture of Electrical Machinery and Apparatus	2508	61020	188	296	102	196
计算机、通信和其他电子	Manufacture of Computers, Communication and Other	296	7201	67	35	5	53
设备制造业	Electronic Equipment	958	9629	61	259	147	237
仪器仪表制造业	Instruments and Meters						
其他制造业	Other Manufacturing	28	412	6	3		3
金属制品、机械和设备	Repair Service of Metal Products, Machinery and	7	179	1	5		55
修理业	Equipment	392	2658	20	199	124	177
电力、热力生产和供应业	Production and Supply of Electric Power and Heat Power						
燃气生产和供应业	Production and Supply of Gas	47	837	7			
水的生产和供应业	Production and Supply of Water	7	153	2	3	1	8

17-41 按登记注册类型分规模以上工业企业新产品开发及生产情况 (2016年)

NEW PRODUCTS DEVELOPMNET AND PRODUCTION OF INDUSTRIAL ENTERPRISES ABOVE DESIGNATED SIZE BY REGISTRATION STATUS (2016)

登记注册类型	Status of Registration	新产品项目数 (项) New Products (unit)	开发新产品经费 (万元) Expenditure on New Products Development (10000 yuan)	新产品销售收入 (万元) Sales Revenue of New Products (10000 yuan)	#出口 Exports
合　计	**Total**	**2677**	**696173**	**5026218**	**712286**
#大中型工业企业	#Large and Medium-sized Industrial Enterprises	1738	605928	4357110	704133
内资企业	Domestic Funded Enterprises	2371	629527	4326378	675855
国有企业	State-owned Enterprises	107	51233	81184	
集体企业	Collective-owned Enterprises				
股份合作企业	Cooperative Enterprises	5	1337	2703	1402
联营企业	Joint Ownership Enterprises				
国有联营企业	State Joint Ownership Enterprises				
有限责任公司	Limited Liability Corporations	1466	443319	3099074	650989
国有独资公司	State Sole Funded Corporations	181	82946	241897	22130
股份有限公司	Share-holding Corporations Ltd.	502	100029	883833	20865
私营企业	Private Enterprises	291	33608	259584	2599
其他企业	Other Enterprises				
港、澳、台商投资企业	Enterprises with Funds from Hong Kong, Macao and Taiwan	164	29470	155653	18
合资经营企业	Joint-venture Enterprises	31	4459	13724	
合作经营企业	Cooperative Enterprises				
独资经营企业	Enterprises with Sole Fund	117	21028	141930	18
投资股份有限公司	Share-holding Corporations Ltd.	16	3983		
外商投资企业	Foreign Funded Enterprises	142	37175	544187	36413
中外合资经营企业	Joint-venture Enterprises	136	32784	524054	36413
中外合作经营企业	Cooperation Enterprises				
外资企业	Enterprises with Sole Fund	3	1480	6075	
外商投资股份有限公司	Share-holding Corporations Ltd.	3	2912	14058	

17-42 按行业分规模以上工业企业新产品开发及生产情况 (2016年)

NEW PRODUCTS DEVELOPMNET AND PRODUCTION OF INDUSTRIAL ENTERPRISES ABOVE DESIGNATED SIZE BY INDUSTRIAL SECTOR (2016)

行业	Sector	新产品项目数(项) New Products (unit)	开发新产品经费(万元) Expenditure on New Products Development (10000 yuan)	新产品销售收入(万元) Sales Revenue of New Products (10000 yuan)	#出口 Exports
全省总计	**Total**	**2677**	**696173**	**5026218**	**712286**
煤炭开采和洗选业	Mining and Washing of Coal	1	113		
石油和天然气开采业	Extraction of Petroleum and Natural Gas	97	30243	21000	
黑色金属矿采选业	Mining and Processing of Ferrous Metal Ores				
有色金属矿采选业	Mining and Processing of Non-Ferrous Metal Ores	1	0.5		
非金属矿采选业	Mining and Processing of Non-metal Ores	5	728	1676	
农副食品加工业	Processing of Food from Agricultural Products	56	8741	53887	
食品制造业	Manufacture of Foods	36	3288	60082	
酒、饮料和精制茶制造业	Manufacture of Liquor, Beverages and Refined Tea	9	2213	9700	17
烟草制品业	Manufacture of Tobacco	16	1857	10320	
纺织业	Manufacture of Textile	1	445	1404	
纺织服装、服饰业	Manufacture of Textile, Wearing Apparel and Accessories				
皮革、毛皮、羽毛及其制品和制鞋业	Manufacture of Leather, Fur, Feather and Related Products and Footwear				
木材加工和木、竹、藤、棕、草制品业	Processing of Timber, Manufacture of Wood, Bamboo, Rattan, Palm and Straw Products	10	1541	9558	801
家具制造业	Manufacture of Furniture	7	2622	1955	
造纸及纸制品业	Manufacture of Paper and Paper Products	23	2084	89178	21183
印刷和记录媒介复制业	Printing and Reproduction of Recording Media	5	801	251	
文教、工美、体育和娱乐用品制造业	Manufacture of Articles for Culture, Education, Arts and Crafts, Sport and Entertainment Activities	12	448	2575	50
石油加工、炼焦及核燃料加工业	Processing of Petroleum, Coking and Processing of Nuclear Fuel	24	24161	278987	
化学原料及化学制品制造业	Manufacture of Raw Chemical Materials and Chemical Products	90	14498	73087	931
医药制造业	Manufacture of Medicines	461	43849	230833	1171
化学纤维制造业	Manufacture of Chemical Fibres	5	187	833	
橡胶和塑料制品业	Manufacture of Rubber and Plastics Products	149	23475	164392	18
非金属矿物制品业	Manufacture of Non-metallic Mineral Products	54	9525	130705	2759
黑色金属冶炼和压延加工业	Smelting and Pressing of Ferrous Metals	35	6281	242732	2603
有色金属冶炼和压延加工业	Smelting and Pressing of Non-ferrous Metals	87	20789	87999	947
金属制品业	Manufacture of Metal Products	91	10665	32480	485
通用设备制造业	Manufacture of General Purpose Machinery	558	130455	1330352	124744
专用设备制造业	Manufacture of Special Purpose Machinery	199	46068	333363	14018
汽车制造业	Manufacture of Automobiles	73	40180	485881	3835
铁路、船舶、航空航天和其他运输设备制造业	Manufacture of Railway, Ship, Aerospace and Other Transport Equipments	211	193497	764434	446242
电气机械和器材制造业	Manufacture of Electrical Machinery and Apparatus	183	54164	528404	90745
计算机、通信和其他电子设备制造业	Manufacture of Computers, Communication and Other Electronic Equipment	50	5086	28616	20
仪器仪表制造业	Manufacture of Measuring Instruments and Machinery	80	12289	46687	1719
其他制造业	Other Manufacture	5	262	152	
金属制品、机械和设备修理业	Repair Service of Metal Products, Machinery and Equipment	3	391	3954	
电力、热力生产和供应业	Production and Supply of Electric Power and Heat Power	24	3946		
燃气生产和供应业	Production and Supply of Gas	6	781		
水的生产和供应业	Production and Supply of Water			55	

17-43 三项专利受理和授权情况

THREE TYPES OF PATENT APPLICATIONS EXAMINED AND GRANTED

单位：件 (item)

指 标	Item	2012	2013	2014	2015	2016
受理专利数	**Number of Patent Applications Examined**	**30610**	**32264**	**31856**	**34611**	**35293**
发 明	Inventions	7068	10338	13468	14663	13177
实用新型	Utility Models	13359	16118	14557	16914	18856
外观设计	Designs	10183	5808	3831	3034	3260
授权专利数	**Number of Patent Applications Certified**	**20261**	**19819**	**15412**	**18942**	**18046**
发 明	Inventions	2427	2238	2454	4023	4345
实用新型	Utility Models	9680	12435	11036	12502	11707
外观设计	Designs	8154	5146	1922	2417	1994
在受理专利中	**In Patent Applications Examined**					
个 人	Individual	14198	12023	7974	8110	9581
大专院校	Universities and Colleges	7054	8791	9112	10967	11862
科研单位	Research Institutions	688	919	982	1058	1442
企 业	Enterprises	8509	10433	13586	14236	12118
机关团体	Government Agencies and Organizations	161	98	202	240	290
在授权专利中	**In Patent Applications Certified**					
个 人	Individual	12049	9702	5447	5219	4922
大专院校	Universities and Colleges	4084	5439	5201	7355	6772
科研单位	Research Institutions	448	467	448	598	591
企 业	Enterprises	3581	4165	4255	5709	5640
机关团体	Government Agencies and Organizations	99	1	61	61	121

17-44 科学技术协会机构和人员数

NUMBER OF INSTITUTIONS AND EMPLOYED PERSONS OF ASSOCIATIONS FOR SCIENCE AND TECHNOLOGY

项 目	Item	2012	2013	2014	2015	2016
机构数(个)	**Number of Associations or Learned Societies (unit)**					
科协合计	Total Number of Associations for Science and Technology	80	140	140	140	140
省 级	Provincial Level	1	1	1	1	1
市地级	City Level	13	13	13	13	13
县 级	County Level		126	126	126	126
学会合计	Total Number of Learned Societies	140	144	144	144	155
省 级	Provincial Level	140	144	144	144	155
地市级	City Level					
人员数(人)	**Personnel (person)**					
科协合计	Total Number of Associations for Science and Technology	817	892	899	977	931
#科学家和工程师	#Scientists and Engineers					
省 级	Provincial Level	254	251	262	262	247
市地级	City Level	146	198	211	289	263
县 级	County Level	417	443	426	426	421
学会理事	Members of Boards of Directors	5259	4776	3969	3969	6514
#高级职称	#Members with Senior Titles					
省 级	Provincial Level	5259	4776	3969	3969	6514
市地级	City Level					

17-45 科协系统科技活动情况

BASIC STATISTICS ON SCIENTIFIC AND TECHNOLOGICAL ACTIVITIES OF ASSOCIATIONS FOR SCIENCE AND TECHNOLOGY

项　目	Item	2012	2013	2014	2015	2016
学术活动	**Academic Activities**					
国内学术会议次数(次)	Domestic Academic Meeting (times)	599	515	426	485	839
参加人数(人次)	Number of Participants (person-times)	38240	35655	46824	58951	77767
交流学术论文(篇)	Number of Papers Presented (piece)	8637	12643	7040	7157	12601
科技培训	**Training Program**					
一般培训班培训人数(万人次)	Number of Persons Trained in Training Classes (10000 person-times)	270	239	223	199	203
科普活动	**Activities for Popular Science**					
科普讲座次数(次)	Number of Lectures(times)	15326	8149	25445	11680	13416
听讲人数(万人次)	Number of Participants (10000 person-times)	474	343	442	347	515
科普展览次数(次)	Number of Exhibitions(times)		1519	2357	2633	2651
参观人数(万人次)	Number of Participants (10000 person-times)		94	64	98	159
青少年科技竞赛次数(次)	Number of Teenagers Participating in Science and Technology Competitions(times)	416	449	346	317	308
科技出版	**Publications**					
科技报纸(种)	Number of Newspapers (kind)		3	6	4	4
发行量(万份)	Number of Issue (10000 shares)		200	191	71	71
科技期刊(种)	Number of Academic Journals (kind)	26	18	17	19	45
发行量(万册)	Number of Issue (10000 copies)	121	99	113	84	157
论文集(种)	Number of Copies Distributed (kind)					
发行量(万册)	Number of Issue (10000 copies)					

17-46 公有经济企业单位专业技术人员数(年底数)

NUMBER OF SCIENTIFIC AND TECHNICAL PERSONNEL IN STATE-OWNED AND COLLECTIVE-OWNED ENTERPRISES AT YEAR-END

单位：人 (person)

类　别	Category	合　计 Total		#高级职称 Members with Senior Titles		#中级职称 Members with Secondary Titles	
		2015	2016	2015	2016	2015	2016
总　计	**Total**	**148270**	**132243**	**22155**	**16706**	**46893**	**42731**
工程技术人员	Engineering	53434	48392	11104	7540	17688	15174
农业技术人员	Agriculture	14145	15548	750	1294	4253	5541
科学研究人员	Scientific Research	678	683	84	77	113	102
卫生技术人员	Health Care	13005	7630	2432	1788	4481	2946
教学人员	Teaching	9503	9957	1166	1161	4576	4493
其　它	Economy	57505	50033	6619	4846	15782	14475

17-47 事业单位专业技术人员数(2016年)

NUMBER OF SCIENTIFIC AND TECHNICAL PERSONNEL IN INSTITUTIONS (2016)

单位：人 (person)

类别	Category	学历 Academic				
		研究生 Graduate	大学本科 Undergraduate	大学专科 College	中专 Secondary	高中及以下 High school and below
总计	**Total**	**37066**	**322724**	**167716**	**50305**	**2530**
工程技术人员	Engineering	3016	33177	22698	5264	539
农业技术人员	Agriculture	601	10373	11369	3527	137
科学技术人员	Scientific Research	2385	3354	505	92	26
卫生技术人员	Health Care	8624	52368	32801	20956	818
教学人员	Teaching	20735	200760	88413	16726	488
其它	Economy	1705	22692	11930	3740	522

17-48 地方国有企事业单位五大类专业技术人员数

NUMBER OF SCIENTIFIC AND TECHNICAL PERSONNEL IN LOCAL STATE-OWNED ENTERPRISES AND INSTITUTIONS

单位：人 (person)

年份 Year	合计 Total	工程技术人员 Engineering	农业技术人员 Agriculture	卫生技术人员 Health Care	科学研究人员 Scientific Research	教学人员 Teaching
1990	394936	173781	31010	112878	4873	72394
1995	660685	176636	28672	119136	4885	331356
1996	674304	173885	29181	123875	4889	342474
1997	687448	174120	29795	126429	5107	351997
1998	704590	176209	31968	127156	5808	363449
1999	733932	183370	30466	133307	5398	381391
2000	737890	182346	31134	135295	5252	383863
2001	737459	175644	29905	132167	5069	394674
2002	716539	158157	29564	130269	5047	393502
2003	716404	155432	30731	132671	5694	391876
2004	640340	127635	28149	123452	3251	357853
2005	652998	118318	28008	132515	6244	367913
2006	659834	115626	28653	130183	7043	378329
2007	678115	116311	32285	137244	7448	384827
2008	683084	111820	34084	140072	6955	390153
2009	688324	116152	35310	141749	5898	389215
2010	676844	114200	36220	137487	5027	383910
2011	692097	117109	36121	154820	6638	377409
2012	637316	99522	38198	132778	6911	359907
2013	656165	109558	40763	136690	8084	361070
2014	646741	104540	39481	134734	7498	360489
2015	640181	110047	40564	133675	8311	347584
2016	621962	113086	41555	123197	7045	337079

主要统计指标解释

普通高等学校　指通过国家普通高等教育招生考试，招收高中毕业生为主要培养对象，实施高等学历教育的全日制大学、独立设置的学院、独立学院和高等专科学校、高等职业学校及其他机构。

大学、独立设置的学院主要实施本科及本科层次以上的教育。独立学院主要实施本科层次的教育。高等专科学校、高等职业学校实施专科层次的教育。其他机构是指承担国家普通招生计划任务不计校数的机构，包括普通高等学校分校、大专班等。

成人高等学校　指通过国家成人高等教育招生考试，招收具有高中毕业或同等学力的人员为主要培养对象，利用函授、业余、脱产等多种形式，对其实施高等学历教育的学校。包括：职工高等学校、农民高等学校、管理干部学院、教育学院、独立函授学院、广播电视大学、其他机构。其他机构是指承担国家成人招生计划任务不计校数的机构。

小学学龄儿童净入学率　指调查范围内已入小学学习的学龄儿童占校内外学龄儿童总数的比重。计算公式为：

$$\begin{matrix}\text{小学学龄儿童}\\\text{净入学率}\end{matrix}=\frac{\text{已入学的小学学龄儿童数}}{\text{校内外小学学龄儿童总数}}\times 100\%$$

研究与试验发展(R&D)　指在科学技术领域，为增加知识总量，以及运用这些知识去创造新的应用进行的系统的创造性的活动，包括基础研究、应用研究、试验发展三类活动。国际上通常采用R&D活动的规模和强度指标反映一国的科技实力和核心竞争力。

基础研究　指为了获得关于现象和可观察事实的基本原理的新知识(揭示客观事物的本质、运动规律，获得新发现、新学说)而进行的实验性或理论性研究，它不以任何专门或特定的应用或使用为目的。其成果以科学论文和科学著作为主要形式。用来反映知识的原始创新能力。

应用研究　指为获得新知识而进行的创造性研究，主要针对某一特定的目的或目标。应用研究是为了确定基础研究成果可能的用途，或是为达到预定的目标探索应采取的新方法(原理性)或新途径。其成果形式以科学论文、专著、原理性模型或发明专利为主。用来反映对基础研究成果应用途径的探索。

试验发展　指利用从基础研究、应用研究和实际经验所获得的现有知识，为产生新的产品、材料和装置，建立新的工艺、系统和服务，以及对已产生和建立的上述各项作实质性的改进而进行的系统性工作。其成果形式主要是专利、专有技术、具有新产品基本特征的产品原型或具有新装置基本特征的原始样机等。在社会科学领域，试验发展是指把通过基础研究、应用研究获得的知识转变成可以实施的计划(包括为进行检验和评估实施示范项目)的过程。人文科学领域没有对应的试验发展活动。主要反映将科研成果转化为技术和产品的能力，是科技推动经济社会发展的物化成果。

R&D人员　指参与研究与试验发展项目研究、管理和辅助工作的人员，包括项目(课题)组人员，企业科技行政管理人员和直接为项目(课题)活动提供服务的辅助人员。反映投入从事拥有自主知识产权的研究开发活动的人力规模。

R&D人员全时当量　指全时人员数加非全时人员按工作量折算为全时人员数的总和。例如：有两个全时人员和三个非全时人员(工作时间分别为20%、30%和70%)，则全时当量为2+0.2+0.3+0.7=3.2人年。为国际上比较科技人力投入而制定的可比指标。

R&D经费支出合计　指调查单位用于内部开展R&D活动（基础研究、应用研究和试验发展）的实际支出。包括用于R&D项目（课题）活动的直接支出，以及间接用于R&D活动的管理费、服务费、与R&D有关的基本建设支出以及外协加工费等。不包括生产性活动支出、归还贷款支出以及与外单位合作或委托外单位进行R&D活动而转拨给对方的经费支出。

R&D经费支出中政府资金　指R&D经费内部支出中来自各级政府部门的各类资金，包括财政科学技术拨款、科学基金、教育等部门事业费以及政府部门预算外资金的实际支出。

R&D经费支出中企业资金　指R&D经费内部支出中来自本企业的自有资金和接受其他企业委托而获得的经费，以及科研院所、高校等事业单位从企业获得的资金的实际支出。

R&D项目（课题）数　指在当年立项并开展研究工作、以前年份立项仍继续进行研究的研发项目（课题）数，包括当年完成和年内研究工作已告失败的研发项目（课题），但不包括委托外单位进行的研发项目（课题）数。

R&D项目（课题）人员全时当量　指实际参加研发项目（课题）活动人员折合的全时当量。

R&D项目（课题）经费支出　指调查单位内部在报告年度进行研发项目（课题）研究和试制等的实际支出。包括劳务费、其他日常支出、固定资产购建费、外协加工费等，不包括委托或与外单位合作进行项目（课题）研究而拨付给对方使用的经费。

新产品销售收入　指报告期企业销售新产品实现的销售收入。新产品是指采用新技术原理、新设计构思研制、生产的全新产品，或在结构、材质、工艺等某一方面比原有产品有明显改进，从而显著提高了产品性能或扩大了使用功能的产品。既包括经政府有关部门认定并在有效期内的新产品，也包括企业自行研制开发，未经政府有关部门认定，从投产之日起一年之内的新产品。

专利　是专利权的简称，是对发明人的发明创造经审查合格后，由专利局依据专利法授予发明人和设计人对该项发明创造享有的专有权。包括发明、实用新型和外观设计。反映拥有自主知识产权的科技和设计成果情况。

发明（专利）　指对产品、方法或者其改进所提出的新的技术方案。是国际通行的反映拥有自主知识产权技术的核心指标。

实用新型（专利）　指对产品的形状、构造或者其结合所提出的适于实用的新的技术方案。反映具有一定技术含量的技术成果情况。

外观设计（专利）　指对产品的形状、图案、色彩或者其结合所作出的富有美感并适于工业上应用的新设计。反映拥有自主知识产权的外观设计成果情况。

科技活动　指在自然科学、农业科学、医药科学、工程与技术科学、人文与社会科学领域(简称科学技术领域)中，与科技知识的产生、发展、传播和应用密切相关的有组织的活动。可分为研究与试验发展(R&D)、研究与试验发展成果应用及相关的科技服务三类活动。该定义是联合国教科文组织考虑成员国特别是发展中国家开展科技统计工作的需要，而对科技活动所作的统计界定。

科技活动人员　指直接从事科技活动、以及专门从事科技活动管理和为科技活动提供直接服务，累计的实际工作时间占全年制度工作时间10%及以上的人员。(1)直接从事科技活动的人员包括：在独立核算的科学研究与技术开发机构、高等学校、各类企业及其他事业单位内设的研究室、实验室、技术开发中心及中试车间(基地)等机构中从事科技活动的研究人员、工程技术人员、技术工人及其它人员；虽不在上述机构工作，但编入科技活动项目(课题)组的人员；科技信息与文献机构中的专业技术人员；从事论文设计的研究生等。(2)专门从事科技活动管理和为科技活动提供直接服务的人员，包括：独立核算的科学研究与技术开发机构、科技信息与文献机构、高等学校、各类企业及其他事业单位主管科技工作的负责人，专门从事科技活动的计划、行政、人事、财务、物资供应、设备维护、图书资料管理等工作的各类人员，但不包括保卫、医疗保健人员、司机、食堂人员、茶炉工、水暖工、清洁工等为科技活动提供间接服务的人员。该指标用来反映投入科技活动人力的规模。

科学家与工程师　指科技活动人员中具有高、中级技术职称(职务)的人员和不具有高、中级技术职称(职务)的大学本科及以上学历人员。该指标用来反映投入科技活动人力的素质。

专业技术人员　指从事专业技术工作和专业技术管理工作的人员，即企事业单位中已经聘任专业技术职务从事专业技术工作和专业技术管理工作的人员，以及未聘任专业技术职务，现在专业技术岗位上工作的人员。包括工程技术人员，农业技术人员，科学研究人员，卫生技术人员，教学人员，经济人员，会计人员，统计人员，翻译人员，图书资料、档案、文博人员，新闻出版人员，律师、公证人员，广播电视播音人员，工艺美术人员，体育人员，艺术人员及企业政治思想工作人员，共十七个专业技术职务类别。用来反映科技人力资源情况。

Explanatory Notes on Main Statistical Indicators

Regular Institutions of Higher Education refer to educational establishments recruiting graduates from senior secondary schools as the main target through National Matriculation TEST. They include full-time universities, independently established colleges, colleges, and institutions of higher professional education, institutions of higher vocational education and others.

Universities and independently established colleges primarily provide undergraduate and above courses; colleges mainly impart undergraduate courses, institutions of higher professional education and institutions of higher vocational education primarily provide professional trainings; and others refer to educational establishments, which are responsible for enrolling higher education students under the State Plan but not enumerated in the total number of schools, including: branch schools of universities and colleges and junior colleges.

Institutions of Higher Education for Adults refer to educational establishments, enrolling personnel with senior secondary school or equivalent education through National Matriculation TEST for Adult, and providing higher education courses in forms of correspondence, spare time, or full time for adults. Institutions of higher learning for adults include schools of higher education for staff and workers, schools of higher education for peasants, colleges for management cadres, pedagogical colleges, independent correspondence colleges, radio and television universities and other educational establishments. Other educational establishments refer undertakings to enrol adult students but not enumerated in the number of schools under the State Plan.

Net Enrolment Ratio of Primary Schools refers to the proportion of school age children enrolled at schools to the total number of school age children both in and outside schools (including retarded children, but excluding blind, deaf and mute children). The formula is:

$$\text{Net Enrolment Ratio of Primary Schools} = \frac{\text{Total Primary School - age Children at Schools}}{\text{Total Primary School - age Children Whether or Not Attending School}} \times 100\%$$

Research and Development (R&D) refers to systematic and creative activities in the field of science and technology aiming at increasing the knowledge and using the knowledge for new application. R&D includes 3 categories of activities: basic research, applied research and experiments and development. The scale and intensity of R&D are widely used internationally to reflect the strength of S&T and the core competitiveness of a country in the world.

Basic Research refers to empirical or theoretical research aiming at obtaining new knowledge on the fundamental principles regarding phenomena or observable facts to reveal the intrinsic nature and underlying laws and to acquire new discoveries or new theories. Basic research takes no specific or designated application as the aim of the research. Results of basic research are mainly released or disseminated in the form of scientific papers or monographs. This indicator reflects the innovation capacity for original knowledge.

Applied Research refers to creative research aiming at obtaining new knowledge on a specific objective or target. Purpose of the applied research is to identify the possible uses of results from basic research, or to explore new (fundamental) methods or new approaches. Results of applied research are expressed in the form of scientific papers, monographs, fundamental models or invention patents. This indicator reflects the exploration of ways to apply the results of basic research.

Experiments and Development refer to systematic activities aiming at using the knowledge from basic and applied researches or from practical experience to develop new products, materials and equipment, to establish new production process, systems and services, or to make substantial improvement on the existing products, process or services. Results of experiment and development activities are embodied in patents, exclusive technology, and monotype of new products or equipment. In social sciences, experiment and development activities refer to the process of converting the knowledge from basic or applied researches into feasible programmes (including conduct of demonstration projects for assessment and evaluation). There are no experiment and development activities in the science of humanities. This indicator reflects the capability of transferring the results of S&T into technique and products, and measures the realization of S&T in spearheading the economic and social development.

R & D Personnel refer to persons engaged in research, management and supporting activities of R & D, including persons in the project teams, persons engaged in the management of S&T activities of enterprises and supporting staff providing direct service to the research projects. This indicator reflects the size of personnel engaged in R&D activities with independent intellectual property.

Full-time Equivalent of R&D Personnel refers to the sum of the full-time persons and the full-time equivalent of part-time persons converted by workload. For instance, if there are 2 full-time persons and 3 part-time workers (20%, 30% and 70% of working hours respectively on R&D activities), the full-time equivalent are 2+0.2+0.3+0.7=3.2 person-years. This is an internationally comparable indicator of S&T manpower input.

Total Expenditure of Funds on R&D refers to the real expenditure of surveyed units on their own R&D activities (basic research, applied research, experiments and development) including direct expenditure on R&D activities, indirect expenditure of management and services on R&D activities, expenditure on capital construction and material processing by others. Excluding the expenditure on production activities, return of loan, and fees transferred to cooperated or entrusted agencies on R&D activities.

Expenditure of Government Funds on R&D refers to the expenditure of funds on R&D activities from government agencies at different levels, including appropriate funds on science and technology from financial departments, scientific funds, operating expenses from education departments and the real expenditure of extra budgetary funds from government agencies.

Expenditure of Funds of Enterprises on R&D refers to the expenditure of funds on R&D activities from self-raised funds of enterprises and funds from other enterprises through entrustment, and the expenditure of funds of institutions, such as institution of scientific research and universities, from enterprises.

Number of R&D Projects (subjects) refers to the number of R&D projects (subjects) set up and implemented at the reference year, and the number of R&D projects (subjects) set up in former years and under implementation, including the projects (subjects) finished and failed at the reference year, excluding the projects (subjects) implemented by others through entrustment.

Full-time Equivalent of R&D Personnel refers to the full-time equivalent of persons actually engaged in R&D projects (subjects).

Expenditure of Funds on R&D Projects (subjects) refers to the real expenditure of internal funds of the surveyed units on research and test of R&D projects (subjects) at the reference year, including service fee, other daily expenditure, cost for fixed assets, cost of external process; excluding expenditure of funds transferred to other cooperated or entrusted units of the projects.

Sales Income of New Products refers to the sales income of new products of the enterprises at the reference period. New products refer to products developed and produced with new technologies and designs or improved in structure, material, process or other aspects so that their performance are improved or their functions expanded. New products include those affirmed by government authorities in their validity period and also those developed by enterprises without the affirmation of government authorities within one year after they are put into production.

Patent is an abbreviation for the patent right and refers to the exclusive right of ownership by the inventors or designers for the creation or inventions, given from the patent offices after due process of assessment and approval in accordance with the Patent Law. Patents are granted for inventions, utility models and designs. This indicator reflects the achievements of S&T and design with independent intellectual property.

Patented Inventions refer to new technical proposals to the products or methods or their modifications. This is universal core indicator reflecting the technologies with independent intellectual property.

Patented Utility Models refer to the practical and new technical proposals on the shape and structure of the product or the combination of both. This indicator reflects the condition of technological results with certain technical content.

Designs refer to the aesthetics and industrially applicable new designs for the shape, pattern and colour of the product, or their combinations. This indicator reflects the appearance design achievements with independent intellectual property.

Scientific and Technological Activities (S&T Activities) refer to organized activities which are closely related with the creation, development, dissemination and application of the scientific and technical knowledge in the fields of natural sciences, agricultural science, medical science, engineering and technological science, humanities and social sciences (referred to as scientific and technological fields). S&T activities can be classified into 3 categories: research and development (R&D) activities, application of R&D results, and related S&T services. This statistical definition is made by UNICHIEF for scientific and technological activities to meet the need of carrying out statistical work in this field for its member countries particularly the developing countries.

Personnel Engaged in S&T Activities refer to personnel directly engaged in S&T activities, in the management of S&T activities, and in providing direct service to S&T activities, with over 10% of the total working hours in a year spent on S&T activities. (1) Personnel directly engaged in S&T activities include researchers, engineers, technicians and other related personnel engaged in S&T activities in independent-accounting R&D institutions, institutions of higher learning, and in research institutes, laboratories, technology development centres and central experiment workshops under enterprises and institutions. Also included are people working in S&T research project teams, professional and technical personnel working in S&T information archiving institutes, and graduate students working on the design of their thesis. (2) Personnel engaged in the management of S&T activities and in providing direct service to S&T activities include senior management people responsible for S&T activities in independent-accounting R&D institutions, S&T information archiving institutes, institutions of higher learning and in enterprises and institutions where S&T activities are undertaken. Also included are people responsible for the planning, administration, personnel management, financial management, logistics supply, equipment maintenance, information and library management that are related with S&T activities. People providing indirect services are excluded, such as security, medical service, drivers, plumbers, cleaners and those providing catering and related service. This indicator reflects the size of personnel engaged in S&T activities.

Scientists and Engineers refer to persons engaged in S&T activities either having obtained titles of senior and middle level professional positions, or those without such positions but have completed university or higher education. This indicator reflects the quality of personnel engaged in S&T activities.

Professional and Technical Personnel refer to persons engaged in professional and technical work or in the management of professional and technical activities, i.e., people with professional or technical positions who are engaged in professional and technical work or in the management of professional and technical activities, and people without professional or technical positions but are working on professional or technical posts. They include professionals and technicians working in 17 categories of technical occupations including engineering, agriculture, scientific researches, medical service, teaching, economic research and application, accounting, statistics, translation, libraries, archives, cultural and museum service, journalism and publication, lawyers, notarization service, radio and television broadcasting, handicraft and fine arts, sports, performing art, and political workers in enterprises. This indicator reflects the condition of human resources in S&T.

第十八篇　文化、体育、卫生和社会服务

CHAPTER 18 CULTURE, SPORTS, PUBLIC HEALTH AND SOCIAL SERVICES

资料整理：孙　冰　曹夏茵

18-1 文化文物机构数、从业人员数
NUMBER OF INSTITUTIONS AND PERSONNEL OF CULTURE AND CULTURAL RELICS

项　目	Year	总　计 Total	艺术业 Art Institutions	图书馆业 Public Libraries	群众文化服务业 Mass Culture	艺术教育业 Culture and Education	文物业 Cultural Relic	#博物馆 Museums	其他文化业 Other Culture Units
机构数(个)	**Number of Institutions(unit)**								
	2001	1361	153	97	946	9	127	41	29
	2002	1458	157	97	1037	9	132	46	26
	2003	1491	153	97	1081	9	131	45	20
	2004	1419	146	96	1018	9	133	46	17
	2005	1408	141	96	1015	8	132	46	16
	2006	1401	142	96	1000	8	138	47	17
	2007	1521	138	98	1033	8	146	53	98
	2008	1630	142	101	1141	8	149	56	89
	2009	1804	139	100	1227	7	173	71	158
	2010	2338	138	107	1654	7	179	76	253
	2011	2372	140	107	1652	6	205	103	262
	2012	2373	136	106	1641	6	207	104	277
	2013	2376	70	107	1640	6	250	156	303
	2014	2381	73	107	1640	6	251	158	304
	2015	2397	89	107	1641	6	250	158	304
	2016	2457	105	108	1665	6	268	176	305
从业人员数(人)	**Number of Personnel(person)**								
	2001	11423	5683	1565	2621	365	858	494	331
	2002	12768	6200	1751	3070	378	948	570	421
	2003	12700	6196	1706	3068	347	989	578	394
	2004	12304	6147	1664	2767	360	1099	698	267
	2005	12574	6129	1669	2947	342	1119	706	368
	2006	12704	6067	1803	2978	362	1100	726	394
	2007	14297	5997	1800	2538	354	1312	894	2296
	2008	14022	5829	1819	2754	359	1408	967	1853
	2009	14517	5602	1806	3387	339	1652	1206	1731
	2010	16245	5571	1846	4324	330	1703	1245	2471
	2011	17416	5506	1772	4530	324	2078	1636	3206
	2012	18056	5308	1796	4633	323	2244	1788	3752
	2013	18213	3660	1817	5110	469	2719	2369	4438
	2014	18657	3935	1697	5299	535	2790	2387	4401
	2015	18335	3782	1693	5193	298	2993	2618	4376
	2016	19464	4293	1664	5468	644	3232	2867	4163

注：本表中不包括文化市场经营机构
Note: Cultural market operators are not included in this table.

18-2 主要文化机构和人员情况
STATISTICS ON MAJOR CULTURAL INSTITUTIONS AND PERSONNEL

机构类别	Category of Institution	机构（个） Number of Institution (unit)			从业人员（人） Number of Employrd Persons (person)		
		2014	2015	2016	2014	2015	2016
新闻出版	**Press and Publications**						
图书出版社	Publisher	13	13	13	808	834	859
印　刷	Printing	3820	2867	3028	28513	19401	19474
出版物发行	Publication	2022	2060	2392	9549	8363	8878
艺术机构	**Art Institutions**						
艺术表演团体	Art Performance Groups	39	51	57	3513	3393	3520
艺术表演场所	Art Performance Places	34	38	48	422	389	773
艺术教育机构	Art Education Institutions	6	6	6	535	298	644
文艺科研机构	Art Scientific Research Institutions	4	4	4	66	80	74
文物保护	**Preservation of Cultural Relics**						
文物保护管理机构	Cultural Relics Preservation Administration	86	86	87	330	308	301
博物馆	Museums	158	158	176	2387	2618	2867
文物科研机构	Cultural Relics Research Institute	2	2	2	50	55	52
其他文物机构	Other Cultural Relics	5	4	3	23	12	12
公共图书馆	**Public Library**	**107**	**107**	**108**	**1697**	**1693**	**1664**
档　案	**Archives**						
行政管理机构	Administration	132	120	120	1176	1260	1334
档案馆	Archives Center	158	165	170	977	1026	1026
群众文化	**Popular Culture**						
群众艺术馆	Mass Art Centers	17	17	17	439	427	417
文化馆	Cultural Centre	131	131	131	2064	2009	1891
文化站	Cultural Station	1492	1493	1517	2796	2757	3160
文化娱乐	**Cultural Entertainment**						
文化市场经营机构	Cultural Market Operation Institutions	7092	6938	5822	23041	23217	20954
#娱乐场所	#Entertainment Venues	2774	2637	2304	10919	9911	9445
网　吧	Internet Bar	4307	4243	3420	11908	12046	9494

18-3 主要文化单位经费收支及资产情况 (2016年)
STATISTICS ON INCOME AND EXPENDITURE AND ASSETS OF MAJOR CULTURAL INSTITUTIONS (2016)

单位：万元　　(10000 yuan)

指　标	Item	广播电视 Radio and Television	艺术表演场所 Art Show Place	艺术表演团体 Performing Arts Group	文物保护 Cultural Relics Protection	公　共图书馆 Public Library	群众文化 Mass Culture
总收入	General Income	203283	1831	44976	41716	34757	45071
#财政补助	#Financial Aid	144332	1490	40531	39000	33679	43699
上级补助	Subsidy		3	533	1507	110	817
事业收入	Income From Undertakings	27108	37	946	116	185	63
经营收入	Operating Income	21319	286		9		
总支出	Total Expenditure	200835	1599	45168	36512	34794	44243
年末固定资产原值	Original Value of Fixed Assets	319188	7843	41610	99133	78758	131533

18-4 规模以上文化制造业企业基本情况（2016年）

BASIC CONDITIONS ON CULTURAL INDUSTRIAL ENTERPRISES ABOVE DESIGNATED SIZE (2016)

单位：万元　　　　(10000 yuan)

项　目	Item	企业单位数（个）Number of Enterprises (unit)	年末从业人员（人）Engaged Persons at Year-end (person)	营业收入 Business Income	营业税金及附加 Taxes and Extra Charges on Business	资产总计 Total Assets
总　计	**Total**	**72**	**11084**	**1033885**	**2578**	**532871**
雕塑工艺品制造	Sculpture Handicrafts Manufacturing	3	636	58782	24	19057
漆器工艺品制造	Lacquerware Crafts Manufacturing	1	235	33209	349	3464
花画工艺品制造	Painting Handicrafts Manufacturing	2	1241	131603	450	24396
天然植物纤维编织工艺品制造	Manufacture of Natural Plant Fiber Weaving Crafts	1	116	3697	8	2997
地毯、挂毯制造	Carpet, Tapestry Manufacturing	1	503	2278	18	15766
珠宝首饰及有关物品制造	Jewelry and Related Items Manufacturing	3	1409	64808	318	24700
其他工艺美术品制造	Other Arts and Crafts Manufacturing	2	119	17017	44	10741
书、报刊印刷	Printing of Books, Newspapers and Periodicals	6	1398	35087	181	54500
本册印制	Book Printed	2	180	89356	88	12614
包装装潢及其他印刷	Packaging,Decoration and Other Printing	22	2033	133603	418	189752
装订及印刷相关服务	Binding and Printing Related Services	1	500	39456	177	55838
笔的制造	Pen Manufacturing	20	2109	371645	333	86784
西乐器制造	Western Instrument Manufacturing	2	74	4154	0.6	2123
其他乐器及零件制造	Other Instruments and Parts Manufacturing	2	57	7635	43	3892
玩具制造	Toy Manufacture	2	249	29673	111	14226
机制纸及纸板制造	Made Paper and Paperboard Manufacturing	1	201	8041	11	5954
颜料制造	Pigment Manufacture	1	24	3840	3	6068

18-5 限额以上文化批零业企业基本情况（2016年）

BASIC CONDITIONS ON CULTURAL WHOLESALE AND RETAIL ENTERPRISES ABOVE DESIGNATED SIZE (2016)

单位：万元　　　　(10000 yuan)

项　目	Item	企业单位数（个）Number of Enterprises (unit)	年末从业人员（人）Engaged Persons at Year-end (person)	营业收入 Business Income	营业税金及附加 Taxes and Extra Charges on Business	资产总计 Total Assets
总　计	**Total**	**83**	**3110**	**291877**	**1034**	**316636**
图书批发	Book Wholesale	5	259	53408	18	94454
图书、报刊零售	Books, Newspapers and Periodicals Retail	55	2475	163283	766	192168
首饰、工艺品及收藏品批发	Wholesale of Jewelry, Arts and Crafts and Collectibles	1	22	1879	6	2522
珠宝首饰零售	Jewelry Retail	8	122	28746	170	13238
文具用品批发	Stationery Wholesale	1	2	135	0.1	229
文具用品零售	Stationery Retail	3	95	4729	55	2459
照相器材零售	Retail of Photographic Equipment	2	46	6993	8	1427
家用电器批发	Wholesale of Household Electrical Appliances	1		19360		
家用视听设备零售	Retail of Home Audio-visual Equipment	1	40	3444	4	2636
其他文化用品批发	Wholesale of Other Stationery	5	44	8999	5	5842
其他文化用品零售	Retail of Other Stationery	1	5	902	2	1661

18-6 规模以上文化服务业企业基本情况 (2016年)

BASIC CONDITIONS ON CULTURAL ENTERPRISES OF SERVICE INDUSTRY ABOVE DESIGNATED SIZE (2016)

单位：万元 (10000 yuan)

项 目	Item	企业单位数(个) Number of Enterprises (unit)	年末从业人员（人）Engaged Persons at Year-end (person)	营业收入 Business Income	营业税金及附加 Taxes and Extra Charges on Business	资产总计 Total Assets
总 计	**Total**	**103**	**12315**	**413128**	**4532**	**1580568**
图书出版	Books Published	5	327	31803	223	393394
报纸出版	Newspapesrs Published	7	2950	44079	565	174109
期刊出版	Magazines Published	1	24	1084	5	6077
电子出版物出版	Electronic Publications Published	1	44	2412	6	4419
电 视	Television	2	1080	26185	233	106095
电影放映	Motion Picture Projection	13	514	37321	614	35750
文艺创作与表演	Literary Creation and Performance	2	223	3165	4	4579
互联网信息服务	Internet Information Service	3	178	5226	23	19470
有线广播电视传输服务	Cable Radio and Television Transmission Services	8	1471	60697	79	234871
广告业	Advertising	15	604	36939	408	66840
软件开发	Software Development	4	195	12469	32	8852
工程勘察设计	Engineering Survey and Design	7	1070	53090	251	94572
专业化设计服务	Specialized Design Service	3	93	1312	6	9763
游览景区管理	Tour Scenic Management	12	2153	27178	316	287753
野生动物保护	Wildlife Conservation	2	265	10611	97	19084
歌舞厅娱乐活动	Ballroom Entertainment	3	83	1154	14	1979
电子游艺厅娱乐活动	Electronic Recreation Hall Recreational Activities	1	1	-5		1606
其他室内娱乐活动	Other Indoor Recreational Activities	2	274	4673	104	2301
游乐园	Amusement Park	7	523	41017	981	77892
会议及展览服务	Conference and Exhibition Services	3	183	9404	561	30462
其他未列明商务服务业	Other Not Listed Business Services	2	60	3315	7	702

18-7 艺术表演团体从业人员情况

STATISTICS ON EMPLOYED PERSONS IN ART PERFORMANCE TROUPES

单位：人 (person)

项 目	Item	从业人员 Number of Employed Persons(person)		#高级职称 Senior Title		#中级职称 Intermediate Title	
		2015	2016	2015	2016	2015	2016
总 计	**Total**	**3393**	**3520**	**1025**	**941**	**958**	**931**
省 级	Run by Provinces	1125	1177	339	301	309	320
地市级	Run by Prefectures(Cities)	1679	1582	615	574	552	521
县区级	Run by Counties(Cities) and Others	589	761	71	66	97	90
按剧种分	**By Type of Art**						
话剧、儿童剧、滑稽剧类	Drama, Children's Play and Comedy Troupes	479	229	123	85	150	92
歌舞、音乐类	Song and Dance, Musicals	634	815	243	191	213	170
京剧、昆曲类	Peking Opera and Kunqu Opera	226	223	70	70	74	73
地方戏曲类	Local Opera	501	468	133	123	102	96
杂技、魔术、马戏类	Acrobatics, Magic and Circus	150	144	28	29	39	49
曲艺类	Folk Arts	54	57	9	9	22	25
综合性艺术表演团体	Comprehensive Art Performance	1349	1584	419	434	358	426

18-8 艺术表演团体情况

STATISTICS ON ART PERFORMANCE TROUPES

项　目	Item	2013	2014	2015	2016
剧团数(个)	Number of Troupes(unit)	28	39	51	57
话剧、儿童剧、滑稽剧类	Drama, Children's Play and Comedy Troupes	4	9	11	5
歌舞、音乐类	Song and Dance, Musicals	7	7	9	16
京剧、昆曲类	Peking Opera and Kunqu Opera	2	2	2	2
地方戏曲类	Local Opera	4	4	5	7
杂技、魔术、马戏类	Acrobatics, Magic and Circus	1	2	4	3
曲艺类	Folk Arts	1	4	5	4
综合性艺术表演团体	Comprehensive Art Performance	9	11	15	20
从业人员(人)	Number of Employed Persons(person)	3361	3513	3393	3520
#高级职称	#Senior Title	944	1011	1025	941
中级职称	Intermediate Title	982	900	958	931
本团创作首演剧目(个)	Premiere Repertoire By Its Troupe Produced(unit)	5	14	17	19
演出场次(场)	Number of Performance(shows)	4280	5670	7810	6420
#国内演出	#Domestic Performance	3990	4920	7080	5940
国内演出观众人次(万人次)	Number of Domestic Audience(10000 person-times)	362	311	328	332
事业收入(万元)	Business Income(10000 yuan)	868	595	965	946
年末固定资产原值(万元)	Original Value of Fixed Assets(million)	20963	20881	37994	41610
建筑面积(万平方米)	Gross Floor Area(10000 sq.m)	13	15	16	19
#排练练功用房	#Rehearsal Room	3	3	4	4

18-9 艺术表演团体演出情况

STATISTICS ON PERFORMANCE OF ART PERFORMANCE TROUPES

项　目	Item	国内演出场次（万场次）Number of Domestic Performance (10000 Shows)		国内观众人次（万人次）Number of Domestic Audience (10000 person times)		演出收入（万元）Performance Income (10000 yuan)	
		2015	2016	2015	2016	2015	2016
总　计	**Total**	**0.7**	**0.6**	**328**	**332**	**2769**	**3113**
省　级	Run by Provinces	0.2	0.2	70	104	346	776
地市级	Run by Prefectures(Cities)	0.2	0.2	123	131	970	1160
县区级	Run by Counties(Cities) and Others	0.3	0.2	135	97	1453	1177
按剧种分	**By Type of Art**						
话剧、儿童剧、滑稽剧类	Drama, Children's Play and Comedy Troupes	0.1	0.1	47	23	1046	162
歌舞、音乐类	Song and Dance, Musicals	0.2	0.2	79	84	612	940
京剧、昆曲类	Peking Opera and Kunqu Opera			18	17	35	27
地方戏曲类	Local Opera	0.1	0.1	52	50	57	217
杂技、魔术、马戏类	Acrobatics, Magic and Circus			12	9	123	167
曲艺类	Folk Arts	0.1		11	2	315	100
综合性艺术表演团体	Comprehensive Art Performance	0.2	0.2	109	147	581	1500

18-10 艺术表演场所演(映)情况 (2016年)
STATISTICS ON PERFORMANCE OF ART PERFORMANCE PLACES (2016)

项 目	Item	机构数（个）Number of Institutions (unit)	坐席数（个）Number of Seats (unit)	演出场次数（场次）Number of performances (screenings)	观众人次（万人次）Audience attendance (10000 passengers)
总 计	**Total**	**48**	**23853**	**3460**	**108.4**
按隶属关系分	**By Jurisdiction of Management**				
省 级	Run by Provinces	2	750		
地市级	Run by Prefectures (Cities)	16	10123	480	28.0
县区级	Run by Counties (Cities) and Others	30	12980	2980	80.4
按机构类型分	**By Type of Troupes**				
剧 场	Theaters	24	9064	2030	38.6
影剧院	Music Halls and Cinemas	8	6017	380	21.7
书场、曲艺场	Storytelling, Recitation and Ballad Places	1	80	10	0.1
杂技、马戏场	Acrobatics and Circus Places	1	900		
音乐厅	Concert Halls	3	1100	170	10.3
综合性	General Performance Theaters	6	4482	280	16.6
其他艺术表演场馆	Others	5	2210	590	21.1

18-11 群众艺术馆、文化馆(站)综合情况 (2016年)
BASIC STATISTICS ON NATIONAL MASS ART CENTERS AND CULTURAL CENTERS (STATIONS) (2016)

项 目	Item	合 计 Total	群众艺术馆 Mass Museum of Art	文化馆 Cultural Center	文化站 Cultural Station	#乡镇文化站 Township Cultural
机构数(个)	Number of Institutions(unit)	1665	17	131	1517	900
从业人员(人)	Number of Employed persons(person)	5468	417	1891	3160	1611
组织各类理论研讨和讲座次数(次)	Number of Theoretical Lectures(times) Number of lectures(Times)	1778	788	990		
举办展览(个)	Number of Exhibitions(unit)	3052	101	604	2347	1316
组织文艺活动(次)	Art Performances and Story-Telling Sessions(times)	23879	1188	6559	16132	8438
举办业余文艺训练班	Number of Training Courses					
班次(次)	Frequency(Times)	10053	2020	2179	5854	3089
结业人次(万人次)	Graduation trips(10000 passengers)	75	17	17	41	25
藏书(千册)	Books Collected(1000 copies)	5390	45	200	5144	3899
本年收入合计(万元)	Revenue this Year(10000 yuan)	45071	9474	23269	12328	8338
本年支出合计(万元)	Expenditure this Year(10000 yuan)	44243	9520	22704	12019	8182
#基本支出	#Basic Expenditures	32712	6679	18178	7855	5190
年末固定资产原值(万元)	Original value of fixed assets(million)	131533	8761	19815	102956	33449
建筑面积(万平方米)	Gross floor area(10000 sq.m)	89	6	21	62	33
#业务用房	#Business premises	60	4	14	42	27
馆办文艺团体(个)	Art Performance Troupes Run by Centers(unit)	348	77	271		
馆办老年大学(个)	Aging College Run by Centers(unit)	32	2	30		
群众业余演出团队(个)	Part-time Art Groups(unit)	7966	541	1940	5485	3687

18-12 文物业基本情况
STATISTICS ON CULTURAL RELICS

项 目	Item	2013	2014	2015	2016
机构数(个)	Number of Institutions(unit)	250	251	250	268
文物保护管理机构	Protection and Management Agencies	87	86	86	87
博物馆	Museum	156	158	158	176
文物科研机构	Scientific and Research Agencies	2	2	2	2
其它文物机构	Other Agencies	5	5	4	3
从业人员(人)	Number of Employed Persons(person)	2719	2790	2993	3232
文物藏品(件)	Number of Collections(piece)	510656	722207	773220	1013359
#一级藏品	#Grade One	2026	2866	2990	2832
基本陈列（个）	Basic Displays(unit)	306	379	381	482
举办展览(次)	Exhibitions(Times)	309	385	402	430
参观人次(万人次)	Spectators(10000 persontimes)	1870	2133	2156	2217
#青少年	#Teenagers	636	683	664	670
门票销售总额(万元)	Ticket Revenue(10000 yuan)	35	3264	5159	5038
总收入(万元)	Total Income(10000 yuan)	49789	47291	63233	61997
总支出(万元)	Total Expenditure(10000 yuan)	41968	44034	53725	53818
年末固定资产原值(万元)	Original Value of Fixed Assets(10000 yuan)	158205	196686	193220	231468
公用房屋建筑面积(万平方米)	Public Housing Construction Area(10000 sq.m)	61	62	61	69
#展览用房	#Exhibition Room	36	37	37	42
文物库房	Historical Relics Storage	4	4	4	5

18-13 博物馆、文物机构业务活动
FACILITIES AND SERVICES OF MUSEUMS AND CULTURAL RELIC AGENCIES

项 目	Item	博物馆 Museums		文物机构 Cultural Relic Agencies		#文物保护管理机构 Protection and Management Agencies	
		2015	2016	2015	2016	2015	2016
机构数(个)	Number of Institutions(unit)	158	176	92	92	86	87
从业人员(人)	Number of Employed Persons(person)	2618	2867	375	365	308	301
藏品(件)	Number of Collections(piece)	750650	991479	22570	21880	17384	16694
#一级品	#Grade One	2938	2785	52	47	41	36
基本陈列(个)	Basic Displays(unit)	362	468	19	14	19	14
举办展览(次)	Exhibitions(Times)	387	421	15	9	15	9
参观人次(万人次)	Spectators(10000 person-times)	2092	2201	64	16	64	16
门票销售总额(万元)	Ticket Revenue(10000 yuan)	5159	5038				
总收入(万元)	Total Income(10000 yuan)	56128	55046	7105	6952	5571	5483
经费支出(万元)	Total Expenditure(10000 yuan)	47567	47157	6158	6661	4624	5194
年末固定资产原值(万元)	Original Value of Fixed Assets(10000 yuan)	189725	228224	3494	3244	2312	2083
公用房屋建筑面积(万平方米)	Public Housing Construction Area(10000 sq.m)	59	67	2	3	2	2
#展览用房	#Exhibition Room	36	41	1	1	1	1
文物库房	Historical Relics Storage	3	5				

18-14 分地区公共文化设施情况 (2016年)
STATISTICS ON PUBLIC CULTURAL FACILITIES BY REGION (2016)

单位：个 (unit)

地区	Region	公共图书馆 Public Library	艺术表演场所 Art Performance Places	群众艺术馆文化馆 Museum of Mass Art Museum	文化站 Cultural Centers
哈尔滨	Harbin	18	12	21	291
齐齐哈尔	Qiqihar	13	12	17	181
鸡西	Jixi	4	2	12	91
鹤岗	Hegang	3	3	9	74
双鸭山	Shuangyashan	5	3	9	98
大庆	Daqing	6		6	82
伊春	Yichun	18		18	84
佳木斯	Jiamusi	6	1	11	75
七台河	Qitaihe	2	1	5	78
牡丹江	Mudanjiang	8	1	15	109
黑河	Heihe	6	2	7	86
绥化	Suihua	11	4	11	226
大兴安岭	Daxinganling	7	3	6	42

18-15 分地区公共图书馆基本情况 (2016年)
STATISTICS ON PUBLIC LIBRARIES BY REGION (2016)

地区	Region	公共图书馆数(个) Number of Public Library (unit)	从业人员(人) Number of Staff and Works (person)	总藏量(千册件) Total Collections (1000 copies)	#图书 Books	#本年新购藏量 Purchased the Year
全省	**Total**	**108**	**1664**	**19260**	**15744**	**1270**
#省级	#Province Level	1	193	3710	2917	199
#县级	#County Level	96	953	7512	6720	555
哈尔滨	Harbin	18	285	4986	3815	224
齐齐哈尔	Qiqihar	13	178	2218	1859	133
鸡西	Jixi	4	67	605	389	189
鹤岗	Hegang	3	34	506	462	61
双鸭山	Shuangyashan	5	56	413	307	30
大庆	Daqing	6	154	1422	1275	121
伊春	Yichun	18	184	1130	925	36
佳木斯	Jiamusi	6	44	489	444	71
七台河	Qitaihe	2	28	267	219	13
牡丹江	Mudanjiang	8	122	1130	1066	54
黑河	Heihe	6	80	394	353	24
绥化	Suihua	11	187	1428	1207	94
大兴安岭	Daxinganling	7	52	560	506	19

18-15 续表1 CONTINUED

地 区	Region	累计发放有效借书证数(千个) Accumulative Number of Library Cards Distributed (1000 units)	总流通人次(千人次) Total Number of Circulation (1000 person-times)	#书刊文献外借人次 Borrowing from Libraries	阅览室座席数(个) Seats of Reading Room (unit)	公用房屋建筑面积(千平方米) Floor Space of Buildings of Public Libraries (1000 sq. m)	#书库 Stack Rooms	#阅览室 Reading Rooms
全 省	**Total**	**696**	**9860**	**3097**	**23447**	**296.3**	**54.9**	**82.9**
#省 级	#Province Level	228	2202	341	1782	33.9	3.4	9.0
#县 级	#County Level	191	3682	1616	15107	147.3	28.9	46.8
哈尔滨	Harbin	140	2284	855	4528	50.9	12.4	13.8
齐齐哈尔	Qiqihar	66	655	168	2817	35.3	4.1	11.2
鸡 西	Jixi	19	363	124	905	7.9	1.8	2.8
鹤 岗	Hegang	11	216	75	539	6.9	3.4	1.7
双鸭山	Shuangyashan	13	75	41	380	4.0	0.9	0.8
大 庆	Daqing	68	1377	409	2150	51.1	9.1	13.4
伊 春	Yichun	72	596	173	3636	27.2	4.8	10.2
佳木斯	Jiamusi	10	385	136	905	10.9	1.4	3.2
七台河	Qitaihe	2	76	38	340	2.8	0.8	0.9
牡丹江	Mudanjiang	41	815	309	1865	25.3	4.4	4.1
黑 河	Heihe	9	136	68	730	9.3	1.7	3.1
绥 化	Suihua	13	569	332	2066	22.3	4.8	5.9
大兴安岭	Daxinganling	4	111	28	804	8.5	1.9	2.8

18-15 续表2 CONTINUED

地 区	Region	书刊文献外借册次(千册次) Number of Books and Periodicals Lent to Readers (1000 copiestimes)	为读者举办各种活动 Service Activities Provided for Readers: 次数(次) Number of Activities (times)	参加人次(千人次) Number of Readers Involved (1000 person-times)	计算机(台) Computers (set)	#电子阅览室终端数 Terminals in Electronic Media Reading Rooms	总支出(万元) Total Expenditures (10000 yuan)	增加值(万元) Value Added (10000 yuan)
全 省	**Total**	**6468**	**2685**	**1173**	**5946**	**3837**	**34794**	**20502**
#省 级	#Province Level	1031	680	243	697	348	5948	4040
#县 级	#County Level	3082	1532	450	3768	2582	15985	8760
哈尔滨	Harbin	1577	496	108	1000	620	5456	4040
齐齐哈尔	Qiqihar	361	201	88	670	416	4771	2199
鸡 西	Jixi	276	76	11	186	150	996	840
鹤 岗	Hegang	90	33	17	172	78	638	478
双鸭山	Shuangyashan	74	28	1	162	98	5731	672
大 庆	Daqing	1043	228	402	438	281	3333	1770
伊 春	Yichun	422	319	58	799	537	1409	1214
佳木斯	Jiamusi	321	149	128	263	206	689	391
七台河	Qitaihe	69	19	3	80	73	280	232
牡丹江	Mudanjiang	469	159	37	474	347	2150	1762
黑 河	Heihe	132	39	14	276	168	813	737
绥 化	Suihua	540	174	57	505	372	1801	1492
大兴安岭	Daxinganling	62	84	5	224	143	779	635

18-16 广播电视事业发展情况

BASIC STATISTICS ON RADIO AND TELEVISION STATIONS

项 目	Item	2012	2013	2014	2015	2016
广 播	**Radio**					
广播电台(座)	Number of Broadcasting Stations(set)	14	12	14	14	14
广播节目综合人口覆盖率(%)	Radio Coverage of Population(%)	98.6	98.6	98.6	98.6	98.8
公共广播节目套数(套)	Number of Public Radio Programs(set)	102	90	95	101	111
全年制作广播节目时间(小时)	Length of Radio Programs Produced(hour)	232625	293119	292229	219863	239479
全年公共广播节目播出时间(小时)	Length of Public Radio Programs Broadcasted(hour)	416169	470438	489207	488597	536502
电 视	**Television**					
电视台(座)	Number of Television Stations(set)	15	13	15	15	15
电视节目综合人口覆盖率(%)	TV Coverage of Population(%)	98.8	98.8	98.8	98.8	98.9
全省有线广播电视用户数(万户)	Number of Users of Cable Radio and TV(10000 households)	613.2	703.9	764.6	685.7	651.4
#农 村	#Rural	198.5	192.9		162.2	152.9
数字电视用户数	Number of Users of Digital TV	372.2	620.7	701.4	619.7	642.6
有线广播电视入户率(%)	Popularization Rate of Cable Radio and TV(%)	48.4	55.2	57.8	45.7	48.4
#农 村	#Rural	34.4	34.1		23.7	24.6
公共电视节目套数(套)	Number of Public TV Programs(set)	118	105	118	117	121
全年制作电视节目时间(小时)	Length of TV Programs Produced(hour)	108144	107224	109622	97437	115121
全年公共电视节目播出时间(小时)	Length of Public TV Programs Broadcasted(hour)	619993	625562	627979	605044	634212
全年电视剧播出数(部)	Number of TV Plays Broadcasted(set)	3912	7794	4365	4061	3872
全年电视剧播出数(集)	Number of TV Plays Broadcasted(part)	104848	129081	121639	125578	121301
#进口电视剧播出数(部)	#Imported TV Plays(set)	53	190	102	5	6
进口电视剧播出数(集)	Imported TV Plays(part)	1921	6360	3080	160	182
广播电视技术及其他	**TV Technology and Others**					
广播电视总收入(亿元)	Revenue of Radio and TV(100 million yuan)	52.2	54.9	59.6	57.8	63.2
广播电视从业人员数(人)	Staff and Workers of Radio and TV(person)	18333	18807	19283	25194	20935
中、短波转播发射台(座)	Transmission and Relaying Stations of Medium and Short Wave Broadcast(unit)	41	43	43	41	41
发射功率(千瓦)	Power of Transmitters(kw)	1718	1778	1953	2162	2131
调频电视转播发射台(座)	Relaying Stations of Frequency Modulation TV Broadcasting(unit)	376	326	332	194	203
调频发射功率(千瓦)	FM Transmitting Power(kw)	417.1	470.5	496.8	673.2	683.3
电视发射功率(千瓦)	TV Transmitters Power(kw)	603.7	575.8	576.6	625.4	690.8
有线广播电视传输干线网络总长(万公里)	Length of Transmission Trunk for Cable Radio and TV(10000 km)	17.6	18.1	17.1	17.9	6.4

18-17 广播电视节目制作情况 (2016年)

BASIC STATISTICS ON RADIO AND TELEVISION PROGRAMS PRODUCED (2016)

单位：小时　　(hour)

项　目	Item	总　计 Total	省　级 Province Level	地市级 City Level
广播节目制作	**Production of Radio Programs**	**239479**	**66023**	**173456**
新　闻	News Programs	33147	8403	24744
专　题	Special Subject Programs	77695	19635	58060
综　艺	General Entertainment Programs	47110	10347	36763
广播剧	Radio Play Programs	7335	1492	5843
广　告	Advertising Programs	26502	9056	17446
其　他	Others	47690	17090	30600
电视节目制作	**Production of TV Programs**	**115121**	**17264**	**97857**
新　闻	News Programs	29431	4758	24673
专　题	Special Subject Programs	21805	4321	17484
综　艺	General Entertainment Programs	16319	1657	14662
影视剧	TV Play Programs	11304	4316	6988
广　告	Advertising Programs	11935	730	11205
其　他	Others	24327	1482	22845

18-18 广播、电视节目播出情况 (2016年)

BASIC STATISTICS ON RADIO AND TELEVISION PROGRAMS BROADCASTING (2016)

单位：小时　　(hour)

项　目	Item	总　计 Total	省　级 Province Level	地市级 City Level
广　播	**Radio Broadcasting**			
公共节目套数(套)	Number of Public Programs(set)	111	10	101
平均每日播出时间	Broadcasting Hours per Day	1470	196	1274
新闻资讯	News Programs	251	24	228
专题服务	Special Subject Programs	396	54	342
综艺益智	General Entertainment Programs	293	30	264
广播剧	Radio Play Programs	65	7	57
广　告	Advertising Programs	103	30	73
其　他	Others	362	51	311
电　视	**Television Broadcasting**			
公共节目套数(套)	Number of Public Programs(set)	121	8	113
平均每周播出时间	Broadcasting Hours per Day	12196	1285	10912
新闻资讯	News Programs	1309	137	1171
专题服务	Special Subject Programs	883	98	784
综艺益智	General Entertainment Programs	936	60	876
影视剧	TV Play Programs	4254	493	3762
广　告	Advertising Programs	1021	237	784
其　他	Others	3794	259	3535

18-19 出版、发行事业机构和人员数

NUMBER OF INSTITUTIONS AND PERSONNEL ENGAGED IN NEWS AND PUBLISHING UNDERTAKINGS

指　标	Item	2011	2012	2013	2014	2015	2016
机构数(个)	**Number of Institutions (unit)**	**694**	**696**	**662**	**693**	**692**	**693**
出版单位	Publishing Units	422	420	420	419	418	421
书刊印刷厂	Printing Houses	173	177	156	169	169	169
新华书店	Book Stores	99	99	86	105	105	103
人员数(人)	**Number of Personnel (person)**	**26744**	**26800**	**23469**	**23031**	**21045**	**20556**
出版单位	Publishing Units	14670	14686	13387	13468	12809	11865
书刊印刷厂	Printing Houses	8252	8169	7018	6539	5304	5274
新华书店	Book Stores	3822	3945	3064	3024	2932	3417

18-20 图书、期刊和报纸出版情况

NUMBER OF BOOKS, MAGAZINES AND NEWSPAPER PUBLISHED

年　份 Year	出版数量(种) Number of Publications(kind)			印刷数量(万册、万份) Printed Copies(10000 copies)			总印张数(万印张) Printed Sheets(10000 sheets)		
	图　书 Books	期　刊 Magazines	报　纸 Newspaper	图　书 Books	期　刊 Magazines	报　纸 Newspaper	图　书 Books	期　刊 Magazines	报　纸 Newspaper
1978	269	24	3	10512	1361	13797	33915	3325	12789
1980	246	59	9	11108	2151	15324	50301	6161	13463
1985	855	88	28	16513	2795	49649	62240	8143	31764
1990	1176	184	58	12342	5302	56480	46750	14390	37577
1995	1868	311	86	11342	6718	69115	53136	19103	72446
2000	2070	319	75	9944	7919	73571	49187	24908	119448
2001	2281	322	76	9779	7391	69783	58022	24030	114053
2002	2258	323	76	8747	6459	74244	56561	23116	141986
2003	2098	323	76	7865	5615	73639	50934	21291	143870
2004	2828	312	76	7704	4331	74339	50388	21703	159947
2005	2930	315	76	5938	3503	71410	45850	14985	261470
2006	2667	307	95	5520	3870	89458	48814	18045	267697
2007	3099	309	95	5285	4996	78166	39911	23662	290481
2008	3182	313	91	5167	5092	72667	43260	25191	238501
2009	3408	314	90	6114	5210	75726	44384	26235	229434
2010	3515	314	90	7420	5253	78219	55880	26568	256544
2011	4430	315	89	8284	5502	79234	61349	28559	299480
2012	4218	315	89	6353	5640	78997	52721	29575	311360
2013	5247	314	88	6636	5789	74931	53024	29213	281419
2014	5043	315	88	7426	5279	69039	62513	28070	232130
2015	6087	314	88	7170	4467	66308	62626	25358	173144
2016	7336	314	88	7694	4340	62387	66638	24598	145570

18-21 图书出版情况 (2016年)
STATISTICS ON BOOKS PUBLISHED BY CATEGORIES (2016)

类 别	Category	种类 (种) Number of Publications (item)	总印数 (万册) Printed Copies (10000 copies)	总印张 (千印张) Printed Sheets (10000 sheets)	定价总金额 (万元) Total Amount of Pricing (10000 yuan)
使用"中国标准书号"部分合计	**Publications with "China International Standard Book Number"**	**7336**	**7693.8**	**666381.1**	**118961.8**
马列主义、毛泽东思想	Marxism-Leninism, Mao Zedong Thought	9	1.1	174.7	38.1
哲 学	Philosophy	152	31.6	3601.3	1151.4
社会科学总论	General Social Sciences	44	7.3	1260.1	280.8
政治、法律	Politics and Law	104	37.0	4621.6	1088.1
军 事	Military Affairs	61	24.8	3127.4	651.1
经 济	Economics	184	32.0	5926.7	2582.2
文化、科学、教育、体育	Culture, Science, Education and Sports	3433	6864.0	552717.5	84793.6
语言、文字	Languages	259	34.8	5159.8	1111.7
文 学	Literature	965	267.2	43173.4	10821.1
艺 术	Arts	423	58.0	4304.6	2436.8
历史、地理	History and Geography	352	118.3	9259.8	5550.9
自然科学总论	General Natural Sciences	7	1.5	202.2	49.9
数理科学、化学	Mathematics and Chemistry	219	37.2	6831.0	1639.8
天文学、地球科学	Astronomy and Geology	25	4.3	707.5	199.3
生物科学	Biology	155	25.9	1641.1	710.9
医药、卫生	Medicine and Health Care	202	22.0	4296.5	1072.3
农业科学	Agricultural Science	98	10.2	1301.1	493.2
工业技术	Industrial Technology	425	87.6	13894.8	3136.6
交通运输	Transportation	70	9.9	1537.8	405.5
航空、航天	Aeronautics and Aerospace	9	1.4	124.7	34.5
环境科学	Environmental Science	52	6.0	1090.7	234.6
综合性图书	General Books	88	12.2	1426.9	479.6

18-22 音像制品出版情况
STATISTICS ON NUMBER OF PUBLICATION OF AUDIO-VIDEO PRODUCTS

指 标	Item	出版品种(种) Number of Publications (item)		出版数量(万张) Volume of Publications (10000 sheets)		发行量(万张) Circulation (10000 sheets)	
		2015	2016	2015	2016	2015	2016
总 计	**Total**	**48**	**8**	**3.76**	**0.26**	**3.76**	**0.26**
录象制品	Video Products	28	3	1.7	0.14	1.7	0.14
录音制品	Fixation on Phonograms	20	5	2.06	0.12	2.06	0.12

18-23 卫生机构基本情况
BASIC CONDITIONS OF HEALTH INSTITUTIONS

年 份 Year	卫生机构数（个） Number of Health Institutions (unit)	床位数（张） Number of Beds (unit)	人员数（人） Number of Personnel (person)	#卫生技术人员 Medical Technical Personnel	万人拥有卫生机构床位（张） Number of HealthInstitutions Beds per 10000 Persons (unit)	万人拥有卫生技术人员（人） Number of Medical Technical Personnel per 10000 Persons (person)
1980	8685	104022	175286	133527	32.5	41.7
1985	8794	107527	201065	151337	32.0	45.1
1990	8945	122328	227003	172821	34.5	48.8
1991	8878	124949	232614	178220	35.0	49.9
1992	8853	127164	237985	182368	35.2	50.5
1993	7702	127896	236793	179536	35.1	49.3
1994	7714	128390	235334	179362	35.0	48.8
1995	7637	126466	234074	178842	34.2	48.3
1996	7065	121441	230843	177663	32.6	47.7
1997	7676	121263	231589	178483	32.3	47.6
1998	7620	120470	226719	174980	31.9	46.4
1999	7653	120211	226532	176100	31.7	46.4
2000	8038	120454	222746	171252	31.6	45.0
2001	7944	118037	219624	169865	31.0	44.6
2002	8755	119547	198462	154660	31.4	40.6
2003	8469	115930	192858	149964	30.4	39.3
2004	8230	119645	190563	149274	31.4	39.1
2005	8326	119833	191172	150657	31.4	39.5
2006	8181	123308	191945	151916	32.3	39.8
2007	8464	126058	200346	158726	33.0	41.6
2008	7928	136315	203502	161927	35.6	42.3
2009	8678	146568	215412	172118	38.3	45.0
2010	8938	159957	233900	188612	41.8	49.3
2011	8656	165402	236101	191396	43.1	49.9
2012	8836	178342	241266	197168	46.5	51.4
2013	9582	189290	250191	203741	49.4	53.1
2014	9603	201538	256148	209169	52.6	54.6
2015	9304	211637	259395	212504	55.4	55.6
2016	20378	220039	292210	221345	57.8	58.2

注：2016年开始包括村卫生室情况，与以往年份不可比(下同)。
Note: From 2016, includes the situation of the village health room, which is not comparable with the previous years.

18-24 卫生机构各类人员(2016年)
EMPLOYED PERSONS IN HEALTH CARE INSTITUTIONS BY TYPE OF OCCUPATION (2016)

单位：人 (person)

类 别	Category	总 计 Total	医院 Hospitals	卫生院 Health Centers	疾病预防控制中心 Diseases Prevent and control Centers	其他卫生机构 Other Institutes
总 计	**Total**	**292210**	**187248**	**23888**	**6082**	**74992**
卫生技术人员	**Medical Technical Personnel**	**221345**	**153607**	**20019**	**4405**	**43314**
执业医师	Doctors on Certified Doctors	72061	49994	5078	1516	15473
执业助理医师	Assistant Doctors on Guard	12330	4003	3157	342	4828
注册护士	Registered Nurses	85410	68969	3836	306	12299
药剂人员	Pharmacists of Chinese Medicine Personnel	11546	8147	1353	83	1963
检验人员	Laboratory Technicians Personnel	8659	5629	667	825	1538
其 他	Others	31339	16865	5928	1333	7213
其他人员	**Other Personnel**	**47467**	**33641**	**3869**	**1677**	**8280**
其他技术人员	Other Technical Personnel	10199	6598	1052	611	1938
管理人员	Managerial Personnel	16359	11705	1188	576	2890
工勤人员	Logistics Works	20909	15338	1629	490	3452
平均每万人拥有卫生技术人员	**Number of Medical Technical Personnel per 10000 Population**	**58.2**	**40.4**	**5.3**	**1.2**	**11.4**

注：其他卫生机构总计中包括乡村医生和卫生员。
Note: Other Institutes include rural doctors and health workers.

18-25 医疗机构运营情况(2016年)
OPERATION OF MEDICAL INSTITUTIONS (2016)

指 标	Item	总 计 Total	医院 Hospitals	卫生院 Health Centers	门诊部 Clinics	妇幼保健院 Maternity and Child Care Centers	专科疾病防治院 Specialized Disease Prevention &Treatment Institutes
门诊服务	**Service of Clinics**						
诊疗人次(万人次)	Total Number of Patients Treated (10000 person-times)	7913.3	6455.2	996.3	129.5	246.7	85.5
#门 诊	#Clinics Patients	7190.9	5838.8	934.5	98.2	236.2	83.3
急 诊	Emergency Patients	505.7	481.2	19.6		4.7	0.2
住院服务	**Service of Clinics**						
入院人数(万人)	Hospital Admissions(10000 patients)	555.3	474.3	67.0	1.6	8.9	3.4
住院病人手术人次(万人)	Number of Operation of Patients (10000 patients)	120.2	116.0			3.9	0.3
每百门、急诊的入院人数(人)	Hospital Admissions per 100 Out-patient and Emergency Patient(person)	6.8	7.5	7.0		3.7	4.1
床位利用	**Utilization of Hospital Beds**						
平均床位周转率(次)	Average Turnover of Beds(times)	26.6	27.0	30.6		22.4	9.8
平均床位工作日(日)	Number of Days per Bed in Use in a Year(days)	284.7	302.0	207.2		149.5	291.7
床位使用率(%)	Utilization Rate of Beds(%)	78.0	82.7	56.8		41.0	79.9
出院者平均住院日(日)	Average Hospitalization Period(days)	10.2	10.7	6.3		6.3	30.7

18-26 卫生机构、床位、人员数(2016年)

NUMBERS OF HEALTH INSTITUTIONS, BEDS AND EMPLOYED PERSONS (2016)

机构名称	Name of Institutions	机构数（个）Number of Institutions (unit)	床位数（张）Number of Beds (unit)	人员数（人）Number of Personnel (person)	#卫生技术人员 Medical Technical Personnel
总 计	**Total**	**20378**	**220039**	**292210**	**221345**
医 院	Hospitals	1029	181514	187248	153607
综合医院	General Hospitals	682	127849	137411	113783
中医院	Hospitals Specialized in Traditional	138	23056	26245	21561
中西医结合医院	Hospitals Combining Chinese and Western Medicine	8	766	587	497
民族医院	National Hospitals	5	282	165	127
专科医院	Specialized Hospitals	195	29501	22803	17602
口腔医院	Hospitals of Mouth Cavity Diseases Care	19	496	981	769
眼科医院	Hospitals for Eye Care	8	672	764	498
耳鼻喉科医院	Hospitals for Ear, Nose and Throat Care	3	353	541	443
肿瘤医院	Tumor Hospitals	4	3932	3824	2995
心血管医院	Hospitals for Vas of Heart	4	713	926	797
胸科医院	Hospitals for Chest	1	650	601	504
妇产(科)医院	Hospitals of Maternity	19	1649	2339	1910
儿童医院	Hospitals of Children	3	1064	830	724
精神病医院	Mental hospitals	27	9439	4131	2924
传染病医院	Hospitals for Infectious Diseases	11	3094	2235	1718
皮肤病医院	Hospitals of Dermatology	9	327	248	201
结核病医院	Hospitals for Tuberculosis	1	600	212	182
职业病医院	Hospitals for Occupational Disease	1	639	769	526
骨科医院	Orthopedics Hospitals	12	1027	801	709
康复医院	Rehabilitation Hospitals	9	1564	645	479
整形外科医院	Plastic Surgery Hospital	2	20	156	89
美容医院	Hairdressing Hospital	4	115	148	95
其他专科医院	Other Specialized Hospitals	58	3147	2652	2039
护理院	Nursing Home	1	60	37	37
疗养院	Sanatoriums	2	950	302	244
县（区）社区卫生服务站	Sanitation and Service Agencies of Community of County	652	6974	14993	12572
卫生院	Health Cares	999	22643	23888	20019
县（区）卫生所、医务室	Institutions of Sanitation of County	1256		2780	2646
门诊部	Clinics	390	407	3391	2980
县（区）诊所	Cliniques of County	3572		7145	6920
村卫生室	Village Clinics	11384		27015	3617
急救中心	First-aid Centers	14	4	885	413
采供血机构	Institutions of Pick and Supply Blood	28		1020	742
妇幼保健院(所、站)	Maternity and Child Care Centers	139	4044	7995	6428
专科疾病防治院(所、站)	Specialized Disease Prevention and Treatment Institutes	109	3503	4015	3103
疾病预防控制中心	Center for Diseases control and Prevention	168		6082	4405
卫生监督所	Medical Supervise Institutions	148		2868	2445
计划生育技术服务机构	Family Planning Institutions	439		1800	885
医学科学研究机构	Research Institutes of Medical Sciences	6		131	72
医学在职培训机构	Medical Institutions of In-service Education	10		243	53
统计信息中心	Statistical Information Center	4		50	5
其他卫生机构	Other Medical Institutions	29		359	189

注：村卫生室人员数包括乡村医生和卫生员

Note: Village hygienists include rural doctors and health workers.

18–27 分地区卫生事业基本情况 (2016年)

BASIC STATISTICS ON PUBLIC HEALTH BY CITY (2016)

地　区	Region	卫生机构数（个）Number of Health Institutions (unit)	#医院 Hospital	#综合医院 General Hospitals	#县（区）社区卫生服务站 Sanitation and Service Agencies of Community of County	#卫生院 Health Centers	#县（区）诊所、卫生所、医务室 Institutions of Sanitation of County	#县（区）门诊部 Clinics of County
全　省	**Total**	**20378**	**1029**	**682**	**652**	**999**	**4828**	**390**
哈尔滨	Harbin	4036	282	169	137	189	807	140
齐齐哈尔	Qiqihar	2795	100	64	59	150	436	54
鸡　西	Jixi	983	69	49	30	54	330	9
鹤　岗	Hegang	729	47	38	20	22	315	19
双鸭山	Shuangyashan	1251	51	39	78	42	367	9
大　庆	Daqing	1333	109	66	96	65	412	39
伊　春	Yichun	846	37	30	51	17	454	18
佳木斯	Jiamusi	2150	93	66	39	92	439	25
七台河	Qitaihe	566	26	15	16	20	130	3
牡丹江	Mudanjiang	2106	78	42	37	62	527	37
黑　河	Heihe	1078	61	51	31	75	180	5
绥　化	Suihua	2181	47	31	47	175	290	14
大兴安岭	Daxinganling	324	29	22	11	36	141	18

18–27 续表　CONTINUED

地　区	Region	卫生机构床位数（张）Number of Beds in Health Institutions (unit)	#医院 Hospital	卫生机构人员数（人）Number of Persons in Health Institutions (person)	#卫生技术人员数（人）Medical Technical Personnel (person)	#执业（助理）医师 Assistant Doctors on Guard	#注册护师、护士 Registered Nurses
全　省	**Total**	**220039**	**181221**	**292210**	**221345**	**84391**	**85410**
哈尔滨	Harbin	71181	60362	83574	63168	23819	25382
齐齐哈尔	Qiqihar	28122	23043	35426	25904	10060	10661
鸡　西	Jixi	12484	10526	14305	11478	4387	4704
鹤　岗	Hegang	8579	7655	10806	8423	2887	3706
双鸭山	Shuangyashan	9738	7193	12174	9355	3465	3812
大　庆	Daqing	17025	15482	27856	21760	9668	8119
伊　春	Yichun	6796	6124	9196	7296	2630	2595
佳木斯	Jiamusi	16556	13026	21908	16347	5904	6548
七台河	Qitaihe	4675	3710	5948	4371	1605	1743
牡丹江	Mudanjiang	17833	15252	27333	22416	7439	8108
黑　河	Heihe	7671	6633	13094	10015	3912	3584
绥　化	Suihua	16414	9820	26357	17408	7372	5103
大兴安岭	Daxinganling	2965	2395	4233	3404	1243	1345

18-28 享受补助、救济人员情况

PERSONS RECEIVING SUBSIDIES OR RELIEF FUNDS

单位：万人 (10000 persons)

项 目	Item	2012	2013	2014	2015	2016
城乡居民最低生活保障人数	**Number of Persons Receiving Minimum Living Allowance in Urban Area and Rural Area**	**271.9**	**265.2**	**244.6**	**238.4**	**232.1**
城镇居民最低生活保障人数	Number of Persons Receiving Minimum Living Allowance in Urban Area	152.5	143.7	127.3	120.2	111.1
农村居民最低生活保障人数	Number of Persons Receiving Minimum Living Allowance in Rural Area	119.4	121.5	117.3	118.2	120.9
传统救济情况	**Traditional Relief**					
农村五保供养人数	Number of Persons in Rural Aears Receiving Livelihood Guaranteed in Five Aspects	14.6	14.6	13.6	13.3	12.2

18-29 社会福利单位机构和工作人员数

NUMBER OF SOCIAL WELFARE INSTITUTIONS AND ENTERPRISES

项 目	Item	机构数(个) Number of Institutions or Enterprises(unit)			工作人员(人) Number of Persons Engaged (person)		
		2014	2015	2016	2014	2015	2016
总 计	**Total**	**1314**	**1196**	**1222**	**13364**	**12830**	**17183**
社会福利事业单位	Social Welfare Institutions	1090	978	1019	9587	9125	13517
收容遣送站	Collecting and Repatriation Units	75	77	64	678	698	643
殡葬事业单位	Funeral and Interment Institutions	149	141	139	3099	3007	3023

18-30 社会福利事业单位基本情况 (2016年)

BASIC STATISTICS ON SOCIAL WELFARE INSTITUTIONS (2016)

项 目	Item	单位数(个) Number of Institutions or Enterprises(unit)	工作人员(人) Number of Persons Engaged (person)	床位数(张) Number of Beds (unit)	年末收养人数(人) Number of Persons Housed (year-end(person)
总 计	**Total**	**1019**	**13517**	**136331**	
优抚安置单位	Institutions for Aftercare and Martyrs	49	507	1103	2663
收养性单位	Adopting Institutions	970	13010	135228	85460
#光荣院	#Homes for Disabled Veterans	8	309	1174	479
社会福利院	Social Welfare Homes	65	2428	21271	13388

注：优抚安置单位的年末收养人数为全年接待人次数。
Note: The number of persons housed in the table of Institutions for Aftercare and Martyrs is the number of whole year.

18-31 调解民间纠纷分类

NUMBER OF CIVIL DISPUTES MEDIATED BY TYPE

项 目	Item	调解纠纷(件) Civil Disputes(cases)			各种纠纷所占比重(%) Percentage(%)		
		2014	2015	2016	2014	2015	2016
总 计	**Total**	**287914**	**262728**	**282195**	**100.0**	**100.0**	**100.0**
婚姻家庭	Family Disputes	37770	37756	56662	13.1	14.4	20.1
房屋、宅基地	Housing and Housing Sites	12206	10860	13853	4.2	4.1	4.9
邻 里	Neighbor Disputes	38358	36386	62050	13.3	13.9	22.0
损害赔偿	Compensation for Damages	18612	16671	16877	6.5	6.3	6.0
其 他	Others	180968	161055	132753	62.9	61.3	47.0

18-32 劳动争议案件受理和处理情况
THE DISPOSAL OF LABOR DISPUTES

单位：件 (case)

项 目	Item	2012	2013	2014	2015	2016
案件受理情况	**Cases Accepted**					
当期案件受理数	Number of Cases	7577	7088	9411	11364	10661
#集体劳动争议案件数	#Collective Labour Disputes	47	44	43	66	56
劳动者申诉案件数	Cases Appealed by Laborers	7526	6904	9351	11279	10496
劳动者当事人数(人)	Number of Laborers Involved(person)	8624	8675	11002	13079	12690
#集体劳动争议劳动者当事人数	#Laborers Involved in Collective Labour Disputes	899	1207	1389	1442	1831
争议原因	Cause of the Disputes					
劳动报酬	Labour Remuneration	2186	2059	2315	3528	3939
社会保险	Social Insurances	3970	3478	2478	2379	2192
变更劳动合同	Change the Labour Contract					
解除、终止劳动合同	Relieve and End the Labour Contract	351	419	871	670	624
其 他	Others	499	527	2823	3755	2972
案件处理情况	**Cases Disposed**					
结案数	Number of Cases Settled	7626	7164	9283	11437	10683
处理方式	by Manners of Settlment					
仲裁调解	by Mediation	3718	2977	2787	3572	3248
仲裁裁决	by Arbitrition Lawsuit	3479	3756	4952	6092	5874
其 他	Other	429	431	1544	1773	1561
处理结果	by Result of Settlment					
用人单位胜诉	Lawsuit Won by Units	592	626	667	731	778
劳动者胜诉	Lawsuit Won by Laborers	5179	4837	4562	5193	5260
双方部分胜诉	Lawsuit Partly Won by Both Parties	1331	1426	1667	1913	1868
本期未结案件数	**Number of Cases Dissettled**	**440**	**364**	**492**	**419**	**397**
其他方式调解案件数	**Number of the Arbitrated Cases through Other Forms**	**2791**	**1657**	**2326**	**2357**	**7274**

18-33 律师、公证、调解工作基本情况
BASIC STATISTICS ON LAWYERS, NOTARIZATION AND MEDIATION

项 目	Item	2012	2013	2014	2015	2016
律师工作	**Lawyers**					
律师事务所(个)	Number of Law Offices(unit)	724	750	799	827	834
律师(人)	Number of Lawyers(person)	4353	4309	4812	5009	5091
#专职律师	#Full-time Lawyers	4066	4038	4450	4614	4733
兼职律师	Part-time Lawyers	172	171	198	231	252
聘请担任常年法律顾问的单位(处)	Number of Units with Permanent Legal Advisors(unit)	6748	7194	6996	6275	6409
民事诉讼代理(件)	Agent of Civil Cases(case)	28559	30232	24437	23190	25006
行政诉讼代理(件)	Agent of Administrative Action(case)	1090	955	1871	720	945
刑事辩护(件)	Defender of Criminal Cases(case)	16188	15990	18442	22967	23413
非诉讼法律事务(件)	Agent of Non-Litigious Legal Affairs(case)	8829	8047	5524	4638	6114
解答法律询问(件)	Agent of Legal Advisory Services(case)	125655	117403	308950	341355	397741
代写法律事务文书(件)	Agent of Legal Documents Written on Behalf of Clients(case)	21150	19529	45567	52753	57880
公证工作	**Notarization**					
公证处(个)	Number of Notary Offices(unit)	149	149	149	149	149
#办理涉外的	#Related to Foreign	70	70	70	77	77
公证人员(人)	Notarial Personnel(person)	937	1006	985	999	1024
#公证员	#Notaries	459	440	432	424	421
公证员助理	Assistant Notaries	348	331	345	338	370
办理公证件数(件)	Number of Transacted Notarization(case)	402587	458435	425022	380509	384625
#国内经济合同公证	#Notarization of Domestic Economic	55645	58435	53871	33751	31770
人民调解工作	**Number of People's Mediation**					
专职司法助理员(人)	Number of Full-time Judicial Assistants(person)	2871	2807	2425	2449	2032
人民调解委员会(个)	Number of People's Mediation Committees(unit)	15771	15816	16185	15699	16146
调解人员(人)	Number of Mediators(person)	74156	73318	74015	67627	68135
调解民间纠纷(件)	Number of Civil Disputes Mediated(case)	281625	284770	287914	262728	282195

18-34 国内公证业务分类

DOMESTIC NOTARIAL SERVICES BY TYPE

单位：件　　(piece)

分　类	Item	2015		2016	
		办理公证 Number of Notarial Documents Issued	比重(%) Percentage (%)	办理公证 Number of Notarial Documents Issued	比重(%) Percentage (%)
总计	**Total**	**226270**	**100.00**	**250370**	**100.00**
合同(协议)	Contract(Agreement)	33751	14.92	31770	12.69
买卖合同	Trade Contracts	3165	1.40	2860	1.14
赠与合同	Gift Contracts	3594	1.59	3120	1.25
借款合同	Contracts for Loan of Money	7146	3.16	5855	2.34
租赁合同	Leasing Contracts	32	0.01	29	0.01
承揽合同	Contracts of Hired Work	1		1	
建设工程合同	Contracts for Construction Projects	1			
委托合同	Agency Appointment Contracts	92	0.04	112	0.04
担保合同	Guarantee Contracts	166	0.07	163	0.07
土地使用权合同	Land Use Contracts	1630	0.72	2120	0.85
知识产权合同	Intellectual Property Contracts	4			
承包合同	Contract Agreements	6146	2.72	6272	2.51
企业经营合同	Enterprise Operating Contracts	3		38	0.02
劳动(劳务)合同	Labor(Labor Service) Contracts				
其他合同	Other Contracts	2267	1.00	1074	0.43
合伙协议	Partnership Agreements	13	0.01	20	0.01
财产分割协议	Property Division Agreements	196	0.09	75	0.03
财产约定协议	Property Agreement	540	0.24	755	0.30
扶养协议	Child Support Agreements	35	0.02	55	0.02
出国留学协议	Studying Abroad Agreement	743	0.33	690	0.28
拆迁安置协议	Removal and Resettlement Agreements	669	0.30	1594	0.64
赔偿协议	Compensation Agreements	61	0.03	59	0.02
还款协议	Payment Contracts	52	0.02	96	0.04
其他	Others	7195	3.18	6782	2.71
继　承	Inheritance	35530	15.70	38960	15.56
单方法律行为	Unilateral Legal Acts	79855	35.29	90707	36.23
委　托	Proxy	39420	17.42	49141	19.63
声　明	Announcement	31271	13.82	32959	13.16
赠　与	Gift	4436	1.96	3496	1.40
遗　嘱	Testaments	1826	0.81	1590	0.64
其　他	Other	2902	1.28	3521	1.41
现场监督	Site Supervision	7617	3.37	6402	2.56
招标投标	Bidding	3652	1.61	3326	1.33
拍　卖	Auction	16	0.01	9	
其　他	Other	3949	1.75	3067	1.22
保全证据	Evidence Preservation	1342	0.59	1525	0.61
公司章程	Corporation Constitutions	3		6	
组织资格	Organization Qualification	4		2	
财产权	Property Rights	6		15	0.01
身　份	Identity	215	0.10	132	0.05
收养关系	Adoptive Relationship	4		19	0.01
婚姻状况	Marital Status	1236	0.55	1827	0.73
亲属关系	Kinship Confirmation	3692	1.63	4815	1.92
有无违法犯罪记录	Illegal and Criminal Record Check	455	0.20	752	0.30
其他有法律意义事实	Other Facts of Legal Significance	3291	1.45	3209	1.28
出　生	Birth	472	0.21	578	0.23
死　亡	Death	890	0.39	863	0.34
其　他	Other	1929	0.85	1768	0.71
证书(执照)	Certificate(License)	517	0.23	684	0.27
签名(印鉴)	Signature(Seal)	23753	10.50	32440	12.96
文本相符	Conformity of Documentation	9043	4.00	19335	7.72
赋予执行效力	Executor Force	1829	0.81	3972	1.59
执行证书	Certificate of Execution	228	0.10	173	0.07
抵押登记	Mortgage Registration	2703	1.19	1243	0.50
提　存	Drawing	71	0.03	17	0.01
保　管	Storage	6		15	0.01
其　他	Others	21119	9.33	12350	4.93

18-35 涉外公证文书分类
FOREIGN-RELATED NOTARIAL DOCUMENTS BY TYPE

单位：件 (piece)

分 类	Item	2015		2016	
		办证件数 Number of Notarial Documents Issued	比重(%) Percentage (%)	办证件数 Number of Notarial Documents Issued	比重(%) Percentage (%)
总 计	**Total**	**151954**	**100.00**	**132914**	**100.00**
合同(协议)	Contracts(Agreements)	11	0.01	4	
继 承	Inheritance	98	0.06	95	0.07
委 托	Power of Attorney	1735	1.14	2583	1.94
声 明	Declaration	1313	0.86	1098	0.83
遗 嘱	Testaments				
其他单方法律行为	Other Unilateral Legal Acts	50	0.03	70	0.05
公司章程	Corporation Constitutions	7	0.01	25	0.02
组织资格	Organization Qualification	1	0.001		
收养关系	Adoptive Relationship	30	0.02	17	0.01
婚姻关系	Marital Relationship	5981	3.94	5989	4.51
亲属关系	Kinship Confirmation	21608	14.22	22054	16.59
出 生	Births	13006	8.56	11296	8.50
死 亡	Deaths	663	0.44	569	0.43
生存、居住	Survival and Residence	61	0.04	113	0.09
学历(学位)	Education Background(Academic Degree)	8451	5.56	6483	4.88
经 历	Resume	411	0.27	546	0.41
职务(职称)	Professional Titles	459	0.30	381	0.29
身 份	Identity	127	0.08	225	0.17
有无违法犯罪记录	Illegal and Criminal Record Check	16875	11.11	15250	11.47
其他有法律意义事实	Other Facts of Legal Significance	19	0.01	97	0.07
证书(执照)	Certificate(Licence)	7505	4.94	7918	5.96
签名(印鉴)	Signature(Seal)	1819	1.20	2203	1.66
文本相符	Conformity of Documentation	34477	22.69	27371	20.59
其 他	Others	37247	24.51	28527	21.46

18-36 婚姻登记和离婚情况
BASIC STATISTICS ON MARRIAGES AND DIVORCES

年份 Year	居民登记结婚(对) Registered Marriages (couple)	初婚(人) First Marriages (person)	再婚(人) Remarriages (person)	涉外及华侨、港澳台同胞准予登记结婚的国内居民 Registered Marriages Related to Foreign, Oversea Chinese, Hong Kong, Macao & Taiwan 合计(人) Total (person)	#女性 Female	准予登记离婚(对) Registered Divorces (couple)	法院协议判决离婚(对) Agreement and Adjudged Divorces (couple)	离婚率(‰) Divorce Rate (‰)
1985	284282	547585	20979	56	39	9155	30018	2.3
1990	284720	529796	39644	173	128	17104	37224	3.1
1995	267300	490744	43856	4312	4271	19237	54733	4.0
1996	260229	473216	47242	4002	3771	20571	58705	4.3
1997	270653	498139	43167	3173	3154	20737	61855	4.4
1998	234488	416018	52958	2745	2700	19792	56600	4.0
1999	224610	403756	45464	2168	2060	22654	52976	4.0
2000	217750	384399	51101	2560	2385	23739	51137	3.9
2001	222294	392712	51876	3889	3675	24940	50925	4.0
2002	193072	335930	50214	3770	3592	26698	45552	3.8
2003	201202	348460	53944	4208	3920	35186	42388	4.1
2004	235120	410058	60182	2844	2558	49278	43733	4.9
2005	228311	395978	60644	2448	2055	53932	42065	5.0
2006	231917	409739	54095	2942	2034	55506	43026	5.2
2007	252041	438465	65617	1982	1738	66779	40340	5.6
2008	283017	486996	79038	2879	2470	79403	40044	6.2
2009	303854	519276	88432	2929	2460	91355	36961	6.7
2010	308886	529835	87937	3093	2286	104406	35272	7.3
2011	332683	555952	109414	2390	1459	116019	35272	7.9
2012	345617	591433	99801	2348	1199	124138	32616	8.2
2013	376612	651424	101800	2101	1163	147613	30643	9.3
2014	352253	617682	86824	1853	1171	157983	29302	9.8
2015	318224	553715	82733	1500	997	162094	27708	9.9
2016	306307	522071	90543	1547	978	164902	22532	9.9

18-37 社会保险基本情况
BASIC STATISTICS OF SOCIAL INSURANCE

项　目	Item	2012	2013	2014	2015	2016
年末参加城镇基本养老保险人数(万人)	Number of Urban Basic Pension Insurance Contributors at Year-end(10000 persons)	1013.0	1062.1	1090.0	1118.0	1144.1
#职工	#Staff and Workers	611.4	639.9	646.7	646.9	655.6
离退休人员	Retirees	401.6	422.2	443.4	471.1	488.5
基金收入(亿元)	Revenue(100 million yuan)	870.7	845.6	922.2	1030.7	
基金支出(亿元)	Expenses(100 million yuan)	867.8	886.0	1028.3	1223.1	
累计结余(亿元)	Balance at Year-end(100 million yuan)	469.9	429.5	323.4	131.0	
年末参加城镇基本医疗保险人数(万人)	Number of Urban Basic Medical Care Insurance (10000 persons)	1580.3	1580.4	1586.4	1594.8	1599.8
年末参加城镇职工基本医疗保险人数(万人)	Number of Urban Staff Basic Medical Care Insurance Contributors at Year-end (10000 persons)	867.8	868.1	873.9	873.7	879.5
职工	Staff and Workers	558.3	556.5	549.6	543.6	525.5
离退休人员	Retirees	309.5	311.6	324.3	330.1	354.0
基金收入(亿元)	Revenue(100 million yuan)	163.5	187.4	210.4	229.8	258.4
基金支出(亿元)	Expenses(100 million yuan)	145.2	170.0	192.8	213.0	237.8
累计结余(亿元)	Balance at Year-end(100 million yuan)	221.8	239.2	256.9	273.5	294.8
年末参加城镇居民基本医疗保险人数(万人)	Number of Urban Residents Basic Medical Care Insurance Contributors at Year-end (10000 persons)	712.5	712.3	712.5	721.1	720.3
年末参加失业保险人数(万人)	Number of Unemployment Insurance Contributors at Year-end (10000 persons)	476.2	477.4	478.4	312.8	313.2
#领取失业保险金	#Beneficiaries of Unemployment Insurance Fund	12.1	11.6	9.5	7.3	6.9
基金收入(亿元)	Revenue(100 million yuan)	32.3	28.3	33.9	34.0	26.5
基金支出(亿元)	Expenses(100 million yuan)	7.4	5.9	7.0	20.9	20.2
累计结余(亿元)	Balance at Year-end(100 million yuan)	96.1	118.9	145.7	158.8	165.2
年末参加工伤保险人数(万人)	Number of Work Injury Insurance Contributors at Year-end (10000 persons)	470.6	493.1	505.5	512.0	522.2
#享受工伤待遇	#Beneficiaries	6.8	7.2	6.3	6.5	6.1
基金收入(亿元)	Revenue(100 million yuan)	18.7	21.1	21.7	22.3	23.2
基金支出(亿元)	Expenses(100 million yuan)	16.6	18.8	20.4	21.3	23.4
累计结余(亿元)	Balance at Year-end(100 million yuan)	27.7	30.1	31.4	32.5	32.3
年末参加生育保险人数(万人)	Number of Maternity Insurance Contributors at Year-end (10000 persons)	353.1	355.1	356.1	357.1	358.0
#享受待遇	#Beneficiaries	4.2	6.8	7.8	6.4	9.4
基金收入(亿元)	Revenue(100 million yuan)	5.1	5.7	6.7	7.1	6.3
基金支出(亿元)	Expenses(100 million yuan)	3.5	4.0	5.6	4.5	6.9
累计结余(亿元)	Balance at Year-end(100 million yuan)	9.6	11.3	12.4	15.5	15.0
年末参加城乡居民社会养老保险人数(万人)	Number of Urban and Rural Residents Basic Pension Insurance Contributors at Year-end (10000 persons)	871.4	815.8	821.8	828.6	837.6
#领取养老金	#Farmer Beneficiaries	173.5	231.3	263.8	290.2	309.6

主要统计指标解释

广播/电视节目综合人口覆盖率　指根据原国家广电总局制定的《广播电视人口覆盖率统计技术标准和方法》进行统计调查的，在对象区内能接收到由中央、省、地市或县通过无线、有线或卫星等各种技术方式转播的各级广播/电视节目的人口数占全国总人口数的百分比。

艺术表演团体　指由文化部门主办或实行行业管理（经文化行政部门审批或已申报登记并领取相关许可证），专门从事表演艺术等活动的各类专业艺术表演团体，含民间职业剧团。不包括群众业余文艺表演团体。

艺术表演场馆　指由文化部门主办或实行行业管理（经文化市场行政部门审批或已申报登记并领取相关许可证），有观众席、舞台、灯光设备，公开售票、专供文艺团体演出的文化活动场所。

文化市场经营机构　指经文化市场行政部门审批或已申报登记并领取相关许可证的、从事文化经营和文化服务活动的机构。

国家综合档案馆　指由中央或地方各级档案行政管理部门直接管理的，按行政区划或历史时期设置的，收集和管理所辖范围内多种门类档案的档案馆。

等级运动员　指经考核正式批准授予运动员称号的运动员，分为国际级运动健将、运动健将、一级、二级运动员。

等级教练员　指经考核正式批准授予等级教练员职称的教练员，分为国家级、高级、中级、初级教练员。

医疗卫生机构　指从卫生行政部门取得《医疗机构执业许可证》、《计划生育技术服务许可证》，或从民政、工商行政、机构编制管理部门取得法人单位登记证书，为社会提供医疗保健、疾病控制、卫生监督服务或从事医学科研和医学在职培训等工作的单位。医疗卫生机构包括医院、基层医疗卫生机构、专业公共卫生机构、其他医疗卫生机构。

医院　包括综合医院、中医医院、中西医结合医院、民族医院、各类专科医院和护理院，不包括专科疾病防治院、妇幼保健院和疗养院。

基层医疗卫生机构　包括社区卫生服务中心、社区卫生服务站、街道卫生院、乡镇卫生院、村卫生室、门诊部、诊所(医务室)。

专业公共卫生机构　包括疾病预防控制中心、专科疾病防治机构、妇幼保健机构（含妇幼保健计划生育服务中心）、健康教育机构、急救中心（站）、采供血机构、卫生监督机构、取得《医疗机构执业许可证》或《计划生育技术服务许可证》的计划生育技术服务机构。

其他医疗卫生机构　包括疗养院、临床检验中心、医学科研机构、医学在职教育机构、医学考试中心、农村改水中心、人才交流中心、统计信息中心等卫生事业单位。

卫生人员　指在医院、基层医疗卫生机构、专业公共卫生机构及其他医疗卫生机构工作的职工，包括卫生技术人员、乡村医生和卫生员、其他技术人员、管理人员和工勤人员。一律按支付年底工资的在岗职工统计，包括各类聘任人员(含合同工)及返聘本单位半年以上人员，不包括临时工、离退休人员、退职人员、离开本单位仍保留劳动关系人员、本单位返聘和临聘不足半年人员。

卫生技术人员　包括执业医师、执业助理医师、注册护士、药师（士）、检验技师（士）、影像技师、卫生监督员和见习医（药、护、技）师（士）等卫生专业人员。不包括从事管理工作的卫生技术人员(如院长、副院长、党委书记等)。

执业医师　指《医师执业证》“级别”为“执业医师”且实际从事医疗、预防保健工作的人员，不包括实际从事管理工作的执业医师。执业医师类别分为临床、中医、口腔和公共卫生四类。

执业(助理)医师　指《医师执业证》“级别”为“执业助理医师”且实际从事医疗、预防保健工作的人员，不包括实际从事管理工作的执业助理医师。执业助理医师类别分为临床、中医、口腔和公共卫生四类。

每万人口执业(助理)医师 每万人口执业(助理)医师=(执业医师数+执业助理医师数)/人口数×10000。人口数系年末常住人口。

每万人口卫生技术人员 每万人口卫生技术人员=卫生技术人员数/人口数×10000。人口数系年末常住人口。

每万人口医疗卫生机构床位 每万人口医疗卫生机构床位=医疗卫生机构床位数/人口数×10000。人口数系年末常住人口。

社会工作师 指通过全国社会工作师职业水平考试并取得社会工作师职业水平证书的人员。

社会福利企业 指以集中安置有一定劳动能力的残疾人就业为目的（残疾职工占生产人员10%以上）、带有社会福利性质的企业总称。社会福利企业分类为：社会福利工厂、假肢厂、其他福利企业。性质分为：国有、集体和其他性质。

城市居民最低生活保障人数 指在报告期末家庭平均收入在当地规定的最低生活保障线以下的城镇居民数。包括“三无”对象，失业人员和在职、下岗、退休人员等。

农村居民最低生活保障人数 指报告期末在建立农村最低生活保障制度的地区，得到当地政府或集体给予最低生活保障的农业人口家庭人数。

五保户 指无法定抚养义务人，或者虽有法定抚养义务人，但是抚养人无抚养能力的；无劳动能力的；无生活来源的老年人、残疾人和未成年人。

传统救济人数 指国家规定由民政部门救济的特殊人员和60年代精简退职老职工救济人员。特殊人员包括麻风病人、原国民党起义、投诚人员、归侨、台胞台属、宽大释放人员、摘掉右派帽子人员、因公负伤的下乡知青、因计划生育手术事故造成死亡和丧失劳动能力人员等传统民政救济对象。

社区服务机构数 指报告期末设立的社区服务指导中心、社区服务中心、社区服务站、社区养老机构和设施、互助型的养老设施等其他社区服务机构的总和数。具有面向老人，残疾人，儿童及其家庭的商品递送、医疗保健、家庭保洁、日间照料、陪伴服务等为社区居家养老服务的设施和突出综合服务的职能。

粗离婚率 指某地区当年离婚对数占该地区年平均人口的比重。计算公式为：

$$粗离婚率=\frac{当年离婚对数}{年平均人口数}\times 1000‰$$

人民检察院直接立案侦查案件 指按照管辖的规定，由人民检察院直接立案侦查的贪污贿赂犯罪、渎职犯罪、国家机关工作人员利用职权实施的侵犯公民人身权利和民主权利的犯罪以及经省级人民检察院决定立案侦查的国家机关工作人员利用职权实施的其他重大犯罪案件。

要案 指县、处级以上干部的犯罪案件。该指标主要反映职务犯罪案件中县、处级以上干部被人民检察院依法立案侦查的情况。

批准逮捕 指人民检察院对公安机关、国家安全机关、监狱管理机关提出逮捕的犯罪嫌疑人进行审查，根据事实，依法做出逮捕决定。该指标主要反映人民检察院对提请逮捕犯罪嫌疑人进行审查后依法做出批准逮捕决定的情况。

决定逮捕 指人民检察院对直接立案侦查的案件，认为需要逮捕犯罪嫌疑人时，依据法律做出的逮捕决定。该指标主要反映人民检察院对直接受理的案件行使决定逮捕权的情况。

适用简易程序 指人民法院对依法可能判处三年以下有期徒刑、拘役、管制、单处罚金的公诉案件，事实清楚，证据充分，人民检察院建议或者同意适用简易程序的案件 ；告诉才处理的案件；被害人起诉的有证据证明的轻微刑事案件。

提出抗诉 指人民检察院对人民法院的判决、裁定认为确有错误，向人民法院提出对案件重新进行审理的诉讼活动。包括按照第二审程序提出的抗诉和按照审判监督程序（再审程序）提出的抗诉。

立案监督 指人民检察院对侦查机关刑事立案活动的监督。包括对应当立案而不立案的监督和不应立案而立案的监督。

监督立案 包括侦查机关接到要求说明不立案理由后主动立案和执行通知立案两个内容。

监管活动　指人民检察院对监狱等监管改造场所的管理活动进行的监督。**青少年罪犯**　指人民法院在报告期内判决发生法律效力的有罪判决中14周岁以上不满25周岁的罪犯。其中14周岁以上不满18周岁的罪犯为未成年罪犯。

行政案件　指公民、法人和其他组织不服行政机关作出的具体行政行为，向人民法院提起行政诉讼，人民法院依法审理的案件。

单独赔偿　指单独提起行政赔偿的案件。当事人对行政行为的合法性没有争议，就行政侵权造成的损害赔偿单独提起赔偿诉讼。

公证人员　指在公证处工作的人员总称，包括公证处主任、副主任、公证员、公证员助理(助理公证员)和其他从事辅助性工作的人员。

公证文书　指公证处根据当事人申请，依照事实和法律，按照法定程序制作的，具有法律效力的司法证明文书。

受理劳动人事争议案件数　指劳动人事争议仲裁委员会根据国家有关规定，对劳动人事争议当事人的申请予以审查，符合受理条件而正式立案、准备处理的劳动人事争议案件数。

城镇职工基本养老保险

1. 参保职工人数　指报告期末按照国家法律、法规和有关政策规定参加城镇职工基本养老保险并在社保经办机构已建立缴费记录档案的职工人数，包括中断缴费但未终止养老保险关系的职工人数，不包括只登记未建立缴费记录档案的人数。

2. 离退休人员人数　指报告期末参加城镇职工基本养老保险的离休、退休和退职人员的人数。

3. 基金收入　指根据国家有关规定，由纳入基本养老保险范围的缴费单位和个人按国家规定的缴费基数和缴费比例缴纳的养老保险基金，以及通过其他方式取得的形成基金来源的收入。包括单位和职工个人缴纳的基本养老保险费、基本养老保险基金利息收入、上级补助收入、下级上解收入、转移收入、财政补贴和其他收入。

4. 基金支出　指按照国家政策规定的开支范围和开支标准从养老保险基金中支付给参加基本养老保险的个人的养老金、丧葬抚恤补助，以及由于保险关系转移、上下级之间调剂资金等原因而发生的支出。包括离休金、退休金、退职金、各种补贴、医疗费、死亡丧葬补助费、抚恤救济费、社会保险经办机构管理费、补助下级支出、上解上级支出、转移支出、其他支出等。

5. 基金累计结余　指截止报告期末基本养老保险基金收支相抵后的累计余额。

城乡居民基本养老保险

1. 参保人数　指报告期末，参加城乡居民养老保险（在经办机构参保登记并已建立缴费记录以及制度实施当年已经年满60周岁并在经办机构参保登记）的总人数（不包括已经办理注销登记手续的人数）。

2. 基金收入　指根据国家有关规定，由参加城乡居民基本养老保险的个人按规定缴费的城乡居民基本养老保险基金，以及通过集体补助、财政补助等其他方式取得的形成基金来源的收入。包括个人缴费收入、集体补助收入、政府补贴收入、利息收入、转移收入、上级补助收入、下级上解收入和其他收入。

3. 基金支出　指按照国家政策规定的开支范围和开支标准从城乡居民基本养老保险基金中支付给参加城乡居民基本养老保险的个人养老金待遇支出，以及由于参保人员跨统筹地区流动而发生的支出等。包括养老金待遇支出、转移支出、补助下级支出、上解上级支出、其他支出。

4. 基金累计结余　指截止报告期末城乡居民基本养老保险基金收支相抵后的累计余额。

基本医疗保险

1. 参保人数　指报告期末按国家有关规定参加相应基本医疗保险的人数。

2. 基金收入　指由用人单位和个人按照国家规定的缴费基数、缴费比例或缴费标准缴纳的基本医疗保险基金，财政补助资金以及通过其他方式取得的形成基金来源的款项，包括：单位缴纳收入、个人缴纳收入、财政补助收入（含医疗救助补助个人收入）、财政补贴收入、利息收入和其他收入。

3. **基金支出**　指按照国家政策规定的开支范围和开支标准，从基本医疗保险基金中支付给参保人员的医疗保险待遇支出，以及其他支出。包括住院医疗费用支出、门急诊医疗费用支出、个人账户基金支出、其他支出。

4. **基金累计结余**　指截止报告期末基本医疗保险基金累计结余金额。

失业保险

1. **参保人数**　指报告期末按照国家法律、法规和有关政策规定参加了失业保险的城镇企业、事业单位的职工及地方政府规定参加失业保险的其他人员的人数。

2. **基金收入**　指报告期内筹集的失业保险基金的总额，包括失业保险费收入、利息收入、财政补贴收入、其他收入、转移收入、上级补助收入、下级上解收入。

3. **基金支出**　指报告期内为保障失业人员基本生活、促进其再就业等支出的基金总额，包括失业保险金支出、医疗补助金支出、丧葬补助金和抚恤金支出、职业培训和职业介绍补贴支出、农民合同制工人一次性生活补助支出、其他支出、转移支出、上级补助支出、下级上解支出。

4. **基金累计结余**　指截止报告期末失业保险基金收支相抵后的累计余额。

工伤保险

1. **参保人数**　指报告期末依据国家有关规定参加工伤保险的职工人数和有雇工的个体工商户的雇工数。

2. **享受保险待遇人数**　指年初至报告期末因工伤或职业病而享受工伤保险待遇的人数。为享受工伤医疗待遇中未评定等级的人数、享受伤残待遇人数以及享受因工死亡待遇人数之和。

3. **基金收入**　指根据国家有关规定，由参加工伤保险的单位按国家规定的缴费基数和缴费比例缴纳的工伤保险基金，以及通过其他形式取得的形成基金来源的款项。包括：单位缴纳的社会统筹基金收入、财政补贴收入、利息收入、其他收入。

4. **基金支出**　指按照国家政策规定的开支范围和开支标准从工伤保险基金中支付给参加工伤保险的人员及供养直系亲属工伤保险待遇支出及其他支出。包括工伤医疗费、伤残补助金、工亡补助金、护理费、丧葬补助费、工伤预防费用、职业康复费用和其他支出。

5. **基金累计结余**　指截止报告期末工伤保险基金累计结余金额。

生育保险

1. **参保人数**　指报告期末依据有关规定参加生育保险的人数。

2. **基金收入**　指根据国家有关规定，由参加生育保险的单位按照国家规定的缴费基数和缴费比例缴纳的生育保险基金，以及通过其他方式取得的形成基金来源的款项，包括：单位缴纳的基金收入、利息收入和其他收入。

3. **基金支出**　指按照国家政策规定的开支范围和开支标准，从生育保险基金中支付给参加生育保险的职工，因妊娠、分娩和计划生育手术而享受的待遇及其他支出。包括：生育津贴、医疗费用支出及其他支出。

4. **基金累计结余**　指截止报告期末生育保险基金累计结余金额。

Explanatory Notes on Main Statistical Indicators

The Population Coverage Rate of Radio/Television refers to the percentage of the whole country' s population who can receive radio/television programmes transmitted by national, provincial, municipal or county stations through wireless, cable or satellite techniques, according to Statistical Standard and Method on Television and Radio Coverage of Population established by the former State Administration of Broadcasting, Film and Television.

Arts Performance Troupes refer to the various professional performing arts groups, which sponsored by the cultural sectors or guided by the cultural society (approved by the cultural administration authority, or registered and permitted with the relative certificate), including non-governmental troupes. The mass amateur arts performance troupes are not included. administration, or registered and permitted with the relative certificate), with the facility of auditorium, stage and lighting, and selling tickets in public.

Arts Performance Places refer to the various sites for cultural activities, which sponsored by the cultural sectors or guided by the cultural society (approved by the cultural market.

Cultural Market Operating Units refer to the units dealing in culture and cultural services, which registered and permitted with the relative certificate by cultural market administration.

National Comprehensive Archives refer to all archives institutions, which are directly managed by the central and local levels archives administration, collecting and keeping various documents and materials by administrative regions or historical periods.

Certified Grade Athletes refer to those who are awarded the title of athletes through assessment. The titles include international level athletes, master of sports, first grade athletes and second grade athletes.

Certified Grade Coaches refer to those who are awarded the title of grade coaches through assessment. The titles include national level coaches, senior grade coaches, medium grade coaches and junior grade coaches.

Medical and Health Care Institutions refer to the units which have been qualified the Certification of Health Care Institution, certification of family planning technical service by the administration of public health, or qualified the Certification of Corporate Unit by the civil affairs, administration for industry and commerce, commission office for public sector reform, and engaging in medical care, disease prevention and control, health supervision and inspection, medicine research and on-job training, etc., including: hospitals, health care institutions at grass-root level, specialized public health institutions, and other medical and health care institutions.

Hospitals include general hospitals, hospitals specialized in traditional Chinese medicine, hospitals of integrated traditional Chinese and western medicine, ethnic hospitals, specialized hospitals and nursing hospitals, excluding specialized disease prevention and treatment institutes, maternal and child health care hospitals and convalescent hospitals.

Health Care Institutions at Grass-root Level include community health service centers, community health service stations, urban health centers, township health centers, village clinics, outpatient departments and clinics (health centers).

Specialized Public Health Institutions include centers for disease control and prevention, specialized disease prevention and treatment institutions, women and children care agencies(including women and children health care family planning service center), health education institutions, first aid centers, blood gathering and supplying institutions, health supervision and inspection agencies, and family planning technical service centers that obtained the Certification of Health Care Institution or certification of family planning technical service centers.

Other Medical and Health Care Institutions include sanatoriums, clinical laboratory centers, medicinal scientific research institutions, on-job training institutions, medical examination centers, rural water improvement centers, talent exchange centers, and statistical information centers, etc.

Health Care Employees refer to all employees engaged in the health care institutions, such as hospitals, health care institutions at grass-root level, specialized public health institutions, and other medical and health care institutions, including medical technical personnel, village doctors and assistants, other technical personnel, managerial and service staff. The data is based on the year end payroll, including personnel hired (including contract labor) and re-employed after retirement by the institution for over half a year and excluding temporary workers, retired personnel, resigned personnel, personnel who have left the institution but kept the contract relation and personnel who are re-employed after retirement or temporarily employed for less than half a year.

Medical Technical Personnel refer to the professional staff engaged in health care, including licensed doctors, licensed assistant doctors, registered nurses, pharmacists, laboratory technicians, imaging staff, health care supervisors and intern doctors, pharmacists, nurses, and technical personnel, excluding the medical technical personnel engaged in managerial job (e.g. president, vice president and secretary of the party committee etc).

Licensed Doctors refer to the medical workers who have obtained the licenses of qualified doctors and are employed in medical treatment, disease prevention or healthcare institutions, excluding the licensed doctors engaged in management job. The licensed doctors are divided into 4 categories: clinician, Chinese medicine physicians, dentist and public health physicians.

Licensed Assistant Doctors refer to the medical workers who have obtained the licenses of qualified assistant doctors and are employed in medical treatment, disease prevention or healthcare institutions, excluding the licensed assistant doctors engaged in management job. The classification of licensed assistant doctors is clinician, Chinese medicine, dentist and public health.

Number of Licensed (Assistant) Doctors per 10000 Population The formula is:

Number of Licensed Doctors per 10000 Population = (Number of Licensed Doctors + Number of Licensed Assistant Doctors) / Population *10000

The population is the figure of usual population at year-end.

Number of Medical Technical Personnel per 10000 Population The formula is:

Number of Medical Technical Personnel per 10000 Population = Number of Medical Technical Personnel / Population *10000

The population is the figure of usual population at year-end.

Number of Beds of Medical and Health Care Institutions per 10000 Population the formula is:

Number of Beds of Medical and Health Care Institutions per 10000 Population = Number of Beds of Medical and Health Care Institutions / Population *10000

The population is the figure of usual population at year-end.

Social Welfare Enterprises refer to those welfare-oriented enterprises employing a significant number of handicapped people with certain labour ability (handicapped employees shall exceed 10% of the production staff). They can be categorized as welfare factories, artificial limb plants and other welfare enterprises. They can be in the form of state ownership, collective ownership or other kinds of ownership.

Number of Urban Residents Entitled to Minimum Living Allowances refers to the number of those whose average family income is below a minimum local standard by the end of the reporting period, including both the employed and unemployed, laid off and retired, and those jobless people without stable residence or valid IDs.

Number of Rural Residents Entitled to Minimum Living Allowances refers to the number of those receiving the minimum living allowances from the local government or community in the rural areas where this allowances system is in place as of the end of the reference period.

Households Enjoying Five Guarantees refers to those senior citizens, handicapped or under-aged who, without labour ability, can not make a living by themselves and whose statutory providers are unable to support them or who have no statutory providers at all.

Number of Recipients of Traditional Relief refers to special personnel receiving support from civil affair department according to national regulations and personnel who resigned because of the streamlining in the 1960s. Special personnel include traditional recipients of civil affair support, such as lepers, insurrectionists and surrenders of former KMT, returned overseas Chinese, Taiwan compatriots, personnel pardoned and released early from prisons, personnel removed of the label "rightist", educated youth suffered from work injuries in the "Down to the Countryside Movement" and personnel who have lost their work capacity due to family planning surgeries.

Number of Service Institutions in Communities refers to the total number of community service guidance centers, community service centers, community service stations, community pension institutions and facilities and mutual aid pension facilities and other community service institutions at the end of the reporting period. These institutions offer home keeping and elderly care services for the elderly, handicapped people, children and their families, like commodity delivery, health care, cleaning, adult day care, companion and others.

Crude Divorce Rate refers to ratio of divorced couples to the annual average population in a certain region for the reference year, the formula is:

$$\text{Crude Divorce Tate} = \frac{\text{number of couples divorced for the reference year}}{\text{annual average population}} \times 1000‰$$

Cases Registered and Handled Directly by People's Procuratorate Offices refer to those serious criminal cases that, according to the functional jurisdiction, are registered and handled by the People's

Procuratorate Offices, including the ones on bribery and corruption, the ones on abuse and dereliction of duty, offenses against citizens' personal and democratic rights by government officials abusing their powers; and that are registered and handled by the provincial Procuratorate offices in relation to other major crimes committed by government officials by abusing their powers.

Key Cases refer to crimes committed by county and director-level and above officials. This indicator reflects the situation of those county and director-level and above officials involved in criminal cases registered and handled by People' s Procuratorate offices.

Approval for Arrest refers to the decision made by people' s procuratorate office, in accordance with the law and relevant facts, to approve the arrest of the suspect(s) as proposed by the public security departments, state security departments or prisons authority. This indicator reflects approved arrests made by people' s procuratorate offices that are proposed by related departments.

Decision on Arrest refers to decision made by the people' s procuratorate office, in accordance with laws, to arrest the suspect(s) in the cases that are accepted and to be investigated by the procurators office. This indicator mainly reflects the implementation of the decision on arrest by people' s procuratorate office.

Application of Summary Procedure refers to those cases of public prosecution where the suspects might be, according to law, sentenced to fixed-term imprisonment of no more than three years, criminal detention, public surveillance or punishment with fines exclusively by People' s Court ; those cases where the facts are clear and the evidence is sufficient, and which the People's Procuratorate suggests or agrees that the summary procedure is applied to; those cases to be handled only upon complaints; and those minor criminal cases prosecuted by the victims with evidence.

Protests Presented refer to those protests presented by local People's Procuratorate at any level who considers that there exists some definite error in a judgment or order of first instance made by a People's Court at the same level to the People's Court at the next higher level, including the protests raised in accordance with the second instance and protests raised in accordance with procedure for trial supervision.

Supervision of Case Registered refers to the actions made by the People's Procuratorate to supervise the criminal cases registered by investigative authorities, including supervision of the cases which have wrongly not been registered and have wrongly been registered.

Supervision of Case Registration includes both the supervision of the registrations by the investigatory authorities and the supervision of the implementation of the notifications to register after the investigatory authorities are requested to state reasons for not registering a case.

Supervisory Activities refers to the supervision of the People' s Procuratorate over the management of prisons as well as other places of criminal reformation.

Juvenile Criminals refers to the offenders within the age range of 14 to 25 convicted guilty by the court during the reporting period while those between 14 and 18 are defined as minor offenders.

Administrative Cases refer to the cases filed by citizens, corporations and other organizations against the specific administrative conducts of administrative authorities and handled by the court.

Separate Compensation refers to cases that are separately filed for administrative compensation by the party who has no dispute on the legality of administrative conducts but brings proceedings separately to claim for damages caused by administrative tort.

Notary Personnel refers to people working for notary offices including: directors, deputy directors, notaries, assistant notaries and other people providing assistance.

Notary Documents refer to legally binding judicial notary documents developed at the request of the interested party based on facts and the law following certain legal proceedings.

Number of Labour Disputes Cases Accepted refers to the number of cases of labour disputes submitted that, after being reviewed by the labour dispute arbitration committees in line with the relevant national regulations, are accepted and registered for treatment.

Basic Pension Insurance for Urban Staff and Workers

1. Number of staff and workers covered refers to staff and workers participating in the basic pension insurance for urban staff and workers programme according to national laws, regulations and related policies at the end of the reference period, who have already had payment records in social security management agencies, including those who have interrupt payment without terminating the insurance programme. Those who have registered in the programme but with no payment records are not included.

2. Number of retirees refers to the number of retirees participating in the basic pension insurance for urban staff and workers programmes by the end of the reference period.

3. Revenue of the basic pension insurance programme refers to payments made by employers and individuals participating in the pension insurance programme in accordance with the basis and proportion stipulated in State regulations, and income from other sources that become the source of pension insurance fund, including the premium paid by employers and staff and workers, interest income, subsidies from higher level agencies, income as transfer from subordinate agencies, transferred income, government financial subsidies and other income.

4. Expenditure of basic pension insurance programme refer to payment made on pensions and funeral subsidies to those covered in pension insurance programmes according to related national policies on scope and standard of expenditure. Also included are expenditure which arises due to shift of the insurance relationship or adjustment of funds among agencies. More specifically, included are pensions for resigned people, pensions for retired people, pension for people quitting jobs, various subsidies, medical fees, funeral subsidies, compensation payments, management fees for social security agencies, expenses on subsidies to lower subordinates, expenses as transfer to agencies at higher level, transferred expenditure and other expenditure.

5. Balance of basic pension insurance programme refers to the balance of basic pension insurance funds at the end of the reference period after deducting expenses from revenue.

Basic Pension Insurance for Urban and Rural Residents

1. Number of participants refers to people participating in the basic pension insurance for urban and rural residents programme who registered with the participation and established payment records, and who were 60 years old or above when the system was established and registered with the participation.. Those who cancelled their registration are not included.

2. Revenue of the insurance programme refers to the revenue from the payments made, in accordance with related regulations of the government, by individuals participating in the basic pension insurance for urban and rural residents programme and from the subsidies contributed by collective subsidies, public finance and other sources. It includes the payment by individual participants, collective subsidies, government subsidies, interest income, transferred income, subsidies from higher levels, contributions from lower levels, and income from other sources.

3. Expenditure of the insurance programme refers to payment made to those covered in the basic pension insurance for urban and rural residents according to related national policies on scope and standard of expenditure. Also included are expenditures which arise due to movement of participants among different locations. It includes the payment to the individual participants, transferred expenditures, expenses on subsidies to lower subordinates, expenses as transfer to agencies at higher level, and other expenditures.

4. Balance of insurance programme refers to the balance of basic pension insurance funds for urban and rural residents at the end of the reference period after deducting expenses from revenue.

Basic Medical Care Insurance

1. Number of people participating in the insurance programme refers to people participating in the basic medical care insurance programme according to related regulations at the end of the reference period.

2. Revenue of the insurance programme refers to payments made by employers and individuals participating in the medical care insurance programme in accordance with the basis and proportion stipulated in State regulations, government subsidies and income from other sources that become the source of medical insurance fund, including payment by employers and individuals, financial assistance (including medical assistance subsidiaries to individuals), financial subsidies, interest income and other incomes.

3. Expenditure of the insurance programme refers to medical care payment made to people covered in basic medical care insurance programme within the scope and standards of expenditure according to related national policies, and other expenses, including medical expenses of hospital inpatients, medical expenses for outpatients and emergency patients, payment to individual accounts and other expenditure.

4. Balance of the basic medical care insurance programme refers to the balance of medical care insurance funds at the end of the reference period after deducting expenses from revenue.

Unemployment Insurance

1. Number of people covered refers to staff and workers in urban enterprises or institutions who have participated in the unemployment insurance programme according to relevant policies and regulations, and other people who have participated according to local government regulations at the end of the reference period.

2. Revenue of the unemployment insurance programme refers to the total unemployment insurance funds raised in the reference period, including unemployment insurance premium, interest income, financial subsidies, other incomes, transferred income, subsidies from higher level agencies and income as transfer from subordinate agencies.

3. Expenditure of the unemployment insurance programme refers to total expenses during the reference period to guarantee the basic livelihood of unemployed people, and to encourage their re-employment. Included are unemployment relief, medical fees, funeral subsidies, compensation payments, training expenses, job placement expenses, one-time subsistence allowance for contracted migrant workers, other expenditures, transferred expenditure, expenses as transfer to higher level agencies and subsidies to lower level agencies.

4. Balance of the unemployment insurance programme refers to the balance of revenue of the programme after deducting expenses at the end of the reference period.

Work Injury Insurance

1. Number of people covered refers to staff and workers who have participated in the work injury insurance programme and employees who work for the self employed and have participated in the work injury insurance programme according to relevant national regulations at the end of the reference period.

2. Number of beneficiaries refers to number of people benefited from work injury insurance, as a result of work injury or occupational disease. It is the sum of beneficiaries of medical treatment of unrated work injuries, disability benefits for work injuries and compensation for deaths at work places.

3. Revenue of the work injury insurance programme refers to payments made by employers participating in the work injury insurance programme in accordance with the basis and proportion stipulated in State regulations, and income from other sources that become source of work injury insurance fund, including income of social comprehensive funds paid by employers, government financial subsidies, interest income and other incomes.

4. Expenditure of the work injury insurance programme refers to payments made from work injury insurance funds to those who participated in the work injury insurance programme and their direct dependents within the scope and standards of expenditure according to related national policies, and other expenditure, including medical fees for work injury, injury and disability subsidies, death subsidies, nursing fees, funeral subsidies, injury prevention fees, occupational rehabilitation fees and other expenditure.

5. Balance of the work injury insurance programme refers to the balance of the work injury funds at the end of the reference period.

Maternity Insurance

1. Number of people covered refers to people who have participated in the maternity insurance programme according to relevant regulation at the end of the reference period.

2. Revenue of maternity insurance programme refers to payments made by employers participating in the maternity insurance programme in accordance with the basis and proportion stipulated in State regulations, and income from other sources that become source of maternity insurance fund, including income of funds paid by employers, interest income and other income.

3. Expenditure of the maternity insurance programme refers to payments made from maternity insurance funds to staff and workers who participate in the maternity insurance programme within the scope and standards of expenditure in accordance with related national policies, expenses paid for pregnancy, child delivery or surgeries related to family planning, and other expenditure, including allowance for child bearing, medical fees and other expenditure.

4. Balance of the maternity programme refers to the balance of the maternity insurance funds at the end of the reference period.

第十九篇 城市概况

CHAPTER 19 GENERAL SURVEY OF CITIES

资料整理：戚 萍 赵秋梅 董 铠

19-1 城市公用事业基本情况

BASIC STATISTICS ON URBAN PUBLIC UTILITIES

指　　标	Item	2012	2013	2014	2015	2016
城市建设	**City Areas and Floor Space of Buildings**					
城区面积(平方公里)	Urban Area(sq. km)	2718.3	2765.7	2786.8	2578.3	2716.3
建成区面积(平方公里)	Area of Built Districts(sq. km)	1725.5	1758.4	1785.1	1772.2	1795.5
城市建设用地面积(平方公里)	Area of Land Used for Urban Construction(sq. km)	1747.7	1763.7	1773.7	1772.2	1808.0
城市人口密度(人/平方公里)	Population Density of City Districts(persons/sq. km)	5054	4922	4946	5504	5251
城市供水、燃气及集中供热	**Water Supply, Gas Supply and Heating**					
全年供水总量(亿立方米)	Annual Volume of Tap Water Supply(100 million cu. m)	15.2	14.5	15.0	14.9	14.2
#生活用水	#Water Consumption for Residential Use	4.1	4.0	3.8	3.4	3.5
人均生活用水(升)	Per Capita Water Consumption for Residential Use(liter)	125.5	119.3	116.5	116.3	117.6
城市人口用水普及率(%)	Coverage Rate of Urban Population with Access to Tap Water (%)	94.1	95.5	96.2	97.2	97.2
人工煤气供气量(亿立方米)	Gaswork Gas Supply(100 million cu. m)	0.8	0.8	0.8	0.7	0.7
#家庭用量	#Consumption of Gaswork Gas for Residential Use	0.4	0.5	0.4	0.4	0.3
液化石油气供气量(万吨)	Liquefied Petroleum Gas(10000 tons)	20.6	21.8	21.4	21.0	19.6
#家庭用量	#Consumption of Liquefied Gas for Residential Use	11.5	11.7	12.3	12.3	10.9
供气管道长度(公里)	Length of Gas Pipelines(km)	709	772	8073	8282	8971
燃气普及率(%)	Coverage Rate of Urban Population with Access to Tap Gas(%)	83.4	85.6	86.2	86.6	86.7
集中供热面积(万平方米)	Area of Centralized Heating(10000 sq. m)	48336	53804	57656	62457	67401
城市市政设施	**Municipal Infra-structure**					
年末实有道路长度(公里)	Length of Paved Roads at Year-end(km)	11128	12102	12252	12364	12626
每万人拥有道路长度(公里)	Length of Paved Roads Per 10000 Persons(km)	5.1	5.4	5.5	5.6	5.7
年末实有道路面积(万平方米)	Area of Paved Roads at Year-end(10000 sq. m)	16252	17899	18359	18651	19511
人均拥有道路面积(平方米)	Per Capita Area of Paved Roads(sq. m)	11.8	13.2	13.3	13.1	13.6
城市排水管道长度(公里)	Length of City Sewage Pipes(km)	9376	9583	9922	10345	10642
平均每万人拥有(公里)	Length of Sewer Pipelines per 10000 Population(km)	4.3	4.3	4.4	4.6	4.8
城市公共交通	**Public Transportation**					
年末公共交通车辆运营数(辆)	Number of Public Vehicles under Operation at Year-end (Buses and Trolley Buses, etc.)(10000 units)	16075	17581	17845	18631	19423
每万人拥有公共交通车辆(标台)	Number of Public Transportation Vehicles Per 10000 Population(unit)	14.0	15.2	15.3	17.8	17.7
出租汽车数(万辆)	Taxis(10000 units)	11.4	11.7	12.2	10.3	10.2
城市绿化和园林	**City Greening**					
园林绿地面积(公顷)	Public Green Areas(hectare)	73820	75065	76346	76501	76788
人均公园绿地面积(平方米)	Per Capita Public Green Areas(sq. m)	11.8	12.1	12.1	12.0	11.9
公园个数(个)	Number of Parks(unit)	304	321	331	345	354
公园面积(公顷)	Area of Parks(hectare)	9372	9516	9626	9777	9797
城市环境卫生	**Environmental Sanitation**					
生活垃圾清运量(万吨)	Volume of Garbage Disposal(10000 tons)	710	582	553	523	535
粪便清运量(万吨)	Volume of Excrement and Urine Disposal(10000 tons)	151	153	135	122	120
每万人拥有公厕(座)	Number of Public Toilets per 10000 Population(unit)	5.5	5.0	5.4	5.0	4.6

19-2 12个省辖城市社会经济主要指标（2015年，不含所辖县及县级市）

指　　标	Item	哈尔滨市 Harbin	齐齐哈尔市 Qiqihar
人口、就业	**Population,Employment**		
年末户籍人口(万人)	Domicile Population at the Year-end(10000 persons)	548.7	136.6
年平均人口(万人)	Annual Mean Population(10000 persons)	551.7	137.4
年出生人口(人)	Annual Birth Population(person)	35080	6394
年死亡人口(人)	Annual Death Population(person)	36306	11805
年末总户数(万户)	Total Households at the Year-end(10000 households)	227.5	59.5
年末单位从业人员数(城镇)(人)	Total Number of Employed Persons at the Year-end(person)	1113273	225116
#第一产业	#Primary Industry	8921	395
第二产业	Secondary Industry	397693	87912
第三产业	Tertiary Industry	706659	136809
年末城镇登记失业人员数(人)	Number of Registered Unemployed Persons in Urban Areas at Year-end(person)	77893	
土地面积	**Land Areas**		
行政区域土地面积(平方公里)	Total Area of Administration Region(sq. km)	10198	4365
#建成区面积	#Developed Areas	428	140
城市建设用地面积(平方公里)	Urban Construction Land Areas(sq. km)	428	140
#居住用地面积	#Land Areas of Living	133	44
公共设施与服务设施用地面积(平方公里)	Land Areas of Public Facilities and Services(sq. km)	53	14
工业用地面积(平方公里)	Land Areas of Industry(sq. km)	93	30
综合经济	**Total Economy**		
地区生产总值(当年价格)(万元)	Gross Domestic Product(10000 yuan)	42116813	5970360
第一产业增加值	Primary Industry	2663739	244423
第二产业增加值	Secondary Industry	14251177	1865052
第三产业增加值	Tertiary Industry	25201897	3860885
人均地区生产总值(元)	Per Capita GDP(yuan)	76346	43721
地区生产总值增长率(%)	Growth Rate of GDP(%)	7.7	3.9
公共财政收入(万元)	Public Financial Revenue(10000 yuan)	3661865	486291
#各项税收	#Taxes	3150155	266222
地方财政公共财政支出(万元)	Local Public Financial Expenditure(10000 yuan)	5901283	1500671
年末金融机构存款余额(万元)	Balance of Deposits of National Banking System at the Year-end(10000 yuan)	87820969	9690549
#城乡居民储蓄年末余额	#Balance of Deposits of Urban and Rural Residence	36645883	6529083
年末金融机构各项贷款余额(万元)	Balance of Loans of National Banking System at the Year-end(10000 yuan)	79317894	8300250
规模以上工业	**Industry**		
工业企业数(个)	Number of Industrial Enterprises(unit)	720	183
内资企业	Domestic Funded Enterprises	647	177
#国有企业	#State-Owned Enterprises	29	3
私营企业	Private Enterprises	189	93
港、澳、台商投资企业	Enterprises with Funds from Hong Kong, Macao and Taiwan	18	3
外商投资企业	Foreign Funded Enterprises	55	3
工业总产值(当年价)(万元)	Gross Industrial Output Value(10000 yuan)	25824604	5105057
内资企业	Domestic Funded Enterprises	21531412	4800372
#国有企业	#State-Owned Enterprises	3137277	162310
私营企业	Private Enterprises	1735818	1778911
港、澳、台商投资企业	Enterprises with Funds from Hong Kong, Macao and Taiwan	642252	81011
外商投资企业	Foreign Funded Enterprises	3650940	223674

MAJOR SOCIAL AND ECONOMIC INDICATORS OF 12 PROVINCIAL CAPITALS
(2015, NOT INCLUDING THE CITIES AT COUNTY LEVEL AND COUNTIES)

鸡西市 Jixi	鹤岗市 Hegang	双鸭山市 Shuangyashan	大庆市 Daqing	伊春市 Yichun	佳木斯市 Jiamusi	七台河市 Qitaihe	牡丹江市 Mudanjiang	黑河市 Heihe	绥化市 Suihua
83.3	64.9	19.4	135.9	76.9	77.6	49.9	88.3	20.0	83.5
83.3	65.5	49.8	129.6	77.5	78.3	51.9	88.6	20.0	83.9
4278	2758	2100	7625	3066	4093	2840	4625	993	4522
10678	4887	4100	6655	7698	5941	2149	6477	1322	5144
37.9	34.2	24.0	52.7	36.1	33.7	19.9	34.7	8.0	32.0
149379	101304	88658	457900	131160	90091	97435	95070	35361	27068
16165	2403	2437	500	66582	4469	2729	175	2532	629
75667	64084	52360	250900	22122	29152	64013	26630	5885	6937
57547	34817	33861	206500	42456	56470	30693	68265	26944	19502
	14434	7123		15220	10729	6340	13434	2241	1796
2300	4551	1760	5107	19608	1875	3646	2360	14444	2756
81	53	58	245	171	97	68	82	19	35
79	53	57	320	161	83	68	82	28	27
48	19	30		65	27	41	33	6	11
2	1					2	7		
10	11	6		19	18	9	17	2	4
1625515	1312757	1174841	24475853	1474588	4063243	1600799	3261282	301706	1548001
146108	126780	43028	596147	524761	258578	173483	158246	93751	719352
683073	637739	358284	16767197	308810	1124592	662031	1164070	85021	408445
796334	548238	773529	7112509	641017	2680073	765285	1938966	122934	420204
19363	20024	23605	188797	19037	51877	30844	33666	25486	26736
2.0	3.8	-1.2	1.7	-6.1	6.2	4.9	5.8	1.5	7.6
234897	107424	116775	1101808	101548	206516	150157	277657	103586	46476
108448	62308	66169	918051	74691	147932	101445	191106	57646	27332
422801	579735	551644	1563978	1160180	890188	530160	950477	430770	342028
4219226	3459259	3532860	19402803	4336168	5436972	2934103	6829602	1870106	3449154
2930854	2529015	2168232	11724258	2856493	4045820	1949198	4158383	1144633	2280721
2916106	1551938	4892889	6610983	925422	1680384	1583902	4144952	839828	2367840
65	73	40	243	76	139	52	98	27	36
62	73	39	230	71	129	51	91	26	35
8	3		6	5	3	2	3	2	1
24	15	18	143	28	126	29	33	8	34
3		1	4		3		2		1
			9	5	7	1	5	1	
1200924	1215993	1440520	24150379	676260	2234495	1307314	1469729	359000	610906
1133343	1215993	1411187	22779631	632398	1853659	1304381	1125744	354259	598152
34869	77578		2845211	44520	51171	42737	50608	66545	7006
100482	124075	137104	1026112	145253	1802488	262650	290726	203507	591146
67581		29333	67025		17624		70630		12754
			1303723	43862	363212	2933	273355	4741	

19-2 续表1

指　　标	Item	哈尔滨市 Harbin	齐齐哈尔市 Qiqihar
从业人员年平均人数(万人)	Annual Average Number of persons Employed(10000 persons)	24.5	8.6
流动资产合计(万元)	Total of Working Capitals(10000 yuan)	21469266	5981070
固定资产合计(万元)	Total of Fixed Assets(10001 yuan)	13610636	3700397
主营业务收入(万元)	Revenue from Principal Business(10000 yuan)	28227624	4663370
主营业务成本(万元)	Cost of Principal Business(10000 yuan)	23582243	3945423
主营业务税金及附加(万元)	Tax and Extra Charges from Principal Business(10000 yuan)	999136	
本年应交增值税(万元)	Value-added Tax Payable in the Current Year(10000 yuan)	892216	
利润总额(万元)	Total Profits(10000 yuan)	919570	-103393
邮电通讯	**Post and Telecommunication**		
年末邮政局(所)数(处)	Number of Post and Telecommunications Offices(unit)	200	81
贸易、外经	**Domestic and Foreign Trade**		
社会消费品零售总额(万元)	Total Retail Sale of Consumer Goods(10000 yuan)	28388681	
限额以上批发零售贸易业商品销售总额(万元)	Total Sales of Wholesale and Retail Trade Above Designated Size(10000 yuan)	18880605	
限额以上批发零售企业数(法人数)(个)	Number of Corporation Enterprises of of Wholesale and Retail Trade Above Designated Size(unit)	635	
#零售业	#Retail Trade	343	
外商直接投资项目个数(个)	Number of Projects for Contracted Foreign Direct Investment(unit)	44	
当年实际使用外资金额(万美元)	Foreign Capital Actual Used(USD 10000)	263435	
固定资产投资	**Total Investment in Fixed Assets**		
固定资产投资总额(不包农户)(万元)	Total Investment in Fixed Assets(Excluding Farm Households)(10000 yuan)	36924474	2776588
#房地产开发投资额	#Real Estate Development	5370784	712509
#住宅	#Residential Buildings	3783092	423939
全年新增固定资产(万元)	Newly Increased Fixed Assets(10000 yuan)	38565373	2873025
商品房屋销售面积(万平方米)	Floor Space of Commercialized Buildings Sold(10000 sq.m)	796	106
#住宅	#Residential Buildings	719	87
商品房屋销售额(万元)	Total Sale of Commercialized Buildings(10000 yuan)	5362290	556647
#住宅	#Residential Buildings	4638835	435434
教育、科技、文化、卫生	**Education, Science and Technology, Health**		
普通高等学校(所)	Number of Regular Institutions of Higher Education(unit)	48	10
中等职业教育学校数(所)	Number of Specialized Secondary Schools(unit)	81	13
普通中学学校数(所)	Number of Regular Secondary Schools(unit)	255	71
小学学校数(所)	Number of Primary Schools(unit)	263	98
普通高等学校教师数(人)	Number of Full-time Teachers of Regular Institutions of Higher Education(person)	32173	3587
中等职业教育学校教师数(人)	Number of Full-time Teachers of Specialized Secondary Schools(person)	5685	760
普通中学教师数(人)	Number of Full-time Teachers of Regular Secondary Schools(person)	24592	8465
小学专任教师数(人)	Number of Full-time Teachers of Primary Schools(person)	14332	3675
普通高等学校学生数(人)	Student Enrollment of Regular Institutions of Higher Education(person)	655875	63745
中等职业教育学校学生数(人)	Student Enrollment of Specialized Secondary Schools(person)	77400	5666
普通中学学生数(万人)	Student Enrollment of Regular Secondary Schools(10000 persons)	24	5
小学学生数(万人)	Student Enrollment ofPrimary Schools(10000 persons)	24	5
初中毕业生升学率(%)	Proportion of Junior Secondary Graduates Entering into Senior Secondary Schools(%)	72	73

COUNTINUED

鸡西市 Jixi	鹤岗市 Hegang	双鸭山市 Shuangyashan	大庆市 Daqing	伊春市 Yichun	佳木斯市 Jiamusi	七台河市 Qitaihe	牡丹江市 Mudanjiang	黑河市 Heihe	绥化市 Suihua
	5.3	4.5	21.6	2.0	2.4	7.3	2.3	0.6	0.3
1043670	976844	1225333	13131768	961882	1113815	1475590	1211210	196807	114510
1088673	1748815	1975668	24785257	1332118	1313500	1431934	905923	368252	225480
1131684	1176429	1439659	24825652	630397	2120744	1363207	1421006	349923	485624
1024897	1140553	1328112	18732051	620781	1941934	1286560	1125978	270779	447083
15279	13602	12960	2111237	3375		13282		8869	
73494	60652	52890	1697914	-366		78413		13387	
-131543	-123995	-8532	1226159	-74595	-35325	-69823	88427	28304	25092
52	33	33	112	64	48	19	73	25	
1558295	940882	609196	9572729	782152	2107562	740237	2705729	63963	851619
839348	343438	292749	11452721	342943	1076441	292969	1256220	308743	499368
39	42	15	231	21	25	15	53	15	14
32	30	12	161	19	20	11	44	10	13
5	1	0	2	0	4	0	3	0	0
3614	7000	0	0	1050	2687	770	19570	0	0
1267174	652474	524017	4589696	723239	1723437	713550	2703975	604635	826959
159995	44898	33200	372888	78252	472833	25634	439609	35505	121319
126357	18786	23967	276150	46176	308718	19945	313679	22720	90988
1480281	573984	92145	4315408	614789	1324468	450133	2179116	250661	826959
12	18	7	225	16	49	11	72	5	34
9	17	7	192	13	45	8	63	5	23
42326	54857	21341	1304227	43831	219642	39120	325761	15690	144629
28572	52785	21280	972146	32639	182367	25189	260971	11091	74782
0	1	5	7	1	5	1	7	1	1
6	3	4	11	7	8	2	5	3	1
36	28	25	87	31	35	30	41	7	36
25	54	35	128	36	51	23	60	10	60
0	202	674	3758	205	1483	358	2861	498	505
184	303	145	460	281	237	21	192	226	124
3765	2085	1371	9175	2869	2980	2163	2941	1190	2182
1563	1648	1544	4073	1850	2721	1572	2952	799	2182
8260	2218	8475	45030	1030	33834	2886	51797	0	9894
1913	862	521	8040	862	11380	320	3748	2016	269
3	2	1	9	2	3	3	4	1	2
2	2	1	7	2	3	2	3	1	3
99	99	99	96	90	69	0	95	95	99

19-2 续表2

指 标	Item	哈尔滨市 Harbin	齐齐哈尔市 Qiqihar
体育场馆数(个)	Number of Public Stadiums and Gymnasiums(unit)	84	14
剧场、影剧院数(个)	Number of Theaters ,Music Halls and Cinemas(unit)	60	3
公共图书馆图书总藏量(千册、件)	Total Collections of Public Libraries(1000 volumes)	6760	1140
医院、卫生院数(个)	Number of Hospitals(unit)	290	429
医院、卫生院床位数(张)	Number of Beds in Health Institutions(unit)	53214	13890
医生数(执业医师+执业助理医师)(人)	Number of Doctors (Certified (assistant)Doctors)(person)	18893	4011
注册护士(人)	Registered Nurses(person)	21462	7621
人民生活	**People's Livelihood**		
在岗职工平均人数(万人)	Number of Staff and Workers(10000 persons)	106	24
在岗职工工资总额(万元)	Total Wages Bill of Staff and Workers(10000 yuan)	6476613	1216924
城镇居民人均可支配收入(元)	Annual Per Capita Disposable Income of Urban Households(yuan)	30978	23022
城镇居民人均消费支出(元)	Annual Per Capita Consumption Expenditure of Urban Households(yuan)	22962	19587
每百户居民家庭拥有家用汽车(辆)	Number of Automobile Per 100 Urban Households(unit)	21	12
每百户居民家庭拥有家用计算机(台)	Number of Computer Per 100 Urban Households(unit)	88	66
城镇人均住房建筑面积(平方米)	Per Capita Gross Floor Space of Urban Residents(sq. m)	40	29
居民消费价格指数(上年为100)	Consumer Price Indices (preceding year=100)	101.4	101.0
社会保障	**Social Security**		
城镇职工基本养老保险参保人数(人)	Urban Active Contributors of Basic Endowment Insurance(persons)		264751
城镇居民基本医疗保险参保人数(人)	Urban Active Contributors of Basic Medical Treatment Insurance(persons)		
失业保险参保人数(人)	Active Contributors of Unempolyment Insurance(persons)	911616	390800
社会福利院数(个)	Number of Social Welfare Institutions(unit)	225	2
社会福利院床位数(张)	Number of Beds in Social Welfare Institutions(unit)	24725	2280
社区服务设施数(个)	Number of Community Services Facilities(unit)	794	211
城镇居民最低生活保障人数(人)	Number of Minimum Living Guarantee of Urban Residents(person)	72150	46623
社会治安	**Public Order**		
交通事故死亡人数(人)	Number of Deaths of Traffic Accidents(person)	230	
交通事故损失额(万元)	Amount of Loss of Traffic Accidents(10000 yuan)	1449	
火灾事故死亡人数(人)	Number of Deaths of Fire Accidents(person)	17	
火灾事故损失额(万元)	Amount of Loss of Fire Accidents(10000 yuan)	7407	230
刑事案件立案数(件)	Number of Criminal Cases Registered(unit)	23458	529
犯罪人数(人)	Number of Criminals(person)	7067	121
#青少年人数（年龄14-25周岁）	#Young Offenders(Age 14-25 years old)	967	11
市政公用事业	**Municipal Utilities**		
年末实有城市道路面积(万平方米)	Area of Paved Roads at Year-end(10000 sq. m)	4915	1156
排水管道长度(公里)	Length of City Sewage Pipes(km)	2956	1162
供水综合生产能力(包括自备水源)(万立方米/日)	Production Capacity of Tap Water Supply(10000 cu. m/day)	172	41
供水总量(万吨)	Total Annual Volume of Water Supply(10000 tons)	37429	9494
#居民家庭用水量	#For Residential Use	8949	2461
用水人口(万人)	Number of Residents with Access to Tap Water(10000 persons)	458	109
供气总量（人工、天然气）(万立方米)	Volume of Gas Supply (Coal Gas and Natural Gas)(10000 tons)	58427	20421
#家庭用量	#For Residential Use	12674	3626
用气人口(人)	Population with Access to Gas(person)	4180000	1056820
液化石油气供气总量(吨)	Volume of Liquefied Petroleum Gas Supply(ton)	72000	47010
#家庭用量	#For Residential Use	21000	3000
用液化气人口(人)	Population with Access to Liquefied Petroleum Gas(person)	400000	31211
年末实有公共汽(电)车营运车辆数(辆)	Number of Public Vehicles under Operation at Year-end (Buses and Trolley Buses, etc.)(unit)	6923	1240
全年公共汽(电)车客运总量(万人次)	Number of Passengers Carried of Bus,Trolley Bus(10000 person-times)	134227	81
年末实有出租汽车数(辆)	Number of Taxi(unit)	16527	3400
绿地面积(公顷)	Area of Urban Green Areas(hectare)	13514	6097
#公园绿地面积	#Area of Parks Green Areas	4364	615

COUNTINUED

鸡西市 Jixi	鹤岗市 Hegang	双鸭山市 Shuangyashan	大庆市 Daqing	伊春市 Yichun	佳木斯市 Jiamusi	七台河市 Qitaihe	牡丹江市 Mudanjiang	黑河市 Heihe	绥化市 Suihua
2	2	3	10	2	7	4	6	7	7
2	1	2	18	6	4	2	5	1	3
135	310	222		718	217	175	595	135	141
45	39	36	95	41	60	32	52	18	29
6033	5966	4497	12529	6038	8300	3445	10115	995	1253
1938	1788	2844	14413	2186	2019	1275	2777	1195	548
2350	2604	1181	5883	2302	3345	1381	4193	369	165
12	10	9	47	12	9	10	9	2	3
538935	407741	355730	3252738	446487	439653	413532	477808	128690	116086
	18891	21248	34402	20844	23033	20776	26673	22935	20664
	14623	15498	21108	14427	17331		21868	16707	15494
	3	2	26	7	14		13	12	6
	63	57	64	50	73		71		62
	27	26	28		29		30	31	28
	101.3	99.8	100.1		100.7		100.9	101.2	102.0
177600	102497	116641	357581		87800	110061	197741	34593	31629
	242757	170151			177279	139417	200668	36766	30374
127096	71020	78000	155533		107284	87068	120260	17698	38245
56	18	22	64		125	22	69	9	2
3932	1891	1925	5270		7120	2280	6236	1204	992
	133	3940	304	91	2019	82	92	71	32
58505	92776	48245	7653		32093	42379	25214	7045	30001
50	13	46	93	33	40	28	30	8	14
17	9	234	49	58	234	65	31	30	57
518			2		3				
266	176	36	638	460	265	90	33	21	73
3358	2953	381	2072	646	566	2002		97	1320
663	651	574	2618	728	795	739	1155	121	524
122	78	73	450	11	40	67	225	7	20
654	457	426	3637	918	582	487	981	179	254
320	313	272	1442	493	508	174	430	106	204
22	20	28	115	4	46	32	123	8	13
4873	4023	2539	25082	4899	6039	3791	23804	937	4047
1617	1081	1075	3565	1573	1546	830	1809	361	1327
71	55	38	139	60	77	39	68	14	35
35	1017	975	27500		4300	3568	2719		1927
31	999	740	8594		1550	1728	1182		1565
12000	162100	114000	1430000		502400	226700	266000		185300
5852	7782	3250	63930	8801	6000	1311	17841	2400	1846
4638	6305	3250	5270	7198	2000	1286	10564	2270	1574
185000	193400	140000	130000	289000	60000	50000	410000	132000	187000
715	402	338	1406	385	457	315	758	95	147
9359	9626	4753	20190	5000	9000	7000	20593	1100	2765
2914	2023	3578	6352	5233	2559	1000	2919	957	2553
2808	2897	2318	22410	154	3878	2679	5155	719	1000
780	824	690	2167	64	85	497	782	194	309

19-3 分地区城市建设情况 (2016年)

STATISTICS ON CITY CONSTRUCTION BY REGION (2016)

地　区	Region	城区面积 (平方公里) Urban Area (sq. km)	建成区面积 (平方公里) Area of Built Districts (sq. km)	城市建设用地面积 (平方公里) Area of Land Used for Urban Construction (sq. km)	征用土地面积 (平方公里) Land Put in Requisition for State Construction Projects (sq. km)	城市人口密度 (人/平方公里) Population Density of Urban Area (persons/sq. km)
总　计	**Total**	**2716.3**	**1795.5**	**1808.0**	**17.7**	**5251**
地级市合计	**Total Number of cities at Prefectural Level**	**1891.1**	**1483.2**	**1522.0**	**14.8**	**5980**
哈尔滨	Harbin	460.7	435.3	423.4	3.3	10416
齐齐哈尔	Qiqihar	140.8	140.8	140.8	1.7	7698
鸡　西	Jixi	80.6	80.6	78.9	0.6	8952
鹤　岗	Hegang	85.0	53.2	53.2		6471
双鸭山	Shuangyashan	118.0	58.0	58.0		4051
大　庆	Daqing	321.1	246.5	321.1	2.8	4542
伊　春	Yichun	182.8	157.0	156.3		4195
佳木斯	Jiamusi	97.0	97.0	83.4		6177
七台河	Qitaihe	191.8	67.6	67.6	1.0	2140
牡丹江	Mudanjiang	92.7	82.2	82.2	2.5	7952
黑　河	Heihe	27.9	20.0	20.0		5215
绥　化	Suihua	92.8	45.0	37.1	2.9	3956
县级市合计	**Total Number of cities at County Level**	**825.2**	**312.3**	**285.9**	**2.9**	**4305**
尚　志	Shangzhi	152.0	18.3	18.3	0.7	885
五　常	Wuchang	100.6	26.5	20.4		1372
讷　河	Nehe	20.0	11.2	11.2		5015
密　山	Mishan	87.4	19.4	17.4	0.2	1386
虎　林	Hulin	148.9	10.8	10.8		482
铁　力	Tieli	21.4	16.5	15.7		5678
同　江	Tongjiang	15.0	10.3	10.3		4793
富　锦	Fujin	17.9	16.2	16.2		6899
抚　远	Fuyuan	12.6	6.4	6.4		3373
绥芬河	Suifenhe	27.6	27.4	19.8	0.8	3204
海　林	Hailin	24.3	17.3	17.7	0.4	4140
宁　安	Ningan	13.5	11.2	11.2		5541
穆　棱	Muling	10.4	10.4	10.4	0.1	7548
北　安	Beian	57.3	23.1	22.6	0.5	2314
五大连池	Wudalianchi	10.0	5.6	5.6		4330
安　达	Anda	25.1	25.1	21.8		9279
肇　东	Zhaodong	48.8	36.0	35.6	0.1	6459
海　伦	Hailun	32.5	20.6	14.5	0.2	4791

19-4 分地区城市供水情况 (2016年)

BASIC STATISTICS ON TAP WATER SUPPLY IN CITIES BY REGION (2016)

地　区	Region	年末供水综合生产能力（万立方米/日）Production Capacity of Tap Water Supply (year-end) (10000 cu. m/day)	年末供水管道长度（公里）Length of Water Supply Pipelines (year-end) (km)	全年供水总量（万立方米）Total Annual Volume of Water Supply (10000 cu. m)	#生活用水 For Residential Use	#生产用水 For Productive Use	用水人口（万人）Number of Residents with Access to Tap Water (10000 persons)	人均日生活用水量（升）Per Capita Daily Consumption of Tap Water for Residential Use (liter)
总　计	**Total**	**799.9**	**14387.4**	**141899.6**	**34647.0**	**49759.2**	**1387.0**	**117.6**
地级市合计	**Total Number of cities at Prefectural Level**	**719.2**	**11687.6**	**127901.1**	**28386.7**	**46048.4**	**1183.1**	**114.5**
哈尔滨	Harbin	180.6	2321.2	39361.8	10266.3	5672.6	479.9	131.6
齐齐哈尔	Qiqihar	41.0	1182.7	8794.5	2734.0	1389.0	108.4	109.4
鸡　西	Jixi	21.7	780.2	5693.0	1617.0	2188.5	71.4	100.3
鹤　岗	Hegang	19.4	599.5	3962.7	1106.9	1380.7	52.7	87.6
双鸭山	Shuangyashan	33.5	458.2	3329.8	1452.8	802.0	47.3	116.8
大　庆	Daqing	206.0	2584.3	29657.3	2950.0	18652.1	139.9	113.7
伊　春	Yichun	32.1	1225.3	4139.8	1542.6	1310.0	66.2	84.4
佳木斯	Jiamusi	35.3	619.9	6171.4	1842.0	1519.6	57.7	123.7
七台河	Qitaihe	27.3	709.1	5065.0	1015.0	2153.0	40.3	95.2
牡丹江	Mudanjiang	102.0	599.0	16666.0	1852.5	9704.7	69.0	116.8
黑　河	Heihe	7.5	184.4	1005.0	404.0	169.0	14.1	102.6
绥　化	Suihua	13.0	423.9	4054.9	1603.5	1107.4	36.2	192.2
县级市合计	**Total Number of cities at County Level**	**80.7**	**2699.8**	**13998.5**	**6260.3**	**3710.8**	**203.9**	**111.0**
尚　志	Shangzhi	3.6	200.2	1225.1	591.5	267.4	13.1	174.4
五　常	Wuchang	8.8	203.0	984.0	520.0	138.0	13.8	124.1
讷　河	Nehe	2.8	113.8	394.4	250.4	1.0	9.5	82.4
密　山	Mishan	3.5	207.2	640.0	310.0	167.0	9.1	118.9
虎　林	Hulin	2.3	199.8	479.0	207.0	91.0	7.2	105.5
铁　力	Tieli	5.2	243.7	1003.0	776.0	72.0	11.0	195.4
同　江	Tongjiang	1.0	161.2	360.0	199.0	30.0	6.9	107.1
富　锦	Fujin	6.5	92.6	781.3	179.0	315.0	12.3	76.0
抚　远	Fuyuan	3.0	63.0	313.3	135.0	75.0	4.2	129.2
绥芬河	Suifenhe	8.7	157.0	935.0	241.0	300.0	8.8	130.5
海　林	Hailin	3.3	89.0	607.1	178.0	317.2	10.0	62.8
宁　安	Ningan	3.0	143.7	750.0	286.0	278.0	7.5	123.1
穆　棱	Muling	2.4	141.9	466.9	247.9	49.8	7.9	112.8
北　安	Beian	5.4	139.4	964.0	416.0	171.0	13.0	119.9
五大连池	Wudalianchi	0.6	110.0	201.3	152.0	4.9	4.1	106.7
安　达	Anda	6.2	96.5	1000.0	690.1	188.5	22.1	89.3
肇　东	Zhaodong	7.0	149.0	2350.0	666.5	1103.0	30.3	86.6
海　伦	Hailun	7.4	189.0	544.0	215.0	142.0	13.1	53.1

19-5 分地区城市燃气情况 (2016年)

BASIC STATISTICS ON SUPPLY OF GAS IN CITIES BY REGION (2016)

地 区	Region	人工煤气生产能力(万立方米/日) Production Capacity of Gaswork Gas (10000 cu.m/day)	管道长度(公里) Length of Gas Pipelines(km)			全年供气总量(万立方米) Volume of Gas Supply (10000 cu.m)			用气人口(万人) Population with Access to Gas(10000 persons)		
			人工煤气 Coal Gas	液化石油气 Liquefied Petroleum Gas	天然气 Natural Gas	人工煤气 Coal Gas	液化石油气(吨) Liquefied Petroleum Gas (ton)	天然气 Natural Gas	人工煤气 Coal Gas	液化石油气 Liquefied Petroleum Gas	天然气 Natural Gas
总 计	**Total**	**115.0**	**392.7**	**28.4**	**8550.2**	**6832**	**195839**	**121507**	**57.8**	**377.9**	**800.3**
地级市合计	**Total Number of cities at Prefectural Level**	**115.0**	**392.7**	**8.4**	**8213.9**	**6832**	**148328**	**119664**	**57.8**	**221.9**	**785.7**
哈尔滨	Harbin				3504.1		74550	65298		38.4	441.5
齐齐哈尔	Qiqihar				1301.3		7285	23343		1.1	106.2
鸡 西	Jixi				151.9		5005	70		17.5	1.6
鹤 岗	Hegang				156.9		6436	994		16.7	18.8
双鸭山	Shuangyashan	13.0	77.2			975	3260		11.4	13.9	
大 庆	Daqing				2015.9		5984	24978		11.0	134.9
伊 春	Yichun				64.9		14642	8		61.7	0.2
佳木斯	Jiamusi				742.1		5950	4000		4.5	51.6
七台河	Qitaihe	90.0	223.7		13.7	3568	1414	7	22.7	5.2	1.9
牡丹江	Mudanjiang	12.0	91.8		191.0	2289	10960	499	23.7	20.0	24.3
黑 河	Heihe						2544			13.2	
绥 化	Suihua				72.0		10298	465		18.7	4.8
县级市合计	**Total Number of cities at County Level**			**20.0**	**336.3**		**47511**	**1843**		**156.1**	**14.6**
尚 志	Shangzhi				18.0		5100			11.6	
五 常	Wuchang			1.0			6710			13.0	
讷 河	Nehe				59.1		995	455		4.5	5.0
密 山	Mishan				37.0		996	373		5.6	3.1
虎 林	Hulin						1350			6.5	
铁 力	Tieli				23.3		2250	16		7.0	0.5
同 江	Tongjiang				39.3		306	80		1.1	1.3
富 锦	Fujin						4901			12.0	
抚 远	Fuyuan						221			3.0	
绥芬河	Suifenhe				32.0		1190	1		8.8	
海 林	Hailin				41.0		2730	21		9.0	0.8
宁 安	Ningan				14.4		1513	18		7.3	0.2
穆 棱	Muling				11.5		1183	70		4.6	3.0
北 安	Beian						1750			5.0	
五大连池	Wudalianchi						242			1.0	
安 达	Anda				26.0		6402	650		20.2	0.8
肇 东	Zhaodong			19.0	23.4		7800	160		29.0	
海 伦	Hailun				11.4		1872			6.9	

19-6 分地区城市集中供热情况 (2016年)

BASIC STATISTICS ON HEATING IN CITIES BY REGION (2016)

地 区	Region	供应能力 Heating Capacity 蒸 汽 (吨/小时) Steam (ton/hour)	热 水 (兆瓦) Hot Water (Mega Watts)	供热总量 Quantity of Heat Supplied 蒸 汽 (万吉焦) Steam (10000 gigajoules)	热 水 (万吉焦) Hot Water (10000 gigajoules)	管道长度 Length of Heating Pipelines 蒸 汽 (公里) Steam (km)	热 水 (公里) Hot Water (km)	供热面积 (万平方米) Area of Centralized Heating (10000 sq. m)
总 计	**Total**	**4948.8**	**47419.5**	**2285.5**	**37915.3**	**361.9**	**18273.0**	**67400.7**
地级市合计	**Total Number of cities at Prefectural Level**	**4399.0**	**40651.5**	**1920.2**	**33694.0**	**294.5**	**15768.5**	**58990.6**
哈尔滨	Harbin	2929.0	16446.9	1366.0	14464.7	150.8	3046.5	25900.0
齐齐哈尔	Qiqihar	150.0	3777.8	136.0	2726.8	10.0	1434.0	5026.0
鸡 西	Jixi	200.0	1214.8	66.0	936.9	93.0	586.2	1850.0
鹤 岗	Hegang		1437.2		1313.2		715.4	2075.0
双鸭山	Shuangyashan		1443.5		542.4		566.3	2224.2
大 庆	Daqing		6438.0		6775.0		6449.0	8818.0
伊 春	Yichun	235.0	2232.3	66.2	1366.4	10.9	942.9	2254.4
佳木斯	Jiamusi		1546.0		1270.0		511.5	2930.0
七台河	Qitaihe		895.0		971.4		317.1	1452.0
牡丹江	Mudanjiang	885.0	2882.0	286.0	2007.0	29.8	577.0	3638.0
黑 河	Heihe		990.0		675.8		395.5	977.0
绥 化	Suihua		1348.0		644.5		227.2	1846.1
县级市合计	**Total Number of cities at County Level**	**549.8**	**6768.0**	**365.3**	**4221.3**	**67.4**	**2504.4**	**8410.1**
尚 志	Shangzhi		475.6		240.4		208.0	532.0
五 常	Wuchang		693.0		253.0		77.0	722.0
讷 河	Nehe		405.0		205.0		74.3	376.0
密 山	Mishan	152.3	174.0	159.3	95.7	47.2	112.4	410.0
虎 林	Hulin		249.0		220.0		183.0	320.0
铁 力	Tieli	240.0	176.0	116.0	175.0	15.4	124.3	497.0
同 江	Tongjiang		268.0		142.8		133.7	304.0
富 锦	Fujin		287.0		385.0		19.4	579.0
抚 远	Fuyuan		194.0		123.3		136.5	200.0
绥芬河	Suifenhe		659.0		379.2		262.6	562.7
海 林	Hailin		377.0		274.0		165.7	480.0
宁 安	Ningan		254.4		169.7		90.6	341.5
穆 棱	Muling		282.0		225.0		134.8	324.9
北 安	Beian		810.0		409.0		308.9	588.0
五大连池	Wudalianchi		244.0		123.0		127.8	301.0
安 达	Anda		213.5		148.0		90.8	494.0
肇 东	Zhaodong		502.5		420.0		115.0	720.0
海 伦	Hailun	157.5	504.0	90.0	233.3	4.8	139.6	658.0

19-7 分地区城市市政设施 (2016年)

BASIC STATISTICS ON MUNICIPAL INFRASTRUCTURE IN CITIES BY REGION (2016)

地 区	Region	年末实有道路长度(公里) Length of Paved Roads (year-end) (km)	年末实有道路面积(万平方米) Area of Paved Roads (year-end) (10000 sq.m)	城市桥梁(座) Number of City Bridges (unit)	城市排水管道长度(公里) Length of City Sewage Pipes (km)	城市污水日处理能力(万立方米) Daily Disposal Capacity of City Sewage (10000 cu.m)	城市道路照明灯(千盏) Number of Street Lights (1000 units)
总 计	**Total**	**12626.3**	**19511.7**	**1111**	**10642.2**	**363.0**	**640.5**
地级市合计	**Total Number of cities at Prefectural Level**	**10236.8**	**16450.4**	**982**	**8594.9**	**319.5**	**540.3**
哈尔滨	Harbin	3120.1	6484.2	421	3206.8	140.0	125.1
齐齐哈尔	Qiqihar	547.5	1160.3	40	869.6	31.5	55.1
鸡 西	Jixi	423.3	666.0	81	334.7	12.0	34.5
鹤 岗	Hegang	398.4	473.3	29	319.7	8.0	39.6
双鸭山	Shuangyashan	427.9	473.0	25	296.9	10.0	12.6
大 庆	Daqing	2477.6	3659.3	190	1543.3	42.5	80.3
伊 春	Yichun	909.0	943.0	82	532.8	15.2	29.8
佳木斯	Jiamusi	325.0	620.2	28	536.1	16.3	48.6
七台河	Qitaihe	531.9	487.5	14	177.1	9.0	29.3
牡丹江	Mudanjiang	805.0	1046.0	68	461.5	20.0	60.1
黑 河	Heihe	83.3	179.9	3	102.7	5.0	9.4
绥 化	Suihua	188.0	257.8	1	213.8	10.0	16.0
县级市合计	**Total Number of cities at County Level**	**2389.5**	**3061.3**	**129**	**2047.3**	**43.5**	**100.2**
尚 志	Shangzhi	146.8	205.7	14	94.2	4.0	2.9
五 常	Wuchang	119.1	163.7	5	122.8	3.0	4.2
讷 河	Nehe	79.8	139.6	6	111.1	2.0	4.7
密 山	Mishan	182.6	182.0	5	108.2	1.5	3.8
虎 林	Hulin	77.3	105.1		61.0	2.0	6.3
铁 力	Tieli	231.0	193.8	14	90.7	3.0	5.8
同 江	Tongjiang	93.9	147.1		121.9	2.0	3.2
富 锦	Fujin	205.8	190.0		97.7	1.5	3.0
抚 远	Fuyuan	60.6	132.3		36.9	1.0	6.5
绥芬河	Suifenhe	112.6	181.3	17	85.9	2.0	12.3
海 林	Hailin	193.0	282.0	12	153.9	2.0	8.5
宁 安	Ningan	84.0	100.7	4	82.6	2.0	3.2
穆 棱	Muling	148.2	104.8	19	67.4	2.0	7.7
北 安	Beian	125.1	294.6	16	125.6	3.0	7.0
五大连池	Wudalianchi	42.1	34.4	1	75.4	1.0	2.6
安 达	Anda	180.9	181.9	3	178.6	4.5	2.4
肇 东	Zhaodong	218.5	303.3	11	305.9	5.0	3.6
海 伦	Hailun	88.1	119.2	2	127.7	2.0	12.6

19-8 分地区城市公共交通情况 (2016年)

BASIC STATISTICS ON PUBLIC TRANSPORTTATION IN CITIES BY REGION (2016)

地 区	Region	年末公共交通车辆运营数(辆) Number of Public Vehicles under Operation at Year-end (unit)	#公共汽、电车 Bus and Trolley Bus	运营线路总长度(公里) Length under Operation (km)	#公共汽、电车 Bus and Trolley Bus	公共交通客运总量(万人次) Passengers Transported by Public Vehicles (10 000 person-times)	#公共汽、电车 Bus and Trolley Bus	出租汽车(辆) Number of Taxi (unit)
地级市合计	**Total Number of cities at Prefectural Level**	**19423**	**19345**	**31577**	**31560**	**271149**	**264299**	**102424**
哈尔滨	Harbin	9100	9022	11043	11026	154055	147205	30750
齐齐哈尔	Qiqihar	1274	1274	2136	2136	13052	13052	14954
鸡 西	Jixi	974	974	4778	4778	11396	11396	4778
鹤 岗	Hegang	525	525	400	400	9173	9173	2492
双鸭山	Shuangyashan	681	681	981	981	7077	7077	3665
大 庆	Daqing	2404	2404	4790	4790	17686	17686	6200
伊 春	Yichun	568	568	643	643	5386	5386	5097
佳木斯	Jiamusi	892	892	935	935	13191	13191	6646
七台河	Qitaihe	425	425	441	441	8401	8401	1712
牡丹江	Mudanjiang	1150	1150	2276	2276	18015	18015	6632
黑 河	Heihe	401	401	1054	1054	4406	4406	6440
绥 化	Suihua	1029	1029	2102	2102	9312	9312	13058
县级市合计	**Total Number of cities at County Level**	**2337**	**2337**	**3774**	**3774**	**21898**	**21898**	**19669**
尚 志	Shangzhi	582	582	608	608	4595	4595	1477
五 常	Wuchang	159	159	705	705	1802	1802	894
讷 河	Nehe	60	60	66	66	1192	1192	1332
密 山	Mishan	204	204	69	69	1190	1190	688
虎 林	Hulin	62	62	38	38	660	660	810
铁 力	Tieli	176	176	28	28	2128	2128	1300
同 江	Tongjiang	38	38	39	39	462	462	547
富 锦	Fujin	95	95	210	210	920	920	2242
抚 远	Fuyuan	6	6	10	10	73	73	152
绥芬河	Suifenhe	60	60	107	107	582	582	801
海 林	Hailin	48	48	69	69	350	350	988
宁 安	Ningan	94	94	212	212	975	975	393
穆 棱	Muling	166	166	250	250	1064	1064	452
北 安	Beian	113	113	238	238	900	900	1896
五大连池	Wudalianchi	85	85	372	372	1629	1629	749
安 达	Anda	116	116	417	417	786	786	670
肇 东	Zhaodong	187	187	233	233	1402	1402	1555
海 伦	Hailun	76	76	80	80	1080	1080	2132

19-9 分地区城市绿地和园林(2016年)

BASIC STATISTICS ON PARKS AND GREEN AREAS IN CITIES BY REGION (2016)

地区	Region	城市园林绿地面积(公顷) Area of Parks and Green Land (hectare)	#公园绿地 Park Green Areas	公园(个) Number of Parks (unit)	公园面积(公顷) Area of Parks (hectare)	建成区绿化覆盖率(%) Green Covered Area as % of Completed Area (%)
总计	**Total**	**76788.4**	**16992.2**	**354**	**9796.6**	**35.5**
地级市合计	**Total Number of cities at Prefectural Level**	**68387.6**	**14443.1**	**265**	**8128.3**	**37.1**
哈尔滨	Harbin	13797.0	4418.0	90	1868.0	33.6
齐齐哈尔	Qiqihar	6097.0	1091.0	21	615.0	38.3
鸡西	Jixi	2808.5	780.5	8	539.0	38.9
鹤岗	Hegang	2903.0	824.0	7	652.0	42.4
双鸭山	Shuangyashan	2318.5	690.0	17	284.0	43.7
大庆	Daqing	22455.6	2183.0	13	599.0	45.5
伊春	Yichun	4557.8	1820.3	44	1421.8	30.6
佳木斯	Jiamusi	3878.0	849.0	19	830.0	41.6
七台河	Qitaihe	2684.8	498.1	17	367.8	44.0
牡丹江	Mudanjiang	5160.0	782.0	19	619.0	21.0
黑河	Heihe	719.7	194.2	7	202.1	40.5
绥化	Suihua	1007.7	313.1	3	130.6	24.9
县级市合计	**Total Number of cities at County Level**	**8400.9**	**2549.1**	**89**	**1668.3**	**29.0**
尚志	Shangzhi	275.3	147.3	3	112.0	15.2
五常	Wuchang	421.3	199.5	4	185.5	17.5
讷河	Nehe	403.7	182.0	1	180.0	37.1
密山	Mishan	511.0	121.0	3	114.0	24.4
虎林	Hulin	320.0	109.0	7	60.0	39.9
铁力	Tieli	647.0	189.0	6	72.0	39.2
同江	Tongjiang	405.0	104.8	4	104.8	41.4
富锦	Fujin	447.7	117.3	2	5.1	29.9
抚远	Fuyuan	70.2	44.7	7	42.0	12.0
绥芬河	Suifenhe	895.7	125.2	18	156.8	38.1
海林	Hailin	530.0	140.5	14	120.0	31.8
宁安	Ningan	372.1	112.1	3	63.0	37.3
穆棱	Muling	283.9	123.9	6	73.2	37.0
北安	Beian	502.4	192.0	2	84.0	24.2
五大连池	Wudalianchi	99.9	63.6	1	52.0	18.0
安达	Anda	366.0	86.8	4	23.0	14.7
肇东	Zhaodong	1450.0	416.5	3	200.0	41.9
海伦	Hailun	399.7	74.0	1	21.0	21.9

19-10 分地区城市市容环境卫生情况 (2016年)

BASIC STATISTICS ON URBAN SANITATION IN CITIES BY REGION (2016)

地　区	Region	清扫保洁面　积（万平方米）Area under Cleaning Program (10000 sq.m)	生活垃圾清运量（万吨）Volume of Garbage Disposal (10000 tons)	粪　便清运量（万吨）Volume of Excrement and Urine Disposal (10000 tons)	市容环卫专用车辆设备总数（台）Number of Special Vehicles for Environmental Sanitation (unit)	公共厕所（座）Number of Public Lavatories (unit)	#三类以上 Third Grade and Above
总　计	**Total**	**24691**	**535.5**	**120.2**	**7515**	**6099**	**2510**
地级市合计	**Total Number of cities at Prefectural Level**	**21080**	**431.0**	**88.0**	**6337**	**4809**	**2124**
哈尔滨	Harbin	8980	163.0	16.4	3118	1431	1341
齐齐哈尔	Qiqihar	1676	45.4	19.2	477	505	15
鸡　西	Jixi	620	36.9	5.2	417	364	145
鹤　岗	Hegang	448	23.2	5.0	199	388	17
双鸭山	Shuangyashan	298	16.9	4.4	152	165	85
大　庆	Daqing	3542	32.7		595	243	243
伊　春	Yichun	1074	29.7	12.1	373	542	88
佳木斯	Jiamusi	1301	23.0	10.0	103	515	98
七台河	Qitaihe	581	15.6		174	71	12
牡丹江	Mudanjiang	1399	19.3	9.7	325	413	45
黑　河	Heihe	410	7.1	1.5	178	83	32
绥　化	Suihua	751	18.3	4.5	226	89	3
县级市合计	**Total Number of cities at County Level**	**3611**	**104.4**	**32.2**	**1178**	**1290**	**386**
尚　志	Shangzhi	260	4.5	2.0	78	39	18
五　常	Wuchang	190	7.4	0.4	41	15	
讷　河	Nehe	185	4.4	1.5	87	88	
密　山	Mishan	197	7.4	1.4	97	73	13
虎　林	Hulin	135	4.5	1.2	105	68	22
铁　力	Tieli	186	6.2	0.9	57	48	11
同　江	Tongjiang	49	3.5	1.1	88	45	8
富　锦	Fujin	417	7.0	2.5	45	86	22
抚　远	Fuyuan	73	3.6	1.0	40	14	
绥芬河	Suifenhe	260	3.7	0.2	96	25	8
海　林	Hailin	230	5.6	1.3	37	35	5
宁　安	Ningan	189	7.0	0.9	40	48	2
穆　棱	Muling	137	2.8	1.2	47	69	16
北　安	Beian	180	8.1	4.2	95	205	100
五大连池	Wudalianchi	58	1.7	1.3	47	36	5
安　达	Anda	320	8.4	4.1	67	140	14
肇　东	Zhaodong	300	12.5	5.0	82	210	134
海　伦	Hailun	245	6.3	2.0	29	46	8

19-11 分地区城市设施水平 (2016年)

LEVEL OF PUBLIC FACILITIES IN CITIES BY REGION (2016)

地区	Region	城市用水普及率 (%) Coverage Rate of Urban Population with Access to Tap Water (%)	城市燃气普及率 (%) Coverage Rate of Urban Population with Access to Gas (%)	每万人拥有公共交通车辆 (标台) Number of Public Transportation Vehicles Per 10000 Population (unit)	人均城市道路面积 (平方米) Per Capita Area of Paved Roads (sq. m)	人均公园绿地面积 (平方米) Per Capita Public Green Areas (sq. m)	每万人拥有公共厕所 (座) Number of Public Lavatories Per 10 000 Population (unit)
总计	**Total**	**97.2**	**86.7**	**17.7**	**13.7**	**11.9**	**4.6**
地级市合计	**Total Number of cities at Prefectural Level**	**96.6**	**78.1**	**19.4**	**12.1**	**13.1**	**4.3**
哈尔滨	Harbin	100.0	100.0	25.5	13.5	9.2	3.4
齐齐哈尔	Qiqihar	100.0	99.0	11.6	10.7	10.1	4.7
鸡西	Jixi	99.0	26.4	12.7	9.2	10.8	5.2
鹤岗	Hegang	95.8	64.7	10.3	8.6	15.0	7.2
双鸭山	Shuangyashan	99.0	52.9	12.8	9.9	14.4	3.5
大庆	Daqing	95.9	100.0	25.7	25.1	15.0	2.1
伊春	Yichun	86.4	80.7	7.7	12.3	23.7	7.2
佳木斯	Jiamusi	96.3	93.8	16.1	10.4	14.2	8.7
七台河	Qitaihe	98.2	72.4	13.0	11.9	12.1	1.9
牡丹江	Mudanjiang	93.7	92.3	17.0	14.2	10.6	5.7
黑河	Heihe	97.0	90.8	23.2	12.4	13.4	6.0
绥化	Suihua	98.6	64.0	27.2	7.0	8.5	2.5
县级市合计	**Total Number of cities at County Level**	**95.6**	**76.7**	**8.7**	**15.8**	**12.7**	**6.2**
尚志	Shangzhi	97.3	86.0	27.4	15.3	11.0	3.0
五常	Wuchang	99.6	94.2	10.2	11.9	14.5	1.1
讷河	Nehe	95.0	94.1	4.4	13.9	18.1	9.1
密山	Mishan	75.1	71.9	14.1	15.0	10.0	6.1
虎林	Hulin	100.0	90.7	8.8	14.7	15.2	9.6
铁力	Tieli	90.7	61.7	14.6	16.0	15.6	4.0
同江	Tongjiang	96.4	32.7	6.7	20.5	14.6	8.0
富锦	Fujin	99.2	97.2	7.9	15.4	9.5	7.1
抚远	Fuyuan	98.8	70.6	1.0	31.1	10.5	3.3
绥芬河	Suifenhe	100.0	100.0	9.3	20.5	14.2	3.9
海林	Hailin	99.9	97.7	3.4	28.1	14.0	3.5
宁安	Ningan	100.0	99.3	11.0	13.5	15.0	6.7
穆棱	Muling	100.0	95.9	0.9	13.3	15.7	9.1
北安	Beian	98.0	37.7	6.9	22.2	14.5	15.6
五大连池	Wudalianchi	95.4	23.8	16.8	7.9	14.7	9.0
安达	Anda	95.0	90.2	4.6	7.8	3.7	6.1
肇东	Zhaodong	96.2	92.1	5.9	9.6	13.2	6.8
海伦	Hailun	84.1	44.3	3.6	7.7	4.8	3.1

主要统计指标解释

供水综合生产能力　指按供水设施取水、净化、送水、出厂输水干管等环节设计能力计算的综合生产能力。包括在原设计能力的基础上，经挖、革、改增加的生产能力。计算时，以四个环节中最薄弱的环节为主确定能力。

供水管道长度　指从送水泵至用户水表之间所有管道的长度。不包括新安装尚未使用、水厂内以及用户建筑物内的管道。

城市供水总量　指报告期供水企业(单位)供出的全部水量。包括有效供水量和漏损水量。

生产运营用水　指在城区范围内生产、运营的农、林、牧、渔业、工业、建筑业、交通运输业等单位在生产、运营过程中的用水。

公共服务用水　指为城区社会公共生活服务的用水。包括行政事业单位、部队营区和公共设施服务、批发零售业、住宿餐饮业以及社会服务业等单位的用水。

居民家庭用水　指城市范围内所有居民家庭的日常生活用水。包括城市居民、农民家庭、公共供水站用水。

用水普及率　指报告期末城区用水人口数与城市人口总数的比率。计算公式：

$$用水普及率 = \frac{城区用水人口(含暂住人口)}{城区人口+城区暂住人口} \times 100\%$$

人工煤气生产能力　指报告期末人工燃气生产厂制气、净化、输送等环节的综合生产能力，不包括备用设备能力。一般按设计能力计算，当实际生产能力大于设计能力时，应按实际测定的生产能力计算。测定时应以制气、净化、输送三个环节中最薄弱的环节为主。

供气管道长度　指报告期末从气源厂压缩机的出口或门站出口至各类用户引入管之间的全部已经通气、投入使用的管道长度。不包括煤气生产厂、输配站、液化气储存站、灌瓶站、储配站、气化站、混气站、供应站等厂(站)内的管道。

城市供气总量　指报告期燃气企业(单位)向用户供应的燃气数量。包括销售量和损失量。

燃气普及率　指报告期末城区使用燃气的城市人口数与城市人口总数的比率。其中燃气包括人工煤气、天然气、液化石油气三种。计算公式为：

$$燃气普及率 = \frac{城区用水人口(含暂住人口)}{城区人口+城区暂住人口} \times 100\%$$

城市供热能力　指供热企业(单位)向城市热用户输送热能的设计能力。

城市供热总量　指在报告期供热企业(单位)向城市热用户输送全部蒸汽和热水的总热量。

城市供热管道长度　指从各类热源到热用户建筑物接入口之间的全部蒸汽和热水的管道长度。不包括各类热源厂内部的管道长度。

道路长度　指道路长度和与道路相通的桥梁、隧道的长度，按车行道中心线计算。

城市桥梁　指为跨越天然或人工障碍物而修建的构筑物。包括跨河桥、立交桥、人行天桥以及人行地下通道等。

城市排水管道长度　指所有排水总管、干管、支管、检查井及连接井进出口等长度之和。

城市污水日处理能力　指污水处理厂(或污水处理装置)每昼夜处理污水量的设计能力。

年末运营车数　指年末城市用于公共交通运营业务的全部车辆数。新购、新制和调入的运营车辆，自投入之日起开始计算；调出、报废和调作他用的运营车辆，自上级主管机关批准之日起不再计入。

城市绿地面积　指报告期末用作园林和绿化的各种绿地面积。包括公园绿地、生产绿地、防护绿地、附属绿地和其他绿地的面积。

公园绿地　城市中向公众开放的、以游憩为主要功能，有一定的游憩设施和服务设施，同时兼有健全生态、美化景观、防灾减灾等综合作用的绿化用地。包括综合公园、社区公园、专类公园、带状公园和街旁绿地。其中综合公园、专类公园和带状公园面积之和为公园面积。

道路清扫保洁面积　指报告期末对城市道路和公共场所（主要包括城市行车道、人行道、车行隧道、人行过街地下通道、道路附属绿地、地铁站、高架路、人行过街天桥、立交桥、广场、停车场及其他设施等）进行清扫保洁的面积。一天清扫保洁多次的，按清扫保洁面积最大的一次计算。

市容环卫专用车辆设备　指用于环境卫生作业、监察的专用车辆和设备，包括用于道路清扫、冲洗、洒水、除雪、垃圾粪便清运、市容监察以及与其配套使用的车辆和设备。

每万人拥有公共交通车辆　指按城市人口计算的每万人平均拥有的公共交通车辆标台数。计算公式：

$$每万人拥有公共交通车辆=\frac{公共交通运营车标台数}{城区人口+城区暂住人口}$$

Explanatory Notes on Main Statistical Indicators

Production Capacity of Water Supply refers to the designed overall production capacity of water facilities, covering the four segments of water collection, purification, conveyance, and outflow through trunk pipelines. Increased capacity through transformation and innovation projects is included as well. The capacity is determined mainly on the weakest of the above-mentioned four segments.

Length of Water Supply Pipelines refers to the total length of all the pipelines between the water pumps and the user water meters, excluding pipelines newly installed but not used yet, pipeline in the water factory, and pipeline in the user' s buildings.

Total Volume of Urban Water Supply refers to the total volume of water supplied by water-works (units) during the reference period, including both the effective water supply and loss during the water supply.

Consumption of Water for Production and Operation Use refers to water consumption in the process of production and operation by production and operation units of agriculture, forestry, animal husbandry, fisheries, industry, construction industry, and transportation industry, etc. in urban areas.

Consumption of Water for Public Service Use refers to water consumption for public service in the urban areas. It includes water consumption of administrative institutions, army camps, public facilities, wholesale and retail, accommodation and catering industry and social service industry, etc.

Consumption of Water for Households Use refers to consumption of water for daily life of all households in cities, including households of urban residents and farmers, and public water supply stations.

Coverage Rate of Urban Population with Access to Tap Water refers to the ratio of the urban population with access to tap water to the total urban population at the end of reference period. The formula is:

$$\begin{matrix}\text{Coverageof urbanpopulation} \\ \text{with accessto tap water}\end{matrix} = \frac{\begin{matrix}\text{Urbanpopulationwith} \\ \text{accessto tap water}\end{matrix}}{\text{Urbanpopulation}} \times 100\%$$

Production Capacity of Gaswork Gas refers to the overall production capacity of the urban gasworks in gas generation, purification and delivery at the end of the reference period, excluding capacity of the reserved facilities. In general, it is determined by the designed capacity, and when actual production capacity is larger than the designed capacity, the capacity is determined by the actual measurement on the weakest segment in the production, purification and delivery.

Length of Gas Pipelines refers to the total length of pipelines in use between the outlet of the compressor of gas-work or outlet of gas stations and the leading pipe of users, excluding pipelines within gasworks, delivery stations, LPG storage stations, refilling stations, gas-mixing stations and supply stations.

Volume of Gas Supply refers to the total volume of gas provided to users by gas-producing enterprises (units) during the reporting period, including the volume sold and the volume lost.

Coverage Rate of Urban Population with Access to Gas refers to the ratio of the urban population with access to gas to the total urban population at the end of the reference period. Gas here includes artificial coal gas, natural gas and liquefied petroleum gas. The formula is:

$$\text{Coverageof rate of urban population with access to gas} = \frac{\text{Urban populationwith with access to gas}}{\text{Urban population}} \times 100\%$$

Heating Capacity in Urban Areas refers to the designed capacity of heating enterprises (units) in supplying heating energy to urban users during the reference period.

Quantity of Heat Supplied in Urban Areas refers to the total quantity of heat from steam and hot water supplied to urban users by heating enterprises (units) during the reference period.

Length of Urban Heating Pipelines refers to the total length of steam or hot water pipelines for sources of heat to the leading pipelines of the buildings of the users, excluding internal pipelines in heat generating enterprises.

Length of Paved Roads refers to the length of roads with paved surface including bridges and tunnels connected with roads. Length of the roads is measured by the central lines.

Urban Bridges refer to bridges built to cross over natural or man-made barriers, including bridges over rivers, overpasses for traffic and for pedestrians, underpasses for pedestrians, etc.

Length of Urban Sewage Pipes refers to the total length of general drainage, trunks, branch and inspection wells, connection wells, inlets and outlets, etc.

Daily Disposal Capacity of Urban Sewage refers to the designed 24-hour capacity of sewage disposal by the sewage treatment works or facilities.

Number of Vehicles under Operation at Year-end refers to the total number of vehicles under operation by public transport enterprises (units) at the end of the year, based on the records of operational vehicles by the enterprises (units).

Area of Urban Green Land refers to the total area occupied for green projects at the end of the reference period, including park green land, production green land, protection green land, green land attached to institutions, and other green areas.

Park Green Area refers to green areas open to the public for amusement and rest with the facilities of amusement, rest and services. Its function includes perfecting ecology, beautifying landscape, and preventing and reducing disaster. Park green areas include comprehensive park, community park, theme park, linear park and roadside green space. Total areas of comprehensive park, topic park and belt-shaped is the area of park.

Road Area Cleaned refers to the area which are regularly cleaned, as at the end of the reference period, at urban roads and public places (mainly including urban roadways, pedestrian walkways, vehicular tunnels, pedestrian underpasses, underground railway stations, lifted roads, pedestrians walk bridges, overpasses, plazas, parking lots and other facilities). If there are several times of cleaning in a day at a location, the area of that time of cleaning with the largest area cleaned will be taken.

Vehicles and Facilities Dedicated to Urban Cleanliness and Environmental Sanitation refer to vehicles and facilities dedicated for use in the operation, management and monitoring of environmental hygiene work. They include vehicles for road cleaning, washing, showering, ice removal, disposal of garbage and human wastes, cleanliness monitoring and related activities.

Public Transportation Vehicles per 10000 Population refers to the number of public transportation vehicles, calculated by urban population, per 10000 population in the city district. The formula for calculation is:

$$\text{Public Transportation Vehicles per 10000 population} = \frac{\text{Number of Public Transportation Vehicles}}{\text{City District Population}}$$

附录　各县、市主要指标

APPENDIX MAIN INDICATORS OF COUNTIES

资料整理：安　静　魏　瑨　陆　阳　孙崇智
赵秋梅　于占占　曹夏茵　赵春贵
张莹娣　尹　波　董　铠　孙　冰
吕后中　杨　洋

附录 各县、市主要指标 (2016年)

MAIN INDICATORS OF COUNTIES (2016)

县、市名称	Name	行政区域土地面积（平方公里）Total Land Area (sq. km)	年底总人口（人）Total Population (year-end) (person)	乡镇（个）Township and Towns (unit)	#建制镇 Organic Town	村民委员会（个）Villagers Committee (unit)
阿城区	Acheng	2814	558334	7	7	108
呼兰区	Hulan	2197	619388	10	7	170
宾县	Bin County	3845	579303	17	12	143
依兰县	Yilan County	4616	391184	9	6	132
方正县	Fangzheng County	2969	225639	8	4	67
双城区	Shuangcheng	3112	787591	17	8	246
尚志市	Shangzhi City	8825	580291	17	10	163
五常市	Wuchang City	7512	917262	24	12	261
巴彦县	Bayan County	3138	665141	18	10	116
木兰县	Mulan County	3600	255868	8	6	86
通河县	Tonghe County	5675	242589	8	6	81
延寿县	Yanshou County	3150	252601	9	5	106
龙江县	Longjiang County	6200	592242	14	8	158
依安县	Yian County	3678	480574	15	6	149
泰来县	Tailai County	3922	311915	10	8	83
甘南县	Gannan County	4792	383530	10	5	95
富裕县	Fuyu County	4060	289538	10	6	90
克山县	Keshan County	3320	474934	15	7	122
克东县	Kedong County	2083	285278	7	5	98
拜泉县	Baiquan County	3599	569446	16	7	186
梅里斯区	Meilisi Daur District	2078	167259	6	5	49
讷河市	Nehe City	6648	698828	15	11	171
鸡东县	Jidong County	3243	295432	11	8	123
虎林市	Hulin City	9334	281114	11	7	85
密山市	Mishan City	7843	408709	16	8	154
萝北县	Luobei County	2167	217896	8	6	63
绥滨县	Suibin County	3335	179511	9	3	109
集贤县	Jixian County	2258	299164	8	5	153
友谊县	Youyi County	1647	109978	0	0	0
宝清县	Baoqing County	10001	410484	10	6	145
饶河县	Raohe County	6765	141181	9	4	79
肇州县	Zhaozhou County	2445	439426	12	6	104
肇源县	Zhaoyuan County	4120	451950	16	8	135
林甸县	Lindian County	3493	261739	8	5	83
杜蒙自治县	Durbote Mongolia Autonomous County	6054	245804	11	5	79
大同区	Datong	2372	227138	8	4	58

注：阿城区、呼兰区、双城区、梅里斯区、大同区、阳明区、爱辉区、北林区、加格达奇区、佳木斯郊区和五大连池风景区的主要指标数据来自当地统计局(下同)。

Note:The main indicators data of Acheng,Hulan,Shuangcheng,Meilisi Daur,Datong,Yangming,Aihui,Beilin and Jiagedaqi District,Jiamusi Suburb,Wudalianchi Scenic Spot come from local Statistics (the same as following tables).

附录 续表1 CONTINUED

县、市名称	Name	行政区域土地面积（平方公里）Total Land Area (sq. km)	年底总人口（人）Total Population (year-end) (person)	乡镇（个）Township and Towns (unit)	#建制镇 Organic Town	村民委员会（个）Villagers Committee (unit)
嘉荫县	Jiayin County	6739	71957	9	3	73
铁力市	Tieli City	6730	355736	7	4	76
桦南县	Huanan County	4415	422209	10	6	192
桦川县	Huachuan County	2268	208225	9	5	105
汤原县	Tangyuan County	3416	247631	10	4	137
抚远市	Fuyuan City	6263	83797	9	4	69
同江市	Tongjiang City	6300	177306	10	6	85
富锦市	Fujin City	8227	460698	10	10	267
佳木斯郊区	Jiamusi Suburb	1748	264326	13	6	177
勃利县	Boli County	4455	313376	10	5	133
穆棱市	Muling City	6673	283702	8	6	127
东宁市	Dongning City	7139	209468	6	6	102
林口县	Linkou County	7185	349466	11	9	176
绥芬河市	Suifenhe City	422	70715	2	2	11
海林市	Hailin City	8814	377858	8	8	112
宁安市	Ningan City	7924	422300	12	7	240
阳明区	Yangming	1345	223466	4	4	59
北安市	Beian City	7194	432827	9	5	62
五大连池市	Wudalianchi City	9846	342297	11	6	96
五大连池风景区	Wudalianchi scenic spot	748	21473	1	1	3
爱辉区	Aihui	14443	185872	11	3	89
嫩江县	Nenjiang County	15109	475496	14	8	147
逊克县	Xunke County	17344	97304	9	3	78
孙吴县	Sunwu County	4319	94582	11	2	94
安达市	Anda City	3586	467345	14	11	116
肇东市	Zhaodong City	3905	879830	21	12	186
海伦市	Hailun City	4667	774188	23	8	243
北林区	Beilin	2756	830691	20	13	148
望奎县	Wangkui County	2314	457459	15	9	109
兰西县	Lanxi County	2499	494090	15	6	105
青冈县	Qinggang County	2685	515003	15	10	165
庆安县	Qingan County	5469	374002	14	7	93
明水县	Mingshui County	2308	339295	12	5	99
绥棱县	Suiling County	4238	302302	11	5	76
呼玛县	Huma County	14335	299911	8	2	54
塔河县	Tahe County	14059	77114	7	4	11
漠河县	Mohe County	18432	74081	6	6	8
加格达奇区	Jiagedaqi District	1359	143411	2		8

附录 续表2 CONTINUED

县、市名称	Name	地 区 生产总值（万元）Gross Domestic Product (10000 yuan)	第一产业 Primary Industry	第二产业 Secondary Industry	第三产业 Tertiary Industry	地区生产总值指数（上年=100）Indices of Gross Domestic Product (preceding year=100)	人均地区生产总值（元）Per Capita GDP (yuan)
阿城区	Acheng	3196792	393938	841043	1961811	108.8	57211
呼兰区	Hulan	3448267	699842	1374785	1373640	106.6	55752
宾 县	Bin County	3191382	511666	1139914	1539802	111.9	55069
依兰县	Yilan County	1800156	442390	609554	748212	107.1	45962
方正县	Fangzheng County	692268	219969	202101	270198	104.6	30416
双城区	Shuangcheng	5555223	1447426	1335668	2772129	106.8	70578
尚志市	Shangzhi City	2198795	623392	543287	1032116	103.0	37763
五常市	Wuchang City	4101259	1047433	1201144	1852682	105.5	44679
巴彦县	Bayan County	1926157	569808	360970	995379	107.4	28889
木兰县	Mulan County	813797	260694	88453	464650	105.3	31780
通河县	Tonghe County	766516	249036	139703	377777	111.8	31464
延寿县	Yanshou County	798891	240883	216136	341872	108.4	31601
龙江县	Longjiang County	969807	381465	328034	260308	109.1	16338
依安县	Yian County	779126	318025	257280	203821	108.9	16093
泰来县	Tailai County	494653	221372	96616	176665	109.4	15836
甘南县	Gannan County	749082	347110	192808	209164	109.3	19499
富裕县	Fuyu County	700301	308640	210610	181051	108.9	24182
克山县	Keshan County	822292	334590	211237	276465	107.5	17175
克东县	Kedong County	431290	140502	207474	83314	108.7	15051
拜泉县	Baiquan County	867393	293122	247503	326768	95.3	15170
梅里斯区	Meilisi Daur District	304681	116522	98307	89852	90.7	18196
讷河市	Nehe City	1193650	381292	376327	436031	109.7	16902
鸡东县	Jidong County	917673	334964	234150	348559	109.8	31678
虎林市	Hulin City	1318678	798392	170973	349313	107.0	46779
密山市	Mishan City	1299625	564745	219406	515474	105.6	31676
萝北县	Luobei County	825752	440201	120969	264582	100.0	37564
绥滨县	Suibin County	505392	356128	22731	126533	102.7	27673
集贤县	Jixian County	672903	182041	156378	334484	103.7	22167
友谊县	Youyi County	395213	158508	89236	147469	103.0	35734
宝清县	Baoqing County	1451031	771685	242318	437028	104.4	35006
饶河县	Raohe County	485155	333711	45297	106147	103.1	34244
肇州县	Zhaozhou County	2018625	448694	972726	597205	107.4	45913
肇源县	Zhaoyuan County	1551279	417690	693057	440532	105.6	34324
林甸县	Lindian County	552871	188931	206715	157225	107.0	21318
杜蒙自治县	Durbote Mongolia Autonomous County	1048988	373330	414738	260920	107.6	43346
大同区	Datong	1100781	301860	467363	331558	105.2	50941

附录 续表3 CONTINUED

县、市名称	Name	地区生产总值（万元）Gross Domestic Product (10000 yuan)	第一产业 Primary Industry	第二产业 Secondary Industry	第三产业 Tertiary Industry	地区生产总值指数（上年=100）Indices of Gross Domestic Product (preceding year=100)	人均地区生产总值（元）Per Capita GDP (yuan)
嘉荫县	Jiayin County	240633	134241	30213	76179	96.2	33241
铁力市	Tieli City	730488	364692	116259	249537	101.2	20126
桦南县	Huanan County	1235761	517826	315832	402103	106.5	29252
桦川县	Huachuan County	549781	237943	189202	122636	106.7	23935
汤原县	Tangyuan County	863396	397502	248884	217010	106.3	34800
抚远市	Fuyuan City	506866	341343	32016	133507	107.1	42886
同江市	Tongjiang City	1140291	799758	95045	245488	106.0	53896
富锦市	Fujin City	2000820	1038983	342280	619557	103.8	43460
佳木斯郊区	Jiamusi Suburb						
勃利县	Boli County	527441	163587	114532	249322	101.5	16353
穆棱市	Muling City	1879858	301160	954393	624305	106.3	65401
东宁市	Dongning City	1683750	389239	434865	859646	105.8	84224
林口县	Linkou County	1036337	374031	338102	324204	105.5	29290
绥芬河市	Suifenhe City	1369054	11185	147302	1210567	102.8	134695
海林市	Hailin City	2166235	460268	1008661	697306	105.8	56770
宁安市	Ningan City	2066852	598069	764528	704255	105.9	48215
阳明区	Yangming	641804	82502	299309	259992	105.3	
北安市	Beian City	1138000	360831	236345	540824	108.1	25736
五大连池市	Wudalianchi City	810218	514698	68649	226871	107.6	29917
五大连池风景区	Wudalianchi scenic spot	62550	21573	6587	34390	107.5	28871
爱辉区	Aihui	222491	67357	69433	85701	106.8	27185
嫩江县	Nenjiang County	1941268	964607	262693	713968	104.2	40066
逊克县	Xunke County	258954	153837	37617	67500	107.6	26316
孙吴县	Sunwu County	150830	73822	20888	56120	107.5	15237
安达市	Anda City	3297298	524040	1619156	1154102	104.3	70230
肇东市	Zhaodong City	4029990	834611	1787468	1407911	106.1	45129
海伦市	Hailun City	1260146	612637	317673	329836	107.0	16197
北林区	Beilin	1667169	776351	430528	460290	108.0	20014
望奎县	Wangkui County	784774	411912	236232	136630	107.2	17154
兰西县	Lanxi County	645100	286535	205917	152648	107.5	13032
青冈县	Qinggang County	631798	325336	210855	95607	107.3	12280
庆安县	Qingan County	881799	367184	270035	244580	108.3	23641
明水县	Mingshui County	625376	306264	224447	94665	107.1	18313
绥棱县	Suiling County	780475	437398	173153	169924	108.7	25176
呼玛县	Huma County	163215	103999	12559	46657	106.5	34291
塔河县	Tahe County	211655	130650	11752	69253	106.7	26610
漠河县	Mohe County	309083	74421	34751	199911	104.8	40639
加格达奇区	Jiagedaqi District	348134	59961	50569	237604	100.1	24059

附录 续表4 CONTINUED

单位：人 (person)

县、市名称	Name	城镇非私营单位就业人数 Number of Employment In Urban Units (ExcludingPrivate)	国有单位 State-owned Units	集体单位 Collective-owned Units	其他单位 Other	城镇非私营单位就业人员平均工资(元) Average wage of Employed Persons(yuan, Excluding Private)
阿城区	Acheng	28327	19818	1710	6799	48618
呼兰区	Hulan	36133	21122	1350	13661	53497
宾县	Bin County	27144	18584	495	8065	48773
依兰县	Yilan County	25866	15773	1296	8797	43153
方正县	Fangzheng County	15503	13121	1368	1014	42756
双城区	Shuangcheng	27693	18995	309	8389	54758
尚志市	Shangzhi City	35433	29804	596	5033	42115
五常市	Wuchang City	33470	26668	2424	4378	48702
巴彦县	Bayan County	28480	23842	599	4039	46679
木兰县	Mulan County	14402	11147	532	2723	49801
通河县	Tonghe County	18062	13636	263	4163	44091
延寿县	Yanshou County	12542	11107	347	1088	49305
龙江县	Longjiang County	17137	13019	339	3779	45238
依安县	Yian County	13675	9043	648	3984	44004
泰来县	Tailai County	11621	10241	369	1011	48783
甘南县	Gannan County	9995	7458	728	1809	52441
富裕县	Fuyu County	13277	9300	315	3662	47933
克山县	Keshan County	14471	10063	374	4034	50640
克东县	Kedong County	10065	7108	293	2664	43913
拜泉县	Baiquan County	10963	9228	371	1364	45965
梅里斯区	Meilisi Daur District	4799	3233	39	1527	48312
讷河市	Nehe City	19260	14245	802	4213	48176
鸡东县	Jidong County	11511	9377	561	1573	45700
虎林市	Hulin City	20600	17108	403	3089	42676
密山市	Mishan City	16611	12677	441	3493	47284
萝北县	Luobei County	14934	13769	449	716	40695
绥滨县	Suibin County	8138	6512	313	1313	49481
集贤县	Jixian County	14649	10293	856	3500	45214
友谊县	Youyi County	5895	4997		898	47225
宝清县	Baoqing County	20425	18518	130	1777	45565
饶河县	Raohe County	7223	6069	75	1079	50045
肇州县	Zhaozhou County	23009	17227	1384	4398	45710
肇源县	Zhaoyuan County	15751	11298	397	4056	50107
林甸县	Lindian County	9866	7930	279	1657	47772
杜蒙自治县	Durbote Mongolia Autonomous County	11903	9026	105	2772	48051
大同区	Datong	9159	5263	1060	2836	78189

附录 续表5 CONTINUED

单位：人 (person)

县、市名称	Name	城镇非私营单位就业人数 Number of Employment In Urban Units (ExcludingPrivate)	国有单位 State-owned Units	集体单位 Collective-owned Units	其他单位 Other	城镇非私营单位就业人员平均工资(元) Average wage of Employed Persons(yuan, Excluding Private)
嘉荫县	Jiayin County	6784	6122	274	388	50677
铁力市	Tieli City	35560	33186	371	2003	28719
桦南县	Huanan County	30502	22021	1474	7007	38012
桦川县	Huachuan County	9363	8122	271	970	45323
汤原县	Tangyuan County	13220	11707	273	1240	35089
抚远市	Fuyuan City	7064	6574	213	277	53858
同江市	Tongjiang City	10129	7073	254	2802	49999
富锦市	Fujin City	21886	15952	2197	3737	42741
佳木斯郊区	Jiamusi Suburb	10307	9177	219	911	43704
勃利县	Boli County	13363	10317	251	2795	42555
穆棱市	Muling City	26875	19363	482	7030	42975
东宁市	Dongning City	25967	14673	100	11194	48690
林口县	Linkou County	16827	13358	484	2985	45599
绥芬河市	Suifenhe City	9678	6679	204	2795	55424
海林市	Hailin City	45991	22808	6201	16982	36794
宁安市	Ningan City	30409	21175	719	8515	45979
阳明区	Yangming	11428	5134	307	5987	55768
北安市	Beian City	27558	23176	443	3939	47268
五大连池市	Wudalianchi City	21914	16570	104	5240	42545
五大连池风景区	Wudalianchi scenic spot	3034	2601	10	423	39329
爱辉区	Aihui	8599	7127	39	1433	57950
嫩江县	Nenjiang County	22016	15377	397	6242	47269
逊克县	Xunke County	6469	5362	483	624	47026
孙吴县	Sunwu County	7526	6275	416	835	50015
安达市	Anda City	24831	15348	1635	7848	45199
肇东市	Zhaodong City	41406	25058	878	15470	44258
海伦市	Hailun City	32026	17905	625	13496	42636
北林区	Beilin	26132	16611	1081	8440	49129
望奎县	Wangkui County	17630	15195	306	2129	33615
兰西县	Lanxi County	16075	11237	1071	3767	44563
青冈县	Qinggang County	17032	10598	313	6121	42975
庆安县	Qingan County	18301	13937	234	4130	39763
明水县	Mingshui County	21242	13901	869	6472	37888
绥棱县	Suiling County	16218	15206	452	560	33507
呼玛县	Huma County	7109	6244	362	503	50071
塔河县	Tahe County	12499	11958		541	36578
漠河县	Mohe County	18336	17121		1215	34934
加格达奇区	Jiagedaqi District	22241	16329	65	5847	60295

附录 续表6 CONTINUED

单位：万元 (10000 yuan)

县、市名称	Name	固定资产投资总额 Total Investment in Fixed	按类型分 Group by Ownership			按构成分 By Use of Funds			
			国有单位 State-owned Units	集体单位 Collective-owned Units	其他单位 Other	建筑工程 Construction Engineering	安装工程 Installation Engineering	设备工器具购置 Purchase of Equipment and Instrument	其他费用 Others
阿城区	Acheng	3697584	529875	22560	3145149	1124576	24038	1653820	895150
呼兰区	Hulan	2201592	170556	86672	1944364	1003441	114101	777612	306438
宾县	Bin County	1828504	502172		1326332	647273	480115	678886	22230
依兰县	Yilan County	643358	238590		404768	522796	102737	10975	6850
方正县	Fangzheng County	301512	151447	3000	147065	200925	30416	29131	41040
双城区	Shuangcheng	3060810	775219	33060	2252531	1884773	567434	466477	142126
尚志市	Shangzhi City	1140584	330301	105644	704639	1063873	30097	29934	16680
五常市	Wuchang City	1623277	267379		1355898	872077	69019	674921	7260
巴彦县	Bayan County	1670608	134028	4900	1531680	984772	3700	680622	1514
木兰县	Mulan County	377972	324241		53731	291728	13831	71609	804
通河县	Tonghe County	383203	172674		210529	317254	23730	34387	7832
延寿县	Yanshou County	449935	179385		270550	411465	21310	17160	
龙江县	Longjiang County	1052271	405584		646687	732196	8635	297089	14351
依安县	Yian County	690483	349087		341396	438182	9412	161867	81022
泰来县	Tailai County	956120	338577		617543	912033	6967	27357	9763
甘南县	Gannan County	260000	68600	1166	190234	207858	871	40244	11027
富裕县	Fuyu County	769000	227187		541813	590183	166925	5489	6403
克山县	Keshan County	662091	35357		626734	601022	54769	5900	400
克东县	Kedong County	427722	69193		358529	372515	3459	40631	11117
拜泉县	Baiquan County	551045	70749		480296	513280		37332	433
梅里斯区	Meilisi Daur District	103047	41709		61338	102082		110	855
讷河市	Nehe City	1028427	90392		938035	992830	22912	10823	1862
鸡东县	Jidong County	256603	44428	6655	205520	206812	42621	3680	3490
虎林市	Hulin City	405547	149330	5500	250717	273938	10738	45649	75222
密山市	Mishan City	411992	80906		331086	234967	15418	137690	23917
萝北县	Luobei County	77362	34846		42516	71065	2797	3500	
绥滨县	Suibin County	136254	86692		49562	119443	9957	6593	261
集贤县	Jixian County	181308	19256		162052	87409	21505	63476	8918
友谊县	Youyi County	61151	35790		25361	50538	2348	5926	2339
宝清县	Baoqing County	352525	253385		99140	262038	48969	24533	16985
饶河县	Raohe County	98370	58930		39440	92460	2510	1400	2000
肇州县	Zhaozhou County	362300	2400		359900	352300	5000	5000	
肇源县	Zhaoyuan County	414805	117065	3100	294640	375765	7583	31457	
林甸县	Lindian County	321238	107344		213894	234627	8843	18204	59564
杜蒙自治县	Durbote Mongolia Autonomous County	420258	224577		195681	276894	15665	100628	27071
大同区	Datong	245044	106817	9540	128687	171341	32958	36408	4337

附录 续表7 CONTINUED

单位：万元 (10000 yuan)

县、市名称	Name	固定资产投资总额 Total Investment in Fixed	按类型分 Group by Ownership			按构成分 By Use of Funds			
			国有单位 State-owned Units	集体单位 Collective-owned Units	其他单位 Other	建筑工程 Construction Engineering	安装工程 Installation Engineering	设备工器具购置 Purchase of Equipment and Instrument	其他费用 Others
嘉荫县	Jiayin County	42535	42535			42535			
铁力市	Tieli City	222285	166932		55353	200941	4719	16275	350
桦南县	Huanan County	1114612	101300		1013312	950399	78454	85209	550
桦川县	Huachuan County	644620	174269		470351	451201	143209	40728	9482
汤原县	Tangyuan County	695343	80872		614471	502728	10152	164794	17669
抚远市	Fuyuan City	229960	145076		84884	216415	6062	6345	1138
同江市	Tongjiang City	508366	344236		164130	418197	67526	14818	7825
富锦市	Fujin City	976933	580315	12600	384018	931531	5642	35750	4010
佳木斯郊区	Jiamusi Suburb	695782	93956		601826	692232			3550
勃利县	Boli County	192806			192806	158858	6000	27948	
穆棱市	Muling City	1948995	238403		1710592	1144441	46832	389041	368681
东宁市	Dongning City	1174392	186050	53306	935036	662095	216862	201629	93806
林口县	Linkou County	641810	123258		518552	630820	803	1460	8727
绥芬河市	Suifenhe City	853775	50423		803352	776279	25881	26112	25503
海林市	Hailin City	2395162	775373	52990	1566799	1795746	6764	528680	63972
宁安市	Ningan City	2104041	823869	16400	1263772	1003136	23418	1072805	4682
阳明区	Yangming	633525	11682	2819	619024	417306	5083	206441	4695
北安市	Beian City	784582	515217		269365	698708	38680	42339	4855
五大连池市	Wudalianchi City	379900	122649	14945	242306	220127	300	7376	152097
五大连池风景区	Wudalianchi scenic spot	45577	14627		30950	45577			
爱辉区	Aihui	394912	104045		290867	200700	60500	133712	
嫩江县	Nenjiang County	611259	530693		80566	444095	25649	116396	25119
逊克县	Xunke County	155406	51792		103614	119368	2005	18233	15800
孙吴县	Sunwu County	123345	78115		45230	113747	1585	506	7507
安达市	Anda City	1451801	145496		1306305	1236001	63185	152452	163
肇东市	Zhaodong City	1795008	931617		863391	1697002	79721	18285	
海伦市	Hailun City	610836	154337		456499	422163	9898	176085	2690
北林区	Beilin	946868	182289		764579	861814	4324	80730	
望奎县	Wangkui County	907644	101014		806630	879756	100	27788	
兰西县	Lanxi County	536320	184488		351832	353570	35967	69657	77126
青冈县	Qinggang County	326729	40414	600	285715	293569	20323	12837	
庆安县	Qingan County	552700	70672		482028	484159	4590	28447	35504
明水县	Mingshui County	180200	35930		144270	163589	2828	11803	1980
绥棱县	Suiling County	287487	8521		278966	119138	44397	38304	85648
呼玛县	Huma County	44328	37543		6785	34862	714	5386	3366
塔河县	Tahe County	77323	63633		13690	70615	4183	2275	250
漠河县	Mohe County	276408	74458		201950	105377	30281	53059	87691
加格达奇区	Jiagedaqi District	43171	17148		26023	30125	819	9370	2857

附录 续表8 CONTINUED

单位：万元 (10000 yuan)

县、市名称	Name	农林牧渔业总产值 Gross Output Value of Farming, Forestry, Animal Husbandry and Fishery 合计 Total	#农业 Farming	#林业 Forestry	#牧业 Animal Husbandry	#渔业 Fishery	城镇常住居民人均可支配收入（元） Annual Per Capita Disposable Income of Urban Households (yuan)	农村常住居民人均可支配收入（元） Annual Per Capita Disposable Income of Rural Households (yuan)
阿城区	Acheng	735906	413583	11675	275384	11501	30825	16192
呼兰区	Hulan	1356049	534070	13696	757441	35281	30650	10210
宾　县	Bin County	906010	325685	26850	546665	5660	23126	13660
依兰县	Yilan County	573295	368700	17963	160354	6921	22249	14585
方正县	Fangzheng County	404686	276196	29572	76036	19059	20418	12061
双城区	Shuangcheng	2588313	1352962	10095	1125837	28450	23599	13797
尚志市	Shangzhi City	1108494	817013	47420	210178	21938	23366	15646
五常市	Wuchang City	1905941	1309179	76737	399788	52004	22127	14928
巴彦县	Bayan County	1351330	644122	40032	638545	15477	20673	11927
木兰县	Mulan County	488564	303162	8314	148108	11223	19308	10188
通河县	Tonghe County	427635	283531	23821	101655	9731	20079	13508
延寿县	Yanshou County	353888	210935	8996	117294	5093	19542	7045
龙江县	Longjiang County	809810	392980	3660	401713	10388	17421	12725
依安县	Yian County	664057	322382	19077	315898	6140	19743	10321
泰来县	Tailai County	480336	255045	2411	203456	18198	16535	6510
甘南县	Gannan County	471733	225533	2534	233280	8966	16203	6368
富裕县	Fuyu County	527644	240554	3238	267890	15651	21418	8382
克山县	Keshan County	569852	329037	1703	219845	11257	19754	11340
克东县	Kedong County	274316	128089	6087	135234	4465	15237	9615
拜泉县	Baiquan County	595973	295898	20336	266011	7598	16409	6606
梅里斯区	Meilisi Daur District	235877	146316	2011	85583	1161		11638
讷河市	Nehe City	862619	506771	8788	329082	15764	22180	12731
鸡东县	Jidong County	536407	292396	51572	164073	26034	22723	14367
虎林市	Hulin City	530279	353945	53500	102234	18674	23067	16462
密山市	Mishan City	620769	324565	7901	229575	48423	23626	15193
萝北县	Luobei County	172737	112839	11906	40232	1900	23062	15837
绥滨县	Suibin County	214629	160738	921	40710	11500	20490	5347
集贤县	Jixian County	285166	202199	4657	69520	4409	24601	13307
友谊县	Youyi County	26055	17143		8912		20751	12434
宝清县	Baoqing County	634087	376788	21303	221694	12002	24614	15049
饶河县	Raohe County	296157	203808	5392	81004	5567	21558	5977
肇州县	Zhaozhou County	1013885	375622	4209	627308	5552	23286	12234
肇源县	Zhaoyuan County	855063	385102	9241	426240	33652	22311	12136
林甸县	Lindian County	417474	215000	5374	181100	14500	15267	6818
杜蒙自治县	Durbote Mongolia Autonomous County	636583	224550	2480	373293	35600	21159	12356
大同区	Datong	625800	348000	7200	25400	14300	36509	13909

附录 续表9 CONTINUED

单位：万元 (10000 yuan)

县、市名称	Name	农林牧渔业总产值 Gross Output Value of Farming, Forestry, Animal Husbandry and Fishery					城镇常住居民人均可支配收入（元） Annual Per Capita Disposable Income of Urban Households (yuan)	农村常住居民人均可支配收入（元） Annual Per Capita Disposable Income of Rural Households (yuan)
		合计 Total	#农业 Farming	#林业 Forestry	#牧业 Animal Husbandry	#渔业 Fishery		
嘉荫县	Jiayin County	190089	147847	26797	12707	1438	20788	14133
铁力市	Tieli City	600739	299788	66168	230289	1666	19242	12295
桦南县	Huanan County	995322	479671	36609	418377	57125	22052	5207
桦川县	Huachuan County	483699	322050	2628	130931	27977	19529	5637
汤原县	Tangyuan County	784499	448020	15638	304208	14865	20372	4321
抚远市	Fuyuan City	354619	261807	3950	41852	45560	22330	4403
同江市	Tongjiang City	338922	253074	2939	59555	21724	21556	6587
富锦市	Fujin City	1197136	861834	3429	303762	26452	23136	16293
佳木斯郊区	Jiamusi Suburb	511103	245883	16045	235091	13605	24632	17545
勃利县	Boli County	315067	166487	27650	105930	3000	18115	10816
穆棱市	Muling City	554603	382201	6661	140058	4306	25324	16023
东宁市	Dongning City	637453	557488	3765	31657	3769	29150	21604
林口县	Linkou County	654676	505129	5266	134354	3274	22365	13786
绥芬河市	Suifenhe City	19593	11851	5	7296	364	32685	17990
海林市	Hailin City	717936	645740	8535	56268	5013	25631	16556
宁安市	Ningan City	1028688	697244	5957	270364	12803	25370	16526
阳明区	Yangming	145765	83775	373	61064	553	28489	15688
北安市	Beian City	348314	258721	9348	63360	4374	24095	12607
五大连池市	Wudalianchi City	601297	329131	168918	82016	17910	22230	12803
五大连池风景区	Wudalianchi scenic spot	21149	13059	556	3888	3220		
爱辉区	Aihui	156349	95699	14023	41007	3200		
嫩江县	Nenjiang County	1263407	1030693	10978	190329	3441	23044	12767
逊克县	Xunke County	226307	183194	3652	27581	5563	22119	12886
孙吴县	Sunwu County	122980	95892	4895	19286	619	18070	10893
安达市	Anda City	929620	331807	3593	565121	18864	24826	13977
肇东市	Zhaodong City	1745450	645628	4502	1035826	56868	24949	13902
海伦市	Hailun City	1125567	744129	13256	359980	5359	19279	9271
北林区	Beilin	1421224	630390	8076	726545	47321	22276	12365
望奎县	Wangkui County	819080	309530	1660	505850	1370	16978	10533
兰西县	Lanxi County	567909	318311	5120	233601	9545	15046	7368
青冈县	Qinggang County	779485	300975	4546	457285	10902	15620	8992
庆安县	Qingan County	817883	590931	16649	173836	23218	21894	13418
明水县	Mingshui County	473839	267803	4697	190963	8353	15063	8324
绥棱县	Suiling County	579773	392181	12457	156099	15382	15423	12615
呼玛县	Huma County	165316	124969	18611	13916	1520	22239	12583
塔河县	Tahe County	205800	37762	144561	15014	3263	21141	10586
漠河县	Mohe County	217154	65065	89478	43949	934	23509	16210
加格达奇区	Jiagedaqi District	55316	33063	1166	18330	1276	24429	11349

附录 续表10 CONTINUED

县、市名称	Name	化肥施用折纯量（吨） Consumption of Chemical Fertilizers (ton, Converting the gross weight into weight containing 100% effective component)	农村用电量（万千瓦时） Electricity Consumed in Rural Areas (10000 kwh)	农用机械总动力（万千瓦） Total Agricultural Machinery Power (10000 kw)	进出口总额（万美元） Total Value of Imports and Exports (USD 10000)	实际利用域外资金（万元） Total Amount of Ecdemic Capital Actually Used (10000 yuan)
阿城区	Acheng	18267	10415	48.2	955	951000
呼兰区	Hulan	36646	16443	59.4	536	19923
宾县	Bin County	58067	10652	95.3	2948	1099500
依兰县	Yilan County	23560	14652	56.9	1802	507500
方正县	Fangzheng County	14747	6709	69.6	841	220200
双城区	Shuangcheng	76919	28441	85.7	3802	952300
尚志市	Shangzhi City	24770	16798	73.7	2675	875000
五常市	Wuchang City	65010	22940	144.2	744	612500
巴彦县	Bayan County	37850	6532	140.4	211	374300
木兰县	Mulan County	17635	6422	73.9	894	193200
通河县	Tonghe County	16077	9261	93.5	493	327200
延寿县	Yanshou County	30850	7728	46.9	5915	332100
龙江县	Longjiang County	52164	11765	174.7	1496	606400
依安县	Yian County	21920	6450	63.9	189	489100
泰来县	Tailai County	39904	7158	83.7		380600
甘南县	Gannan County	27162	8833	73.5	196	512100
富裕县	Fuyu County	25432	13596	50.8	558	770600
克山县	Keshan County	18750	5232	64.3	967	487900
克东县	Kedong County	9793	3691	55.7	1881	575600
拜泉县	Baiquan County	41840	8085	70.7		353100
梅里斯区	Meilisi Daur District	16911	2723	54.0	35	
讷河市	Nehe City	38637	16295	114.4	2057	617300
鸡东县	Jidong County	8306	11350	50.4	277	338486
虎林市	Hulin City	13549	5617	87.4	1798	678983
密山市	Mishan City	23558	13067	81.3	15549	345680
萝北县	Luobei County	17578	1783	34.0	7191	137803
绥滨县	Suibin County	19395	2915	59.5	129	136607
集贤县	Jixian County	28200	12366	68.2	276	304068
友谊县	Youyi County	260	80	3.1	237	85000
宝清县	Baoqing County	29320	7489	87.8	3646	351098
饶河县	Raohe County	14372	1945	31.4	9308	162621
肇州县	Zhaozhou County	34329	4305	62.6	26	271210
肇源县	Zhaoyuan County	28254	10483	53.1	1807	286500
林甸县	Lindian County	23606	11020	97.0	416	180070
杜蒙自治县	Durbote Mongolia Autonomous County	26293	8140	79.7	39	256500
大同区	Datong	20215	4581	52.0	122	124627

附录 续表11 CONTINUED

县、市名称	Name	化肥施用折纯量（吨）Consumption of Chemical Fertilizers (ton, Converting the gross weight into weight containing 100% effective component)	农村用电量（万千瓦时）Electricity Consumed in Rural Areas (10000 kwh)	农用机械总动力（万千瓦）Total Agricultural Machinery Power (10000 kw)	进出口总额（万美元）Total Value of Imports and Exports (USD 10000)	实际利用域外资金（万元）Total Amount of Ecdemic Capital Actually Used (10000 yuan)
嘉荫县	Jiayin County	7827	600	17.6	1536	12046
铁力市	Tieli City	12620	2932	43.7	619	153000
桦南县	Huanan County	43449	7725	97.6	8370	1657800
桦川县	Huachuan County	47771	10662	76.0	20	775400
汤原县	Tangyuan County	19408	8016	55.5	187	645022
抚远市	Fuyuan City	10128	8738	66.2	41598	139150
同江市	Tongjiang City	38675	3960	64.7	39133	763400
富锦市	Fujin City	64300	17145	128.7	4344	1565700
佳木斯郊区	Jiamusi Suburb	17710	14199	33		50036
勃利县	Boli County	25797	9507	44.4	0.36	65000
穆棱市	Muling City	12440	3892	28.8	7346	1389045
东宁市	Dongning City	9912	8467	51.9	56667	1097790
林口县	Linkou County	18386	6872	52.1	4546	871171
绥芬河市	Suifenhe City	369	305	4.5	324845	838537
海林市	Hailin City	12059	7362	39.0	8059	1356866
宁安市	Ningan City	24838	13097	87.9	4594	1216095
阳明区	Yangming	5130	4391	9.6	3145	604110
北安市	Beian City	30590	4710	46.0	52	
五大连池市	Wudalianchi City	22846	9862	36.4	162	778900
五大连池风景区	Wudalianchi scenic spot	1957	175	3.5		243000
爱辉区	Aihui	10619	1831	28.9	6615	
嫩江县	Nenjiang County	39751	6200	86.4	337	389372
逊克县	Xunke County	29791	1593	49.9	917	130500
孙吴县	Sunwu County	8881	1143	45.4	301	73200
安达市	Anda City	18627	14605	55.6	1257	1312960
肇东市	Zhaodong City	73269	22316	70.0	5435	1325730
海伦市	Hailun City	70639	12870	71.3	1456	25444
北林区	Beilin	42743	19483	76.1	2097	16505
望奎县	Wangkui County	28568	5855	39.6		15836
兰西县	Lanxi County	45852	14270	47.3	2975	101639
青冈县	Qinggang County	30291	16305	63.7	1920	222075
庆安县	Qingan County	18102	13175	56.8	103	149829
明水县	Mingshui County	13257	8432	73.4		80500
绥棱县	Suiling County	17175	14652	55.6	107	15311
呼玛县	Huma County	4060	632	23.9		10600
塔河县	Tahe County	278	410	3.2		62000
漠河县	Mohe County	152	795	2.7		146000
加格达奇区	Jiagedaqi District	1137	108		1188	47485

附录 续表12 CONTINUED

单位：公顷 (hectare)

县、市名称	Name	农作物总播种面积 Total Sown Areas of Farm Crops	主要农作物播种面积 Sown Areas of Main Farm Crops				
			粮食 Grain Crops	#谷物 Cereal	#大豆 Soja	油料 Oil-bearing Crops	甜菜 Beetroots
阿城区	Acheng	77133	74559	73457	885	11	
呼兰区	Hulan	144034	137196	129084	2611		
宾县	Bin County	164666	158589	155601	1313	160	
依兰县	Yilan County	222025	217295	205980	11044	190	
方正县	Fangzheng County	73569	71523	65614	5844	1401	
双城区	Shuangcheng	235067	199733	195693	440	7867	
尚志市	Shangzhi City	161036	143982	106569	34415	3175	
五常市	Wuchang City	285860	271846	266933	4527		
巴彦县	Bayan County	229645	225353	201433	15278		
木兰县	Mulan County	102379	100761	87690	12637	4	
通河县	Tonghe County	120181	118703	110754	6804		
延寿县	Yanshou County	100926	99811	96210	3499	71	
龙江县	Longjiang County	326519	318026	316114	1726	33	107
依安县	Yian County	271065	269281	208602	36753	240	266
泰来县	Tailai County	174620	161776	156777	415	856	
甘南县	Gannan County	234186	227494	208617	7095	2832	
富裕县	Fuyu County	156488	152242	142877	3315	52	193
克山县	Keshan County	201803	201704	65225	106049		
克东县	Kedong County	125682	121594	34596	85833	17	
拜泉县	Baiquan County	244269	241563	103624	120863	42	935
梅里斯区	Meilisi Daur District	97294	88235	87002	1233	29	
讷河市	Nehe City	416115	411049	230011	136114	709	160
鸡东县	Jidong County	89764	85884	77783	6954	1386	
虎林市	Hulin City	167599	166000	122797	31657	629	
密山市	Mishan City	160145	159318	139583	17334	237	
萝北县	Luobei County	76192	75194	58972	11937	903	
绥滨县	Suibin County	91854	91202	85976	3845	1	
集贤县	Jixian County	127062	114711	111567	1885	1896	
友谊县	Youyi County	2517	2517	2404	113		
宝清县	Baoqing County	162118	159954	129134	30231	625	
饶河县	Raohe County	91023	87428	60379	24629	3259	
肇州县	Zhaozhou County	150098	133126	129922	541	2148	2
肇源县	Zhaoyuan County	176653	161680	153700	1907	9433	
林甸县	Lindian County	154975	151721	131373	6394	116	1366
杜蒙自治县	Durbote Mongolia Autonomous County	153255	146699	127819	1015	1688	
大同区	Datong	78370	65494	64734	755	2128	

附录 续表13 CONTINUED

单位：公顷 (hectare)

县、市名称	Name	农作物总播种面积 Total Sown Areas of Farm Crops	主要农作物播种面积 Sown Areas of Main Farm Crops				
			粮 食 Grain Crops	#谷物 Cereal	#大豆 Soja	油 料 Oil-bearing Crops	甜 菜 Beetroots
嘉荫县	Jiayin County	81551	78271	27899	46496	157	
铁力市	Tieli City	100841	97709	56199	41120	962	
桦南县	Huanan County	228100	206482	176655	29143	16175	
桦川县	Huachuan County	140113	135962	131849	3949	32	
汤原县	Tangyuan County	118366	115670	99589	7599	152	
抚远市	Fuyuan City	174160	174060	138099	34612		
同江市	Tongjiang City	150000	149291	88821	57918	21	
富锦市	Fujin City	379072	376619	336175	39900	233	
佳木斯郊区	Jiamusi Suburb	106623	97915	94599	2279	608	
勃利县	Boli County	114433	96482	93181	2108	205	
穆棱市	Muling City	120072	98661	52818	43815	14688	
东宁市	Dongning City	66891	48645	26172	21048	11267	
林口县	Linkou County	151132	111194	74714	30204	18234	
绥芬河市	Suifenhe City	3337	2964	222	672	223	
海林市	Hailin City	78047	58065	45826	10284	5341	
宁安市	Ningan City	177528	142690	112187	17502	1468	
阳明区	Yangming	31138	26170	18778	6085	1427	
北安市	Beian City	230113	225292	51557	167327	724	
五大连池市	Wudalianchi City	242620	237130	36315	192985	211	
五大连池风景区	Wudalianchi scenic spot	12160	11819	1637	7460		
爱辉区	Aihui	113430	109983	57113	38755	414	
嫩江县	Nenjiang County	431776	428123	86460	332947	259	
逊克县	Xunke County	161087	156241	67284	80278	1079	
孙吴县	Sunwu County	117362	107092	30843	59953	587	
安达市	Anda City	135610	131298	128451	2417	20	1
肇东市	Zhaodong City	253568	227715	221265	786	1067	
海伦市	Hailun City	310067	300937	157504	140071	1264	
北林区	Beilin	216102	212032	191296	16211		
望奎县	Wangkui County	170817	167962	143824	15181	11	
兰西县	Lanxi County	167072	160261	154939	2737	171	
青冈县	Qinggang County	170891	163548	154953	7800	184	
庆安县	Qingan County	189675	185387	168363	14735		
明水县	Mingshui County	139500	137927	118170	14045	51	
绥棱县	Suiling County	139342	138151	90469	47442		
呼玛县	Huma County	75107	72609	8970	61626	140	
塔河县	Tahe County	7555	7428	189	7186		
漠河县	Mohe County	3392	2833	145	2392		
加格达奇区	Jiagedaqi District	89443	88286	9196	72624		

附录 续表14 CONTINUED

县、市名称	Name	主要农作物产量(吨) Yield of Main Farm Crops(ton)					猪牛羊肉产量(吨) Yield of Pork Beef and Mutton (ton)	水产品产量(吨) Aquatic Products (ton)
		粮食 Grain Crops	#谷物 Cereal	#大豆 Soja	油料 Oil-bearing Crops	甜菜 Beetroots		
阿城区	Acheng	546911	539271	6462	33		37064	10237
呼兰区	Hulan	1052341	1017930	5434			61437	4991
宾县	Bin County	1066797	1045660	8939	478		86737	8328
依兰县	Yilan County	1386456	1354542	30665	229		32432	5635
方正县	Fangzheng County	447013	434660	11806	1944		10357	8367
双城区	Shuangcheng	1655114	1630033	867	7091		80345	13603
尚志市	Shangzhi City	909527	817856	87188	10226		31933	7435
五常市	Wuchang City	2126090	2115518	9624			65734	9663
巴彦县	Bayan County	1663348	1560636	26653			102837	16555
木兰县	Mulan County	675912	649327	25195	8		28597	5377
通河县	Tonghe County	704105	691028	11758			17733	6802
延寿县	Yanshou County	612451	595204	16423	145		7208	3750
龙江县	Longjiang County	1942772	1940533	1808	72	4020	68056	7845
依安县	Yian County	1371633	1133465	85153	431	12787	56117	2340
泰来县	Tailai County	831918	827144	590	1614		39806	13406
甘南县	Gannan County	1078510	1012683	14825	3692		93667	7836
富裕县	Fuyu County	873327	851584	5427	55	4825	23228	3613
克山县	Keshan County	720073	403134	154300			42120	2348
克东县	Kedong County	352327	215088	136682	60		8261	2673
拜泉县	Baiquan County	979604	740324	203521	100	32540	64297	4514
梅里斯区	Meilisi Daur District	609524	605378	2219			18399	1200
讷河市	Nehe City	1734552	1098991	217714	823	352	56598	10446
鸡东县	Jidong County	625366	608462	13357	2269		36121	5744
虎林市	Hulin City	927318	852960	61774	580		13118	10351
密山市	Mishan City	1044869	1006127	33949	202		44984	25734
萝北县	Luobei County	371044	349208	16912	970		11775	1439
绥滨县	Suibin County	458868	445989	7502	1		5865	5090
集贤县	Jixian County	891454	883913	3596	2655		38948	2100
友谊县	Youyi County	18884	18653	231			2876	
宝清县	Baoqing County	1085440	1030809	53509	722		45183	5919
饶河县	Raohe County	455417	409776	42516	5433		3487	1989
肇州县	Zhaozhou County	924298	910761	1146	7063	54	63455	7351
肇源县	Zhaoyuan County	1159250	1139091	3252	25470		61437	22354
林甸县	Lindian County	938821	878516	8733	593	51394	41855	10608
杜蒙自治县	Durbote Mongolia Autonomous County	829450	798935	1714	5412		32500	31255
大同区	Datong	468339	467238	1093	3744		50082	9500

附录 续表15 CONTINUED

县、市名称	Name	主要农作物产量(吨) Yield of Main Farm Crops(ton)					猪牛羊肉产量(吨) Yield of Pork Beef and Mutton (ton)	水产品产量(吨) Aquatic Products (ton)
		粮食 Grain Crops	#谷物 Cereal	#大豆 Soja	油料 Oil-bearing Crops	甜菜 Beetroots		
嘉荫县	Jiayin County	254653	170649	78462	682		793	700
铁力市	Tieli City	376492	302825	72325	1084		35641	863
桦南县	Huanan County	1294392	1230548	59360	24263		97032	8038
桦川县	Huachuan County	831738	825196	6488	33		56829	7798
汤原县	Tangyuan County	750671	713823	15183	253		82358	7798
抚远市	Fuyuan City	862542	806632	53332			4322	1751
同江市	Tongjiang City	774116	667042	106855	50		11158	12976
富锦市	Fujin City	2348996	2242658	77350	433		85619	11693
佳木斯郊区	Jiamusi Suburb	679547	664695	3863	1210			8349
勃利县	Boli County	580357	574008	4125	576		17742	2074
穆棱市	Muling City	380436	307664	69442	24558		30370	2352
东宁市	Dongning City	202365	163062	38024	18636		7376	1705
林口县	Linkou County	538054	429993	95020	32221		21765	1704
绥芬河市	Suifenhe City	10831	1112	1084	157		2269	201
海林市	Hailin City	335289	316631	15990	7454		11160	2718
宁安市	Ningan City	845817	761194	38836	2187		84240	6967
阳明区	Yangming	145505	131438	11112	1964		16750	370
北安市	Beian City	589918	327708	254978	1076		7780	2814
五大连池市	Wudalianchi City	461851	178700	273931	637		16419	4183
五大连池风景区	Wudalianchi scenic spot	28025	6223	12309			865	1010
爱辉区	Aihui	311585	227505	69083	266		9860	1545
嫩江县	Nenjiang County	938314	281044	649881	1295		67329	2552
逊克县	Xunke County	402468	242421	136027	1068		7901	3267
孙吴县	Sunwu County	250723	136845	101844	462		6051	682
安达市	Anda City	1013327	1008935	3811	45	30	50025	15339
肇东市	Zhaodong City	1797661	1768663	1769	2673		125538	35868
海伦市	Hailun City	1502651	1192594	304656	3413		96655	10862
北林区	Beilin	1502308	1422621	35500			84373	27486
望奎县	Wangkui County	1221459	1137812	26990	9		96113	8165
兰西县	Lanxi County	1146246	1139319	4325	1017		46828	8070
青冈县	Qinggang County	1220435	1201436	14990	547		67277	7573
庆安县	Qingan County	1168971	1134794	26516			37877	11595
明水县	Mingshui County	942060	907692	22126	84		32949	4843
绥棱县	Suiling County	747758	661114	85376			26816	8762
呼玛县	Huma County	124120	45120	73288	231		1787	388
塔河县	Tahe County	8662	489	7894			2840	355
漠河县	Mohe County	3765	283	2587			3418	257
加格达奇区	Jiagedaqi District	107210	34356	53133			2419	305

附录 续表16 CONTINUED

县、市名称	Name	猪年底数量（头）Number of Hogs (year-end) (head)	羊年底数量（只）Number of Sheep and Goats (year-end) (head)	牛奶产量（吨）Cow Milk (ton)	大牲畜年底数量（头）Number of Large Animals (head)	#牛 Cattle and Buffaloes	#奶牛 Milch Cows
阿城区	Acheng	189195	25726	4020	95734	93350	1423
呼兰区	Hulan	288113	49986	12235	33797	32549	4283
宾县	Bin County	420152	32516	89	413412	401560	37
依兰县	Yilan County	140540	155041	1852	105314	100793	582
方正县	Fangzheng County	58804	6705		18712	18321	
双城区	Shuangcheng	317800	92584	1175996	627407	605361	301239
尚志市	Shangzhi City	103048	26845	69000	137877	131535	18490
五常市	Wuchang City	507672	100874	76912	176363	167025	24845
巴彦县	Bayan County	708800	64275	4310	80895	80292	2352
木兰县	Mulan County	104118	37712	100	52865	51735	25
通河县	Tonghe County	138768	41777	465	40581	39763	230
延寿县	Yanshou County	29585	31066	940	62437	59405	231
龙江县	Longjiang County	320900	652721	236854	422472	403398	77558
依安县	Yian County	310800	383311	59059	121556	118551	15551
泰来县	Tailai County	249077	157067	140033	108047	91032	46005
甘南县	Gannan County	746262	637693	112821	83711	82009	36488
富裕县	Fuyu County	306488	194808	264259	119372	113804	91700
克山县	Keshan County	231187	158248	50727	100379	95848	18315
克东县	Kedong County	35435	50804	140000	63220	63170	45120
拜泉县	Baiquan County	312929	125334	11142	125639	124814	5845
梅里斯区	Meilisi Daur District	96861	129069	38458	20016	18980	12938
讷河市	Nehe City	355200	236047	45808	195984	187640	16777
鸡东县	Jidong County	136870	87213	1120	21830	19450	588
虎林市	Hulin City	44089	16568	24122	19458	19249	10689
密山市	Mishan City	264699	163330	22724	55891	55754	100
萝北县	Luobei County	110920	12143	4960	6379	6347	1413
绥滨县	Suibin County	23900	23440	256	5363	5241	141
集贤县	Jixian County	323400	39312	423	15011	14949	168
友谊县	Youyi County	27700	8820	158	1464	1464	57
宝清县	Baoqing County	333600	149662	11300	20942	20942	2865
饶河县	Raohe County	26556	26112	176	13754	13584	59
肇州县	Zhaozhou County	295500	525535	127750	238553	229647	36500
肇源县	Zhaoyuan County	367570	334358	62978	63403	56174	20205
林甸县	Lindian County	135403	176254	110094	46317	45424	36284
杜蒙自治县	Durbote Mongolia Autonomous County	89640	247088	331325	113810	104048	65708
大同区	Datong	150219	136133	43695	29498	28137	15446

附录 续表17 CONTINUED

县、市名称	Name	猪年底数量（头）Number of Hogs (year-end) (head)	羊年底数量（只）Number of Sheep and Goats(year-end) (head)	牛奶产量（吨）Cow Milk (ton)	大牲畜年底数量（头）Number of Large Animals (head)	#牛 Cattle and Buffaloes	#奶牛 Milch Cows
嘉荫县	Jiayin County	6648	10668	300	2458	2268	42
铁力市	Tieli City	156068	39480	48184	58080	57073	22734
桦南县	Huanan County	627266	562077	60	336175	327761	138
桦川县	Huachuan County	614593	69245	3579	71787	71561	1359
汤原县	Tangyuan County	532391	93253	58777	72395	72115	23714
抚远市	Fuyuan City	34158	20421	100	9959	9570	39
同江市	Tongjiang City	44744	40400		29321	29321	
富锦市	Fujin City	610353	153462	21916	121315	120889	13015
佳木斯郊区	Jiamusi Suburb	584368	71541	24326	61435	61315	10414
勃利县	Boli County	121912	110412		24891	24740	
穆棱市	Muling City	156701	83360	612	134321	130878	151
东宁市	Dongning City	61632	28207	858	23634	22817	328
林口县	Linkou County	115543	154021	278	100877	86960	73
绥芬河市	Suifenhe City	21308	2658	300	1086	953	107
海林市	Hailin City	72389	47441	1351	43190	41288	568
宁安市	Ningan City	542946	160939	555	90927	88493	145
阳明区	Yangming	87149	22410	610	23892	22101	2198
北安市	Beian City	65150	52883	79048	56645	55770	28068
五大连池市	Wudalianchi City	43981	216280	22703	64631	63810	10633
五大连池风景区	Wudalianchi scenic spot	1921	1912	108	628	434	142
爱辉区	Aihui	15931	70686	40638	63546	60790	13234
嫩江县	Nenjiang County	584946	305082	81538	305685	297538	35568
逊克县	Xunke County	44084	179217	371	44049	41355	307
孙吴县	Sunwu County	28947	150807	542	52739	51171	309
安达市	Anda City	324700	140278	533457	210048	201251	150088
肇东市	Zhaodong City	704200	250295	402308	354077	339996	108566
海伦市	Hailun City	652315	183370	11232	186769	180718	4206
北林区	Beilin	581700	175979	43547	215721	214995	20499
望奎县	Wangkui County	737100	104540	13920	141180	129900	6300
兰西县	Lanxi County	341100	138552	18587	86606	83774	11926
青冈县	Qinggang County	397600	265876	50269	288298	282631	39061
庆安县	Qingan County	387116	77717	782	95011	86546	468
明水县	Mingshui County	216492	632467	24740	264300	251312	35545
绥棱县	Suiling County	293772	29393	5252	50646	50599	4343
呼玛县	Huma County	8675	33618	273	6280	5474	109
塔河县	Tahe County	26833	10915	439	12286	10266	287
漠河县	Mohe County	22024	5355	775	3869	2696	188
加格达奇区	Jiagedaqi District	9678	15525	1758	2799	2770	479

附录 续表18 CONTINUED

单位：万元 (10000 yuan)

县、市名称	Name	全年主营业务收入2000万元及以上的工业企业 Industrial Enterprises With Annual Revenue From Principal Business Over 20 Million Yuan					
		企业单位数（个） Number of Enterprises (unit)	#亏损企业 Losses	工业总产值 Gross Industrial Output Value	工业销售产值 Sales Industrial Output Value	资产合计 Total Assets	流动资产合计 Total Working Capitals
阿城区	Acheng	47	15	436013	403692	1142380	533378
呼兰区	Hulan	60	11	1346241	1383025	2411661	964017
宾县	Bin County	78	9	2956383	2898849	2219217	735206
依兰县	Yilan County	37	8	732288	721881	1122123	255835
方正县	Fangzheng County	48	2	503770	493069	476730	150802
双城区	Shuangcheng	140	14	2916591	2815172	2093309	567731
尚志市	Shangzhi City	117	4	1748739	1700507	396326	167805
五常市	Wuchang City	221	11	4679052	4526813	1579117	912559
巴彦县	Bayan County	35	4	769360	727408	342761	112318
木兰县	Mulan County	20	2	88764	86711	94422	35408
通河县	Tonghe County	34	6	187461	176712	196263	72402
延寿县	Yanshou County	48	1	508599	488099	344829	208708
龙江县	Longjiang County	20	6	824932	793275	1125716	324891
依安县	Yian County	29	3	959282	881625	591641	264972
泰来县	Tailai County	22	2	333927	325832	207139	86004
甘南县	Gannan County	33	4	905973	745906	511814	274088
富裕县	Fuyu County	24	9	401660	386996	405009	167097
克山县	Keshan County	18	1	691640	626101	372150	151242
克东县	Kedong County	13	2	711691	693526	626887	434296
拜泉县	Baiquan County	14	4	406123	389944	198300	61970
梅里斯区	Meilisi Daur District	11		218767	218767	106068	44181
讷河市	Nehe City	37	1	1106247	1105443	469845	249000
鸡东县	Jidong County	14	9	103882	102582	196523	73438
虎林市	Hulin City	46	13	627007	626731	1190177	827933
密山市	Mishan City	39	10	383683	364300	520955	211272
萝北县	Luobei County	30	4	297491	273641	362048	133065
绥滨县	Suibin County	7	2	55859	55312	170636	54340
集贤县	Jixian County	29	9	356096	337877	574261	250240
友谊县	Youyi County	16	7	147183	146637	201114	84193
宝清县	Baoqing County	39	6	761930	675409	347244	142119
饶河县	Raohe County	15	2	86804	86531	110248	36353
肇州县	Zhaozhou County	56	4	4286950	4236538	1609543	336936
肇源县	Zhaoyuan County	78	4	1867045	1846126	772928	476760
林甸县	Lindian County	7	1	111806	111882	265816	128949
杜蒙自治县	Durbote Mongolia Autonomous County	25	3	666298	656749	653173	310786
大同区	Datong	17	8	282560	263111	706912	202132

附录 续表19 CONTINUED

单位：万元　(10000 yuan)

县、市名称	Name	全年主营业务收入2000万元及以上的工业企业 Industrial Enterprises With Annual Revenue From Principal Business Over 20 Million Yuan					
		企业单位数（个） Number of Enterprises (unit)	#亏损企业 Losses	工业总产值 Gross Industrial Output Value	工业销售产值 Sales Industrial Output Value	资产合计 Total Assets	流动资产合计 Total Working Capitals
嘉荫县	Jiayin County	3	2	23811	23811	80106	41170
铁力市	Tieli City	22	6	180481	178368	572011	122586
桦南县	Huanan County	51	5	908201	830359	778157	247296
桦川县	Huachuan County	49	5	1089618	1089682	454351	109060
汤原县	Tangyuan County	34	3	671644	670752	352300	239522
抚远市	Fuyuan City	6		48551	48551	88347	33111
同江市	Tongjiang City	37	4	366182	370572	420864	160985
富锦市	Fujin City	56	9	831224	820443	774752	304631
佳木斯郊区	Jiamusi Suburb	35	6	696552	718161	551555	246851
勃利县	Boli County	28	11	209388	162704	495920	303795
穆棱市	Muling City	91	2	2986285	2948554	991579	267500
东宁市	Dongning City	28	8	439568	438928	439306	149665
林口县	Linkou County	52	1	936086	936086	360993	88233
绥芬河市	Suifenhe City	22	13	209213	196059	212068	123017
海林市	Hailin City	96	4	2582735	2588016	1362624	377381
宁安市	Ningan City	95	6	1803080	1800221	689293	228406
阳明区	Yangming	38	14	917989	896155	1550890	658991
北安市	Beian City	37	5	519459	504996	604681	349438
五大连池市	Wudalianchi City	10	1	90625	83796	181704	103197
五大连池风景区	Wudalianchi scenic spot	3		6579	6242	48782	16186
爱辉区	Aihui	26	9	304094	294104	468264	170244
嫩江县	Nenjiang County	22	8	389842	374938	675024	214386
逊克县	Xunke County	6	1	51153	50913	293608	84550
孙吴县	Sunwu County	6	2	29027	26723	58585	20620
安达市	Anda City	65	5	2129111	2047064	1175531	484501
肇东市	Zhaodong City	69	11	2923984	2769968	2101435	699368
海伦市	Hailun City	34	16	949454	915249	853899	131713
北林区	Beilin	74	13	1166592	1082467	915939	456235
望奎县	Wangkui County	24	4	546817	517153	261023	121821
兰西县	Lanxi County	24	1	494744	480351	147134	62378
青冈县	Qinggang County	22	6	567419	567143	471440	206327
庆安县	Qingan County	27	6	649166	656274	579054	325064
明水县	Mingshui County	13	4	327935	327498	249338	120368
绥棱县	Suiling County	22	2	333678	303580	260211	123136
呼玛县	Huma County	1		7826	7826	147798	107701
塔河县	Tahe County	3		14610	14614	49000	26907
漠河县	Mohe County	7	4	50623	52208	180990	86771
加格达奇区	Jiagedaqi District	5	1	73781	75409	119092	67389

附录 续表20 CONTINUED

单位：万元 (10000 yuan)

县、市名称	Name	全年主营业务收入2000万元及以上的工业企业 Industrial Enterprises With Annual Revenue From Principal Business Over 20 Million Yuan					
		固定资产合计 Total of Fixed Assets	负债合计 Total Liabilities	所有者权益 Creditors' Equity	主营业务收入 Sales Revenue	利润总额 Total Profit	从业人员平均人数(人) Average Employed Persons (person)
阿城区	Acheng	423754	710716	431663	432077	-2634	6720
呼兰区	Hulan	701411	1315877	1095436	1383395	222382	15071
宾县	Bin County	1052816	1409291	809926	2948165	345424	12365
依兰县	Yilan County	596177	787739	334383	650075	3157	9745
方正县	Fangzheng County	284433	208379	268350	526918	19948	2688
双城区	Shuangcheng	762360	671865	1417712	2474945	191319	15418
尚志市	Shangzhi City	188373	221707	174619	1553837	82871	7772
五常市	Wuchang City	492200	756045	823072	4661642	145696	27692
巴彦县	Bayan County	135453	166022	176740	716994	43919	4362
木兰县	Mulan County	53738	58472	35950	90555	1286	1859
通河县	Tonghe County	110922	143942	52320	191418	2445	2000
延寿县	Yanshou County	90259	194474	150355	441202	11579	3947
龙江县	Longjiang County	686995	432128	693587	776450	85315	3195
依安县	Yian County	244933	351620	240021	892431	80471	5162
泰来县	Tailai County	77473	91201	115939	330804	11218	1462
甘南县	Gannan County	224633	131834	379980	873240	62442	4170
富裕县	Fuyu County	98885	255696	149313	371809	7380	2971
克山县	Keshan County	142494	171551	200599	642518	27074	3871
克东县	Kedong County	127820	456071	170816	710760	48093	3143
拜泉县	Baiquan County	114438	116673	81627	380205	10721	2000
梅里斯区	Meilisi Daur District	32508	42209	59032	218767	23417	3120
讷河市	Nehe City	169600	220917	248928	1112054	142344	5071
鸡东县	Jidong County	107371	144326	52198	125261	1771	2031
虎林市	Hulin City	254739	554707	635470	641278	72669	4967
密山市	Mishan City	283947	343764	177190	380647	5713	3198
萝北县	Luobei County	211850	201069	160979	275101	3896	3979
绥滨县	Suibin County	88229	117909	52727	54290	1209	776
集贤县	Jixian County	238668	457429	116832	306304	-10811	2544
友谊县	Youyi County	58000	172379	28734	166412	-1407	1986
宝清县	Baoqing County	113241	152797	194447	641089	20672	4165
饶河县	Raohe County	64483	78631	31617	90394	3234	927
肇州县	Zhaozhou County	1145357	268742	1340801	4266776	195212	8603
肇源县	Zhaoyuan County	248397	382019	383456	1662530	66412	6105
林甸县	Lindian County	134665	114536	151280	111942	8548	1054
杜蒙自治县	Durbote Mongolia Autonomous County	312910	386175	266999	663918	74547	2482
大同区	Datong	241966	580905	126007	267129	-28725	4975

附录 续表21 CONTINUED

单位：万元 (10000 yuan)

县、市名称	Name	全年主营业务收入2000万元及以上的工业企业 Industrial Enterprises With Annual Revenue From Principal Business Over 20 Million Yuan					
		固定资产合计 Total of Fixed Assets	负债合计 Total Liabilities	所有者权益 Creditors' Equity	主营业务收入 Sales Revenue	利润总额 Total Profit	从业人员平均人数(人) Average Employed Persons (person)
嘉荫县	Jiayin County	33606	30663	49444	21928	-1934	1388
铁力市	Tieli City	343216	558089	13922	175859	-16159	2502
桦南县	Huanan County	458531	407431	368773	829889	47760	5889
桦川县	Huachuan County	317828	146791	307560	1107577	53172	2661
汤原县	Tangyuan County	101028	214569	137731	670963	38221	5431
抚远市	Fuyuan City	49404	58050	30296	55532	3131	365
同江市	Tongjiang City	99636	251161	169703	379577	20110	1803
富锦市	Fujin City	432245	536569	238181	811484	55341	4494
佳木斯郊区	Jiamusi Suburb	208693	352114	199440	680216	20862	5282
勃利县	Boli County	117429	272632	223287	167393	4754	3295
穆棱市	Muling City	723889	239069	752510	2949665	129290	14218
东宁市	Dongning City	202189	291611	147695	435886	40919	4471
林口县	Linkou County	264438	151018	209975	939675	119877	7400
绥芬河市	Suifenhe City	34024	164094	47975	162455	-7365	1032
海林市	Hailin City	875502	529971	832652	2615753	142726	22573
宁安市	Ningan City	435751	329168	360125	1803793	43610	14098
阳明区	Yangming	693419	870094	680795	893904	45994	12198
北安市	Beian City	204845	418957	185724	474966	23080	3301
五大连池市	Wudalianchi City	68999	120325	61379	68686	2087	886
五大连池风景区	Wudalianchi scenic spot	31962	37140	11642	6242	83	166
爱辉区	Aihui	242384	293643	174621	313183	35696	5294
嫩江县	Nenjiang County	291689	440155	234869	340710	14692	3240
逊克县	Xunke County	167169	221504	72104	50453	2017	1100
孙吴县	Sunwu County	30852	45860	12725	24701	235	430
安达市	Anda City	250170	626059	549472	2002986	107099	8624
肇东市	Zhaodong City	1079583	957773	1143661	2939992	291068	18358
海伦市	Hailun City	721552	574367	279532	891432	38934	17204
北林区	Beilin	349897	624517	285119	1062509	74296	7253
望奎县	Wangkui County	104660	165227	91041	444133	33256	2832
兰西县	Lanxi County	65327	79339	67795	482588	18364	13235
青冈县	Qinggang County	218097	282615	188824	528122	14777	5813
庆安县	Qingan County	199370	385958	193096	596815	5747	4346
明水县	Mingshui County	119543	84750	164588	329776	51496	3045
绥棱县	Suiling County	74449	172285	87926	299005	8770	2460
呼玛县	Huma County	21392	123517	24281	7826	3141	181
塔河县	Tahe County	16714	22767	26233	15418	967	432
漠河县	Mohe County	84815	154651	26339	50897	-3695	1755
加格达奇区	Jiagedaqi District	48322	100937	18155	75304	-677	2973

附录 续表22 CONTINUED

单位：万元 (10000 yuan)

县、市名称	Name	全年主营业务收入2000万元及以上的国有控股工业企业 State-holding Industrial Enterprises With Annual Revenue From Principal Business Over 20 Million Yuan					
		企业单位数（个）Number of Enterprises (unit)	#亏损企业 Losses	工业总产值 Gross Industrial Output Value	工业销售产值 Sales Industrial Output Value	资产合计 Total Assets	流动资产合计 Total Working Capitals
阿城区	Acheng	10	4	99990	96078	378155	117443
呼兰区	Hulan	6	2	75077	82186	243885	95470
宾县	Bin County	6		169840	116282	409710	166490
依兰县	Yilan County	8	3	188445	184087	780872	106349
方正县	Fangzheng County	4		26816	14038	87418	13986
双城区	Shuangcheng	6	2	110109	109499	43935	13910
尚志市	Shangzhi City	3	1	40699	60558	35842	9891
五常市	Wuchang City	5		82475	81468	75971	19501
巴彦县	Bayan County	3		41980	41019	83854	10421
木兰县	Mulan County	1	1	6928	6928	12003	1122
通河县	Tonghe County	4	2	23849	18639	80058	12761
延寿县	Yanshou County	2	1	13537	14069	70756	46694
龙江县	Longjiang County	5	2	48932	47301	130026	20840
依安县	Yian County	2	1	39707	39707	24407	5166
泰来县	Tailai County	1	1	19726	19726	27150	3045
甘南县	Gannan County	3	2	55142	23716	69722	3975
富裕县	Fuyu County	4	2	240764	236604	219809	91775
克山县	Keshan County	2	1	27084	27084	66580	11106
克东县	Kedong County	2		15094	15094	52017	6485
拜泉县	Baiquan County	1	1	10356	10356	17978	5777
梅里斯区	Meilisi Daur District	1		103856	103856	20154	16077
讷河市	Nehe City	2	1	31566	31583	29514	3298
鸡东县	Jidong County	2	1	22647	21119	47180	12019
虎林市	Hulin City	4	1	101939	101245	241070	114273
密山市	Mishan City	8	1	61056	59683	246033	37008
萝北县	Luobei County	3	2	40179	40179	84467	8194
绥滨县	Suibin County	2	1	11162	11162	55511	4989
集贤县	Jixian County	3	1	8380	8380	74810	8750
友谊县	Youyi County	5	3	57153	56794	106404	37785
宝清县	Baoqing County	2	1	38435	38435	69200	22978
饶河县	Raohe County	2	1	11099	11099	42259	10352
肇州县	Zhaozhou County	1	1	15669	15669	16036	2027
肇源县	Zhaoyuan County	2	1	68482	68482	17569	3725
林甸县	Lindian County	1	1	11992	11992	11398	1146
杜蒙自治县	Durbote Mongolia Autonomous County	4	1	128451	125610	110567	58618
大同区	Datong	3		159410	159746	324509	37885

附录 续表23 CONTINUED

单位：万元 (10000 yuan)

县、市名称	Name	全年主营业务收入2000万元及以上的国有控股工业企业 State-holding Industrial Enterprises With Annual Revenue From Principal Business Over 20 Million Yuan					
		企业单位数（个） Number of Enterprises (unit)	#亏损企业 Losses	工业总产值 Gross Industrial Output Value	工业销售产值 Sales Industrial Output Value	资产合计 Total Assets	流动资产合计 Total Working Capitals
嘉荫县	Jiayin County	1	1	14502	14502	22340	10066
铁力市	Tieli City	1	1	97459	96294	399249	15236
桦南县	Huanan County	4	2	32691	32691	222627	15115
桦川县	Huachuan County	4		53336	53336	235031	11699
汤原县	Tangyuan County	4	2	26654	25322	71928	14632
抚远市	Fuyuan City	2		7222	7222	33312	2754
同江市	Tongjiang City	4	2	36940	39913	167235	14829
富锦市	Fujin City	11	2	176364	166927	474738	138067
佳木斯郊区	Jiamusi Suburb	1	1	20410	20410	38149	61
勃利县	Boli County	1	1	6587	6587	16509	1293
穆棱市	Muling City	2	1	18265	18265	23330	5048
东宁市	Dongning City	5	2	31285	31285	174616	16362
林口县	Linkou County	4	1	182330	182330	90118	13985
绥芬河市	Suifenhe City						
海林市	Hailin City	5	1	49014	49014	165573	25819
宁安市	Ningan City	3	1	12291	12266	50470	4939
阳明区	Yangming	5	2	289541	289642	773412	231841
北安市	Beian City	7	3	172215	160862	264122	112312
五大连池市	Wudalianchi City						
五大连池风景区	Wudalianchi scenic spot						
爱辉区	Aihui	4	1	72195	71986	212733	41548
嫩江县	Nenjiang County	5	2	59574	59839	130952	42881
逊克县	Xunke County	1	1	6178	6178	14969	1441
孙吴县	Sunwu County	1	1	5605	5605	10046	958
安达市	Anda City	6	2	164497	161335	251142	52205
肇东市	Zhaodong City	9	1	726799	722463	925889	102992
海伦市	Hailun City	2	1	37051	37147	34724	8996
北林区	Beilin	7	3	110951	97569	213891	87380
望奎县	Wangkui County	1	1	17766	17766	19355	3376
兰西县	Lanxi County	1		16989	16989	17521	2849
青冈县	Qinggang County	1	1	13273	13273	14006	2496
庆安县	Qingan County	2	1	120224	122021	142415	96987
明水县	Mingshui County	2	1	46174	48421	61830	28053
绥棱县	Suiling County	1	1	10366	10366	12632	1845
呼玛县	Huma County						
塔河县	Tahe County	1		4809	4809	6557	3701
漠河县	Mohe County	2	2	25879	26254	120761	55866
加格达奇区	Jiagedaqi District	2	1	40439	40909	78427	40113

附录 续表24 CONTINUED

单位：万元 (10000 yuan)

县、市名称	Name	全年主营业务收入2000万元及以上的国有控股工业企业 State-holding Industrial Enterprises With Annual Revenue From Principal Business Over 20 Million Yuan					
		固定资产合计 Total of Fixed Assets	负债合计 Total Liabilities	所有者权益 Creditors' Equity	主营业务收入 Sales Revenue	利润总额 Total Profit	从业人员平均人数(人) Average Employed Persons (person)
阿城区	Acheng	155869	226839	151316	100288	-402	2170
呼兰区	Hulan	86925	140434	103451	81545	9004	2036
宾县	Bin County	225386	279780	129930	154488	42834	1253
依兰县	Yilan County	458318	610824	170048	203275	-16042	6328
方正县	Fangzheng County	72840	65310	22108	26762	2092	295
双城区	Shuangcheng	25091	32070	11865	111834	1906	652
尚志市	Shangzhi City	25952	28502	7341	62480	7466	592
五常市	Wuchang City	53163	63257	12714	80312	957	1116
巴彦县	Bayan County	36266	66504	17350	42775	2543	867
木兰县	Mulan County	10872	14480	-2478	9028	-459	315
通河县	Tonghe County	64557	64807	15251	25037	997	394
延寿县	Yanshou County	21294	68128	2628	16811	-2610	249
龙江县	Longjiang County	103242	104065	25961	46590	1408	500
依安县	Yian County	18968	23798	609	37354	2068	368
泰来县	Tailai County	19569	28140	-990	16695	-476	430
甘南县	Gannan County	64134	29533	40189	55142	1958	432
富裕县	Fuyu County	37533	139404	80406	214377	5072	1418
克山县	Keshan County	15726	50661	15919	23873	343	359
克东县	Kedong County	44255	40068	11948	15435	948	274
拜泉县	Baiquan County	11769	19204	-1226	10356	-180	237
梅里斯区	Meilisi Daur District	3208	7841	12313	103856	8742	980
讷河市	Nehe City	24071	28433	1081	33280	346	695
鸡东县	Jidong County	32551	30729	16451	21683	692	610
虎林市	Hulin City	105829	164948	76123	101212	5250	859
密山市	Mishan City	201449	141344	104689	62775	4547	1269
萝北县	Luobei County	75134	62685	21783	40179	-890	711
绥滨县	Suibin County	49950	48092	7420	10830	366	187
集贤县	Jixian County	55146	49840	24970	19443	465	322
友谊县	Youyi County	34479	110184	-3780	60155	-761	1202
宝清县	Baoqing County	43040	52727	16473	34579	550	892
饶河县	Raohe County	29066	30917	11341	11099	705	204
肇州县	Zhaozhou County	13972	17496	-1460	15959	-897	304
肇源县	Zhaoyuan County	13762	16953	615	66482	-475	351
林甸县	Lindian County	10252	12182	-784	11235	-355	243
杜蒙自治县	Durbote Mongolia Autonomous County	48186	55051	55516	126767	16179	1128
大同区	Datong	94791	218455	106054	159733	12383	1660

附录 续表25 CONTINUED

单位：万元 (10000 yuan)

县、市名称	Name	全年主营业务收入2000万元及以上的国有控股工业企业 State-holding Industrial Enterprises With Annual Revenue From Principal Business Over 20 Million Yuan					
		固定资产合计 Total of Fixed Assets	负债合计 Total Liabilities	所有者权益 Creditors' Equity	主营业务收入 Sales Revenue	利润总额 Total Profit	从业人员平均人数(人) Average Employed Persons (person)
嘉荫县	Jiayin County	7547	8696	13644	14502	-1898	915
铁力市	Tieli City	302567	436906	-37656	96490	-19281	283
桦南县	Huanan County	206837	138161	84466	33763	1308	384
桦川县	Huachuan County	223332	94606	140425	53813	8004	359
汤原县	Tangyuan County	52750	60516	11412	25775	1289	315
抚远市	Fuyuan City	27240	21477	11836	7222	958	102
同江市	Tongjiang City	16323	120103	47132	39805	5302	359
富锦市	Fujin City	320400	357191	117546	162149	14304	2190
佳木斯郊区	Jiamusi Suburb		38149		19955	-200	18
勃利县	Boli County	13498	18690	-2180	6587	-1278	129
穆棱市	Muling City	18281	9415	13915	19398	201	393
东宁市	Dongning City	85835	126238	48379	31220	12546	488
林口县	Linkou County	76133	46250	43868	185918	28454	2825
绥芬河市	Suifenhe City						
海林市	Hailin City	139620	79739	85834	47921	3115	543
宁安市	Ningan City	43882	41014	9456	12266	-308	245
阳明区	Yangming	491991	485594	287818	290246	4584	5854
北安市	Beian City	147169	199590	64532	140186	4708	1734
五大连池市	Wudalianchi City						
五大连池风景区	Wudalianchi scenic spot						
爱辉区	Aihui	162291	142388	70345	71849	5175	1558
嫩江县	Nenjiang County	87084	123130	7823	60503	2648	1028
逊克县	Xunke County	13362	15801	-832	6178	-31	205
孙吴县	Sunwu County	9088	10401	-355	4802	-137	108
安达市	Anda City	35038	123440	127702	155862	-741	1861
肇东市	Zhaodong City	668826	232763	693126	703307	95819	5925
海伦市	Hailun City	25329	31544	3180	37147	-31	580
北林区	Beilin	119570	162107	51784	110830	5603	2069
望奎县	Wangkui County	15976	21617	-2262	15825	-840	183
兰西县	Lanxi County	14672	19665	-2144	16989	129	453
青冈县	Qinggang County	10999	14476	-470	12304	-941	436
庆安县	Qingan County	34429	130896	11518	120834	-619	457
明水县	Mingshui County	32026	24275	37555	49233	23109	871
绥棱县	Suiling County	10787	12768	-136	11792	-653	230
呼玛县	Huma County						
塔河县	Tahe County	811	8220	-1663	5633	394	97
漠河县	Mohe County	57176	118413	2349	26149	-4461	1265
加格达奇区	Jiagedaqi District	38223	69410	9017	40909	-1319	2214

附录 续表26 CONTINUED

县、市名称	Name	公共财政收入（万元）General Budgetary Financial Revenue (10000 yuan)	政府性基金收入（万元）Governmental Fund Income (10000 yuan)	公共财政支出（万元）General Budgetary Financial Expenditure (10000 yuan)	政府性基金支出（万元）Governmental Fund Expenditure (10000 yuan)	公路线路里程（公里）Length of Highways (km)	普通中学在校学生（人）Students in Regular Secondary Schools (person)	小学在校学生（人）Students in Primary Schools (person)
阿城区	Acheng	74751	508	284416	13647	1860	12304	24421
呼兰区	Hulan	126333	895	337199	37653	1422	14729	31126
宾县	Bin County	70634	5092	357088	8653	2307	13124	30613
依兰县	Yilan County	35843	7716	261535	8599	1761	8414	16327
方正县	Fangzheng County	24358	1346	170300	3200	1252	5063	9490
双城区	Shuangcheng	101650	3246	414807	10178	2568	18132	37680
尚志市	Shangzhi City	48348	4674	310485	9693	2617	12916	24543
五常市	Wuchang City	67517	8164	429954	14126	3752	19500	37824
巴彦县	Bayan County	33709	6052	383772	13646	2354	12188	25711
木兰县	Mulan County	16416	9260	210424	14595	1343	5768	11619
通河县	Tonghe County	23830	5447	216077	9935	1452	5222	10234
延寿县	Yanshou County	16923	2635	183001	3723	1129	5307	10756
龙江县	Longjiang County	46174	29396	391571	33187	2566	14412	28572
依安县	Yian County	35144	2887	278659	6148	2550	7596	15708
泰来县	Tailai County	28643	6770	226962	11851	2261	9717	12959
甘南县	Gannan County	37662	4830	283389	4594	2553	8932	21603
富裕县	Fuyu County	38818	4922	224691	5621	2103	6427	13401
克山县	Keshan County	22319	2347	264081	3384	2295	7772	13522
克东县	Kedong County	27592	8714	230328	16244	1589	5927	9622
拜泉县	Baiquan County	19978	1837	288206	5743	2087	8588	17487
梅里斯区	Meilisi Daur District	8910	4449	111475	3691	797	3535	6742
讷河市	Nehe City	40564	8527	383395	23942	2899	13996	25795
鸡东县	Jidong County	22577	1447	240629	4678	1752	7535	8662
虎林市	Hulin City	52111	3729	224596	6874	3460	8213	12149
密山市	Mishan City	41656	9051	275934	6958	2782	11938	14986
萝北县	Luobei County	33030	2099	164151	1436	2620	6591	7677
绥滨县	Suibin County	14233	4317	164650	5518	1894	4518	6814
集贤县	Jixian County	20434	1079	194681	3761	1223	7935	12716
友谊县	Youyi County	12501	1856	76332	2599	509	2840	3570
宝清县	Baoqing County	43711	1291	258024	5651	4078	9813	18156
饶河县	Raohe County	11508	938	152855	4978	2525	3723	7021
肇州县	Zhaozhou County	30325	8413	231364	9679	1338	12597	16010
肇源县	Zhaoyuan County	30066	15661	236777	18446	1672	14035	17596
林甸县	Lindian County	23572	1976	201466	1838	1473	5987	11932
杜蒙自治县	Durbote Mongolia Autonomous County	36398	5205	213076	4405	1849	8426	10592
大同区	Datong	49977	5494	104995	5444	1178	7046	9186

附录 续表27 CONTINUED

县、市名称	Name	公共财政收入（万元）General Budgetary Financial Revenue (10000 yuan)	政府性基金收入（万元）Governmental Fund Income (10000 yuan)	公共财政支出（万元）General Budgetary Financial Expenditure (10000 yuan)	政府性基金支出（万元）Governmental Fund Expenditure (10000 yuan)	公路线路里程（公里）Length of Highways (km)	普通中学在校学生（人）Students in Regular Secondary Schools (person)	小学在校学生（人）Students in Primary Schools (person)
嘉荫县	Jiayin County	13456	1286	126304	2338	1391	1845	3115
铁力市	Tieli City	27772	4485	202224	4356	1804	6332	9710
桦南县	Huanan County	27542	9438	308109	10640	1707	8803	17063
桦川县	Huachuan County	22380	18053	217953	21168	1417	4914	9456
汤原县	Tangyuan County	21141	4748	234125	2758	1631	5013	8976
抚远市	Fuyuan City	20694	1154	194209	8984	2198	2873	6562
同江市	Tongjiang City	24873	5108	232622	10941	2529	5557	11230
富锦市	Fujin City	58065	19271	404626	20349	4927	12790	25333
佳木斯郊区	Jiamusi Suburb	25910		127885	935	1158	4333	7531
勃利县	Boli County	22468	8445	240471	4404	1523	5812	12347
穆棱市	Muling City	67181	8080	336932	9880	2044	5969	12089
东宁市	Dongning City	54369	4891	205055	9600	1891	5352	9830
林口县	Linkou County	43205	3869	251355	5076	2498	6270	12583
绥芬河市	Suifenhe City	45442	15762	187528	6925	232	3226	7783
海林市	Hailin City	66192	6466	243380	12752	2555	7372	13242
宁安市	Ningan City	49916	5599	295126	6195	2698	9055	17182
阳明区	Yangming	21390		65457	4982	145	7322	7140
北安市	Beian City	62500	3629	304819	4804	3155	8805	13930
五大连池市	Wudalianchi City	28421	5130	255237	16486	2851	7145	11517
五大连池风景区	Wudalianchi scenic spot	5661	392	76210	392	231		
爱辉区	Aihui	17798		165027	2493	1723	4812	9244
嫩江县	Nenjiang County	62251	3637	357274	11304	3731	13057	19660
逊克县	Xunke County	23551	2377	163086	2926	2373	2378	4191
孙吴县	Sunwu County	14379	1669	146797	3514	1403	2643	5022
安达市	Anda City	93200	13696	403617	16569	1937	13919	15595
肇东市	Zhaodong City	104365	13235	449672	10164	2230	26770	31629
海伦市	Hailun City	44888	10842	419231	21371	3647	20758	23225
北林区	Beilin	40073	6083	354013	14364	2451	26352	30177
望奎县	Wangkui County	36884	4377	311297	12467	1757	12918	14625
兰西县	Lanxi County	27088	10681	311963	17920	1941	13325	15443
青冈县	Qinggang County	25208	19528	310342	14583	2043	12624	14118
庆安县	Qingan County	36340	7657	245586	13526	2234	7969	13871
明水县	Mingshui County	23726	7826	259482	11118	1441	8187	9433
绥棱县	Suiling County	21775	35906	394104	15766	2060	10085	10213
呼玛县	Huma County	9686	283	98945	1626	1340	992	1787
塔河县	Tahe County	9671	315	73055	803	1306	1201	1670
漠河县	Mohe County	17849	750	97960	796	1690	1222	2064
加格达奇区	Jiagedaqi District	23951	1908	84659	3415	588	3170	5126

中国统计出版社最新图书简目

（仅供参考，以实际出版为准）

统计资料

中国统计年鉴 中国统计摘要 中国发展报告
中国经济普查年鉴 国际统计年鉴 金砖国家联合统计手册
中国-东盟国家统计手册 中国农村统计年鉴 中国县域统计年鉴
中国城市统计年鉴 中国对外直接投资统计公报 中国地区经济监测报告
中国贸易外经统计年鉴 中国零售和餐饮连锁企业统计年鉴 中国商品交易市场统计年鉴
大中型批发零售和住宿餐饮企业统计年鉴 中国农产品价格调查年鉴 中国住户调查年鉴
中国价格统计年鉴 中国能源统计年鉴 全国农产品成本收益资料汇编
中国环境统计年鉴 中国建筑业统计年鉴 国外资源、能源和环境统计资料汇编
中国工业统计年鉴 中国城乡建设统计年鉴 中国县城建设统计年鉴
中国城市建设统计年鉴 中国科技统计年鉴 中国房地产统计年鉴
中国证券期货统计年鉴 中国劳动统计年鉴 中国第三产业统计年鉴
工业企业科技活动资料 中国社会统计年鉴 中国高技术产业统计年鉴
中国人才资源统计报告 中国教育统计年鉴 中国人口和就业统计年鉴
文化及相关产业统计概览 中国文化及相关产业统计年鉴 中国教育经费统计年鉴
中国民族统计年鉴 中国残疾人事业统计年鉴 中国民政统计年鉴
中国乡镇街道行政区域简册 中国基本单位统计年鉴 中国妇女儿童状况统计资料（英）

省级综合统计年鉴系列

北京 天津 河北 山西 内蒙古 辽宁 吉林 黑龙江 上海 江苏 浙江 安徽 福建 江西 山东 河南 湖北 湖南
广东 广西 海南 重庆 四川 贵州 云南 西藏 陕西 甘肃 青海 宁夏 新疆 新疆生产建设兵团

市(县)级综合统计年鉴系列

滨海新区 石家庄 唐山 邯郸 保定 沧州 邢台 廊坊 承德 衡水 秦皇岛 张家口 太原 大同 阳泉 长治 晋城
朔州 晋中 运城 忻州 临汾 吕梁 呼和浩特 呼和浩特新城区 鄂尔多斯 包头 沈阳 大连 长春 吉林 延吉 四平
通化 松原 哈尔滨 齐齐哈尔 黑龙江垦区 上海浦东新区 南京 无锡 徐州 常州 苏州 南通 连云港 淮安 盐城
扬州 镇江 泰州 宿迁 江阴 丹阳 海门 杭州 宁波 温州 嘉兴 湖州 绍兴 金华 衢州 舟山 台州 丽水 合肥
安庆 马鞍山 福州 厦门 宁德 漳州 龙岩 南昌 九江 上饶 新余 抚州 萍乡 赣州 吉安 景德镇 济南 青岛 潍坊
枣庄 日照 滕州 郑州 洛阳 平顶山 三门峡 商丘 信阳 济源 汝州 武汉 十堰 荆州 宜昌 荆门 咸宁 长沙 广州
深圳 惠州 东莞 汕尾 南宁 柳州 桂林 来宾 河池 防城港 海口 三亚 成都 贵阳 黔南 毕节 昆明 西安 咸阳
延安 宝鸡 安康 铜川 汉中 榆林 兰州 庆阳 银川 乌鲁木齐 兵团一师 兵团十师

调查年鉴系列

天津 山西 内蒙古 辽宁 吉林 上海 福建 江西 河南 湖北 湖南 广西 重庆 四川 云南 甘肃 宁夏 新疆

统计方法应用/实用手册

实用SAS统计分析教程 马克威统计分析与数据挖掘应用案例 统计公文知识问答
乡镇统计人员岗位知识培训系列教材：辅助调查员岗位基础知识 乡镇统计人员岗位基础知识
县级统计人员岗位知识培训系列教材：Excel在统计工作中的应用 简明统计分析
地市级统计人员岗位知识培训系列教材：统计报告与演示 Excel在统计工作中的应用

统计通俗读物/统计科普图书

国家统计局核心统计指标变迁 货架上的统计 账本里的统计

重点图书

砥砺奋进的五年——从十八大到十九大 新编英汉汉英统计大词典 中华医学统计百科全书
新常态下的中国服务业：理论与实践 新动能新产业发展报告-2017
挑大学选专业2018—考研择校指南 挑大学选专业2018—高考志愿填报指南